国家出版基金项目
NATIONAL PUBLICATION FOUNDATION

國家出版基金項目

教育部哲學社會科學研究重大課題攻關項目

「十一五」國家重點圖書出版規劃項目・重大工程出版規劃

國家社會科學基金重大項目

北京大學「九八五工程」重點項目

儒藏

精華編一九〇冊

子部儒學類

儒藏

精華編

北京大學《儒藏》編纂與研究中心

《儒藏》精華編第一九〇册

首席總編纂　季羡林

項目首席專家　湯一介

總　編　纂　湯一介　龐　樸　孫欽善　安平秋（按年齡排序）

本册主編　陳衛平

《儒藏》精華編凡例

一、中國傳統文化以儒家思想爲中心。《儒藏》爲儒家經典和反映儒家思想、體現儒家經世做人原則的典籍的叢編。收書時限自先秦至清代結束。

二、《儒藏》精華編爲《儒藏》的一部分，選收《儒藏》中的精要書籍。

三、《儒藏》精華編所收書籍，包括傳世文獻和出土文獻。傳世文獻按《四庫全書總目》經史子集四部分類法分類，大類、小類基本參照《中國叢書綜録》和《中國古籍善本書目》，於個別處略作調整。凡單書已收入入選的個人叢書或全集者，僅存目録，並注明互見。出土文獻單列爲一個部類，原件以古文字書寫者一律收其釋文文本。韓國、日本、越南儒學者用漢文寫作的儒學著作，編爲海外文獻部類。

四、所收書籍的篇目卷次，一仍底本原貌，不選編，不改編，保持原書的完整性和獨立性。

五、對入選書籍進行簡要校勘。以對校爲主，確定内容完足、精確率高的版本爲底本，精選有校勘價值的版本爲校本。出校堅持少而精，以校正誤爲主，酌校異同。校記力求規範、精煉。

六、根據現行標點符號用法，結合古籍標點通例，進行規範化標點。專名號除書名號用角號（《》）外，其他一律省略。

七、對較長的篇章，根據文字内容，適當劃分段落。正文原已分段者，不作改動。千字以内的短文一般不分段。

八、各書卷端由整理者撰寫《校點説明》，簡要介紹作者生平、該書成書背景、主要内容及影響，以及整理時所確定的底本、校本（舉全稱後括注簡稱）及其他有關情況。重複出現的作者，其生平事蹟按出現順序前詳後略。

九、本書用繁體漢字豎排，小注一律排爲單行。

《儒藏》精華編第一九〇册

子部　儒學類

性理之屬

龜山先生語録〔宋〕楊時 …… 1
崇正辯〔南宋〕胡寅 …… 99
胡子知言〔南宋〕胡宏 …… 287
北溪先生字義附嚴陵講義〔南宋〕陳淳 …… 361
木鐘集〔南宋〕陳埴 …… 473

龜山先生語録

〔北宋〕楊時 撰
潘佳
殷小勇 校點

目録

校點説明……一
龜山先生語録卷第一……一
荆州所聞……一
龜山先生語録卷第二……二一
京師所聞……二七
餘杭所聞……三四
龜山先生語録卷第三……四二
餘杭所聞……四二
龜山先生語録卷第四……六二
餘杭所聞……六二
南都所聞……七〇
毗陵所聞……七五
蕭山所聞……七七
龜山楊先生語録後録上……八二
龜山楊先生語録後録下……八三
跋(張元濟)……九一

校點説明

《龜山先生語録》爲宋楊時撰。楊時（一〇五三—一一三五），字中立，號龜山先生。南劍州將樂（今屬福建）人。熙寧九年（一〇七六）中進士第，多年杜門不仕。年四十始出，歷任瀏陽、餘杭、蕭山知縣，又任荆州教授。徽宗宣和中，召爲秘書郎，未幾除邇英殿説書。欽宗靖康元年（一一二六）除右諫議大夫兼侍講，又兼國子祭酒，力排和議。乞致仕，提舉崇福宫。高宗即位，除工部侍郎兼侍讀，以龍圖閣直學士提舉杭州洞霄宫致仕。紹興五年（一一三五）卒，年八十三。謚文靖，有《龜山集》。事跡見《宋史》本傳。

楊時中進士之後，調官不赴，先後師從程顥、程頤，有「程門立雪」之佳話。楊時繼承二程思想，主張静中體驗、反身格物，東南學者推爲程門正宗。朱熹爲其三傳弟子。

據《直齋書録解題》，《龜山先生語録》爲其門人陳淵、羅從彦、胡大原三人所録。全書由《荆州所聞》、《京師所聞》、《餘杭所聞》、《南都所聞》、《毗陵所聞》、《蕭山所聞》六部分組成。内容涉及楊時對經典、史事、學術的看法，較爲真實地保存了楊時的思想，是研究楊時理學思想的第一手材料。書中有較多針對時政特别是王安石新法的批評，這些都有助於了解兩宋之交學術思想史的原貌。

是書陳振孫《直齋書録解題》著録爲「《龜山語録》五卷，《語録》四卷《附録》一卷」。趙希弁《讀書後志》著録爲「《龜山先生語録》四卷」。現存《龜山語録》最早版本爲鐵琴銅劍樓舊藏南宋吴堅刻本（簡稱宋本），一九三四年商務印書館《四部叢刊續編》據以影印，此本今藏國家圖書館。現存諸本僅此爲《語録》單行本，餘皆屬文集。

楊時文集有明弘治十五年（一五〇二）將樂知

縣李熙等編《龜山先生集》十六卷（簡稱弘治本）。明萬曆十九年（一五九一）林熙春據以重編，釐分爲四十二卷，名爲《龜山先生全集》（簡稱萬曆本）。清康熙五年（一六六六）楊氏後人於家祠「道南祠玉峰山館」重刻，康熙四十六年楊氏後人楊繩祖據此本重印，名爲《楊龜山先生集》。乾隆年間修《四庫全書》亦以康熙五年本爲底本，名爲《龜山集》。光緒五年（一八七九）夏子鎔等於楊氏家祠再據康熙四十六年本修補重印。此外，另有明正德十二年（一五一七）刻《龜山先生集》三十五卷本（簡稱正德本）。

宋本《龜山先生語録》之《後録》二卷，楊時文集諸本皆無。以萬曆本爲代表的十六卷、四十二卷《龜山先生集》系統所收《語録》亦爲四卷，然條則分合與宋本略有不同，自爲一系統。正德本《語録》分爲上下兩卷，條則内容較諸本都少，又爲一系統。因此，《龜山先生語録》版本系統有三：宋本，萬曆本爲代表的文集系統以及正德本的文集系統。

本次整理，以《四部叢刊續編》影印常熟瞿氏鐵琴銅劍樓藏宋刊本爲底本，以正德本、萬曆本爲校本。底本原無目録，現補加。底本避宋諱，如「匡」作「正」、「太玄」作「太元」，不回改；其餘如「恒」字缺末筆等，皆逕補足不出校。

校點者　潘佳　殷小勇

龜山先生語録卷第一

荆州所聞 甲申四月至乙酉十一月

先生曰：❶自堯、舜以前載籍未具，世所有者，獨伏犧所畫八卦耳。當是之時，聖賢如彼其多也，自孔子删定繫作之後，更秦歷漢以迄于今，其書至不可勝紀。人之所資以爲學者，宜易於古。然其間千數百年，求一人如古之聖賢，卒不易得，何哉？豈道之所傳，固不在於文字之多寡乎？夫堯、舜、禹、皋陶皆稱若稽古，非無待於學也，其學果何以乎？由是觀之，聖賢之所以爲聖賢，其用心必有在矣。學者不可不察之也。❷

觀孔門弟子之徒，❸其事師雖至於流離困餓，濱於死而不去，非要譽而規利也。所以甘心焉者，其所求也大矣。流離困餓且濱於死有不足道者，學者知此，然後知學之不可已矣。

古之學者以聖人爲師，其學有不至，故其德有差焉。人見聖人之難爲也，故凡學者以聖人爲可至，則必以爲狂而竊笑之。夫聖人固未易至，若舍聖人而學，是將何所取則乎？以聖人爲師，猶學射而立的然，的立於彼，然後射者可視之而求中。若其中不中，則在人而已，不立之的，以何爲準！

❶「先生曰」，正德本無。
❷「學者不可不察之也」八字，正德本無。
❸「觀孔門弟子之徒」以下二則，正德本無。

問：「曾西不爲管仲，而於子路則曰：『吾先子之所畏。』或曰『羞管仲之所已爲，慕子路之所未就』，此説是否？」曰：「孔子曰『由也，千乘之國，可使治其賦也』，使其見於施爲，如是而已。其於九合諸侯，一正天下，固有所不逮也。」「然則如之何？」曰：「管仲之功，子路未必能之。然子路譬之御者，則範我馳驅者也。若管仲，蓋詭遇耳。曾西，仲尼之徒也，蓋不道管仲之事。」

六經不言無心，❶惟佛氏言之，亦不言修性，惟揚雄言之。心不可無，性不假修，故《易》止言「洗心」、「盡性」，《記》言「正心」、「尊德性」，《孟子》言「存心養性」。佛氏「和順於道德」之意蓋有之，「理於義」則未也。

聖人以爲尋常事者，莊周則夸言之。莊周之博，乃禪家呵佛罵祖之類是也。如《逍遥游》、《養生主》曲譬廣喻，張大其説，論其要則《逍遥游》一篇乃子思所謂「無入而不自得」，而《養生主》一篇乃孟子所謂「行其所無事」而已。

問：「孔子曰『中庸之爲德，其至矣乎』，何也？」曰：「至，所謂極也。極，猶屋之極，所處則至矣。下是爲不及，上焉則爲過。或者曰『高明所以處己，中庸所以處人』，如此則是聖賢所以自待者常過，而以其所賤者事君親也，而可乎？」「然則如之何？」曰：「『高明即中庸』也。高明者，中庸之體；中庸者，高明之用耳。高明亦猶所謂至也。」

問：❷「或曰『中所以立常，❸權所以盡變，不知權則不足以應物，知權則中有時乎

❶「六經不言無心」以下三則，正德本無。
❷「問」，正德本無。
❸「所」，正德本無。下句「所」字同。

不必用矣』。是否?」曰:「知中則一作即。知權,不知權是不知中也。」曰:「既謂之中,斯有定所,必有權焉,是中與權固異矣。」曰:「猶坐於此室,室自有中,移而坐於堂,則向之所謂中者,今不中矣。堂固自有中,合堂室而觀之,蓋又有堂室之中焉。若居今之所,守向之中,是不知權,豈非不知中乎? 又如以一尺之物約五寸而執之中也,一尺而厚薄小大之體殊,則所執者輕重不等矣,猶執五寸以爲中,是無權也。蓋五寸之執,長短多寡之中,而非厚薄小大之中也。欲求厚薄小大之中,則釋五寸之約,唯輕重之知,而其中得矣。故權以中行,中因權立。《中庸》之書不言權,其曰『君子而時中』,蓋所謂權也。」一連下段。

舜、跖之分,❶利與善之間也。利善之間相去甚微,學者不可不知。

爲文要有温柔敦厚之氣,對人主語言及章疏文字,温柔敦厚尤不可無。如子瞻詩多於譏玩,殊無惻怛愛君之意。荆公在朝論事,多不循理,惟是争氣而已,何以事君? 君子之所養,要令暴慢邪僻之氣不設於身體。❷

陶淵明詩所不可及者,冲澹深粹,出於自然。若曾用力學,然後知淵明詩非着力之所能成。

私意去盡,❸然後可以應世,老子曰:「公乃王。」

儒佛深處,所差杪忽耳。見儒者之道分明,則佛在其下矣。今學之徒曰儒者之道在其下,是不見吾道之大也。爲佛者既

❶「舜跖之分」一則,正德本無。
❷「邪」,正德本、萬曆本作「衺」。
❸「私意去盡」以下三則,正德本無。

不讀儒書，或讀之而不深究其義，爲儒者又自小也，然則道何由明哉？

「君子無終食之間違仁」，説者曰：「飲食必有祭是也。」曰：「如是，則造次顛沛之際，遑遽急迫甚矣。欲不離仁，仁之道安在？且飲食必有祭，小人亦然，豈能仁乎？」

孔子以其子妻公冶長，以其兄之子妻南容。説者曰：「君子之處其子與處其兄之子，固不同也。」曰：「兄弟之子猶子也，何擇乎？誠如所言，是聖人猶有私意也。聖人不容有私意，若二女之少長美惡必求其對，所妻之先後未必同時，安在其厚於兄而薄於己耶？記此者特言如是二人可託以女子之終身。且聖人爲子擇配，不求其他，故可法也。」

或謂：「『孔子登東山而小魯，登泰山而小天下』，此言勝物而小之。」曰：「使聖人以勝物爲心，是將自小，安能小物？聖人本無勝物之心，身之所處者高，則物自不得不下耳。」

葉公以證父之攘羊爲直，而孔子以爲吾黨之直者，「父爲子隱，子爲父隱」。夫父子之真情，豈欲相暴其惡哉？行其真情乃所謂直，反情以爲直，則失其所以直矣。乞醯之不得爲直，亦猶是也。

《周禮》王燕則以膳夫爲獻主，説者曰：「君臣之義不可以燕廢。」曰：「是不然。此孟子所謂養君子之道也。禮，受爵於君前，則降而再拜。燕所以待羣臣、嘉賓也，而使之有升降拜揖之勞，是以犬馬畜之矣。故以膳夫爲獻主，而主不自獻酬焉，是乃所以爲養君子之道，而『稟人繼粟、庖人繼肉』之義也。」

《周禮》凡用皆會，唯王及后不會，説者曰：「不得以有司之法制之。」曰：「有司之不能制天子也，固矣。然而九式之職，冢宰任之。王恣其費用，有司雖不會，冢宰得以九式論於王矣。故王、后不會，非蕩然無以禁止之也。制之有冢宰之義，而非以有司之法故也。」

或曰：「《書》之終《秦誓》以見聖人之樂人悔過也，故凡過而能悔者，取其悔而不追其過可也。今有殺人而被刑者，臨刑而曰：『吾惟殺人以至此也。』仁者於此亦必哀而捨之。」曰：「《書》之有秦、費二誓，以誌帝王之誥命於是絶故也。其大意則言有國者不可廢誓，於誓之中其事又有可取者，則如秦之罪已而不責人是也。若曰取其悔而已，不咎其過，其既悔而有過也，亦不當罪乎？聖人以恕待人，於人之悔也嘉之，可也。如以悔爲是，而不問其改與不改，則改過者鮮矣。故君子之取人也，取其改，不取其悔。且殺人至於被刑而自狀其過，蓋傷其死之不善也。使殺人而不必死，其肯悔乎？崤之戰不敗，則秦自以爲功矣！何以知之？以濟河之師知之也，濟河之師何義哉！」

「君子務本」，言凡所務者惟本而已。若仁之於孝悌，其本之一端耳。蓋爲仁必自孝悌推之，然後能爲仁也。其曰：爲仁與體仁者異矣，體仁則無本末之別矣。孔子曰「老者安之，朋友信之，少者懷之」，此無待乎推之也。孟子曰「老吾老以及人之老，幼吾幼以及人之幼」，此推之也，推之所謂爲仁。

問：「子貢貨殖誠如史遷之言否？」曰：「孔門所謂貨殖者，但其中未能忘利耳，

豈若商賈之爲哉！」曰：「樊遲請學稼、學圃，如何？」曰：「此亦非爲利也，其所願學正許子並耕之意，而命之爲小人者，蓋稼、圃乃小人之事，而非君子之所當務也。君子勞心，小人勞力。」

先生嘗夜夢人問：❶「『王由足用爲善』，何以見？」語之曰：「齊王只是朴實，故足以爲善。如好貨、好色、好勇與夫好世俗之樂，皆以直告而不隱於孟子，❷其朴實可知。若乃其心不然，❸而謬爲大言以欺人，是人終不可與入堯、舜之道矣。何善之能爲？」

《狼跋》之詩曰：❹「公孫碩膚，赤舄几几。」周公之遇謗，何其安閑而不迫也。學詩者不在語言文字，當想其氣味，則詩之意得矣。

孟子言「説大人則藐之」，至於以己之長，方人之短，猶有此等氣象在，若孔子則無此矣。觀《鄉黨》一篇「與上大夫言，誾誾如也；與下大夫言，侃侃如也」，以至「見冕者與瞽者，雖褻必以貌」，如此，何暇藐人。《禮》曰：「貴貴，爲其近於君也。敬長，爲其近於親也。」故孔子謂君子畏大人。

「孔子言由、求爲具臣，曰『弑父與君，亦不從也』。由、求如是而已乎？」曰：「弑父與君，言其大者，蓋小者不能不從故也。若季氏旅太山、伐顓臾而不能救之之事是已。」「然則或許其『升堂』，且皆在『政事』之科，何也？」曰：「小事之失亦未必皆從，但自弑父與君而下，或從一事則不得爲不從。若弑父與君，則決不從矣。進此一等便爲

❶「夜」，正德本無。
❷「於孟子」，正德本無。
❸「乃」，正德本無。
❹「狼跋」一則，正德本無。

大臣，如孔、孟之事君是也。故孔、孟雖當亂世而遇庸暗之主，一毫亦不放過。」

事道與禄仕不同。常夷甫家貧，召入朝，神宗欲優厚之，令兼數局。如登聞鼓、染院之類，庶幾俸給可贍其家，夷甫一切受之不辭。及正叔以白衣擢爲勸講之官，朝廷亦使之兼他職，則固辭。蓋前日所以不仕者爲道也，則今日之仕，須是官足以行道乃可受，不然是苟禄也。然後世道學不明，君子之辭受取舍，人鮮能知之。故常公之不辭，人不以爲非；而程公之辭，人亦不以爲是。❶

王逢原才高識遠，❷未必見道。觀其所著，乃高論怨誹之流，假使用之，亦何能爲？《春秋》昭如日星，但説者斷以己意，故有異同之論。若義理已明，《春秋》不難知也。《春秋》始於隱，其説紛紛無定論。《孟子》有言：「王者之迹熄而《詩》亡，《詩》亡然後《春秋》作。」據平王之崩在隱公之三年也，則隱公即位，實在平王之時。自幽王爲犬戎所滅而平王立於東遷，當是時，《黍離》降而爲《國風》，則王者之《詩》亡矣。此《春秋》所以作也。

《易》於《咸卦》初六言「咸其拇」，六二言「咸其腓」，九三言「咸其股」，九五言「咸其脢」，上六言「咸其輔頰舌」。至於九四一爻，由一身觀之，則心是也。獨不言心，其説以謂有心以感物，則其應必狹矣，唯忘心而待物之感，故能無所不應。其繇辭曰：「貞吉。悔亡。憧憧往來，朋從爾思。」夫思皆緣其類而已，不能周也。所謂「朋從」者，以類而應故也。故孔子《繫辭》曰：「天下何

❶「不」，正德本無。

❷「王逢原」一則，正德本無。

思何慮？天下同歸而殊塗，一致而百慮，天下何思何慮？」夫心猶鏡也，居其所而物自以形來，則所鑒者廣矣。若執鏡隨物，以度其形，其照幾何？或曰：「思造形之上極，過是非思之所能及，故唯天下之至神則無思也。無思所以體道，有思所以應世。」此爲不知《易》之義也。《易》所謂「無思」者，以謂無所事乎思云耳，故其於天下之故，感而通之而已。今而曰不可以有思，又曰不能無思，此何理哉？

或曰：「聖人所以大過人者，蓋能以身救天下之弊耳。昔伊尹之任，其弊多進而寡退，苟得而害義，故伯夷出而救之。伯夷之清，其弊多退而寡進，過廉而復刻，故柳下惠出而救之。柳下惠之和，其弊多汚而寡潔，惡異而尚同，故孔子出而救之。是故伯夷不清不足以救伊尹之任，柳下惠不和不足以救伯夷之清。此三人者，因時之偏而救之，非天下之中道也，故久必弊至。孔子之時，三聖人之弊，各極於天下，故孔子集其行而大成萬世之法，然後聖人之道無弊。其所以無弊者，豈孔子一人之力哉！四人者相爲終始也。使三聖人者當孔子之時，皆足以爲孔子矣。」曰：「何不思之甚也？由湯至於文王之時，五百有餘歲，其間賢聖之君六七作，其成就人才之衆，至其衰世尤有存者。使伊尹有弊，當時更世之久，上之爲君，下之爲臣，皆足以有爲，獨無以革之乎？由周至于戰國之際，又五百有餘歲，文、武、周公之化，不爲不深。使伯夷之弊至是猶在，則周之聖人所謂一道德以同風俗者，❶殆無補於世，而獨俟一柳下惠

❶「同風」，原作小字，今據文義改。

耶？況孔子去柳下惠未遠，若柳下惠能矯伯夷之清，使天下從之，其弊不應繼踵而作。❶而孔子救之，又何其遽也？且孔子之時，荷蕢、荷蓧、接輿、沮溺之流，必退者尚多也，則柳下惠之所爲，是果何益乎？故爲聖人救弊之説者，是亦不思而已矣。夫伊尹固聖人之任者，然以爲必於進則不可也。湯三使往聘之，然後幡然以就湯，不然將不從其聘耶，❷則伊尹之不必進可見。伯夷固聖人之清者，然以爲必於退則不可也。方其辟紂居諸海濱以待天下之清，聞西伯善養老者則歸之，則伯夷之不必退亦可見。若柳下惠，孔子蓋以謂『直道而事人』，孟子亦稱其『不以三公易其介』。夫亦豈以同爲和乎？❸由是觀之，其弊果何自而得之耶？若曰孔子之道所以無弊者，『四人者相爲終始。使三聖人當孔子之時，亦皆足以爲孔子。』此尤不可。孟子曰伯夷、伊尹『不同道』，又曰『自生民以來，未有盛於孔子』，而伯夷、伊尹不足以班之。而其所謂同者，『得百里之地而君之，皆能以朝諸侯、有天下；行一不義、殺一不辜而得天下，皆不爲』而已。彼爲任、爲清、爲和，一節之至於聖人者也，其可以爲孔子乎？夫以三人爲聖者，孟子發之也，而孟子之言其辨如彼。今釋孟子之言，安得强爲之説乎？雖然，此孟子之言也，學者於聖人又當自有所見。自無所見，縱得孟子之旨，何與吾事？」

問：「伊尹五就湯、五就桀，何也？」曰：「其就湯也，以三聘之勤也；其就桀也，

❶「踵」，正德本作「世」。

❷「耶」，正德本、萬曆本作「矣」。

❸「夫」，萬曆本作「矣」，則當屬上。

湯進之也。」「然則何爲事桀？」曰：「既就湯，則當以湯之心爲心，湯豈有伐桀之意哉？其不得已而伐之也。人歸之，天命之耳。方其進伊尹以事桀也，蓋欲其悔過遷善而已。苟悔過遷善，則吾北面而臣之，固所願也。若湯初求伊尹，即有伐桀之意，而伊尹遂相之，是以取天下爲心也。以取天下爲心，豈聖人之心哉？」

問：「伯夷、伊尹、柳下惠之行固不同矣。使伯夷居湯之世，就湯之聘乎？」曰：「安得而不就？」「然則湯使之就桀，則就之乎？」曰：「否。」「何以知其然？」曰：「伯夷聞文王作興則歸之，宜其就湯之聘。然而横政之所出，横民之所止，不忍居也。使之事桀，蓋有所不屑矣。」「然則其果相湯也，肯伐桀乎？」曰：「至天下共叛之，桀爲獨夫，伯夷伐之，亦何恤哉？」

或曰：「湯之伐桀也，衆以爲『我后不恤我衆，舍我穡事而割正夏』。而湯告以必往，是聖人之任者也。文王三分天下有其二，以服事商，是聖之清者也。」曰：「非也。湯之伐桀，雖其衆有不悦之言，憚勞而已。若夏之人則不然，曰『時日曷喪，予及汝皆亡』，故攸徂之民，室家相慶，簞食壺漿以迎王師。湯雖不往，不可得矣。文王之時，紂猶有天下三分之一，民猶以爲君，則文王安得而不事之？至於武王而『受罔有悛心』，賢人君子不爲所殺，則或爲囚奴、或去國。紂之在天下爲一夫矣，故武王誅之，亦不得已也。孟子不云：『取之而燕民不悦，則勿取。古之人有行之者，文王是也。取之而燕民悦，則取之。古之人有行之者，武王是也。』由此觀之，湯非樂爲任，而文王非樂爲清也，會逢其適而已。」

孟子與人君言，❶皆所以擴其善心而革其非，不止就事論事。如論齊王之愛牛而曰「是心足以王」，論王之好樂而使之與百姓同樂，論王之好貨、好色、好勇而陳周之先王之事。若使爲人臣者論事每如此，而其君肯聽，豈不能堯舜其君？

又曰：「孟子對人君論事，句句未嘗離仁，此所謂王道也。」曰：「安得句句不離乎仁？」曰：「須是知一以貫之之理。」曰：「一以貫之，仁足以盡之否？」曰：「孟子固曰一者何，曰仁也。仁之用大矣。今之學者，仁之體亦不曾體究得。」

齊王顧鴻鴈麋鹿以問孟子，孟子因以爲「賢者而後樂此」。至其論文王、夏桀之所以異，則獨樂不可也。世之君子，其賢者乎，則必語王以憂民，而勿爲臺沼、苑囿之觀，是拂其欲也。其佞者乎，則必語王以自樂，而廣其侈心，是縱其欲也。二者皆非能引君以當道。唯孟子之言常於毫髮之間剖析利害之所在，使人君化焉而不自知。夫如是，其在朝廷則可以格君心之非，而其君易行也。

或曰：「居今之世，去就之際，不必一一中節。欲其皆中節，則道不得行矣。」曰：「何其不自重也！枉己者其能直人乎？古之人寧道之不行而不輕其去就。如孔、孟雖在戰國之時，其進必以正，以至終於不得行而死是矣。顧今之世獨不如戰國之時乎？使不恤其去就可以行道，孔、孟當先爲之矣。孔、孟豈不欲道之行哉？」

或曰：「以術行道而心正，如何？」曰：「謂之君子，豈有心不正者？當論其所行

❶「孟子與人君言」以下五則，正德本無。

之是否爾。且以術行道，未免枉己。與其自枉，不若不得行之愈也。」

宋牼以利説秦、楚，使之罷兵，以息兩國之争，❶其心未爲過也。然孟子力抵之，蓋君子之事君，其説不可惟利之從。❷苟惟利之從，則人君所見者，利而已。彼有軋吾謀者，其説又利於我，吾説必見屈矣。故不若與之談道理，道理既明，人自不能勝也。所謂道理之談，❸孟子之仁義是也。王、霸之佐，其義、利之間乎！一毫爲利，則不足爲王矣。❹後世道學不明，人以顔子、伯夷只作一節之士，若孟子之論，則是兩人者豈清修介潔者耶？如伯夷直許之以朝諸侯、一天下，顔子直許之以禹、稷之事。

方太公釣於渭，不遇文王，特一老漁父耳。及一朝用之，乃有鷹揚之勇。非文王有獨見之明，誰能知之。學者須體此意，然後進退隱顯各得其當。

或曰：「德而已矣，奚取於聰明？」曰：「徒取其德，或有有德而不聰明者，如此則人得以欺罔之，何以濟務？故《書》稱堯、舜、禹、湯、文、武，皆言其聰明，爲是故也。」

黄叔度學充其德，雖顔子可至矣。

一介之與萬鍾，若論利則有多寡，若論義其理一也。伊尹惟能一介知所取與，故能禄之以天下弗顧，繫馬千駟弗視。自後世觀之，則一介不以予人爲太吝，一介不以取諸人爲太潔。然君子之取予，適於義而已。予之嗇，取之微，雖若不足道矣，然苟

❶「使之罷兵以息兩國之争」，正德本作「使罷兵息争」。
❷「其説」，正德本無。
❸「所謂」，正德本無。
❹「一毫爲利則不足爲王矣」，正德本無。

害於義，又何多寡之間乎？❶孔子於公西赤之富，不恤其請；於原憲之貧，不許其辭，此知所予者也。孟子言非其道，則一簞食不可受於人；如其道，則舜受堯之天下不以爲泰，此知所取者也。

孟子稱舜「象憂亦憂，象喜亦喜」，此語最宜味之。夫舜之意，唯恐不獲於象也，則象喜舜自喜。夫豈有僞乎？是之謂「不藏怒，不宿怨」。

問：「象日以殺舜爲事，而舜終不爲所殺。何也？」曰：「堯在上，天下豈容有殺兄者乎？此語自是萬章所傳之謬。據《書》所載，但云『象傲』而已。觀萬章之言，傲何足以盡之。其言殺舜之時，堯已妻之二女，又使其子九男、百官皆事舜於畎畝之中，象必不敢。但萬章所問，其大意不在此，故孟子當時亦不暇辨。」

孟子言舜之怨慕，非深知舜之心不能及此。據舜惟患不順於父母，不謂其盡孝也。《凱風》之詩曰：「母氏聖善，我無令人。」孝子之事親如此。此孔子所以取之也。孔子曰：「君子之道四，丘未能一焉。」若乃自以爲能，則失之矣。❷

顏子所學，學舜而已。蓋舜於人倫無所不盡也：以爲父子，盡父子之道；以爲君臣，盡君臣之道；以爲夫，盡夫道；以爲兄，盡兄道。此孟子所謂「舜爲法於天下，可傳於後世」者也。孟子所憂，亦憂不如舜耳。人能以舜爲心，其學不患不進。

問：「『將順其美』，❸後世之說或成阿諛，恐是引其君以當道？」曰：「然。此正如

❶「又何多寡之間乎」，正德本作「又何問多寡」。
❷「孔子曰」至「失之矣」二十三字，正德本無。
❸「問將順其美」一則，正德本無。

孟子所謂『是心足以王』。若曰以小易大，則非其情。以謂『見牛未見羊』，而欲以羊易牛，乃所以爲仁，引之使知王政之可爲，是謂『將順』。」又曰：「詳味此一章，可見古人事君之心。」

韓信用兵，在楚漢之間則爲善矣。方之五霸已自不及，以無節制故也。如信之軍脩武，高祖即其卧内奪之印，易置諸將，信尚未知，此與棘門、霸上之軍何異？但信用兵能以術驅人，使自爲戰。當時亦無有以節制之兵當之者，故信數得以取勝也。王者之兵未嘗以術勝人，然亦不可以計敗。後世惟諸葛亮、李靖爲知兵。如諸葛亮已死，司馬仲達觀其行營軍壘，不覺歎服。而李靖惟以正出奇，此爲得法制之意，而不務僥倖者也。古人未嘗不知兵，如《周官》之法，雖坐作進退之末，莫不有節。若平時不學，一旦緩急，何以應敵？如此則學者於行師御衆、戰陣營壘之事，不可不講。

史言成安君「儒者」，故爲韓信所勝。成安君豈真儒者哉？若真儒必不爲韓信所詐。如曰吾行仁義云耳，人得而罔之，是木偶人也。夫兵雖不貴詐，亦人所不得而詐，然後爲善。觀戰國用兵中原之戰也，若今之用兵禦夷狄耳。力可以戰則戰，勢利於守則守，來則拒之，去則勿追，則邊鄙自然無事。今乃反挑之，且侵其地，已非理矣。其決勝必取而至於用狙詐也，又何足怪。若賢將必不以窮鬬遠討爲事，何用狙詐？蓋夷狄之戰與中原之戰異，夷狄難與較曲直是非，惟恃力耳，但以禽獸待之可也。以禽獸待之，如前所爲是矣。

問：「今之爲將帥者，不必用狙詐固是，忝兵官武人之有智畧者，莫非狙詐之流，若

無狙詐，如何使人？」曰：「君子無所往而不以誠，但至誠惻怛，則人自感動。」曰：「至誠惻怛可也，然今之置帥，朝除暮易。若以至誠爲務，須是積久，上下相諳，其效方見。卒然施之，未必有補。」曰：「誠動於此，物應於彼，速於影響，豈必在久？如郭子儀守河陽，李光弼代之，一號令而金鼓旗幟爲之精明。此特其號令各有體耳。推誠亦猶是也。」

正叔先生過范堯夫治所，謂堯夫曰：「聞公有言『作帥當使三軍愛之如父母』，是否？」曰：「然。非歟？」曰：「公第能言之耳，未必能行也。」曰：「何以言之？」曰：「聞舊帥方卒，公始代之，便設筵、張樂犒軍，此所以知公之必不能使三軍愛之如父母也。」曰：「當時自合打散，設筵、張樂却是錯？」曰：「打散亦不可。彼卒伍之所利者，財食也。使其不得財食，則知新帥之所以不給賜財食者，爲舊帥之亡也。夫舊帥亦父母也，今其亡未久而給賜如常，卒伍之愚忘其上以此耳。然則不能使之觀舊帥如父母，則必不能使之以我爲父母矣。」堯夫是日追送正叔曰：「若不遠出，不聞此言。」

祖宗能用人命，故太祖嘗曰：「我以一縑易一胡人首，不過十萬，匈奴之衆可盡。」唯能如此，此所以能取天下。今獲一劫盜，亦須以數十千賞之，若只使一縑欲易一胡人首，人必不爲用。唯不能用人命，此所以必至於厚賞也。觀祖宗時，江南擅强，河東未服，兩浙、川、廣尚守巢穴。方是時，所有財賦，特中原之地耳。其聚斂科配，❶蓋不若今之悉也。其後祖宗削平僭亂，只用所

❶「配」，正德本、萬曆本作「派」。

有，不患乏財。使如今日厚賞，安能取天下？

陸宣公當擾攘之際，説其君未嘗用數，觀其奏議可見。欲論天下事，當以此爲法。宣公在朝，自以不恤其身，知無不言，言無不盡。至於遷貶，唯杜門集古方書而已。可謂知進退者。

吕晦叔真大人，❶其言簡而意足。孫莘老嘗言裕陵好問，且曰：「好問則裕。」晦叔曰：「好問而裕，不若聽德而聰。」人有非劉向强聒而不舍者，吕晦叔曰：「劉向貴戚之卿。」此語可謂忠厚。然向之眷眷於漢室而不忍去，則是也。至於上變論事，亦可謂不知命矣。

問：「以匹夫一日而見天子，天子問焉，盡所懷而陳之，則事必有窒礙者，不盡則爲不忠。如何？」曰：「事亦須量深淺。孔子曰：『信而後諫，未信則以爲謗己也。』《易》之《恒》曰『浚恒凶』，此恒之初也。故當以漸而不可以浚，浚則凶矣。假如問人臣之忠邪，其親信者誰歟？遽與之辨别是非，則有失身之悔。君子於此，但不可以忠爲邪，以邪爲忠，語言之間故不無委曲也。至於論理則不然，如惠王問孟子『何以利吾國』，則當言『何必曰利』。宣王問孟子『卿不同』，則當以正對。蓋不直則道不見故也。世之君子，其平居談道甚明，論議可聽，至其出立朝廷之上，則其行事多與所言相戾，至有圖王而實霸，行義而規利者，蓋以其學得之文字之中，而未嘗以心驗之故也。若心之所得，則曰吾所以爲己而已。是故心迹常判而爲二，心迹既判而爲二，故

❶「吕晦叔真大人」一則，正德本無。

事事違其所學。」

人臣之事君，❶豈可佐以刑名之説？如此是使人主失仁心也。人主無仁心，則不足以得人，故人臣能使其君視民如傷，則王道行矣。

或曰：「特旨乃人君威福之權，不可無也。」曰：「不然。古者用刑，王三宥之。若案法定罪而不敢赦，則在有司。夫惟有司守法而不敢移，故人主得以養其仁心。今也法不應誅，而人主必以特旨誅之。是有司之法不必守，而使人主失仁心矣。」

荆公在上前争論，或爲上所疑，則曰：「臣之素行似不至無廉耻，如何不足信？」且論事當問事之是非利害如何，豈可以素有廉耻劫人使信己也？夫廉耻在常人足道，若君子更自矜其廉耻，亦淺矣。蓋廉耻自君子所當爲者。如人守官曰「我固不受贓」，不受贓豈分外事乎？

理財、作人兩事，❷其説非不善，然世儒所謂理財者務爲聚斂，而所謂作人者起其奔競好進之心而已。《易》之言「理財」，《詩》之言「作人」，似不如此。

《周官》「平頒其興積」，説者曰：「無問其欲否，概與之也。」故假此爲青苗之法，當春則平頒，秋成則入之，又加息焉。以謂不取息，則舟車之費、鼠雀之耗、官吏之俸給，無所從出，故不得不然。此爲之辭耳。先王省耕斂而爲之補助，❸以救民急而已。方其出也，未嘗望入，豈復求息？取其息而曰非以漁利也，其可乎？孟子論法，以謂「凶年，糞其田而不足，則必取盈焉」，使民

❶「人臣之事君」一則，正德本無。
❷「理財作人兩事」以下四則，正德本無。
❸「王」，原作「生」，據文淵閣四庫全書本《龜山集》改。

「終歲勤動，不得以養其父母，又稱貸而益之」，是爲不善。今也無問其欲否而頒之，亦無問年之豐凶而必取其息，不然則以刑法加焉。《周官》之意果如是乎？

朝廷設法賣酒，所在吏官遂張樂集妓女以來小民，此最爲害教。而必爲之辭曰「與民同樂」，豈不誣哉？夫誘引無知之民，以漁其財，是在百姓爲之，理亦當禁，而官吏爲之，上下不以爲怪，不知爲政之過也。且民之有財，亦須上之人與之愛惜。不與之愛惜，而巧求暗取之，雖無鞭笞以强民，其所爲有甚於鞭笞矣。余在潭州瀏陽，方官散青苗時，凡酒肆食店與夫俳優戲劇之罔民財者，悉有以禁之。散錢已，然後令如故。官賣酒，舊嘗至是時亦必以妓樂隨處張設，頗得民利。或以請，不許。往往民間得錢，遂用之有方。

《常平法》：州縣寺舍歲用有餘，則以歸官，賑民之窮餓者。余爲瀏陽日，方爲立法，使行旅之疾病飢踣於道者，隨所在申縣，縣令寺舍飲食之，欲人之入於吾境者，無不得其所也。其事未及行而余以罪去官，至今以爲恨。

錢塘内造什物，守臣不知其數，恣宦官所爲，至數年未已，傷財害民，莫此爲甚。使其器用一一得以奉御，玆固無嫌。其實公得其一，私得其十。其十者，非以自奉，則過爲奇技淫巧，以自獻於上與夫宫嬪之貴幸者。此弊尤不可言。使予守錢塘，必先奏上乞降所造之數，付有司爲之以進，庶幾宦官不得容其姦。是雖於事未有大補，亦守臣安百姓、節國用之一端也。如此而得罪，則有名矣。

或勸先生解經。曰：「不敢易也。曾子

曰：『吾日三省吾身，爲人謀而不忠乎？與朋友交而不信乎？傳不習乎？』夫傳而不習，以處己則不信，以待人則不忠，三者胥失也。昔有勸正叔先生出《易傳》示人者，正叔曰：『獨不望學之進乎？姑遲之，覺耄即傳矣。』蓋已耄，則學不復進故也。學不復進，若猶不可傳，是其言不足以垂後矣。六經之義驗之於心而然，施之於行事而順，然後爲得。驗之於心而不然，施之於行事而不順，則非所謂經義。今之治經者，爲無用之文徼幸科第而已，果何益哉？」

今所謂博學者，特通歷代之故事而已。必欲取堯、舜、三代之法，兼明而默識之，以斷後世所爲之中否而去取焉，蓋未能也。孟子之學，蓋有以爲不足學而不學者矣。若諸侯之禮是也。未有當學而不學者也。❶余觀熙寧、元豐之君子，皆通曉世務，而所取以爲證者，秦漢以下之事而已。故有爲秦漢以上之説者與之争，輒不勝。若今之論事者，多以三代爲言，其實未必曉。有能以三代之法一一與之剖析是非，有不戰而自屈者。然此須深知三代致治之意，方可。若《周官》之書，先王經世之務也，不可不講。若有意於世，須是事事明了，胸中無疑，方能濟務。如馬周以一介草茅言天下事，若素宦於朝。若非嘗學來，安得生知？因論馬周言事，每事須開人主一線路，終是不如魏徵之正。❷如諫太宗避暑事親之道，甚善。然又曰：「鑾輿之出有日，不可遽止，願示還期。」若事非是，即從而止之，何用如此？此正孟子所謂「月攘一雞」者，豈是以

❶「若諸侯之禮」至「學者也」十六字，正德本、萬曆本皆無。

❷「徵」，原作「證」，據正德本改。

堯、舜望其君乎？

褚遂良修起居注，唐太宗曰：「朕有不善，亦當記之乎？」或爲之言曰：「借使遂良不記，天下亦當記之。」曰：「此語亦善。但人主好名，則可以此動之耳，未盡也。夫君子居其室，出其言善，則千里之外應之；出其言不善，則千里之外違之。故言行，君子之樞機，不可不慎。縱使史官不記，而民之應違如此，雖欲自掩其不善，其可得乎？」

試教授宏辭科，❶乃是以文字自售。古人行己，似不如此。今之進士，使豪傑者出，必不肯就。然以謂舍此則仕進無路，故爲不得已之計。或是爲貧，或欲緣是少試其才，既得官矣，又以僥求榮達，此何義哉？

龜山先生語録卷第一

❶「試教授宏辭科」一則，正德本無。

龜山先生語録卷第二

朝廷立法：臺察不許言天下利害，諫官不許論人才。命爲臺諫，是使之言也，而又禁之，何理哉？如命以中書舍人，或升黜不當，繳還詞頭，則更屬他中書舍人爲之。命以給事中，或有必行之事，則不復過門下。而所謂中書舍人、給事中者，亦更不整理。且如此是不得其職矣，不得其職則當去。而今之君子安爲之，其義焉在？常平司有支用，雖是勅取，法當執奏。近又免執奏之法，關防甚密，何可免也？使吾輩得爲常平官，如此等事亦當辨明，則知今之要路大抵難處也。先王之時，工執藝事以諫。自此推之，則當是時，凡有職者皆得執其事以諫矣。若人人有職事，皆能思其利害以諫，法度何憂不完？政事何憂不成？且古者百工猶能信度以申其説，而今之侍從、監司，蓋内外之達官，人主所親信者，反未嘗知諫。此又何理也？❶

「天生聰明時乂。」所謂「天生」者，因其固然而無作之謂也。無所作聰明，是謂憲天聰明。❷ 憲天云者，任理而已矣。故伊尹曰：「視遠惟明，聽德惟聰。」知此然後可與論人君之聰明矣。或曰：「爲人君須聰明有以勝人，❸然後可以制人，而止其亂。」曰：「天聰明，期於勝人，非也。如人聽訟，必欲即揣知其情狀是非，亦或屢中。若不任理，只是臆度而已，非所謂聰明。故孔子曰：

❶「理」，正德本無。
❷「聰明」，正德本無。
❸「人」，正德本無。

『聽訟，吾猶人也，必也使無訟乎！』人君如不聽德，每事即揣知情狀是非，所中雖多，失人君之道矣。謂之不聰明可也。」

作詩不知風雅之意，不可以作詩。詩尚譎諫，唯言之者無罪，聞之者足以戒，乃爲有補。若諫而涉於毁謗，聞者怒之，何補之有？觀蘇東坡詩只是譏誚朝廷，殊無温柔敦厚之氣。以此，❶人故得而罪之。若是伯淳詩，❷則聞之者自然感動矣。因舉伯淳《和温公諸人禊飲詩》云「未須愁日暮，天際乍輕陰」，又《泛舟詩》云「只恐風花一片飛」，何其温厚也。

《考槃》之詩言「永矢弗過」，説者曰「誓不過君之朝」，非也。矢，陳也。亦曰「永」，言其不得過耳。昔者有以是問常夷甫之子立，立對曰：「古之人蓋有視其君如寇讎者。」此尤害理。何則？孟子所謂「君之視臣如犬馬，則臣視君如寇讎」，以爲君言之也。爲君言，則施報之道，此固有之，若君子之自處，豈處其薄乎？孟子曰：「王庶幾改之，予日望之。」君子之心蓋如此。《考槃》之詩，雖其時君使賢者退而窮處爲可罪，夫苟一日有悔過遷善之心，復以用我，我必復立其朝，何終不過之有！大抵今之説《詩》者，❸多以文害辭。非徒以文害辭也，又有甚者，分析字之偏傍以取義理，如此豈復有《詩》？孟子引「天生蒸民，有物有則，民之秉彝，好是懿德」，曰：「故有物必有則，民之秉彝也，故好是懿德。」其釋《詩》也，於其本文加四字而已，而語自分明矣。今之説《詩》者，殊不知此。

❶ 「以此」，正德本無。
❷ 「是」，正德本無。
❸ 「大抵」，正德本無。

郭汾陽不問發墓之人，雖古之齊物我者不能過。

問：「謝安屐齒折事，識者不信，是否？」曰：「此事未必無，但史於此亦失之臆度，安知其非偶然乎？ 若破賊而喜，在謝安固不足怪，然屐齒必不爲一時遑遽而致折也。」

或謂：「人當無利心，然後爲君子。」曰：「以此自爲可也，以此責人恐不勝責矣。人但能於得處知辨義理，亦自難得。 故孔子以『見利思義』稱成人，而以『見得思義』稱士焉，此其辨也。」

物有圭角，多刺人眼目，❶亦易玷闕，故君子處世當渾然天成，則人不厭棄矣。

溝洫之量不可以容江河，江河之量不可以容滄海，有所局故也。 若君子則以天地爲量，何所不容。 有能捐一金而不顧者，未必能捐十金。 能捐十金而不顧者，未必能捐百金。 此由所見之熟與不熟，非能真知其義之當與否也。 若得其義矣，雖一介不妄予，亦不妄取。

世之事鬼神所以陷於淫諂者，皆其不知鬼神之情狀、祭祀之深意也。 學者當求知之。 漢儒言「祖有功，宗有德，不毁，所以勸也」。 曰：非也。 子孫之祭其親，豈爲其功德而後祭之乎？ 若以爲有功德然後祭，是子孫得揀擇其祖宗而尊之也，豈事親之道哉？ 秦少游以韋玄成爲腐儒，惡其建毁廟之議，其説曰：「君子將營宫室，宗廟爲先，廐庫爲次，居室爲後。 夫營之先親而後身，則毁之先身而後親可知矣。 漢之離宫別館，長楊、五柞已大侈靡，未聞其毁。 乃

❶「多」，正德本無。

取韋玄成毀廟之説亟行之，此元帝寢疾所以夢祖譴責也。其後又復，豈終可改乎？」曰：審宗廟也，則不容以所未當毀者而毀之矣。先王之禮，天子祭天地，諸侯祭社稷。父爲士，子爲大夫，葬以士，祭以大夫；父爲大夫，子爲士，葬以大夫，祭以士；支子不祭，有事則祭于宗子之家，明非繼體也。如是則祭與不祭，皆不可苟矣。漢之廟在郡國，蓋以千數，歲時皆諸侯王主祭，豈古禮哉？使漢祖宗有靈，當不享矣。立無度之廟，致不享之祭，以此事神，尚不欲毀邪？以夢寐而復，既未知鬼神之情狀，引之爲證，其説陋矣！且誠如所論，先王當行之矣。先王豈不敬神哉？

耳餘之交，❶相責之深，相知之淺耳，故不終。

知合内外之道，則顔子、禹、稷之所同可見。蓋自誠意、正心推之，至於可以平天下，此内外之道所以合也。故觀其意誠、心正，則知天下由是而平。觀其天下平，則知非意誠、心正不能也。兹乃禹、稷、顔回之所以同也。

問：「『師也辟』，何以見？」曰：「《語》云：『堂堂乎張也，難與並爲仁矣。』蓋幾於辟。然此其初也，學於孔門者，皆終有進焉。若子張後來論交曰：『我之大賢歟，於人何所不容？』此豈介僻之流？」

孟子曰：「人之有四端，猶其有四體也。」夫四體與生俱生，身體不備謂之不成人，闕一不可，亦無先後之次。老子言：「失道而後德，失德而後仁，失仁而後義，失義而後禮。禮者，忠信之薄。」是特見後世

❶「耳餘之交」以下五則，正德本無。

爲禮者之弊耳。先王之禮本諸人心，所以節文仁義是也。顧所用如何，豈有先後？雖然，老子之薄而末之者，其意欲民還淳反樸，以救一時之弊而已。夫果能使民還淳反樸，不亦善乎？然天下豈有此理？夫禮，文其質而已，非能有所增益也。故禮行而君臣、父子之道得。使一日去禮，則天下亂矣。若去禮，是去君臣、父子之道也，而可乎？唯不可去，此四端所以猶人之有四體也。

今學者將仁小却，故不知求仁。孔子曰：「若聖與仁，則吾豈敢。」孔子尚不敢當，且罕言之，則仁之道不亦大乎！然則所謂合而言之道也，何也？曰：由仁義行，則行仁義，所謂合也。《洪範傳》曰：「道萬物而無所由，命萬物而無所聽，唯天下至神爲能與於此。」此爲不知道與命也。孔子之言道曰：「誰能出不由户？何莫由斯道也？」其言命曰：「道之將行也歟？命也。道之將廢也歟？命也。」夫道非能使人由之，命非能使人聽之，人自不能違耳。聖人雖至神，以謂體道而至於命則可也，若曰無所由、無所聽，將焉之乎？且聖人未嘗不欲道之興，以無可奈何，故委之於命。如使孔子必可以爲周公之事，其不爲之乎？可爲而不爲，則是欲道之廢矣，豈孔子之心哉？故曰「道萬物而無所由，命萬物而無所聽」者，不知道與命之言也。又《洪範傳》論水、火、金、木、土，❶自然之數，配諸人之一身，皆有先後之序。此有序乎？夫五行在天地之間，有則俱有，故曰闕一不可。今曰有水然後有火，有火然後有木，有木然後有

❶「又洪範」以下，萬曆本另起爲一則，無「又」字。

金，有金然後有土，雖常人皆知其不然矣。然則謂精神魂魄意爲有序，失之矣。

或問：「臺諫官如何作？」曰：「《剥》之《彖》曰：『不利有攸往，小人長也。順而止之，觀象也。君子尚消息盈虚，天行也。』夫君子之於小人，方其進也，不可以驟去。觀《剥》之象，斯可見矣。《剥》坤下而艮上，坤，順也。艮，止也。此天理之不可易者也。順而止之，其漸而非暴之謂乎？陰陽之氣，消息盈虚，必以其漸，君子所尚蓋在於此。」❶

君子之治心、養氣、接物、應事，❷唯直而已，直則無所事矣。康子饋藥，孔子既拜而受之矣，乃曰：「丘未達，不敢嘗。」此疑於拂人情，然聖人慎疾，豈敢嘗未達之藥？既不敢嘗，則直言之，何用委曲？微生高乞鄰醯以與人，是在今之君子蓋常事耳。顧亦何害？然孔子不以爲直，以所以辭康子之言觀之，信乎其不直也。《維摩經》云：「直心是道場。」儒佛至此實無二理。學者必欲進德，則行己不可不直。蓋孔子之門人皆於其師無隱情者，知直故也。如宰我短喪之問之類。

范濟美問：「讀《論語》以何爲要？」曰：「要在知仁。孔子説仁處最宜玩味。」曰：「孔子説處甚多，尤的當是何語？」曰：「皆的當。但其門人所至有不同，故其答之亦異。只如言『剛毅木訥近仁』，自此而求之，仁之道亦自可知。蓋嘗謂曾子在孔門，當時以爲魯。魯者學道，尤宜難於他人。然子思之《中庸》，聖學所賴以傳者也。考

❶「蓋」、「於」，正德本無。

❷「君子之治心」以下六則，正德本無。

其淵源，乃自曾子，則傳孔子之道者，曾子而已矣，豈非魯得之乎？ 由此觀之，聰明辨智未必不害道，而剛毅木訥信乎於仁爲近矣！」

吕吉甫解《孝經》義，首章云：「是曾子力所不能問，故孔子以其未曉而盡告之。」❶曾子曰：「豈有人未之曉而可以盡告之乎？ 觀孔子門人，問爲邦者惟顔子一人，其他敢爲國者尚少。今《孝經》所論，上自天子，下至庶人，無不及者。若其力有未至而盡告之，在孔子爲失言，於曾子爲無益。豈聖賢教與學之道哉？ 孔子云『參也魯』，蓋其初時。而後語之以『一以貫之』，曾子於此默喻，則其所得深矣。猶以爲魯，是學於孔門者獨無所進乎？ 觀《論語》所載曾子將死之言，孟子推明不事有若之意，又詳考子思、孟子傳道之所自，是特以魯終其身者耶？ 學有所患，❷在守陳編而不能斷以獨見之明，此其於古人是非所以多失之也。」

京師所聞 丙戌四月至六月

李似祖、曹令德問：「何以知仁？」曰：「孟子以惻隱之心爲仁之端，平居但以此體究，久久自見。」因問似祖、令德尋常如何説「隱」。似祖云：「如有隱憂，勤恤民隱，皆疾痛之謂也。」曰：「孺子將入於井，而人見之者必有惻隱之心，疾痛非在己也，而爲之疾痛，何也？」似祖曰：「出於自然，不可已也。」曰：「安得自然如此？ 若體究此理，知其所從來，則仁之道不遠矣。」二人退，余從

❶「未曉」，原闕，據萬曆本補。

❷「有」，疑當作「者」。

容問曰：「萬物與我爲一，其仁之體乎？」曰：「然。」

問：「《論語》言仁處，何語最爲親切？」曰：「皆仁之方也。若正所謂仁，則未之嘗言也。故曰『子罕言利與命與仁』。要道得親切，唯孟子言『仁，人心也』最爲親切。」

豐尚書稷嘗言：「少時見雪竇教人惜福云：『人無壽夭，禄盡則死。』昔元厚之死而復生，於陰府見主吏，謂之曰：『君禄未盡，他時官至兩府，然須惜福，乃可延年。』厚之一生，雖一杯飯亦必先減而後食，其餘奉養皆不敢過，故身爲執政，壽逾七十。雪竇之言於是可驗。今日貴人相高以侈，視其費用，皆是無益，畢竟何補？」公聞之，曰：「此猶以利言也。若以義言之，則簞食、萬鍾，顧吾所得爲者如何耳。」

吴審律儀勸解《易》。曰：「《易》難解。」曰：「及今可以致力，若後力衰，却難。」曰：「某嘗觀聖人言《易》，便覺措辭不得。只如乾、坤兩卦，聖人嘗釋其義於後，是則解《易》之法也。《乾》之初九『潛龍勿用』，釋云：『陽在下也。』又曰：『龍德而隱者也。』又曰：『下也。』又曰：『陽氣潛藏。』又曰：『隱而未見，行而未成。』此一爻耳，反覆推明，至五變其説然後已。❶今之釋者，其於他卦能如是推明乎？若不能爾，則一爻之義只可用之一事。《易》三百八十四爻，爻指一事，❷則是其用止於三百八十四事而已。❸如《易》所該，其果極於此乎？❹若三百八十四事不足以盡之，則一爻之用不止

❶「然後已」，正德本無。
❷「爻指一事」，正德本無。
❸「是」，正德本無。
❹「如易」至「此乎」十字，正德本無。

於一事亦明矣。觀聖人於《繫辭》，發明卦義尚多，其説果如今之解《易》者乎？故某嘗謂：『説《易》須髣髴聖人之意，然後可以下筆。』此其所以未敢苟也。」

問：「邵堯夫云：『誰信畫前元有易？自從删後更無詩。』畫前有易，何以見？」曰：「畫前有易，其理甚微，然即用孔子之已發明者言之，未有畫前，蓋可見也。如云神農氏之耒耜，蓋取諸益。日中爲市，蓋取諸噬嗑。黄帝、堯、舜之舟楫，蓋取諸涣。服牛乘馬，蓋取諸隨。益、噬嗑、涣、隨，重卦也。當神農、黄帝、堯、舜之時，重卦未畫，此理真聖人有以見天下之賾，故通變以宜民，而易之道得矣。然則非畫前元有易乎？」

問：「《墻有茨》之詩，若以爲勸戒，似不必存。」曰：「著此者，欲知此惡不可爲耳。所以不可爲，以行無隱而不彰，雖幽闇深僻之中，人亦可以知其詳也。❶人之爲惡，多以人莫之知而密爲之，然終不能掩。密爲之者，其初心也。至於不能掩，蓋已無如之何耳。豈其所欲哉？此君子所以『戒慎乎其所不睹，恐懼乎其所不聞』也。」

自非狙詐之徒皆知義足以勝利，❷然不爲利疚而遷者幾希。如管仲亦知義，故其所爲多假義而行。自王者之迹熄，天下以詐力相高，故常溺於利而不知反。由孔子而後，爲天下國家不以利言者，唯孟子一人守得定。

「九月丁卯，子同生。」曰：「子同者，正名其爲桓公之子也。《猗嗟》之《詩序》曰：

❶「可以」，正德本無。

❷「自非狙詐之徒」一則，正德本無。

『人以爲齊侯之子。』其詩曰『展我甥兮』，則明莊公非齊侯之子矣。以經考之，莊公之生，桓公之六年也。至十八年始書『夫人姜氏遂如齊』。而《左傳》因載申繻之諫與桓公適齊之事，則前此文姜，蓋未嘗如齊也。未嘗如齊，而人以莊公爲齊侯之子，《春秋》安得而不辨乎？此《春秋》所以爲别嫌明微也。」

閔二年，書「鄭棄其師」。觀《清人》之《詩序》可見矣。文公惡高克，使之將兵禦狄，久而不召，遂使衆散而歸，豈非棄其師乎？蓋惡其人而使之將兵以外之。兵何罪？故止罪鄭。

「齊桓公攘戎狄而封衛，未嘗請命于天子而專封之也。故《春秋》書『城楚丘』而不言其封衛，蓋無取焉。然則《木瓜》美桓公，孔子何以取之？」曰：「《木瓜》之詩，衛人之詩也。衛爲狄所滅，桓公救而封之，其恩豈可忘也。欲厚報之，不亦宜乎？在衛人之義不得不以爲美，其取之也，以衛人之義而已。若《春秋》褒貶示天下之公，故無取。」

鄭季常作太學博士，言：「養士之道，當先善其心。今殊失此意，未知所以善之之方。」曰：「由今之道，雖賢者爲教官，必不能善人心。」曰：「使荆公當此職，不知如何？」曰：「荆公爲相，其道蓋行乎當年。今日學法，荆公之法也，已不能善之矣。」季常良久曰：「如是，如是！」

與季常言：「學者當有所疑，乃能進德。然亦須着力深，方有疑。今之士讀書爲學，[1]蓋自以爲無可疑者，故其學莫能相

[1]「士讀書」，正德本無。

尚。❶如孔子門人所疑，皆後世所謂不必疑者也。子貢問政，子曰『足食足兵，民信之矣』。子貢疑所可去，答之以『去兵』。於食與信，猶有疑焉，故能發孔子『民無信不立』之説。若今之人問政，使之足食與兵，何疑之有。樊遲問仁，子曰『愛人』。問智，子曰『知人』。是蓋甚明白，而遲猶曰『未達』，故孔子以『舉直錯諸枉，能使枉者直』教之。由是而行之，於智之道不其庶矣乎？然遲退而見子夏，猶申問『舉直錯諸枉』之義，於是又得舜舉皋陶、湯舉伊尹爲證，故仁智兼盡其説。子夏問『巧笑倩兮，美目盼兮』，直推至於曰『禮後乎』然後已。如使今之學者，方得其初問之答，便不復疑矣。蓋嘗謂古人以爲疑者，今人不知疑也，學何以進？」季常曰：「某平生爲學，亦常自謂無疑，今觀所言，方知古之學者善學。」

問：「《中庸》只論誠，而《論語》曾不一及誠，何也？」曰：「《論語》之教人，凡言恭敬忠信，所以求仁而進德之事，莫非誠也。《論語》示人以其入之之方，《中庸》言其至也。蓋《中庸》子思傳道之書，不正言其至，則道不明。孔子所罕言，孟子常言之，亦猶是矣。」

《易》曰：「君子敬以直内，義以方外。」夫盡其誠心而無僞焉，所謂直也。若施之於事，則厚薄隆殺一定而不可易，爲有方矣。敬與義本無二，所主者敬，而義則自此出焉，故有内外之辨。其實義亦敬也，故孟子之言義曰「行吾敬」而已。

問：「孔子許子路升堂，其品第甚高，何以見？」曰：「觀其死猶不忘結纓，非其所養

❶「尚」，正德本、萬曆本作「當」。

素定何能爾邪？苟非其人，則遑遽急迫之際，方寸亂矣。」

問：「宰我於『三年之喪』，❶猶有疑問，何也？」曰：「此其所以爲宰我也。凡學於孔子者，皆欲窮究到無疑處方已。『三年之喪』，在他人於此不敢發之，宰我疑以『期』斷，故必求質於聖人，雖被深責，所不辭也。」

四科之目，不盡孔門弟子之賢，非可指爲定論。

揚雄作《太玄》準《易》，此最爲誑後學。後之人徒見其言艱深，其數汗漫，遂謂雄真有得於《易》，故不敢輕議。其實雄未嘗知《易》。

問：「『必有事焉，而勿正，心勿忘，勿助長』，既不可忘，又不可助長，當如何着力？」曰：「孟子固曰『至大至剛，以直養而無害』，則雖未嘗忘，亦不助長。」

「温、良、恭、儉、讓」，此五者非足以盡孔子。然「必聞其政」者，以此耳。

「毋意」云者，謂無私意耳。若誠意，則不可無也。

所謂「時習」者，如嬰兒之習書點畫，固求其似也。若習之而不似，亦何用習？學者學聖人，亦當如此，大概必踐履聖人之事，方名爲學。習又不可不察，習而不察，與不習同。若今之學者，固未嘗習，而況於察。

問：「何謂『屢空』？」曰：「此顏子所以殆庶幾也。學至於聖人，則一物不留於胸次，乃其常也。回未至此，屢空而已。謂之『屢空』，則有時乎不空。」

❶「問宰我於三年之喪」以下七則，正德本無。

「臆則屢中」，❶非至誠前知也，故不足取。

問：「『操則存』，如何？」曰：「古之學者視聽言動無非禮，所以操心也。至於無故不徹琴瑟，行則聞佩玉，登車則聞和鸞，蓋皆欲收其放心，不使惰慢邪僻之氣得而入焉。故曰：『不有博弈者乎？爲之猶賢乎已。』夫博弈非君子所爲，而云爾者，以是可以收其放心爾。説經義至不可踐履處，便非經義。若聖人之言，豈有人做不得處？學者所以不免求之釋、老，爲其有高明處。如六經中自有妙理，却不深思，只於平易中認了。曾不知聖人將妙理只於尋常事説了。」

曾子曰：「士不可以不弘毅。」人須能弘，然後有容。因言陳述古先生云：「丈夫當容人，勿爲人所容。」

「旁招俊乂，列于庶位」，宰相之任也。今宰相欲擢任一人，必令登對，然後取旨用之。夫人之賢不肖，一見之頃，安能盡知？此蓋起於後世宰相不堪委任之過。

荆公云：「利者，陰也，陰當隱伏。義者，陽也，陽當宣著。」此説源流發於董仲舒，然此正王氏心術之蔽。觀其所爲，雖名爲義，其實爲利。

《春秋》正是聖人處置事處。他經言其理，此明其用。理既明，則其用不難知也。

聖人作處，本分之外不加毫末。故以孔子之聖，孟子止言其「不爲已甚」而已。

或問操心。❷曰：「《書》云『以禮制心』，所謂操也。如顔子克己復禮，最學者

❶「臆則屢中」以下四則，正德本無。

❷「或問操心」一則，正德本無。

之要。若學至聖人，則不必操而常存。揚雄言『能常操而存者，其唯聖人乎』，此爲不知聖人。」論及莊周言天人處，曰「絡馬首，穿牛鼻，是謂人」，曰：「是亦天也。若絡牛首、穿馬鼻，則不可謂之天。」論《西銘》曰：「河南先生言『理一而分殊』，知其理一所以爲仁，知其分殊所以爲義。所謂分殊，猶孟子言『親親而仁民，仁民而愛物』，其分不同，故所施不能無差等。」或曰：「如是則體用果離而爲二矣。」曰：「用未嘗離體也。且以一身觀之，四體百骸皆具，所謂體也。至其用處，則屨不可加之於首，冠不可納之於足，則即體而言，分在其中矣。」

「吾從周」，非從其文也，從其損益之意而已。

《易》言「利見」、「利用」而終不言所以利，故孔子罕言利。或謂「死與鬼神，子路所不得而問」，蓋不曉一致之理，故錯認聖人之言。

宰我問三年之喪，❶非不知其爲薄也，只爲有疑，故不敢隱於孔子。只此無隱，便是聖人作處。

問：「伯夷，聖人，猶有隘，何也？」曰：「此自氣稟不同耳。若觀其百世之下聞其風者，頑夫廉，懦夫有立志，此是甚力量？」

餘杭所聞 丁亥三月，自侍下來。❷

周公東征，邦君、御事皆以爲不可，周公徒得十夫之助，決意征之。禹征有苗，會羣后誓之。既已出師，朝廷上下宜無不以

❶ 「宰我問三年之喪」以下二則，正德本無。
❷ 「自侍下來」，正德本、萬曆本無。

爲當者，而益以一言贊之，禹遂振旅而還，而苗亦隨格。豈周公之德不逮禹乎？ 蓋舜之時，在廷莫非君子，而天下已大治矣。其敢逆命者，獨有苗而已，縱而不治，未足爲害。如必欲誅之，則太平之民自受其病矣。故與其勤師遠伐，不若修德以待其來之爲愈也。若夫三監之叛，其變起王室，非可以夷狄待之也。況又成王幼冲，涖政之初，君子之道不勝小人，不誅而縱之，其禍將不勝救矣。當是之時，雖無十夫之助，周公亦不可已，此所以必征之也。《易》曰「莧陸夬夬，中行无咎」，其舜之事乎！ 如往年靖州之師，其出固有名，若以舜之事言之，其孰爲得？ 自靖爲郡，荆湖至今被其害。

問：「『帝乃誕敷文德』，則自班師之後，然後敷之也。『敷文德』之事何以見？」曰：「『舞干羽』是也。古之時，文武一道，故干戈兵器也，用之於戰陣則爲武，用之於舞蹈則爲文。曰『敷文德』云者，已不爲武備矣。」

「『人之生也直』，是以君子無所往而不用直，直則心得其正矣。以乞醯、證父爲直，不得其正者也。古之於幼子，常示毋誑，所以養其直也。其養之也有素如此。以怨報怨，以德報怨，皆非直也。所謂直者，公天下之好惡而不爲私焉耳。」曰：「如是則以德報德何以辨之？」曰：「所謂德，非姑息之謂也，亦盡其道而不爲私焉耳。若姑息，則不能無私矣。」曰：「人有德於我，不幸而適遇所當施之者，非吾意之所欲，能不少有委曲？ 如庾公之斯之於子濯孺子，不亦可乎？」曰：「然。」

問：「舜之時，在廷之臣多矣。至傳禹以天下，而禹獨推臯陶，何也？」曰：「舜徒

得此兩人而天下已治故也。禹揔百揆而皋陶施刑，内外之治舉矣。古者，兵刑之官合爲一。觀舜之命皋陶，『蠻夷猾夏』是其責也，則皋陶之職所施於外者爲詳。故皋陶雖不可以無禹，而禹亦不可以無皋陶。是以當舜之欲傳位，禹獨推之，餘人不與焉。孟子曰『舜以不得禹、皋陶爲己憂』，而子夏亦言『舜有天下，選於衆，舉皋陶，不仁者遠矣』，蓋有見乎此。」

忠信乃爲進德之基本，❶無忠信則如在虛空中行，德何以進？

問：「孔子於舊舘人之喪，遇於一哀而出涕，遂説驂以賻之曰：『吾惡夫涕之無從也。』而顔淵死，子哭之慟，顔路請子之車以爲之槨，而不與，何也？」曰：「遇於一哀而出涕者，不期然而然也。然哀有餘也，故必有以文之，此説驂之禮所由起乎？顔淵死，子曰：『天喪予！天喪予！』則其存亡與之爲一矣，故其哭之也，不自知其慟也。其於此奚以文爲？文非所以施於顔淵，則車之與不與也，惟義所在而已。」

「獲乎上有道，不信乎朋友，弗獲乎上矣；信乎朋友有道，不順乎親，弗信乎朋友矣；順乎親有道，反身不誠，不悦於親矣。」今之君子，欲行道以成天下之務，反不知誠其身。豈知一不誠，它日舟中之人盡爲敵國乎？故曰「不誠未有能動者也」。夫以事上則上疑，以交朋友則朋友疑，至於無往而不爲人所疑，道何可行哉？蓋忘機，則非其類可親；機心一萌，鷗鳥舞而不下矣。

《大學》一篇，❷聖學之門户。其取道至

❶「忠信乃爲進德之基本」二則，正德本無。

❷「大學一篇」一則，正德本無。

徑，故二程多令初學者讀之。蓋《大學》自正心、誠意至治國家、天下，只一理。此《中庸》所謂「合内外之道」也。若内外之道不合，則所守與所行自判而爲二矣。孔子曰「子帥以正，孰敢不正」，子思曰「君子篤恭而天下平」，孟子曰「其身正而天下歸之」，皆明此也。

伊尹所以事君更無回互，唯知忠而已，所以能爲放太甲之事。然如此而天下不疑者，誠意素著故也。因問：「孟子云『有伊尹之志則可』，後世之爲人臣者不幸而適遇此事，而有伊尹之志，不知行得否？若行不得，是伊尹之事不可法於後也。」曰：「若有伊尹之志，其素行足信，何爲不可？但觀蜀先主當時以其子屬諸葛孔明，曰：『嗣子可輔，輔之；如不可輔，君自取之。』備死，孔明操一國之權，當時軍國大務，人材進退，唯孔明是聽，而蜀之人亦莫之疑也。蓋孔明自非篡弒之人，其素行足信也。若如司馬懿，其誰信之？伊尹之事，自後世觀之以爲異，其實亦所謂中道。」

問：「成湯放桀，惟有慚德，何也？」曰：「横渠嘗言湯武之功，聖人之不幸也。若論君臣之義，則爲臣而事其君，當使其君如堯舜乃是。既不能使其君如堯舜，至其君得罪於天下而放之，豈其所欲哉？成湯之事，以言順乎天而應乎人，何慚之有？然自人情觀之，既以堯舜之禪爲盡善，則征誅而有天下，安能無愧乎？」

問：「文姜與齊侯淫，詩人以『不能防閑其母』刺莊公。莊公固當深罪乎？」曰：「固可罪也。觀《載驅》之詩言『魯道有蕩』，則魯之君臣蕩然無以禁止之也。夫君夫人之

出入，其威儀物數甚矣。❶其曰『齊子夕發』，又何其易乎？禮，婦人幼從父兄，嫁從夫，夫死從子。既曰從子，子乃不能防閑之，恣其淫亂，於誰責而可乎？❷許穆夫人思歸唁其兄而義不得，其賦《載馳》之詩曰『大夫君子，無我有尤』，是雖欲歸不可得也。」曰：「《凱風》何以美孝子？」曰：「不能安其室，是求嫁也。嫁猶以正，非如姜氏之淫于齊也。又此詩之所取，特美其負罪引慝而已。若《叔于田》之詩，《序》所謂『不勝其母，以害其弟』，其刺之蓋與《猗嗟》之刺莊公同意。」

或曰：❸「呂吉甫云：管仲，今人未可輕議之。如《列子》所載仲論隰朋之爲人，『上忘而下不叛，愧不若黄帝而哀不己若者』。又如《論語》稱管仲『奪伯氏駢邑三百，飯疏食，没齒無怨言』，則其所能所爲可謂高矣。❹如仲者，但不如孔子耳，何可輕議？」曰：「此未見仲小器之實也。若管仲只不如孔子，曾西何以不爲？」

「艮，止也，止其所也」，故繫辭曰：「止萬物者莫善乎艮。」又曰：「成言乎艮」，「艮者，萬物之所成終而所成始也」。止於此矣，復出乎震，不終止也。故《艮卦》曰：「時止則止，時行則行。」

「『觀，盥而不薦，❺有孚顒若』，誠意所寓故也。古人脩身、齊家、治國、平天下，本於誠吾意而已。《詩》、《書》所言，莫非明此者，但人自信不及，故無其效。聖人知其效

❶「矣」，正德本作「備」。
❷「而可乎」，正德本無。
❸「或曰」一則，正德本無。
❹「所爲」，萬曆本作「者亦」。
❺「觀盥而不薦」一則，正德本無。

必本於此，是以必由也。」或曰：「正心於此，安得天下便平治？」曰：「正心一事，自是人未嘗深知之。若深知而體之，自有其效。觀後世治天下，皆未嘗識此。然此亦惟聖人力做得徹。蓋心有所忿懥、恐懼、好樂、憂患，一毫少差，即不得其正。自非聖人，必須有不正處。然有意乎此者，隨其淺深，必有見效，但不如聖人之效著矣。觀王氏之學，蓋未造乎此。其治天下，專講求法度。如彼脩身之潔，宜足以化民矣，然卒不逮王文正、吕晦叔、司馬君實諸人者，以其所爲無誠意故也。明道常曰：『有《關雎》、《麟趾》之意，然後可以行《周官》之法度。』蓋深達乎此。」因問：「顔子克己，欲正心耶？」曰：「然。」

或問：「經綸天下須有方法，亦須才氣運轉得行？」曰：「《天保》以上治内，《采薇》以下治外，先王經綸之迹也，其效博矣。然觀其作處，豈嘗費力？本之誠意而已。今《鹿鳴》、《四牡》諸詩皆在，先王所歌以燕群臣、勞使臣者也，若徒取而歌之，其有效乎？然則先王之用心，蓋有在矣。如《書·堯典》序言『克明俊德』以至『親睦九族』、『平章百姓』、『協和萬邦』，法度蓋未及也，而其效已臻，『黎民於變時雍』，然後『乃命羲、和，欽若昊天』之事，然則法度雖不可廢，豈所宜先？」

未見《易》而玩《易》之文以言《易》，❶若説得深，即不是聖人作用處；若説得淺，常人之談耳。

因言秦漢以下事，曰：❷「亦須是一一

❶ 「見易」，原作「易見」，據萬曆本乙正。
❷ 「因言秦漢以下事曰」，正德本無「因言」、「曰」三字。

識別得過。欲識別得過，須用着意六經。六經不可容易看了。今人多言要作事須看史，史固不可不看，然六經先王之迹在焉，是亦足用矣。❶必待觀史，未有史書以前，人何以爲據？蓋孔子不存史而作《春秋》，《春秋》所以正史之失得也。今人自是不留意六經，故就史求道理，❷是以學愈博而道愈遠。若經術明，自無工夫及之。使有工夫及之，則取次提起一事，便須斷遣處置得行，何患不能識別？」

「『盥而不薦』，初未嘗致物也，威儀、度數亦皆未舉而已。『有孚顒若』，其所以交於神明者，蓋有在矣。」又云：「禮莫重於祭，祭莫重於灌。蓋求鬼神於幽陰之時，未致其文，於此而能致誠以格鬼神，則自灌而往，其威儀、度數足觀矣。若不既其實，❸而徒以繁文從事，何足觀乎？故孔子嘗曰『禘自既灌而往者，吾不欲觀之矣』，蓋歎時也。《易》曰：『東鄰殺牛，不如西鄰之禴祭。』又曰：『二簋可用享。』其不貴物而貴誠如此。」又云：「古人所以交神而接人，其道一主於誠，初無二也。故曰『明則有禮樂，幽則有鬼神』。幽明本一理，故所以感之者亦以一理。『聖人以神道設教而天下服』，所謂『神道』，誠意而已。誠意，天德也。」

又云：❹「無誠意以用禮，則所爲繁文末節者，僞而已。故老子絶滅禮學，而曰『忠信之薄，亂之首』也。」

「予欲觀古人之象」，「汝明」，非謂明其禮意也。衣服所以章有德，五服、五章或非

❶「是亦足用矣」，正德本無。
❷「理」，正德本無。
❸「既」，萬曆本作「究」。
❹「又云」以下二則，正德本無。

其稱，不明孰甚焉？

《棠棣》之言朋友不可相責望，蓋君子恕以處朋友也，若爲人朋友，所以自處則不可爾。《周官》以孝友、睦婣、任恤考人之行，若不可責人，聖人何以制法？夫鄰里鄉黨，力足以相助相持猶不敢不勉，而况於朋友乎？

問：「所解《論語》『犯而不校』處云『視天下無一物非仁也，故雖犯而不校』，此如『四海皆兄弟』之義看否？」曰：「然。仁者與物無對，自不見其有犯我者，更與誰校？如孟子言『仁者無敵』，亦是此理。」

龜山先生語録卷第二

爲得大臣之體。於今可以庶幾前輩風流者，惟此一人耳。

「齊、戰在聖人何以慎？」曰：「齊所以事神，戰所以用民命，固當慎也。」曰：「孔子云『我戰則克，祭則受福』。何也？」曰：「此非聖人之言。王者之兵，有征無戰，必也臨事而懼，好謀而成。又敢自謂其能克乎？夫祭之爲道，初不爲致福，故祭祀不祈。君子於其親，春秋祭祀，以時思之。其他所祭，報本反始而已，何求福之有？」又曰：「武王三分天下有其二，度德量力，皆足以勝受而無疑焉，而曰『受克予，非朕文考有罪，惟予小子無良』，是不敢必其戰之勝也。而《記》稱孔子之言曰『我戰則克』，必不然矣。」

龜山先生語録卷第三

餘杭所聞

揚雄云「多聞，守之以約；多見，守之以卓」，其言終有病，不如孟子言「博學而詳説之，將以反説約也」爲無病。蓋博學詳説，所以趨約，至於約則其道得矣。謂之守以約卓於多聞多見之中，將何守？見此理分明，然後知孟子之後其道不傳，知孟子所謂「天下可運於掌」爲不妄。

正心到寂然不動處方是極致。以此感而遂通天下之故，其於平天下也何有？

曾子開不以顔色語言假借人，其慎重

問：「或謂人主之權，❶當自主持，是否？」曰：「不爲臣下奪其威柄，此固是也。《書》稱湯曰『用人惟己』，而孟子亦曰『見賢焉然後用之』，則人君之權豈可爲人所分？然孟子之論用人、去人、殺人，雖不聽左右、諸大夫之毀譽，亦不聽國人之公。❷因國人之公是非，吾從而察之，必有見焉而後行如此，則權常在我矣。若初無所見，姑信己意爲之，亦必終爲人所惑，不能固執矣。」

問：❸「或謂衛於王室爲近，懿公爲狄所滅，齊桓公攘戎狄而封之。當是時，夷狄横而中國微，桓公獨能如此，故孔子曰『微管仲，吾其被髮左衽矣』，爲其功如此也，❹觀晉室之亂，胡羯猖獗於中原，當是時，只爲無一管仲，故顛沛如此。然則管仲之功後世信難及也？」曰：「若以後世論之，其功不可謂不大；自王道觀之，則不可以爲大也。今人只爲見管仲有此，故莫敢輕議，不知孔孟有爲，規模自别。見得孔孟作處，則管仲自小。」曰：「孔孟如何？」曰：「必也以《天保》以上治内，以《采薇》以下治外，雖有夷狄，安得遽至中原乎？如《小雅》盡廢，則政事所以自治者俱亡，四夷安得而不交侵？中國安得而不微？方是時，縱能救之於已亂，雖使中國之人不至被髮左衽，蓋猶賢乎周衰之列國耳，何足道哉！如孟子所以敢輕鄙之者，蓋以非王道不行故也。」曰：「然則孔子何爲深取之？」曰：「聖人之於人，雖有毫末之善必録之，而况於仲乎！若使孔子得君如管仲，則管仲之事蓋不暇

❶「問或謂人主之權」一則，正德本無。
❷「公」下，萬曆本有「是非」二字。
❸「問」，正德本無。
❹「故孔子」至「其功如此」十九字，正德本無。

爲矣。」

問：❶「或謂今世直道難行，必有術焉。若事事要是自立不任道，如何行得？觀周勃、狄仁傑之在漢唐，必須優柔浸灌，蒙恥忍垢，俟時而後發，故功成事遂。如必危言極論，則速禍無補矣。」曰：「學者當以聖王爲師，如周勃何人而可取法？勃之不爲禄、産戮也，幸矣。觀其提北軍而入也，號於衆曰：『爲劉氏者左袒。』此最爲無謀。設使當時吕氏之黨先有以固結衆心，皆爲之右袒，何以處之？非唯皆右袒，只使左右袒者相半，亦不能决勝矣，豈不危乎！」曰：「勃須知衆皆爲劉氏，故爲此説。」曰：「既知其爲劉氏，❷則此説尤爲贅語。爲勃之計，但當問義之所在，以義驅之可也。如當時平、勃兩人俛首以事吕后，其在平則或有謀，在勃驅之爲亂亦固從之矣，此何可保？觀勃初無學術，亦無智略，庸謬人耳。方文帝諭之就國，畏帝以事誅之，至使人以兵甲左右爲衛。若果君命見誅，勃殆將以所自衛者叛乎？此尤可笑也。後之人多以成敗論人物，故如勃者得與忠賢之列，亦可謂幸矣。狄仁傑在武后時，能撥亂反正，謂之社稷臣可也。然亦何嘗挾數任術？觀史氏所載其議論，未嘗不以正。當時但以母子天性之説告武后，其濱於死者亦屢矣。卒至武后怒而言曰：『還汝太子。』夫豈嘗姑務柔從以陰幸事之成乎？孟子曰：『君子創業垂統，爲可繼也。若夫成功，則天也。』人臣之事君，或遠或近，或去或不去，歸潔其身而已，可也。豈可枉己以求難

❶「問」，正德本無。
❷「其」下，正德本、萬曆本有「皆」字。

必之功乎？」又言：「西漢之士多尚權謀，戰國餘俗也。觀高祖時只有一張子房乃君子人，其他少有可取者。」又言：「班固稱高祖謂『王陵少戇，可以佐陳平，然安劉氏者必勃』，此語蓋未驗也。陳平獨任事甚久，王陵一言而免，終不曾佐得陳平。平獨任亦無變。」

孟子言：❶「人不足與適也，政不足與間也，惟大人爲能格君心之非。」蓋人與政俱不足道，則須使人君心術開悟，然後天下事可循序整頓。然格君心之非，須要有大人之德。大人過人處只是正己。正己則上可以正君，下可以正人。今之賢者多尚權智，不把正己爲先，縱得好時節，終是做不徹。或謂權智之人亦可以救時，據某所見，正不欲得如此人在人君左右，壞人君心術。」

因言人君喻臺諫言事，「若事當言，可以言否？」曰：「英宗朝傅欽之奏劄子，上不從，因曰：『臺諫有合理會事，却不理會。』欽之曰：『不知方今合理會者是何事？』上曰：『何不言蔡襄？』欽之云：『若襄有罪，陛下何不自朝廷竟正典刑責之？安用臣等言？』上曰：『欲使臺諫言其罪，以公議出之。』欽之云：『若付之公議，臣但見蔡襄辨山陵事有功，不見其罪。臣身爲諫官，使臣受旨言事，臣不敢。』」

因言特旨及御筆行遣事，曰：「仁宗時，或勸云：『陛下當收攬權柄，勿令人臣弄威福。』仁宗曰：『如何收攬權柄？』或曰：『凡事須當自中出，則福威歸陛下矣。』仁宗曰：『此固是，然措置天下事，正不欲自朕

❶「孟子言」一則，正德本無。

出。若自朕出皆是則可，如有不是，難於更改。不如付之公議，令宰相行之。行之而天下以爲不便，則臺諫得言其失，於是改之爲易矣。』據仁宗識慮如此，天下安得不治？人君無心如天，仁宗是也。」

曾子開端嚴可畏，❶有大臣之風。若其輩流雖位崇望重，少不以言語禮貌牢籠人者，殊爲失體。

章郇公在私第，子弟有夜叩門稟事者，公曰：「若是公事，明早來待漏院理會。若是私事，即於堂前夫人處稟覆。」在中書，一日坐處地陷，徐起，使人填之，不以爲怪。家人聞之甚憂，及公還家亦不言，至晚，公與弟虞部者對飲，虞部問公：「今日聞中書地陷，是否？」曰：「中書地何干汝事？」竟不言。前輩大抵有此氣象，卒乍搖撼不動。

爲政要得厲威嚴，❷使事事齊整甚易，但失於不寬，便不是古人作處。孔子言：「居上不寬，吾何以觀之哉？」又曰：「寬則得衆。」若使寬非常道，聖人不只如此説了。今人只要事事如意，故覺見寬政悶人，不知權柄在手，不是使性氣處。何嘗見百姓不畏官人，但見官人多虐百姓耳。然寬亦須有制始得，若百事不管，唯務寬大，則胥吏舞文弄法，不成官府。須要權常在己，操縱予奪摠不由人，儘寬不妨。伯淳作縣，常於坐右書「視民如傷」四字，云某每日常有愧於此。觀其用心，應是不錯決撻了人。古人於民若保赤子，爲其無知也。常以無知恕之，則雖有可怒之事，亦無所施其怒。無知則固不察利害所在，教之趣利避害，全在

❶「曾子開端嚴可畏」一則，正德本無。
❷「爲政要得厲威嚴」以下二則，正德本無。

保者。今赤子若無人保，則雖有坑穽在前，蹈之而不知。故凡事疑有後害而民所見未到者，當與他做主始得。州縣近令勸誘富民買鹽，勸誘即須有買者。但異時令百姓買鹽，其初亦令勸誘百姓名一入官，以後便不可脱。爲民父母，豈可暫時罔之，使之終身受其害？

《孟子》一部書，只是要正人心，教人存心養性，收其放心。至論仁義禮智，則以惻隱、羞惡、辭讓、是非之心爲之端。論邪説之害，則曰生於其心，害於其政。論事君則欲格君心之非，正君而國定。千變萬化，只説從心上來。人能正心則事無足爲者矣。《大學》之脩身、齊家、治國、平天下，其本只是正心誠意而已。心得其正，然後知性之善。孟子遇人便道性善，永叔却言聖人之教人，性非所先。永叔論列是非利害，文字上儘去得，但於性分之内全無見處，更説不行。人性上不可添一物，堯舜所以爲萬世法，亦只是率性而已。所謂率性，循天理是也。外邊用計用數，假饒立得功業，只是人欲之私，與聖賢作處天地懸隔。

問：❶「如管仲之才，使孔子得志行乎天下，還用之否？」曰：「管仲高才自不應廢，❷但紀綱法度不出自他，儘有用處。」曰：「若不使他自爲，或不肯退聽時如何？」曰：「如此則聖人廢之，不問其才。」因言王道本於誠意，觀管仲亦有是處，但其意别耳。如伐楚事，責之以包茅不貢，其言則是，若其意豈爲楚不勤王然後加兵？但欲楚尊齊耳。尊齊而不尊周，管仲亦莫之詰

❶「問」，正德本無。
❷「高」，正德本無。

也。若實尊周，專封之事，仲豈宜爲之？故孟子曰「五霸假之也」，蓋言其不以誠爲之也。❶今蘇州朱冲施貧度僧，❷置安樂院，給病者醫藥，人賴以活甚衆。其置物業則厚其直，及其收息則視衆人所取而輕之。此皆是好事。只爲其意正在於規利而竊譽於人，故人終不以好人許之。仲尼之門無道文之事，而孟子直截不比數之，其意亦猶此也。又言自孟子後人不敢小管仲，只爲見他不破。近世儒者如荆公雖知卑管仲，其實亦識他未盡，况於餘人？人知王良羞與嬖奚比而得禽獸，雖丘陵弗爲之意，則管仲自然不足道。又言管仲只爲行詐，故與王者別。王者純用公道而已。又言「霸者之民歡虞如也」。治民使之歡樂，有甚不得？但如所謂「皞皞如」也，則氣象便與霸者之世不同。蓋彼所以致人歡虞，必有違道干譽之事。若王者則如天，亦不教人喜，亦不教人怒。瑩中言乘舟事最好，然元祐舟不知爲甚椿得太重，及紹聖時不知却如何亦偏多載了。據此兩舟所載者因何物得重，今當減去何物則適平？若被人問到此，須有處置始得，如是本分處置。得事之人必須有規矩繩墨，一一調和得是，不令錯了。若只説得揔腦便休，亦不濟事。孟子言「天下可運於掌」，如彼所言，天下誠可運於掌也。

謂曾見志宣云：❸「上合下便執得『繼述』兩字，牢更不可易。」因言：「繼述兩字自好，但今用之非是。當時自合説與真箇道理。且好貨好色，孟子猶不鄙其説而推明

❶「蓋言其不以誠爲之也」九字，正德本無。
❷「朱」，原作「失」，據文淵閣四庫全書本《龜山集》改。
❸「宣」，原作「完」，據正德本、萬曆本改。

之，而况上有繼述之意，豈容無所開道而使小人乘間謬爲邪説以進？則其末流激成今日之弊，不足怪矣。夫繼述之説，始於記所稱武王周公，今且舉周公一二事明之。文王耕者九一，至周公則更而爲徹。文王關市譏而不征，至周公則征之。武王克商，乃反商政，政由舊。逮周公七年制禮作樂。昔者文武所由之政安在？聖人作處唯求一箇是底道理，若果是，雖紂之政有所不革；果非，雖文武之政有所不因。聖人何所容心？因時乘理，欲天下國家安利而已。且如神考十九年間，艱難勤苦，制爲法度，蓋欲以救時弊，便百姓也。便百姓則其志，救時弊則其事。此獨不當繼述乎？今繼述足以救時弊便百姓也？是亦神考而已。釋此不務，乃欲一二以循熙豐之迹，不然則爲不孝，此何理也？且如祖宗有天下百有餘年，海内安樂，其法度豈皆不善？神考一起而更之。神考亦謂之不孝，可乎？自唐末至五代，禍亂極矣。太祖、太宗順人心定天下，傳數世而無變，此豈常人做得？然而法度不免有弊者，時使之然爾。若謂時使之然，則神考之法豈容獨能無弊？補偏救弊是乃神考所以望乎後世也，何害於繼述而顧以爲不孝乎？今之所患，但人自不敢以正論陳之於上，恐有滞礙妨嫌。若吾輩在朝廷，須是如此説始得。其聽不聽則其去就之義焉。❶議論不知道理所在，徒有口辯，即勝他識道理人，不過如戰國説士，遇孟子便無開口處。

問：❷「或謂荆公晚年詩多有譏誚神考

❶ 下「其」字，萬曆本作「有」。

❷ 「問」，正德本無。

處，若下注脚，儘做得謗訕宗廟，他日亦拈得出。」曰：「君子作事，只是循一箇道理。不成荆公之徒箋注人詩文，陷人以謗訕宗廟之罪，吾輩也便學他？　昔王文正在中書，寇萊公在密院，中書偶倒用了印，萊公須勾吏人行遣。他日密院亦倒用了印，中書吏人呈覆亦欲行遣。文正問吏人：『汝等且道密院當初行遣倒用印者是否？』曰：『不是。』文正曰：『既是不是，不可學他不是。』更不問如今日所罪謗訕宗廟、毁謗朝政者，自是不是。先王之時，惟恐不聞其過，故許人規諫。至於舜求言乃立謗木，是真欲人之謗己也。《書》曰：『小人怨汝詈汝，則皇自敬德。』蓋聖人之於天下，常懼夫在己者有所未至，故雖小人怨詈，亦使人主自反。《詩》三百篇，經聖人删過，皆可以爲後王法。今其所言譏刺時君者幾半，不知當時遭謗訕之罪者幾人？　夫禁止謗訕自出於後世無道之君，不是美事，何足爲法？若祖宗功德，自有天下後世公議在，豈容小己有所抑揚？　名之曰『幽』、『厲』，雖孝子慈孫百世不能改。夫爲人子孫，豈不欲聖賢其祖考？　但公議以惡名歸之，則雖欲改之不能得也。其曰名之曰『幽』、『厲』，當時誰實名之？　玆豈獨其子孫之不孝乎？　如此在人主前開陳乃是正理。今之君子，但見人言繼述，亦言繼述；見人罪謗訕，亦欲求人謗訕之迹罪之。如此只是相把持，正理安在？　如元祐臣寮章疏論事，今乃以爲謗訕，此理尤非。使君子得志，須當理會，令分明。今反謂他門亦嘗謗訕，不唯效尤，兼是使元祐賢人君子愈出脱不得，濟甚事？」

言季常在京時，❶嘗問正心誠意如何便可以平天下，與之言：「後世自是無人正心，若正得心，其效自然如此。此心一念之間，毫髮有差，便是不正。要得常正，除非聖人始得。且如吾輩還敢便道自己心得其正否？此須是於喜怒哀樂未發之際能體所謂『中』，於喜怒哀樂之後能得所謂『和』，致中和，則天地可位，萬物可育，其於平天下何有？」因論孟子直以禹、稷比方顔子，只顔子在陋巷時，如禹、稷事業便可爲之無難。若正心誠意不足以平天下，則禹、稷功巍巍如此，如顔子者如何做得？

問：「伯夷、柳下惠如何見得能朝諸侯、一天下？」曰：「只看顔子在陋巷便做得禹、稷事業，則夷、惠之能朝諸侯、一天下可知。聖人之得邦家，綏之斯來，動之斯和，自是力量不同。如夷、惠之風，能使頑夫廉，懦夫有立志，鄙夫寬，薄夫敦，奮乎百世之上，下聞者莫不興起。則其未有爲之時，人固已心悦而誠服之矣。使得百里之地而君之，其效宜如何？」

叔孫通作原廟，是不使人主改過，而教之耻過作非也。此爲萬世之害。今太廟却閑了，只嚴奉景靈宮。是舍先王之禮而從一謬妄之叔孫通也。豈不過乎？

「毋意」只是去私意，❷若誠意則不可去也。重見。

因讀東坡《和淵明形影神》詩，❸其《影答形》云：「君如煙上火，火盡君乃别。我如鏡中像，鏡壞我不滅。」曰：「影因形而有無，是生滅相。故佛嘗云『一切有爲法，如夢幻

❶「言季常在京時」一則，正德本無。
❷「毋意只是去私意」一則，正德本、萬曆本無。
❸「因」，正德本無。

泡影』，正言其非實有也。何謂不滅？」他日亦嘗讀《九成臺銘》云：「此説得之莊周，然而以江山吞吐、草木俯仰、衆竅呼吸、鳥獸號鳴爲天籟，此乃周所謂地籟也。但其文精妙，讀之者或不之察耳。」

言荆公云「天使我有是之謂命，❶命之在我之謂性」，是未知性命之理。其曰「使我」，正所謂使然也。然使者可以爲命乎？以命在我爲性，則命自一物。若《中庸》言「天命之謂性」，性即天命也。又豈二物哉？如云在天爲命，在人爲性，此語似無病，然亦不須如此説。性命初無二理，第所由之者異耳。率性之謂道，如《易》所謂「聖人之作《易》，將以順性命之理」，是也。

謂常問志寧云：「至道無難，惟嫌揀擇，其理是否？」志寧曰：「是。」曰：「若爾，公何不殺人放火？」志寧無語。

揚雄云「學所以修性」，夫物有變壞然後可修，性無變壞，豈可修乎？唯不假修，故《中庸》但言「率性」、「尊德性」，孟子但言「養性」，孔子但言「盡性」。

因論荆公法云：「青苗、免役亦是法，然非藏於民之道。如青苗，取息雖不多，然歲散萬緡則奪民二千緡入官。既入官，則民間不復可得矣。免役法取民間錢，雇人役於官，其得此錢用者，蓋皆州縣市井之人，不及鄉民。鄉民惟知輸而已，而不得用。故今鄉民多乏於財也。」「青苗二分之息可謂輕矣，而不見有利於百姓，何也？今民間舉債，其息少者亦須五七分，多者或倍，而亦不覺其爲害。」曰：「惟其利輕且官中易得，人徒知目前之利而不顧後患，是以樂

❶「言荆公云」以下七則，正德本無。

請。若民間舉債則利重，又百端要勒，得之極難，故人得已且已。又青苗雖名取二分之息，其實亦與民間無異。蓋小民既有非不得已而請者，又有非不得已用之。且如請錢千，或遇親舊於州縣，間須有酒食之費，不然亦須置小小不急之物，只使二百錢已可比民間四分之息。又請納時往來之用與官中門户之賂遺，至少亦不下百錢，況又有胥吏追呼之煩，非貨不行。而公家期限又與私家不同，而民之畏法者至舉債以輸官。往往沿此，遂破蕩産業者固多矣。此所以有害而無利也。或云：『官中息輕，民得之可以自爲經營，歲豈無二分之息乎？』蓋未之思也。若用之商販則錢散而難集，正公家期逼，卒收不聚，失所指準，其患不細。往年富家知此患也，官中配之請，不得已請而藏之。比及期，出私錢爲息輸之官，乃無患然。使民如此，是無事而侵擾之也，何名補助之政乎？」

翟霖送正叔先生西遷，道宿僧舍，坐處背塑像。先生令轉倚勿背，霖問曰：「豈以其徒敬之，故亦當敬耶？」正叔曰：「但具人形貌，便不當慢。」因賞此語曰：「孔子云『始作俑者，其無後乎？』爲其象人而用之也。蓋象人而用之，其流必至於用人。君子無所不用其敬，見似人者，不忽於人可知矣。若於似人者而生慢易之心，其流必至於輕忽人。」

孟子言「仁者如射」，蓋生於子思「射有似乎君子」之說。言「大人者，言不必信，行不必果，惟義所在」，蓋生於孔子以「言必信，行必果」爲硜硜然小人之說。

學校養士反不如居養安濟所費之多。如餘杭學，今止有三十人，而居養安濟乃共

有百餘人。居養安濟人給米二升、錢二十。爲士者所給如其數，加四錢耳。而士未必常在學也，則其所費固寡於彼矣。若其所養實是窮民疾病者誠善，然所養止浮浪游手之徒耳。夫厲良民而養游手，是何政事？近詔又收養年五十者，自此往往來者益多，所費當益廣。夫年五十，則子自可昏，女自可嫁，安得爲無告之窮民乎？又其所養多聚異鄉之人，不許根問來處，則雖有父子夫婦，官吏何緣得知？故其弊爲甚。若只許土著人就本貫收養，亦易爲檢察而其弊減矣。

因看合浦論無爲軍役法，曰：「天下役法多有不同處，如所論與潭州處置全別。潭州紹聖間所定皆出公之手。」又言：「吏有禄本要養其廉耻，及不廉，故可從而責之。此爲待之盡。然亦須養得過方得。若養他不過，不如勿給，徒費財耳。何則？彼爲吏於此，蓋欲以活父母妻子故爲之。今也養之不過，雖有刑戮在前，寧免其受賕乎？如法曹之俸月十千而法司乃十二千，則法吏之禄爲過於法官。又常平吏人月給六千，此乃可責之以不受賕。其餘千錢或二三千而已，給紙札尚不足，安能活其家？則其勢須至乞覔。如必若法司、常平吏人重其禄，則財用之費無所從出。兼是吏禄亦有不用多給者，如學士茶鹽司吏人，近制禄皆不減十千，彼有何事繁難，作何情弊而可以當此禄乎？若此雖謂之妄費可也。」

民之於上不從其令，而朝廷惟以言諭之，宜其以爲虛文而莫之聽也。今天下非徒不從上令，而有司亦不自守成法，觀官吏所奉行，惟奉行朝廷之意而已。若皆守法，則法亦自足以致治。且如役法，耆長許募

而不許差，輒差者徒二年。然法當募上户，其傭二千錢。逐州縣定。此餘杭所定。豈有上户肯利若干錢而願役於官乎？上户不願，則其勢須至强使爲之，是名募而實差也。其如法何？又如日近買翎毛，郡不敷諸縣令買者，以於法不許抑配故也。然翎毛非人所常有，而郡中文移督責諸縣，但使之催人以其所收藏翎毛輸之官。若縣中只依法行遣，安得辦集？其勢亦須至抑配，是名和買而實抑配也。如此者皆法之不可行者也。法至於不可行，則人惟意之從而已。

立法要使人易避而難犯，則必行而無赦。此法之所以行也。今法太嚴密，直使人於其間轉側不得，故易犯。是以犯法之人，官吏多不忍行法，必宛轉爲犯者之地。法如何行得？

人各有勝心，勝心去盡而惟天理之循，則機巧變詐不作。若懷其勝心施之於事，必以一己之是非爲正。其間不能無窒礙處，又固執之不移，此機巧變詐之所由生也。孔子曰：「不知命無以爲君子。」知命只是事事循天理而已。循天理則於事無固必，無固必則計較無所用。

神考問伯淳：❶「王安石如何人？」伯淳云：「安石博學多聞則有之，守約則未也。」又嘗問：「是聖人否？」伯淳云：「《詩》稱周公『公孫碩膚，赤舄几几』，聖人蓋如是。若安石剛褊自任，恐聖人不然。」

問：「子思之不使白也喪出母也，是乎？」曰：「禮，適子不爲出母服。」曰：「何也？」曰：「繼體也。」

---

❶「神考問伯淳」二則，正德本無。

問：❶「陳莊子死，赴於魯，❷縣子謂繆公哭之，而曰：『有愛而哭之，有畏而哭之。』夫哭之也以畏，何也？」曰：「以言世有然也，非古之禮也。若古之大夫，則束脩之問不出竟，故生無相問，其死也何赴告之有哉？❸後世國亂而君昏，爲臣者交政於中國，故生則同盟，死則赴告，❹非禮也。故《春秋》因其卒而書之，所以著其罪也。」

仲素問：「横渠云『氣質之性』，如何？」曰：「人所資稟固有不同者，若論其本則無不善。蓋一陰一陽之謂道。陰陽無不善而人則受之以生故也。然而善者其常也，亦有時而惡矣。猶人之生也，氣得其和則爲安樂人，及其有疾也，以氣不和而然也。然氣不和非其常，治之而使其和則反常矣。其常者，性也。此孟子所以言性善也。横渠説氣質之性，亦云人之性有剛柔緩急强弱昏明而已，非謂天地之性然也。今夫水，清者其常然也，至於湛濁，❺則沙泥混之矣。沙泥既去，其清者自若也。是故君子於氣質之性必有以變之，其澄濁而水清之義歟？」❻

因見王逢原文集，❼曰：「此高論，怨誹之人也。」他日嘗曰：「此子才則高矣，見道則未。」

《中庸》深處多見於孟子之書，其所傳也歟？

徐師川歸洪州，欲不復來，先生問之

❶「問」，正德本無。
❷「赴」，萬曆本作「訃」。
❸「赴」，正德本、萬曆本作「訃」。
❹「赴」，萬曆本作「訃」。
❺「湛」，正德本、萬曆本作「汩」。
❻「水」，正德本作「永」，萬曆本作「求」。
❼「因見王逢原文集」以下五則，正德本無。

曰：「公免得仕宦否？若端的有以自贍，不必復來固好。第亦須着仕宦如何？師川曰：「亦以免仕宦未得。」曰：「如此則當復來。供職仕宦，處處一般。既未免得，須復爲他官。逃此之彼，彼亦宜有不安處，是無地可以自容也。」師川曰：「來此復爲人所羅織，陷於禍，奈何？」曰：「顧吾所自爲者如何耳。苟自爲者皆合道理而無愧，然而不能免者，命也。不以道理爲可憑依而徒懼其不免，則無義無命矣。」師川曰：「極是。」亦待來此，若做不得，去之未爲晚。」又言：「人只爲不知命，故纔有些事便自勞攘，若知得徹，便於事無不安。孔子曰：『天生德於予，桓魋其如予何？』固嘗解云：使孔子不免於桓魋之難，是亦天也，桓魋其如何哉？蓋聖人之於命如此。夫富貴死生，人無與焉，何尤人之有？孟子分明爲臧倉所毀，不遇於魯侯，而以爲不遇非臧倉之力，蓋知命也。列子曰：『桓公非能用讎也，不得不用；管仲非能舉賢，不得不舉。』此說得之矣。」曰：「列子此說似知命，然至其論夷、惠以爲矜清貞之尤以放於餓死寡宗，以公孫朝穆之事爲得計，以堯、舜、桀、紂之事爲不足較。茲豈非其過乎？」曰：「其過也。若聖人所謂知命，義常在其中矣。」「然則彼亦豈得之而不盡者乎？」曰：「然。」

仲素問：「『知微之顯』莫只是『戒慎乎其所不睹，恐懼乎其所不聞』否？」曰：「然。」因言：「有僧入僧堂不言而出。或曰：『莫道不言，其聲如雷。』莊周之『尸居而龍見，淵默而雷聲』，可謂善言者也。」

孟子直是知命。滕文公以齊人築薛爲恐，問救之之術，而對以「君如彼何哉？強爲善而已矣」。以「竭力事大國，則不得

免」，問安之之道，而對以太王居邠「不以其所養人者害人」，而繼之以效死不去之策。自世俗觀之，可謂無謀矣。然以理言之，只得如此説，捨此則必爲儀、秦之爲矣。凡事求可，功求成，取必於智謀之末而不循天理之正者，非聖賢之道也。天理即所謂命。

語羅仲素云：「今之學者，只爲不知爲學之方，又不知學成要何用。此事體大，須是曾着力來，方知不易。夫學者學聖賢之所爲也，欲爲聖賢之所爲，須是聞聖賢所得之道。若只要博通古今爲文章，作忠信愿慤不爲非義之士而已，則古來如此等人不少，然以爲聞道則不可。❶且如東漢之衰，處士逸人與夫名節之士有聞當世者多矣，觀其作處，責之以古聖賢之道，則畧無毫髮髣髴相似，何也？以彼於道初無所聞故也。今時學者，平居則曰『吾當爲古人之所爲』，纔有事到手便措置不得。蓋其所學以博通古今爲文章，或志於忠信愿慤不爲非義而已，而不知須是聞道故應如此。由是觀之，學而不聞道，猶不學也。」

仲素問：「《詩》如何看？」曰：「《詩》極難卒説，大抵須要人體會，不在推尋文義。『在心爲志，發言爲詩。情動於中而形於言。』言者情之所發也。今觀是詩之言，則必先觀是詩之情如何。不知其情，則雖精窮文義，謂之不知詩可也。子夏問：『「巧笑倩兮，美目盼兮」何謂也？』子曰：『繪事後素。』曰：『禮後乎？』孔子以謂可與言《詩》。如此全要體會。何謂體會？且如《關雎》之詩，詩人以興后妃之德。蓋如此也，須當想象雎鳩爲何物，知雎鳩爲摯而有别之禽。

❶「若只要」至「則不可」四十字，正德本無。

則又想象關關爲何聲，知關關之聲爲和而通。❶ 則又想象在河之洲是何所在，知河之洲爲幽閑遠人之地。則知如是之禽其鳴聲如是而又居幽閒遠人之地，則后妃之德可以意曉矣。是之謂體會。惟體會得，故看詩有味。❷ 至於有味，則詩之用在我矣。」

語仲素：❸「《西銘》只是發明一箇事天底道理。所謂事天者，循天理而已。」

因論蘇明允《權書》、《衡論》，曰：「觀其著書之名已非，豈有山林逸民立言垂世，乃汲汲於用兵如此，所見安得不爲荆公所薄？」曰：「大蘇以當時不去二虜之患，則天下不可爲。又其《審敵》篇引晁錯説景帝削地之策，曰：『今日夷狄之勢是亦七國之勢。』其意蓋欲掃蕩二虜，然後致太平耳。」曰：「纔以用兵爲事，只見搔擾，何時是天下息肩時節？以仁宗之世，視二虜豈不勝如戰國時？然而孟子在戰國時所論全不以兵爲先，豈以崇虛名而受實弊乎？亦必有道矣。」

問：「秦少游進卷論所以禦戎，乃欲以五路之兵歲出一路，以擾夏人之耕。如此是吾五歲一出兵而使夏人歲歲用兵，此滅狄之道也。當時元祐間有主此議者，此果可用否？」曰：「王者之兵有征無戰，必不得已，誅其君而弔其民可也，豈容如此？兼是亦無此理。今常以五路之師合攻夏人尚時有不支，歲出一路，其傾國而來，攻城破邑，吾其可止以一路之衆當之乎？大抵今之士人議論只是口頭説得，施之於事，未必有效。」

❶「通」，正德本、萬曆本作「適」。
❷「看」，正德本作「玩」。
❸「語仲素」一則，正德本無。

言朱公掞上殿，❶神考問欲再舉安南之師，公掞對：「願陛下禽獸畜之。蓋夷狄，得其地不可居，得其民不可使，得已且已，須要廣土闢地何益？」自紹聖、崇寧以來，所以待夏人大是失策。「有德此有人，有人此有土，有土此有財，有財此有用。」今不務德以致人，徒得其空地，又運中國之財以守之，是何所見？

君臣之間，要當一德一心，方作得事。觀古之聖賢相與以濟大業，蓋無不然者。舜命禹征有苗，已誓師往伐，而益以一言贊禹，禹遂班師。舜以禹之班師，便爲之誕敷文德而有苗格矣。舜命禹徂征，禹既行，而益有言宜告之舜，不告舜而告之禹；禹承命於舜，及其不遂行也，宜先稟之舜，乃擅反兵而不疑。舜於二人者無責焉可也，乃徇其所爲，從而相之。益之意豈不曰禹猶舜，而禹之意豈不曰舜猶己也歟？夫是之謂一德一心。自今觀之，則益之言可以謂之沮壞成事，而禹之事爲逗留君命矣。然古之君臣各相體悉如此，古人立功所以易，而後世成事所以難也。

語仲素曰：❷「某嘗有數句教學者讀書之法，云：以身體之，以心驗之，從容默會於幽閑静一之中，超然自得於書言象意之表。此蓋某所爲者如此。」

又云：「《西銘》會古人用心要處爲文，正如杜順作《法界觀》樣。」

仲素問：「『盡其心者知其性』，如何是盡心底道理？」曰：「未言盡心，須先理會心是何物。」又問，曰：「心之爲物明白洞達，廣

❶「言」，正德本無。
❷「語仲素曰」以下三則，正德本無。

大静一，若體會得了然分明，然後可以言盡，未理會得，心盡箇甚？能盡其心，自然知性，不用問人。大抵須先理會仁之爲道，知仁則知心，知心則知性，是三者初無異也。横渠作《西銘》亦只是要學者求仁而已。」

論及陽城事，謂永叔不取，❶純夫取之，其言曰：「陽城蓋有待而爲者也，後世猶責之無已，其不成人之美亦甚哉。」此論似近厚。曰：「陽城固可取，然以爲法則不可。裴延齡之欲相，其來非一朝一夕，何不救之於漸乎？至於陸贄之貶，然後論延齡之姦佞，無益矣。觀古人退小人之道不然。《易》之《姤卦》曰：『女壯，勿用取女。』夫姤，一陰生，未壯也，而曰壯者，生而不已，固有壯之理也。取女則引而與之齊也，引而與之齊則難制矣。陰者小人之象也，小人固當制之於漸也。故當陰之生則知其有壯之理，其有壯之理則勿用取女可也。是以《姤》之初爻曰：『繫于金柅，貞吉，有攸往，見凶。』金柅止車之行也，陰之初動必有以柅之，其制之於漸乎？蓋小人之惡，制之於未成則易，制之於已成則難。延齡之用事，權傾宰相，雖不正名其爲相，其惡自若也。何更云待其爲相，然後取白麻壞之耶？然城之所爲，當時所難能也。取之亦是，但不可以爲法耳。」

龜山先生語録卷第三

❶「取」，原作「能」，據正德本、萬曆本改。

龜山先生語録卷第四

餘杭所聞

神宗賜金荆公，荆公即時賜蔣山僧寺爲常住。了翁云：「嘗見人説以此爲曠古所難，其實能有多少物？人所以難之，蓋自其眼孔淺耳。」曰：「荆公作此事絶無義理。古者，人君賜之果，尚懷其核，懷核所以敬君賜也。所賜金，義當受則受，當辭則辭，其可名而受之而施之僧寺乎？是賤君賜也。金可賤，君賜不可賤。《書》曰：『人不易物，惟德其物。』❶若於義當受而家已足，不願藏之家而班諸昆弟之貧者，則合禮矣。」

真宗問李文靖曰：「人皆有密啓，而卿獨無，何也？」對曰：「臣待罪宰相，公事則公言之，何用密啓？夫人臣有密啓者，非讒即佞，臣常惡之，豈可效尤？」曰：「祖宗時宰相如此，天下安得不治？」

因説唐明皇欲取石堡城，❷王忠嗣不可，李光弼勸之，忠嗣曰：「石堡城非殺數萬人不可取，忠嗣今不奉詔，縱得罪天子，不過以一將軍歸宿衛，其次不過黔中上佐。忠嗣豈以一官易數萬人之命哉？」忠嗣如此，極知輕重。曰：「忠嗣意甚善，❸然不能無過。夫人臣之事君，苟利於國，死生以之，不應以官職之不足顧計爲言也。謂官職之不足道，此猶以利言。若是古之賢聖

❶「惟」，原作「雖」，據正德本、萬曆本改。
❷「因説」，正德本無。
❸「意」，正德本、萬曆本作「之言」。

處事，只論是非而已。如以利言，則禍患有大於一將軍、宿衛、黔中上佐，是將從之乎！惜乎，忠嗣之處此未盡也。」「然則其言合如何？」曰：「當云：『今得罪主上，不過一身之利害危辱耳。豈可以一身之重而輕數萬人之命哉』？如此則其言無病。」

因言真宗朝有百姓争財，以狀投匭，❶其語有比上德爲桀、紂者。比奏御，真宗令宫中録所訴之事付有司根治，而匿其狀，曰：「百姓意在争財，其實無他。若并其狀付有司，非惟所訴之事不得其直，必須先按其指斥乘輿之罪。百姓無知，亦可憐也。」曰：「祖宗慈仁如此。《書》曰：『小人怨汝詈汝，則皇自敬德。』祖宗分明有此氣象，天下安得而不治？」言真宗時監司有以羡餘進奉者，❷議賞内，批云：「國家賦有常數，安得羡餘？果有之，若非入時大量，即是出時減刻，安可賞？」因曰：「祖宗不爲文章，然似此語言，萬世可傳誦也。」

謂揚子雲作《太玄》，只據他立名便不是。既定却三方、九州、二十七部、八十一家，不知如何相錯得？八卦所以可變而爲六十四者，只爲可相錯故可變耳。惟相錯，則其變出於自然也。

問：「正叔先生云：『或説《易》曰「乾天道，坤地道」，正是亂説。』曰乾坤，非天地之道邪？」曰：「乾豈止言天？坤豈止言地？」又言，問：「乾坤不止言天地，而乾卦多言天，坤卦多言地，何也？」曰：「本乎天者親上，本乎地者親下，則各從其類也。乾卦言天，坤卦言地，只爲語其類耳。如《説

❶「因言」，正德本無。
❷「言」，正德本無。

卦》於乾，雖言爲天，又言爲金、爲玉，以至爲駁馬、良馬，爲木果之類，豈盡言天？故《繫辭》曰：『伏羲始作八卦以通神明之德，以類萬物之情。』若此者，所謂『類萬物之情』也。只如《說卦》所類，亦不止此。爲之每發其端，使後之學《易》者觸類而求之耳。蓋作易者，『仰則觀象於天，俯則觀法於地，觀鳥獸之文與地之宜，近取諸身，遠取諸物』，故孔子繫辭推明之，曰此卦於天文地理則爲某物，於鳥獸草木則爲某物，於身於物則爲某物，各以例舉，不盡言也。學者觸類而求之，則思過半矣。不然《說卦》所叙，何所用之？」

論横渠曰：❶「正叔先生亦自不許他。」曰：「先生嘗言自孟子之後無他見識，何也？」曰：「如彼見識，秦漢以來何人到得？」論與叔曰：「正叔先生嘗言，『與叔只是守横渠說，更不肯易，才東邊扶得起，又倒從西邊去』。」此二人爲常有疑焉，故問。

謂孔子曰：「『自古皆有死，民無信不立。』今天下上自朝廷大臣，下至州縣官吏，莫不以欺誕爲事而未有以救之，只此風俗怎抵當他？」

謂學校以分數多少校士人文章，使之胸中日夕只在利害上，如此作人要何用？

謂正叔云：「古之學者四十而仕，未仕以前二十餘年得盡力於學問，無他營也。故人之成材可用。今之士十四五以上便學綴文覓官，豈嘗有意爲己之學？夫以不學之人，一旦授之官而使之事君、長民、治事，宜其效不如古也。故今之在仕路者，人物多凡下不足道，以此。」

❶「論横渠曰」以下六則，正德本無。

謂毛富陽云：「士人如張孝伯，真可謂恬於進取者。」因説張孝伯好，曰：「愿人也，然終無使他處。若據此人天資直是美，惜其少學耳。」問：「孝伯，樂正子之流否？」曰：「非也。彼已無進爲撫世之意，若樂正子將爲政於魯，孟子聞之爲之喜而不寐。孟子不徒喜也，蓋望其能有爲也。如孝伯恐不足以當人望，只是一箇愿慤可尚耳。」問：「愿與善人如此其異乎？」曰：「『善人爲邦百年，亦可以勝殘去殺』，豈愿者之事？」因又問：「九德曰『愿而恭』，蓋愿必濟以恭，然後能成德也。然愿者自應恭謹，何謂相濟？」曰：「愿者自爲之人耳。如孟子所謂『責難於君』，愿做不得責難於君，愿特貌恭而已。」

謂與季常言：「王氏只是以政刑治天下，道之以德、齊之以禮之事全無。」他日季常曰：「細思之，實如公言。但道以德、齊以禮之事，於今如何做？」曰：「須有會做，只爲而今不用着此等人。若是他依本分會底，必有道理。」

《君子陽陽》之詩，《序》以謂「閔周」，蓋言君子至於相招爲禄仕，全身遠害，於周不足刺也，可閔而已。夫賢人才士苟以得禄養父母活妻孥爲事，而無致君行道之心，誰與爲治？此所以亂益亂也，尚足刺乎？

二《南》爲王道之基本，❶只爲正家而天下定故也。

問：「共姜之父母不知夫婦之義，不當責邪？」曰：「以共姜之自誓不嫁爲守義，則彼欲奪而嫁之者爲不義可知。取此則去彼矣。」

❶「二南爲王道之基本」一則，正德本無。

作文字要只説目前話，令自然分明不驚怛。人不能得，然後知孟子所謂「言近」非聖賢不能也。

問：「父子之間不責善固是，❶至於不教子，不亦過乎？」曰：「不教，不親教也。雖不責善，豈不欲其爲善？然必親教之，其勢必至於責善，故孔子所以遠其子也。」曰：「使之學詩學禮，非教乎？」曰：「此亦非强教之也。如學詩學禮必欲其學有所至，則非孔子所以待其子。故告之學則不可不告，及其不學，亦無如之何。」

因論特旨，曰：「此非先王之道。先王只是好生，故《書》曰：『好生之德，洽于民心。』爲天子豈應以殺人爲己任？孟子曰：『國人皆曰可殺，然後殺之，曰國人殺之也。』謂國人殺之，則殺之者非一人之私意，不得已也。古者，司寇以獄之成告于王，王命三公參聽之。三公以獄之成告于王，王三宥然後致刑。夫宥之者天子之德，而刑之者有司之公。天子以好生爲德，有司以執法爲公，則刑不濫矣。若罪不當刑而天子必刑之，寧免於濫乎？然此事其漸有因，非獨人主之過。使法官得其人，則此弊可去矣。舜爲天子，若瞽叟殺人，皐陶得而執之，舜猶不能禁也。且法者，天下之公，豈宜徇一人之意？嘗怪張釋之論渭橋犯蹕事宜罰金，文帝怒，釋之對曰：『法者天子所與天下公共也，今法如是，更重之，是法不信於民也。』此説甚好。然而曰『方其時，上使人誅之則已』，以謂爲後世人主開殺人之端者，必此言也。夫法既曰天子與天下公共，則得罪者天子必付之有司，安得擅

❶「問父子之間不責善固是」一則，正德本無。

殺？使當時可使人誅之，今雖下廷尉，越法而誅之亦可也。」

因論爲政，❶曰：「《書》云『毋忿疾于頑』，若忿疾于頑，便失之嚴，嚴便非居上之道。」

問：❷「有人問正叔：『周公欲以身代武王之死，其知命乎？』正叔曰：『只是要代兄死，豈更問命？』此語如何？」曰：「是也。」曰：「聖人不應不知天理，天理既不然而必行之，其誠不幾於無物否？」曰：「聖人固知天理，然只爲情切，猶於此僥倖萬一也。故至誠爲之。」又曰：「《金縢》之事有之，然其間亦有言語可疑者。如云『元孫不若旦多才多藝』，聖人似不應如此說。」

因言：❸「正叔云：『人言沛公用張良，沛公豈能用張良？張良用沛公耳。良之從沛公，以爲韓報秦也。既滅秦，於是置沛公關中，辭歸韓而已。見沛公有可以取天下之勢，故又從之。已取天下便欲棄人間事，從赤松遊。良不爲高祖之臣可見矣。』此論甚好，以前無人及此。」曰：「此論亦未盡，張良蓋終始爲韓者。方沛公爲漢王之國，遣良歸韓，良因說沛公燒絶棧道，此豈復有事漢之意？及良歸至韓，聞項羽以良從漢王，故不遣韓王成之國，與俱東至彭城殺之。先是良說項梁以韓諸公子横陽君成可立，梁遂使良求韓成，立爲韓王，良爲韓司徒。良以成見殺之故，於是又間行歸漢。其意蓋欲爲韓報項羽也。至漢高祖用其謀，已破項羽平定天下，從高祖西都關中。

❶「因論爲政」一則，正德本無。
❷「問」，正德本無。
❸「因言」，正德本無，文淵閣四庫全書本《龜山集》作「或言」。

於是始有導引辟穀從赤松子之語，❶蓋爲韓報仇之心於是方已故也。據良先説高祖絶棧道然後歸韓，此亦似有意。使韓王成若在，良輔之并天下未可知。良意以謂可與之平天下者，獨高祖，高祖既阻蜀不出，其他不足慮矣。不幸韓王成爲項羽所殺，故無以自資而卒歸漢也。如高祖亦自用張良不盡，良之術亦不止於此，須更有事在。其臣高祖非其心也，不得已耳。」

因言曾與季常論鑄鼎，❷云：「鼎之爲説，《左傳》曾道來，後之人得以藉口者以此爾。然使如丘明之説不誣，亦不過象物之形，百物而爲之備，使民知神姦而已。後之人主用方士厭勝祈禳之法，此何所據？丘明云『成王定鼎于郟、鄏，卜世卜年，天所命也』，然而《洛誥》周公所作，當時所爲，無不載者，若鼎之爲物乃社稷重器，當載而莫之載者，何也？鼎鑄于夏時，夏之法制莫詳於《禹貢》之書，豈有九牧貢金成此重器，欲以協上下、承天休，而《禹貢》曾無一語及之乎？《易》六十四卦，其在《鼎》也，取象爲備，如丘明之説略無毫髮相類，而况於後之紛紛者乎？❸故凡事無徵者皆不可爲也。後世如曹參，可謂能克己者，攻堅陷敵是其所長，至其治國爲天下，乃以清静無爲爲事，氣質都變了。」

因論寒士乍得官，❹非不曉事便是妄作。大抵科舉取人不得，間有得者，自是豪傑之士，因科舉以進耳。問：「李德裕言『公卿大夫家子弟可用，進士未必可用』，此論

❶「始」，原作「如」，據正德本、萬曆本改。
❷「因言曾與」，正德本無。
❸「於」，正德本無。
❹「因論」，正德本無。

不偏否？」曰：「德裕爲此論，至今人以爲偏。當時人以德裕用資蔭進身，不由科舉，故爲此論。此最無謂。以德裕之才，應唐之科目極容易，自是不爲耳。且資蔭得官與進士得官，孰爲優劣？以進士爲勝，以資蔭爲慊者，此自後世流俗之論。至使人恥受其父祖之澤，而甘心工無益之習以與孤寒之士角勝於場屋，❶僥倖一第以爲榮，是何見識？夫應舉，亦自寒士無祿，❷不得已藉此進身耳。如得已，何用應舉？范堯夫最有見識，然亦以資蔭與進士分優劣，建言於有無出身人銜位上帶左右字，不可謂無所蔽也。其言曰『欲使公卿家子弟讀書耳』，此意甚善，但以應舉得官者爲讀書而加獎勸焉可也，彼讀書者應舉得官而止耳，豈真學道之人？❸至如韓持國自是經國之才，用爲執政亦了得，不可以無出身便廢其執政之才。」曰：「堯夫所別異者，莫非此等人否？」曰：「執政不是合下便做，亦自小官以次遷之。如後來吴坦求等在紹聖中被駁了博士，以無出身故也。彼自布衣中，朝廷以其有學行賜之爵命，至其宜爲博士，乃復以爲無出身奪之，此何理也？資蔭進士中俱有人，惟其人用之。加一右字，亦自沮人爲善。」

「朝廷作事，❹若要上下小大同心同德，須是道理明。蓋天下只是一理，故其所爲必同。若用智謀，則人人出其私意。私意萬人萬樣，安得同？」因舉舊記正叔先生之語云：「公則一，私則萬殊，人心不同猶面，

❶「勝」，原作「務」，據正德本、萬曆本改。
❷「自」，正德本、萬曆本作「是」。
❸「真」，原作「直」，據正德本、萬曆本改。
❹「朝廷作事」以下三則，正德本無。

其蔽於私乎？」

自孟子没，王道不傳，故世無王佐之才。既無王佐之才，故其治效終不如古。若要行道，才説計較，要行便不是。何故？自家先負一箇不誠了，安得事成？劉向多少忠於漢，只爲做計較太甚，才被看破，手足俱露，是甚模樣？

言季常曾問揚雄來，應之曰：「不知聖人，何足道？」季常駭之，淵因語：「後世學道不明爾，被流俗之蔽，只如他取揚雄，亦未能免流俗也。卓乎天下之習不能蔽也，程正叔一人而已。觀正叔所言，未嘗務脱流俗，只是一箇是底道理，自然不墮流俗中。」先生曰：「然。觀其論婦人不再適人，以謂寧餓死，若不是見得道理分明，如何敢説這樣話？」

南都所聞

己丑四月，自京都回，至七月。

薛宗博請諸職事會茶，❶曰：「禮豈出於人心？如此事，本非意之所欲，但不得已耳。老子曰『禮者忠信之薄』，荀子曰『禮起於聖人之僞』，真個是。」因問之曰：「所以召茶者何謂？」薛曰：「前後例如此，近日以事多，與此等稍疏闊，心中打不過，須一請之。」曰：「只爲前後例合如此，心中自打不過，豈自外來？如云『辭遜之心，禮之端』，亦只是心有所不安，故當辭遜。只此是禮，非僞爲也。」

問：「《易》曰『乾坤其《易》之門耶』，所謂『門』，莫是學易自此入否？」曰：「不然。

❶「薛宗博請諸職事會茶」一則，正德本無。

今人多如此説，故有喻易爲屋室，謂其入必有其門，則乾坤是也。爲此言者只爲元不曉易。夫易與乾坤，豈有二物？孰爲内外？謂之乾坤者，因其健順而命之名耳。乾坤即易，易即乾坤，故孔子曰：『乾坤毁則無以見易。』蓋無乾坤則不見易，非易則無乾坤。謂乾坤爲易之門者，陰陽之氣有動静屈伸爾。一動一静，或屈或伸，闔闢之象也。故孔子又曰：『闔户謂之坤，闢户謂之乾。』所謂門者，如此。老子曰：『天地之間，其猶橐籥乎？』夫氣之闔闢往來，豈有窮哉？有闔有闢，變由是生。其變無常，非易而何？小蔡云：『輕清者上爲天，神應之爲乾；重濁者下爲地，神應之爲坤。』似此解釋，夢也未夢見易。大抵看《易》，須先識他根本，然後有得。夫易求之吾身，斯可見矣，豈應外求？張横渠於《正蒙》中曾畧説破云：『乾坤之闔闢，出作入息之象也。』❶非見得徹，言不能及此。某舊曾作《明道哀辭》云：❷『通闔闢於一息兮，❸尸者其誰？』蓋言易之在我也。人人有易不知自求，只於文字上用功，要作何用？此等語若非以見問，終説不到。如某與定夫相會亦未嘗及從問。❹某常疑定夫學易，亦恐出他荆公未得。荆公於易只是理會文義，未必心通。若非心通，縱説得分明徹了，不濟事。《易》不比他經，須心通始得。如龔深父説《易》，元無所見，可憐一生用功都無是處。」❺問：「乾坤即陰陽之氣否？」曰：「分明説乾陽

❶「作」，原脱，據正德本、萬曆本補。
❷「曾」，正德本、萬曆本皆無。
❸「兮」，原作「耶」，據正德本、萬曆本改。
❹「問」，原作「可」，據萬曆本改。
❺「此等語」至「都無是處」九十八字，正德本無。

物，坤陰物，既是陰陽。」又曰：「乾坤何也？」曰：「乾坤，正言其健順爾。識破本根，須是知體同名異，自然意義曉然。」又云：「『天尊地卑，乾坤定矣。』乾坤本無體，天地之位定，則乾坤斯定。不有天地，乾坤何辨？」❶問：「天地即輕清重濁之氣升降否？」曰：「然。天地乾坤，亦是異名同體，其本一物，變生則名立，在天成象，在地成形，亦此物也。但因變化出來，故千態萬變，各自陳露，故曰『在天成象，在地成形，變化見矣』。變化，神之所爲也，其所以變化，孰從而見之？因其成象於天，成形於地，然後變化可得而見焉。」因云：「舊常解此義云：無象無形則神之所爲隱矣，有象有形變化於是乎著。」因問：「乾坤毁則無以見易，如此則易不屬無矣。」曰：「易固非無。」「張横渠深闢老子有無之論，莫有見於此否？」曰：「然。才説無便成斷滅去，如釋氏説空。」又曰：「非空到了費力，聖人只説易，最爲的當。」因言孟子論養氣，到此方見有功於前聖，曰：「如孟子者方是能曉《易》。如説『必有事焉』，非見得分明，此説如何撰得？」又問：「正叔先生以『必有事焉而勿正』爲一句，某嘗疑『勿正心』似非聖賢語意，及見此乃知正叔先生讀書有力。」曰：「事説勿正則可，心説勿正則不可。正叔讀書直是不草草，他議論方是議論。伯思言正叔以『至大至剛以直』爲一句，『養而無害』爲一句。或云，伯淳曾言『至大至剛之氣須以直養』，正叔堅云『先兄無此説』。若曰『以直養而無害』，莫不妨？」曰：「嫌於將一物養一物，不如『養而無害』較渾全。他

❶「識破本根」至「乾坤何辨」五十字，正德本無。

門說話須是與他思量體究方見好處。」❶

問：「易有太極，莫便是道之所謂中否？」曰：「然。」「若是則本無定位，當處即是太極耶？」曰：「然。」「兩儀四象八卦如何自此生？」曰：「既有太極，便有上下；有上下，便有左右前後；有左右前後四方，便有四維。皆自然之理也。」

人君所以御其臣，❷只有一箇名分不可易。名分既正，上下自定，雖有幼冲之主在上而天下不亂。若以智籠臣下，智有時而困，則彼不爲用矣，其勢須至於誅殛之然後已。觀西漢之君臣多尚權謀，當時大臣少有能全身者，蓋以此。某舊作《十論》，❸曾有一篇及此。朝廷上做事，須先令學術粗明，然後可以爲。❹不然人人說一般話，如何做得事？

王章論王鳳，當時人君非不悟，但以力弱，被王鳳才理會起，便推從王章身上去。章終被禍。人君如此，誰敢與他放脚手做事？

正叔在經筵，❺潞公入劄子，要宰相以下聽講。講罷諸公皆退，晦叔云「可謂稱職」，堯夫云「真侍講」，又一人云「不知古人告其君還能如此否」。只爲諸公欽服他，他又多忤人，所以後來謗生。因說正叔經筵開陳故及此，所論列有處記。

《圓覺經》言「作、止、任、滅」是四病，作即所謂助長，止即所謂不芸苗，任、滅即是無事。

❶「因其成象」至「方見好處」三百二十七字，正德本無。
❷「人君所以御其臣」一則，正德本無。
❸「十」，萬曆本作「中」。
❹「以」下，萬曆本有「有」字。
❺「正叔在經筵」以下三則，正德本無。

解經大抵須得理會而語簡，舊嘗解「易簡而天下之理得」，云：「行其所無事，不亦易乎？一以貫之，不亦簡乎？如是則天下之理得矣。」又言：「行其所無事，一以貫之，只是一箇自然之理，《繫辭》中語言直有難理會處，今人注解只是亂説。」

問：「正叔云：『《詩》非聖人所作，當時所取只以其止於禮義。至如比其君「狡童」、「碩鼠」，則已甚。』其説如何？」曰：「此理舊疑來，因學《春秋》遂知其意。《春秋》書突之奔及其歸皆曰『鄭伯突』，其書忽止曰『鄭忽』，蓋不以忽爲君故也。不以爲君，故詩人目之爲『狡童』。觀《褰裳》之詩云『狂童恣行，國人思大國之正己』。其詩曰『子惠思我，褰裳涉溱』，言人心已離，若大國見正，國人必從之矣。人之視忽如此，尚誰以爲君？若猶以爲君，則比之狡童誠不可矣。」「《碩鼠》如何？」曰：「魏之重斂至使人欲適彼樂國，則人心之離亦可見矣。」又云：「人心合而從之則爲君，離而去之則爲獨夫。」

學者若不以敬爲事，❶便無用心處。致一之謂一，無適之謂一。

「人言《春秋》難知，其實昭如日星。孔子於《五經》中言其理，於《春秋》著其行事。學者若得五經之理，《春秋》誠不難知。」又云：❷「伯淳先生嘗有語云：『看《春秋》，若經不通則當求之傳，傳不通則當求之經。』某曾問之云：『傳不通則當求之經，何也？』曰：『只如《左氏春秋》書「君氏卒」。「君氏」乃惠公繼室聲子也。而《公羊春秋》則書曰

❶「學者若不以敬爲事」一則，正德本無。

❷「又云」，正德本無。

「尹氏」，傳云「大夫也」。然聲子而書曰「君氏」是何義，須當以「尹氏」爲正。此所謂求之經。』」

問：「《乾》、《坤》用九六，荆公曰『進君子，退小人，固非自然之理』，而正叔云觀河圖數可見，何也？」曰：「此多有議論，少有分明。《繫辭》分明説云『參天兩地而倚數』，九參天，六兩地也。」

因言：❶「了翁説易，多以一字貫衆義，如何？」曰：「易卦用字有如此者，有不如此者。如云『習坎，重險也』，又言『天險』、『地險』、『王公設險』，則險爲善。『睽，乖也』，又言『天地睽而萬物通，男女睽而其志同』，則乖爲善。蓋一字兩用。字非此類則不可，如『師』是『師旅』之師，豈可説爲『師友』之師？以來書云爾，故及之。」

形色天性也。❷有物必有則也，物即是形色，即是天性。唯聖人然後可以踐形。踐，履也，體性故也。蓋形色必有所以爲形色者，是聖人之所履也。謂形色爲天性，亦猶所謂「色即是空」。

毗陵所聞 辛卯七月十一日，自沙縣來，至十月去。

劉元承言：「相之無所不用其敬，嘗掛真武畫像於帳中，其不欺暗室可知。」曰：「相之不自欺則固可取，然以神像置帳中亦可謂不智。」曰：「何以言之？」曰：「果有真武則敬而遠之，乃所謂智。帳中卧之處，至褻之所也，何可置神像？」

「君子喻於義，小人喻於利」，所謂喻於

❶「因言」，正德本無。

❷「形色天性也」以下三則，正德本無。

義，則唯義而已。自義之外，非君子之所當務也。夫然後所守者約。如孟施舍知守氣，可謂約矣，所以不及曾子者，以曾子唯義之從故也。

或曰：「文王所謂至德，以不累於高名厚利故也。所謂不累於厚利者，三分天下有其二以服事商；所謂不累於高名者，有其二而弗辭。」曰：「如是，則武王之取天下，以爲累於利而可乎？孟子之言曰『取之而燕民悦則取之，古之人有行之者，武王是也。取之而燕民不悦則勿取，古之人有行之者，文王是也』，此論盡矣。蓋文王所謂至德者，三分天下有其二矣，以取天下，何難之有？而文王勿取者，視天而已，初無用心於其間也。夫是之謂至德。」

舜在側微，❶堯舉而試之。慎徽五典，則五典克從；納于百揆，則百揆時叙；賓于四門，則四門穆穆，以至以天下授之而不疑。觀其所施設，舜之所以爲舜，其才其德可謂大矣，宜非深山之中所能久處。而爲舜者，當堯末之知，方且飯糗茹草若將終身。若使今人有才氣者，雖不得時，其能自已其功名之心乎？以此見人必能不爲，然後能有爲也。非有爲之難，其不爲尤難矣。只如伊尹耕於莘，非湯三聘則必不起。諸葛亮卧草廬，非先主三顧亦必不起。非要之也，義當然也。以諸葛之智尚知如此，又况不爲諸葛者乎？然則居畎畝之中而以天下爲己憂可也，或不知消息盈虚之運，犯分妄作，豈正理哉！

舜可謂無爲。有天下，初無所與。其任九官、去四凶，視其功罪如何，舜無毫髮

❶「舜在側微」以下三則，正德本無。

之私也。

劉向之所謂忠可以爲戒，不幸似之，非所以全德。大抵人能住得然後可以有爲，才智之士非有學力却住不得。

孟子言「大人正己而物正」，荆公却云：「正己而不期於正物則無義，正己而必期於正物則無命。」若如所論，孟子自當言「正己以正物」，不應言「正己而物正」矣。物正，物自正也，大人只知正己而已。若物之正，何可必乎？惟能正己，物自然正。此乃「篤恭而天下平」之意。荆公之學，本不知此。

張茂則，宦官之賢者也。元祐間，曾請諸公啜茶觀畫，惟正叔不往，辭之曰：「某素不識畫，亦不喜茶。」如正叔真個不去得，他人到此，須容情與他去。

或問：❶「正叔先生云『邵堯夫易數至今無傳』，當時何不問他看如何？」先生曰：「若是公等，須打不過，必問他。」

《字說》所謂「大同於物」者離人焉，曰「揚子言『和同天人之際，使之無間』」，不知是同是不同？若以爲同，未嘗離人。又所謂「性覺真空」者離人焉，若離人而之天，正所謂頑空。通總老言經中說十識，第八庵摩羅識，唐言白浄無垢，第九阿賴耶識，唐言善惡種子。白浄無垢，即孟子之言性善是也。言性善，可謂探其本。言善惡混，乃是於善惡已萌處看。荆公蓋不知此。

蕭山所聞 壬辰五月又自沙縣來，至八月去。

橫渠言：「性未成則善惡混，亹亹而繼

❶「或問」以下四則，正德本無。

善者斯爲善矣。惡盡去則善因以亡，故舍曰善，而曰成之者性。」伯思疑此以問公曰：「不知横渠因何如此説。據此説於《易》之文，亦自不通。」却令伯思説，伯思言：「善與性皆當就人言。繼之爲説，如子繼父，成乃無所虧之名矣。若非人即不能繼而成之。」曰：「不獨指人言。萬物得陰陽而生，皆可言繼之。善亦有多般，如乾之四德有仁、義、禮、智之不同，後人以配四時。若如四時則春固不可爲秋，冬固不可爲夏，其實皆善也。元者特善之長也，固出於道，故曰『繼之者善』。性則具足圓成，本無虧欠。要成此道，除是性也。今或以萬物之性爲不足以成之，蓋不知萬物所以賦得偏者，自其氣稟之異，非性之偏也。孔子曰『天地之性，人爲貴』，人之性特貴於萬物耳，何常與物是兩般性？」

「《伊川語録》云『以忠恕爲一貫，除是曾子説方可信，若他人説則不可信』。如何？」曰：「明道説却不如此。」問明道説。曰：「只某所著新義，以忠恕爲曾子所以告門人，便是明道説。」問：「《中庸》發明忠恕之理以有一貫之意，如何？」曰：「何以言之？」曰：「物我兼體。」曰：「只爲不是物我兼體，若物我兼體則固一矣。此正孟子所謂『善推其所以爲者』，乃是參彼己爲言。若知孔子以『能近取譬』爲『仁之方』，不謂之『仁』，則知此意。」曰：「即己即物，可謂一否？」曰：「然。」

「孟子言孔子集大成，曰：『始條理者智之事，終條理者聖之事。』夫仁且智，斯之謂聖。今以聖之事或不足於智，何也？」曰：「聖則具仁智矣，但此發明中處乃智之事，聖則其所至也，未必皆中。」曰：「孟子曰『智

之於賢者』，則智但可語賢者，若乃大而化之，則雖智而忘其智矣。如所謂從容中道、縱心不踰矩，智何足以名之？」曰：「如伊尹、伯夷、柳下惠，只於清任和處中，其他則未必皆中，則其智容有所不周。」

智便是用處。曰：「用智莫非所以言聖人，若曰『行其所無事』，則由智行，非行智者也。」曰：「觀此却是以智爲妙。」曰：「聖人之於智，見無全牛，萬理洞開，即便是從容處，豈不謂之妙？若伯夷、伊尹、柳下惠於清任和處已至聖人，但其他處未必皆中。其至與孔子同，而其中與孔子異，只爲不能無偏故也。若隘與不恭，其所偏歟？」

「充類至義之盡」，言不可以謂之盜也。「獵較猶可」，則取於民猶禦者，受其所賜，何爲不可？

「柳下惠不以三公易其介，此與聖人之和互相發耶，乃所以爲和耶？」曰：「若觀其和，疑若不介，故此特言之。」曰：「何以知其介？」曰：「只不卑小官之意便自可見。如柳下惠之才，以爲大官何所不可？而樂於爲小官，則其剛介可知矣。」

「中心安仁者，❶天下一人而已。如伯淳莫將做天下一人看？」曰：「固是。」

東坡言「直方大」云：「既直且方，非大而何？」曰：「直方蓋所以爲大，然其辭却似不達。孔子云『敬義立而德不孤』，德不孤乃所謂大德。不孤則四海之内皆兄弟之意。夫能使四海之内皆兄弟，此所以爲大也。」

東坡云「萬物覩」乃是萬物欲見之，言欲見之，便非「聖人作而萬物覩」。如日在

❶「中心安仁者」一則，正德本無。

天，萬物便見。聖人惟恐不作，作則即時覩矣。作與覩同時事也，啐啄同時。❶

乾之九三獨言君子，蓋九三人之位也，履正居中在此一爻。故《文言》於九四則曰「上不在天，下不在田，中不在人」，於九三止言「上不在天，下不在田」而已。其曰「君子行此四德者」，蓋乾之所謂君子也。曰「所以爲君子」者，乃行此德之人耳。

上治，❷如所謂正己也。

讀書須看古人立意所發明者何事，不可只於言上理會。如萬章問象日以殺舜爲事，孟子答舜所以處之之道，其意在説聖人誠信無僞，此尤不可不知。若從枝葉上理會，只如象欲使二嫂治朕棲之語，此豈可信？堯在上不容有此等人，若或有之，不知則已。然堯於舜既以女妻之，其弟如此，豈有不知？知則治之矣。

若使死可以救世，則雖死不足恤，然豈有殺賢人君子之人？君子能使天下治，以死救天下，乃君子分上事，不足怪，然亦須死得是。孟子曰：「可以死，可以無死，死傷勇。」如必要以死任事爲能外死生，是乃以死生爲大事者也，未必能外生死。

鄭季常問：「孔子去魯，曰：『遲遲吾行也。』去父母國之道也。然而燔肉不至，不脱冕而行，豈得爲遲遲？」曰：「孔子欲去之意蓋久，待燔肉不至而行。不欲爲苟去，乃所謂遲遲。若他國，則君不用便當去，豈待燔肉之不至然後行？」曰：「何以見其去他國之速？」曰：「衛靈公問陳，一語不契，明日遂行。」

❶「啐啄同時」，正德本無。

❷「上治」一則，正德本無。

孟子所言皆精粗兼備，❶其言甚近而妙義在焉。如龐居士云「神通并妙用，運水與般柴」，此自得者之言，最爲達理。若孟子之言，則無適不然。如許大堯舜之道，只於行止疾徐之間教人做了。

龜山先生語録卷第四終

❶「孟子所言皆精粗兼備」一則，正德本無。

龜山楊先生語録後録上

楊時於新學極精。今日一有所問，能盡知其短而持之。介甫之學大抵支離，伯淳嘗與楊時讀了數篇，其後盡能推類以通之。見《程氏遺書》。

伊川答楊中立論《西銘》，中立書尾云「判然無疑」。伊川曰：「楊時也，未判然。」見祁寬所記尹公語。

舊在二先生之門者，伯淳最愛中立，正叔最愛定夫。二人氣象亦相似。見《上蔡語録》。

龜山楊先生語録後録上

龜山楊先生語録後録下

宋興百有餘年，四方無虞，風俗敦厚，民不識干戈。有儒生於江南，高談《詩》、《書》，自擬伊、傅，而實竊佛老之似濟非鞅之術，舉世風動，雖巨德故老有莫能燭其姦。其説一行而天下始紛紛多事，反理之評，詭道之論，日以益熾，邪慝相承，卒兆裔夷之禍。考其所致，有自來矣。靖康初，龜山楊公任諫議大夫國子祭酒，始推本論奏其學術之謬，請追奪王爵，罷去配饗。雖當時餘黨猶夥，公之説未得盡施，然大統中興，論議一正。到于今，學者知荆舒禍本而有不屑焉，則公之息邪説、距詖行、放淫辭以承孟氏者，其功顧不大哉！是宜列之學宫，使韋布之士知所尊仰，而況公舊所臨，流風善政之及，祀事其可闕乎？瀏陽實潭之屬邑，紹聖初，公嘗辱爲之宰。歲饑，發廩以賑民，而部使者以催科不給罪公。公之德於邑民也深矣。後六十有六年，建安章才邵來爲政，慨然念風烈，咨故老，葺公舊所，爲飛鴻閣，繪像於其上，以示後學，以慰邑人之思，去而不忘也。又六年，貽書俾熹記之。熹生晚識陋，何足以窺公之蘊？惟公師事河南二程先生，得《中庸》「鳶飛魚躍」之傳於言意之表，踐履純固，卓然爲一世儒宗。故見於行事深切著明如此，敢表而出之，庶幾慕用之萬一云爾。《飛鴻閣畫像記》。❶

❶ 此條見宋張栻《南軒集》卷十《瀏陽歸鴻閣龜山楊諫議畫像記》。

龜山天資高，朴實簡易，然所見一定，更不須窮究。某嘗謂這般人皆是天資出人，非假學力。如龜山極是簡易，衣服也只據見定。終日坐在門限上，人犯之亦不校，其簡易率皆如此。❶

「喜怒哀樂未發」，龜山「敬而無失」之説甚好。❷

問：「龜山云：『消息盈虚，天且不能暴爲之，去小人亦不可驟。』如何？」曰：「只看時如何，不可執。天亦有迅雷風烈之時。」

又言龜山先生年少未見伊川時，先去看莊、列等文字。後來雖見伊川，然而此念熟了，不覺時發出來。游定夫尤甚。羅仲素時復亦有此意。

龜山往來太學，過廬山，見常總。總亦南劍人也，與龜山論性，謂本然之善不與惡對。後胡文定得其説於龜山，至今諸胡謂本然之善不與惡對，與惡爲對者又別有一善。常總之言初未爲失，若論本然之性，只一味是善，安得惡來？人自去壞了，便是惡。既有惡，便與善爲對。今他却説有不與惡對底善，又有與惡對底善。如近年郭子和「九圖」便是如此見識，上面書一圈子，寫「性善」字，從此牽下兩邊，有善有惡。或云：「恐文定當來未甚有差，後來傳襲，節次訛舛。」曰：「看他説『善者贊美之詞，不與惡對』，已自差異。」

理不外物，若以物便爲道則不可。如龜山云：「寒衣饑食，出作入息，無非道。『伊尹耕於有莘之野，以樂堯舜之道。』夫堯

❶ 以下各條俱見於《朱子語類》。

❷ 「龜山」，《朱子語類》作「程子」，且所載「敬而無失」之説確屬程子而非龜山。此條誤收。

舜之道，豈有物可玩哉？即『耕於有莘之野』是已。」恁地説，却有病。物只是物，所以爲物之理，乃道也。

龜山言：「天命之謂性，人欲非性也。」天命之善，本是無人欲，不必如此立説。胡子《知言》云：「天理人欲同體而異用，同行而異情。」自是他全錯看了。

問：「《橫浦語録》載張子韶戒殺，不食蠏，高抑崇相對，故食之。龜山云：『子韶不殺，抑崇故殺，不可。』抑崇退，龜山問子韶：『周公何如？』對曰：『仁人。』曰：『周公驅猛獸，兼夷狄，滅國者五十，何嘗不殺？亦去不仁以行其仁耳。』」先生云：「此特見其非不殺耳，猶有未盡。須知上古聖人制爲罔罟佃漁，食禽獸之肉。但君子遠庖厨，不暴殄天物。須如此説，方切事情。」

草堂先生及識元城劉器之、楊龜山。龜山之出時已七十歲，却是從蔡攸薦出。他那時却是覺得這邊扶持不得，事勢也極，故要附此邊人，所以薦龜山。初緣蔡攸與蔡子應説，令其薦舉人才，答云：「太師用人甚廣，又要討甚麽人？」曰：「緣都是勢利之徒，❶恐緩急不可用。公知有山林之人，可見告。」他便説：「某只知鄉人鼓山下張觷，字柔直，其人甚好。」蔡攸曰：「家間子姪未有人教，可屈他來否？」此人即以告張，張即從之。及教其子姪，儼然正師弟子之分，異於前人。得一日，忽開諭其子弟以奔走之事，其子弟駭愕，即告之曰：「若有賊來，先及汝等，汝等能走乎？」子弟益驚駭，謂先生失心，以告老蔡。老蔡因悟曰：「不然，

❶「都是」，原作小字，今據文義及《朱子語類》卷一百一改。

他説得是。」蓋京父子此時要喚許多好人出，已知事變必至，即請張公叩之。張言：「天下事勢至此，已不可救，勢只得且收舉个賢人出，以爲緩急倚仗耳。」即令張公薦人。張公於是薦許多人，龜山在一人之數。今龜山墓誌云：「會有告大臣以天下將變，宜急舉賢以存國，於是公出。」謂此。張後爲某州縣丞。到任，即知虜人入寇必有自海道至者，於是買木爲造舡之備。踰時果然虜自海入寇，科州縣造舟，倉卒擾擾，油灰木材莫不踴貴。獨張公素備，不勞而辦。以此見知於帥憲，即辟知南劒。會葉鐵入寇，民人大恐。他即告諭安存之，即率城中諸富家，令出錢米沽酒買肉，爲蒸糊之類。遂分民兵三替，逐替燕犒酒食，授以兵器。先一替出城與賊接戰，即犒第二替出；先替未倦而後替即得助之。民大喜，遂射殺賊首。富民中有識葉鐵者，即厚勞之，勿令執兵，❶只令執長鎗，❷上懸白旗，令見葉鐵即以白旗指向之。衆人上了弩，即其所指而發，遂中之。後都統任某欲争功，亦讓與之。其餘諸盜，却得都統之力，放賊之叔父以成反間。

論及龜山，先生曰：「龜山彈蔡京，也是，只不迅速。」林擇之曰：「龜山晚出一節，亦不是。」先生曰：「也不干晚出事。若出來做得事，也無妨。他性慢，看道理也如此。平常處看得好，緊要處却放緩了。做事都涣散無倫理。將樂人性急麓率，龜山却恁寬平。此是間出。❸然其麓率處，依舊有土風在。」

或問：「龜山晚年出處不可曉，其召也

❶「勿」，原作「忽」，據《朱子語類》改。
❷「令」，原作「今」，據《朱子語類》改。
❸「出」，《朱子語類》作「氣」。

以蔡京，然在朝亦無大建明。」曰：「以今觀之，則可以追咎當時無大建明。若自家處之，不知當時所當建明者何事？」或云：「不過擇將相爲急。」曰：「也只好説，不知當時事勢如何。擇將相固是急，然不知當時有甚人可做？當時將只説种師道，相只説李伯紀，然固皆嘗用之矣。又況自家言之，彼亦未便見聽。據當時勢亦無可爲者，不知有大聖賢又如何耳。」

問：「龜山晚年出得是否？」曰：「出如何不是？只看出得如何。當初若能有所建明而出，則勝於不出。」曰：「渠用蔡攸薦亦未是。」曰：「亦不妨，但當時事急，且要速得一好人出來救之，只是出得來不濟事耳。觀渠爲諫官，將去猶惓惓於一對，已而不得對。及觀其所言，第一正心誠意，意欲上推誠待宰執；第二理會東南綱運。當時宰執皆庸繆之流，待亦不可，不待亦不可。不告以窮理而告以正心誠意。賊在城外，道途正梗，縱有東南綱運，安能達？所謂『雖有粟，安得而食諸？』當危急之時，人所屬望，而著數乃如此。所以使世上一等人笑儒者以爲不足用，正坐此耳。」問：「圍城時李伯紀如何？」曰：「當時不使他更誰使？士氣至此，蕭索無餘，他人皆不肯向前，惟有渠尚不顧死，且得倚仗之。」問：「姚平仲劫寨事，是誰發？」曰：「人皆歸罪伯紀，此乃是平仲之謀。姚、种皆西方將家，師道已立功，平仲恥之，故欲以奇功取勝之。劫不勝，欽廟親批，令伯紀策應。或云，當時若再劫，可勝，但無人敢主張。」問：「种師中河東之死，或者亦歸罪伯紀。」曰：「不然。嘗親見一將官説師中之敗，乃是爲流矢所中，非戰敗。渠親見之，甚可怪。如种師道方

爲樞密，朝廷倚重，遽死，此亦是氣數。伯紀管御營，欽廟授以空名告身，自觀察使以下使之自補。師道只用一二小使臣誥，御批云：『大臣作福作威，漸不可長。』及遣救河東，伯紀度勢不可，辭不行，御批云：『身爲大臣，遷延避事！』是時許崧老爲右丞，與伯紀善，書『杜郵』二字與之，伯紀悟，遂行。當危急時，反爲姦臣所使，豈能做事？」問：「种師道果可依仗否？」曰：「師道爲人口訥，語言不能出。上問和親，曰：『臣執干戈以衛社稷，不知其他。』遂去，不能反覆力執。大抵是時在上者無定説，朝變夕改，縱有好人，亦做不得事。」❶

道夫問：「龜山晚歲一出，爲士詬罵，果有之否？」曰：「他當時一出，追奪荆公王爵，罷配饗夫子，且欲毁劈三經板。士子不樂，遂相與聚問三經有何不可，輒欲毁之？當時龜山亦謹避之。」問：「或者疑龜山此出爲無補於事，徒爾紛紛。或以爲大賢出處不可以此議，如何？」曰：「龜山此行固是有病，但只後人又何曾夢到他地位在？惟胡文定以柳下惠『援而止之而止』比之，極好。」

龜山之出，人多議之。惟胡文定公之言曰：「當時若能聽用，決須救得一半。」此語最公。蓋龜山當此時雖負重名，亦無殺活手段。若謂其懷蔡氏汲引之恩，力庇其子，至有「謹勿擊居安」之語，則誣矣。幸而此言出於孫覿，人自不信。

坐客問龜山先生立朝事。先生曰：

❶ 此條實由二則組成，從開頭「問龜山晚年出得是否」至「所以使世上一等人笑儒者以爲不足用正坐此耳」爲一則，見《朱子語類》卷一〇一。從「問圍城時李伯紀如何」至文末又爲一則，見《朱子語類》卷一三〇。後一則不關楊時，當爲誤植。

「胡文定論得好，朝廷若委吴元忠輩推行其説，决須救得一半，不至如後來狼狽。然當時國勢已如此，虜初退後，便須急急理會，如救焚拯溺。諸公今日論蔡京，明日論王黼，當時姦黨各已行遣了，只管理會不休，擔閣了日子。如吴元忠、李伯紀向來亦是蔡京引用，免不得略遮庇，只管喫議論。龜山亦被孫覿輩窘擾。」

龜山銘誌不載高麗事。他引歐公作梅聖俞墓誌不載希文詩事，❶辨得甚好。「孰能識車中之狀，意欲施事？」見《韓詩外傳》。

伯夷微似老子。胡文定作《龜山先生墓誌》，主張龜山似柳下惠，看來是如此。

龜山與廖尚書説義利事，廖云：「義利却是天理人欲。」龜山曰：「只怕賢錯認，以利爲義也。」後來被召主和議，果如龜山説。廖初舉鄭厚與某人，可見其賢此二人。二人皆要上恐脱「不」字。主和議。及廖被召，却不問此二人，却去葉孝先商量。及爲中丞，又薦鄭轂。然廖終與秦不合而出。但初不能別義利之分，亦是平時講之不熟也。鄭博士，某舊見之，年七十餘，云嘗見上蔡先生，先人甚敬之。

因説胡珵德輝所著文字，❷問：「德輝何如人？」曰：「先友也，晉陵人。曾從龜山游，故所記多龜山説話。能詩文，墨隸皆精好。嘗見先人館中唱和一卷，惟胡詩特佳。趙忠簡公當國，與張巘巨山同爲史官。及趙公去位，張魏公獨相，以爲元祐未必全是，熙豐未必全非，遂擢何掄仲、李似表二

❶「希」，原作「布」，據《朱子語類》改。
❷「因」，原作「國」，據《朱子語類》改。

人爲史官。胡、張所修史皆摽出，欲改之。胡、張遂求去。及忠簡再入相，遂去何、李，依舊用胡、張爲史官。成書奏上，弄得都成私意。」

龜山雜博，是讀多少文字。

龜山楊先生語録後録下

跋

右《龜山先生語録》，卷末有「後學天台吴堅刊于福建漕治」二行行款，與《張子語録》同，蓋同時刊本也。晁氏《讀書附志》著録四卷，無撰人名氏。陳氏《解題》則言「延平陳淵幾叟、羅從彦仲素、建安胡大原伯逢所録楊時中立語及其子迪稿録共四卷。末卷爲附録墓志、遺事，順昌廖德明子晦所集」云云。今世行《龜山集》四十二卷中，有《語録》四卷，文字與是本合，然無附録，且此稱《後録》，所載皆他人論贊之語，無墓志、遺事，與陳志所稱不同。又二志所記《語録》卷數雖同，而其刊本不可得見，亦不知果同爲一書否也。是本卷一第二葉後四行「記言正心尊德性」，《全集》本乃羼入「記言正行佛氏之言」八字。第九葉後二行「人亦不以爲是」，《全集》本乃誤爲「人亦以爲是」。第二十葉前九十行「但以禽獸待之可也，以禽獸待之，如前所爲是矣」三句，《全集》本乃易爲「但以前法待之可也」八字。卷二第五葉後六行「耳餘之交」一節，《全集》本乃全脱。第十八葉前四行「《春秋》正是聖人處置事處，他經言其理，此明其用」，《全集》本乃誤「他經」爲「宜經」。第二十二葉後一行「機心一萌，鷗鳥舞而不下矣」，《全集》本乃誤「鷗鳥舞」爲「軀鳥獸」。卷三第二十一葉後四五行「以氣不和而然也，然氣不和非其常，治之而使其和，❶則反常矣」四句，《全集》本乃脱去「而然也」至「使其

❶「其」，原脱，今據正文卷三及下句引補。

和」十六字。卷四第十八葉前八行「只如《左氏春秋》書君氏卒，君氏乃惠公繼室聲子也」、前十行「然聲子而書曰君氏是何義」，《全集》乃誤三「君」字爲「尹」字。其他訛奪殆不勝舉，雖是本亦間有舛誤，然其佳勝處，固非時本所可幾及者矣。癸酉歲暮，海鹽張元濟。

崇正辯

〔南宋〕胡寅 撰

付長珍 校點

校點説明

胡寅，南宋學者，字明仲，又字仲虎、仲剛，人稱致堂先生，建州崇安縣（今福建崇安縣）人，生於宋哲宗元符元年（一〇九八），卒於宋高宗紹興二十六年（一一五六）。出生時家境困窮，遭父母遺棄，由堂祖母收養，成爲堂叔父胡安國的長子。少時讀書數千卷，後受業於楊時，並創衡麓學派。二十四歲進士甲科及第，任西京國子監教授、秘書省校書郎，遷司門員外郎。金人攻陷京師，張邦昌僞立，胡寅棄官而歸。高宗時，擢起居郎，官至禮部侍郎、直學士院。胡寅上書主張抗金，反對議和，認爲中興之策莫大於罷絶和議，受秦檜誣陷被貶。在謫所，隨行無書籍，以所記憶著《讀史管見》。秦檜死後，胡寅得以免罪，次年閏十月病逝。胡寅著有《崇正辯》三卷、《斐然集》三十卷、《讀史管見》三十卷及《論語詳説》。《論語詳説》已佚。

胡寅《崇正辯序》説，他寫作此書是爲了「闢佛之邪説也」。每條先引佛教之説在前，而辯證於後。如辯佛教主張之「空」、「幻」説：「佛之道，以空爲至，以有爲幻，此學道者所當辯也。今日月運乎天，山川著乎地，人物散殊於天地之中，雖萬佛並生，亦不能消除磨滅而使無也。日晝而月夜，山上而川流，人生而物育，自有天地以來，至今而不可易，未嘗不樂也。此物雖壞，而彼物自成，我身雖死，而人身猶在，未嘗皆空也。」《崇正辯》引用晉至唐宋高僧佛徒之言行，以多種論辯方法，指出其自相矛盾之處。胡寅闢佛之邪説，是爲了崇儒學之正道。本書指出，佛之邪説的要害是淪三綱、絶四端：「不親其親而名異姓爲慈父，不君世主而拜其師爲法王，棄其妻子而以生續爲罪垢，是淪三綱也。視父母如怨仇，則無惻隱；滅類毁形而無恥，則無羞惡；取人之財，以得爲善，則無辭讓；同我者即賢，異我者即不肖，則無是非，是絶四端也。」闡發二程心、理合一説，辯駁佛教的以心起滅天地：「佛教以心爲法，不問理之當有當無也。心以爲有則有，心以爲無則無，理與心二，謂理爲障，謂

心爲空，此其所以差也。聖人心即是理，理即是心，以一貫之，莫能障者。」對佛教的許多觀點，均以儒家正統思想駁斥之。分析「儒學者晚多溺佛」的原因是：「學而無所得，其年齒長矣，而智力困矣，其心欲遽止焉而又不安，一聞超勝侈大之説，是以悦而從之。」

關於本書的校點，説明如下：

《崇正辯》三卷，各分上下，傳本甚少。明刊本可考者有五，已佚者兩種，最早約於成化十三年（一四七七）南陽知府段可久據寫本授梓（據同年丘濬序），後約於嘉靖十六年丁酉（一五三七）福建黄以賢翻刻（據同年江以達序）。現存之三種俱題「致堂先生崇正辯」，一爲萬曆年間金城段堅據成化本翻刻，上海圖書館有藏；一爲傅增湘藏，《藏園群書經眼録》卷七著録，半頁十行十八字；一爲國家圖書館藏，半頁十行二十四字。傅藏本和國圖藏本卷三末均有海昌楊復識語，謂於吴元年（明洪武改元前一年，一三六七）爲友人借失中册，後有朋友於路拾得一册相送，略短一粒，復成全書。清刊本有一，即乾隆二十七年（一七六二）胡寅後人胡濬刻本，題「宋儒致堂先生崇正辯」，有丘序、江序和胡濬重刻紀言，楊復識語居卷二之末，北京大學圖書館、上海圖書館有藏。和刻本有一，題「致堂先生崇正辯」，有萬曆六年戊寅（一五七八）金谿黄希憲、陳文炅《重刻崇正辯序》各一以及丘濬序和胡氏自序，北京大學圖書館有藏，僅存前二卷，卷内不分上下，楊復識語居卷二之末。此外，黄宗羲、全祖望《宋元學案》有節録，亦可參考。今以齊魯書社二〇〇一年《四庫全書存目叢書》影印北京大學圖書館所藏乾隆二十七年胡濬刻本爲底本，以國家圖書館所藏明刻本（簡稱「明刻本」）爲校本，以北京大學圖書館藏和刻本（簡稱「和刻本」）爲參校本，並參考了中華書局一九九三年出版的容肇祖整理本的校點成果（容肇祖校記簡稱「容校」）。

在校點中，底本明顯屬於形近而誤者如已己巳、盲肓之類，一般根據上下文逕改，有的只在首出時説明，如「宫」誤爲「官」等。底本卷三上缺一頁，頁邊註明「原缺第十九葉」，今據容本補齊。卷

二下「沙彌彌伽專頌《華嚴經》」條缺五字，明刻本、和刻本、容校整理本均同此，無從查考，姑仍其舊。

原書無目録，今補製。

校點者　付長珍

崇正辯序

昔者聖人於華夷之辯，蓋其謹焉。《書》言蠻夷猾夏，《詩》稱戎狄是膺，《春秋》内夏外夷，其爲斯世防也至矣。然其所謂夷者，皆處中國近境，時或侵軼以害吾民之生，未至入吾域中爲斯人心術之害也。至戰國時，邪説始盛，然所爲説者，其人固中國之人也，其説雖未合於正，而猶不至悖逆天常，滅絶人理，如佛氏之甚焉。如楊氏爲我，墨氏兼愛，其初豈真無父無君哉？孟子斥之，蓋極其流弊言之耳。然人道生生之本，固自如也。佛氏乃棄其天性之親而自謂出家，則真無父矣；蔑其無所逃之君而自謂出世，則真無君矣。無父無君，非臣非子，其人何等人邪？甚至反陰陽之常，絶生育之理，忘其身之所從來，而閼其氣之所由續。噫，穹然隤然之間，而無蠢然者禪續以生生，則人類絶也久矣，天地尚得爲天地哉？萬無是理也。雖然，彼猶道其所道於其所生印度國中，去中國萬餘里，勢不能以相及也。柰何後世主中國者，無故自決其内外之防，引絶域裔夷入我華夏，使吾人從其俗、習其法、祀其鬼、誦其書，而或者又從而推演張大之，以亂吾中國聖人之教，上貶天帝，中誤世主，下愚生人。世無古今，地無華夷，人無智愚，莫不恬而安之以爲當然，利而慕之覬其必得，畏而怖之莫敢輕議。宫室日廣，徒侣日衆，論説日巧，滋蔓至於今日，殆將與天地相爲終始而無窮。其爲中國民心之害，豈止如《詩》、《書》所稱，《春秋》所書，孟子所闢者而已哉？

自有佛氏千有餘年，其間豪傑之士明

言以痛斥之者，若傅太史、韓吏部、程夫子、朱文公，其論可謂明白而深切矣。然皆舉其大綱，撮其大凡，細微旁曲之處容有未盡焉者，彼猶或得以隱遁掩飾也。惟有宋致堂胡明仲先生《崇正辯》一書，凡爲卷三，爲條二百九十有九。蓋因僧仁贊之所論，按其事而判之，隨所言而析之，根究條析，瑣細不遺，一本諸理之所有以證其事之必無，理直而氣壯，詞嚴而意周。彼夫誕幻不經之邪見，茫昧無稽之虛言，一切破蕩無餘矣。非獨儒者瞭然於心目之間，使爲其徒者讀之，彼亦人耳，天理之在人心者固未嘗泯，雖其沈溺深固，口或肆然以辯，而其心亦將帖然以服矣。

予蚤歲於馬氏《文獻通考》中得其序文，讀之欣快者累日，恨未得見其全書。後仕京師，遍於四方藏書家訪之，近始得寫本於金陵吴廷潤僉憲處。適友人段可久知南陽府，乃以授之。可久欣然正其訛誤，用刻諸梓。嗟乎！夷狄之爲中國害也久矣。彼肆其爪牙之毒，以侵我邊境，爲吾人生聚之害，時暫然也，固已不可堪矣。矧譯胡言以譸張，行鬼教以劫制，設幻術以誘惑，鼓妖説以黨助，日新月盛，以賊害吾人之心術於百千萬年而無窮。偃然自大以傲我君父，居然自任以敗我綱常，群然自恣以糜我貨財，致吾中國自天地開闢以來，百王之法，萬世之道，爲所汩亂焉。是蓋夷狄邪説合而爲一，纏緜膠固，而終無可解之期。學孔孟者所宜究心也。是用表章之，使天下後世之人，知其爲私爲邪，爲非爲妄，是亦攘夷狄、闢邪説以正人心，而爲世道之防之一助云。

成化十三年歲次丁酉二月辛未

翰林院侍講學士瓊山丘濬序

崇正辯序

《崇正辯》者，宋儒胡明仲先生取沙門仁贊之所論述而爲之辯者也。莫辨乎邪正，何辯乎？ 蕕不雜薰，亂苗者莠，黑不淆白，奪朱者紫，爲其近似也。邪不害正，邪而近理者，害之害也，辯之不可以已也。周道衰，刑名功利之徒馳騖乎天下，而孟子闢之，獨先楊墨者，爲其疑於仁義也。然其説猶畔援易指切。至佛氏明心性，老氏談道德，則其説愈高，其事愈誕。顧賢者樂其高而不暇爲辨，愚者惑於其誕而不能辨，廼其説卒蔓延膠固，與吾儒之道鼎立于千百年而不窮，非其邪而近理哉？ 故曰：楊墨之害甚於申韓，佛老之害甚於楊墨。闢佛老莫力於韓退之，而《原道》諸篇，深明乎理而濶于事。所謂明先生之道以道之也。先生專闢佛而辯劫、辯戒、辯幻、辯空、辯棄舍、辯呪度、辯前後生，則按事以質理，通其所莫悟而動之以其所不忍，奪其所必趨而引之以其所易從，使可緣以入。如食烏附者，必先有以滌其腎腸而驅其蘊毒之所在，而後可易之以安和之劑而厭之菽粟也。

是書嘗梓，而搢紳間希有之。予督學而閩也，家兄諭德從南海倫司成得一帙，轉以授予，曰：「弟反經事也。」已而閩人苦崇信佛事而熾於邵建之間，先生建人也，爲是書將以教天下後世，而其鄉人且不及聞知。予竊悲先生之志，亟授閩生黄以賢者校而刊之，以廣其傳，曰：佛老張高誕，廼其情甚淺陋可窺，笑佛氏怖

死，老氏貪生，貪生竟死，怖死輒反先棄其生，此可謂能罔人哉？ 予有反經之責，而莫之能興辭而闢之，以竊附先生之後，則可謂云爾已矣。

嘉靖丁酉十月朔福建提學僉事貴溪江以達序

致堂先生崇正辯序

《崇正辯》何爲而作歟？闢佛之邪説也。佛之道孰不尊而畏之，曷謂之邪也？不親其親而名異姓爲慈父，不君世主而拜其師爲法王，棄其妻子而以生續爲罪垢，是淪三綱也。視父母如怨仇，則無惻隱；滅類毁形而無耻，是無羞惡；取人之財以得爲善，則無辭讓；同我者即賢，異我者即不肖，則無是非，是絶四端也。三綱四端，天命之自然，人道所由立，惟蠻夷戎狄則背違之，而毛鱗蹏角之屬咸無焉。不欲爲人者已矣，必欲爲人，則未有淪三綱、絶四端而可也。釋氏於此丕單除埽自以爲至道，安得不謂之邪歟？豈特此哉？人，生物也，佛不言生而言死。人事皆可見也，佛不言顯而言幽。人死然後名之曰鬼也，佛不言人而言鬼。人不能免者，常道也，佛不言常而言怪。常道所以然者，理也，佛不言理而言幻。生之後、死之前，所當盡心也，佛不言此生而言前後生。見聞思議皆實證也，佛不以爲實而言耳目所不際、思議所不及。至善之德，盡於乾坤也，佛不知其盡而言天之上、地之下與八荒之外。若動若植，無非物也，佛不惜草木之榮枯而憫飛走之輪轉。百骸内外，無非形也，佛不除手足而除髪鬚，不廢八竅而防一竅。等慈悲也，佛獨不慈悲父母妻子，而慈悲虎狼蛇虺。等棄舍也，佛獨使人棄舍其財以與僧，而不使僧棄舍其所取之財以與人。河山大地未嘗可以法空也，佛必欲空之，而屹然沛然卒不能空。兵刑災禍未嘗可以呪度也，佛必欲度之，而伏屍百

萬，烈焚淪没，卒不獲度。此其説之疎漏畔戾而無據之大畧也。非邪而何？

今中國之教，無父無君則聖賢闢之，萬世不以爲過。中國之治，弑父與君，則王法誅之，人心不以爲虐。至於詭術左道，皆重加禁絶，所以扶持人紀、計安天下也。釋氏之説，盡麗於此數者，吾儒反相與推尊歸向，無乃有三蔽乎？三蔽謂何？一曰惑，二曰懼，三曰貪。夫闚光於隙穴者，❶豈知日月之大明；囿智於一物者，豈盡陰陽之變化，此凡民淺識也。佛因而迷之曰：「世界不可以數計，生死不可以世窮。」於是不智者亦從而惑矣。身拔一毛則色必慄然變，足履一刺則心必惕然動，此凡民懦氣也。佛因而惴之曰：「報應之來，迅如影響之答；幽冥之獄，倍於金木之慘。」於是不勇者亦從而懼矣。迫窮患害，必興饒益之想；謀及悠遠，必爲子孫之慮，此凡民貪情也。佛因而誘之曰：「從吾之教，則諸樂咸備，壽富不足言；造吾之地，則超位高明，天帝不足貴。」於是不仁者亦從而貪矣。吾儒誠能窮理養氣而宅心，必無此三蔽。有此三蔽，是衣冠而衆庶見也，是引夷貊入中國以爲未快，又與禽獸同群而不知避也。何乃不思之甚哉！無亦可悼之極哉！

雖然，賢智之士有出塵之趣、高世之念者，以事爲膠擾，非清淨妙圓之體也，則曰：「吾豈有所貪懼如愚夫之所期歟？蓋將求佛所謂無上法第一義者，悟徹此心耳。」嗚呼！堯、舜、禹、湯、文、武之德衣被天下，仲尼、子思、孟軻之道昭覺萬世，凡南面之君，循之則人與物皆蒙其福，背之則人與物皆受其殃，載在方册之跡著

❶「闚」，原作「闖」，據胡寅《斐然集》改。

矣。其原本於一心，其効乃至於此，不可禦也。今乃曰是未足以盡吾本心、兼利萬物爲高士也，豈不猶食五穀而曰不足以飫、登泰山而曰不足以崇者乎？ 盍亦師聖人之言，❶窮萬物之理，反求諸心乎？今於聖人之言未嘗思，於萬物之理未嘗窮，志卑氣餒，倀倀然如逆旅之人也，乃率然曰：「妙道非六經所能傳，亦何言之易邪？ 假曰孔孟有未言者，故佛言之。佛言其妙，所以出世，而孔孟言其粗，所以應世耳，其心則一也。」然則以耳聽，以目視，以口言，以足行，饑而食，渴而飲，冬而裘，夏而葛，旦而動，晦而息，戴皇天，履后土，皆孔孟日用之常，佛者何不一槩反之，而亦與之同乎？ 同其粗而不同其精，同其心而不同其用，名曰出世，而其日用與世人無以異，烏在其能出乎？ 故道不同不相與謀，儒與佛不同，審矣。佛者未嘗爲儒謀，而儒之陋者無不爲之謀，悦其受記之媚，承其外護之諂，張而相之，扶而興之，至使著書名曰禦侮，非毁堯、舜，詆譏丘、軻，曾不以爲疾也。一有距西方之説者，則怵心駭色，若罪元在己，雖弑父與君未足以方其怖且怒矣。良心陷僻乃至於此邪？

或者曰：「凡子所言，皆僧之弊，非佛本旨也。子惡僧可也，兼佛而斥之則過矣。」則應之曰：「黄河之源不揚黑水之波，桃李之根不結松柏之實。使緇衣髡首者承其教、用其術而有此弊，是誰之過也？仲尼父子、君臣之道，經紀乎億千萬載，豈有弊邪？ 惟其不作而無弊也，是以如天之覆，不待推而高，如地之載，不待培而厚，如日月之照，不待廓而明。惟其造作

❶「師」，《斐然集》作「思」。

而有弊也，是故蔓衍其辯，張皇其法，防以戒律而詛以鬼神，侈以美觀而要以誓願，托之於國王宰官，劫之以禍福苦樂，而其弊久而益甚矣。墨氏兼愛，其流無父，楊氏爲我，其流無君，非身自爲之矣。孟子究極禍害，比之禽獸，况於身自爲之，又率天下而從之，其害源之所達而禍波之所浸，千有餘年，喪人之心，失人之身，破人之家，亡人之國，漂泊陷壞，天下溺焉，莫之援也，豈曰弊而已乎？昔梁武奉佛，莫與比隆，及侯景之亂，諸子擁重兵，圖便利，雲翔不進，卒殍其父，而後兄弟相夷，宗國亡滅。彼於君臣、父子之際可謂淡然無情，不爲愛欲牽矣，而道果如是邪？」

或者猶曰：「佛之意亦欲引人爲善道，使人畏罪而不爲，慕善而爲之，豈不有助於世而何闢之深也？」則應之曰：「善者，無惡之名也。無父無君者，惡乎善乎？自非喪心者不敢以爲非惡，孰與有父有君之爲善乎？道者，共由之路也。不仁不義者可由乎？不可由乎？自非喪心者不敢以爲可由，孰與居仁由義之爲道乎？子悦其言而不覈其事，過矣。」

或者又曰：「夫在家以養口體，視温清爲孝者，其孝小；出家得道而升濟父母於人天之上者，其孝大。佛非不孝也，將以爲大孝也。」則應之曰：「良价之殺父，効牟尼之逃父而爲之者也。逃父避之於山而得道，不若使父免於思念憂勤而親其身之爲全也。殺父升之於天之非理，不若使父免於叱逐餒殍而養其生之爲得也。然則佛之所謂大孝，乃其父所謂大不孝耳。借使佛之説盡行，人皆無父，則斯民之種必至殄絶，而佛之法亦不得傳矣。人皆無君，則争敚屠膾相殘相食，而佛之黨亦無以自立矣。此理之易見者，彼非懵然不知

也，特罔人以虛誕之言，蓋其悖逆之情，聾瞽奸惰之徒，而安亨華屋之居，良田之利，金帛之施，衣食之奉，泰然爲生民之大蠹，不謂之異端邪説，謂之何哉？」是故仲尼正則佛邪，佛邪則仲尼正，無兩立之理。此《崇正辯》所以不得已而作也。

上士立德以教變之，中士立功以法革之，下士立言以辭闢之。吾下士也，凡十餘萬辭，覽者矜其志而左右其説，❶則忠孝之大端建矣。

致堂先生姓胡氏，諱寅，字明仲，建州崇安人，文定公長子。

❶「其」，原作「之」，據明刻本、和刻本改。

重刻崇正辯紀言

《崇正辯》者，濬二世祖致堂公闢佛書也。昔先贈君藜郙公，嘗語濬曰："士子讀書，當崇正學。致堂公有《崇正辯》若干卷，宗孔孟而黜釋氏，大有關乎名教。予於殘篋敗簏中，得覽一卷而未竟其全。厥後肆力搆求，知原板毁於兵燹。爾曹當於藏書家廣爲搜覓，毋令先澤湮没。"濬謹受命。歲壬午，過南州朱桐岡太史，得全編，如獲重寶，爰付剞劂，以綿祖澤。惜先贈君未之見也，悲夫！

乾隆二十七年壬午歲穀雨前一日

南豐胡濬謹述

宋儒胡致堂先生崇正辯卷一上

南豐裔孫　濬古邱重梓
清寅直
深叔平
瀾仲海
濱鶴汀　重訂
濤次涇
湘佩芳
森三木較字

劫者，時也。梵語名劫波，華言曰時分也。成、住、壞、空，凡四大劫。

陰陽之氣，分爲天地，凝爲日月，轉爲四時，散爲萬物，升降、晦明、消息、聚散，皆氣之運，未有能外之而獨立者也。聚則成，散則壞，盈虚相盪，一息不留，未嘗止也，安得言住？不成則壞，不壞則成，皆可耳聞目見而心知也，安得言空？是故中國傳聖人之道者正之曰：「有成壞，無住空。」佛以世界終歸於空，故其道以空爲至。然實不能空也，佛强空之耳。

饑饉、疾疫、刀兵，三劫。謂南閻浮提：「有情壽命短促，有此三災，次第興起。有能一日一夜持不殺戒，不逢刀兵；若以一訶梨勒奉施僧衆，不逢疾疫；若以一團食施諸有情，不逢饑饉。」

歲有豐凶，人有疾病，國有兵革，自有天地以來所不能免。蓋氣化之運、人事之致也，豈謂有情而後遇之邪？今水土無情矣，爲人所陶冶而成器。草木無情矣，爲人所焚伐而致用。金石無情矣，爲人所鎔琢而備物。安可言水土、草木、金石有情而命促邪？天竺國惟佛不父其父，不母

其母，其餘人固自有情愛。生長其土，固自有水旱、豐稔。其俗固自有争戰、殺戮。佛何不盡化之使能免邪？今齋斷肉者，天下多矣，而死於兵亂者不知其數，何謂不逢刀兵？傾家施財者，天下多矣，而死於疾癘凍餒者不知其數，何謂不逢饑饉？驗之其事，則信誕判矣。

沙門仁贊曰：「夫劫者，權輿天地，根柢古今，雖巧曆不能盡其數，而劫盡之矣。成、住、壞、空，各二十劫，終則有始，若五運之相生、質文之循環耳。《上繫》曰：『《易》有太極，是生兩儀。』太極，無也，兩儀，形器也，形器從無而生。由此而觀，儒得其半而有所遺矣。」

梵言劫，華言時。日月星辰運行無止，而名之曰時。此中國之常言，何待佛然後明之？今夫瞬息之速，頃刻之暫，歲月之積，今古之異，成壞相因，治亂相續，載籍以來皆可考矣，何時爲住時邪？何時爲空時邪？誣箧按據而造説茫昧，幻觀天地而實證八荒，多見其妄矣。「《易》有太極，是生兩儀」，此孔子之言也。「太極，無也，兩儀，形器也，形器從無而生」，此仁贊之言也。仁贊以其言自比於孔子，不知量之甚矣。又以太極而下爲半，是太極而上猶有半焉，則又安得引兩儀之間五運文質之循環，以證四劫之全乎？言之淺陋如此，是未嘗識太易之門户，而敢爲無根之説，以詆毁聖道。此所謂順非而澤以疑衆。考於先王之法，必誅而不以聽者也。

釋迦，姓也。釋迦有王，聽后譖，擯子遠出，到北雪山，住直林中，數年，歸德如市。父思往召，辭過不還。成佛，號釋迦文。

昔者舜之父母，生象而惡舜。舜起敬起

愛，盡事親之道，而父母皆悦，各進於善道。迄今數千年，言孝者稱爲首。彼佛以母之譖己，并怨其父，忿然離其親，雖召而不還，是以忿懟，爲子至不道也，而曰得道成佛。宜其教人以絶滅天性爲道，而世之薄恩敗德者，靡然從之。中國者，人倫之所在也。若以此爲教，使人皆不父其父，不君其君，謀用是興而兵由此起，大亂之道也。不慈不悲孰甚焉？

釋迦氏名牟尼，譯爲寂默。未成佛時，爲大菩薩，生兜率天，住六十億。諸天共議言：「今菩薩將降，當生何國？」菩薩曰：「觀釋種職盛，父性仁賢，母懷貞順，應往降神。」化爲白象，

降母右脇，影現於外，如在琉璃。

未成佛時於兜率天住六十億，既成佛後於天竺國住四十九年。是爲佛之功力反不如菩薩時，何也？凡僧之教人祈向者，皆令發願生兜率内宫，❶而不令生天竺國。是天竺國不如兜率内宫明矣。天竺國不如内宫，則是佛所住不如菩薩所住，又何也？父性仁賢，乃聽母譖乎？母懷貞順，乃譖其子乎？初爲菩薩，既已超於六道，復化爲象，又何墮於畜生？象胎生象，人胎生人，不可易也。象出人胎，則無是理也。其曰有父有母，即是男女搆精之所成，而非象胎矣。如其不然，則可以無所托籍，忽爾自生，又何必擇父母而依之哉？至於降母右脇，影現於外，皆理之必不然者，無非妄也。

四月八日，於無憂樹下從右脇出。年十歲，射金銀銅鐵七鼓，發矢洞徹。年十七，出四門遊，觀生、老、病、死，思求出家。王執其手，流淚言：「宜息

---

❶「宫」，原誤作「官」，據文意改。以下逕改，不再説明。

此懷，國未有嗣。」太子夜從北門去，曰：「不斷八苦，不轉法輪，不成菩提，誓不還此。」王俾求之。太子豈不知恩，但爲四患苦爾。

古之帝王，固有稟異顯祥者。蓋肇生元聖，開物成務，以拯天下後世，故靈氣交感，異於衆人。然男女之形，生出之道，則不可易也。脇下無可生之路。裂脇而出，豈非母之大苦歟！前代史氏記躶物之妖，有陰生於頭、足生於背者，反常逆理之甚，人所惡見而諱言也。如脇下可以生育，是則妖氣之極，故生此人，以其邪道，爲中國之害者耳。李廣夜見草中石，誠以爲虎也，射之飲羽。明日復射，則不復能入。今十歲之兒，以竹箭之矢而射五金七鼓，應弦洞徹，此理之必不能者也。凡學道之人，其初不可差。佛見生、老、病、死，而求出家，其發心本於愛生怖死。知生不可留而死不可免，無以處之，故浩然棄父而去。曰「本來無有，皆空也」，所以排遣良心耳。此心自古至今人人具足，其可排遣乎？據此，即太子辭父出家，又與受譖見擯之事不同。未知何者爲實？要是毀絶天性，非天下之大倫，不足貴也。

夫五戒者：不殺，仁；不淫，義；不盜，智；不妄，信；不飲酒，禮。亦先王五常之教。蓋眼目之異號，頭首之別名，殊途同歸，百慮一致爾。夫五常之教，禁其見非，五戒之謨，防其來過也。

君子之於禽獸，見其生不忍見其死，聞其聲不忍食其肉，是以君子遠庖厨也。此聖人戒殺之訓也。由是推之，博施濟衆，使民生老病死不失其所，鳥獸魚鱉咸順其性。本於此心而行之，有法度焉，久而無弊。非如佛氏不殺之化，無別無義也。舉

此一端，則仁義禮智信皆然。豈五戒淺淺之可比方哉？其途自異，其歸不同，其慮自百，其致不一，不當引聖人之道以文其説也。既曰同歸一致，又曰五常止能禁其見非，五戒乃能防其來過。不知見非之與來過，何以別之？禁其見非而不復犯，則無來過矣。若有來過，是乃見非未除矣。徒欲誇大佛法，而不虞其言之失也。

儒家者，蓋出於司徒之官。

九流非聖人之言。聖人既没，道術分裂，各得其一，以自名家，故太史氏有九流之目。然其言推原本末，知風之自，各有所據，不苟然也。今釋子既未嘗深考聖人之經，乃效史家區别流派，猶瞽者發矢，窮年無中矣。自堯、舜至孔子，或在上，或在下，然見於行事、著於經籍，所以扶立人道，不淪於禽獸夷狄者，乃大儒之極功。班固言出於司徒之官，則非至論矣。

絶去禮樂，棄仁義，獨任清虚以爲治，此道家之弊也。

仁之實，事父母也。義之實，從兄長也。禮之實，爲仁義之節文也。樂之實，由仁義而和樂也。不知釋氏之所謂仁義禮樂者，與此同乎？異乎？同則不當棄父母、絶倫類，異則不當言仁義、談禮樂。今其言非笑老子而不知自陷於邪僻，猶笑人無足而自不知其兀也。禮樂固不可絶，釋、老皆絶之；仁義固不可棄，釋、老皆棄之，其得罪於聖人均爾！

亡教化，去仁愛，專任刑法，至於殘賊至親，傷恩薄厚，此法家之弊也。

自先王之跡息，秦以法律治天下，用刑嚴酷。漢世稍寬，而無復三代之忠厚。流俗相因，日改月化。以佛圖澄之多術，不能止石虎之好殺。然多殺而已，猶未有巧殺也。及梁武爲懺，叢集佛書地獄苦虐之

狀。至唐世，人君奉佛者衆，而酷吏始以巧殺，苛毒慘虐，真如地獄變相，又有甚焉，所不忍聞者。嗚呼！悲夫！彼佛之說，本以恐動愚人，使之向己，不虞其流禍至此之極也！然則法家之弊小，地獄之說爲害無窮。嗚呼！悲夫！其言法家殘賊至親，傷恩薄厚，以吾觀之，佛之教則然矣！

推兼愛之意而不知別親疎，此墨家之弊也。

墨氏之弊固如此矣，釋氏之弊豈不甚於此乎！棄父母出家而不顧，見螻蟻蚊蚋則哀矜之，謂之別親疎，可乎？不別親疎，故不諱賢否。今有聖賢之人，坐致太平而不喜佛，則釋子必不譽也。小人亡國敗家，而建寺宇，崇塔廟，厚給其田，廣度其衆，則釋子必以爲宿植善根，親受佛記者也。試用此觀之，其情見矣。

欲君臣並耕，悖上下之序，此農家之弊也。

天尊地卑，君臣之分也。釋氏自以方外不執臣禮，非悖上下乎？繼世承考，父子之分也。釋氏自以方外不服子道，非悖上下乎？上下莫大於父子、君臣，而皆悖之，尚何農家之笑乎？彼農家則不然：勤藝黍稷，孝養父母，出其財以供賦，出其力以供役，國有勞苦之事，農不得免焉。於上下之序，未嘗悖也。釋氏不耕而食，乃又笑之，失其本心甚矣。

沙門仁贊曰：「儒有九流，釋存九録。淺深之道不侔，内外之文斯異。然殊途同歸，百慮一致者也。」

理有至真，以似而亂之則可惡矣。故惡莠恐其亂苗也，惡紫恐其亂朱也，惡楊墨恐其亂仁義也，惡佛老恐其亂性理也。九録與九流同乎，則何有淺深内外之辯？如

其異乎，又何有同歸一致之理？此奸僧滑釋欲主張其説，恐不能勝，又竊取儒書近似之説以符同之，使愚夫懦士怵惑不能自解，可不戒而遠之哉！

佛所生國迦毗羅城，謂四重鐵圍之內，三千日月、萬二千天地之中央也。蓋佛之威神不生邊地，故中天竺國如來成道焉。

今釋者言佛土曰西天、西方。言西則非四方之中也。何不曰中天、中方，以顯其非邊地所生乎？據釋氏之説，以東方震旦爲人主之國。佛既神聖，擇美處而後生，何不生於人主之國，而生於篤學異術、重貨輕禮之地哉？昔辯者惠施曰：「我知天下之中央，燕之北、越之南是也。」燕之北，天下之極北也；越之南，天下之極南也。以是爲中央，則無所往而非中央矣。與釋氏以天竺爲天地中，談詭荒誕，蓋一説也。

何承天問沙門惠嚴曰：❶「佛國用何曆術而號中乎？」嚴云：「天竺之國，夏至之日方中，無影，所謂天地之中也。此國測之，故有餘分。致曆有三代增損，筭必差忒，明非中也。」

昔堯命羲和曰：「期三百有六旬有六日，以閏月定四時成歲。」此曆法之祖也。至于今行之，四時不差，日月不忒，星辰不亂，人事各得其生。釋子亦據之以爲節，乃曆象授時之效也。若不足信，則晦、朔、弦、望、分、至、啓、閉，無所準度，而寒暑愆度，四時失序久矣。安得言中國非中而曆有差乎？不然，天竺之曆法何爲不傳於中國，而堯、舜之曆法至今無弊也？佛以四月八日降生，何爲釋子考證參差，終無所定哉？惠嚴之言至淺，何承天必有以折

❶「惠」，原作「忠」，據明刻本改。

之，而釋子諱傳爾。

一洲四主：南海名象主，地惟暑濕，偏宜象，風俗躁烈，篤學異術，是爲印度，或云天竺，或云身毒。西海名寶主，偏饒異珍，輕禮重貨。北海名馬主，其俗凶暴忍殺，衣毛。東海名人主，地惟和暢，俗行仁義，安土重遷，即所謂震旦國。諸儒滯於孔教，别指洛陽以爲中國，乃約軒轅五岳以言，未是通方之巨觀也。

據此，則篤學異術，輕禮重貨，釋迦所生之國也。教人反易彝倫，以七寶裝嚴佛事，如《華嚴》誇大之説，特以其國多寶故耳。俗行仁義者，中國列聖之化也。名曰人主，乃是人之所生，與他方夷狄之俗天地相懸。仁贊心知矣。後世臣服夷蠻、梯航入貢者，或効象馬，或獻麒麟，皆以黠夷方能擾馴而駕馭。由此觀之，乘金毛獅子、六牙白象，殆亦此類，自其俗尚耳。不知諸儒滯於孔教乎？抑諸儒溺於佛説乎？

晉大常彭城王紘表，以肅祖好佛道，手畫形像於樂賢堂，經歷寇難而堂猶存，宣勑著作，咸使作頌。顯宗出紘表博議。蔡謨曰：「佛者，夷人。惟聞變夷從夏，不聞變夏從夷。先帝天縱多才，聊畫此像，未是大晉盛德之形容。今欲發王命，勑史官上稱先帝好佛之志，下爲夷狄作一像之頌，義有疑焉。」君子曰：「斯剛愎之鄙夫，井坎之固量也。見謨之諷議，局據神洲一域以爲中國也。佛則據通閻浮一洲，以此爲邊地爾。天竺者，地之中心也。故提封所及，三千日月、萬億天地，惟佛所統，非謨能曉。嵩洛以土圭測影爲中，乃是神洲之别中耳。」

天竺在中國之西，有路可以來往，何得言

天竺國别有天地乎？既是一天地，即四方上下共取一中，何得言神洲有别中乎？蔡謨守道甚固，不惑邪説，正夷夏之分，以革其君之過舉，可以表示後世。仁贊乃自目爲君子，目謨爲鄙夫，而不知其庸愚陋劣之甚也。聖人以土圭測影，觀一氣之交會，而定天地之中，夫有所據矣，豈欺我哉！

《辯惑論》曰：「説者以爲佛法本出西胡，不應奉之於中國。夫由余出自西戎，輔秦穆以開霸業；日磾生於北狄，侍漢武而除危害。何必取其同俗而捨其異方乎？」

據此説，即僧徒心知天竺是夷狄而非地中，甚明矣。雖然，舜，東夷之人也，文王，西夷之人也，得志行乎中國，以人道治人，使人不爲夷狄禽獸，則萬世之師不以東夷、西夷而外之也。若夫邪説異端，絶滅倫類，以鬼道化人，使人惑於生死鬼神之際，亂中國之俗，則萬世之罪人。雖生中國，猶當屏於遠方，不能使立。又況夷狄之教，宜何如哉？

漢求西域之名馬，魏收南海之明珠，物生遠域，尚此爲珍，道出遐方，獨何可棄？況百億日月之下、三千世界之内，則中在於彼域，不在此方矣。

《淮南子》言「古者天有十日，羿射其九」，其誕已可笑矣。而釋氏之言，乃又甚焉。今中夏寒暑之運，至於六月而炎氣極隆，土山焦枯，江河涸竭，人無廈屋之庇者或以暍死。此一日耳，而氣尚如此。今乃曰有百億日月，不知天竺國中受此曝炙，何以能生邪？徒欲爲美言誇張之而不意其言之失如此，愚夫無知，何足深罪，而信之者爲可怪也！

天竺沙門僧康會，吴赤烏年達乎建

業。孫權召而問之曰：「佛何靈驗？」會曰：「如來遷跡，已越千年，遺骨世間，名爲舍利，昔阿育王起八萬四千寶塔以表遺化也。」權以爲誇誕，乃曰：「若得舍利，當爲造塔。」會乃以瓶盛水，燒香禮請，三七日，忽聞瓶中鏘然有聲，果獲舍利。權自執瓶，瀉銅盆上，舍利所衝，盤即破碎。權肅然驚起。會進言曰：「舍利威神，豈有光相而已。此乃劫燒之火不能焚，金剛之杵不能碎。」權乃置舍利鐵碪上，使有力者用槌擊之，碪槌俱陷，舍利無損。權大嗟服，即爲建寺，號曰建初。由是江左大法遂興，❶會之力也。至孫皓廢棄淫祀，及佛伽藍，並欲毀壞，遣張昱詣寺詰會。昱不能摧，還歎會才明，非臣所測。皓大集朝賢迎會。會既坐，皓問曰：「佛教所明善惡報應，何者是乎？」會對曰：「《詩》詠『求福不回』，《易》稱「積善餘慶」，惟典儒之格訓，即佛教之明謀。」皓曰：「若然，則周、孔已行，何用佛教？」會曰：「周、孔略示世間，釋教廣明因果，故行惡則永劫地獄苦酸，脩善則長受天宮安樂。」皓不能折。

舍利子之爲物，乃釋子修煉攝心精氣之所結，猶石中有水精，木中有膏液，物理之常，獨善保身者斯有之。然不救饑寒，無益民物，世亂不能以舍利而治，人死不能服舍利而存，無所用之，不足貴也。孫權未嘗深考，遂爲僧會所惑，使江左之人初識邪法。流傳至皓，竟以喪邦。舍利果何利哉？唐初崇奉佛牙，火不能焚，鐵不能碎，傅奕以羚羊角擊之，如破朽壞。若使

❶「左」，原作「右」，據和刻本改。

奕見此舍利，必有以處之矣。皓，亡國之人也，安知周、孔之教乎？使其能知之，必不至爲人所禽矣！且其身爲國王，宜其前世所積，自合長受快樂，又何故一旦傾覆而無善應乎？

《正法念經》云：「若有衆生埽如來塔，命終，生意樂天。」又云：「脩治故塔，命終，生白身天，與諸天女五欲自娱。」《菩薩行經》云：「有一貧人，賣薪爲業，向澤中採薪，見一塔寺，狐狼飛鳥，草木荆棘，不淨滿中。貧人愴然，誅伐埽除，作禮而去。命終，❶生光音天，盡其天壽。又復一日，返作轉輪王。」

佛設如此等教，其發心也，不知欲誘人爲善乎？抑將自保其塔乎？如誘人爲善，莫先於正其心。如此等教，反以利樂害其心也。人各有所欲，而未必皆同，多爲利路以張之，必有一中，中則其說可入。此佛之術也。言生意樂天，則凡心意有所好樂而不得者，必爲之埽塔矣。言生白身天，則凡醜黑爲女子所惡，欲淫色而不得者，必爲之埽塔矣。言生光音天，作轉輪王，則凡瘖啞聾聵、貧窮下賤者，必爲之埽塔矣。其設教之心如此，果可謂之正道乎？今欲詰之，則必曰：「此皆無礙方便也。人之根器萬端，不如是不能設之入善。」嗚呼！使人隨意所欲而得之，好色則得女，好貴則得王，天下大亂之道也。曾謂如是而爲善乎！

沙門仁贊曰：「夫生也者，精氣爲物，靈明而通照；死也者，遊魂爲變，幻化而不真。舍利建塔於人間，其故何哉？」答曰：「因之脩也，捐肢飼虎，化

❶「終」，原作「中」，據明刻本、和刻本改。

肉拯饑。果之證也，示色非色，明空不空。然則香薪亘燄而齒骨不灰，舍利晶熒而人天戴仰，建于寶刹，祕以金瓶，殫土木之功而不爲奢，窮丹雘之飾而不成僭。」

孔子曰：「原始反終，故知死生之説。」生者，始也，有始然後有終；死者，終也，有終必先有始。非以前世爲始，後世爲終也。原之爲言，究其所以然也；反之爲言，要其所歸極也。知生之所以然，則知死之所歸極矣。子路問死，孔子曰：「未知生，焉知死？」此之謂也。其言不誇不誕，約而盡，簡而通，與佛氏之説死生，猶黑白之不同也。仁贊所言既以膚淺，乃復淆亂本文，附以己説，以生爲靈明，以死爲不真，其淺陋如此，尚敢論生死哉！既不明生死，宜其言之多妄矣。古之人藏赤刀、弘璧、天球、河圖、竹矢、弓戈，蓋有至理，非爲福田利益誘人以茫昧之事，亦未嘗窮極土木，糜費金寶，以爲貯藏之所也。後世不以理治天下，先王之制，❶又信邪説，希求無望，所以使釋子踰禮越制，崇奉邪説，以一朽骨，費民膏血百千萬計而不恤者。嗚呼！必有聖君賢相推明正道以攘闢之，當有取於斯言矣。

沙門法獻以宋元徽三年於西域得佛牙，長二寸，圍亦如之。

西域所用之尺，不知與中國異同？且據宣律師《辯惑論》云：「佛現金姿丈六之質。」及凡釋氏之説皆如此。今法獻所得佛牙，長二寸，圍亦如之。相法三十六牙，相之美也。佛有具足之相，則其牙車當一尺二三寸，若并頤項會之，其圍當四尺，而其頭面當五尺許矣。以五尺之頭，通爲一

❶「先王之制」，容校曰：「疑此句當作『後世不以先王之制理治天下』。下文云『踰禮越制』，即由此而發。」

丈六尺之身，是自領以下長一丈一尺而已。此不待智者然後知其妄也。

《劉向別傳》曰：「予徧觀典籍，往往見有佛經，乃著《列仙傳》云。」吾檢藏書，推劉向言藏書者，蓋始皇時人間藏書，或云夫子宅中所藏書也。據此而言，佛法秦漢以前已流震旦也。

甚哉，僧人之欲借重於孔子以神其說也！然稽之書傳，佛教入中國乃自漢明帝時，不可改矣。劉向博極群書，如果有此言，何不載於正史邪？孔子删《詩》、定《書》、繫《易》、作《春秋》之外，不聞別有述作。不知何所據而云壁中藏佛經也？使佛經盡道而無歉，可施於中國而傳於萬世，又何必待魯壁藏之而《劉向別傳》載之乎？甚矣，僧人之欲借重於孔子以神其說也！

元狩中，霍去病討匈奴，至皐蘭，過居延山，獲昆邪休屠王，降衆五萬，得金人長丈餘，列之於甘泉宮，此如來化被東土也。

佛之道，以寂滅爲樂，以無生爲至。既死之後，乃化爲金人，此何理也？秦始皇聚天下兵，鑄爲金狄十二以像臨洮所現之大人，後十四年而秦亡。按史，金狄各重千石，古者每石重百二十斤，千石當一億二萬斤。去病所得纔丈餘，甚爲輕眇，殆亦匈奴所鑄耳。乃云「化被東土」，金像出現，然則始皇所鑄何不言瑞應邪？隋煬帝大業四年征林邑，獲金人四十九，皆長三尺，彼又何物也？

漢明帝幸白馬寺，問摩騰曰：「佛之出世，不從此土，何也？」對曰：「迦毗羅衛國三千大千世界、百億日月之中，三世諸佛皆從彼生，餘處衆生無其緣感，佛不往也。佛雖不往，光明及處或五百年，或一千年，或一千年外，皆有聖

人傳佛聖教而化導之。」帝默然信重。漢明帝生於中華，爲天下主，不能師法前代聖帝明王，反信外戎，引入中國，爲斯民千餘年膏肓骨髓之病，其罪大矣！摩騰者，狡猾之人也。觀其對明帝之言，示之以夸大，附之以佞諛，以行其說。非漢明之不明，誰復信之？其言曰：「衆生無緣，佛不住生。」如其果然，何爲復有聖人傳佛之教乎？佛教既可傳，即不謂之無緣矣。其言自相衡決，是誕妄也。蓋佛未生時，中國三代之風未亡，元聖六經之教方盛，彼無自而入也。及世衰道微，異端並起，於是夷狄之術浸淫乎中國而不可救矣！

《後漢志》曰：「佛身黄金色，項中佩日月光，變化無常，爲宏闊勝大之言，難得而測。故王公大人觀生死報應之際，莫不怳然自失也。」

佛氏所謂外道者，類能變匿身形，飛騰隱顯，幻出一切，光景怪異。佛欲降伏之，於是無所不學，遂盡其術。外道以此術爲過咎，而佛則齋戒清脩，所以終勝之耳。身如黄金色，項佩日月光，皆幻術之一二也。善爲宏闊勝大之言，以誇耀貪夫之耳目，而劫持懦士之心意。是以中國有道君子教人曰：「若欲不學佛，能見其小則不學也。」生死報應之説，散在後章，遇事而闢之，非一言可畢，觀者宜詳擇焉。

顔之推《家訓》曰：「夫萬行歸空，千門入善，辯才智慧，豈徒六經百氏之博哉？❶明非堯、舜、周、孔所及也。歸周、孔而背釋宗，何其迷也！」

之推者，先師之後也。既不能遠嗣聖門之學，又詆毁堯、舜、周、孔，著之於書，訓示後裔，使當聖君賢相之朝，必蒙反道敗德

❶「六」，《顔氏家訓・歸心》作「七」。

之誅矣。今其説尚存，與釋氏吹波助瀾，不可以不辯。

「俗之謗者大抵有五：一曰，夫遥大之物，寧可度量？日爲陽精，月爲陰精，星爲萬物之精，儒家所安也。星墜爲石精，若是石不得有光性，又質重何所繫焉？星與日月形色同爾，日月又當是石也。石既牢密，烏兔焉容？石在氣中，豈能獨運？日月星辰若皆是氣，氣體輕浮，當與天合，往來環轉，不得錯違，其間遲疾，理宜一等。何故日、月、五星、二十八宿各有度數，移動不均？」

謹考之六經，惟《春秋》書隕石于宋，不言星墜爲石也。既以星爲石，又以日月爲石，皆之推臆説，非聖人之言也。之推又曰：「日月星辰若皆是氣，則當與天相合，安能獨運？」殊不考堯之曆象、舜之璿璣、箕子之五紀、《周易》之大衍也。天杳然在上，左右遲速，幾於不可考矣。然聖人步之以數，驗之以器，正之以時物，參之以人事，自古至今了無差忒。凡垂象之變，皆有應驗。其精者預知某日日食，某日月食，飛流彗孛，出不虚示。則天雖高也，日月星辰雖遠也，智者仰觀若指諸掌耳。之推學博而雜，是以其惑如此。孔子曰：「蓋有不知而作之者。」孟子曰：「人之易其言也，無責爾矣。」其之推之謂乎？

「地既滓濁，法應沈厚；鑿土得泉，乃浮水上。積水以下，復有何物？河江百物，從何處生？東流到海，何爲不溢？歸塘尾閭，渫何所到？沃焦之石，何氣所然？潮汐去還，何所節度？天漢懸指，何不散落？水性就下，何故上騰？」

地之有水，猶人身之有血也。故「地中有

水」，《大易》八卦之明象也。若曰地浮水上，乃釋氏四輪之妄談也。水爲五行之本，其氣周流於天地萬物，或升或降，或凝或散，皆氣機之自然。故草木則有滋，山石則有液，人則有血，土則有水，金則水之所生，無足怪者。佛之學不明乎氣，以氣爲幻，故學之者其蔽如此。

「乾坤之大，❶列星之夥，何爲分野，止繫中國？昴爲旄頭，❷匈奴之次，西胡、東越、雕題、交趾獨棄之乎？豈得以人事尋常抑必宇宙外也？何故信凡人之臆説，迷大聖之妙旨，而欲必無恒河沙世界、微塵數劫也？」

天地雖大，然中央者，氣之正也。以人物觀之，非東夷、西戎、南蠻、北狄所可比也。天地與人均是一氣，生於地者既如此，則精氣之著乎天者亦必然矣。北辰帝座自有環域，明當三台，儼分躔次，災祥所應，中國當之。其餘列宿分野，亦莫不然。班班可考，固非四夷之所得占也。之推於耳目所及者尚未深曉矣，乃欲信驗乎宇宙之外，河沙世界，微塵數劫，不謂之自誑乎！

「二曰，夫信謗之徵，有如影響；善惡之行，禍福所歸。九流百氏皆同此論，豈獨釋典爲虛妄乎？項託、顏回之短折，原憲、伯夷之凍餒，盗跖、莊蹻之福壽，齊景、桓魋之富强，若引之先業，冀以後生，更爲通耳。如以行善而偶鍾禍報，即便怨尤，爲惡而倘值福徵，乃爲欺詭，則亦堯、舜之云虛，周、孔之不實也，又欲安所信而立身乎？」

夏至之日一陰初生，而其時則至陽用事也。陰雖微，其極必有折膠墮指之寒。冬至之日一陽初生，而其時則至陰用事也。

❶「坤」，《顔氏家訓·歸心》作「象」。

❷「昴」，原誤作「即」，據《顔氏家訓·歸心》改。

陽雖微，其極必有爍石流金之暑。在人積善積惡所感，亦如此而已。顔回、伯夷之生也，得氣之清而不厚，故賢而不免乎夭貧；盜跖、莊蹻之生也，得氣之戾而不薄，故惡而猶得其年壽。此皆氣之偏也。若四凶當舜之時，則有流放竄殛之刑；元凱當堯之時，則有奮庸亮采之美。此則氣之正也。何必曲爲先業後世因果之説乎？若行善有禍而怨，行惡值福而恣，此乃市井淺陋之人計功效於旦莫間者，何乃稱於君子之前乎？盜跖膾人肝，雖得飽其身，而人惡之至今。顔子食不充口而德名流于千世。若顔子之心，窮亦樂，通亦樂，簞瓢陋巷何足以移之？鐘鼎廟堂何足以淫之？威武死生何足以動之？而鄙夫之見，乃以貧賤夭折爲顔子之宿報。嗚呼！陋哉！之推又云，若不信報應之説，則無以立身。然則自孟子而上，列聖群賢舉無以立身，而後世髡首胡服、纍纍蠢蠢、千百其群者，皆立身之人歟！

「三曰，開闢以來，不善人多而善人少，何由悉責其精潔？俗僧學經律，何異士人學《詩》、《禮》？以《詩》、《禮》之教，格朝廷之人，略無全行者。以經律之禁，格出家之輩，可獨責其無犯乎？且缺行之臣，猶求禄位；毁禁之侣，何慙供養乎？」

中國聖王之治，有善則賞，有惡則刑，務爲明白。惟昏君亂世，然後覆護罪人，與之禄位，非《詩》、《禮》使然也。之推言佛之化非孔子之所及，則其化人必速，豈宜更有毁禁犯戒者哉？如其有之，則是佛化之未至也。又從而保芘之，是與惡人爲地耳。且儒者之教，養老賓祭必以肉，故畜之牧之以待用。今之推許僧毁禁，則僧坊可以爲豕牢矣。儒者之教，養老賓祭必以

酒，故種秫造麴蘖釀之以待用。今之推許僧毀禁，則僧坊可以築糟丘矣。儒者之教，男婚女嫁以續人之大倫，故通媒妁、行親迎以成禮。今之推許僧毀禁，則僧坊可以爲家室，畜婢妾，聯姻婭，無不可者矣。世有僧食肉、飲酒、豢妻子，則人惡之尤甚。之推獨謂無慚於供養，何勇於保奸而果於戕正，顛倒迷謬如此其甚哉！

「四曰，求道者，身計也；惜費者，國謀也。身計國謀不可兩遂。儒有不屈王侯，高尚其事；釋有讓王辭相，避世山林，安可計賦役，以爲罪人？若能化黔首，悉入道場，如妙樂之世、禳祛之國，則有自然粇米，無盡寶藏，安求田蠶之利也？」

聖人之道，成己則推而仁民，仁民則推而愛物；正身則推而齊家，齊家則推而治國、平天下。但有先後之序，而無不可兩遂之計也。之推不知乃祖之所學於孔子者，而馳心外求，宜其差跌之遠也。儒有不事王侯，辭榮避世，如漢祖之四皓，光武之嚴陵，舉世求之，不過數人而已。時君表異之以風化天下，崇廉耻，興辭讓，既得優賢之禮，又無蠹民之害，何不可之有？今僧徒所在以千萬計，遊手空談，不耕不織，而庸夫愚子，十人居九皆得免於賦役，誠爲有國之大蠹，豈可與逸民高士同科而待哉？據今之世，鬻祠部度牒爲僧，一人纔費緡錢百餘，又皆裒人之財而非出於己也。以他人之財而易終身之安逸溫飽，所以奸宄愚庸之人皆樂爲之。農夫辛勤輸納王稅，歲歲有常而無已，又有豐凶水旱之變，其苦最甚，較其利誠不如爲僧之優也。然良民日少，賦役日減，而坐食者益衆。善爲國者，不計目前利入之微，而思耗蠹生民之大，必有覺於斯術矣。之推又

曰：「使黔首皆入道場，則有自然秔米，無盡寶藏，何用田蠶之利？」夫佛以乞丐爲化，忘廉恥，棄辭讓，見人之有者，卑身下意以求之，言福田利益以誘之，張地獄酷毒以劫之，必得而後已，不顧其他也。所以積少爲多，雖貧而富。不藉耕桑，衣食自足。苟有廉恥辭讓之人，必已不爲矣，又況聖人之道乎！

「五曰，人沒後，與前身似朝夕爾。世有神魂示現夢想，或降童妾，或感妻孥，求索飲食，徵須福祐。❶以此論之，安可不爲之作地乎？夫有子孫何預身事，而乃愛護，況於己之神爽頓欲棄之哉？」

轉化之說，佛氏所以恐動下愚，使之歸其教也。破其說者，散於後章，因事而言，不一而足。同志之士宜共思其非以趨於正，勿爲所惑也。世傳死人附語，大抵多是婦人及愚夫。其所憑者，又皆蠢然臧獲之流耳。未聞有得道正人死而附語，亦未聞剛明之士爲鬼所憑。此理灼然易見也。至於求索飲食，徵須福祐，此何等鬼邪？之推愛護神爽，爲之作地，亦可笑矣，亦可哀矣，亦不知死生之故甚矣，亦不知鬼神之情狀極矣，亦爲先師不肖之子孫，忝辱厥祖無以加矣！

李典儀《内德論・通命篇》曰：「佛之所云業，儒之所謂命也。命繫於業，業起於人。虞、夏、商、周之典，黃、老、孔、墨之言，道惟施於一生，言罔及於三世，其理局而不弘矣。取義尚淺，利民猶微。比夫十力深言，三乘妙法，濟四生於火宅，運六舟於苦海，若培塿之與崑崙，潢汙之與江、漢，何

❶「徵」，原誤作「微」，據《顏氏家訓・歸心》改。下「徵須」之「徵」同。

可同年而語哉？」

性者，萬物之一源，而氣稟則有清濁，是以聖哲賢愚，資質有異。命者，萬物之所同受，而陰陽變運，參差萬殊，是以五福六極值遇不一。以此理觀之，千古猶指諸掌也。淺狹之人，計功於歲月，責報於促近，而不知天地之氣，消息盈虧，遲速顯晦，終不可違，非如人私意小智之所測量也。既不明其理，於是爲三世之説以自誑，是未嘗知性命。不知性命，其言殆難當乎！命與業異。業者，人也；命者，天也，不可同語也。有志之士，考《正蒙》之論氣，則於典儀所辯，如數黑白，無足疑者。三事之説，❶見於後章，因事而發，非一言而可盡也。

孫陀羅難陀者，佛之弟也，四月九日生。佛使出家，將上天，路經地獄，中心忻怖，守道彌篤。

佛之教，大抵以幻術爲神通。先以此驚駭衆人之耳目，貪者必慕，怯者必懼，惑者必疑，愚者必信。有一於此，則其術入矣。仰觀乎天，穹窿杳冥，何方可以爲路？俯察乎地，厚重博實，何處可以建獄？佛所以誘動其弟者，殆變化如幻之所爲也。其弟見天路而忻，見地獄如怖。忻怖之心交戰於中，而曰守道彌篤，則其所謂道非正道也。

《經》曰：「若欲削髮入道場時，應來和尚前長跪，和尚應生兒想，弟子於師應生父想，宜加尊重之意，誦出家唄云：『毁形守志節，割愛無所親。棄家弘聖道，願度一切人。』」

教人者，必自正其身；欲人入善者，必先正人心。心與身無不正，所謂至善也。今僧

❶「事」，和刻本作「世」。

人無子而心想弟子以爲己子，弟子有父而心想和尚以爲己父，此心爲正乎？爲不正乎？不待辯知矣。而愚人則惑而信之，不可不辯也。出家唄曰：「割愛無親」，而和尚父子各存父子之想，割在家自然之愛而爲棄家假合之愛，忘在家天性之親而爲棄家人僞之親，行乎幻妄而談乎實際，吾不信也。人之有父，猶身之有首也。今或自指其首曰「此幻妄也」，則斷而棄之，欲取他人之首置諸頸上，必不能活矣。彼不父其父而以他人爲父者，何以異此？然則孔子言顔回視之猶父，非歟？曰：猶之爲言，比方之謂也，非真以爲父也。古者制服，父則致喪三年，君則方喪三年，師則心喪三年。父者，身之所生也；君者，治之所存也；師者，道之所傳也。其尊雖同，其義則有差等矣。而其所謂師者，乃孔子、曾子、子思、孟軻之徒，非如世俗口傳耳受伸其佔畢者也。是故顔回視孔子可以猶父，則未嘗名之曰父，而不父顔路也。視孔子猶父者，師之義也。孔子不得視回猶子者，爲厚葬言也。鯉也死有棺而無椁，孔子不可徒行舍車以爲鯉之椁，則於回之葬安得從顔路之請，舍車以爲回之椁乎？聖人者，理義之宗也，其處情文之際如此，豈以智力强爲之哉！理之自然，義之至當耳。佛氏不明理義之所止，故以人倫爲愛欲，則心法滅之，以假爲真諦，則心法起之。自以爲是，而終於不可行。其所謂小道可觀而致遠必泥，蓋君子之所不爲也。

《度人經》云：「既著袈裟已，坐受六親拜，父母皆爲作禮。」

父子、君臣，人之大倫也。如天尊在上，地卑在下，不可踰也。未有無父而有子者，故子必拜父；未有無君而有臣者，故臣必

拜君。此理之必然，非人以智巧造爲之也。今佛之教，一削其髮，身被胡服，即視父母如路人，接六親如糞土，以本心爲妄，以僞行爲真，不亦悖哉！孟子曰：「天之生物也，使之一本，而夷子二本。」如佛之教，亂倫兼愛，與墨氏相似。而其設僞善辯，則又甚焉。有志於道者，所宜慎擇也。

《經》云：「出家入道，功德無量。六天人中，往反十世。若爲出家作留難者，其罪深入地獄，黑暗無目。」

富貴逸樂，人之所貪也；瘖聾瞽跛，人之所惡也。以人之所貪者誘人，使人相勸而出家；以人之所惡者怖人，使人相信而勿難。此所謂以利道病良民之心而不可救藥也。凡有所爲而爲善者，皆人欲之私，是利道也，異端邪説是也。無所爲而爲善者，乃天理之公，是本心也，孔孟之教是也。其道正猶水火之不相入，而或者欲比而同之，蓋惑溺而未之思爾。

安法師作《出家戒》，其辭曰：「荷道佩德，縈仁負義，絶世離俗，迴情易性，行人所不能行，割人所不能割，名曰道人。」

仁者，人之本心也；義者，人之所共由也。曰仁與義者，立人之道者也。得此道而不失，名之曰德也。此由古至今，萬世而無弊者也。佛氏絶世離俗則異乎此：無親安得曰仁？無君安得曰義？不仁不義安得曰道乎？聖人之教，皆因其良心，無不可行者，順情性之正也。今欲迴情而易性，乃造作布置，非循自然之理。父母天性不可割也，割所不可割，是無人之心也。然則其所謂道者，如孟子所謂不仁之道耳，非聖人之道也。

有羅漢至健陀羅國，見梵志捶訓稚童。羅漢曰：「世典文辭，徒疲功績，

豈若如來聖教，福智冥滋。昔南海之濱，有枯樹五百，蝙蝠穴聚其中。諸商人甛止樹下，時屬寒烈，積薪蘊火，枯樹忽然。商人中有誦阿毗達磨藏者，蝙蝠雖爲火困，受好法音忍而不去。命終，受生捨家脩學，並證聖果。子雖不佞，亦居一數。人今愛子，可許出家。出家功德，言不能述。」梵志感悟，放子出家。

萬物散殊，各有種類，其間或以不同形相禪者。如雀入水化爲蛤，鳩化爲鷹，腐草化爲螢之類，時至則然，皆氣之近似而傳易者。不聞雀化爲鷹，鳩化爲蛤，腐草化爲蟋蟀也。若此生爲蝙蝠，後生爲人，則萬無是理矣。今取蝙蝠五百枚，以火焚之，又令一僧誦經其側。蝙蝠既死，復令此僧指示受生之處，既生之後，此五百人者，年月日時、形狀男女、貧富壽命等無有異，又皆自言曰：「我前生真蝙蝠也。」如是猶不足信，何也？以萬物不能盡如是也。

高齊、元魏之際，國學大儒張賓曾經趙州偃角寺。索水，沙彌持與。問其具幾塵方可飲之，憫然無對。乃以水澆其面。賓大慙，謂從屬曰：「非謂以水辱我，真顯佛法難思。」即於其寺出家。

饑而食，渴而飲，動静皆然，天理之自然也，然衆人由之而不知。故飯蔬飲水，簞食一瓢，雖孔、顔之樂不爲之變焉。張賓業儒，不知聖門自有潛心之地，乃爲沙彌杯水所轉，裂冠裳，毁膚髮，下喬木，入幽谷，此乃喪心失己、隨波逐流之人也。彼乃目爲大儒以重其事，豈非夸其妄乎？夫大儒者，乃伊尹、周公、孔、孟之倫，仁賛烏足以識其彷佛哉！

釋僧肇歷觀經史，備盡墳典，性好莊、

老，嘗讀《道德》章，嘆曰：「美則美矣，然期神冥累之方，猶未盡也。」後見《維摩經》，乃言：「今始知所歸矣！」以莊、老之道比之於佛，則有所不及，故僧肇棄莊、老而從佛。僧肇雖常歷觀經典而未嘗深究，不得其旨，是以惑於異端而不悟。其是釋而非老，殆亦走五十步而笑百步耳。六經言近而指遠，守約而施博，教者不可凌節而施，學者不可躐等而進，故學之者以爲難。佛氏之道，以利誘人曰：「直下承當，一超直入。」其辭善遁而無歸宿，故學之者以爲徑。使僧肇於聖人經典中優游厭飫，見理明而釋義精，必以仲尼爲大中至正之極，佛、老雖欲引之，亦不可得而引矣。

釋法顯有兄三人，髫齔俱亡，其父懼禍，及顯三歲，度爲沙彌。居家數年，病篤欲死，因送還寺，信宿便差，不復宜歸，母欲見之不能得。十歲遭父憂，叔父以其母寡獨立，逼使還俗。顯曰：「本不以有父而出家也，正欲遠塵離俗，故入道爾。」

法顯在家爲沙彌，未嘗言欲辭親也，及送寺之後，遂斷天性。此必寺僧有藥偶能療其宿疾，因而誘道之。孩童無智，故信聽而不回也。凡此類，觀之者可以爲戒。如有子弟未能自立，慎勿令從釋子語。蓋佛本以化誘爲術，一爲所熏，非豪傑之士，鮮不惑者。戒之哉！戒之哉！若法顯之父不知天命之不可推移，乃自陷其子於不仁不義之地，其愚則又甚也。

釋圓光少躭墳典，詣理窮神。及聞釋宗，反同腐芥。由是出家。

人之稟氣不同，或昏或明，或巧或拙，或静或躁，或剛或柔，千條萬端，非一言可盡也。膾炙人所共嗜，而有好食瘡痂者；晝

夜人所共由，而有俾晝作夜者。方王澤將息，佛教未來，凡趨静厭事之流，亦爲山林之行，往而不返，如接輿、荷蕢、長沮、桀溺，乃其所見偏蔽，舍此取彼，自以爲是，而不可與入堯、舜、文王之道，聖人不取也。又況佛説入中國，有以惑人之耳目而移人之心意，宜夫一曲之士，棄經典而躭釋宗，如圓光者不可勝數。可悲也已！可悲也已！或問乎有道君子曰：「學儒者晚多溺佛，何也？」對曰：「學而無所得，其年齒長矣，而智力困矣，其心欲遽止焉，則又不安也。一聞超勝侈大之説，是以悦而從之，譬之行人方履坦途，其進無難也。山忽高乎其前，水俄深乎其下，而進爲難也。於是焉有捷徑，則欣然由之矣，其勢使然也。夫托乎逆旅者，不得家居之安耳，未有既安於家而又樂舍於旅也。」至哉斯言乎！至哉斯言乎！

《經》云：「昔尊者闍夜多詣德叉尸羅城，慘然不悦。少復前行，見一烏，欣然微笑。弟子怪而問之。尊者曰：『我初至城，見一鬼子饑，急語我云：「母入城爲我求食，我與母别經五百歲，饑虚困乏，命將不遠，願與早來。」吾見彼母，具説此意。鬼母答吾：「我入城來，經五百歲，未曾得一人涕唾。我新産，氣力羸劣，設得少唾，諸鬼奪去。」吾聞鬼語，悲嘆生死，受苦長遠，是以慘然。時復烏者，乃往過去九十一劫爲長者子，欲得出家，父母不聽，强爲求聘，成婚生男，起愛染心，不復出家。從是以來流轉五道。愍其癡愚，是以微笑。』若復有人障出家人，罪報極苦，無得解脱。是故智者殷勤方便，勸佐令成，勿作留念。」

凡聲，陽也。鬼無形無氣無聲，安得有

言？能言者，不謂之鬼矣。此其妄一也。鬼子與母相别五百歲，而母云新産力羸。此其妄二也。鬼子既能言，豈不能行，何不隨母入城，與衆鬼争唾，而獨居城外？此其妄三也。大抵多妄，直須不信勿疑也。

《經》曰：「在家孝事父母，若從師學，開發知見，此恩大也。夫出家者，捨父母，入法門中，出功德財，養智慧命，功莫大焉。追其所生，乃次之爾。」

佛氏之學，不以義權輕重，不以禮度可否，無分别心，惟嫌揀擇，故其出言有過，處事無節。若聖人則不然。其制禮曰：「事親有隱而無犯，致喪三年。」致者，盡極不可加也。「事君有犯而無隱，方喪三年。」方者，比方也。君臣以人合，資於事父以事君，比於親喪而制服，義也。「事師無犯無隱，心喪三年。」師雖授道，不可與君父同服以比隆焉。故隱哀於心，以著不忘而已。蓋父之所生者，獨吾身也；君之所治者，非獨吾身也；師之所傳者，聖人之道，非師所得專，而受教者亦非一人也。故父一而已，君則有去就，師則無常主，其理如此，非人私智所能輕重，故爲等降也。是以稱情立文，無過而有節，萬世可行而無弊，所謂道也。今以師資之功在父母之上，借問無父母生汝身，則雖有良師，將誰教乎？古之師教人以仁義禮樂，皆以成其孝悌忠順之實，人道之常也。今曰：「捨父母，入法門，出功德財，養智慧命，功莫大焉。」吾則曰：「捨父母，入非法門，出罪惡財，養賊惡命，刑莫大焉。」師之名是也，師之實非也。

沙門仁贊曰：「悟理者内外齊貫，滯情者遐邇相懸。商車周冕，但知華首麗身，直髮脆肌，安識生同死變？世雄

氏由是剃落鬚髮，被服壞色。設使車髮鑒人，威權振主，以道内照，於我浮雲。」

佛之教人去鬚髮者，本欲毁形貌，示憎惡，然後勢須遠俗隱處，以脩其道耳。然有疑焉：蓋其説曰「山河大地皆吾妙明中物」，敢問鬚髮獨非妙明中物乎？以存鬚髮爲有害，以去鬚髮爲入真，是則道之得否，係乎鬚髮之有無而已。毛之生於面者三，獨去鬚髮而不去其眉，則何説也？佛以六道輪迴皆因愛欲，是以棄妻子，斷生息，以絶轉迴之苦。然爲僧者不能皆忘欲念。設戒甚嚴，而猶有犯者。與其去鬚髮之無用，曷若即宫刑以去其爲病根者哉！況求道利物之人，不憚飼虎投崖，割截身體；面目髓腦，要即與之；視身如空，一無所吝，何獨愛惜淫根而不斷除？彼青龍寺僧光儀猶能之，豈諸佛祖師之教戒反不及乎？凡能棄捨者，必捨其所難。不教人捨其所難而姑舍其所易，剃鬚斷髮以爲難能，乃爲之説曰：「佛不許五種不男人學道。」吾不信其無奸心也。

宋儒胡致堂先生崇正辯卷一下

南豐裔孫　濬古邱重梓
清寅直
深叔平
瀾仲海　重訂
濱鶴汀
濤次涇
湘佩芳
森三木較字

後漢孝明帝夜夢金人，曉問群僚。通人傅毅曰：「臣聞西方有神，其名爲佛，陛下所夢，將必是乎？」詔遣使者羽林中郎秦景等一十四人如天竺。於月支國遇沙門攝摩騰、竺法蘭，寫得經像，載以白馬，還達洛陽。

人之夢多矣，然未嘗夢世之所無者。漢明夢金人，殆亦始皇所鑄、去病所獲耳。而傅毅乃云「西域有神」焉。帝求之而得者，乃經文與像設非，真金人也。漢明不明，傅毅入其說，中國不幸。摩騰傳其言，至今千有餘年，爲害未泯。明帝、傅毅之罪大矣！且明帝夢金人，未嘗知有佛也，傅毅云「西方有佛」，及寫像而至，則非金人也。君臣之間相誑如此，是以空教浸淫而莫禦。嗚呼！漢明、傅毅之罪大矣！明君之治必覈實，君子之道必存誠。如高宗夢傅説之類，夢之正也；如孔子不夢周公之類，不夢之善也。過此，皆妄而已矣。

漢武穿昆明池底，值黑灰，以問東方朔。朔云：❶「非臣所知，可問西域胡人。」法蘭既至，追而問之。蘭云：「此

❶「云」，原作「示」，據明刻本、和刻本改。

乃劫燒之遺灰也。」以此說推之，則椎礦得金者，必曰佛之遺體也。得銀銅銕錫者，又何物也？入海得珠者，必曰觀音之纓絡也。得瑪瑙珊瑚者，又何物也？據佛說，劫火洞然之後，空然無物，安得有灰？既有灰，則天地萬物之灰，當增厚於地數倍矣，安得謂之空乎？其說又云：「世界空二十劫後，有風鼓之爲風輪，然後有水輪，然後有金輪，然後有土地。」夫灰與土等耳，不知風鼓水輪之時，劫火何在邪？或曰：「然則漢武所見何物也？」予曰：「是亦石灰之類耳。石中有白玉，沙中有黄金，蚌中有珠，草中有芝。五行秀氣聚散融結，何所不有？而釋子所論乃如此，智者當物物而辯之，勿爲所惑也。」

僧道適吴，舍利耀靈於江左。迦羅游魏，律儀創起於洛都。歸戒自此大行，圖塔由斯特立。既三國峙居，西蜀一郡獨無代録。豈非佛日麗天而無緣者弗覩，法雷震地而比屋者不聞哉！

曹操爲臣而挾其君，奪其國，大不義也。孫權乘王室大亂而割據一方，亦非義舉也。惟蜀以帝室之胄，欲伸大義於天下，諸葛武侯輔之，其事最正，非吴、魏所能擬。其功不成，則天也。獨無代録者，可以見先主、孔明守先王之道，邪説異端無自而入。嗚呼，美哉！夫日無所不照而有不見者，雲之蔽也；雷無所不震而有不聞者，氣限之也。世之明無過於日，世之聲無過於震雷。六經稱聖人之明德者，曰「明並日月」而已；稱其威令者，曰「如雷如霆」而已。其言實而有證。假彼以喻此，故無失也。今其言曰「佛日」、「法雷」，是以佛爲真日，法爲真雷，夸哉誕乎！

二藏法師覺明家世外道。沙門乞食，父怒打之，手足遂攣。問其坐犯，乃謂所打沙門。竭誠懺悔，數日便瘳。因是涕落，爲其弟子。

凡不奉佛者，佛即謂之外道。沙門從乞，取非其有，義所不可也。主人不與，彼必有言色以激怒之，是以見箠耳。然用力擊人，運其肱股，或致差跌，則亦常事也。覺明因此乃入邪説於其父，不特陷其身，又且汙其親，罪莫大焉。孔子曰：「五刑之屬三千，而罪莫大於不孝。要君者無上，非聖人者無法，非孝者無親。」而佛之徒兼犯之。明君在上，良相佐治，卓然獨見，扶持仲尼之教，攘闢佛説，是斯民之天福也。

沮渠蒙遜遇曇無讖弘肩佛教，崇禮彌厚。元魏聞讖道術，將延之。蒙遜不許。讖便辭以求經而西，又知業期將及，累以終事。遜忽之，令刺客於路害讖。自是遜心愧其事，白日見鬼，以劍刺之，遂卒。

無讖之心，不過欲敷揚佛教爾。然沮渠蒙遜崇禮方厚，國人未能成佛也。何爲遽捨，又往魏邦乎？方元魏來迎，蒙遜不許其去，事之所宜慎處者也。無讖棄此從彼，既負蒙遜崇禮之心，冒禍殺身，又乖元魏招延之意，此皆縱心率意，無有規矩，道之所惡也。且既知業期將及，姑安於遜以待死可矣，又何必留言激怒以殘其軀乎？其生也尚不能以佛力免禍，至死矣乃能白日爲鬼以復讎，又何信乎？

拓跋珪信任崔浩，殘害釋氏，毀破浮圖。太武遭癘疾，方始感悟。有白足禪來相啓發，生悔愧心，即誅崔浩。

按史，魏太武與崔浩皆信重寇謙之而惡佛法。因入寺見沙門有兵器、釀具及富人所寄藏物，乃誅沙門，焚經像，一切蕩除，滅

其踪跡。然則釋子有以取禍矣。後四年，然後浩被誅。自恃才略，專制朝權，薦五州士數千人爲郡守，以新間舊，不用太子晃之言，又與高允撰《國記》、《實録》，刊石立於衢路，用彰直筆。往來無不以爲言。北人忿怨，相與譖浩於帝，以爲暴揚國惡。帝怒，使有司按浩罪狀，召浩詰之，浩不能對，遂夷五族。浩之罪如此。然則浩有以取禍矣。浩與太武信寇謙之而毁佛，正猶惡醉而强酒，夫豈足以治佛哉？惜其小有才，不聞君子之大道，是以及禍。不然，浩所建立，奇謀碩畫多矣，當以埽除佛法爲冠。其不幸而死，乃其恃才專制、直筆犯衆之罪，非爲破佛也。癘疾，人之所常有也。苟以太武以毁佛而癘，則古者齊侯之疥痁、晉侯之蠱疾、平公之膏肓、荀偃之癉疽，是時未有佛也，不知又以何事而致邪？白足啓發則不足怪，自爲其教，勢須如此。然崔浩之誅，則如史所載者，非白足所能殺也。

三藏法師道希嘗坐井，口燥，瓶内空，弟子未來，無人汲水。三藏乃取柳枝揮井口，密心誦呪，泉遂湧出，平至井脣。

孟子曰：「今夫水，搏而躍之，可使過顙；激而行之，可使在山。是豈水之性哉？」予聞西域僧人入中國，有善持呪者，呪井溢枯，呪火明滅，呪龍出水，呪人興仆，此亦《素問》「移精變氣祝由」之類耳。杜甫論石犀曰：「自古雖有厭勝之法，江水終向東流，不可回也。」如西域之呪，豈能平五嶽爲地，涸四海爲田？歲大旱饑，豈能呪之使飽？兵大殺戮，豈能呪之使仁？然則區區揮柳枝、湧井水，將何濟乎？

北齊高洋誅滅李老，悉令出家，敢以抗者，命斬之。於是並求剃染。十年

之中，僧二百餘萬，寺四千餘所。二十八年，爲周所滅。

仁贊記此者，以誅李老爲快也。十年之中，僧二百萬人，寺四千餘所，北齊崇奉佛教不爲不至。然四千餘寺、二百萬僧之衆，豈無聖智，能爲齊國之福者？當冥資曆算，祈天永年，何爲二十八年遽有滅亡之禍乎？然則言奉佛供僧有福田利益者，不足憑據明矣。

南宋元嘉中，有上事者云：「比寺塔之飾過興，樂福之徒日甚。」帝以問侍中何尚之曰：「范秦、謝靈運皆稱六經本是濟俗，性靈真要，會以佛經爲指南。此賢達正言，實誠有當。若使率土之濱皆統此化，則朕垂拱坐致太平。」尚之對曰：「惠遠法師云：『釋氏之化，無施不可。』臣謂此説有契理奥。百家之鄉，十人持五戒，則十人淳謹，千室之邑，百人脩十善，則百人和穆。傳此風教，已遍寰區，編户億千，仁人百萬。夫能行一善則去一惡，去一惡則息一刑。一刑息於家，萬刑息於國，則陛下之言坐致太平矣。」

按史載，宋文帝性仁厚恭儉，勤於爲政，守法而不峻，容物而不弛，百官皆久於其職，守宰以六朞爲斷。吏不苟免，民有所係，三十年間四境無事，户口蕃息，出租供徭止於歲賦，晨出莫歸，自事而已。閭閻之内，講誦相聞，士敦操尚，鄉耻輕薄，江左風俗於斯爲美。後之言政治者，皆稱元嘉焉。史家乃實録也，未嘗因崇飾佛塔、奉佛重僧而能致隆平也。文帝謂何尚之者，自已失言。謝靈運以放恣殺身，其言亦何足取乎？尚之阿意而對，敷演邪説，疑若可用，然終於不可者，何哉？佛住世説法四十九年，化導衆生，願力悲廣，亦不能使

天竺一國盡奉其教。蓋亂倫滅理，勢所難行也。民之性善，天所命也。然其生或感戾氣，或無常産，或值上失其道，於是有悖逆作亂之行，嚴刑重辟猶未足以禁之。乃謂使之皆持五戒、脩十善，可以坐致太平，不亦欺乎？且以五戒論之，百姓有争鬭、貪財色，爲寇盗、造詐僞者，不知尚之用刑乎？不用刑乎？用刑則與世法何異？不用刑則犯戒者益衆。億兆蚩蚩，又非可家至户到，人人而誘勸之也，將何以處此？今僧之所聚，脩戒持律之地也，猶可規罰，然後能齊，而况天下四海之大乎？是尚之慕其名而未嘗核其實，文帝悦其言而未嘗究其用。君臣爲空虚誕幻之説以相應和，如説夢事，豈不可笑哉！且惠遠所謂釋教無施不可者，予請質之曰：「人之生莫仁於父子，莫禮於夫婦，莫義於君臣，莫大於養生送死，莫治於禮樂刑政。凡所以維持倫理，胥立於世者，佛皆以爲不可，而獨以無夫婦、父子、君臣，厭生患死，絜然自立於山林，空虚寂滅爲可。是亦有所可，有所不可，何謂無施不可哉？如尚之者，所謂大惑不解者歟！」

沙門功德，直舒手出香，掌中流水。

手上無火，何爲出香？掌心無泉，何爲流水？皆所謂幻術也。如世之巫師吐火吞刀，分身匿形，以欺愚俗，取金資之利以養其家。王法脩明則當攘絶，不使鬼怪得以惑衆者。正使手上出香，其能晝夜相續而不息乎？掌中流水，其能灌注飲勺而不竭乎？能如是者未免於幻，不能如是者又何歎乎？

南齊太祖建元中，安城野火，洞澤焚爐，惟數丈地草獨不然。遂往視之，得一金像。既感靈瑞，而聖化益隆，在位三年而崩。武帝季年下詔，公私

不得出家爲僧道及捨宅起塔寺，相承七主，合一十四年，爲梁所滅。

方火之烈山焚澤，何人往視，見數丈不然之草乎？ 則必火息而後見之。或地有泉潤，火不能及耳。奸人猾僧因竊置金像於其間，以爲靈瑞。齊祖不察而崇信之。假如青蓮寶座、丈六金身，湧出地中，正是妖怪，又足貴乎？ 靈瑞既著，聖化既隆，不能爲齊祖冥資遐壽，三年而崩。則武帝禁人爲僧，不許起寺，而運祚短促，爲梁所滅，亦非毁佛之致必矣。

梁高祖斷織仙人鳥獸之狀，恐裁剪有乖仁恕。宗廟祭祀，並爲蔬果，不使血食。蓋欲與諸蒼生同契等覺，共會徧知。

甚哉，蕭衍之不明也！ 按史，衍作浮山堰以灌壽春，不乖仁恕乎？ 堰未成而壞，役夫死者聲聞數里，不乖仁恕乎？ 納侯景，致禍敗，饑餓病死於圍中者不知其數，不乖仁恕乎？ 身餓而死，宗廟顛覆，不乖仁恕乎？ 未及與蒼生同契等覺，而其身先已爲殍瘠矣。乃禁護織文，勿爲鳥獸，恐見裁剪，不知輕重如此。甚哉，蕭衍之不明也！

太學博士江泌女，小而出家，八九歲誦出淨土等經二十餘部。長房云：「是宿習，非關神授。且據外典。夫子有云：『生而知之者，上也；學而知之者，次也。』此局談今生，昧於過往耳。若不爾者，何以得辨内外、賢聖、淺深、過現乎？」

人生稟氣，值五行之秀，則清明穎悟，記識絶倫。近世如張文定，閱《法華經》，五日而成誦。程明道幼年，人試以質帳，一目舉千人，無有差失。《法華經》姑可以言宿習，質帳則非世間素有，亦可以言宿習

乎？江泌女小而出家，既八九歲矣，其能誦經二十餘部，亦有資質慧而已，何足怪哉？便欲推爲宿習，妄引二世，詆訾孔聖之言，坎井之蛙，固不知東海之樂也！使泌愛其女，教以禮節，訓以詩書，輔成其美質，必爲烈女賢婦，如宋之共姬、衛之共姜，行義立於當年，名節垂於後世，豈徒削髮披緇，塊然爲無用之物哉！

釋曇諦母夢一僧，呼之，爲母寄麈尾并鐵鏤書鎮。既覺，見二物俱存，因而懷孕生諦。諦年五歲，母以麈尾示之。諦曰：「秦王所餉。」母曰：「汝置何處？」答曰：「不憶也。」他日諦隨父之樊、鄧，見僧䂮，遽名呼之。䂮曰：「童子何以呼宿士名？」諦曰：「阿上曾爲衆僧採藥，被野猪傷，今可忘邪？」䂮初不憶此，乃詣諦父，諦父具説諦生本末并書鎮麈尾等。䂮乃悟而泣曰：「即䂮先師弘覺法師也。師嘗爲姚萇講《法華》，貧道爲都講。姚萇餉師二物，今遂在此。」追記弘覺捨命，正是寄物之時日。諦已出家，游覽内外，遇物斯記，晚入吴虎丘山寺，講《禮》、《易》、《春秋》。

曇諦能記麈尾書鎮是秦王所餉，而不能記所置之處，僧䂮能記爲姚萇都講，而不記爲野猪所傷，此何理也？以予考之，諦父戇，其母淫，而與僧䂮奸者也。麈尾書鎮乃僧䂮所私與，而非夢也。僧䂮知其有孕而懼事之或泄，則以麈尾書鎮之説教婦人以夢爲記耳。故凡諦言秦王所餉及問僧䂮猪傷之事，皆其母所教也。此婦人既迷其夫，復誑其子，其謀久而不敗，則又皆僧䂮之教也。不然，夢得二物，覺而有之，萬無此理矣。䂮自謂爲姚萇都講，指諦爲先師，而諦亦不省，其妄益可見也。諦晚能

讀《禮》、《易》、《春秋》，必悟此事，恨母之失而惡釋之亂。惜其時無能接之使反冠服者爾。此亦爲世人之永戒也。

後周武帝季年，毁破前代一切佛塔，鎔割聖容，焚燒經典，寺廟盡賜王公爲第宅。三坊釋子減三百萬，皆復軍民，還歸編户。蓋蒼生不幸，非吾宗之不幸也。

偉哉，周武之此舉也！禍福報應之説所不能惑，茫昧無稽之言所不能誑，卓然自信，罷黜不疑。使後嗣稍賢，能承美志，世傳弗失，以待聖王，則邪説與異端消滅已久，蒼生之幸，豈有量哉！若周武者，可謂明矣！若周武者，可謂勇矣！後世英主者出，能視傚而增美之，又何愧於大禹放龍蛇、戮防風，周公驅虎豹、膺戎狄，孔子成《春秋》、討亂臣賊子，孟子闢楊墨、息邪説、距詖行、放淫辭，以承三聖，豈特於周武有光而已也。

沙門智賢譯《天文》二十卷，盡星辰之晷度，極日月之盈縮，苟非聖人，洞曉幽深，曷以世智而酌度者哉？

若智賢所譯《天文》，不知據何書而爲之。若用佛説，須彌居中有四天，日月星辰各有宫室城郭人物，遶須彌山，互爲隱現，則是荒誕之言，無度數證驗，不能起曆，豈足信也？若用中國之法，則帝堯曆象、虞舜璿璣，占天授民，千古不忒，何待智賢推步而後著哉？

建業有七百餘寺，侯景焚爇，餘者無幾。陳高祖皆備修補，翻譯新經，講通舊論，不謝前軌。

古人有言曰：「前車覆，後車戒。前事之不忘，後事之師也。」夫梁蕭衍之奉佛，蓋冠古絶今，無與爲比者矣，而其成敗可鑒，不誣也。使衍信仁賢、修政事、遵先王之法、

斥浮圖之道，豈特保其身心，且寧其國矣。陳霸先當觀其所失，改轍圖治，乃復繕修寺宇，翻譯經論，祈求利益，爲婢嫗之態，是猶見人服丹砂，毁頭腐背而死，又從而舐其鼎也。

沙門親依嘗居別所，四絶水洲，絶往造之路。依乃鋪坐具於水上，如乘舟焉，或用荷葉，蹋水而渡。

此幻法也。能幻之妙，無所不爲：匿形王宫，盗淫宫女；隱身富室，竊取財貨；潛謀奸慝，聚衆作亂，無不以此。其始也，一人爲之以駭人耳目，信向者既衆，則其術得行。揉雜人倫，俶擾王化，此所謂執左道以亂衆，王法所宜必誅而不赦者也。匹夫匹婦之愚，苟見怪異，則必動心怖畏，以其不知道理所存，無足責者。王公大人，斯民之所視傚者也，而或崇信此等，不亦鄙陋而可耻乎！

德志值周武毁滅，勑從儒禮，秉操鏗然，守死無懼。帝愍其貞諒，哀而放歸。

孔子曰：「守死善道。」於道之至善，以守死而不變，不亦智乎？於道之不善，以死守而不變，不幾乎天下之至愚乎？何謂道之至善？父慈而子孝，君仁而臣忠，兄友而弟恭，夫義而婦順是也。此儒教也。何謂道之不善？離天性之自然，而外立其德，自以爲道者是也。此佛教也。佛者未嘗慕儒之善而學之，而儒者乃甘心於佛之不善而歸依之，是愚也。若德志違令執迷，所宜誅責，用表至正。周武乃以其守死而哀之，殆爲所嚇矣。此亦啓發後世明君之一事也。

天竺沙門智充武德九年達京，住興善寺。自古教傳詞旨有所未諭者，皆委其宗緒，括其同異，涣然冰釋。帝

曰：「諸有非樂，物我皆空，眷言真要，無過釋典。流通之極，豈尚翻傳。」遂下詔命碩德一十九人於興善創開傳譯，又勑左僕射房玄齡參助勘定。

佛之道以空爲至，以有爲幻，此學道者所當辯也。今日月運乎天，山川著乎地，人物散殊於天地之中，雖萬佛並生，亦不能消除磨滅而使無也。日晝而月夜，山止而川流，人生而物育，自有天地以來，至今而不可易，未嘗不樂也。此物雖壞而彼物自成，我身雖死而人身猶在，未嘗皆空也。唐祖何循習不思之甚乎？倘信以爲然，又復東征西伐，經綸王業，何其求不樂而爲不空哉？如不能行之於身，而徒言之於口，則是妄而已矣。房玄齡，唐之賢相，輔致升平，然所學蹇淺，守正不固，乃奉承僻命，參勘邪説，使政治駁襍，華夷混亂，其君不及於堯、舜，其俗未興於禮樂，玄齡不自知也。後世觀之，責備於賢者，豈非没身之遺恨歟！

中宗以昔居房邸，幽厄無歸，祈念藥師，遂蒙降祉。因命沙門義淨等重譯《藥師琉璃光佛本功德》，帝御法筵，手自筆授。又譯《浴像功德》等經，❶李嶠、韋嗣立、趙彦昭、盧藏用、張説、李儀二十餘人潤文，韋巨源、蘇瓌監護。

昔太甲既立不明，伊尹放之於桐宫。三年，太甲悔過，自怨自艾，處仁遷義，聽伊尹之訓，復履尊位，爲商之賢王。如中宗者，歐陽文忠公謂之下愚不移，又何責焉？然有不可不辯，以爲昏蒙之戒者。其居房邸，幽厄無歸，祈念藥師，遂有反正之福；及重譯經典，手自筆授，又命群臣潤文、監護，其功德過於房邸所念遠矣，而無

❶「浴」，原誤作「俗」，今據文義改。

救於武三思、韋后之亂，何歟？ 李嶠、張説等文士齪齪，惟命是從，不能格君之非，君子之所羞道也。

釋法照遊五臺，禮金剛窟，夜之未央，深自尅責。 忽見一梵僧，稱是波利，曰：「子何自苦？ 其有欲乎？」照曰：「願見文殊。」曰：「志苟堅强，但瞑目隨吾。」遂引之入窟，見一院額名金剛般若寺。 其院皆異寶莊嚴，中有秘藏，緘《金剛般若》，并一切經法，人物魁偉，殆非常所見也。 文殊大聖處位尊嚴，擁送旁午，宣言慰勞，因受記焉。 久之，波利引出，還至板上，躡履回眸之際，波利隱矣。

法照之求見文殊，心想既極，故梵僧之誘引法照，幻術必契。 或曰：「何以驗其幻乎？」予曰：「梵僧使法照瞑目隨之，即術之所行也。 法照首末不悟，終身墮於邪見而不得徹，可憫也哉！ 使當其時以一言問梵僧曰：『吾本欲見文殊，何爲使吾瞑目也？ 將端目正視而願見之。』梵僧必茫然而無所指矣。 然或猶有見焉，是亦幻也。 惟誠信之，其心慮既有所存，則耳目必有所接，以僞爲真而不自知也。 故聖學莫先於『敬以直内』，無不敬，則邪説不能惑。 如傅奕者，於聖人之道亦未也，獨以持心好正，不信邪説，故呪師無所施其術，佛牙無所逃其鑒。 又况於『寂然不動，感而遂通天下之故』，❶『洗心退藏於密』，『齋戒以神明其德』者，彼又安能投其隙哉？」

中印沙門極量，神龍元年於廣州譯《首楞嚴經》一部。 正議大夫同中書門下平章事清河房融筆授。

孔子曰：「言以出志，文以立言，言之不文，

❶「天」，原作「夫」，據明刻本改。

行之不遠。」西方之教，重譯而後至於中國。若中國聖王之道素明，華夷之俗不襍，奇書有誅，異行有禁，左道亂正者誅而不赦，則彼雖積經如山，説法如川，苟傳行於其國中而已，何能浸淫滋蔓而不可救止也？《首楞嚴經》其義固異於孔子之道，而其文則比他經爲優，使其植根固而流波漫，則房融之罪大矣！

沙門智惠，北天竺人，泛舟而至，將近番禺，遇風濤，舶破人没，而所齎經夾，宛然在岸。惠乃歎曰：「大乘等經，冥祐若是。」

風鼓水湧，船没而人存者，世多有之，亦須舟已近岸。不然，别舟救之，乃能有濟。若沉浮於大海之中，雖善没如吕梁丈人，亦不免死，蓋勢不可也。智惠持經夾得脱，則必舶去岸不遠矣。大乘等經既能冥祐智惠，曷不廣推慈悲，并救浮舶載經之人，乃獨區區垂憫於一僧，何哉？若以舶人宿業深重，經不能救，則貝葉之存，無乃徒設，不足貴也。要之，船人未必盡没，智惠以脱其身，欲神怪其事，故自爲此言爾。

《梵天神策經》并《八陽天公經》，合五十三部九十三卷，或首標金言而末伸謡讖，或先論世術乃後托法辭，或引陰陽吉凶，或明鬼神禍福，諸如此比，爲妄灼然。今宜秘寢以救世患。❶

鬼神禍福之説，無經不言。故人有起毁議者，僧必以報應恐之。達磨讖、寶公誌之類，無僧不言。故凡其教遭譖斥者，僧必以佛記明之，此其動人處世之要術也。仁贊知《神策》、《八陽》之爲妄，而不知大乘經中其妄尤多，殆亦見毫毛而不見睫，知二五而不知十之類也。設欲救世患者，當

❶ 「患」，原作「惠」，據明刻本、和刻本改。

以五千四十八卷，盡歸之天竺，髡首緇服之衆，還齒於良民，則世患息矣。

沙門仁贊曰：「會昌廢毁，佛日困明夷之象，法輪悲脱輻之虞，雖復大中再興，享年不永；僖宗嗣世，巨盜憑陵。」

甚哉，仁贊之狠也！ 致怨於武宗，快其子之享年不永，喜其孫之爲巨盜憑陵，皆以爲毁佛之報。信斯言也，則如梁蕭衍者，所宜億萬斯年、子孫千百、卜世奕葉、繼承不絶，何爲於其身及禍而運祚短促也？ 彼夏桀之放于商，商紂之死于周，周赧之降于秦，秦嬰之虜于漢，漢獻之絶于魏，豈亦毁佛廢僧之應乎？ 人君不修德而信邪，則此言得入，異端遂行，可不預爲之戒哉！

奘法師進翻《瑜伽師地論》。唐太宗曰：「此論甚大，何聖所説？ 復明何義？」奘乃舉綱陳列。帝謂侍臣曰：「朕觀佛經，辟如瞻天望海，莫測高深。儒道九流比之，猶污瀅之池方溟海耳。世云三教齊致，此妄談也。」

唐太宗雄才蓋世，自三代而後，時君世主可與爲比者，不過一二人而已。觀其總攬英豪，獨立爲帝，慕用仁義，以致隆平，驅除戎夷，以尊中國，皆超世絶俗之見，豈爲一奘法師所眩惑哉？ 如仁贊所載，是乃僧人附會，借重於唐太宗爲此言耳。不然，與蕭梁老翁所見無異。此爲興國之明主，彼爲亡國之暗君，豈其智識等夷乃若此哉？

釋道辯著衲摯錫入於母胎，因而生焉。雖曰耳聾，及對孝文，不爽帝旨。

異哉，道辯之爲人也！ 與其投生入於污穢，曷若不死？ 異哉，道辯之母也！ 大腹有路，使衲僧杖錫行入其中，有此理乎？ 非生民之常道也。無此理乎？ 乃邪術之妄談也。至於耳聾而能對文帝之問，此又奸之大者也。昔荊南有慢行和

尚，兩人掖之，一步累息，未嘗發言，人以爲異，施利之物山積。忽元夕，市井張燈，有民家夫出婦守舍者，及中夜，夫歸敲門，久之而後應。疑其妻有奸狀，急邏舍傍，有一僧踰垣如飛，且逐且呼，而後衆獲之，則慢行和尚也。乃知此等代不乏人，可不過爲之防哉！

景龍二年，有御史大夫馮思暴卒，見兩子持簿，引馮庭對。官聽按覆罪愆，官吏傍有舊識者張思義，手招馮曰：「吾爲假貸僧物，于今未脱。汝所坐者，不合於天后宮中亂越。可發願造《涅槃經》，鑄鐘以資餘祐。」却放還。馮既甦三日，寫經鑄鐘，更享壽四十八年。

凡如此類，皆僧人所撰記，如佛頂《心經》所載耳。人貸僧物久，幽而未脱，則僧取人物不可勝數，當入於無間，永無出期也。於天后宮中亂越，罪之不可赦者，造經鑄鐘而得免，則是經鐘乃爲人芘覆淫濫之具耳。治世常法，負債而不償，必償而後已，豈問僧與不僧哉？設有犯奸抵罪，入于縲絏，使之造經鑄鐘而可以逭刑者，吾未之見也。地獄固必無，設其有之，人神一理，必公正不阿，而後法行。今造經鑄鐘而免其奸罪，錫之永年，不公不正甚矣！使人自此淫濫而無害，豈非邪説害政之尤甚者歟！

梁武帝諱衍，以庭蔭早傾，常懷哀感，每歎曰：「雖有四海，無以得伸罔極。」故留心釋典，躬述注解，又親講讀，冀藉勝福。

古之聖人，大孝如虞舜，達孝如武王，豈不思念其親，欲報之德乎？魂氣歸於天，體魄歸于地，弗復可見也。於是脩祖廟，陳宗器，設裳衣，薦時食，不致死於其親，以

著其孝思焉耳。故曰：「生事之以禮，死葬之以禮，祭之以禮。」脩身慎行，全而歸之，以盡爲子之道而已也。由堯、舜傳之，至於孟子，經歷聖賢非一人，未有不謹於此者。自異端入中國，乃有輪迴報應、地獄天堂之論，以恐動人之心意，使孝子慈孫致思念於父祖者，必用其説。送終追遠，盡廢先王之禮，千有餘年。而梁蕭衍以萬乘之主，當流傳未久之時，不能式遏，反爲倡導，繙經造懺，滋蔓至今，豈非重可悵恨者哉！夫耳目可際者，一生之實者也。心思決不能及者，前後生之事也。故未知生，焉知死，能善吾死者，必先善吾生也。蕭衍躭佛而不能自福其身，則又安能藉勝福以報罔極哉？佛氏求其説而不得，又恐因是而廢其説，則伸引三世，欲以茫昧轉化投人之心。凡人好生惡死，好利惡害，好富貴惡貧賤，好壽考惡夭折，好快樂惡憂沮，好强勝惡弱怯，有一于此，則中其術。是以其説熾然而不可撲。明君賢相、哲人達士當思有以救之，何忍助其聲氣以滅正道乎？使注解講讀、捨身爲奴可以資福，則當侯景反叛之日，臺城饑餓之時，諸佛菩薩略不慈愍，亦可疑矣。僧人則曰：「業通三世，自作自受，佛所不能救也。」果然，則梁武後身應當以清齋不殺、施經造寺之功，享受其報，何亦寂然不聞托生何處、有何善果乎？大抵其辭不定，多設塗路，以防考詰，如蛇鼠之穴，通籠盤互，要爲不可捕捉。若揆以實理，稽以至誠，如日熙天，物無能隱者。孟子曰「遁辭知其所窮」，釋氏當之矣。

唐玄宗研思注《金剛般若經》，至「是人先世罪業，應墮惡道」處，執筆狐疑，詔沙門道氤問其是非。氤曰：「佛力不可測，陛下曩於般若會中聞熏不

一，更沈注想，自發現行。」帝豁然若憶疇昔，下筆不休。

聖學以心爲本，佛氏亦然，而不同也。聖人教人正其心，心所同然者，謂理也，義也。窮理而精義，則心之體用全矣。佛氏教人以心爲法，起滅天地而夢幻人世，擎拳植拂，瞬目揚眉以爲作用，於理不窮，於義不精，幾於具體而實則無用，乃心之害也。如道氤之告明皇者，正是使心之術耳。明皇方疑而未決，一用其言，致思入念，如道家存想，隨所欲而萌焉。龍華之會、靈山之集、妙喜之國、兜率之天種種，現前皆可自誑。雖高才穎質、攻苦學道之士，於此有不能脱。又況明皇志滿氣驕，樂佚遊，樂宴樂，其心昏然者哉？

沙門仁贊曰：「孔子自衛反魯，贊《易》、删《詩》，六經由是而列，百王於焉取法。梁武、玄宗摇翰於至誥之場，遊心於真常之境，非天下英傑，可以與於此乎？」

無是非之心，非人也。蕭衍破國殞身，明皇致寇失位，萬世人君之醜也。仁贊徒以其親御翰墨箋注佛經，遂稱爲英傑之人，與孔子等。其諂諛後世之人主，以自立其黨，而忘是非之心，乃如此乎！餓死於臺城，不可謂至誥之場也；播遷於蜀道，不可謂真常之境也。以二君爲英傑，則自古破國殞身、致寇失位之君爲不少，亦皆天下之英傑矣。

釋法雲與僧旻年臘齊譽。雲公篤學，勞於色養，及居母憂，毁瘠過禮。旻謂曰：「佛有至理，恩愛重賊，不可寬放。惟有智者，以方便力，善能治制，何必縱情，同於細近邪？」

法雲之所爲，乃人之本心，自古至今，欲掃除泯滅而不得者。蓋天命之性，其理自

然，非智力技巧所能造作也。不遇聖賢，因其良心之未亡，歸諸正道，而陷身佛教，又與僧旻爲徒，乃法雲之不幸耳。孟子曰：「天生烝民，有物必有則。民之秉彝也，故好是懿德。」僧旻者，戕毁物則之人也。毁則爲賊，反則爲亂，又可責以仁義之人道邪？

釋僧梵幼學群書，年二十九，聞講《涅槃》，遂投僧出家。乃精究《涅槃》。法筵一開，聽者數千。崔覲注《易》，諮之冣長。大儒徐遵明、李寶鼎求授菩薩戒。梵背儒向釋，崇信日增，洗穢奉禁，始終如一，留意《華嚴》以爲來報。

《易》之爲書，言陰陽、天地、開闢、神化，而不離乎君臣、父子、日用之常。佛説方之，猶鱉之疑於龜，蟮之疑於蛇，似而不同也。不知僧梵所以告崔覲者，果何語邪？若於《易》有見，必不爲僧。若髡首胡服，絶倫滅類，而終其身必不知《易》。豈可亂其名實哉？徐遵明、李寶鼎，章句陋儒，於聖門蓋望洋而嘆者爾。使知顔回請事之語，子思慎獨之教，何菩薩戒之足云乎？常人之所懼者死也，所惑者鬼神也，所祈向者福利之報也。佛氏因此入其説，故下愚從之，若水之赴壑。君子欲自立於天地之間，不爲邪説所變者，盡心孔孟之學可也。

釋曇延著《涅槃義疏》。疏畢，恐不合聖理，乃於塔前以火驗之，其卷軸並放光明，通夜呈祥。

理之所在，先聖後聖，其心一也。曇延造《疏》，若於理周盡，何異前言？若有所未安，更須進學。如飲水食飯，其冷暖饑飽之意，他人豈能知之？乃驗之於火，以卜中否，可笑甚矣。復云「經軸放光」，則又妄之極也。火無不化之物，今以大乘經典投之

火中，應手煨燼。曇延獨以何道使《疏》不可焚？無乃幻術邪？自達磨而後，凡參禪悟徹者，必求人印證。夫得道不得道，在我而已，人何預焉？我誠自信，孰得移敚之？我誠弗悟，孰能分與之？必待人言爲是而後以爲是，是信否在人而不在己，與對塔焚《疏》者何以異乎？

靈潤十三出家，二親既終，弟兄哀訴，曾無動容，但爲修冥福而已。

靈潤割父母天性之愛，棄兄弟哀訴之言，自以世網超脱，慧刃能斷，然良心終不可忘也。何以驗之？靈潤雖無動容，而爲修冥福，則其心於父母有絲毫不忍之意。當其回向之時，必曰資薦父母，終不曰資薦道路他人也。即此絲毫不忍者，乃是人之本心，佛教以爲幻妄，掃而去之；儒教以爲惻隱，保而存之，其異如此。或者謂儒佛同歸，是冰炭可以共器乎？

釋窺基，尉遲鄂公之猶子。奘法師見其眉秀目明，曰：「將家種不謬。若度爲弟子，吾法有寄矣。」諷之出家，曰：「此兒器度，非將軍不生，非奘不識。」基强拒，久之從命，曰：「聽我三事：不斷情慾，葷血，過中食。」奘許之。年二十五，造疏百本，系曰性相義門，至唐大備。玄奘爲開基創業之祖，窺基爲守文述作之宗。惟祖與宗，百世不除之祀也。厥父菑，子肯播，其百本疏主之謂歟？

奘欲誘取窺基，雖有犯戒毁禁，亦所不問，其心豈爲教基成佛邪？近婦人，食酒肉，犯三大戒，又烏能知性相義門哉？而奘聽其所欲爲，但幸其爲弟子，於理不可曉，無乃有奸計乎？故河東侯師正曰：「凡人子弟幼弱未能自立者，慎勿令從僧語笑，惡其以幻術誘取之也。」奘既爲奸，仁賛又

從而張大之，稱祖宗父子開創述作之美，皆一意耳。無生出之序，何得稱父祖？無傳繼之統，何得稱子孫？亂人倫，混名實，所謂淫辭邪説，不可不禁者也。

釋智玄會武宗毁滅，逃歸舊山。宣宗龍飛，放還上國。大中三年誕節，詔諫議李貽孫、給事楊漢公與玄議論，大悦帝情，因奏天下寺廢基，勑各重建，玄之力也。廣明二年，僖宗違難西蜀，詔赴行在，每談真理以解上心，御親揮毫，賜號曰悟達國師。

武宗用李德裕爲相，唐室幾於中興。宣宗即位，自以於武宗爲叔父之尊，改其美政，故史臣論著，以宣宗有小善而無人君大略。今考其時事，灼然不可掩已。父母劬勞之日，所當悲慕不樂，仰法太宗之孝，乃令廷臣與胡人議論，❶遂遭諛語，復興廢寺，亦異於繼志述事、丕承先烈者也。至於僖宗播遷失國之人，又何責焉？知玄每談真理以解其心者，必非克復宗社、削平叛逆、康濟生民之碩畫矣。

釋惠嵩，高昌國人，少出家。兄爲博士，嘗勉嵩令罷道。嵩曰：「腐儒小智，當同諸糟粕，餘何可論？」元魏末至京，本國請還。嵩曰：「以吾之博達，非邊鄙之所資。」固執不往。高昌乃夷其三族。嵩聞之，告其屬曰：「經不云乎，三界無常，諸有非樂，何足怪哉！」

佛之教，欲以大悲願力盡度衆生，故阿難贊之曰：「若一衆生未成佛，終不於此取泥洹。」惠嵩學佛者也，未能度人，先殞其族，此何道邪？彼之教曰「三界無常」，何爲愛戀中華而輕賤邊鄙？又曰「諸有非

❶「廷」，原作「延」，據明刻本、和刻本改。

樂」，何爲自恃博達而詆誚儒風？遂使三族之人無罪夷滅，愚狠慘酷，蛇虺豺狼之不如矣！

釋僧邕，世傳儒業，年十三出家。以儒爲世業，父祖所傳，不可失也。然惟學聖人之道者，則有教而無類。若農工商賈而無讀書爲學，是謂出幽遷喬。蓋六經者，正道之所存，人倫之至教也。不然，則謂之不肖之人。夫不肖之人，父不得以爲子，祖不得以爲孫，破家辱宗，人理弗齒，若僧邕是已。王法所當治而不赦也。

釋惠斌博覽經史，十九爲州助教，懷慕出世。年二十三，剪落。父於汶水之陰、九達之會，建義井一區，仍樹碑銘云：「哀哀父母，載生載育。亦既弄璋，我履我復。一朝棄予，山川滿目。雲掩重關，風爲大谷。愛敬之道，天倫在兹。殷憂莫齒，見子無期。鑿井通道，托事興辭。百年幾日，對此申悲。」

惠斌博覽經史，年既踰冠，父母倚望以成家者也。棄親而去，無復人心，理之所不容矣。觀井碑之語，哀怨感切，讀之令人怵惕而惻然，想當人之情爲何如也。其所以建碑於九達之會者，必其力不能制其子，庶幾往來之人、官師之間，或見或聞，動心興念，能反之耳。則不知是時爲民上者以爲是乎？以爲非乎？亦有欲存天理、明人倫、行反道敗德之誅者乎？後人目覩此事者，亦將崇邪毁正，姑置不問而已乎？夫天性至恩不可解於心，猶水之濕，猶火之熱，孰能逃之？而佛之教乃一切除埽，謂之至道。嗚呼，異哉！嗚呼，異哉！

致堂先生崇正辯卷之一終

宋儒胡致堂先生崇正辯卷二上

南豐裔孫 濬古邱重梓
清寅直
深叔平
瀾仲海 重訂
濱鶴汀
濤次涇
湘佩芳
森三木較字

釋智顗買海曲爲放生池，遣沙門惠拔表聞于上。陳主嚴禁，立碑。後有黄雀滿空，翺翔相慶。顗曰：「魚來報吾恩也。」此天台智者也。

天台智顗，釋門所謂高僧也。而其所爲如此，殆亦庸人耳。天地之間，生物之衆，不可以名盡，不可以數計。區區於一池，以活魚蝦蚌蟜之屬，不亦狹哉！佛力廣大，悲願崇深，不能及物，乃復託於世主立碑書禁，則何貴於佛乎？彼池中之魚，仗智顗涵育之德，則當如明度所養鴿雛，超生人天之勝，而未能脱離。舍鱗介而得羽毛，免鈎餌而就羅網，則亦何較耶？

釋齊安姓李，年數歲，有異僧款門，召見摩頂，安亟請出家，父母呵止。安曰：「禄利之養止於親耳，冥報之利不其遠邪？圭組之榮止於家耳，濟拔之益不其廣邪？」二親從之。

冥報之妄，予前章屢明之矣。其所謂濟拔廣益者，殆亦空言耳。昔二帝、三王，治化之極，和氣充塞於兩間，以言其民，則比屋可封，刑措不用；以言其物，則百獸率舞，魚鱉咸若。其功德之所及，皆誠實著見，可指名而道於口，可視効而顯於事也。如

佛欲使衆生盡登覺路，皆證涅槃，同入妙樂國，共逢龍華會，盡空虚十方三世一切平等，如琉璃色，咸得爲佛，蓋徒空言而無其實。自佛在時已不能爾，況其後學以妄傳妄者乎？非特齊安之愚所見如此，世之服儒衣冠、口誦先王，亦從而和之曰：「諸佛威神之所建立，妙勝宏博，非周、孔所及也。」蓋樂於誇誕而不覈其情實故耳。今以是詰之，則又曰：「三界本空，諸有非樂，如佛者乃無爲功德也。」夫既以空爲宗，以有爲患，則又何必言世界之事，以濟拔爲功哉！齊安欲出家，其父母止之者，本仁心也。一爲僧人摩頂，遂決意不返者，遭幻誘也。故凡子弟幼冲，資質慧利，可以教授者，當亟擇明師，誦以六經，使入先王之道，慎不可與僧人狎熟，必爲所誘惑而不可救也。

釋惠寂年十五，懇請出家，父母不許。年十七，又請，其親未決。寂乃斷左無名指及小指，致堂陛曰：「答謝劬勞。」遂依南華剃染。

後世聖道不明，異端肆於天下，爲民上者不知以教化爲事，遂使惠寂輩公然違親毁形，徑行不顧而刑辟不加焉。夫父母之有子，生則賴其養，死則賴其葬，世則賴其紹而不絶，其顧復劬勞，如天如地之無窮，豈有量哉！而惠寂斷其二指以爲報，何愚狠至此極也？然惠寂之良心則猶未亡，其曰「答謝劬勞」，則是亦知劬勞之當報，但迷於異教爾。此皆爲民上者，當任其責，教而不從，繼以誅戮，庶乎其少息矣。

釋僧生常於山中誦《法華經》，虎蹲其前，誦竟乃去。後每至諷誦，輒見左右四人爲侍衛。

此惟僧生自見乎？抑與人同見也？若與人同見，其人必怖畏而去，以語於人，然

後人得而知之。若僧生自見，非存想之極，妄相成形，則深山窮壑之中，虎豹豺狼之所嗥，魑魅罔兩之所逢，僧生僅能脱身，因以爲異耳。

釋惠慶誦《法華經》，每夜吟諷，聞空中彈指贊嘆之言。後乘船遇風波，唯誦經不輟，船在浪中如有人牽之，倏忽至岸。

《法華經》，佛之所説也，惠慶但能誦之而已。誦之猶可以輕犯風濤，則經之神力固當不可思議。欲驗此事者，取《法華經》投於火而不能焦，投於水而不能濡，投於空中而不能墜，投於斧斤而不能傷，吾然後信其爲異，而猶不信其正勝也。

釋普明誦《法華經》，每至《勸發品》，輒見普賢乘象立在其前。

普明既每見普賢，何不相隨而去？普賢既屢證普明，何不啓口一言？普賢在佛時是人乎？則既死千年之後，安得猶與白象俱存也？若表行爲名而已乎？則假言立義，豈復有狀貌聲色之可見也？故凡狀貌聲色之物，無有人不能見而已自見之者。人所不見而己或見之，非怪即妄而已。

釋法莊誦《大涅槃經》，嘗聞兵仗羽衛之響，實天神來聽。

石勒微時爲人傭作，聞四山有聲，以告其母。母曰：「作勞耳鳴也。」勒後雄據中原，此蓋朕兆之先見，所謂國家將興，必有休祥者也。法莊誦經而聞兵仗羽衛之響，又知其爲天神來聽，則妄矣。古人曰：「天神降，地祇出，人鬼享。」蓋「祭神如神在」，「如在其上，如在其左右」，非真有形聲影響之相接也。僧人不明乎鬼神之情狀，故其言大抵入於詭怪，又取事之疑似者附會爲説。佛經所記鬼神之名與其居處、形

貌、衣服、職事不可勝數。道家亦倣效而爲之，瀆亂天地，狃雜人鬼，非先王之法，明君賢相所當革而正之者也。

釋法恭誦經三十萬言，每夜諷誦，輒有殊香異氣入房。

凡學道者，得意則可忘言。法恭誦三十萬言，異於一言而悟者矣。佛學以了心見性爲至，不知異香入房，何預於道也？正使有之，亦妄聞耳，猶牛蟻弓蛇之類耳。然必至於夜而後有，則又妄之最甚者也。故凡所謂見普賢、聞天樂、天神來聽、異香入房之類，自僧人有識者猶鄙而不言，而士大夫忍或神之，以爲希有。吁！亦愚矣！

釋惠豫誦《大涅槃》、《法華》等經，嘗寢，見人來扣户。問其故，答云：「師應死，故來奉迎。」豫曰：「小事未了，可申一年否？」答曰：「可。」至明年而卒。

佛教中有術使人預知死期，僧人得之，往往以爲神異。或曰「吾某日當去」，或曰「明年某月吾去矣」，此精於卜相者亦或能之，何足貴哉？人死猶其生，其來不可禦，其去不可止。若可留一年，則十年、百年皆可伸引而常存，此理之所必無也。近世儒者，如師魯尹公、子厚張公、康節邵公，皆閒於死生之際，辭氣不亂，安静而逝，君子猶以爲未及曾子易簀之正也。蓋聖人以生死爲分内事，無可懼者，故未嘗以爲言。佛氏本於怖死，是以《藏經》五千四十餘卷，《傳燈》一千七百餘人，皆皇皇然以死爲一大事。彼三代之民，直道而行，順受其正，夭壽不貳，修身以俟之，不聞有輪迴之説。豈非簡易明白之道，何至惴恐經營若彼其切哉？自佛教入中國，説天堂可慕，説地獄可怖，説輪迴可脱，於

是人皆以死爲一大事，而舍生取義、殺身成仁之道晦矣。夫既不以死爲常事，❶必至於貪生失理，懼死怛化，而不能順受其正也。自兩漢而上，戰國、春秋之時，聖人所謂道喪之世也。當其時，義心激切、視死如歸者，班班可考。其心初無慕怖，安於其義而已。後世學佛者，自以謂其道可以了達生死，而其行事，視三代之風尚未能及，况聖賢之際乎！

沙門佛調自尅亡日。近遠與訣曰：「天長地久尚言崩，而况人乎？」遂還房，端坐而卒。後白衣弟子入山伐木，見調在岩上，衣服鮮明，驚曰：「和尚尚在此耶？」曰：「吾常在耳。」遂發其塚，不見其屍。

道家者流有修練之訣，其效至於飛空而仙，解形而去。《楞嚴經》猶能斥之，以爲外道。佛調乃解形者也。然僧人善爲奸詐，吾猶未信其爲解形也。恐其未嘗死，故爲此一節出奇示變，他人不知而弟子知之，相與隱匿，必有所謀而然也。不然，正是佛教所斥，其不足道亦明矣。

佛圖澄善誦呪，役使鬼物。以麻油襍芊塗掌，千里外事皆徹見。石勒以殺戮爲務，沙門遇害甚衆。澄憫念之，見勒曰：「至道雖遠，亦可以近事爲證。」即取甕盛水，燒香呪之，須臾之間生青蓮花，色耀於目。勒由此信服，於是中州胡晉略皆奉佛。

石勒，五胡之雄傑也，連百萬之衆，争衡僞定則能之矣，其於聖王之道則不知也。佛圖澄乃幻術之最高者，然非正道所貴也。佛聖人之心若鑑，物來能明，事至能斷，不役目而無不見，不役耳而無不聞，不勞智慮

❶「常」，原誤作「嘗」，據和刻本改。

而無不知，不出户而知天下，不窺牖而見天道，千歲之日可坐而致，百王之法端拜而議。何爲能然耶？不欺不誕，不爲幻巧，不説心法，惟盡理而已矣。佛氏執理爲障，聖人盡理而通，宜其背馳異趣，卒不可合也。今使天下之人皆能爲澄之所爲，而於父不孝，於君不忠，則其所爲乃鼓亂作賊之具耳。於父而孝，於君而忠，雖手不塗油芋，甕不生青蓮，無害其爲道也。後世人君當以堯、舜、禹、湯、文、武、周公、孔子爲法，勿如石勒爲幻術所誑，傾心奉事，變其國俗而無益於政治，發千載之一笑也。

晉軍出淮、泗，隴北被侵逼，三方告急。虎乃瞋曰：「吾奉佛而致外寇，佛無神矣。」澄因讓虎曰：「王過去世爲大商，主罽賓寺，嘗供大會中有六千羅漢，吾亦預會。時得道人語吾曰：『此主人病死，當生雞身，後王晉地。』今爲王，豈非福耶？疆場軍寇，乃國之常耳，何爲怨謗三寶乎？事佛當在體恭心順，顯暢三寶，則佛教永興，福祚方遠。」

孔子曰：「躬自厚而薄責於人，則遠怨矣。」是故有苗不服，則退而修德；文王征崇不服，則退而修教。舜、文，大聖人也，而尚如此。孟子曰：「有人於此，其待我以横逆，我自反焉：必不仁也，必無禮也。」今佛之爲教，未嘗責己，苟有乖忤，則曰魔事也，則曰業緣也，亦曾有一言曰「此必我未善者」乎？石虎凶暴，固不足以語此。澄苟以此試開導之，人情不遠，切己則思，安知其不少痊也？乃欺以前生之事，謬爲商主之言，恐懼之以雞身，誘引之以王晉，而淮、泗被侵，三方告急，澄不能爲之計也。徒以顯暢三寶、永興福祚爲言，是有

益乎？是無益乎？後世人主不幸而遇澄之幻，其亦信之乎？其將斥之乎？

澄謂弟子法祚曰：「戊申歲，禍亂漸萌，己酉，石氏當滅。吾及其未亂，先從化矣。」即遣人辭虎。虎出宫慰諭。澄謂虎曰：「出生入死，惟道之常。修短分定，非人能延。念意未盡者，以國家心存佛理，無若興起寺廟，崇顯壯麗，稱斯德也。」

澄所以告其弟子與告石虎者，何得反覆不侔耶？既曰「及其未亂，當先從化」，則是生死在我，去住自如也。又曰「修短分定，非人能延」，則是天命有限，欲止不可也。則未知澄以數盡，不得已而死乎？抑數未盡，自經而絶乎？智者必能辨之矣。且當其將死之時，石氏危亂已著。澄果有愛人忠虎之計，史必傳之以爲美談。今其勸虎之言曰「無若興起寺廟，崇顯壯麗」而已。是以有道君子闢之曰：「佛氏之教，名爲廣度衆生，終必歸於自利之塗。」聖人復起，不易斯言哉！

澄左乳旁有一孔，圍四五寸，通徹腹内。有時腸從中出，或以絮塞孔。夜欲讀書，輒拔絮，則一室洞明。又齋日，至水邊，引腸洗之，還復内之。自説生處去鄴九萬餘里。

華佗之爲醫也，至於剖決胸腹，洞視五臟，洗濯腎胃而藥之，乃濟人之實功也。佛圖澄乳間之孔，理之所難明也。人有九竅，其開闔出納皆有至理，缺一不可。今乳間有孔，則氣自孔出，食自孔入，而咽喉無用矣。蓋幻術之精，駭愚人之耳目者，亦猶吞刀吐火、殺人而復活、被繫而自解之類耳。夫以燭照夜，以食滋生，腸胃受納變化而泄之，乃人生之常。今開孔取明，引腸於外，既食而又滌之，不亦多事乎？借

使實然，未免於反物爲妖，執左道以惑衆，況萬無此理者哉！

釋通達住京師，講大乘。左僕射房玄齡迎於第中，父事隆重，不以形言致隔。曾見人騎驢歷寺，從而乞焉，惜而不與，其驢尋死。

取物於人必有禮義，非義不取，非禮不受。他人之驢，我何有焉？乞之非義矣，其不與者未爲失也。驢尋自死，亦事之適然，豈爲不與而致死哉？不然，天下凡人之物，僧皆可取，而不得即有禍患，此乃大盜之術也。房公亦唐世之名臣，何爲惑於此等，貽笑後代，乃將來之龜鑑耳。

贊寧論，或曰：「感通之説近怪乎？」對曰：「怪則怪矣，怪在人倫之外也。苟近人倫之怪，乃反常背道之徒，此怪非心所測，非口所能。今神仙鬼物，皆怪者也。仙則修鍊成怪，鬼則自然爲怪。佛法之怪則異於是，自然而然，正怪也。在人情則謂之怪，在諸聖則謂之通，『感而遂通』。故《智度論》云：『置世界於一毛，凝海水於五味。』」

先聖智周萬物而不語怪，必有不可語者矣。不可語而語之，其弊無所不至。而後世好奇之士，或著成編録，豈知聖人之意哉！若贊寧所論，則又頗僻之殊尤者。夫名實不可亂，謂之怪矣，安得以爲通？謂之通矣，安得以爲怪？若置世界於一毛，凝海水於五味，納須彌於芥子，斷妙善於棗葉，皆以心法起滅，幻術隱顯，非道之正，與「感而遂通」之教，猶白黑薰蕕之不相侔也。豈可同年而語哉！

釋寶瓊，緜竹邑人，與什邡縣連封。彼並崇道，不奉佛僧。李氏正作道會，邀瓊，既至，不禮而坐。僉謂不禮

天尊，非法也。瓊曰：「邪正道殊，所事各異。天尚不禮，❶何况老君？恐貽辱也。」衆不許。遂禮，一拜，道像動摇，又禮一拜，連坐反倒。合衆驚懼，一時回信。

宣和中，令天下僧人頂冠易服，靡然從風。都會精藍改爲道觀，胡神佛像無不更造。雖以日華、嚴蓬律師等守死冒形而不變，亦不能禦也。于時四海九州之廣，未嘗聞有動摇反倒之應。寶瓊何以使然？蓋能幻耳。不然，則或置像杌桯，或風力震動，事出偶爾。寶瓊因而自神，衆又無識，故爲所惑也。大抵佛、老皆異端，取此舍彼，是惡醉而强酒，惡濕而居下，何以相賢哉？

釋明度常講《金剛般若經》。有鴿巢於屋楹，乳養二雛。度每以餘粥就巢哺之。忽學飛，墮地皆殞。度夢二小兒曰：「兒等本受卵生，蒙上人爲養育，誦經，持回向，令轉生人道。距此寺東十里間某家是也。」度考之，果驗。

惟人爲萬物之靈，今能使禽鳥之身化生爲人，其功德真不可思議也。後世如遇兵盜疾疫，生民減少之時，但募僧人誦《金剛般若》，而取一切禽鳥之雛，使自以粥飼之。每一僧歲中回向雞鳧易生之物，加以神力，免其殞墮，見夢而徑化人身，姑以百數，則萬僧所哺，坐獲百萬生靈於一歲之間，豈非至神之化，儒者所不能及矣！夫聽言之道，必以其事試之，而後信否可見矣。

釋清虚游藍田悟真寺。上方北院舊無井，清虚祈泉，❷以刀子刺山，果獲

❶「不」，原作「下」，據明刻本改。
❷「祈」，原作「祚」，據明刻本改。

泉湧。

水在地中，猶血在人身，無所往而不在也。萬丈之山飛流懸布，世人不以爲怪，亦猶人頂顱未嘗無血也。僧人鈎奇示高，居於大壑深巖，人所鮮到之地，或有水脉泉眼，因而導之，漸至深廣，則必立爲美名，以著神跡，所在多有之。借使高僧道力隨感而有，未免因地得泉，豈足表異？若乃變化感應，出於理外者，何不鑽木斷竹、焚草鎔金、鑿壁剜劓、敲鐘擊鼓而使水出，以資飲啜灌溉之利哉？

釋守素居院庭，有青桐四株，皆素手植。元和中，卿相多游此院。桐至夏中，無何發汗，汙人之衣，若輮脂焉。素呪之曰：「我種汝而汝滴汗，爲人所惡，來歲若然，我必薪汝。」自此無矣。

草木有生而無知，禽獸有知而無義。吾嘗聞能弄梃、雀緣竿、馬舞牀、鵶角抵、鸜鴿識字、鯉魚躍刀，其類甚衆，而未聞草木之能聽言受教者也。桐忽有汗，已而又無，桐非有知於此也。今歲忽有，明歲忽無，皆偶然耳。守素之意，特以其美陰，貴客所賞，苟獲沾汗，則游憩遂息，以此爲懼，遂致禱祈。而不知物生有偶然者。攀緣公卿，賴此一物，爲可憫嘆也！

釋遂端坐亡，須臾口中出青色蓮花七莖。

宣和中，京師禪寺有長老坐化者。當時盛夏，色身堅固，天柱不折，車馬奔湊，供施鉅萬。已而稍有穢氣，至者疑焉。其徒貪於財利，不知變也，腐壞益甚。或發其奸，蓋用鐵錐自尻而貫於腦，疊手趺足，皆繩所維也。遂端坐亡，口出青蓮花，無亦此比乎！度死喉所受，正可五七莖耳。芙蕖品類固有白者，其艷微青，猶白桃之變疑於碧色，皆世間所有，非異物也。僧人

欲爲奸利，則殘其師友不顧如此。惑者方咨嗟嘆慕，以爲不可及，曰：「我何修而能至於是哉？」非天下之大愚乎？

釋鴻莒無疾而逝，至三更，手敲龕門者三。弟子哭泣啓關。云：「與吾换新衣，緣佛土諸上善人嫌吾服章不浄。」易畢而終。

古之人制禮，死者三日而後大斂，尚意其未死也。過三日則無可生之理矣。鴻莒已死而蹔蘇，在一日之内，無足怪者。而其眷戀衣服，不忍令弟子得之，託言佛土善人好新惡弊，易畢而死。其貪悋之情可見也。人之死也，魂氣歸于天，體魄歸于地，衣衾棺槨所以藏體魄也。若魂氣，則無不之也。鴻莒易衣而死，將以見佛土善人，是既死而體魄猶能行也，亦不知死生之故矣。豈有上善人而嫌服章不淨者耶？

釋惠元於武陵平山立寺。卒後，有人入武當山下見之，神色甚暢，寄語寺僧，勿使寺業有廢。自是，寺内常聞空中有磬聲。

人既死，無復再生之理。惠元既死而再生，不可信也。若非初未嘗死，故爲此怪，則見於武當山下者，或以形狀偶類，或相與遯逃，應和而爲之耳。予嘗游衡岳之方廣寺，寺僧靈鞏離席致敬，爲予言曰：「此五百羅漢所宅，有金燈玉磬之瑞。」予曰：「玉磬可見乎？」鞏曰：「至誠祈禱則聞之而已，不可見也。」予曰：「不可見，則何以知其爲玉哉？」鞏面赤口呿而不能對。而凡游方廣，必供茗修佛事，以祈見燈與聞磬也。或曰：「然則金燈非乎？」予曰：「有一居士，嘗於方廣蔬食致齋，願見聖燈。自黄昏膜拜至午夜。靈鞏云：『燈時至矣。』俄風雨驟作不止，僧人與居士從者

皆已懈倦就寢，而居士者拜祈愈切。及雨收燈見，若有若無。急呼衆人，既起，雨復作，又已黯然無所覩矣。又有一居士嘗游五臺瞻光景，時四方至者甚衆，内室充盈，獨於僧寺門授館。一日四更後，遊人寂息，忽聞剥啄叩門者。司門僧：『誰？何之？』對曰：『張燈人歸耳。』通夕怪笑，捧腹殆痛。及曉，以語人，無肯信之者。方廣之燈，殆亦五臺之飛燼歟！人言五臺山有石如水精，承日月之光，光氣相射。山高寒，多雲物，未嘗澄霽。時或雲破日漏，則被照之處暎帶成色。故凡游人皆誦日光菩薩，聲振山谷。其事可疑矣。僧人指其形似者爲之立名，曰『此金橋也』，『此金輪也』，『此金燈也』。愚俗之信，以謬承謬，莫可解也。正使其真有燈者，未聞五臺、方廣之僧能不用油蠟也。」

釋惠力，晉興寧中，乞陶處以爲瓦棺寺。初標塔基，每夕所標處輒移十步許。因伺之，見一人著朱衣武冠拔標置東方。遂於其處起塔。

凡釋氏所稱神怪之事，多以夜而後見耳。其後見未有衆人同之者，故吾每於此致疑。以問其徒，未有能答者也。惠力所爲建塔，必以供佛也。相攸卜地，擇其爽塏，古人亦爲之。朱衣武冠何物哉？乃能拔標移徙其處，他人不見，而惠力又獨見焉？蓋欲倚此言爲神怪，以欺惑衆心，圖其財物耳。姑就其言辯之，其妄如此。況萬無是理乎！

釋惠敬有一奴子及沙彌爲鬼所擊。其後山精見形，詣敬具謝，云：「部屬不解，横撓法師眷屬。」既終，室有異香。

凡扑人者，必以手執朴。而鬼則無形，安得手執朴乎？凡物，生則有色香可愛；

及死，則日就臭腐。惠敬既死，安得有香乎？或曰：「麝臍沈水，死物而香，何也？」予曰：「麝臍沈水之類不過數種。自有天地以來，死而必臭，萬物之理也。凡人不稽理而信怪，是以説愈怪而愈無理也。」

釋明準於范陽北山刊石，寫經灌銕，以俟慈氏下生。鏨山攻石，石悉頑惡。準知山靈秘吝，疏告陰靈，請禆善務。俄於定中見無量石皆中刻字，圍廓挺立，不期畢工。

道一而已，亘萬古而無弊。得之者或先百世而生，或後百世而出，其言得行，若合符契。蓋至當歸一而精義無二也。然堯、舜、禹，君臣也，而並；文、武、周公，父子也，而處。孔子没，至今千有餘歲而無聖人。或數或疏，皆非人所能爲，安可預立名字、先定年月，以探後聖生出之期乎？佛氏所謂幾劫之後，慈氏下生。吾不恨不及見之，乃恨僧人年命短促，其欲見之心，不能踐其言也。禪者之遯辭，則又不然，曰：「何處非慈氏，汝自不見耳。」或曰：「修行善業，常得善報，則終必見之。」今姑用其言，通計三世：人壽以七十爲率，不過二百一十年。自佛滅度至今，其爲二百一十年多矣。若又增益世數，以合慈氏下生之日，則佛不當言三世爲限。若人之受生，止於三世，不復可益，則佛未嘗永劫，人身不墮異趣之理。未知明準露電之軀，壽年幾何？山石泐磨，能得幾日？而渺茫未生之慈氏，誰復能見也？揆此一事，則疏告陰靈、得無量石者，同一愚妄耳。準既發心刊經于石，山而有靈，自當敬畏佛言，又何待疏告而後出石哉？石若不中刻，則是山本無佳石也。或更鑿而得中刻者，則是山本有佳石也。石之有無，生

於定形之山，不可增損。云何衆人不見而明準獨見無量可刻之石乎？縱使準以定力，獨見而鎸刻之，人亦豈皆能入定而用其工哉？吾欲一一辯之，其妄不可勝窮；欲止而不辯，以世之無知受惑者衆，不得已而爲此多説也。

釋法興洛京建三層七間彌勒閣，高九十五丈，尊像七十二位聖賢、八大龍王。卒，聞空中天樂，云兜率天衆來迎也。

吾嘗遊西京龍門兩山寺宇，刻石爲像，如蜂房水渦，不可勝數。寺有以大佛得名者，其功蹟雄偉，皆唐則天、中宗時以天下之力所建置也。其視法興三層七間之類，猶海岸一沙耳。則天老以憤終，中宗卒被弑殞，兜率天衆方是之時，❶何嫌何疑，不以樂迎之乎？於梁武亦云然。

釋智江住微子之墟，締搆堂宇，輪奂可觀。復塑慈氏、釋迦二尊、十六應真像。

微子能存其國既亡之祚，有君臣之大義，有父子之至親，孔子未嘗許人以仁，而稱微子爲殷之仁人也。後世人君思見前哲，雖千載之遠，猶當崇奉祀典，如出乎其時，以表勵風俗。乃使夷狄之人，亂倫之教，肆然居其舊都，華屋淫祠，明示得意，以不仁不義土木之像，污至忠至孝仁人之土。夫豈智江匹夫庸妄無忌之罪哉？實當時居是邦爲人上者無窮之耻也。

釋惠紹慕藥王，燒身供養。薪火洞然之際，有一星其大如斗，直下烟中，俄而上天。見者皆謂天宮迎紹。

星隕則如石。古之大聖人曰「隕石于宋五」者，据已隕之形至地而言也。曰「星隕

❶「天」，原作「大」，據和刻本改。

如雨」者，据方隕在空不至地之狀也。按事實書之，以明天變而警人事，猶造化之妙，不施智力而形色自呈，不可掩已。不知此何所据而謂之星也？其有光乎？其無光乎？有光則不隕，無光則石耳。人之生死亦猶是也。人之生死有不可移之命。三代之民，終身以俟死而已。任其死生，有何不可而必欲自焚乎？星既隕墜，豈復能升？猶人既殂落，豈復能活？今曰天宫星下迎紹。方爲煨燼，云何上天？一事而三誕。蓋其道以空爲宗，故自以爲非誕也。然則果何物也？曰：「火炧之大者，飛揚明滅，何足怪哉？」

釋僧瑜發誓燒身，集薪爲龕，合掌平坐，誦《藥王品》。火燄交至，咸見紫氣騰空，久之乃歇。其後，旬有四日，瑜房生雙桐樹，識者以爲娑羅寶樹，尅炳泥洹。瑜之庶幾，故現斯證。

烈火之燄加以人膏，其滋熏鬱攸，正爾紫赤，非瑞氣也。既焚之後而房生雙桐，未知生於屋下乎？爲復生於中庭乎？無乃地氣之偶生乎？抑亦弟子之所種乎？然僧人以爲釋瑜自焚之瑞證，此不難驗也。擇其能用《藥工品》者，坐以積薪焚之，既燼，俟旬又四日桐樹雙出，吾猶未信。是何邪？死亡之室，人所不居，陰氣感生，亦無不有，豈特桐樹哉？生苕則爲地錦，生菌則爲靈芝，由其所言耳。

釋惠益誓欲焚身，於鍾山之南置鑊，辦油入鑊，据一小牀，以劫貝自纏，上加一長帽，以油灌之，手自執燭，然帽，念《藥王品》，火至，眼乃眛。

人之稟氣，愚智勇怯各各不同，聖人順其性而成就之，佛氏因其偏而化誘之。如司馬兵法，使貪、使愚、使勇、使怯，赴湯火、蹈白刃，無所不可，權謀之道也。藥王燒

身，乃佛誘人之一術耳。必有戇者信焉，甘心自焚而不悔。彼既焚者，冥然而無知矣。而未焚者，或疑或怖，或信而從之，皆足以恢張其教，而昧者終不悟也。

釋寶崕於益州城西路首，以布裹左右五指，❶燒之。有問：「痛邪？」崕曰：「痛由心起，心既無痛，指何所痛？」並燒二手。於是積柴於樓上，作乾麻小室，以油潤之，自以臂挾炬，麻燥油濃，赫然火合。於熾盛之中禮拜。比第二拜，❷身面焦拆。重復一拜，身踣炭上。

佛教以心爲法，不問理之當有當無也。心以爲有則有，心以爲無則無。理與心二，謂理爲障，謂心爲空，此其所以差也。聖人心即是理，理即是心，以一貫之，莫能障者。是是非非，曲曲直直，各得其所，物自付物，我無與焉。故曰：如天之無不覆，如地之無不載，如四時之錯行，如日月之代明。如飛走動植，並育而不相害，仁義禮智，並行而不相悖。夫又何必以心爲空，起滅天地，僞立其德，以擾亂天下哉？今夫人目視而耳聽，手執而足行。若非心能爲之主，則視不明，聽不聰，執不固，行不正，無一而當矣。目瞽耳聵，心能視聽乎？手廢足蹇，心能執行乎？一身之中，有本有末，有體有用，相無以相須，相有以相成，未有焦灼其肌膚而心不知者也。學佛者言空而事忍，蓋自其離親毀形之時，已失其本心矣。積習空忍之久，於封剔焚煉而不以爲痛，蓋所以養心者素非其道也。凡人之生無不自愛其身，彼學佛者於蚊蚋之微、草芥之細猶不忍害，廣悲願也。自愛乃能愛人，愛人乃能愛物。故

❶「裹」，原誤作「裏」，據和刻本改。
❷「比」，原誤作「此」，據和刻本改。

養心保身者，濟人利物之本也。今乃殘之如此，將何爲哉？ 非有喪心之疾而然乎？

釋無染住五臺，覩金橋、寶塔、鍾磬、圓光，莫窮其際。且曰：「松柄之鼠，不知堂密中有美樅乎？」最後果於中臺之東，見一化寺，額號福生，内有梵僧數可萬計。染從禮拜，遽蒙慰勞，見文殊，亦僧也。染覩茲靈瑞，供施一百萬僧，盡焚十指。乃與一人將蠟布兩端，粗麻一束，香油一斗，於中臺，從旦至暮，禮拜焚香，略無暫憩。至深更，命其人以布裹身，以油灌頂，夜半子時，然身供養，從頂而煉，至足方仆。

無染所見，不與人共之而獨見，則不可信也。天下無不可共見之物。不可共見而自云有所見者，妄而已。染見僧萬計，一一禮拜，計一日一夜可禮千拜，亦將十日而後畢，不知十日之間誰與之同見也？ 遽蒙慰勞，則有撫接之言，不知十日之間誰與之同聞也？ 染自是供僧百萬，又不知貧僧獨力何以辦此事也？ 已而油蠟麻布裹身而焚之，自頂烹煉，頂潰腦決則必死矣，豈能至足而後仆也！ 吾嘗聞辟穀學仙之人，或於深山巨壑，見怪氣，聞異聲，曰「此大仙合樂而來迎也」，遂投身其間。望之者亦以爲乘雲氣，御飛龍，入於杳冥之上矣。他日至其處，則有白骨存焉。蓋山間大蛇毒虺，吐氣成霧，日照暎之，粲然五色，其聲嘔軋窈窕，如鸚雛乳兒。然方士道人愚癡貪愛，往即其處，遂遭啗食而自不悟也。乃復相承以爲仙去，且記其處曰：「此某真人上升之地也。」今登、萊間，春夏之交，望見海市樓臺人物，宛若畫圖，無所不具，乃大蜃噓呼所爲，如

蟒蝀之類耳，非真有也。凡僧人遊五臺、峨眉，所覩光變，殆亦此等也。關西人蘇季明嘗曰：「聞此二山最深幽處，有一種石，雲日漏光，相與輝焕，則其色如此，夜亦可見者，蓋寶氣也。」然不能濟人利物、治國齊家，正使天下之山一一如此，亦何足貴哉！

釋束草師曰：「世不堪戀，何可長也？」遂以束藁焚身，至明，惟灰燼耳。且無遺骸，又無廷燎驚咤之聲。❶計其少藁，不能焚此全軀，蓋起三昧火而自焚耳。

束草師必有大過，將逃匿焉，乃爲此計誑人而去，當時亦必有徒從共畢其事者。然一束之藁，決不能焚七尺之軀。今釋所謂有道高僧者，死而焚之，必非束草能辦，可驗也。或曰：「何以證其妄乎？」予曰：「以無遺骸，可以卜其名死而實遁矣。起三昧火自焚其軀，此當時徒從設誑之言，仁贊又從而信之。有三昧火必有三昧水、三昧風、三昧地。今世間江河汎溢，則可以三昧地塞之；庚伏炎暑，則可以三昧風吹之；焦旱爍物，則可以三昧水沃之；祁寒裂地，則可以三昧火温之。如此三昧，自佛至今千有餘歲，不聞一人能者。然則束草師三昧之火自焚其臭穢之軀，又何足言哉！」

釋行明嘗謂人曰：「吾不願隨僧崖焚之木樓，不欲如屈原葬之魚腹。」忽於林薄間委身虓虎前，虎争食之，須臾肉盡。

林薄何以異於木樓？虎口何以異於魚腹？與其投身猛獸，受齧嚼之苦，何如盡其天數，順性命之正？凡此皆於佛教之

❶「廷」，原作「延」，據文義改。

中，聞聲接響，不究其實而輕用其身者。世之智人少而愚人多。愚人吾安得一一而詔之？而所謂智者，亦未免有惑於此，吾是以著之云耳。

釋普淨斷食發願，願捨千身，速登正覺。今年千中之一也。徐入柴庵，自分火炬。

凡人欲學道，必有此身然後可學，未有既死而後得道者也。今指道旁枯骸謂僧曰「此骸昨夜三更忽登正覺」，僧其信乎？其不信乎？又指空中無形可見之處而謂之曰「此處有人明日當登正覺」，僧其信乎？其不信乎？如其不信，則普淨所爲，其愚可憫也；如其信之，是如普淨同一罔兩耳。

釋文輦自操斧伐檀，巧結玲瓏，重攢若題湊焉，號曰浮圖。開户入内趺坐，持火炬，誓之曰：「以此殘喘焚之，供養十方諸佛聖賢。」言訖，發燄亘空，其煙五色，旋轉氤氲，猶聞誦經之聲。

上古之俗，死則厚衣以薪，葬於中野。後世聖人易之以棺槨，取於《大過》「澤滅木」之象。蓋乾坤六子之至理，非人私智所造也。孟子曰：「上世嘗有不葬其親者，舉而委之於壑。他日過之，狐狸食之，蠅蚋姑嘬之，其顙有泚，睨而不視。夫泚非爲人毁譽而有也，蓋中心之誠發於面目也。於是歸反虆梩而掩之。」故孝子仁人之掩其親，不焚之以火，不沉之以水，不使蠅蚋狐狸螻蟻得傷之者，蓋天性自然，非爲利也。今釋子每舉一事，必希望一報，乃以天性爲幻妄，自以爲道，吾不信也。焚屍之臭，其氣不可近，如有諸佛聖賢，必不歆此。如其無之，文輦所爲不亦枉費乎！

釋僧群絶粒取水。忽有一折翅鴨舒

翼當梁，群欲舉錫撥之，恐畏傷損，因還，絶水不飲，數日而終。

絶粒之意，將以除口腹之養，爲清淨之身也，而未免於飲水，豈天下共白之道哉？人爲萬物之靈，智足以役使駕御之，仁足以涵覆長育之，禮足以裁成其用，義足以區處其宜。得志行乎中國，則施爲有其功；不得志處乎山林，則存養有其道。豈爲一折翅鴨凫，而殞其不資之身哉？可謂不知輕重之甚矣。天下萬物不得其所有甚於此凫者，僧群以一身纔足以活一凫，其餘獨柰何哉？

釋曇稱見老人夫妻窮悴，稱乃捨戒爲奴，累年執役，及二老卒，然後復道。宋初，彭城駕山下虎食人，稱謂村人曰：「虎若食我，灾必當消。」於是獨坐草中，呪願曰：「以我此身充汝渴饑，令汝從今息怨害意，未來當得無上法食。」遂棄身噉虎，惟餘其頭。

聖人之道，老吾老然後及人之老，幼吾幼然後及人之幼。不愛其親而愛他人者，謂之悖德；不敬其親而敬他人者，謂之悖禮。輕重之宜，先後之序，非人智巧所爲，乃天理之自然也。曇稱爲佛之學，差正道於毫釐，陷迷途於千里，其所爲者，乃聖人之所謂悖也。父母之親棄而不顧，乃事他人，不爲人子而爲人奴，是謂知輕重先後乎？虎狼之性，以搏噬爲事。曇稱投身飼之，僅充一飽，所飼不繼，則必復饑。彼豈爲嘗啗一僧，遂終身絶食邪？天下之虎多矣，安得一一而飽之？曇稱之愚，豈不甚哉！

釋法進當時饑荒。進乃淨洗浴，取刀鹽，至深山窮窟餓人所聚之處，次第授以三皈，便掛衣鉢著樹頭，投身餓者前云：「施汝共食。」衆雖饑困，猶義

不忍受。進即自割肉掛鹽以啗之。兩股肉盡，心悶不能自割，因語餓人云：「取我皮肉，猶足數日。」

昔者墨氏兼愛，摩頂放踵而利天下，亦必爲之。疑若愛人利物，可以稱賢矣。而孟子原其心，究其效，極其流弊，以爲無父之人，比之禽獸，何哉？天之生物無非一本，而墨子以其私心欲爲二本故也。二本則無別無義，而人之大倫亂矣。今以禽獸觀之，豈非無別無義之極歟！是故「身體髮膚，受之父母，不敢毁傷」。雖刲股取肉，已父母之疾，君子以爲不孝，王法之所禁也，而況自臠其身以啗餓殍乎？饑饉之年，餓殍不可勝計，法進安得人人而飽之？禽獸之不仁猶不自食其類，法進將以其身教人食之，是獸之不如矣！

釋大志，大業之末，慨法陵遲，遂往東都，上表曰：「願陛下興隆三寶，當然一臂於嵩岳，用報國恩。」帝許之。志不食三日，登大棚上，燒鋏赫然，用烙其臂，並令焦黑，用刀截斷，肉裂骨見。又烙其骨，令焦黑已，布裹蠟灌，下火然之，光耀巖岫，志辭色不變。臂既燒盡，下棚，七日而卒。

大志用心，本欲以要君，希非常之報也。如其不然，則自焚於深山窮谷，人所不到之處，天地鬼神其必知之矣，何必詣闕上表，取可否之決於人主邪？煬帝雖荒淫不道，而所以處大志者乃爲當也。夫明欲廢佛法，豈爲一愚夫燒臂而復興？人主恩及含靈，❶豈爲一愚夫燒臂而能報？正使赴湯蹈火、決背刎首者千百爲群，適足以滅遊食亂倫之輩耳，何足恤哉！然其徒終不爲此也。蓋先使戇一二人嘗試國家，

❶「含」，原作「舍」，據文意改。

若死而無効，則亦已矣。要當深察其情，勿爲所惑耳。

釋淨靄觀地獄圖變，顧曰：「異哉！審業理之必然，誰有免於斯酷者！」周武毁法，靄聞而嘆曰：「朱紫雜揉，狂哲交侵，何使五衆流離，四民倒惑哉？見此淪胥，寧分葅醢於盜跖耳！」徑詣闕上表理訴，帝不聽從。靄知大法必滅，不勝其虐，乃入終南山，跏坐盤石。留一布衣，自割身肉，段段布於石上，引腸掛於松枝，五臟都在外。見餘筋肉手足頭面剖析都盡，並惟骨現，以刀割心，捧之而卒。

四民，士、農、工、商也。士安於仁義，農安於畊桑，工安於器械，商安於負販。自堯、舜至於三代，世以大治，生於其時者，未嘗倒惑也。及佛教入中國，衣冠儒士蔽於死生，農、工、商賈刦於因果，於是人倫背謬，天理淪胥，面顛倒迷惑者滔滔皆是矣。周武慨然毁除佛教，所以解倒而除惑，功孰大焉！淨靄執迷不返，疾在膏肓，狠極發狂，披殘其體，所謂匹夫之諒，自經於溝瀆而莫之知者，何足稱哉！中國有道者之言曰：「感慨殺身者易，從容就義者難。」以此語格淨靄之所爲，其中否判矣。

釋僧藏炎暑脱衣入草莽間，從蚊蚋䖟蛭唼齧，血流汗洽，未嘗少睡。預知報盡，合掌而終。

奸人爲奇行，有爲人所知者，名利隨之，奇行之有効也；有不爲人知者，暗昧而死，奇行之無効也。若僧藏等所爲，竟喪其軀，其無効者乎！人之生，父母爲最重，君臣次之，兄弟次之，夫婦次之，宗族親疏又次之，州閭鄉黨又次之，四海九州又次之，禽獸草木又次之。僧藏等以餧飼蚊蚋爲莫大之功，猶人以溺爲醍醐，以矢爲香飯，有

此理哉？

釋定蘭父母亡没，每遇諱辰，悲哭咽絶，無以資薦。輒裸露入青城山，縱蚊蝱咬咋，且云「捨内財也，用答劬勞」。後乃煉臂、截耳、剜目，餧飼鳥獸。後有異人擎珠納空眥中，瞻矚如故，告曰：「南天王還師眼珠矣。」常曰：「《善戒經》中名爲無上施，吾願勤行，速要上果。」焚軀而絶。

定蘭於父母之存，則棄之出家，不奉甘旨，不請衽席，不承志意，不侍疾病。凡父母所以望其子者，定蘭皆不爲也。而遇忌日則委身蚊蚋，復又自殘以飼鳥獸，謂之報恩，是以父母爲蚊蚋鳥獸而報之乎？不然，蚊蚋鳥獸食之有飽，而於既亡之父母何預焉？先王之道，送終追遠，奉承祭祀，以時思之。脩身慎行，不敢傷父母之遺體，恐辱先也。至於將死而啓手足，全而歸之，方知免於爲子之責。其道如此。彼定蘭者，既從佛教，又念親恩，宜其顛倒如此也。目既剜出，則無再生之理。珠生於蚌，非目類也，其大者雖有夜光照乘之明，而置之空眶，則血氣精魄無由相附，安能從心而視乎？不然，則是剜目之時，徒傷而不出，他日瘡愈，復能見物，因假此爲神，以惑衆耳。

釋道盲常持一鉢，得殘羨之食，雖色惡臭變，收貯自食。

人之所爲飲食者，爲養生也。身者，神明之所舍也。故古之聖人，色惡則不食，臭惡則不食，不時則不食，非以窮口腹之欲也，所以養生事身之道當如此也。犬豕食矢溺，故不嫌於穢惡，人固與犬豕異矣。道盲之意，謂之何哉？將以此生甘食殘惡，而冀來生之天厨美饌乎？計出於是，是謂利心也。夫以犬豕自爲，萌利心而學

道，其去道不知其幾千萬里也！

釋惠通因覽《西方靈瑞傳》，❶願生彼土，常不背西而坐。有招手石者，峻峙甚險，通登之，投身，願速生淨土。奮軀而墜，若有人扶接。再投於巖下，微有少傷。衆僧以爲豺狼所啖，因見之與歸。

志通不背西而坐者，謂西方佛國也。祈生淨土，乃自投崖石之下，是淨土在崖石下而不在西方邪？再投而不死，乃命未絶耳。然志通有此誠心，則淨土當有接引之者，何爲拒而不受？使彼不死，靦顔而歸，無乃淨土之人亦惡其愚惑無知之甚邪？蜀道棧閣，歲有人墮者，其下多大木藤蘿，往往絓留，因得不死。志通投身之時，亦必相擇無害之所，豈苟然哉？

釋紹岩嘗投身曹娥江，用飼魚腹。會有漁者拯之，云有神人扶足，求溺不可。衣敷水面，而驚濤迅激，岩如坐寶臺然。

魚生於水，猶獸生於山，各遂其生，初不乏食。紹岩何苦欲投身飼之？此必與漁人爲密，故出奇行，將以求奸利耳。當時若無漁者拯之，則掛骨於蛟鼉之口久矣。漁者初以方舟拯救，脱其危難，紹岩便云神人扶足，如坐寶臺，其敢於欺人乃如此！

釋曇穎患癬不除，嘗供養觀音像，禮拜，見一蛇從像後緣壁上屋，一鼠從屋脱地，涎唾沐身，狀如已死。穎即刮涎唾以傅癬，信宿之間瘡痍頓盡，方悟蛇鼠是祈請所至。

經云：「觀音能救罪人於垂死，刀爲三段，桎梏自脱，濟苦扶危，無所不至。」彼曇穎瘡癬亦末事耳，少施神力，便可脱然去體，

❶「惠通」，後辯文三次提及此人均作「志通」，二者當有一誤。

何至變現於腥蛇腐鼠涎沫之間，然後顯其靈祐乎？此曇穎用藥有瘳，而其人庸愚，不能談説希奇之報，顧乃取證於蛇鼠。吁！無智不才，可憫之甚矣！

釋曇宗爲後周孝武得導行菩薩五法。帝笑謂曰：「朕有何罪而懺悔？」宗曰：「虞舜至聖，猶云『予違爾弼』，湯武亦云『萬方有罪，在予一人』，陛下寧得獨異？」

釋氏之桀黠者，則必涉獵書史，取其與佛説近似之言，以主張其道。世主不學，往往遭其幻惑。雖有美意良法，爲所傾變者多矣。聖人之道，責己而不責人，行有不得者，皆反求諸己。是以置諫臣，求直士，樂聞諦議，不罪毀讟，知過必改，見善必從，凡以成己之德也。虞舜、湯、武之言，其用心如此。佛則不然，曰：「天上地下，惟我獨尊。」議之者即指爲口業，地獄拔舌所以報之。其自處若是其大也，豈更有過哉？其教人則以懺悔爲道。雖有弑君殺父之罪，苟能對佛懺悔，其罪即免。嗚呼！率天下而爲僞，有甚於此乎？殺人者死，傷人者刑。五刑之屬至於三千之衆，而爲奸者猶不畏也。今乃教之以懺悔之空言，免身履之實事，非僞而何？設有人今日以醉而獲罪，則對佛哀祈皈命曰：「自今而後不飲酒矣。」明日以奸而獲罪，又對佛懇禱投誠曰：「自今而後不犯奸矣。」凡其所爲，隨即懺悔，懺悔又無限隔，過犯無有已時。幸而没身免於王法，則又集僧爲之誦經諷呪，大作佛事，懺悔消除。舉天下不究其實而爲其名以相欺，蓋其術固庸愚之所安而作過者之所便，是以爛熳而莫禦也。周武苟知此，則如曇宗所言，豈不有以處之乎？

釋曇光五經筭數無不貫解。年將三

十，喟然嘆曰：「吾所習皆俗事，佛法深理，未染一毫。」乃聽諸經論，回心習唱，製造懺文，道俗傾邪。

五經皆聖人垂教萬世，精粗本末、天人物我無不該貫。凡釋氏讀之，但謂方內治世之粗跡耳。辟猶飲海一勺，豈知溟渤之量哉！曇光既於五經無不貫解，乃曰彼皆俗事，是未嘗知五經之彷彿也。既欲尋佛法深理，乃爲講論誦説，習聲音演唱，以取悦於人，是未嘗知佛法之毫芒也。夫馬之才上不足以致千里，則下必可以駕鼓車。如其不然，而但能嘶鳴奮迅，則天下之棄物也，何所用哉？

釋道安，天和四年三月，勑召有德衆僧、名儒、道士、文武百官三千餘人，量校三教之優劣，欲事廢立。安乃著《本二教論》：有客問曰：「優柔弘潤，於物必濟，曰『儒』；用之不匱，於物必通，曰『道』；老嗟身患，孔嘆逝川，固欲後外以致存生，感往以知物化，何異釋典厭身無常之説哉？」主人曰：「救形之教，教稱爲外；濟神之教，教稱爲内。釋教爲内，儒教爲外，教惟有二，寧得有三？」

客與主人問答之言，皆出道安之手。道安所見蹇淺若是哉？儒之爲名，學者之通號耳，非爲稱名爲儒即是賢也。故孔子謂子夏曰：「汝爲君子儒，無爲小人儒。」不知道安所謂「優柔弘潤，於物必濟」之「儒」何所本乎？稽之書傳，無此言也。子在川上曰「逝者如斯，不舍晝夜」，蓋言存神過化，闔闢萬古，變而常存之道如此，何嘗有厭身之嘆哉？道安所以知孔子，末矣。

釋教爲内，而釋徒自處則曰方外之人；儒教爲外，而鄙薄儒者則曰方内之士，吾未知道安所以區別内外之限者如何也？

今以地言之，天子所居曰京師，千里曰王畿，推而廣之至於要荒，則京師爲内而要荒爲外矣。人之所居曰奥阼，然後有堂、有庭、有門、有垣，則奥阼爲内而垣爲外矣。名者，實之賓也。有此實然後有此名，無其實則名何從生？不知道安所謂内外者，何以限之？吾恨不聞其説也。

《墳》、《典》之教，《丘》、《索》之文，治國之謀，脩身之術，九流總合，盡屬儒宗。佛教者，窮理盡性，出世入真，理妙域中，非名號所及；化檀繫表，非情智所尋。理無不周，事無不盡。□復儒、道千家，農、墨百氏，取舍馳驅，未及其度者也。

佛氏以理爲障，安得稱其窮理？父子、君臣，理之不可易也，而佛氏以爲幻妄，是於理未嘗窮也。理既不窮而曰盡性者，猶人未嘗食稻而曰飽，未嘗衣帛而曰暖，吾不信也。世無可出之道，佛氏有出世之説，猶人閉目不見鼻，曰無有鼻也，而鼻自存耳。既曰出世，則當超乎覆載之外，而不免於戴皇天、履后土，冬裘而夏葛，渴飲而饑食，是言爲出世而實未嘗出也。理無不周，而於忠孝之理則不周；事無不盡，而於臣子之事則不盡。大抵爲美言、誇奇行，竊取儒書之近似者以文其説。惑者不考，從而信之。以予觀之，儒佛之異，宜如冰炭薰蕕，必無相合之理。此是則彼非，彼非則此是，精義無二，至當歸一。苟以圓融和會謂之大同者，猶盜人之物而曰可以通財，以己之妻與人而曰可以通好，理之所決不可行者也。

釋復禮，永隆二年，太子文學權無二述釋典稽疑十條目以問禮，因撰《辯惑論》答之。權復書云：「百年之疑，一旦頓盡。永遵覺路，長悟迷源。爇

煩惱之薪，飡涅槃之飯。請事斯語，以卒餘年。」

釋氏之書，爲説宏大，誘人之路多。學士大夫驟欲窮之，其説未窮，先已化爲釋氏矣。彼僧者朝於是，夕於是，凡所以善遁而迷人者，各相傳付，習之已熟。自非見理不惑，未易破其妄也。權無二屈降於復禮，蓋猶魚饑戀鉤，掛喉而不能脱耳。

釋惠立見尚醫奉御吕才造《釋因明圖註》三卷，非斥諸師正義，立致書責之云：「奉御於俗少聞，遂謂真宗可了，何異鼷鼠見釜竈之堪陟，乃言崐丘之非難；蛛蝥覩棘林之易羅，亦謂扶桑之可網。」才由兹而寢。

射如李廣，然後可以服匈奴；御如王良，然後可以乘泛駕。蓋事各有理，物各有能。不知物之能則不足以役物，不知事之理則不足以揆事。如吕才亦有意乎，不信異端小道，嘗著論以排之者矣。惠立所言鄙淺，才不應遽爲之改。然其詳則未之考也。大抵儒者之遇異端，其未達則推理以窮之，其既達則明理而正之，必能折其萌芽而摧其枝葉，然後言不徒發而於道有補。楊、墨之言盈天下，孟子以無父無君之言折之，其禍遂息。佛氏之言盈天下，程子以天理及自利之言以折之，而其禍未息者，前乎此有以解經自名而得君，其學雜乎佛也；後乎此有以文辯豪世而得時，其學雜乎佛也。人之所趨者勢利，所悦者華采，於是聖人之道欲明而復暗，然賴先王之説尚存而不泯也。學者可以泝流窮源，一洗其害。而先韓、歐之駕以追踪於孟子，正人心，息邪説，距詖行，放淫辭，爲聖人之徒，不亦善乎？

釋神悟世襲儒素，忽嬰惡疾，遂披緇授具。吏部李華、侍御史崔益同謁

悟，問孔、老聖教優劣。對曰：「典籍皆心外法，味之者勞而無證。」華、益拱手，無以抗敵。

華與益讀聖人書，不知孔子爲如何，乃反問優劣於毁膚髮、無人倫之釋子，宜其遭詆而不能對也。神悟以典籍爲心外法，是以佛教爲心内法也。華何不曰：「心有内外邪？爲我試言内外之限。」神悟亦必口呿舌强而罔措一辭矣。

宋儒胡致堂先生崇正辯卷二下

南豐裔孫 濬古邱重梓
清寅直
深叔平
瀾仲海 重訂
濱鶴汀
濤次涇
湘佩芳
森三木較字

釋法聰築室棲心。晉安王來部襄、雍，見所坐繩牀兩邊各有一虎，王不敢進。聰以手按頭著地，閉其兩目，召王令前，方得展禮。王告境内弊於虎災，請求救止。聰即入定，須臾，有十七大虎來至，與授三皈戒，虎災尋止。白馬泉有白黿，就聰手取食，謂王曰：「此是雄龍。」靈泉有五色鯉，亦就手食，云：「此雌龍也。」

古者聖人以草木暢茂、禽獸繁殖而逼人，是以烈山澤而焚之，放龍蛇、驅虎豹犀象而遠之，然後人安其生，天下大悦。貴人賤畜，天地之常經，古今之通義也。周室建官掌山林藪澤之政，爲之厲禁。凡毒蟲妖鳥能爲人害者，皆有以制之。所以扶立人理，贊天地之化育，豈不廣大哉！今法聰自恃小術，馴伏猛虎，覆載之内，豈特十有七虎而已？晉安王上不能稽先聖膺戎狄、驅猛獸之道，下無美政，使虎相與渡河而去，乃區區參決於一僧，求救於邪説，不亦陋乎！所謂三歸者，佛、法、僧也。今村民逃賦役就慵惰者，以二十萬錢削髮披緇，便稱一寶。若不皈依此等，則是有揀擇之心，去諸佛甚遠。若皈依此等，則無

是非之心，與禽獸無異者，正使遇虎才足以膏其饑吻耳。龍之爲物，能大能小，能飛能潛，能變而不能化，亦鱗蟲之最上者。猶鳥有鳳、獸有麟也。法聰以龜爲龍，是猶以獼豸爲麟、山鷄爲鳳也，而可乎？徒以誑惑無知之晉安，豈能逃達理者之明鑑哉！

釋法圓。晉開運四載，耶律德光回軍自鎮州，董戎北返。時圓住天皇院。院有八僧，皆誅死。圓身首異處。至莫，圓試捫其頸，乃覺如故。遶頸有痕，如線許大，終身如此。

古語云：「死者不可復生，斷者不可復續。」如尚可生續者，是未嘗死斷也。至於人之咽喉，氣所闔闢，一斷立死，自有天地以來無可續之理，法圓獨何以免乎？無乃受刃偶輕，昏悶就絶，而喉未嘗殊也？不然，則忽遽自經亂於衆屍之間，以誑夷人而脱死也。他日遂以爲神，眩惑於衆耳。倘佛法有靈，二祖慧可傳心得印，乃爲翟仲侃所害，何不再續其命乎？

釋行滿所居檻外有巨松，上寄生小枝，每遇滿出坐，其寄生必婀婀而側，云：「此樹禮拜。」滿去，則亭亭無動。

予遊南岳山，❶至華嚴寺，有所謂點頭石者，列植一堂之中。寺僧云：「昔有高僧説法，石聽之而點頭。」予求能聽之耳與其能點之頭，皆莽然無狀。大抵巨細八九枚，高下三二尺，皆山中頑石耳。此所謂禮拜樹者，亦點頭石之兄弟邪？

釋惠聞往豫章勸化，獲金數鎰。俄遇賊劫掠，聞以金投水，曰：「慮損君子福田。」聞到州，金已在院。役使匠人，山路逢虎，聞將杖扣其腦曰：「汝

---

❶「予」，原作「子」，據和刻本改。

勿害人，吾造功德，何不結緣？」明日，虎銜野猪投聞前而去。

惠聞投金於水，必非深江大潭也。遇賊所逼，欲輕身而逃，姑投之幽澗野塘、人所不見之處，已而復使人取送院中，金先至而聞隨之耳。大抵僧人立事，必假托神怪以動人，不如是則佛法不靈，愚夫不信。雖自號爲傳心得道者，其説因緣爲教化，亦未免此。蓋佛本以是立門户也。惠聞能化猛虎結緣，自當負土銜木以助匠事，革其凶暴，皈佛慈悲。乃復殺一野猪汙浼淨役，彼野猪者不知何罪，不蒙功德，反見噬齧？因聞一言，枉害其命。此皆理之不安而事之不當者也。仁贊記之，於意云何？

釋惟恭多狎非益之友，然勤誦《金剛般若》，酒徒博侶交集門庭。後遇疾且死。同寺有靈巍者，其跡相類，偶出寺一里許，逢六七人，少年衣服鮮潔，各執樂器。問曰：「惟恭上人何在？」巍指其處。及晚回寺，聞恭已卒，所見者，乃天樂耳，蓋承經力也。

佛立戒具，條目甚多，以訓其徒，猶不足以革非心、遠辜罪。今仁贊載惟恭、靈巍之事，何其叛佛之甚邪？夫既與酒侶博徒相與狎褻，則無所不至矣。若但能勤誦《金剛般若》，乃復無罪而死，天樂迎之，則僧徒何憚不爲酒侶博徒乎？此蓋靈巍設爲奇説，以文惟恭之死而固其徒鄙之志，必有奸事在其中，假神怪以祈不敗耳。仁贊又從而録之，其意亦可知也。《金剛般若》乃爲醉酒作奸保障之具乎？

釋法照入逆旅避雨，過中，乞食不得，乃買彘肉啖之。客皆詬罵，有欲毆者。照殊不答。至夜，誦《金剛經》，無燭，一室盡光。客見之，皆來禮拜，

謝過，施衣物。踞坐若無所覩。法照既有神光照室，豈無神力禦雨乎？既能蔑視服物，何爲不捨彘肉乎？此奸僧也；對人茹葷，其本情也；夜坐有光，其幻術也；客來施物，墮其計中也；照藐視之，佯爲廉潔也；物至，傲然若無所覩而未嘗辭，客去則必卷而懷之矣，乃真盜也。

釋元珪曰：「若能無心於萬物，則欲不爲淫，福淫禍善不爲盜，濫誤混疑不爲殺，先後違天不爲妄，惛荒顛倒不爲醉。無心則無戒，無戒則無佛、無衆生、無汝及無我。無我無汝，孰能戒哉？」

世之禪師所謂機辯，橫說竪說、逆行順行者皆如此。吾今折之曰：❶人未有無心者也。自古大聖人垂世立教，曰養心，曰宅心，曰存心，曰洗心，不言無心也。心不可無，無則死矣。聖人之心若鑑，不勞思慮，不用計度，而盡天地之理者，亦曰如鑑之明而已，不言無鑑也。有所欲必淫，聖人所欲不踰矩，是以無淫；福淫禍善必盜，聖人福善禍淫，是以無盜；濫誤混疑必殺，聖人四罪而天下咸服，是以無殺；先後違天必妄，聖人憲天聰明，是以無妄；惛荒顛倒必醉，聖人不爲酒困，是以無醉。聖人之心寂然不動，感而遂通天下之故。自己及人，自人及物，各止於其所，而天下之理定矣。元珪所言，失之毫釐，差之千里者也。今有欲其所不可欲，以淫人爲是，以善人爲非，觸情殘害，逆天之理，放意於酒，沉酗日富，❷而曰「我未嘗有心也，適然如此耳」，而可乎？蓋佛氏以心跡爲兩途，凡其犯埋悖義一切過失，必自文曰「此粗跡，非至道也」。譬如有人終日涉泥塗、歷險

❶「折」，原作「拆」，據明刻本、和刻本改。
❷「酗」，原作「酟」，據和刻本改。

阻，而謂人曰「吾足自行耳，吾心未嘗行也」，則可信邪？

僧一行。有王媪，行鄰里之老媪也，昔嘗贍行之貧。及行之顯，遇媪，一日拜謁云：「兒子殺人，即就誅矣。乞師奏減以供殘齡。」泣涕者數四。行曰：「國家刑憲，豈有論請而得免邪？」命侍僧給與若干錢物，任去別圖。媪戟手嫚駡曰：「我居鄰周給襁乳，令長成，忘此惠邪？」行終夕不樂。於是運算畢，召淨人戒之曰：「汝曹挈布囊於某方間淨地，午時坐伺，得生類，投囊促歸。」明日，果有豭彘引豚七，淨人分取之，豭即走，得豚而歸。行備巨甕，逐一入之，以泥封口，誦胡語數契而止。投明，中官詔入，問曰：「司天鑒奏，昨夜北斗七星全不見。」對曰：「帝居不見，天大儆陛下，可修德以退之，莫若大赦。」玄宗依其奏。夜占北斗，一星見，七夜復初。

其術不可測也。

一行言國家刑憲不可以論請而得免，此言是矣。欲報鄰媪之恩而自給之錢物，此事當矣。終爲鄰媪怨詈，意不自安，遂用左道誤人主而行妄赦，則過之最大者也。殺人者死，自古定法。媪子無貸之理而法貸之，則被殺者豈不冤乎？❶爲免此一人而用赦，使天下罪人皆以幸免，豈不濫乎？佛之教慈悲而不知仁，斷制而不知義，故其舉事似是而非，不可不辯也。星象麗乎天，豈一行所能黜落？其布算囚豚，蓋幻呪之術，能興氛氣，暫時掩其光曜耳。玄宗，多欲之昏君也，是以一行得入其術。使明哲在上，守正而惡邪，一行其可爲此

❶「被」，原作「彼」，據明刻本、和刻本改。

乎？設或爲之，殆將如新垣平之詐漢文，候日再中，終必伏棄市之法矣。

釋僧伽，葱嶺北國人，遊方至西涼府。中宗景龍二年，詔入内道場；四年，坐亡。帝問萬回曰：「僧伽何人也？」對曰：「觀音之化身。」伽之寂滅，多歷年所，嘗見形往漢南市漆器，又於洪井化易材木，又於燕市求氈罽。長慶二年，塔寺皆焚，惟伽遺形無損。咸通中，龐勛兵圍州，伽於塔頂現形，外寇皆潰。周世宗有事於江南，伽寄夢於州民，言不宜輕敵，州牧未之信。家家同告之，遂降。全一城生民。

僧伽既已坐化，又復見形，世人信之，江淮尤甚。作塔於泗上，屢經焚蕩，俄而復新。韓退之所謂「火燒水轉掃地空，突兀便高三百尺」是也。僧伽如有神力，何不護持寺塔常存而不壞，免使人費耗財力，再三經營？何必爲此紛紛也？其見形市漆器、化材木、求氈罽，此廣大心欲爲衆生乎？其亦私心自爲供養與僧受用而已乎？僧人及愚俗每言僧伽之靈跡，如仁贊所舉，特其一二耳，吾所不見也。以吾所親見而證之，金賊寇中原，所過無不殘滅，如泗州之大聖，如襄陽之大悲，如香山之觀音，如公安之二聖，皆經焚毁，門無遺跡。何不於此時少現神通，以救百姓之命，而止夷狄之殺乎？僧人則曰：「衆生業力深重，不能招感諸佛菩薩，是以靈跡韜秘。」予曰：「方太平無事之時，諸佛菩薩示神通、出光景，享受供養不可爲筭。及兵亂之際，則曰『衆生共業不可救也』，悲願於此不悲，洪誓於此不洪，聖力於此不聖矣，則何足貴哉？」然世人愚者終不可解，又於其廢址而興葺焉。僧人又語之曰：「有緣則佛見。」好善者宿植也，是以甘

心而不悔。必有明君賢相推息邪距詖之方，庶乎其少止矣。

釋明瓚於衡岳閒居。李泌隱南岳，潛察瓚所爲，曰：「非常人也。」中夜往謁焉，望席門自贊而拜。瓚大詬，仰空唾曰：「是賊。」李公愈加敬，惟拜而已。瓚正撥牛糞火，出芋，啗之。良久，乃曰：「可席以坐。」取所啗芋之半以授焉，李跪捧，盡食而謝。謂李曰：「慎勿多言，領取十年宰相。」李拜而退。

李鄴侯高才多智，唐之名臣。方未任時，辭萬乘之友，隱居南岳紫蓋峰者凡十年。隱居之傍有一僧巖居，曰明瓚，相去甚邇。鄴侯未嘗與之來往。此見於傳記，乃事之實，不知仁贊何爲有此説乎？使鄴侯欲見瓚，白日不往，中夜而後行，素非師尊，望門而便拜，中下之人猶不爲此，孰謂鄴侯而爲之？明瓚其果有道之士，與鄴侯鄰居之日久，亦豈不知其賢否也？一見詬唾，此何禮哉？以鄴侯氣凌宇宙，才幹四海，嘗辭宰相而不爲，及得山僧煨芋之餘，乃跪捧而食，事理之必無者也。十年宰相，人世之常事。使鄴侯天命不當作，瓚豈能與之？使其固有，瓚但能知之耳，何足爲鄴侯之損益哉？大抵僧人多取世間有名之士一言半句，增重其事，抑彼揚己，人人同轍。家君崇寧中宦遊湖南，偶與一僧唱酬絶句詩，尋即忘之矣。後三十年再至湖南，乃見其僧有鏤板《語録》，載此詩者題其目曰：「某人請益。」乃知此曹扳附名勢，其心深切，必借重於公卿大夫，然後足以籠惑愚俗。《過庭之訓》曰：「侯師正有言：『君子當守先王之道，壁立萬仞，異端邪説，勿拑於口，庶幾不爲所誘矣。』此言是也。汝等其識之。」予敢不奉

以周旋乎？

釋普曠夜宿寒林，人有索其首者。曠引刀自刎，乞者止之。又從索耳，便刵而惠之。

普曠必夜爲奸盜而覺，被逐投林，其人不欲殺之，刵其耳而去。他日造爲此説，因以誑人而自異耳。不然，無故而乞人之頭，與無故而刎頭與人，有何義理乎？以其遇禍於夜，且在林中，可知其爲奸盜無疑也。

釋智舜。有獵者逐雉飛入舜房，苦苦勸勉，終不肯止。遂將雉去。情既不忍，割耳遺之。

不忍之心，仁之端也，此吾聖人教人入道之門也。然天下之人物衆矣，自父母推之，秩其親疏，而至於飛雉，不知其相去幾等也。智舜不忍飛雉之見獲，而忍於父母之見棄，何哉？佛氏不明天理，以我與人，以人與物，以父母與禽獸，無有差別，故其行事迷謬，無一中理者。直須屏絶，勿使能殖，則人道立矣。

釋普圓。夜有惡人從圓乞頭，將斬與之，又不肯取。又復乞眼，剜而施之。又從索手，遂以繩繫著樹，齊肘斬而與之。因而卒。

釋氏之言曰：「此寃債也。」以予觀之，犯奸作盜，爲人所得，迫之使自殺，普圓無路以免也。故寧忍痛楚剜目斷手，以丐厥頭，庶幾於復生，不自意其遂死也。

釋普安嘗於村社見人宰猪，安往問贖，社人弗許。安則引刀自割髀肉，曰：「此彼肉耳。猪肉糞穢，爾尚噉之，况人食米，理足貴也。」社人遂免猪。

四海之大，生人之衆，其所言宰犬豕牛羊羽毛鱗介，一日之間不知其幾千萬也。佛

説禍福五千餘卷而不能救，傳燈得道一千七百餘人而不能救。普安乃以脞間少肉欲博易群生之命，其志不忍，其行甚難。然苟能免一猪耳，他猪獨奈何哉？使其可爲，往古聖賢行之已久，不待普安而後知之也。

釋明達嘗行汶上，有猘作人語曰：「願上聖救我。」達解衣，贖而放之。

鳥之能言惟鸚鵡，然不離飛鳥；獸之能言惟猩猩，然不離走獸。未聞猘而能言也。考歷代史，凡有不能言之物而言，必有凶災變異，物之妖也。今猘能言，其妖甚矣。明達解衣贖之，可以苟免其死，必不能畜養終其身。既而放之，則又爲他人所殺矣。昔有蕭欲仁者好佛，日自携百金坐于門，有魚蝦鶉雀之屬則買而放之。市人利其買也，至者漸衆。蕭已有厭倦之意，深居而簡出。一日偶出，見市子母麞者，欲仁惻然，以千金贖之，縱於所居之後山。頃之，復有籠麞而至者，乃其所縱也。欲仁自是閉户，不復贖生。蓋錢物有限，物生無窮。區區匹士之力，豈能徧及萬類之衆哉？故非人可共由，行之而有弊，則不謂之道。道者，天下所共由，萬世而無弊者也。此儒釋之辯也。

釋僧鏡至孝，母亡，身自負土，種植松柏，廬于墓所，泣血三年。服畢，出家。

事親之道，自一飲一食，冬温夏清，❶推而行之，至通于神明，光于四海。天下之爲父子者定，其道大矣。惟帝舜然後盡此道。後世若曾子以孝顯，而孟子稱其可而已，言其難能也。今僧鏡孝愛其親，負土成墳，手藝宰木，廬于墓所，泣血三年，亦

❶「清」，原作「凊」，據和刻本改。

彷彿於古人之行矣。然服喪既畢，則委而去之，報親之心，以三年爲斷，豈所謂「昊天罔極」也？罔極云者，言天理無盡也。天理無盡，故此心無止。有止者，以理爲障也。惜其時無以虞舜、曾子之德告之，以成其美質者。聖人既遠，道術不明於天下。英才間稟，無所師範，惑於異端邪說，淪於夷狄禽獸而不自知，如僧鏡者衆矣。可不深嗟而重嘆哉！

釋道紀每出，以經書、塔像爲一頭，老母、埽帚爲一頭，躬自荷擔，有塔斯埽。每語人曰：「親供母者，其福與登地菩薩齊也。」其孝性淳深，因以勵俗，從者衆矣。

人之所以事父母者，非爲利也，乃天理自然，不可解於心也。道紀親供其母，疑於淳孝而其心在於福報，是爲利而已也。借使無福報，則將棄其母乎？古之聖人，事親如事天，以親之尊無與爲比也。今乃與埽帚爲伍，不亦賤其母之甚邪！

釋道安常擕其母旦出，親手爲煮粥，然後上講。雖左右供侍，不許助己。曰：「母能生養我，非我不名供養。」

釋氏之稱孝者，未嘗施於其父。如惠斌之父鑿井樹碑以寫其哀怨，而惠斌不回；法顯之父既没，其叔父勸之歸家，而法顯不動。至於事母，愛戀者十人而九。父母猶天地、日月、陰陽也。有地而無天，有月而無日，有陰而無陽，則覆載、照臨、寒暑、化育之功息矣，尚能生物哉？夫惟夷狄禽獸則知有母而不知有父。墨氏愛無差等，略與佛同。孟子所以闢之者，恐天下後世之人淪於夷狄禽獸而不自知焉耳。

辛七師及鍾荼蓼陟岵之痛深，毁瘠過禮。

聖人之禮，有情有文，有制有度，載之經典

皆可考也。僧人出家，削髮而胡服，以中國先王之法爲世間粗跡，一切掃除之，不知其所謂過禮者，過何禮也？仁義禮樂之名非佛所道，佛安得有禮哉？辛七師如以先王之禮爲禮，則不當髠首披緇，棄人倫而從異教也。名實之際，豈可假借以相亂哉？

釋道丕，其母許氏常持《觀音普門品》，因妊焉。僖宗駕還洛京，長安焚蕩，遂負其母入華山巖穴。時穀麥湧貴，丕巡村乞食，惟供其母，自專胎息。

道丕既孝養其母，則當知事親之道。乃毁其膚髮，則非繼嗣也；巡村乞食，則非廉恥也。以求丐不義之物而養其親，雖席前方丈，年壽千百，君子羞焉。道丕良心不忘而爲異學所蔽，雖以善爲之，而不知陷於不義，深可惜也。夫事有是非，不可混亂。佛之教，本使人割離恩愛，以趨空寂。今道丕等奉母之心，至於背負而不捨，胎息而不食，深入巖穴以避兵亂者，皆爲母之念，則是恩愛牽纏，非佛教也。而仁贊稱類偏取，果何意哉？以養親爲是邪，則不必出家；以恩愛爲非邪，則不當負母。良心未忘者，於此必有所處矣。

釋僧盛特精外典，爲群儒所憚，故學館諸生常以盛公相脅。

僧盛讀儒書，詰難學者以尊其道，而儒生未嘗就佛書辯正佛者以質其非，此何理也？聖人之道不可躐等，釋氏之教一超直入，故儒生以吾聖人爲迂，以彼釋氏爲徑。今以登十三級浮屠明之：不可躐等者，猶自最下用足歷級，升而上也；一超直入者，猶自平地不用足歷，忽飛而至也。此實而彼虚，實難而虚易，故學士大夫樂於無稽超勝之説，以爲孔子所不到，孟子

所不知，而實無所得，使世習日以淪胥，莫可救也。唐時朱泚作亂，太學六館之士將從之，何蕃正色一言，遂救止諸生，著於君臣之義，不爲亂賊。彼爲盛公所脇者，豈不愧於何蕃之斷役哉？

釋曇遷，隋開皇七年下詔勞問。遷既爲帝王揖敬，或謂滯於榮寵者，乃著《無是非論》以示之。

曇遷所著《無是非論》雖不可見，而其立名已失矣。事有是非，猶松直棘曲、鷺白烏黑，❶雖創物之智不能改也。聖人之教，因人本有是非之心而教之，使是其所當是，非其所當非，是非不亂，則天下之事定矣。曇遷學佛，則當遺物離世，投身於巖穴之間，使世欲聞其聲且不可得，況見其面乎？今乃借用佛法，付於國王之言，諂諛人主，耽彼榮利，何也？若以事君爲是，則不臣爲非；若以狥俗爲非，則出家爲是。是非之分，豈可亂哉！曇遷心疑，又憎滯寵之議，慨然著論，祇益贅疣耳。將以是爲非，何異指中尊爲外道？將以非爲是，何異稱外道爲中尊？將是非之泯然，何異中尊外道莫較賢否？僧人誠以此思之，則是非之心自見。苟見此心，必從是而違非矣。

文帝出舍利與遷，交手數之，雖各專意，前後不能定數。帝問其由。遷曰：「如來法身，過來數量。❷今此舍利，即法身遺質。以事量之，誠恐徒設。」帝意方悟。

物無不可數者。既有形可見，有名可道，則數與之俱生。故覆載雖大，萬生雖衆，未有無數之物。舍利子何能獨以有形有名而超乎數哉？然則隋文不能得其數，

❶「烏」，原作「鳥」，據文意改。

❷「來」，依下文「過於數量」，疑當作「於」。

何也？遭曇遷之幻也。隋文欲稽其實，何不詢訪正人，乃獨與曇遷口手對辯，宜其遭幻而罔覺也。稽之史册，不載此事。往往僧人誇誕，附會言之。今姑質其言，則誕妄立判矣。曇遷曰：「如來法身，過於數量，今此舍利，法身之遺質也。」夫如來法身未免七八十年而死，則其遺質安能千餘歲而存？與其化舍利而常存，曷若留法身而不死乎？惑者嘗試以是推之。

時有像放光，帝問遷曰：「宫中尊像光何不現？」遷曰：「但有佛像，皆放光明。感機既别，有見不見。」帝曰：「朕何不遇？」答曰：「世有三尊，各有光明，其用異也。佛爲世尊，道爲天尊，帝爲至尊。尊有常政，不可並治。佛道弘教，開示來業，故放神光，除其罪障。陛下光明充于四海，律令法戒禁止罪源，即大光也。」帝悦。

曇遷以老子擬佛，則守道不專；以世主同佛，則從諛已甚。若曰佛爲世尊，統攝三界，則無天尊矣。若曰佛絶人倫，共趨空寂，則無至尊矣。尊有常政，不可並治，則人主南面既以稱尊，土木形容便當毁棄。其言反覆，莫可據依。文帝惑而悦之，特以其諂耳。熙寧中，明道先生守官京兆。于時南山石佛頂出光景，公卿大夫無不傾動。明道呼寺僧，戒之曰：「我有官守，不能往也。遇光景時速來報我，當亟遣人取其首就觀之耳。」自是光遂滅，人亦不疑。可爲萬世息邪説之法也。

釋安惠，晉永嘉中天下疫疾，則晝夜祈誠，願神降藥以愈萬民。一日，出見兩石形如瓮，疑而視之，果有神水在内，病者服食而皆愈。以黄絹寫《大品經》，汝南周仲智獲一本，爲火焚宅，倉卒不暇取經，火息，於灰中得

之，一無虧損。

自神農嘗百藥，黄帝、岐伯對問，伊尹爲湯劑，相傳數千年，而後藥之用大備，濟世之功博矣。其或陰陽謬戾，天災流行，疾疫死喪者衆，蓋人事天命之不齊也。豈有虚空中忽然化出兩瓮神水之理哉？此蓋以藥物置水中飲人，假託神降以取利耳。自兵火已來，天下寺宇鮮不焚毁，而况於藏乎？予庚戌年在處州，值兵火之亂，有天寧寺僧於瓦礫中得經燼數塊，蓋梵夾積疊藏中，不爲風所飄揚，偶有堅凝者，觸之則隨手簌簌然。僧曰：「此有舍利，不可觸也。」予欲唾其面，又忍而不發。夫大火之中，豈有不化之物？經若神聖，則何如勿燒？既燒之後，又以爲有舍利，其敢於面謾，略無愧怍乃如此。今此黄絹《大品》，則亦偶免於火者耳。若曰舍宇百物焦灼皆盡，而黄絹《大品》獨存，萬無此理也。欲驗其言者，取一經册焚之，則立見虚實矣。

釋道豐，齊高祖曾命酒并蒸豚令食之，豐略無辭讓，極意飽飡。帝大笑。駕去，謂子弟曰：「除却牀頭物。」發牀，見向蒸豚猶在，全不似噉嚼者。

僧人不飲酒、不食肉，其師之戒然也。若以爲是，當守而不犯，安得以帝王之命而變之？若以爲非，當變而不守，不待帝王之命而後食也。道豐於此何處焉？蒸豚猶在而酒不存，此又何理也？聞有猪頭和尚者，以善食猪頭得名，人皆疑之。其徒爲之説曰：「渠每食時，有無數餓鬼立於其後。渠未嘗食，乃以飼鬼耳。人不見鬼，故但見渠食之也。」予曰：餓鬼不可見，無乃髡然啗肉者其是歟！牀頭取蒸豚，殆亦幻術之相迷易者，其實已入道豐之腹矣。

安世高者，安悉王之冢子，捨位出家。一日，與同學辭決曰：「我當往廣州，畢宿世之對。」行，果值一少年，唾手拔刃，高遂伸頸受之。

大凡僧家出言舉事，必爲因果之説。世高若不出家，爲王冢子而嗣其位，少年安得而殺之？此必爲僧之後，與少年者有仇怨，知少年之來，禍不能免，則曰我有宿債當償也，其仇怨之事則不載矣。夫爲王之冢子，將嗣其位，以保其國家而安其民人，其功德大矣。乃惑於邪説，亂倫而去，終死於仇人之刃，是爲知道也乎？

法祖，晉惠之末，志思潛遯。會張輔爲秦州刺史，祖與之俱行。輔以祖德顯著，衆望所歸，欲令反服爲己僚佐。祖志不移。忽忤輔意，輔收之加戮。衆咸怪惋。祖曰：「我來畢對，此宿命久結，非今事也。」

學佛者有不善，未嘗反躬自責，其或遇禍，則以冤對處之，此心之大害也。夫知人不明，過而不改，而至於殺身，誰之罪歟？有薪然後火傳之，有坎然後水入之，有怨怒忿恨而後人加之。加之者在人，召之者在我。不以自反而推之於前世，是以甘心於橫逆而不悔，愚莫大焉。張輔可依則從，不可則違，當定於未行之先，乃輕用其身，與之俱行，豈非知人不明歟？況輔欲使之反服，美意也。祖乃守愚執迷，拒而不應，豈非過而不改歟？積此二事，見殺爲宜，何宿命之言哉？

釋鴻休常言：「宿債須償，償盡則何憂何慮，物我俱逍遥矣。」及廣明之際，巢寇充斥。休出寺，脱衲衣於松下盤石之上，言曰：「誓不汙清淨之地。」安然引頸待刃。

鴻休惑於宿債之言而不究其實，若自知有

宿債，心欲速償者，何不指名其人，徑往就死，而貪生惜景，坐以遲之邪？君子樂天知命，未嘗憂也；自反而縮，未嘗懼也。我自我，人自人，物自物，各止其所，未嘗不逍遥也。何待償債哉？黄巢之亂，殺人半天下，鴻休逃死不獲，刀已及頸，雖欲避之，可乎？其所以脱衣發誓願者，意亦望巢憐之，故爲此態耳。

釋守賢告衆曰：「吾有債願未酬，心終不了。」明日操斧入南山，投身飼虎。

佛氏所謂了心，異乎聖人所謂盡心也。舉心之所有者皆歸之空，了心也；舉心之所包者各臻其理，盡心也。了心之弊，至於一身亦不欲存也。若非自絶於人倫之類，則刳剔焚灼，餵飼餓虎，無所不至，要皆空而後已。空虚寂滅，莫適於用，道之棄也。此亦狷介褊小之極。其智不足以盡萬物之變，其才不足以周萬事之務，顧視一己無可奈何於天地之間，❶遂謂人理皆可以如此，而終於不可言，不可行。彼草木飛走之類，莫之夭閼，猶能盡其天年，可以人不如草木飛走乎？

釋法琳每誦無量壽佛，輒見一沙門形甚殊大，常在琳前。疾不愈，注念西方，見諸賢聖皆集，合掌而卒。

法琳所以誦無量壽佛者，爲生乎？爲死乎？如爲生，則不免於死，大沙門不能救非壽也；如爲死，則人之死也，氣盡而散矣，雖千萬年無再生之理。其壽固自然無量，不必祈也。疾革之時，注念西方，見聖賢皆集，與人同見乎？惟復獨見乎？僧曰：「見者有緣，不見者無緣。」夫佛以化人爲心，見者尚不化，不見者信心何從而生也？曷若使衆人同見，皆發善念，何苦獨

❶「顧」，原作「願」，據和刻本改。

與死者爲隱乎？

釋懷感信念佛往生，暨三載，忽感靈異，見金色玉毫，便證念佛三昧。臨終，感佛來迎，面西而往。

人心有所著者，不能忘之於心。存想既極，則恍惚微茫之中真若有所見者。漢武帝見王夫人，唐明皇見李老君，皆此類耳。懷感專切，用志不分，故隨其所欲而見焉。其實則寂無一物，乃妄見也。故君子養心，貴於得正，正則無此矣。

釋少康乞食得錢，誘掖小兒，能念阿彌陀佛一聲，即付錢一文。每遇齋日，集所化三千許人，登坐，令男女望康面，即高聲唱阿彌陀佛。佛從口出，連誦十聲，十佛若連珠狀，從其吻角而出。告曰：「汝見佛身，即得往生。」

此幻術也。誘人男女至於三千人，其奸惡甚矣。其源出於金剛智，其流至於爲賊，術不可不慎也。元豐中，陳州有蔡仙姑者，能化現丈六金身。一時王公無不誠信，供施山積，其門如市，男女嘈雜，以得見爲幸。户外常設淨水兩甕，至者必令洗濯凡眼，而後得入。有縣尉廖其姓者，心獨疑之。一日，率其部曲數人，約洗一目。既入，以洗目視之，寶蓮臺上金佛巍然也；以不洗目視之，大竹籃中一老嫗箕踞而坐耳。乃叱其下，進擒之，歸于有司，奸狀盡敗。當時以廖尉爲神明，前所誠信者，莫不内愧，無地以寄顏也。如少康口吻佛出，若遇如廖公者，其能不敗乎？是故君子於天下之事，耻一物之不知；無所不知，則於理廓然。如向大明以觀大像，雖或可欺以其方，而決不可罔以非其道矣。

釋懷玉每日念阿彌陀五萬口。俄見

西方瑞相白毫光，聖衆滿空。玉云：「若聞異香，我報當盡。」因説偈，香氣盈空，見彌陀佛、觀音、勢至，身紫金色。玉含笑而終。

凡僧人所謂見聖衆者，不知形邪？氣邪？若非形氣，必無可見之理。有形氣然後有光相、有顔色，則必有衣袂乘馭之物。飛乎？走乎？不飛不走，凝然不動乎？皆未可喻也。若曰聖神靈化，非形氣之所拘，則白毫光、紫金色何所憑而著哉？不然，則是廓然太空，了無一物。而懷玉想心妄見，指點形似，猶人書空而談夢者邪？

釋惠布卒，地爲之震七日。屍還山林，其地又震。

星隕地震，日月薄蝕，山崩川竭，天地之變也，豈爲一胡僧之死能致之乎？苟以地震爲惠布而發，有如太陽虧傷，普天同之，當其日豈無死者？亦可曰日爲之食乎？一日之間，天地之内，或生或死，豈知其數？地震之廣，有方千里，連日未息者，惠布適當之。仁贊乃以爲應，其誣罔亦太甚矣。

河羅竭至洛，止婁至山石室中。坐禪室去水遠，時人欲爲開澗。竭曰：「不假相勞。」乃自起以左脚蹍室西壁，壁陷没指，拔足水出，坐化。闍維累日，而屍猶坐火中，永不灰燼。

水在地中，無所往而不可。河有移徙，井有溢枯，皆無足怪。羅竭所居無泉而忽有之者，水脉昔時未通，今時通也。時人不知，而羅竭久居，固已知之。因水之通，則謬爲蹍壁之説，以誇靈異，紿愚俗，此僧人之常態也。自有天地至今日，書傳所載，未有火不能化之人。雖佛以金體至堅法身爲喻，然投之烈火，亦必融液。而謂已

死將腐之軀，經火累日而不燼，萬無是理也。

釋法朗師法進。進嘗閉户獨坐，忽見朗在前，問：「徒何處來？」「從户鑰中入。」後卒，焚尸之日，兩處湧泉直上于天。

匿形藏跡，出入於窓牖隙穴之間，不由門户者，今世奸民所學金剛智術，將以爲盜者也。水勢就下，非人以機巧激之，則不能逆流。僧尸就焚，泉豈有知而爲之表異？正使有知，騰湧上天，將何爲哉？又况理之所必無者也。

釋僧周謂弟子曰：「吾將去矣。」其夕見火從繩牀後出，燒身，經一日方盡。煙燄漲天，而房不燼。

火緣薪然後傳，不緣則不可見。故鑽木、戛竹、敲石、方燧，皆可以得之。若無此四物，而責烹飪之用，雖有聖智，其安能哉？僧周自焚之火，亦猶束草師三昧之火，其妄一也。林靈素噀火騰光，流照庭宇，而無所焦灼，何以異於是？僧人斥之爲外道，豈未之思乎？

釋道安，秦主出東苑，命之升輦。僕射權翼諫曰：「臣聞天子法駕，侍中陪乘。道安毁形，寧可乘厠？」堅凜然作色曰：「安公道德可尊，朕將舉天下而不易，雖與輦之榮，乃是爲其臭腐耳。」即命權翼扶之登輿。

苻堅信邪拒諫，引四民之棄，共六尺之輿，不可爲後世法，明矣。而道安髡首胡服，躡足王輦，其心何謂哉？不過貪一時王公眄睞之榮，以誇其衆耳。權翼能諫而不强，苻堅發怒，出悖道之言，則遂靡然從之，何其前明而後昏，初勇而終懼邪？致使其君遂非過舉，貽譏永世，蓋翼之罪矣。

釋惠忠，肅宗迎請演説，奏治人、治國

之要，暢唐堯、虞舜之風。畊當問奴，織當問婢，耳目鼻口各司其用，不可以相借官，此定理也。肅宗欲知治人之要道，堯、舜之遺風，則當咨訪名賢碩學，猶恐其未能盡也，乃迎毀形敗倫之人而問之，譬猶責明視於瞽矇，求致遠於刖兀，窮年累世不可得也。彼肅宗篡父之位，聽妻之譖，昵近内臣李輔國，至於喪其親，殞其身以及其子。顛倒迷謬非一日也，其所爲如此，亦何足怪哉！

釋法上戒德精峻，文宣帝詔爲戒師，布髮于地，令法上踐焉。

帝王者，神明萬物之主也。戴冕執玉，被十二章，以對越昊天，以奉承宗廟，以朝見公卿諸侯，以臨御中國夷貊，其尊莫二，其貴無敵，非人私意苟相崇奉，蓋天地之常經，古今之通義也。髮生於頭，足履於地，其上下貴賤，猶君與臣、父與子，不可相易也。今布髮于地，使胡人以足踐之者，果何意乎？爲求道邪？道不在髮也。爲求福邪？福不在足也。不知將何爲哉？足可以踐髮，則冠可以充腹，而履可以加首，口可以出矢，而尻可以食物，非人之道也。

釋法護自天子侯伯不與一人遊接，常以仁義存懷。

考之佛書，不言仁義。仁者，事親；義者，事君。中國，人道之大宗也。故自二帝、三王以至鄒、魯之聖人，或在上，或在下，或見於行事，或垂於經訓，皆以仁義爲教也。楊氏學義而失之爲我，墨氏學仁而失之兼愛。故聖人推其失以救世，拔本塞源，不使人淪胥於禽獸，以存人道耳。法護自天子而下不與一人交，則非人之道也。非人之道而謂心存仁義，譬猶以火爲濕而以冰爲温，以麻爲絲而以菽爲粟，則

可乎？

釋法慎與人子言，依於孝；與人臣言，依於忠；與上人言，依於仁；與下人言，依於禮。佛教、儒行合而爲一。

法慎之言是也，而其人則非也。昔維摩居士在王子中教以忠孝，在大夫中教以正法，居士未嘗出家，猶之可也。法慎不爲人子，安知所謂孝？不爲人臣，安知所謂忠？以天性爲淫欲心，安知所謂仁？以天秩爲分別心，安知所謂禮？實則背戾，名則圓融，此學佛之有才者，其意欲旁通聖人之書以誘學士耳。有志於道者，或遇此等、爲此言，則必使之畜髮加冠，易其衣服，歸人倫之類，乃可與講論忠孝仁義禮樂之實。不然，當如淫聲美色，戒而遠之可也。否則，必爲所陷溺而不自覺矣。

陳宣帝時檢括僧尼，榮經落第者並各休道。智顗諫曰：「調達誦六萬偈經，不免地獄；槃特持一行之偈，獲罪漢果。篤論道也，豈關多誦？」陳主即罷披簡。

陳帝之所爲，雖未能拔本塞源，然亦黜異教、扶人理之漸也。而智顗所言，何其無實以爲誑邪？調達不免地獄，槃特獲罪漢果，若在未死之時，則無可驗；若在既死之後，又無可考。此空誕之言也。以空誕之言，廢世主之良法，遂使農商鄙野之人得以餘財買牒髡顱，自竄於慵惰。雖智顗所以護持其鄙者，勢自當然，而陳宣帝亦不明甚矣！今以中國之學論之，不知六經豈可以言讀書，不知諸史豈可以名博學？有一分勤勩，則有一分功效，積日累月，其殖漸廣，知所未知，見所未見，多識前言往行以畜其德，乃實學也。其或以文滅質、以博溺心者，蓋不善學耳。而未有不博學詳説而能反約者也。欲試天下之

士，必考其知聖人之言；欲驗天下之僧，必考其知大藏之教。今智顗所言，乃爲慵僧自誑者張本，於理有決不然者。而宣帝信之，殆不可曉也。僧人曰：「宣帝者，乃諸佛之見身耳。固佛法之所付囑也。」以此諂諛世主，十而九惑，則亦不明而已矣。

武宗望祀蓬萊山，築高臺以祈羽化。因德陽節詔悟遠國師知玄，與道門敵，言神仙爲可學不可學？玄陳帝王理道，教化本根，言：「神仙之術，乃山林間匹夫獨擅高尚之事，非王者所宜。」

知玄所以告武宗斥神仙之説，豈不當哉！而何其不自知也？佛氏厭苦根塵，棄家求道，爲長往不來之行。其所立教，以人世爲夢幻，以空寂爲真常，此正山林匹夫獨擅之事，非帝王所宜爲也。武宗英果，明於制國，幾致中興，然信惑方士而毀除佛法，是謂以桀攻桀，何較曲直哉？前人之失，後人之鑒也。崔浩蓋嘗不喜佛、老，而崇奉寇謙之，以爲神人；武宗不鑒，亦復爲之，蓋不學之過也。李衛公長才碩略，能佐其君，振起國威，削平叛亂，而於人主心術之病莫能救也。孟子曰：「惟大人爲能格君心之非。」又曰：「務引其君以當道。」衛公於此能無愧乎？

釋曇衍道遇貧陋，必悲憐垂泣。

曇衍所遇，特一二人而已。世有方數千里，水旱之時，饑民流離，襁屬於道，連州跨邑，旬月而未止也。嘉祐中，山東大饑，富文忠公爲安撫使，賑濟全活者五十餘萬人，其措畫之美，至今人傳道之。曇如生於其時，吾憂其泣多淚盡，必至於喪明矣。

釋法琳卒，遺命屍骸棄諸山藪，以施禽鳥。

山林中禽鳥，不藉人養而未嘗乏食，自生

自育，其類繁殖也。如其乏食而賴餵飼然後能生，則禽鳥之生殄矣。法琳捐已死之軀，喂不茹葷之鳥，則處己處物皆失其宜也。身體方生，氣血鮮甘，以此飼禽鳥，使彼食之，如美，則不能捨也。及既死，乃以臭腐不知痛癢之身，取能施之名，而使禽鳥食不美之物，非所以愛禽鳥也。又况山林禽鳥豈知肉味？至於人肉，尤所未嘗。法琳施以所未嘗食者，使之知味，則其受業，當自此起，其得罪於佛大矣。

釋瑞甫母夢梵僧，問曰：「當生貴子。」即出囊中舍利，使吞之。及誕，所夢僧白晝入其室，摩其頂曰：「必當大興佛教。」言訖而滅。既而成人，❶又夢梵僧以舍利滿鉢使吞之，且曰：「三藏大教，盡貯汝腹矣。」

瑞甫之母受胎之初，唯復有夫乎？惟復梵僧見夢而已乎？人無夫，則無生育之理。而瑞甫之母受胎誕子，以至成人，其父皆不知，而梵僧爲之證。然則梵僧即瑞甫之父耳。佛之教以人世爲夢幻，瑞甫子母所夢前後相應如此。真即是夢，夢即是真，真夢一如，人世夢幻之奸弊乃如此邪？

沙門仁贊曰：「天生蒸民，樹之君長，蓋有欲，無主乃亂。大教東流，偏于四海，不設名位，胡以統攝？」

天生蒸民，自一而二，自二而三，自三而不可勝窮。致用有源，起數有祖，豈可貳哉？貳則生物之功息矣。故天無二日，土無二王，家無二主，尊無二上。以一制萬，以寡統衆，不易之道也。自庶人而上謂之士，自士而上謂之大夫，自大夫而上謂之卿，自卿而上謂之公，由堯、舜至三

❶「人」，原作「之」，據明刻本、和刻本改。

代，其制如此。三代以後，官制或隨時而變，其大概則不外是也。佛氏之教入中國，以空爲宗，而其事則有父子、君臣、兄弟、賓主之名，舍自然之真，爲假設之妄，名爲空諦，實則不能外乎倫理，姑變其名耳。是以其道多弊而不能獨立，必依托形勢、憑恃法度以整齊其衆。故其言曰：「佛法蓋付之國王大臣也。」而世主不自知其身乃父子、君臣、夫婦大倫之宗，堯、舜、三代帝王之所傳畀，而區區於異端新奇之説曰「天有二日，日與佛日也； 土有二王，王與法王也」。設空言以行實事，棄實事以崇空言，而莫有能辯之者。此仁贊所以敢肆謬悠而無忌憚也。

《僧史》略曰：「僧之少欲，本合亂衆。佛之軌儀，止令分衛。若無尊大，御下誠難。此又別時之意也。」

凡世之名分、禮樂、法度，所以扶持倫理，使不至於亂也。僧人鄙之曰：「此有爲法也。」有爲法者，世間法也； 無爲法者，出世間法也。佛之教人乃出世法，所以其道超于孔子之上，必須削髮胡服、棄絶人倫以從之。今《僧史》所論，復欲以名分服屬其徒，以尊臨卑，以大制小，不如是不足御下，又何謂哉？中國之道不賴佛而後行，四方之教亦何必賴儒而後立乎？不可不辯也。

三藏不空。上元末，帝不豫，空以大隨求作法。翌日，乃瘳。

上元，唐肅宗時也。肅宗不豫，空能以大隨求愈之。及空以疾終，何不以大隨求自治邪？僧人則曰：「空以寂滅爲樂，不戀久生。」救肅宗者，爲憫念國王耳。」寶應元年，楚州刺史崔侁表稱：「有尼真如，怳惚登天，見上帝賜以寶玉十三枚，云中國有災，以此鎮之，改建年號。」是月，明皇崩。

後十有三日，肅宗崩。方其時，不空蓋未死也，而大隨求之法無驗矣。僧又曰：「福力盡時，必還墮落，所不能救也。」然則何用佛哉？

後往終南智炬寺脩功德，念誦之夕，感天樂，薩埵舒毫髮光，以相證驗。

僧人所稱天樂、瑞光之異，必以夜中見聞，不與人共之。其言曰：「無緣者不預也。」無緣者固不預矣，而天樂、瑞光終不以白晝出，吾是以終疑其誕也。

大曆五年，彗星出，詔空住五臺山，星亦尋没。

天垂象，見吉凶，以儆戒人君，使省其闕失。彗有埽除之象，示除舊而布新，星之變也。古之聖王恐懼脩省以消弭之，有其道矣。代宗詔遣不空住五臺山，則何意哉？周成王時，天大雷電以風，偃禾拔木，邦人大恐，成王悔過，知流言之非，迎周公於東，而天變爲止，歲則大熟。宋景公出人君之言，熒惑退舍。齊景公納晏子之諫，彗星遂滅。所以消弭之道不在他人也。五臺山非彗星所從出，使不空住焉，是責禳於僧而忘恐懼脩省於己，不亦異於古之明王乎？三川、五臺相距幾二千里，非旬日所能至，空至而彗星滅，則星之出没亦涉日久矣。其所謂會逢其適歟！人主心術昏蔽，方反以爲神化之感，彼亦何足與言先王之正道哉！

六年，示疾，上表告辭。敕使人勞問，加開府儀同三司、肅國公。卒，贈司空。

開府儀同者，將相之崇官也；肅國公者，諸侯之高爵也；司空者，六卿之列職也。必文武兼資、出將入相而有其功，則可以爲開府；必分茅受社、君國子民而居其位，則可以爲國公；必分土制邑、居四民、時地利

而爲冬官，則可以稱司空。三藏者，傳譯佛教，一髡首胡人耳，而兼是三者，何也？爲其有道邪？則彼之教以君臣爲夢幻，以爵禄爲虚假，以軒冕爲桎梏，自爲方外之士矣。代宗之授，不空之受，各悖於理，而當時無非之者。人主淪胥於異端，固宜化之者衆也。

天寶中，西蕃大石、康居五國帥兵圍安西府。詔空入内，帝御於道場，空秉香爐，誦仁王密語二七遍。帝見神兵可伍百員在於殿庭，驚問，空曰：「毗沙門天王領兵救安西，請急設食發遣。」四月二十日，果奏云：「城東北有神兵來，番部驚潰。」帝覽奏，勑諸道各於城樓置天王像。

毗沙門天王之像，至今軍營中敬事之，蓋自不空始也。天寶末，明皇荒怠既甚，將相皆非其人，安西被兵而求救於鬼國，將亡之聽也。其後禄山長驅，兩京陷没，明皇逃竄於遐裔，而收復京師、克清大懟者，卒賴於賢才。不空是時何不誦密語、遣神兵、梟禄山而斬思明，而使兵連禍結歟？至於肅、代，不空叨冒官秩，爲時君所信，亦未聞誦密語、遣神兵、幹不庭之方、剪叛逆之鄙，何邪？大抵明皇信邪喜妄，居之不疑，見老子之形，聞空中之語，自爲欺誕，以慰其心，固不惡人之幻己也。帝見神兵五百，不空又請設食以遣之，猶幻戲然。其相爲譎詐如此，欲天下不亂，得乎？

拘提者，先身爲狗，舍利佛爲説妙法。命終，生舍衛國婆羅門家，舍利佛乞之，度爲沙彌，得阿羅漢。

佛國中鳥獸之類多矣，不但此一狗也。佛能説法度之爲人，則當物物不遺，使羽毛鱗介皆脱身得阿羅漢果，而其國中莫非阿

羅漢也，不亦善乎！何獨爲一狗而遺其餘也？若曰此狗於佛法有緣，善根宿植，則又不當受狗之身矣。彼無緣者尤宜憐憫濟度，豈可以其無緣而舍之？有揀擇心，非佛也。自達磨已後傳其道入中國，得道者甚衆，而鳥獸之類孳生蕃息於天地之間，固不減也。未聞禪人得度若干犬豕牛羊爲阿羅漢者，亦獨何哉？

舍衛國有一老夫，蚤喪其偶，獨與兒從佛出家。兒年尚幼，乞食，薄暮，將還精舍。兒畏毒獸，急扶師，排之進路，推父墮地，應手而死。佛告之曰：「雖死，不以惡意。」因説過去緣業，沙彌曉悟，精進得道。

人苟助己，雖殺其父，猶非惡意；苟不助己，雖孝其親，猶是受業。使天下之人以悖逆殘忍施於其所生，而推之於宿緣。苟逃罪辜，歸誠佛門，而許之以得道。不謂之異端邪説，謂之何哉！

昔有羅漢與沙彌赴龍宮請，心有愛戀，因病而卒，乃爲龍子。

學佛者深惡道家者流，而其説如此，則何異於存想變化之術哉？今夫禽獸皆有欲想，其胎卵所生未有差舛者也。曷嘗聞鷄能慕鳳凰而生鳳凰，狗能慕麒麟而生麒麟哉？若謂禽獸不能如人之有思，則一失人身，轉爲異類，無有復得人身之理。自古至今，禽獸當充塞天地之間，而人之類絶矣。若謂因果輪迴由其業報，不由思想，則沙彌心有愛想，何爲化生龍子邪？反覆稽之，茫昧無據。蓋幽陰幻惑之遁辭也。

有沙彌嗜酪，每檀越餉僧酪時，沙彌得分，心中樂著。命終之後，生殘酪瓶中爲蟲。

此沙彌所以出家者，未必爲食酪也。出家

之功德與食酪之嗜好，相遠多矣。而此沙彌以食酪而爲蟲，不能以出家而成佛。使或有亦不出家，亦不嗜酪，既不爲蟲，又不爲佛，則必爲人矣。

沙彌彌伽專誦《華嚴經》。聖曆中，天帝釋請迎上天誦持，曰：「每被阿修羅見擾，故屈師來宣經以禳。」遂升座宣諷，修羅軍衆一時化去。

佛經所謂天人者，乃國王貴樂之人，猶後世所謂皇族。其天女則宫嬪之類。其單舉天，則省文耳。至譯語翻改，僧人流傳，遂謂天上果有人類。種種怪誕，此蓋佛經上乘之所不道者也。周□□□据長沙爲□□所侵，大作佛事，諷《護國仁王經》。道場未畢，而城已破。是以兵擁僧衆著之江中。其時若得彌伽誦《華嚴經》，當不至於此乎？

尼淨檢忽聞前香，并見朱氣，有一女人手持五色花自空而下。檢見欣然，因語衆曰：「我今行矣。」執手辭别，騰空而上，所行之路有似虹霓，直屬于天。

昔佛不許女人出家，阿難爲憍曇彌請之。佛曰：「止止，男少女多，家則衰弱。女人出家，法不久住。假使女人作沙門者，八敬之法不得逾越，盡壽行之，可入法律耳。」至祐律師，乃始開女人出家之路，非佛意也。古之賢婦人如大任、大姒之倫，終不能成堯、舜、商、周之功業，譬猶厚地持載萬物，非天道偏覆包涵，亦安能獨用哉？釋氏以臨終見佛爲學道得果之證。彼女人者，佛所不教，必無得果之理，又況所見皆妄，理所弗載邪？若此，蓋淨檢勞疾心專，將死之時眼花亂發耳。

安令首，父仲。首幼敏，父曰：「汝緣外屬，而可求聘。」女曰：「端心業道，

廉正自足，何必三從，然後爲禮。」父曰：「汝欲獨善一身，何能兼濟父母？」女曰：「立身行道，方欲度脱一切，况二親邪？」仲以問佛圖澄，澄因以油傅仲右手，令視之，見有沙門之像類其女。澄曰：「是君女先身耳。若從其志，令君富貴。」仲遂許之。

安仲欲禁其女不從僧者，當稽之典禮，斷以大義。乃問於佛圖澄，澄者，多才善幻之人也。彼既不肯勸仲，使止其女心，又爲一術以誘之，仲於是時雖有天性之親，決爲所敚，不能自克。蓋其所質疑者，非所當問，是以遭誘而弗得脱也。富貴，人情之所同欲。若君子者，不以道得富貴，則不處也。澄既以幻誘仲，又要以富貴之説，自中人以下，寧有不惑者也？

令宗遇亂被虜，拔眉托厲，隨路南歸。行達孟津，無舟可渡。專稱三寶，忽見一鹿涉河而行，水自分岐。隨鹿而濟，曾不沾濕。

昔光武迫於王郎之兵，冬月欲渡河，遣王霸候之。河冰實未合，霸歸，紿之曰：「冰合，可渡矣。」比光武至河，河冰適堅，遂履以濟。光武將有天下，天實相之，然亦就其事而有其應。河水結冰，歲寒當然，理之常而事所有也。孟津，大河之險渡也，善没者所不能游。自晉以來，造舟爲梁，以免覆舟之患。其水既險，則蛟龍黿鼉之所盤旋戲狎也，鹿胡爲乎能涉哉？獸之能濟水者，唯狗馬牛虎之屬，狐則聽冰而渡，不聞鹿能涉也。令宗苟曰：「吾臨水徬徨，遇浮木空舟，幸而能濟。」又何害其有道哉？設僞取信而言理所無有之事，於是敗戾。或曰：「如子所言，則自今僧人欲售僞者，必依理據事而爲之説，則柰何？」

予曰：「依理據事則非僞也。予所以闢之者，❶固爲其以事理爲障而談事理之外也。」

道瓊造大像數軀，有放光相者。

像者，合土刻木而繪畫之，以表敬事之所寓而已，必不能似佛而無不肖也。有一毫不肖，則不得謂之佛，况大像乎？土木之中安得光相？予嘗遊京師城東資福寺，觀夾佇塑羅漢中有一軀秉爐者，人號曰香煙羅漢。予與同行數人者瞪目視之，久無所見。僧致恭正色而指像曰：「香煙騰騰，何爲不見邪？」其心必以不見之人目有障蔽也。放光之説，殆亦如此。或曰：「世有造大像者，頂中夜出白光，久之而敗。乃像下爲地道數百步，人行入像腹中，置燭其間耳。」故不以晝見而夜見，不與人見而獨見，則皆妄也。

僧端姿色之美聞于鄉邑。臨聘之日，宵遯佛寺，寺主置之别室。兩淚禮拜，忽見像語云：「汝壻命終，勿懷憂念。」翌日，其壻爲牛所觸而亡，因得出家。

僧端與寺主素有奸狀而不肯嫁者也。既迫聘期，宵遯佛寺，必以寺主之力能庇之，則此寺主乃奸猾之尤甚者。托爲像語而暗殺其夫，仍曰死於牛觸，則其夫家蓋農人耳，宜僧端之不樂也。夫奸弊公行，至於殺人而不懼，又遂其出家之志，則當時爲民上者，其政事不以教化爲急，可嘆也夫！

善妙買油數斛，瓦瓶盛之，著中庭，布自纏身而焚。火將及頂，語諸凡曰：「我捨此身，已即得七反。止此一身，當得初果。」

❶「以」，原作「不」，據明刻本改。

南嶽福嚴寺山有所謂一生石、二生塔、三生藏。僧曰：「此思大和尚三生之遺跡也。」予問：「何以知之？」對曰：「思大之所自言也。」予曰：「思大止於三生邪？爲復生生而不窮也？止於三生，是有斷滅矣；生生不窮，是入輪迴矣。然則如何？」僧者於是遁其辭而入於無所稽，莫足聽者。思大，名僧也，其言猶如此之幻，而況善妙女子，顓蒙易惑者乎？

法緣年十歲，失所在，經三日而歸，説至淨土天宫見佛。又去經旬，復還，作外國書語。有見其隨風飄飖上天。經月後還，則已出家披法服矣，持髮而歸。

天無可上之路，外國非十歲兒旬日所能往還，蓋法緣爲幻師所變易也。予嘗謂人家男子未有所立者，不可令與僧人語；今而又知人家女子當教以女誡，不可令見尼姑，談異學。法緣之事，可爲鑒戒矣。

《崇正辯》中册，吴元年内，俞國賓借看，轉借翁德明，留在何鋪。四月初六日夜，海寇鍾九皋餘黨顧鬍侵境，官軍尅復，居民房屋燒燼，此書無存。當月失記日，有朋友龔敬之於路拾得此册相送，比舊略短一米，復成全書，記之耳。海昌楊復彦剛誌。

致堂先生崇正辯卷之二終

宋儒胡致堂先生崇正辯卷三上

南豐裔孫　濬古邱重梓
清寅直
深叔平
瀾仲海　重訂
濱鶴汀
濤次涇
湘佩芳
森三木較字

晉孝武奉佛法，立精舍於殿側，引沙門居之。苻堅率衆寇淮南，謝玄等戰於淝水，破之。

仁贊載此，以淝水之捷爲孝武奉佛之報。然苻堅敬重道安，引之登輦，豈不奉佛，何爲而敗邪？苻堅違王猛之言，貪功南伐，自覆其國；晉孝武倚任謝安，制師有道，故能以少擊衆，晉祚復安。其存其亡，皆由用賢與不用賢耳。若曰立精舍於殿側，引沙門居之，遂能勝敵，則梁武帝奈何反爲侯景所圍邪？天子之居，上法紫微，後市面朝，左宗廟，右社稷，各有成象，所以憲天履極，爲神民萬物之主，不敢苟也。沙門和尚乃異域之教，其形貌、衣服、威儀、言行，無一與中國同者。明君有爲，則當内華、外夷，息邪、距詖，以扶聖人之正道。乃於宮殿之旁爲僧人之居，其褻瀆神器甚矣。可以爲戒而不可以爲法也。

梁太祖躬覽内經，指爲科域，刺血躬寫《般若經》十部。琳法師曰：「梁高祖邁有德之前踪，躡淨名之聖軌，鷲嶺奥典。雞園密議，二諦五乘之旨，三藏九部之文，赤鬚之所未詳，青目由來不譯，並無重覽，義弗再思，鄙

周、孔之俗謨，譏老、莊之名理，法輪相繼，齋講不絕。每捨身時，地爲震動。」

蕭衍於佛教之文，不論可知其精熟矣，豈待贊美而後知也？其重佛而輕老，則其嗜好之偏，猶人惡酒而好漿，陋鹽而美酢，未足以相賢也。法琳乃以周、孔之道爲俗謨，何其敢於非聖，無所忌憚如此哉！周公相武王，誅無道，殺飛廉，戮惡來，驅猛獸，膺夷狄；孔子集大成，正五經，作《春秋》，黜蠻夷，討亂臣，誅賊子，使人至今知有三綱五常之道，不淪胥於夷狄禽獸者，其功與天地參，與日月並，與四時俱運，不知何時而已也。而法琳鄙之爲俗謨，何其敢於非聖，無所忌憚如此哉！必有明王在上，良相輔政，舉行周、孔之教，申明左道之刑，庶乎其知畏矣。梁武捨身，地爲震動，蓋萬乘之主一旦以奴自居，天下之大異，地震所以警之。

元魏太祖下詔曰：「夫佛法之興，濟益存亡，可於京邑建節答範，脩整宮舍，令信向之徒有所居止。」

魏祖溺於名而不覈其實者也。佛法濟存，則不父其父、不母其母，親者尚不蒙其力，而曰廣濟含生，其可信乎？如其濟亡，則佛語阿難，以地獄本無所有。是乃設爲此說，以恐怖愚夫而已，於亡者實無所濟也。世之脩佛事以追先福者，自其初死至三年之久，經歷十王，徧乎地獄，宜其每受減降、懺悔之語，與初死時亦無所異。雖數十年之後，脩忌致齊者，其懺悔之語亦如之。嘗詰其徒，蓋不足以自誑。而舉世惑之，可笑也已。

肅宗寫經十三藏。

肅宗繼天寶大亂之後，巨盜雖夷，而國勢日削，所當發憤，圖任賢才，以復先帝之境

土，致天下於開元、貞觀之盛。仰而思之，夜以繼日；幸而得之，坐以待旦，猶恐不及也。乃有餘暇留意佛書，抄寫繙傳至於六萬五千餘卷之富。古人曰：「不作無益害有益，功乃成。」肅宗廢時亂日，作無益如此，其功業不競，則有由矣。

後周孝明帝造錦釋迦像及寶塔二百二十區。雲甍藻棁，❶繡柱文榥，夏户秋牕，蓮池柰苑，處處精潔，一一妍華。見者忘歸，覩者目眩。大弘像化，以固龍圖。

周帝奉佛華侈如此，不恤民力，不愛國財，以冀福田利益也。未幾，國祚移於權臣之手，民力徒殫，國財徒費，以快惰游蠶食之衆，而福田利益終不可得，像化雖弘，而基圖不固矣。當其興建之時，不過取僧人稱贊誇美之言以自悦耳。其終乃如此，豈不爲將來之永戒哉！

隋高祖留心佛法，受菩薩戒，寫經四十六藏。

楊堅爲人臣而篡取其君之位，其本不正，而能節用愛人，以致康阜，自其才如此，豈受戒寫經所能致哉？創業之君，子孫之所効法也。高祖寫經四十六藏，是以煬帝繼世裝補經秩至於九十餘萬卷，疑若功德宏深、福利增益，而不能免於宇文化及之殺，高祖絶祀，爲後世笑。使其略法先王，師範周、孔，知脩身治國之道，豈至此哉！

唐太宗詔曰：「有隋失道，朕親總元戎，致兹明代，曾無寧歲。思所以樹立福田，濟其營魂，可於建義以來交兵之處，爲義士凶徒殞身戎陳者，各建寺刹，招延勝侶。望法鼓所振，變炎火於青蓮；梵音所聞，易苦海於

❶「棁」，原作「税」，據明刻本改。

甘露。」

湯放桀、武王伐紂之後，天下大定，民安其生，物遂其性，其時未有佛法也。湯、武何以致太平哉？唐太宗英姿大略，親平禍亂，而其所學駁襍，不明聖人之道，故其於生死之際，未能無惑。昔漢高祖與項羽拒戰累年，下詔軍士死者爲之棺斂，轉送其家，四方歸心焉。考太宗之所爲，不亦婦人之仁，鄙陋可笑哉！

貞觀二年下詔，其略曰：「今百穀滋茂，萬寶將成，猶恐風雨失時，字養無寄。宜爲普天億兆仰祈加祐。可於京城及天下諸寺觀僧尼道士等，七日七夜轉經行道。每年正月七日，例皆准此。」

人主詔令，猶天之風雷，發達萬物，過與不及，則反爲害。唐文皇，英主也，而有僻詔如此，無乃俗流失、世敗壞已久，循習故常而不知其非邪？夫水旱、風雨、豐凶，天之所爲而人之所感也。聖人修德以應天，則雖有其變而不爲害。故陽教不修則日爲之虧，陰事不治則月爲之食；恩賞縱緩則無寒歲，刑罰慘酷則無燠年。商嘗大旱，湯以六事自責，不聞流殍之灾；❶周嘗大風，成王恐懼改過，終致豐登之報。此皆反求諸己，脩其誠心以答天戒，而不求諸人也。求諸己而不求之人，道之要也。若不在此而在彼，則僧尼道士日日轉經，月月行道，歲歲爲之而無間歇，將見三日一風、五日一雨，百穀繁殖不可勝用矣，尚何水旱之足憂乎？

則天皇后請受佛記，沙門法藏講《新華嚴經》。至「天帝綱義十重門」，后茫然未決。藏乃指鎮殿金獅子爲喻，

❶「聞」，原作「開」，據明刻本改。

后遂開悟。

則天以妾乘夫，革唐之命，淫虐不道，終其身而禍未已。不知仁贊所謂開悟者悟何事邪？其用刑設獄，慘酷峻忍，大抵皆如地獄變相，以威服天下。及大權由己，然後殺人，豈自僧人所勸哉？廢中宗，幽之於房陵十有四年，非狄梁公以死諫諍，則不復也。帝雖歸，不得預政者又六年，非張柬之輩率兵迎之，則不立也。則天所爲如此，則法藏所陳鎮殿金獅子之喻，有何義理而使后開悟邪？以予觀之，法藏者亦白馬阿師之流耳！

憲宗時，功德使奏鳳翔法門寺有釋迦牟尼佛指骨一截，藏之塔中，其本傳以爲當三十年一開，開即歲豐人安。帝遂下詔，命中使領禁兵與僧徒迎至京師。帝開光順門納之，王公士庶瞻禮捨施，如恐不及。帝留禁中三日，乃送京城佛寺。

佛之所以爲佛者，以生不以死也。又況千年遺骨，豈道之所存邪？僧人且爲之傳曰骨塔每開即歲豐人安。憲宗信之，盡禮迎致，王公大臣莫不阿君所好。獨韓文公正色昌言以格其非，遂見斥逐。未幾，憲宗爲近豎弒逆而殞。是則開塔見骨者，乃所以禍人主，非所以安百姓也。而文公之言効矣。非後世之永鑒乎！夫佛之遺體誠有可貴，則耳目鼻口心腹腎腸尤當傳寶，金剛堅固，必不如世人之死同歸腐壞，何獨骨齒散落人間乎？世傳得道真僧，有火燒不化者，或舌、或目、或諸根器，以爲清淨戒律之驗，而況佛乎？如有得佛之耳日鼻口心腹腎腸者，庶幾可寶矣。

牟子時，靈帝崩，天下擾亂，獨交州差安，北方人咸來在焉，多爲神仙辟穀長生之術。牟子常以五經難之，道家

術士莫敢對。於是鋭志於佛道，世俗之徒多非之，以背五經，略引聖賢之言證解之，名曰《牟子治惑》。或問：「佛之生也，從何邑國？寧有先祖乎？」牟子曰：「佛積累道德數千億，生於天竺，白淨王夫人以四月八日右脇而生。年十九，夜半飛而出宫。思道六年，成佛。孟夏生者，不寒不熱，草木華美。」

按釋氏會覆載四月初八日，考據無定。若以佛生於周穆王時，則是西域用周曆。周以建子爲正，四月乃六月，盛夏極暑之時也。以四月爲孟夏，乃孔子之法。佛既能擇父母國域而生，道又高於孔子，必不用孔子所定之時而生。牟子無乃未之思乎？

問曰：「至寶不華，至辭不飾。今佛經卷以萬計，言以億數，蓋繁而不要也。」牟子曰：「佛經前説億載，却道萬世，彌綸於廣大，剖析於窈妙，❶卷萬言億，多多益具，何不要之有？」

自堯、舜至孔子一千五百年，更歷聖賢多矣。其書存於今者，不盈百卷，而道無所不備。夫聖人非有心於著書，不得已而載道，以示後世也。佛之言浩浩然，務爲包羅總括，意欲以是盡道。道既難盡，而不中於理者，舉其書皆是也。蓋理則可窮，而事則無定。夫以一人之智慮，前説億載，後道萬世之事，能自必其無失乎？知其不能無失，則又爲一説以救之，謂之遺累。此其所以支離蔓衍而無端倪，小智之士讀之驚焉。是猶蟄蟲側耳震雷而闔首坯户，彼又安知簫韶九奏之美哉！

問曰：「《孝經》以身體不毀爲孝，曾子

❶「析」，原作「折」，據明刻本改。

將死啓手足。今沙門剃頭，何違聖不孝邪？」牟子曰：「泰伯被髮文身，而孔子稱其至德。沙門捐家財、棄妻子，可謂讓之至也。何違聖不孝乎？」

泰伯三以天下讓，故孔子稱其至德，非取其斷髮文身也。佛棄人倫，乃道德之賊也，安得以讓名之？推己所有以與人者謂之讓，父母妻子可推以與人乎？

問曰：「不孝莫過無後。而沙門棄妻子，何不孝也？」牟子曰：「妻子，世之餘也；清躬，道之妙也。許由栖巢木，夷、齊餓首陽，而仲尼稱其仁，不譏其無後也。」

許由辭位，夷、齊讓國，不聞其棄妻子也。男女之道，生出之理，萬物所同然，非人以私智造設而爲之也。聖人因之明人倫，申禮義，而制淫僻，使循道理之正而已。牟子之身，非父母所生乎？豈惟牟子，佛非父母所生乎？而以妻子爲世之餘，何也？萬物無獨立者，必有其對。《正蒙》曰：「不有兩，則無一。一不可見，則兩之用息矣。」是以天地絪緼，萬物化醇，男女構精，萬物化生。《詩》首《關雎》，《易》始乾、坤，堯以二女而觀舜德之修，文王以寡妻而刑四方之化。孔子曰：「君子之道，造端乎夫婦。及其至也，察乎天地。」彼佛者有見於淫欲，無見於天理，故以獨往爲至道，差之毫釐，失之千里，此之謂也。天理之妙，佛且不知，而况陋劣如牟子者乎？

問：「箕子《洪範》䫉爲五事之首，原憲雖貧不離華冠，子路遇難不忘結纓。今沙彌落頭髮，被赤布，見人無跪起之禮，何其違貌服之制、垂縉紳之飾乎？」牟子曰：「三皇之時，食肉衣皮，巢居穴處，豈復冠冕之飾哉？」

三皇之世，風俗太樸，未有耕稼，是以食禽獸之肉，飲其血，茹其毛而衣其皮；未有宮室，是以穴居而野處；又有洪水之患，是以下者爲巢，上者爲窟，非得爲而不爲也。至堯、舜之時，世已大治，制器致用，開物成務，已更數聖人，而生民之利周矣。今僧人所居者，聖人所營之宮室也；所食者，聖人所播種之百穀也；所用以耕鑿者，聖人所製之耒耜也；所恃以禦患者，聖人所造之弧矢也。凡一身所用，無一物而不備。其身由之，其心安之，缺一不可也。而皆指以世間夢幻之事，不知其所自來，可謂智乎？牟子曰三皇無冠冕之飾，則僧人落髮無愧矣。夫三皇之時，衣服儀物固有未備，亦何嘗髡其上總之髮，而芟其下垂之鬚哉？必若此言，則三皇之時食肉穴居，何不使僧人爲之，而必欲處華屋大厦、供乳糜香飯也乎？自然之鬚髮，無故而剪落，不能止其復生也，又月削而時埽之，曰必如是然後可以學道，不如是則不可學也，其可信哉？

問：「黄帝、堯、舜棄而不足法乎？」曰：「堯、舜、周、孔脩世教也，佛尚無爲也。君子之道貴於適用，何棄之有乎？」

聖人之道，無爲而不爲。是故孔子曰：「無爲而治者，其舜也與！」又曰：「易無思也，無爲也，寂然不動，感而遂通天下之故。」舜明於知人，所任四岳、九官、十二牧，代天理物，物得其所，事得其序，舜所以恭己正南面而無爲，蓋無爲而治者也。若佛則潔身於山林，以理爲障，以事爲硋，自爲無爲，蓋無爲而不治者也。聖人與道爲一，己即是理。無所用思，不思而中；無所用爲，不勉而中。寂然不動，猶明鑒焉，猶止水焉，感而遂通天下之故。猶鑒明而妍醜

畢見，猶水止而須眉必燭。鑒與水，非思而然也，非爲而然也。聖人未嘗勞心役智，從事於務，而喜怒哀樂必中節，動容周旋必中禮，其道可與天下共由也。故曰：「非天下之至神不能與於此也。」若佛則以天下事物無非幻妄，遺人獨立，謂之真空，息云爲，屏思慮，夢幻人世，因緣天地，而應物之用有所不周，蓋非寂然不動、感而遂通天下之故者也。不通天下之故，乃塊然無用之道，猶枯木不復能生，死灰不復能然，竟將何施邪？而其言曰：「佛事門中不遺一法，譬如鏡燈包含萬象。」觀其言則是，考其事則無，是亦空言耳。故中國有道君子闢之曰：「佛氏言爲無不周徧，實則外於倫理。」豪傑之士於此不能無惑，况如牟子夏蟲之智，又何足以知其彷佛哉！

問曰：「子云：『未能事人，焉能事鬼？未知生，焉知死？』今佛説生死鬼神之務，此殆非聖哲之語也。」牟子曰：「經云：『爲之宗廟，以鬼享之；春秋祭祀，以時思之。』周公爲武王請命曰：『旦多才多藝，能事鬼神。』夫何爲也？佛經所説非此類邪？」

聖人所謂鬼神者，天、地、人而已。舉天神，則凡麗乎天者，皆屬焉；舉地祇，則麗乎地者，皆屬焉；舉人鬼，則天子七廟、諸侯五、大夫三、士二、庶人祭於寢，皆其祖考，非有他也。天子祭天地七廟，諸侯不得僭焉；諸侯祭社稷五廟，大夫不得僭焉。此非固爲等路也，猶人不敢以他人之祖考，祭於己之宗廟耳。故孔子曰：「非其鬼而祭之，諂也。」其者，指物之名，分定之論也。是故「爲之宗廟以鬼享之」者，享我之先也。「春秋祭祀以時思之」者，思我之所祭也。「多才多藝、能事鬼神」者，事我

之所得事也。其道豈不簡要明白，天下可以共由哉？若佛氏所謂鬼神者，則異乎此矣。十王、五道、馬首、牛頭之類，不知何所據而云乎？佛經既言之，其名號不可勝數；而道家亦復言之，其名號與佛經所載幾同，或異，而互相非毁，何者爲是邪？聖人無證則不言，無實則不言，不可行則不言，不可信則不言。無證、無實、不可行、不可信，是理之所無也。理之所無而言之，自謂真實無妄，乃妄之至極，不可復加者也。

問：「子曰：『夷狄之有君，不如諸夏之亡也。』孟子譏陳相學許行之術曰：『吾聞用夏變夷，未聞用夷變夏也。』子學堯、舜、周、孔之道，而今捨之，更學夷狄之術，不已惑乎？」牟子曰：「孔子所言矯世法，孟子所云疾專一爾。佛經所説上下周極，含血之類，皆屬佛焉。是以吾復尊而學之也。」

人必有目而後可責其見，必有耳而後可責其聞。今求見聞於土石草木，雖千歲而不可得矣。是以聖人教人致其知識以盡事物之理，洞然無疑，然後意可誠、心可正、其身可修，推而齊家、治國、平天下，無所不當。豈有世間世外之限哉？凡溺於佛者，必爲此言曰：「儒者所明，治世之具耳，非出世之道也。」然佛氏固不能戴地而履天也，固不能冬葛而夏裘也，固不能鼻飲而口嗅也，固不能水車而陸舟也。以一身受天地萬物之用皆無以異於人，而獨於人倫至理則毁除之，以爲非出世法，而鄙天地萬物，謂之幻妄，則何異食飯而曰此非飯也，乃土也；飲水而曰此非水也，乃火也，而可信乎？故聖人惡異端之害正術，惡邪説之溺良心，惡似是而非者，謹華夷

之辯，以扶持人理，不使淪胥於夷狄禽獸而罔覺也。

《列子》曰：「太宰嚭問孔子曰：『子聖人歟？』對曰：『丘博識强記，非聖人也。』又問：『三王聖人歟？』曰：『三王善用智勇，聖非丘所知。』又問：『五帝聖人歟？』曰：『五帝善用仁義，聖非丘所知。』又問：『三皇聖人歟？』曰：『三皇善用時，聖非丘所知。』太宰大駭曰：『然則孰爲聖人乎？』夫子從容有間曰：『丘聞西方有聖人焉，不理而不亂，不言而可信，不化而自行，蕩蕩乎人無能名焉。』」據斯以言，孔子深知佛也。時緣未升，故默而識之。

孔子删《詩》，定《書》，繫《周易》，作《春秋》，正道術，不使邪妨正也。詩褓出於民言，故取其止於禮義者，於三千篇中十得其一耳。鴻荒之世，文教未備，故斷自唐虞，而下至於秦穆公之誓。千餘年間，所得者百篇而已。《八索》之書，亂《易》者也，故贊《易》而黜《八索》。亂臣賊子，人道之大殘也，故作《春秋》而討亂賊。其文不繁，而天下之理則盡矣。後世有楊、墨之道，刑名之學，皆不能亂聖經之正，則孔子之功也。如《列子》所稱，何其謬誕之甚邪？蓋禦寇有化人之論，寓言幻詭，乃借重於孔子耳。仁贊又從而附會之，殆亦畫蛇增足之類乎！

《文中子》：「或問佛，文中子曰：『佛，西方之聖人也，施於中國則泥。』」

孔子曰：「道之不明也，賢者過之，不肖者不及也；道之不行也，智者過之，愚者不及也。」過者，言過於中道耳。天地萬物無不有自然之中。中者，道之至也，性之盡也，理之全也，心之公也，無不該也，無不偏

也。佛自以爲識心見性，而以人倫爲因果，天地萬物爲幻妄，潔然欲以一身超乎世界之外，則其心不公，其理不全，其性不盡，而其道不至。知有極高明，而無見於道中庸；徒説形而上者，而不察形而下者；慕齋戒，洗心退藏於密，而不知吉凶與民同患；欲無思無爲，寂然不動，而不能感通天下之故；舉體於喜怒哀樂未發之前，而不能中節於喜怒哀樂既發之後：正所謂過之者也。孔子之立教曰：「敬以直内，義以方外。」子思傳之曰：「成己，仁也；成物，知也。」孟子傳之曰：「仁，人心也；義，人路也。」本末、内外、精粗、隱顯，其致無二。中國有道者明之曰：「體用一源，顯微無間。」正心誠意可以平治天下，洒掃應對進退可以對越上帝。此之謂聖學矣。文中子之言，雖知中國夷狄之異宜，而於佛學則亦未之窮也，故推之爲聖人。審其道與堯、舜、文王、孔子同歸於聖，則無不可施於中國之理。不可施於中國，則非聖人也。而堯、舜、文王、孔子之道所以處夷狄者，則無施而不可，方册所載盡之矣。

宋世祖大明三年，有羌人高闍反，事及沙門曇標。下詔曰：「佛法訛替，沙門混雜，專成逋藪，無狀屢聞，可付所在，精加沙汰。後有違犯，嚴其追坐。自非戒行精苦，並使還俗。」詔雖嚴重，竟不施行。

佛氏使人持護戒律，而不爲犯戒破律之法加之於其身。乃要之於地獄果報茫昧之事，施於人所不見。保奸護鄙，自相欺罔，明君所惡也。宋世祖區處之，存其戒行精苦者，汰其混雜逋藪者，豈非寬典邪？而仁贊乃云：「詔雖嚴重，竟不施行。」其詔逆理而不可行邪？抑世主中變其意而自不行也？如曰逆理而不可行，則世祖代佛

用規，肅清其教，不俟後世之報，自用當時之法，使戒行者勸，逋藪者懼，何爲不可也？如曰世主中變而不行，則是宋祖見善不明，去惡不勇，俄是而忽非，初得而終失，乃君道之醜，正術之病，邪説之利，小人之便，後世之永鑒也。

魏世祖好莊、老，司徒崔浩不信佛。會蓋吴反於杏城，關中騷擾。帝西征至長安，憩息寺中。沙門飲從官酒，入其便室，見有財産，弓裘及牧守富人所寄藏物以萬計。乃下詔誅長安沙門，焚破佛像。敕四方一依長安行事，如有容隱者，皆門誅之。又下詔曰：「自今已後敢有事胡神及造其形像泥人、銅人者，門誅。諸有佛像及胡經者，皆擊破焚爇。沙門無少長悉坑之。」是歲真君七年三月。至十三年二月，因癘而崩。

凡僧人犯罪，所以尤可疾惡者，爲其所言，自處於至清甚高之地，世俗之人皆不足以望我也。見飲酒者曰昏其神志，見食肉者曰必受果報，❶見有妻子者曰俗緣愛染，見用刑殺戮者曰彼此一如，見積殖貨財者曰諸有非樂，其言豈不美哉！方其落髮受戒之時，聽之於師，誓之於佛，固當終身服膺而不失矣。而飲酒、食肉、通姦、利謀、亂逆，載於史傳者，班班而是。如魏祖所見乃其萬分之一耳。推類言之，大抵然也。何者？佛雖設戒周密，而其道以空爲宗，一遣之於空，則其所設之戒雖千條爲端，或犯或毁，曰此皆空也，何不可哉？守戒者少而犯法者衆，其弊不可勝言，以其逆理故也。自有天地以來，必

❶ 自「行其詔逆理而不可行邪」至「見食肉者曰必受果報」，凡三百三十一字原闕（原版第十九葉），據明刻本補。

飲酒，聖人教人使不亂耳；自有天地以來，必食肉，聖人教人使勿縱耳。男女必配合，教之使有禮耳；有生必有殺，教之使用恕耳；利用不可缺，教之使尚義耳。此中庸之道，通萬世而無弊者也。其或不循禮法者，飲酒則沈酗，食肉則饕餮，淫於色而邪濫，役於怒而殘虐，貪於財而攘敓，陷罪惡而麗刑辟，則人孰不以爲當哉？豈敢著書立言以形怨謗也？魏世祖因沙門之罪而行廢斥，美政也。然於其間亦有過舉焉。焚其書，銷其像，毁其器，人其人，則可矣；不以有罪無罪悉坑之，則濫刑也。凡處事立制，必得中道，則人不駭而政可行。不然，未有不激而更甚者。此亦明君賢相之來鑒也。仁贊記此，其意既爲長安沙門雪恥，又快魏世祖之卒。人亦惑之，謂世祖不當如此。然行法之後六年乃崩，亦已久矣。彼不行此法者，豈皆不死邪？唐憲宗躬迎佛骨，斥逐諫臣，未及一年，爲閹宦所弒，仁贊乃不知邪？

周高祖時，有讖記，忌於黑衣，謂沙門中次當襲運，故行廢蕩。平齊既訖，自以爲滅法之福祐也，改元宣正。至五月日，癘而崩。

梁蕭衍以人主之尊，而爲沙門最苦之行，蓋未有及之者也，宜其眉壽千百，享國無窮矣。而垂老之年，爲叛賊所困，饑腸莫救，圍急而斃。當是時使侯景因癘而死，乃佛法報應之明驗也。何爲反加虐於奉佛之主，不禍於叛逆之人邪？仁贊佷忮，必曲爲之說，人皆信之，吾得不辯乎？凡人未有生而不死者。天有六氣偏值，則成疾。雙林終命，乃以背疽。佛自興法，何爲身受此苦邪？武王去暴除殘，出民於塗炭；成王致俗刑措，增光於文、武；孔子垂世立教，傳道於無窮，皆不免於有疾。

其時佛説未入中國也，而此數聖人者豈不知愛生邪？胡爲而爽節宣之養哉？人君致思於謹守正道，嚴恭寅畏，日慎一日，不敢自逸，猶以疾而死。則亦命之不可移，非人所致，無如之何，順受而已。雖有誘脇之言，安能惑邪？

唐高祖武德末年，僧徒多僻。下詔曰：「朕興隆教法，情在護持，使玉石區分，薰猶有辯。長存妙道，永固福田。端本澄源，宜從沙汰。」

人君立法出令，不可不審。如其審，定一令不反；如其未定，則當刦毖而後發，豈可輕也？法已良，令已善，必行而已，誰得阻之？辟之用兵，小小勝負固不繫兵之大體也。唐高祖不能區處其子之玉石，安能分別夫僧之玉石乎？沙汰之令豈不甚美，然終不能絶其根本。《易》曰：「苟非其人，道不虛行。」高祖非其人故也。

周世宗尹府，嫌空門繁雜，欲奏請沙汰僧録。道丕曰：「天下瘡痍未合，乞待後時。」及世宗登位，果下勑毁寺立僧帳。享年不永而國祚有歸，抑亦毁廢之明驗矣。

周世宗毁無用之銅像，鑄有用之銅錢，其言曰：「佛不惜頭目腦髓以利衆生，而况像乎？」此破奸之正術，佛氏之所深惡也。故仁贊記之如此。人生脩短，國祚永促，此固有至理，未可遽論。姑據仁贊之言而考之，奉佛無出於蕭衍者，而其效乃爾。則世宗享年不永，曆數有歸，必不由毁寺而立帳矣。

石虎詔曰：「世尊，國家所奉，閭里小人得事否？爲沙門皆當貞正精潔，今或有奸宄避役，可料簡之。」中書王度奏曰：「王者郊天地、祭百神，故禮有恒享。佛生西域，非中華所奉。漢

初惟聽西域人立寺都邑。魏承漢制，請趙人不聽詣寺，已爲沙門者，遣還初服。」朝士多同此議。虎曰：「朕出邊戍，宜從本俗。」

王度言漢初惟許西域人立寺都邑。予欲沿此意而謹華夷之辯，明人倫之理：凡欲爲僧者當住天竺國，以天竺國佛之所生、立教之地也。二十七祖般若多羅謂達磨曰：「南方惟好有爲功德，不見佛理。汝至彼，不可久留。」其後達磨不用其言，卒中毒藥。夫以達磨傳法之祖，尚不能自存於華夏，而况後世涉獵口耳之流乎？且人之大經，各有倫理。中國必不能棄父子君臣而從夷俗，西域必不能背中國禮義而闡夷風。自佛法入中國至今幾千年，其事可驗矣。故予謂人主無道力德政以絶其教，莫如立法，使願爲其學者載其書歸於其國，則華夷之辯謹，人獸之理明，而歷古反道敗德、蠹耗生民之患息矣。

宋元嘉中，沙門惠琳爲太祖所賞，每升獨榻禮之。顔延之曰：「此三台之座，豈可使刑餘居之？」帝變色。

昔者同子驂乘，袁絲變色；慎夫人廁帝后之座，袁盎郤之。君尊如天，不可貳也。有如尊德樂道之君，於其所受教之臣，致敬盡禮以承其教，則有之矣，亦未聞引之共輦同榻，坐之於其所不當坐也。使坐於其所不當坐，則是怙寵誇俗之鄙人，非抱道懷德之君子矣。此王導所以不敢升御牀也。顔延之所論甚正。元嘉帝變色而拒之，殆亦苻堅摧權翼之技耳，❶豈明主之道哉！

蕭摹之，宋元嘉十二年爲丹陽尹，奏稱：「佛化於中國已歷四代，塔寺刑像

❶「苻」，原作「待」，據文意改。

所在千計。自頃以來，敬情未平，更以奢競爲重，違中越制，宜加檢裁。請今後鑄銅像、造塔寺，先詣所在，陳事列言，待報聽造。」

摹之所言有去邪之意，而未盡善也。以吾觀之，當遣其徒載其書歸天竺國，破其像而毁其居，乃上策也。或未能行此，不若併小寺入大寺，僧願歸農，及還其無戒律不通經論者，皆還之爲民。凡毁銅鐵鑄像，糜金朱爲飾，❶印造經文，創立浮屠，逃業出家，捨施僧物及受施者，並嚴爲之禁。所謂試經撥放，給賣度牒，不復施行。明君賢相力守此法三十年，則亂華之風變矣。

盧愿仕宋爲中書。明帝以故居地起湘宫寺，制度宏壯。愿曰：「勞役之苦，百姓販妻貿子，吁嗟滿路。佛若有知，念其有罪；佛若無知，作之何益！」

昔年韓維侍郎守許州。一日，有君子謁之過市，見群僧爲佛事甚盛，云侍郎所命也。君子問韓曰：「彼何爲者邪？」韓曰：「爲百姓祈福耳。」君子曰：「能福百姓者，不在太守而在群僧乎？」韓慙而莫對。凡人主所以興造寺宇、廣度僧尼者，皆惑於福田利益之説，不知以梁蕭衍爲監者也。財用力役無一不出於民，民衣食之不給，而驅之運土伐木，掊歛其資生之具，爲廣宫大厦，金碧髹朱，前後輝映，以貯土木之偶人，群惰農奸夫而居之，中國之大殘也。乃反以爲福田利益，佛欺人甚矣！而世主甘心焉，果何理歟？爲人上有可以兼利萬物之勢，不以其道行之，顧區區於異端之奉，以冀非望之福，其愚豈不太

❶「金朱」，原作「今未」，據文意改。

甚哉！

李瑒，趙人，爲高陽王友。時人多絶户爲沙門。瑒上言曰：「罪莫大於不孝，不孝無過於絶祀，安得輕情肆意，棄堂堂之政，而從鬼教乎？」

佛之教曰：「衆生以淫欲而正性命，是故流轉生死。」疑若善矣，然其道必藉人而後傳也。若世之人皆從其教，則女人不復孕育，人類至於殄滅，覆載之内惟有禽獸草木，則佛法亦息矣，豈可行哉？是故不可行者，理之所無也。理之所無而行之，是以其言必誕，其事必弊。聖人以人倫立教者，亦豈爲絶祀而已哉？蓋因自然之理，立三才之道耳。瑒所言乃一端也。

盧思道仕齊爲黄門郎。周武平齊，詣京師，作《西征記》，略云：「姚興好佛法，佛圖徧海内，士女爲僧尼者十六七，糜費公私，歲以鉅萬。帝獨運遠略罷之，强國富民之上策也。」

姚興所爲，將以求福也，福則未得而其國已爲他人敓而有之矣。彼以偏霸一方之力，崇飾像教，駈民費財而不惜也。其心專，其功大，猶不蒙福報，又况匹夫匹婦之奉佛者乎？周武未必知正道之歸，然親見釋氏爲害特甚，是以決意罷之，亦古今之英斷也。

宣法師曰：「思道爲論，紀其糜費，罷之，則謂强國富民之策，斯一代之小識也。彼費財崇福者，知身命財終歸散滅，徒爲保愛，此厚生守財之奴也。何若捨貪積而興上福，以崇景仰之至；剖形骸而從道化，以襲全正之極也？」

宣法師勸人捨貪財而興上福，彼求福之心，獨非貪邪？以今世之富貴未厭，又種植來世之因，其貪大矣。身者，道之所待

以行也。既殘剖形體，其虧傷已多，安得全正之極哉？彼捨財者有福，而受施者亦有福，則害歸于無知之百姓而利入于至奸之僧人，其術如此。而詆思道之言爲小識，則其自大者何異醯雞瓮中之天哉？是以君子闢之曰：「佛之教，卒歸於自私自利之塗。」彼豈不有明智秀穎之人，蓋誠虛心平意，精思而熟考之，則知此言之不汝欺也。

傅奕，武德四年上減省寺塔僧尼益國利民百十一條。高祖不行。

傅公好正而博物，所以折服邪道者爲不細矣。而其君見善不明，故公所言不見施用。史官又不能廣記而備言之，使百條良法不傳於後世，豈不惜哉！

宣法師曰：「傅奕自武德初至貞觀十四年，常排毀佛僧，以其秋暴卒。少府馮長命夢至一處，多見先亡，乃問：『如傅奕生平不信佛，死受何報？』答曰：『傅奕已配越州作泥人矣。』數日，奕果卒。泥人者，爲泥犁中人也。泥犁，地獄之別名。深可痛哉！」

宣法師以傅公排毀佛僧而暴卒。然自武德七年上疏，至貞觀十三年，公已八十五歲矣。臨終，戒其子以六經名教，勿習妖胡，辭氣不亂，安然而逝，乃五福所謂壽、富、康寧、攸好德、考終命者，而非暴卒也。馮生毀公，亦猶孟簡毀退之耳。必其平日奉佛信僧，不以傅公爲是，故造成夢語，幸公之死，用欺愚俗。馮生既曰越州泥人，宣僧又曰泥犁地獄，肆爲無根之談，迭相唱和，豈不可疾惡哉！

左拾遺辛替否上疏諫武后於兩京及天下起寺，曰：「釋教以清淨爲本，慈悲爲主。三時之月，掘山穿土，損命

也；殫府虛帑，損人也。豈大聖之心乎？自佛教東傳，千帝百王飾彌盛而國彌空，信彌重而禍彌大，覆車維軌，曾不改途。晉人以佞佛取譏，梁武以捨身搆隙。若以造寺必爲禮體，養人不足經邦，則殷周已往皆暗亂，漢魏已降皆聖明；殷周已往爲不長，漢魏已降爲不短。陛下緩其所急，急其所緩，親未來而疏見在，失真實而冀無爲，重俗人所爲而輕天子之功業。臣竊痛之。」疏入，不報。

辛替否之言當矣。而所與言者，乃淫僻威虐之女后，宜其不見聽也。彼方且文飾懷義以濟其奸，豈可以僧人所爲爲非義乎？昔冒頓侵擾中國，婁敬謂夷狄不可以仁義化，而可以和親，不知親愛和合惟仁義之人能之也。武氏廢君篡位，殺人如刈草菅，❶「中冓之言，不可道也」。而替否乃勸之以清潔慈悲，正之以殷周治軌，其言雖當，其智不足稱矣。亦猶陳子昂講武后建明堂、興禮樂者歟。孔子曰：「可與言而不與之言，失人；不可與言而與之言，失言。智者不失人，亦不失言。」若替否、子昂者，謂之失言可也。

沙門仁贊曰：「嘗讀吏部之文，好排斥釋、老，未盡善也。昔孟軻著書，抑挫楊、墨，蓋仲尼既没，異端斯起。若不能杜塞其源流，聖人之道榛壅蕪没，由其徑者不得坦夷矣。釋氏之道非異端也。愚謂儒、釋懸合，内外齊貫者也。觀吏部上書極諫，言年代長短，愚謂未極治亂之體、性命之本也。堯授舜，舜授禹，旌功德也。迨乎桀、紂，罪自己招也。廢興之運係乎治

❶「菅」，原作「管」，今據文意改。

亂，生死之理存乎性命，不在釋、老汙隆明矣。而吏部肆其宏辯，局一期之禍福，迷三世之業緣，較域中之淺近，量象外之深極，未見其可乎！」

仁贊言「儒、釋懸合」，然韓公，儒也，仁贊，釋也，何爲不合哉？又曰「內外齊貫」，然以儒書爲外典，以佛經爲內典，何爲不貫哉？堯、舜、禹相授受，世極泰和，本於功德而非宿植矣。桀無道爲湯所放，紂無道爲武王所誅，身顯當之，欲逭不可，而非陰報矣。梁武奉佛重釋，以致臺城之辱；明皇崇老喜仙，以取蜀道之行。方二君自信其所爲，欲極天下之力而事之，於是時釋、老之道可謂甚隆，而國祚反以衰替，安得言廢興治亂不在二教之汙隆乎！此皆域中坦然易見之理，仁贊指爲淺近而實不能達者也，又安知象外之深極哉！夫象既有外，亦必有內，內外之際必有界分，可指而辯，仁贊亦能言之乎？

齊世有囚，罪當死，夢有授其經，因誦，臨刑刀折，遂以經爲《高王經》也。

所謂《高王經》者，今行於世，吾嘗取而觀之，鄙俚特甚，乃僧人所以欺傭夫、惑爨婢、丐飲食之具耳。今欲驗其言之靈應者，取其有罪之僧，加之桎梏，繫之縲紲，施之鞭朴，苟桎梏自脱，縲紲自解，鞭朴自折，猶未可信。何也？事有適然如是者也。桎梏之關有時而刓，縲紲之物有時而腐，鞭朴之材有時而脆，會逢其適，則脱解折壞不足怪也。刀不利則斫之弗入，鐵不熟則擊之或斷。世之愚人不察其實，奸僧猾釋因而文致其事，以自神怪，何可勝言哉！惟明智不惑之士，則有以識之矣。

張逸爲事至死，豫造金像，臨刑不傷。問其故，禮像獲應也。

以律言之，十惡五逆，罪之必死而不赦者

也。而造金像可以免之，是金像教人爲惡逆而已。此非邪術害正之甚乎！今欲驗其言，取死囚之富者，試令以金爲像，晝夜禮之，七日而刑于衆人共見之地，苟有頸受利刃而不傷，吾亦將信之矣。

晉世有竺長舒者，本天竺人。于時邑内遭火，舒念觀音，一家獲免。有少年怪之，夜以火四投其屋，不然。少年遂叩頭首過。舒曰：「吾無神，常以觀音爲業故也。」

自丙午歲女真寇中原，凡僧人所稱靈跡之地，例遭焚毁。以觀音言之，汝州之香山、襄陽之大悲最號殊勝處，❶而荒殘破壞，無復存者。彼二方之民受持供養亦豈一人，然爲盜區，受兵火，赤地千里，其人十死八九，況室廬哉！觀世音當此際，無乃避地遠徙乎？何其悲願間歇，寂然無應也！

義熙中，文處茂爲梁州刺史楊收敬所累，被幽，密誦觀音，桎梏自解得免。處茂誓捨錢十萬營福，臨期不送。盧循叛，被流矢所中，死。

處茂坐累被幽，若果有罪，觀世音以其向己而護之，是保奸也；若果無罪，則洪悲大誓自當濟拔，不必待其密誦而後救也。既以救之，又以其負百千之施而使之中矢以死，是觀音之心在百千而不在處茂，何其願力陋劣如此之甚哉！觀音云：「呪咀諸毒藥，所欲害身者，念彼觀音力，還著於本人。」蘇子瞻曰：「此非觀音之心也。當易之云：『念彼觀音力，兩家總没事。』」其實戲言，然譏誚切當，使觀音聞此言，必自慚其淺之爲道也。

石長和死四日而蘇，以素飯僧，再得還於陽道。

❶「大」，原作「天」，據明刻本改。

靈山會上八千人，佛所付法者迦葉而已；五祖座下七百衆，忍所傳衣者慧能而已。彼雖異教，然人才難得猶如此。今夫農商中甚庸甚鄙之人，苟有金資，皆可以買牒自度，今日爲人役，明日分庭抗禮，曰：「我係一寶之數，吾所披者法衣也。」既足以惑世人而竊衣食之養矣，以是爲未足，又相與造因果報應之説：欠僧債則墮地獄而不脱，設僧飯則雖死而復甦。其自爲計如此之密，而世未有覺之者也。凡如是者謂之僧，可乎？使爲民上者有仁政及民，萬民皆樂生；推仁政及物，萬物皆阜蕃，其功德豈不大哉？而不聞既死復甦以顯其應也。石長和所飯，必不如梁蕭衍之衆也，衍以餓而死，石長和何爲獨有冥報乎？

相州鄴城中有丈六立像。丁零單于至，彎弓射之，箭中像面，血下交流。後被誅死。

世未有有血而不能動之物，有血而不能動，惟死而未腐者耳。土木金石不聞其有血也。丈六立像蓋工人所爲，土木金石必居一焉。見射而血出，理之所必無也。如其有血，必能視聽言動，而非像矣。予嘗過公安寺，見塑像，所謂二聖者皆作努力流汗之狀，其一背受二矢。僧云：「黄巢所射也。巢先掘二池於前，欲曳而仆之不得，遂射之而去。二像能禦江水漲溢之患。」後聞寺基爲江水所齧，去像不數步。及兵火之後，寺與像無復存矣。二聖靈通亦有時而歇邪？佛經云：「魔兵攻佛之時，矢將至佛身，皆爲蓮花而墮。」今立像遭射，其聖淺矣。有欲驗此言者，誠以刀刃加諸一切像身，苟皆見血，吾安得不信而敬之哉！

謝晦爲荆州刺史，偏移寺塔置之郭外。因病連年。後叛逆，被誅。

晦所以坐誅者，爲叛逆也，而仁贊指爲移寺之報。假如晦移寺而不叛，則不誅矣。叛逆起於晦心，晦心誰使之乎？無乃佛恨其移寺而竅其魄乎？病者，人所有也，寒暑風雨皆能致疾，世人不知衛生之經，以病而死者衆矣，豈爲移寺然後病邪？今有人攝養調護，則必不以陵犯而病；忠孝恭順，則必不以叛逆而誅。此皆理之易見也。不幸晦非其人耳。使晦守身有道，雖盡廢境中之寺，還其僧爲良民，固天地所祐，幽明所贊也，又誰得而誅之乎！

梁人郭祖深上武帝一十八條事，請廢佛法，遂著白癩。

郭祖深可謂賢矣。流俗所不能移，威武所不能懼，獨陳其所見以矯君心之非，可謂賢矣。惜其言不傳于世，使有志之士舉而行之也。其白癩之有無，則不可知。然慧可受刑，則謂之償債；祖深白癩，則謂之業報，吾所不曉耳。

衛元嵩毁法之後，患熱風，委頓而死。

仁贊載此，將以警戒毁法者也。使自古以來，初無熱風之病，醫書之所不載，元嵩獨感此疾，猶不足怪也，而緣此疾致死者不知其幾人矣。大抵佛教以生死轉化無所稽考之事，恐動流俗，世人不察，從而信之，是可悲也。百丈之規，於寺中建延壽堂以養病僧。夫僧人一念出家，當憑佛力，安樂耆艾，無病不死；而未免於爲風氣所乘，呻吟苦惱，六親不近，醫藥不親，求生不可，欲死不得。何爲非笑元嵩毁法獲報邪？以此方彼，則其説不攻而自破矣。

梁時，有縣令將牛酒於佛寺殿中，布設牀坐，燕待賓客，飲啗醉飽，遂卧。既醒，覺體徧癢，因此成癩。

醫書云：「凡人飲酒醉飽之後，當風就枕，取涼而卧，必成風癩。」此縣令者不善攝

生，以口腹致疾，則可悲矣。而曰得罪於佛，則是誣也。寺中置佛以土木金石象形而爲之，僧人謬爲恭敬，以惑衆心耳。豈有神變感通之理哉？若其果然，今天下僧犯律者太半朝赴齋供，暮食酒肉，口誦經典，心存財利，名守清淨，身濫盜奸，深房曲室不爲淫僻之坊、屠沽之肆者寡矣。佛如無靈，則安能使縣令生癩？如其有靈，必先治其徒之犯律者，則髡首緇服之流當十人而九癩也。

梁武帝天監元年正月夢檀像入國，因發詔募人往迎之。佛相座高五尺，在祇柏寺時，決勝將軍郝騫、謝文華八十人應募而往。舍利王曰：「此中天正像，不可居邊。」乃命三十二匠更刻紫檀，人圖一相。卯時運手，至午便就。相好具足，像頂放光。騫等達揚郡，帝與百僚徒行四十里迎還。太極殿建齋度人，大赦斷殺。

梁蕭衍之惑不可解已。檀像見夢而來，當不假人力，忽然自至，斯可稱爲靈異也。乃募人圖刻迎致，而後得之，何足貴哉？唐明皇夢玄元皇帝，自云像在京城西南百餘里，遂遣使得之，迎至興慶宮，與此何以異矣？君子曰：「誠則形，形則著，人心其神乎？」昔高宗恭默思道，誠心求賢，故夢帝賚之良弼，果求而得之，此其心之神也。明皇怠於政事，志求神仙，自以老子其祖也，故感而見夢，亦其誠之形也。心術可不慎哉！三十二匠人圖一相者，分身爲之乎？舉體爲之乎？舉體爲之，則像高五尺，非六十四手之所能措；分身爲之，則雕鏤計度，非卯至午之所能畢。且以木偶人，何由頂出光相乎？此理之必無者也。郝騫武人，希合衍意以取榮寵，無足責者。百僚之衆從其君徒行四十里，迎拜胡神，

居于正殿。建齋度人，而良民陷其身；大赦天下，而罪人僥其幸；普禁宰殺，而禽獸蒙其利。施爲悖謬，人理大亂，而無一人明先王之道以格其非心，則亡國之兆已見。侯景之圍、臺城之餓，其所由來者漸矣！

東晉成帝幼冲，庾冰輔政，謂沙門應敬王者。何充等議不應敬。詔曰：「父子、君臣，百代所不廢。今慕茫昧，棄禮教，使凡民常人假服飾以傲憲度，吾所弗取。」充言：「五戒之禁，實助王化。今一令其拜，遂壞其法。脩善之俗廢於聖世，臣所未安。」詔曰：「昔王制法，未有以殊俗參治者也。五戒小善，既擬人倫，而於世主略其禮敬邪？卑尊不陳，王教亂矣。」充言：「今沙門燒香祝願，必先國家，欲福祐之隆，情無極矣。奉上崇順，出於自然。臣以爲因其所利而惠之，使賢愚莫敢不用情，則上有天覆地載之施，下有守一脩善之人也。」冰議遂寢。

凡釋氏自護其教甚密，不肯少爲法度所屈，以開廢毁之漸，故於一言一拜計較如此。充，溺佛者也。觀其言曰：「今令其拜，遂壞其法。」遠法師亦云：「一旦行此，如來之法滅矣。」遠膠於所習，固不足責。充服儒衣冠，爲國大臣，反主夷狄無父無君之教，千古之罪人也。人之壽夭稟於天命，一定而不可損益。燒香祝禱曰無量壽佛者，蓋所佞諛世主，竊寺宇衣食之安耳。梁衍、齊襄豈不深受回向，其終如何，斯可鑒也。若夫天保歸美報上，祈之以日月、祝之以南山者，爲君能下下以成其政。臣子至情以遐壽望焉，非爲諛也。能正是國人，則惜其胡不萬年；能爲邦家之光，則願

其萬壽無期，皆好善之誠心，非爲利也。名之曰幽、厲，則孝子不能改。時日曷喪，則民欲與之偕亡。非有私也。故古之愛君者，惟勸其作德。周公戒成王曰：「夏、商之末，惟不敬厥德，乃早墜其命。」逸欲之君乃罔克壽，或五六年，或四三年。其德既至，雖短命如顔子，何病其賢？其德不修，雖期頤如莊蹻，何救其惡？故詩人詠歌其上者，皆以其有德而已。今僧於人不問其賢不肖，苟於己有分毫之利，則焚香唄贊，書棟名鐘，必深致善頌以悦之。彼豈不知命不可力增、福不可諂求、禍不可苟免哉？以世之愚者惑而向焉，是以其説得行而莫或正之也。孟子曰：「舜、跖之分無他，利與善之間耳。」僧人以自利存心而以修善爲言，利與善之間甚微，非明哲不能辯。如充，烏足以知之？彼僧者當隋煬帝時，祝之曰「今上萬歲」；當唐太宗時，祝之亦然；至武后時，祝之又然。必有明哲之君，灼見其情狀，斷然絶之，則其術無所施矣。

晉太尉桓玄欲令道人設拜，與桓謙等書云：「通生理物，存於王者。尊其神器，禮實爲隆。沙門豈有受其德而遺其禮，霑其惠而廢其敬哉？」謙云：「王者奉佛，出於敬信其理而變其儀，復是情所未了。」

桓玄所論，以利言，而非理也。王者尊無二上，食土之毛皆當致敬。自有天地以來，君臣之大義如此，豈爲有衣食之恩及人，而望其報禮哉？假如人君德惠有所不及，遂將蔑禮棄敬以復之乎？此玄叛逆之所由起也。而桓謙之言，則亦知其偏不知其正者耳。使王者信奉佛法，固不當變易其儀制，齊襄、梁武已優爲之。若或明君叙典秩禮，維持大倫，立人之道，攘闢

異教，不使亂華，廢其書而歸其人。彼方且服行中國之禮，於所當拜則拜之，不當拜者雖折其足有不拜也。又何必辯論於其末流哉！

王謐云：「今沙門雖不以形屈爲禮，良以道在則貴，不以人爲輕重也。」遠法師答書云：「出家是方外之賓，跡絶於物，內乖天屬之重而不違其孝，外缺奉主之恭而不失其敬。如令一夫全德，則道洽六親，澤流天下。雖不處王侯之位，固已協契皇極，大苞生民，豈坐受其德、虛霑其惠，與夫尸位之賢同其素餐者哉？夫遠遵古典，猶存告朔之餼羊，况如來之法服邪？推此而言，雖無其道，宜存其禮。禮存則法可弘，法可弘則道可尋，此不易之大法也。又袈裟非朝廷之服，鉢盂非廊廟之器，戎華不雜，剔髮毁形之人忽厠諸侯之禮，則是異類相涉之象，亦所未安。若一旦行此，佛教長淪，如來大法於茲泯滅矣！」

方無內外。莊子曰：「彼遊方之外者也，我遊方之內者也。」其言已失之矣。釋氏又竊取以文其道曰：「學儒者方內之教也，學佛者方外之士也。」夫方有內外，必有可見之形、可名之狀、可示之處，其區域限際如何而別者，豈得徒爲空言而已哉？釋氏自謂跡絶於物，吾未之見也。抑能絶穀粟而不食乎？能絶布帛而不衣乎？能絶地而不履乎？能絶天而不戴乎？能絶釜甑匕勺而不用乎？能絶喉舌脣齒而不施乎？凡此皆物與身接，欲去而不得者，孰謂其能絶哉？然彼方且絶人倫以爲至道，蓋亦强絶之矣，實則不可絶也。如其可絶，則自釋迦説法至今幾千年，必能絶之久矣，何爲人物之類生生而不絶也？

名者，實之賓；無是實，則名不可得之於口矣。故孝者，自其事親盡道言之也；敬者，自其事君盡禮言之也。内乖天屬之重，則非孝矣；外缺奉主之恭，則非敬矣。非孝而曰孝，非敬而曰敬，猶目水之德曰燥，目火之德曰潤，則非有喪心之疾者不爲此言也。彼以佛爲慈父而孝之，不孝於其親；以佛爲法王而敬之，不敬於其君，非人道也，安可謂之全德乎！皇極者，大中之謂也。道至於大中則無過不及，内外、本末、天人、上下該舉而無遺，通行而無弊。此乃堯、舜、禹、湯、文、武、周公、孔、孟之所以成己成物，時措從宜，大庇生民，澤及四海，其効可事據而指數也，豈無父無君、空虚寂滅之謂哉！學佛者以一身爲外物，無如之何，其親厚如父母猶不能顧恤，而曰道洽六親、大芘生民，是猶貧民衣食不能自給，而曰我能飽天下之饑者、衣天下之寒者，其可信乎？夫以大而無當、空虚不實之言以欺一世之人，其罪尤甚於尸位素飡之士。蓋尸素者或有罪，而幻説者必無誅也。習熟已久，人君不悟，處之以華屋崢嶸，給之以腴田粥飯；試經鬻牒，撥放普度之恩以繫其徒，道場齋設檀那布施之物以厚其奉，蓋無所不至也。然國政紊亂，彼必不能治；民心摇動，彼必不能安；夷狄交侵，彼必不能攘；螟蝗水旱，彼必不能止。則凡所以過爲供養以待之者，實無毫髮之益也。彼則曰是皆有爲法，非吾所貴。佛所以教人者，以無爲法耳。故無耕稼之爲而偃然食飯，無蠶桑之爲而偃然衣帛。然安能使天下農夫織婦皆能如佛之無爲乎？今據天下之農夫織婦皆能爲僧尼，則彼之欲衣食一日而不可得矣。推是而原其情、定其罪，豈不甚於尸素之徒邪？孔子不去餼羊者，以告朔

之禮在焉故也。羊存則禮尚且不廢，羊亡則後之人無復可考矣。蓋爲存禮，非爲存羊也。

先王之法服上衣、下裳，十有二章，被于一身，具天地萬物之象，所謂法也。佛之服何所法哉？無所法則不足存矣。凡人之製衣服，將以蔽身，不得已而用刀尺，然與身相稱，非故爲剪割也。今僧所謂九條、七條、五條者，取全幅之帛，矩斷而棊縫之，爲一大方，以容手則無袂，以挈振則無領，以斂束則無帶，齊袵前後，與人身了不相附，横披而偏袒之，大抵如丐人所衣之狀，而華之以磨衲，重之以金襴。有袖之衣反名之曰偏，無袖之衣反名之曰法，不知此法何取則也？苟以爲法，則無施而不可，乃曰「袈裟非朝廷之服，鉢盂非廊廟之器，削髮毁形之人不可厠諸侯之禮」，是乃戎狄自以爲法，而非中華之正法明矣！

凡僧人之護持其教者，不使一事一行少屈於人，譬猶兩兵相交，而選鋒失利，則衆勢崩壞，莫可禁止。其營私自利之計，遂遏而不行。故必有赴湯火、犯白刃，捐死以救之者。不然，或以巧言機論移人主之意，必勝而後已。此皆君相不學先王之道，故爲彼所敚耳。如遠法師之書，非特王謐不能折，自今觀之，知其非者亦鮮矣！子故詳説以闢之，豈好辯哉？亦不得已焉耳！

宋儒胡致堂先生崇正辯卷三下

南豐裔孫　濬古邱重梓
清寅直
深叔平
瀾仲海
濱鶴汀　重訂
濤次涇
湘佩芳
森三木較字

宋孝武大明六年，有司奏曰：「浮屠爲教，凌越典度，偃倨尊戚，寧有屈膝四輩而簡禮於二親，稽首衆臘而直體萬乘者哉？咸康創議，元興載述，而事屈偏鄙，道挫餘分。今畿甸之内，容弗臣之人；階席之間，延抗禮之客，非所以一風範、示景則也。臣等參議，以爲沙門皆當盡禮虔敬，則朝徽有序矣。」帝從之。

聖人之道，與天下共之。父子皆欲其慈孝，君臣皆欲其明忠，不私於一身也。佛之道，獨善其一身，不可以兼濟天下。我自有出世之法，不著乎父子、君臣之間，視人世之父子、君臣，猶越人視秦人之肥瘠，以其所重者自爲，而以所輕所賤者施於人，豈善道哉？其所稽首屈膝以爲父兄者，又皆四海九州農工商賈之流，非有一日之素也。而不拜君父，是以君父不如農工商賈之流，抑謂君父爲法外之物，不足以當其拜邪？人君南面而受朝，天下之真賢實能無不俯伏致敬，偃然當之。而重農工商賈之髡其首者，反不使之拜，豈非昏惑倒置之甚歟！宋有司之言當矣。

釋彥悰曰：「孝武從大明六年至景明

元年，凡四載，令拜國主，而僧竟不行，豈非理悖天常，使綸言徒設邪？」天常者，天命在人之常理也。常理者，父子、君臣、夫婦之大倫也。父道、君道、夫道於倫爲尊，子道、臣道、婦道於倫爲卑。卑屈於尊，理不可易也。釋氏毁棄人倫，不父其父，不君其君，絶天地配合生育萬物之道，乃所謂亂常逆理之人，孝武之所惡而欲禁之者也。彦悰反以爲理悖天常，豈非狠戾之甚歟？致拜國主之令，固常行之矣。考明瞻對隋主之言，及龍朔二年僧人上宰相狀，則知宋武之時，其徒未有不設拜者。彦悰何據而云詔格不行邪？誠使有之，乃是當時立法不嚴，故奸猾頑頓者得以抗拒耳。如必不可屈，則宜投之四裔，使從彼教，以稱其尊師奉道之心，不可使偃然自肆於中華，以爲邪説之標的也。

隋煬帝大業中，令沙門致拜人主及官長。五年，南郊廣會群僚，佛道二衆依前侍立。有勅云：「條式久行，何因不拜？」沙門明瞻遂答曰：「僧據佛戒，不合禮俗。」帝曰：「宋武時僧何致禮？」瞻曰：「宋武狂悖，不拜便有嚴誅；陛下有道，不拜不懼顯戮。」帝乃盡經僧尼設齊人，别賜財物，因寢拜事。

隋煬帝自謂不喜人諫，乃好諛之主也。其心荒惑，固不能行良法以屈異端矣。偶然行之，又爲諛言而變，非理有不可，蓋煬帝非其人也。而明瞻之言，何諂之甚邪！煬帝敓太子之位，父未死而弑之，用兵嗜殺，遊樂無度，以致於身首不保，宗廟覆亡。而明瞻方且以有道稱之，無是非羞惡辭讓之心，不可以人名之矣。仁贊以其能主張門鄗免於拜伏，便謂有功。蓋佛之教

本以利動人心。仁贊見其利不顧其義，故其顓蒙至此極矣。

明慶二年詔曰：「釋僧離俗，但務貴高，坐受父母之拜，有傷名教。自今僧尼不得受父母尊者拜，所司明行法制禁斷。」

有天地則必有萬物，有萬物則必有男女，有男女則必有夫婦，有夫婦則必有父子，有父子則必有君臣，有君臣則必有上下，有上下則禮義必有所措，非人以智巧强爲之也。各歸其實而名生焉，俾不亂其倫而教設焉。故聖人以名教爲大也。佛以是爲非法，乃自立一法，使父拜其子、母拜其女、長拜其幼、尊拜其卑，一切倒置之，以爲至道。而其身則父母所生，居君之土而食君之粟，終不能外是而自立也。有天下者誠欲去之，則當批根斷本，勿使能植。不然，而區區以法制禁其末度，猶惡草滋蔓，姑剪其葉，未有不復生者也。是故欲其致拜君親，則必使之勿得出家；其已出家者，還之爲良民；其甚不從者，徙之於西域，則中國無違禮義、傷民教之患矣。

龍朔二年四月，許敬宗宣勅，令沙門致拜君親。僧威秀等上表云：「若使反拜，事非國典，禮越天常。」上宰相狀云：「魏氏太武信讒滅法，經於五載，感癘而崩。赫連佩佛像背上，令僧禮之，後亦震死。且《易·蠱》『不事王侯』，《儒行》『不臣天子』，况棄俗從道，而責臣禮。今僧躬受佛戒，形具佛儀，天龍八部，莫不拜之，故得冥福。」時司禮大夫孔志約建議曰：「佛之法乘，事超俗表，功深濟度，道極崇高。再三研覈，謂乖通禮。」

子拜父、臣拜君，自有天地以來未之有改，所謂天之常理、國之典憲也。威秀獨以不

拜爲常典者，蓋其教不以父爲父、君爲君故耳。自不君其君而責宰輔以君臣之道，引太武之癘崩、稱赫連之震死以刦之，使怵於奉上之禮不敢不從，非奸而何？《易》所謂「不事王侯」，《禮》所記「不臣天子」者，處賓師之位，舉世一二人而止，如伯夷、箕子之於周，四皓、嚴光之於漢，時君以其守身有義，故異待之。何嘗買牒祝髮至一二萬之衆，而要人君以不臣事之禮邪？道無不在，離世絶俗則不謂之道。故先正程公曰：「道外無物，物外無道。」今佛使人棄俗然後從道，是道有間别矣，而可乎？天積氣而無形。龍者，水中能變之獸也。以天爲列而又譽其能拜，是白日見鬼，不足以方其誕也。其辭既誕，則必歸之於陰報冥祐無所稽考之處，以潛中人之惑志。僧徒之術，盡於此矣。孔志約者，亦何人斯，敢出妄言以扶邪説，忝其姓而不知愧，亦何人斯！

周武帝集諸沙門云：「六經儒教，久弘政術，禮義忠孝於世有宜，故須存立。且自真無像，遥敬表心。佛教崇建圖塔，壯麗修造，致福極多，此實無情，何能恩惠？愚人向信竭財，徒有引費，故須除蕩，凡經像皆毁之。父母恩重，沙門不敬，悖逆之甚，並退還家，用崇孝治。」有惠遠法師對曰：「真佛無像，誠如天旨。但生靈賴經聞佛，藉像表真，今廢之無以興敬。若以形像無情、事之無福者，國家七廟之像，豈是有情而妄想尊事？孔經亦云『立身行道，以顯父母』，即是孝行，何必還家？陛下左右皆有二親，何不放之，乃使長役，五年不見父母？」帝曰：「朕亦令依番上下，得歸侍養。」遠因抗聲曰：「陛下破滅三寶，

是邪見，入阿鼻地獄。不簡貴賤，何得不怖？」帝勃然作色曰：「但令百姓作樂，朕亦不辭地獄諸苦。」遠曰：「陛下以邪法化人，現種苦業，當同趣阿鼻，何處有樂？」帝曰：「僧等且還。」於是關隴佛法，誅除略盡。既克齊，仍毁之，釋三百萬還歸編户，焚經融像，簿録三寶福財，帝以爲得志於天下也。未盈一年，癘氣内烝，身瘡外發，遂崩。

三代而上，道術未裂，國無異政，學無異端，世格太和，民躋仁壽，其時佛教未入中國，無缺典也。人君欲攘斥之者，以是觀之，則不待辯論而已判然於胸次矣。佛氏以理爲障，而中國聖學本於窮理。理無不窮，如大明中天，萬物畢照，安得而障之？以理爲障者，蓋其道與理相違，推之不通耳。非理障人，乃爾自障也。

聖人之教曰「修己以敬」，「敬以直内」，當體而足，未嘗假諸像設然後可表敬心也。遠法師曰「廢像則無以興敬」，是敬在像而不在心，像存則敬生，像廢則敬滅，此豈知道之言哉！聖人事天地鬼神，毋一不敬，禮當如此，猶有父必尊，有母必親，無希福之心，而有受福之道也。七廟所事，已之祖先，血氣精神，一一傳付。故生則致養，死則致喪。恐其久而怠也，又教之致其祭祀。其理必然，非人之私智造爲之也。豺獺猶能祭，而况人乎？若夫土木之像，則無所據依。❶以佛言之，有法、報、化之三身，謂之一人邪？謂之三人邪？世之人未嘗識佛也，而使之覩像爲佛，又希求福利，豈不相誑之甚歟！以菩薩言之，佛嘗遣文殊往問維摩之疾，則

❶「據」，原誤作「璩」，據文意改。

文殊、普賢亦人耳。釋氏曰：「文殊表智，普賢表行。」則是假設此人以表此意，而實非人也。豈不相惑之甚歟！其道與立宗廟、事祖考者大不侔也。遠又言「帝之左右，長役五年，不使得見父母」，此其用意乃欲激怒侍衛之人，使已萌情恨。賴帝有以折之。不然，一言之間足以召亂，彼其存心狠忮乃如此。其所以撼帝者數端，既不能自直，則抗聲無禮，劫以地獄茫昧之事，其術遂窮矣。使武帝蔽志不定，操術不堅，必墮其計中，爲所移敓。

自今觀之，當時無大人君子丕承君志，明大倫以教天下，息邪説以正人心，乃使其君與夷狄幻人對口争議，僅能克之，是可歎也。爲武帝之計者，當立法定制，條目具舉，一旦垂之象魏，令在必行，猶天以風雷鼓動萬物，誰敢不聽？何必廣集沙門，較勝負於頰舌，以失人君之大體哉？感癘而崩，乃僧徒致怨自快之辭，前章已屢明之。神農以來，用藥濟世。生必有死，乃理之常。脩短吉凶，命不可易。外丙二年，仲壬四年，伯牛有惡疾，顔回無下壽，彼豈因破佛致之乎！

周毁除佛法。有任道林入奏曰：「釋氏自漢至今，逾五百載。如其非善，先賢久滅；如言有益，陛下可行。」詔曰：「佛生西域，其教乖於中國。漢、魏、晉世，似有若無；五胡亂華，風教方盛。朕非五胡，心無敬事。」

漢明帝始立胡祠，惟許西域桑門自傳其教耳。西晉以上，猶不許中國髠髮。至苻、石亂華，其禁方弛。異端之興，莫不有漸。漢明作俑，其禍横流。中經周、唐，廢之無術。曾未旋踵，餘燼復然。後世大有爲之君，欲崇正黜邪者，必以聖人之道昭然無惑，然後爲之法制，使久而不可變，庶乎其有絶乎？

奏曰：「陛下耻同五胡，請如漢、魏，不絶其宗。」詔曰：「佛多言虚浮，其勸善未殊古禮，其斷惡何異俗律？決知非益，所以除之。」奏曰：「理深語大，非近情所測；時遠事高，寧小機欲辯。若家家行之，則民無不治；國國脩之，則兵戈無用。今既不行，何處求益？」

古聖王之治，固將以寢兵措刑，致民於仁壽也，何待佛然後能之？任道林欲家家行佛，言國國脩佛教則無所不可，蓋絶倫離類，非天下共由之道故也。梁蕭衍大興浮屠，丕變時習矣，而侯景之亂，死者不可勝計，烏在其民無不治、兵戈不用邪！百姓庸愚，無非近情小機，固無超世出俗之見。既曰佛經理深而語大，時遠而事高，則必不能使常人明知，比屋通曉。是行之則無益而有損，不行則無損而有益矣。道林之言，何其自相乖戾乎！

「臣聞孝者，至大之道，百行之本。陛下殘壞太祖所立寺廟，毀破太祖所立靈像，休廢太祖所奉法教，退落太祖所敬師尊，且父母牀几尚不可損虧，況其親事而輒輕壞，愚臣冒死特爲不可。」詔曰：「事若有益，假違要行；倘非合禮，雖順必剪。沙門還俗省侍父母，成天下之教，捨戎同夏，六合如一，即是揚名萬代，以顯太祖。」

有諸己而後可以求諸人，無諸己而後可以非諸人。其身不正而能喻人者，古無有也。僧人棄父母、絶天性，以孝爲愛欲，合祖之一事耳，是以鄙之而不爲。今任道林反以責周武，譬猶人終日昏醉而勸人止酒，荒于女色而勸人窒慾，欲人之信也，可乎？故曰：「孝子成父之美，不成父之惡。」任道林以孝劫周武，疑若可信。非武帝見理不惑，知孝之大，其能不爲所遷

乎？觀其言，欲以一身率天下，不使夷狄亂華、異端害正，可謂揚名後世，不辱其親，庶幾明王之事矣！

奏曰：「若言毁僧益民者，太祖寧肯積年奉敬，興徧天下？佛法存日，損處是何？自破以來，成何利潤？」詔曰：「自廢以來，民役稍稀，租調年增，兵師日減，國安民樂，豈非有益？帝王即是如來，王公即是菩薩，權謀即是方便，文武即是二智，刑罰即是地獄，爵禄即是天堂。以民爲子，可爲大慈。四海爲家，乃同法界。治政以理，何異救物？安樂百姓，寧殊拔苦？剪伐殘害，決勝降魔，君臨天下，真成得道。」道林冒死申請，帝情較執，不遂所論。

天下有自然之勢：十年之聚，必有傑出；百人之衆，必有雄長。力不能相勝則智爲之宗，智不能相役則德爲之主。君臣上下之分，由此而立；禮樂刑政之具，由此而行。非人以私意造而爲之。自三皇五帝至于今日，未有能離是者也。佛則不然：爲母之譖，逃父委去，長往而不返，習爲空術，依倣世法，寓言托事，移此於彼，以竊人主之大權。自侈其富，越於耳目；自居其貴，超於天帝；張報應之事，則速於置郵；設鬼神之誅，則慘於金木。於是人有二父，世有二尊，道有二途，民有二役。雖云出家絶俗，自屏乎山林之下，而廣宫大屋以爲之居，良田沃壤以爲之食，寶刹相望，緇服如林，憧憧往來，中分四海。閲世既久，習而安之，以爲事理之固然，未有知其妄者也。周武快辯，摧伏道林，雖若戲劇之論，然實能見其用意，收其所竊之權，使道林之辭不得不屈，亦可謂明斷之主矣。人主所以制服宇内者，能操大權，賞

罰予敚無不在我也。今佛誘人以天堂福利，恐人以地獄因果，天下靡然從之。寧棄爵禄，不以賞爲榮；寧冒刑辟，不以罰爲懼；親棄君父，如弁髦土梗，不以槩於心，惟佛説之信，而人主之大權名存而實廢，其害豈不甚哉！而周武斷然黜之，美名永久，至今愈芬。其視蕭衍，猶蘇合香之與蜣蜋轉耳。

沙門仁贊曰：「夫教之設也，輒有輕侮毁訾之者，禍咎之報若響應聲。是以崔浩具于五刑，傅奕陷于泥犁，韓愈被于斥逐，宇文邕、唐武宗發癘殂落。自貽伊戚，雖悔莫追。」

傅奕嘗取魏晉已來駁佛者集爲十卷，卷以十人爲率，無慮百數矣。仁贊所舉報應之著者，獨得四人，而其説又皆附會失理，則是駁佛者未嘗有報應也。四人之事，予已屢明之矣。則未知毁訾之人獲禍咎之報者，果何謂邪？孔子曰：「非聖人者無法。」又曰：「小人侮聖人之言。」如此而已。不談天堂，不語地獄，不論果報，不説輪迴，而六經之書至今常存而不廢，雖無道如秦始皇，不能焚之使絶也。降禍咎於訾毁之人，誰實主之？附我者喜而加之以福禄，背我者怒而加之以禍咎，此乃無理之人褊淺之智耳。佛道如彼其大，乃區區計較人之從違而與之禍福，不亦陋之爲佛歟！

《内德論》略曰：「或言《詩》、《書》所未言，以爲修多不足尚。且能事未興於上古，聖人開務於後世，故棟宇易橧巢之居，文字代結繩之政。彼用捨之先後，非理教之通弊，豈得《詩》、《書》早播而特隆，修多晚至而當替？有幼啗藜藿，長餘粱肉；少爲布衣，老遇侯服。豈得謂藜藿先獲，勝粱肉之

味；侯服晚遇，不如布衣之貴也？」

三代而上，聖王繼作，順乎風氣之宜，不先時而開人，各因時而立政。故宫室、耒耜、杵臼、弧矢、網罟、舟楫，更數聖人而後備。非一聖不能盡爲也，因時故也。至堯、舜之世，生人之用周矣。使一物不作，則生人之用缺。聖人雖欲不爲，不可得也。六經之於世，亦若此而已。自堯、舜至孔子，聖人制作大備，其時中國無佛，敢問二帝、三王之治有所未至者，果何事歟？若其時其治無有不至，則法二帝、三王而自足，何必勸入異端之説以亂中國之政理哉？若修多晚至而合於二帝、三王，固不當替；若其背馳，則無可用之道，安得不黜也！譬猶人先食粱肉而又强之以藜藿，已衣錦繡而又被之以緼袍，乃曰藜藿之味過於粱肉，緼袍之美不減衮繡，非天下之大愚乎？

梁高祖詔云：「宗廟犧牲，脩行佛戒，蔬食斷欲。」定林寺沙門僧祐等上啓曰：「京都鮮食之族，猶布筌網、馳鷹犬，非所以仰稱優洽之旨。請丹陽、琅琊二境水陸不得蒐捕。」勑付尚書詳之。議郎江貺曰：「聖人之道，以百姓爲心。江陵有禁，即達牛渚；延陵不許，便往陽羨。取生之地雖異，殺生之數實同。」左丞謝幾卿、尚書臣亶、僕射臣昂並同貺議。帝使難貺曰：「君子遠庖厨，血氣勿身剪，見生不忍其死，聞聲不食其肉，皆自興仁，非關及遠。」遂斷。

甚哉，蕭衍之愚蔽也！爲天下主，豈有一物不在所愛，何獨丹陽、琅琊二郡水陸不得蒐捕乎？江貺之議既明且廣，輔之以丞僕三賢而不能勝僧祐之曲説，甚哉蕭衍之愚蔽也！若曰「血氣勿身剪，君子遠庖

廚，皆自興仁，非關及遠」，則衍既斷葷蔬食、宗廟不用犧牲足矣，又何必推及二郡邪？二郡可行，則四方便當同歸法禁。今乃害遠而利近，殺廣而生狹，僧人上無理之表則如谷應聲，朝士獻宏正之論則如水投石，甚哉蕭衍之愚蔽也！

犧牲之饗，羔鴈之薦，古之禮也。以是祭天地、禱神明，天地必不享；苟享之，必有咎。神明必不歆；苟歆之，必有悔。所以知鳳凰至，失尊戴之象也；麒麟出，亡國之象也。

犧牷牲用，自二帝、三王行之，堯壽一百十五歲，舜壽一百八歲。三代有天下皆數百年。若曰天地不享，神明不歆，何爲其平治久長如此邪？梁蕭衍愛惜禽獸不忍宰殺，宗廟之祭以麪與蔬，其國尋破，其身餓死。若曰天地享之，神明歆之，何爲其危辱短促如此邪？虞舜之治，極至於簫韶和樂九成，而鳳凰應之，不聞舜失尊戴也。周南之化行，至於天下無犯非禮，而麟趾應之，不聞周遂亡國也。彼僧爲此言，誣罔甚矣。

《經》云：「若自身手過酒器，與人飲酒者，五百世中無手足。」何況自飲？

自杜康造酒已來，至于今日，數千年耳。以酒勸人執爵舉觴者，何可勝算？如用佛經之言，五百世中無手，則三十年爲一世，五百世當一萬五千年，輪迴展轉，天下皆無手之人矣。而今之有手者，天下皆是也。此何理哉？

依《經》：「食肉之人，一切無始以來當皆是已親，不合食肉。」又云：「衆生無始終，死生輪轉，無非父母兄弟姊妹。自肉他肉，則是一肉。」

萬物之生，一受其成形，則以形相禪，而不可變。人必生人，馬必生馬，自古至今，其

理一耳。佛之言乃以一切禽獸爲先世眷屬。信斯言也，則凡爲僧者，當謹遵佛勑，於一切禽獸中求其父母、求其兄弟、求其妻子，自無始以來其數衆矣。不當坐視其輪轉烹宰之苦，而無慈悲憫念之心，必一一取而養之，誦經以度之，説法以悟之，使其父母、兄弟、妻子之爲羽毛鱗介蹄角之屬者，盡其年壽而免於湯火，脱其禁障而生於人天。人人行之，物物有證，然後可以感化天下，誠心憂畏，不復知肉味。如其不然，徒以空言示之而無可據之實，則妄而已矣。

百行之紀莫大於孝，孝莫大於送死。先王之禮，魯之所知也。天竺非方俗所同，今緇衣在華，華則有儀，其可同於異域歟？故稽五服之數，象升降之節，立以爲文。

孝者，施於父母之名。事非父母，則不得名孝。今僧於父母之死，漠不介意，其送死僧皆四海九州之人也，而爲之制服，以孝爲稱，豈不悖哉！彼之教方以死生流轉，欲求出離之道，又區區然於既焚之骨，致其恩，紀其心，何謂也？中華之儀固多矣，如臣事君、子事父、兄弟友愛、夫婦禮際，冠、昏、鄉、射之情文，非一端而已。僧皆棄而不取，乃獨取五服之數、升降之節，則何謂也？故吾嘗考其行事，皆不能逃於人之常理，特強欲埽除，別爲名號，移此於彼，以僞假真，而濟其私耳。

文宗朝，中書崔蠡上疏云：「國忌設齋，百官行香，事無經據，伏請停廢。」勑：「討尋本末，禮文令式，曾不該明。」其國忌寺觀行香，豈非經也；安公引教設儀，豈非據也？禮出儒

家，❶詎可將釋言爲據；❷事因釋氏，無宜用儒典爲憑。文宗薄於宗祖，宜其不永矣。周之尚臭，燔柴血膋蕭薌，言天歆其臭也。天豈食血膋蕭薌之氣邪？由人尚臭，故以臭而事天也。若然者，佛教重香，寧可敓也？况百官行香，代君也；百官事祖宗，亦臣子也。苟欲廢之，如忠孝何？

周人尚臭，各施於其所事。所事者，謂宗廟與天地之神祇耳，未嘗施於非其鬼也。非其鬼者，淫祀也。忌日行香，佛、老之前，於六經何所據乎？君子有終身之喪，忌日之謂也。至是日，如親之始喪，然其心爲何如？而使百官代己捧香，散於緇黄之手，以追冥福，此謟妄之甚也。親以是日死，我以是日悲，彼佛、老緇黄何與焉？天下生民之衆，同死於一日者詎可數量。爲子孫者皆作佛事而薦其親，彼佛住世時固不能以福與人，况既死久矣，安能分心應感，人人與之以福乎？故中國所當守者，先王之禮也。先王之禮載於儒經，固不可引佛書爲据。崔蠡之言當矣。而仁贊乃欲以安公所記亂中國先王之禮，因人生思慕之時以入其邪教，刦士大夫以忠孝之道，其用意奸宄而立言似是，可不辯乎？魏晉而上，佛説未盛之時，散香之事未行於世。爲人君者，或孝或不孝，或壽或不壽，豈獨文宗停廢散香而享年不永哉？古之聖人莫不致孝乎鬼神，致嚴乎宗廟，非禮非義則不爲也。後世人主不敬其先，荒怠祭祀而謟非鬼以祈福利者多矣。然則停廢散香，是乃厚於祖宗，不敢以非禮瀆之。崔蠡之論可謂正，而文宗之聽可謂明矣。仁贊無父無君，夷狄禽獸之

---

❶「出」，原作「必」，據明刻本改。
❷「言」，原作「害」，據明刻本改。

與隣，又安知忠孝之道而出諸口乎？

會昌六年制：「朕聞三代以前，未嘗言佛。漢魏而降，象法寖興，耗蠹國風，誘惑人意，僧徒日廣，佛寺日崇，勞人力於土木之功，敓人利於金寶之飾，移君親於師資之際，違配偶於戒律之間，壞法害人，莫過於此。高祖、太宗武定文理，執此二柄，足以經邦。貞觀、開元亦嘗釐革，剗除不盡，流衍滋多。朕博覽前言，旁求輿議，弊之可革，斷在不疑。懲千古之蠹源，成百王之典法，濟人利衆，予不讓焉。應天下佛像無大小皆從毀廢。」

大學之道，格物、誠意以正其心，而修其身。格物者，窮盡物理之謂也。理無不盡，則異端邪説不能移惑，而其意必誠，其心必正，而身可修矣。推而齊家、治國、平天下，無所往而不當，蓋通於理故也。理有不盡，則偏蔽差舛，雖欲誠意，意不可得誠；雖欲正心，心不可得正。身且未能自善，而况敢言及人乎？聖道不傳，此其由也。武宗慨然黜異端，闢邪説，不可謂無意於先王之道者。觀其讀《孟子》「未有仁而遺其親，未有義而後其君」之言，得意會心，擊節稱嘆，其與庸主遠矣。然窮理不盡，乃用道士趙歸真之言，斥絶浮屠，豈其中卓然有不可惑之見乎？特好惡取舍，偶有所偏焉耳。李德裕高才英識，輔佐武宗，幾於中興。若夫引君當道格其非心，如古所謂大人之事則不能少進也。故其剗除久弊，剔刷蠹源，雖足以稱快一時，而黄冠肆行，其害更甚。武宗服藥致疾而崩，又使宣宗甘受僧誚，大變會昌之政，則廢之之方，適足以增其氣燄耳。後世人君有志乎此者，法堯、舜、三代，師孔子、孟軻，聲足以律衆言，身足以度群德，使異端

邪説無得而投其罅，然後可以埽千古之害，而開仁義之途也。

南齊法獻、玄暢二人爲僧正，對帝言論，稱名而不坐。後因中興寺僧鍾啓答稱「貧道」，帝嫌之，問王儉曰：「沙門與帝王共語何稱？正殿坐？」王儉對曰：「漢魏不見紀傳。自僞國皆稱『貧道』，與坐。」晉初亦然。庾冰、桓玄等皆欲使沙門盡禮，尋亦休寢。帝乃令稱名。近代道薄人乖，稱謂表章「臣頓首」。夫「頓首」者，拜也；稱臣，卑之極也。唐高宗勒僧道二教拜君親，時司戎議曰：「不孝莫過於絶嗣，何不制以婚姻？不忠莫大於不臣，何不令其臣妾？」上元元年九月，敕僧朝會，並不須稱臣、拜禮，乃因開元中令僧拜稱臣，至是方免也。大曆八年，又放元日、冬至朝賀陪位。蓋以代宗之世，君臣表裏皆重空門。此亦久汙則隆，既否終泰也。

臣必拜君，齊帝所以致疑者，爲方外之言也。天無不覆，地無不載，方之至大也。人在天地之中，孰能超然致身於方外乎？使其果然致身於方外，則人亦不得而見之矣，尚何拜之可責也？不然，則與人無以異。人有君臣上下之分，無不致敬，安得己獨傲然自倨，忽君而不拜乎？齊帝苟以此斷之，則禮行而分定，何待問而後知也。王儉不能將順君之正意，反爲僧人設不臣之説，吁，可鄙哉！如曰彼之道固然，非中國之可行也，則宜返之西域而已。夫稱臣者，理之自然，非故爲卑下以諂其君，亦猶稱子者對父之名、弟者對兄之名也。今僧人拜其師父、師兄、師伯、師叔，豈皆爲傳道而施禮哉？亦以名分當如此耳。彼其所謂父、兄、伯、叔，皆四海九州

血氣不同、倫類不通之人，拜之不以爲屈，而真父真兄則反不可拜，以拜君爲道薄人乖、自卑之極，此何理也？夫牧羊者必鞭其敗群，牧馬者必去其害馬者。人君，牧民者也，視其民羊馬不若，有敗害而不知去，非牧民之職矣。司戎之諫，諫之正也。開元之令，令之善也。上元之敕，大曆之制，非所以扶持三綱、開闢王路也。

釋常覺以心學爲究盡之務，於東京建禪刹，設合京浴。其或香湯缺注、樵蒸失時，覺必撤小屋抽榱桷而助爨。有王公仰重，表薦紫衣，堅讓不受。陶穀爲序贈覺云：「起後唐至漢乾祐，每月三八日浴，京師大衆計累費錢一百三十萬數。雖檀施共成，實覺公化導之力也。嘻！陳留古封，土風尚利。梁惠王，賢諸侯也，嘗謂孟軻曰：『何以利吾國乎？』是知禮讓之化，不勝於好利之心。孟氏屬斯文未喪，不能揚素王之道，今上人當去聖逾遠，卒能行法王之教。」

常覺設浴，其費出於人而不出於己，樵蒸或缺，撤屋以繼之，人皆稱嘆。他日修屋，必還取人之財以爲之，而人不悟也。悲夫！彼設浴之心果何爲哉？必爲誘惑福田利益也。其費不出於己，己安得專其福利哉？使常覺不設浴，則京師之人遂無水自潔其身乎？如不爲後世福利，則裒取他人之物還以浴人，❶豈心學究盡之道乎？彼市人之開浴肆者，出其財以浴人，收其利以自給，計功明白，無竊名希福之心，其賢於常覺遠矣。而陶穀所以稱之，一何謬妄之甚哉！七國之君無不好利，何獨梁王也？梁王問孟子，故孟子明

❶「裒」，原作「衰」，據明刻本改。

仁義以杜其好利之源，七篇之書至今不泯，聖人之教賴以有傳，安得謂之不能顯揚王道也？佛之所以教人者，雖不中不正，然就其教而論之，固有賢於設浴之事者矣。常覺區區於此，殆與無智不才服膺苦行、執冣下役、潔清厠圊者無以異耳。乃推而尊之於孟子亞聖之上，若轂者螢而後比其智者也。

晉王府祭酒徐同卿撰《同合論》，以爲儒教亦有三世因果之義，但以文密理微，生賢未辯。同卿備引經史，會通運命，歸於因果，意欲發顯儒教，助佛宣揚，導達群品，咸奔一趣。斯蓋博物洞玄之君子矣。

中國聖人設教，本於理之大公，而不以私欲自利也，是以萬世常行而無變，豈區區於三世之近哉？福善禍淫，惡盈好謙，餘慶餘殃，蒙刑受賞，皆理之當然；積有深淺，故效有遲速，或在其身，或在其子孫，終無差忒，豈茫昧於輪迴之説哉！三代而上，佛教未入中國，中國之民爲善者衆，於堯時則黎民於變，比屋可封；於周時則囹圄屢空，刑措不用。彼又安知因果也？自釋氏東來，其所以誘人者至五千四十八卷之多，夫人而信死生轉化之事。考之於史，凡奉佛崇僧之世，其君必昏，其政必亂，是何也？爲三世因果所惑，是以忽棄當爲者而思其不可得者也。古人之視生死如晝夜之常，豈其驚憂怖恐以爲異也？可以死則死，而不死則害義；可以無死則不死，而必死則傷勇。其處死大抵如此。命有所制，則順受其正；義所不可，命所止也，其可自勉者安於一正而已矣。及學佛者衆，欣慕天堂，懾畏地獄，畏懼交戰乎胸中，於是遑遑然以死爲一大事，拜僧禮佛，求一悟徹，卒乃死無所得也，而失理者衆

矣。如徐同卿，殆亦見儒書所載生死禍福之故，或有類於因果者，遂以謂儒佛同歸，蓋惑於虚言，未嘗深考其實耳。

夫布施之業，乃是衆行之源。故菩薩投身以救餓羸之命，尸毗割股以代鷹鸇之飡。况國城妻子，寶貨倉儲，寧容在意？俗書尚云：「車馬衣裘，朋友共弊。」

佛氏布施之教，名爲勸人棄捨貪積，其實則資衆財以自養，蓋終身飽食暖衣不困之術也。寶貨倉儲，是人所欲也，非其義也，一介不可取與。而况妻子，人之大倫、禮義之所起，豈得比之車馬衣裘而化人，使與朋友共之，其敢於爲奸乃至是哉！凡人之財，舍之則有福；僧人之債，負之則有禍。吝於己，貪於人，取非其有，見利忘義，殆猶正晝攫金、日中穴坏之所爲耳，可不深排而重絶之乎！

經云：「若以衣施，得無上色；若以食施，得無上味；❶若以乘施，受諸安樂；若以金施，所須無乏。若人自造裝嚴之具，種種器物，自未服用，持以施人，是人未來得如意樹。若觀田中鼠雀犯暴，常生憐憫，復念鼠雀因我得活，當知是人，得福無量。」

凡推己所有以周人之急者，必有餘力然後可。今或甘旨未足以奉父母，蔬菽未足以飽妻子，財貨未足以恤宗族，則又安所取餘以與人哉？倒置而逆施，於心不安，於義不當，君子不爲也。其力有餘足以及人，則又必當其可與而與之，不可與則不與也。其與人如此，其取於人亦如此。故曰可以無與而與之則傷惠，可以無取而取之則傷廉。聖人之教人取與也，欲其合義

❶「味」，原作「力」，據文意改。案「上味」與上句「上色」相對，下文即有「施食得無上味」一語。

而已。今佛者所以處己處人，一何貪忍之甚邪！何謂貪？凡人之物，不問義有可否、禮有辭讓，設布施利益之説，一切取之，其異於盗賊者，特以甘言獻笑、不持器刃、不踰墻垣耳，非貪而何？何謂忍？小人營朝夕升斗錐刀之利以養其生，僧人未嘗以槩於心也。則又説之曰：「爾今生所以困苦者，坐前世富樂而不布施也。若今世不布施，則來世之困必又甚於此矣。」小人厭困苦而慕富樂，一聞此言，雖割膚剔體以施佛僧，可資來世之福者，誠不愛也。不知僧人特操此爲取之之術耳。今年竭其家資而去，明年其家饑餓而死，未聞有僧人過其門而周其急者也。石晉之末，契丹陷京師，幽帝太后於封禪寺，使其將以兵守之。時天寒又大饑，太后使謂寺僧曰：「吾嘗於此飯僧數萬，今豈不相憫邪？」寺僧辭以虜意難測，不敢獻食。帝陰祈守者，乃稍得食。其取於困苦者如彼，取於富貴者如此，非忍而何！夫世間布施之厚，孰與帝王之力？晉太后未獲來世之報，而今世之苦亦無佛力能救之也。佛又曰「業通三世」，以自遁其説。則其所謂「施衣得無上色，施食得無上味，施乘得安樂，施金得無乏」者，有是理邪？聖人布種五穀，所以養人也，非養鼠雀也。使鼠雀食之獲福無量，則僧人胡不以五穀棄諸山林，乃儲蓄斂藏於倉廩之中，何也？凡僧居必畜犬，所以警盗也。盗與人一等，乃使犬逐之；人與鼠雀非一等，乃以五穀食之。與其食鼠雀，何若食貧窮？與其受貧窮之施，曷若捐而勿取，使彼衣食足以自給乎？反復推其所言，究其所爲，大抵歸於不仁、不義、自私、自利之塗而已。

雙林大士傅弘，金色表於胸臆，異香

流於掌内,或身長丈餘,臂過於膝,脚長二尺,指長六寸。遺書贈梁武曰:「敬白國主:上善,以虛懷爲本,不著爲宗,無相爲因,涅槃爲果;中善,以持心爲本,治國爲宗;下善,以護養衆生。」且知梁運將盡,然臂爲炬,冀禳來禍。至陳大建元年,卒。

虛懷者,持身之一事也;護民者,治國之大要也。今以護民不如治國,持身未若虛懷,傅生之學一何昧陋至此邪!理有是非,不可亂也。傅生冠老氏之冠,納儒宗之履,而衣釋子之服,自以爲和會三家,歸于一致。吾知其心未嘗了然見是非所在,三宗未嘗和、一致不可歸也。今觀其言可證矣。金色表胸、異香流掌之類,則能幻術而已。國祚將盡,曆數有歸,乃區區然臂以禳其禍,正猶河濱之人捧土以塞孟津,其愚可悲也。梁祚竟不可延,而陳氏已興,然臂無效,可以深自慙愧矣!僧人猶拾其緒餘,編諸簡册,蓋愚不知耻者,釋子之常態然也。

學不厭博。吾宗致遠以三乘法。或魔障相陵,必須禦侮之術,莫若知彼敵情。敵情者,西竺則韋陁,東夏則經籍。佛俱許讀。爲伏外道,而不許依其見也。

爲佛之徒者,所以擁護其道無所不至,又復竊窺儒書,取其近似之語,以相證明,雖博學多識,皆所以自利焉耳。未聞有僧人讀六經而易其業者,一以六經之道高深難窮,二則聖人以禮義教人,不以詐利誘之也。衣冠淺士既未嘗遊孔孟之門,探六經之旨,一聞佛説,則傾意而從之。或乃裂冠毁服,甘心於僧役而不悔,豈非名教之罪人、王法所當誅而不赦者乎!原其所以然,蓋佛書善爲宏濶勝大之説,要之以

來世，引之以後福，而刦之以轉化，欲不之信，則未嘗窮理，無以析其疑也。加之仰愧俯怍，所不自安者衆矣。於是誦經呪，飯蔬茹，鈴履緇褐，而手持數珠，脩寺度僧，而參請長老，甚者妻女爲髡人所奸猶不悟也。學佛者以六經爲外道，爲魔障，其讀六經，乃欲知彼敵情，謂儒教侮佛，將以禦之也。其用心如此，而淺識之士又未嘗知其侮儒，乃儒家之外道，讀其書而必依其見，是可歎也。聖君賢相必憤疾於此言，使夷不亂華，邪不害正，漸還三代之遺風，是乃福澤其民之惠耳。

星宿城，郭天神之舍也。以水晶爲城，七寶爲宫，懸在空中，大風持之，大者七百里，中者五百里，小者百二十里，宫室園池如四天王天，壽命亦爾。

佛好造僞言所不可考之事，務爲多知，而不智孰甚焉。見月光皎然，遂擬之以白金琉璃；見星宿澄瑩，遂擬之以水晶七寶；至於日則陽輝晃耀，盡掩懸象，無得而擬焉，則曰金色而已。此可驗其遁辭之窮矣。斗柄隨月而移，閏月則指兩辰之間；五星順天而行，二十八宿則真方而不動。或飛，或流，或彗，或孛，或隱而復見，或墮而復升。若有城郭宫室，則當推移過宫之際，豈不互相窒碍。太虚之中，何其擾擾也！考之經史，載星隕者多矣。如佛言，則一小星隕當壓百二十里之縣，一中星隕當壓五百里之州，一大星隕又不啻此，則經史所謂隕者，不知何物也？凡星之壽與四天王等，四天王壽命當及六萬歲。而世人所見隕星，殆無日不有，何其夭促邪？此皆理之必不然者也。

四天王天居須彌山，四埵皆高四萬二千由旬。四天王身長皆半由旬，壽五

百歲，以人間五十歲爲一日一夜，男娶女嫁，一同人間。忉利天者居須彌山頂，有三十三天宮，王身長一由旬，壽千歲，飲食嫁娶，其城縱廣八萬由旬，九百九十九門。炎摩天宮，風輪所持，在虛空中，身長四由旬，壽四千歲，食同下天，亦有嫁娶，執手成欲。化樂天宮，風輪所持，在虛空中，身長八由旬，壽八千歲，食與下同，亦有嫁取，熟視成欲。

天者，積氣之極，非有形色。今以物觀之，輕清之氣必上浮，重濁之質必下墜。天地，物之冣大者也。故知天者，積氣之極也。日月星辰，積氣之有光耀者也。風雷電霆、霜露雨雪，氣之感觸變動、升降聚散而爲之者也。如此觀之，豈不簡易明白，人可共知乎？今佛之言怪異如此，蓋本於以心法起滅天地，不窮萬物之理。故於幽明晝夜、死生陰陽，皆强爲之説而無所證。多而無已，益之以怪。其以心法滅之也，則以天地爲一微塵；其以心法起之也，則天有三十三重，地有一十八獄，量其廣狹、道里、宮室、動作、壽夭之異，務爲無所不知，實則荒忽夸誕而不可信。蓋其所學發端差殊，故其歸如此。有志之士如以其言爲不妄，則必質諸事而驗，反諸心而安，稽諸人而同，考之古而有，然後可以陋六經爲未嘗言，非聖人爲不及知。不然，則當斷棄勦絶，勿使肆行譸張，鼓簧以亂天下。孟子曰：「我亦欲正人心，息邪説。」邪説不息，則人心不可得而正；人心不正，則邪説不可得而息。有志之士，可不審其取舍而歸於實是乎？

經云：「日城郭方正二千四十里，其高亦然。日王坐方二十里，導從音樂，林觀浴池，如忉利天。日城繞須彌

山，東方日出，南方望，西方夜半；北方日入，如是右旋，更爲晝夜。復有長短，日行稍南，南方漸長，北方稍短；日行稍北，北方稍長，南方稍短。月者，城郭度長千九百六十里，其高亦然，二分是銀，一分琉璃。」

城郭須人力而後可築，池觀須人力而後可成。縱其用白金琉璃，不施玉石，而金非火鎔則不可化，火非薪傳則不能焚。薪非空來，必生於地，伐薪烈火必資於力。鎔金而鑄之，必有鍛銷之具。積而爲高廣二千四十里之城，其用二寶不可以鈞石計，必有斲取之方。既成爲城，而能運轉，則必有幹旋輕舉之機。佛測其限域延袤及城中所見，則必有使人可登之路。如曰佛能獨知，不可與人同之，則人必不信矣。孔子之言所以可信者，無非實理故也。佛鄙儒者滯於實相，而以空爲宗，以心爲法，至其言天地日月則謬悠如此，其實本於不窮萬物之理而已。古者道術分裂，辯士以其言駭天下，謂鹿生馬，馬生人，卵有毛，鷄三足，犬非狗，狗可以爲羊，天與地卑，山與澤平，規不圓，矩不方，龜長於蛇，輪不輾地，其書五車，其辭數萬，亦此類耳。公孫龍言臧三耳。孔子順曰：「謂兩耳甚易而實是也，謂三耳甚難而實非也。將從其易而是者乎？將從其難而非者乎？」如佛言天地日月，愈多愈妄，又有甚於臧三耳之説。自明者觀之，不足以發一笑也。

阿脩羅王立海中央，❶以指覆月，天下晦冥；或覆日，以晝爲夜。所謂日月食也。

曆數家占算日月運行遲速，預知當食之

❶「羅」，原作「輪」，據文意改。案下文屢稱「阿脩羅」，即爲「羅」字。

候，大抵日必食晦朔而月必蝕望，千歲不差也。以孔子《春秋》所書日食考之，則可見矣。非孔子僞爲也，乃據魯史舊文而載之耳。唐僧一行猶能推步也。今佛言阿脩羅王以手覆日月而日月食，則獨以晦朔望之三日而覆之，何也？覆之或淺或深，或食之既，或曠數年而不食，或連年而比食，又何也？僧人則曰：「據佛言，阿脩羅好殺樂戰，喜怒無常，難可測度，此日月之食所以或密或疎也。」然則曆數家乃能推往知來，了無差忒者，此又何也？

世界空，二十刦後將成。有毗嵐風鼓之而爲風輪，最居其下。大雲升空，降雨如軸，積彼風輪之上，結爲水輪。最上堅凝爲金輪。三輪既成，雨自空飛霔金輪上，既廣且厚。風擊此水，清濁異質，爲梵世，爲空居，爲寶石，爲山海，爲土地。上界諸天，死者下生，不飲不食，乃生地味。復有地皮，林藤香稻，人皆食之，而災乎身。日月星辰從兹而見，黖穢通氣，人道遂成。忿慲既萌，愛欲是興，有父子焉，有君臣焉，有刑辟焉。

自宓犧畫八卦，大禹修六府，箕子敘九疇，皆本五行之理。一物而五行具，蓋未有能離之者也。今以水論之，金司其生，土司其防，火待之而相息，木待之而不枯也。以火言之，木司其生，水爲之制，金待之而變革，土待之而成器也。自是而推焉，無一物不然者。佛不明乾坤六子相摩相盪相生相尅之理，於是爲四輪之説，就五行中擇其堅剛難壞之一物以喻法身，而不知地水火風與金俱有，非四大皆化而金獨存也。風者，木氣也。既有毗嵐風，則當先有水而後有木矣。雲雨者，水氣也，既有大雲降雨，則當先有金而後有水矣。今其

言風而後水，水而後金，理所不可推也。天地萬物本末終始，皆一道所以生生化化而無終窮。若曰佛所言乃天地初造之法，非据已有世界而爲言也。彼八卦五行摩盪生尅者，蓋已有世界之事也。敢問天地初造之法，誰實起之？已有世界之事，誰實主之？於初造、已有二者之間，誰實分之？今春夏秋冬之序，雷霆風雨霜雪慘舒之變，是皆萬物所以生成，而造化所以不息者。自古至今未嘗差舛，是爲可信乎？爲不可信乎？若其可信，則佛説爲誕，而中國聖人所言八卦五行之理乃實理也；若其不可信，則此世界無乃僞妄不真，但可爲有父子君臣者所居，而非學佛談空者之所宜住矣。

大阿修羅王住須彌山北，大海水懸在宮上，爲四風所持，身長二萬六千里。阿修羅九頭，頭有千眼，九百九十九手，八脚，踞海，食淤泥及藕。生一女，端正挺特，帝釋娶以爲妻。修羅帥諸鬼神與帝釋戰，而敗其女，爲帝釋所敗，入藕孔中。阿修羅前世居海之濱，河水漂溺，隨流殆死，既得免，因發願：「願我後世身形長大，一切深水無過勝者。」以是因緣得極大身，四大海水不能過膝，立大海中，身過須彌，手据山頂，下觀忉利天宮。

聖人所謂鬼神者，未嘗言其貌象聲色，蓋人所不見，言論所不可證，故曰「無證弗信，弗信民弗從」也。佛言鬼神之事多矣，今姑載此一端，因其言以質之：夫須彌山四陲各有天王居之，阿修羅王乃住山北。天王身長半由旬，阿修羅王身長二萬六千里，無乃居處相硋也乎？其身之長如此，而所食者淤泥及藕，則海中安得如許淤藕以足其食乎？其食如此，則海中安得如

許桑蠶以充其衣乎？其頭九，其脚八，其目千，其手九百九十九，則其所生之女與父同乎？異乎？異則非血氣矣，同則怪異之極，安得言端正挺特乎？爲帝釋所敗，入藕孔中，則此藕之大，當萬倍於阿修羅之身，然後乃能容二萬六千里之軀，而海水深淺纔及半膝，決不足以滋殖此藕，則不知此藕生於何地乎？今江河之下，必不如砥，或突或凹，或平或渚，水所陶注，勢自然也。而況海納百川，其下可知矣。阿修羅立海中，水不能過膝，則不知水隨膝減乎？膝隨水生乎？大海之水懸在宫上。宫者，阿修羅王所居也。則不知海以何物爲底？宫以何物爲蓋？抑倒身而逆踐之乎？抑下足而順履之乎？即其言求其義，大略如此。吾是以咍而不信也。

天地宇宙，其大無窮，人耳目所不際者固多矣。孔子不語怪，惡其惑世也。而佛語之既詳且著，其佛自見邪？將意度而言之也？如其自見，則諸天言身與夫城郭宫室由旬里數，必足歷度之而後知其高大終遠，則計佛所經行不知其幾千萬里，自少至老，僅能了其一二，其餘何以驗之也？若意度而言之，則佛必不能自信，況欲信於人乎？而禪者又爲之説曰：「佛蓋不因足歷，不用臆度，大圓鏡中鑒照無礙，故盡十方世界，盡前後際，無不知、無不見、無不聞然也。」則大圓鏡中又有如脩羅者現焉，則其心鏡亦邪怪之甚矣！此自以心法起滅之病也。以心法起之，雖有怪於修羅者可也；以心法滅之，雖謂初無所有可也。豈非詖淫邪遁之説乎？

孔子曰：「精氣爲物，游魂爲變，是故知鬼神之情狀。」志學求道之士，於此有所見則不惑矣。彼佛所言，反於心而不安，考於事而無據，行於世而有害，則當如淫聲美

色，戒而遠之可也。

仁贊曰：「仲尼云：『何莫學夫詩？詩可以興，可以觀，可以群，可以怨，邇之事父，遠之事君，多識於鳥獸草木之名。』蓋聖人激勵勸戒，耻一物之不知也。釋氏之爲教，以譬喻得解，居天地之中，在器質之類，未嘗弗藉以明理也。山川、草木、鳥獸、蟲魚，靡所孑遺矣。」

作詩者，比興於物，皆人所共見。所謂比興者，發乎情，止乎禮義，大抵皆人倫之際，學者窮理之要也。佛氏以理爲障，而仁贊乃謂藉譬喻以明理，不知其所明果何理歟？父子、君臣，理之宗也，佛已棄之，是不明人倫之理矣。若曰「我所明乃性命，非爲世法也」，則父子、君臣豈出性命之外哉？今以其所稱鳥獸草木之類而考焉：則有日食一龍王及五百小龍，經八千歲而後死，曰金翅鳥者焉；則有以七寶爲宮，食備百味，冣後一口變爲蝦蟆，曰四種龍者焉；則有非從根生、非從地生，縱横六百八十萬由旬，曰大藥樹者焉。佛之多識乎此物，與人同見乎？抑亦自見乎？如其自見，則何以啓證於人？如曰同見，則未聞世人有能見之者也。豈得與詩人比興之意同乎？夫君臣、父子不預乎性命之理，而金翅鳥、四種龍、大藥樹乃有性命之理存焉，不謂之詭怪誕妄，謂之何哉？

君王奕世，唯刹帝利篡殺時起。異姓稱尊，國兵驍選，子父傳業，居則周衛，征則奮前。凡有四兵，步、馬、車、象及諸戎器，莫不鋒鋭。凶悖群小，謀危君上，則常幽囹圄，任其生死。犯傷禮義，悖逆忠孝，則劓鼻截耳，斷手刖足，或駈出國，或放荒裔。自餘咎犯，輸則贖罪。

古之聖人，其德好生，未嘗有殺之之心也。施仁政，立法度，臨之以官師，而持之以悠久，其效至於兵寢不試，囹圄屢空，牛羊無知，猶避行葦而不踐，魚鱉深眇，亦被至德而咸若，皆有實事，非虛言也。佛之化以不殺爲上，當先行於其國，使皆變而從己，然後可以及遠。今此所載西域俗，亦有君王，亦有篡敓，亦有兵政，亦有刑辟，其兵以驍雄鋒鋭奮前爲業，其刑以劓鼻、刖足、斬斷爲威，烏有其能不殺也？然則發大誓願，願盡十方虛空、未來千刧同證菩提，皆住淨土者，其果能乎？佛既不能，則爲其學者猶襲其言而求其道，其果得乎？惟聖人言顧行，行顧言，實浮於名，名不浮於實，本末內外，精粗隱顯，該貫無遺。考諸三王而不謬，建諸天地而不悖，質諸鬼神而無疑，百世以俟聖人而不惑，可謂道之正矣。

年耆壽耋，死期將至，嬰累沉痾，厭離塵俗，願棄人間，輕鄙生死。於是親故知友奏樂餞會，沉舟鼓棹，濟殑伽河，中河自溺，謂得生天。

此天竺之俗也。生必有死，猶春必有冬，晝必有夜，理之當也。死期既至，雖欲不棄人間，不離塵俗，其可得乎？魂氣歸天，既不可見矣；體魄歸地，則因而斂藏之，不使暴露於外，此孝子慈孫之至情，非僞爲也。投之中野，烏鳥狐狸食焉；投之大流，魚鱉蛟螭食焉，於人心獨無歉乎？然奏樂作餞，舉老病者沉之而不以爲悖，則惑於生天之邪說耳。其說蓋利於生天以誘人，而夷狄之俗務利尤甚。是以子沉其父、弟沉其兄，祝之曰：「生天！生天！」安行而不顧。彼見沉者亦冥心乎忉利、兜率之上，泯然飲水而葬於魚腹而不悔也。異端之害，一至是哉！安得如西

門豹者，委之破此惑哉！

王田之內，大分爲四：一充國用，祭祀粢盛；二以封建輔佐宰臣；三賞聰睿實學高才；四樹福田，給之異道。

中國之田，惟農耕之，凡士工商賈之食，皆出於農力。故聖王重農，井牧其地以授之，使民有常產，以供事其上而給天下之食。自三代而上，莫不然也。及後世廢井田，而後貧富不均矣；重釋老，而後游食者衆矣；判兵民，而後農夫亦病矣。此所謂王田者，西域之國主所有之土地也。四分之，以其二充國用祭祀、封建輔佐，以其二賞其聰睿實學，樹福田、給異道，則是君臣與釋氏中分其國，而民無與焉。雖其戎狄之俗不知保國撫民之道，亦佛説誘之，竊取其土地而不覺也。然四夷之土荒瘠磽确，其視中國之膏腴沃壤，不啻相千萬矣。佛之徒欲熾其學、廣其衆，西壤所不能給也，則必入于中國。蓋自漢明而後，猶歷數百年而未盛，非五胡亂華，聖道衰息，王綱大隳，彼亦何由得其志，彌漫滔天而不可禁止也？計今天下名山大川通都會邑之田，爲僧所占者十居二三矣。彼其衣食居處無以異於人，獨至於君臣、父子則置之度外，以爲非法；其貧富修短不能違乎命，獨至於凡人所值則推之因果，以爲宿報；身受奉養安逸之實利，而口談真空寂滅之空言。世主惑於福田利益之虛名，而受耗國蠹民之實害，上下相迷，古今一轍。間或慨然攘而斥之，非其好惡偏蔽如魏太武、唐武宗，則後人不能繼承美政，從而更改，如唐宣宗之流，使任道憂民之士，深嗟而重嘆也。夫井田既不可遽復，兵制又未能驟革。其明白易行而無害者，莫如先罷釋老以紓百姓，斷之以不疑，持之以悠久，使人綱人紀漸有可張之道。其爲功不在

於禹抑洪水、放龍蛇，周公膺戎狄、驅猛獸，孔子誅亂臣、討賊子，孟子距楊墨、正人心，豈不盡善又盡美哉！

致堂先生崇正辯卷之三終

胡子知言

〔南宋〕胡宏 撰
楊柱才 校點

目録

校點説明 …… 一
胡子知言序 …… 一
胡子知言卷第一 …… 一
天命 …… 一
修身 …… 三
陰陽 …… 六
胡子知言卷第二 …… 一〇
好惡 …… 一〇
往來 …… 一二
仲尼 …… 一四
胡子知言卷第三 …… 一八
文王 …… 一八
事物 …… 二〇
紛華 …… 二四
胡子知言卷第四 …… 二七
一氣 …… 二七
義理 …… 二九
大學 …… 三一
胡子知言卷第五 …… 三五
復義 …… 三五
漢文 …… 四〇
胡子知言卷第六 …… 四五
中原 …… 四五
胡子知言疑義 …… 五〇
胡子知言附録 …… 五九
朱子語 …… 五九
跋五峰詩 …… 六〇
國史本傳 …… 六〇
程敏政跋 …… 六五
伍崇曜跋 …… 六六

校點説明

《知言》是南宋理學家胡宏的一部重要著作。胡宏（一一〇五—一一六一），字仁仲，建州崇安（今屬福建）人。胡宏爲胡安國季子，以蔭補右承務郎，然終身不仕。胡安國服膺河南程氏之學，爲「私淑洛學而大成者」（《宋元學案》卷三十四）。胡宏自幼受其父影響甚大，終身傾心於二程之學，早年從學楊龜山（時）於京師，後又從學侯師聖於荆門。胡宏不僅「卒傳文定公之學」（張栻《胡子知言序》），而且終能超出紹興諸儒之上，而「卒開湖湘之學統」（《宋元學案》卷四十二）。晚寓居衡嶽五峰山，潛心著述。學者稱五峰先生。

胡宏生前對《知言》曾反復修訂，甚至臨終前猶未脱稿。可見，胡宏對此書極其重視。《知言》一經流傳，便受到學者的高度重視。張栻稱「其言約，其義精，誠道學之樞要，制治之著龜也」。吕祖謙甚至説「《知言》勝似《正蒙》」。朱熹雖然對《知言》有「八端」之疑，但總體上承認「五峰善思」，稱讚《知言》「其思索精到處殊不可及」。

南宋以後，《知言》出現了多種刻本。據張栻《胡子知言序》及《五峰集序》，《知言》爲「一編」，也就是不分卷次。陳振孫《直齋書録解題》、馬端臨《文獻通考》皆著録「胡子《知言》一卷」，當即是據張栻之説。除了張栻的序本以外，《知言》在南宋還流行著幾種刻本和抄本。現在可知的有，吴儆作跋的汪伯虞刻本，爲吴儆得之其師張栻而委諸汪氏刻印。真德秀作跋的蕭定夫「所藏真稿」，當淵源有自。然宋刻本今皆已不見。

元人有刻《五峰集》者，而《知言》似無刻本。明代至少有三種版本，一是《永樂大典》本，凡六卷。這應當也是《知言》分爲六卷之始。此本爲《四庫全書》所收六卷本《知言》的祖本。據《四庫全書總目》提要云，明人傳刻古書，好爲竄亂，《永樂大典》本雖保存了宋槧本的文字原貌，卻仍然「爲妄人强立篇名，顛倒次序，字句舛謬，全失其

真」。四庫館臣遂「據其章目，詳加刊正，以復其舊」。四庫本所復之舊，並非宋本原貌，實爲明人版式。二是弘治三年程敏政作跋的侯氏刻本。據程跋，程氏於吴中得到《知言》，發現其間錯誤頗多，遂手校一過，並將朱熹所編《知言疑義》别爲一卷，而凡見諸《知言疑義》的胡宏文字不再於《知言》中復出，又以朱熹論胡宏的文字及胡宏的史傳材料爲附録一卷。此本亦收宋吴、真二氏之跋。清道光三十年《粤雅堂叢書》本脱胎於此本。從《粤雅堂叢書》本分爲六卷，或可推知程跋本當亦爲六卷。三是明嘉靖五年正心書院刊刻本（簡稱嘉靖本），此本亦分《知言》爲六卷。

清代除了上面提及的《粤雅堂叢書》本及四庫本以外，尚有道光五年伍崇曜作跋的重刻本，其祖本爲當時流傳的一個抄本，亦以《知言》爲六卷，並録《疑義》一卷，《附録》一卷。近世，《知言》的版本有《百子全書》本（簡稱百子本）、《子書百家》本（簡稱子書本）、復性書院校刊本（簡稱復性書院本）等，皆分爲六卷。近年中華書局出版的《胡宏集》，係將《知言》和《五峰集》彙爲一書，而《知言》不分卷，當合於宋代樣式。然而，從明人分《知言》爲六卷，並以《疑義》别爲一卷以來，胡宏《知言》已非原貌，見諸《疑義》的文字有的不見於《知言》本身。這對於《知言》不能不説是一種缺憾。對於研究胡宏尤其是《知言》的學者而言，這一點是應當明確瞭解的，當合《知言》和《疑義》而並觀之，庶幾可得其全貌。

此次校點，以《粤雅堂叢書》本爲底本，參校了嘉靖本、四庫本、百子本、子書本、復性書院本等現今可以找到的本子。校點過程中，也參閲了吴仁華先生校點的中華書局版《胡宏集》的《知言》，謹此説明並申謝。另外，也吸收了拙文《〈胡宏集〉點校辨誤》（載《中國哲學史》2005 年第 1 期）的有關意見。

校點者　楊柱才

胡子知言序

門人廣漢張栻

《知言》，五峰胡先生之所著也。先生諱宏，字仁仲，文定公之季子也。自幼志於大道，嘗見楊中立先生於京師，又從侯師聖先生於荆門，而卒傳文定公之學。優遊南山之下餘二十年，玩心神明，不舍晝夜，力行所知，親切至到。析太極精微之藴，窮皇王制作之端。綜事理於一原，貫古今於一息。指人欲之偏以見天理之全，即形而下者而發無聲無臭之妙。使學者驗端倪之不遠，而造高深之無極。體用該備，可舉而行。晚歲嘗被召旨，不幸寢疾，不克造朝而卒。

是書乃其平日之所自著，其言約，其義精，誠道學之樞要，制治之蓍龜也。然先生之意，每自以爲未足。逮其疾革，猶時有所更定。蓋未及脱稾，而已啓手足矣。

或問於栻曰：❶《論語》一書未嘗明言性，而子思《中庸》獨於首章一言之，至於孟子始道性善，然其爲説則已簡矣。今先生是書，於論性特詳焉，無乃與聖賢之意異乎？栻應之曰：無以異也。夫子雖未嘗指言性，而子貢蓋嘗識之曰「夫子之文章可得而聞也，夫子之言性與天道不可得而聞也」，是豈真不可得而聞哉？蓋夫子之文章，無非性與天道之流行也。至孟子

❶「栻」，《南軒集》卷十四作「某」。下一「栻」字同。

之時，如楊朱、墨翟、告子之徒，異説並興，孟子懼學者之惑，而莫知所止也，於是指示大本，而極言之，蓋有不得已焉耳矣。又况今之異端，直自以爲識心見性，其説譸張雄誕，又非當時之比。故高明之士，往往樂聞而喜趨之，一溺其間則喪其本心，萬事隳弛。毫釐之差，霄壤之謬。其禍蓋有不可勝言者。先生於此又烏得而忘言哉？故其言有曰：❶「誠成天下之性，性立天下之有，情效天下之動。」而必繼之曰：「心妙性情之德。」又曰：「誠者，命之道乎。中者，性之道乎。仁者，心之道乎。」而必繼之曰：「惟仁者爲能盡性至命。」學者誠能因其言而精察於視聽言動之間，卓然知夫心之所以爲妙，則性命之理，蓋可默識。而先生之意，所以不異於古人者，亦可得而言矣。若乃不得其意，而徒誦其言，不知求仁，而坐談性命，則幾何其不流於異端之歸乎？

栻頃獲登門，道義之誨，浹洽於中。自惟不敏，有負夙知。輒序遺書，貽於同志。不韙之辠，所不得而辭焉。❷

❶「故其言」，原無，據四庫本及《南軒集》卷十四補。

❷「焉」下，四庫本有「乾道四年三月丙寅門人張栻序」十三字。

胡子知言卷第一

天命

胡子曰：誠者，命之道乎。中者，性之道乎。仁者，心之道乎。惟仁者，爲能盡性至命。

靜觀萬物之理，得吾心之説也易。動處萬物之分，得吾心之樂也難。是故仁智合一，然後君子之學成。

觀日月之盈虛，知陰陽之消息。觀陰陽之消息，知聖人之進退。

士選於庠塾，政令行乎世臣，學校起於鄉行，財出於九賦，兵起於鄉遂，然後政行乎百世，❶而仁覆天下矣。

生刑輕，則易犯，是故教民以無恥也。死刑重，則難悔，是絶民自新之路也。死刑生刑，輕重不相縣，然後民知所避，而風化可興矣。

自三代之道不行，君臣之義不明，君誘其臣以富貴，臣干其君以文行。夫君臣相與之際，萬化之原也。既汩其利矣，末流其可禁乎？此三代之治所以不復也。

堯、舜、禹、湯、文王、仲尼之道，天地中和之至，非有取而後爲之者也。是以周乎萬物，通乎無窮，日用而不可離也。釋氏乃爲厭生、死，苦病、老，然後有取於心以自利耳。本既如是，求欲無弊，其可得乎？

爵位儀章，德之飾也。有德則爲等威，君子之所欲。無德則器物而已矣，君子賤焉。

---

❶「世」，嘉靖本、四庫本作「姓」。

陰陽之升降，邪正之内外，一也。是故，仁者雖切切於世，而亦不求之必行也。

寒暑之始終，天地之始終也。

拘於耳目聞見者，衆人也。無典章法度者，釋氏也。安得其心偏該流通，與論性命之理，而反之正哉。

一裘裳也，于冬之時舉之，以爲輕，逮夏或舉之，則不勝其重。一絺綌也，于夏之時舉之，以爲重，逮冬或舉之，則不勝其輕。夫衣非隨時而有輕重也，情狃於寒暑而亂其心，非輕重之正也。世有緣情立義，自以爲由正大之德而不之覺者，❶亦若是而已矣。孰能不狃於情，以正其心，定天下之公乎？

見善有不明，則守之不固。或懾於威嚴而失之，或没於情恩而失之，❷或亂於精微而失之，或汩於末流而失之。偉哉，孟氏之子！生世之大弊，承道之至衰，蘊經綸之大業，進退辭受，執極而不變，用極而不亂，屹然獨立於横流，使天下後世曉然知强大威力之不可用，士所以立身，大夫所以立家，諸侯所以立國，天子所以保天下，必本諸仁義也。偉哉，孟氏之子！

義者，權之行也。仁，其審權者乎。

道充乎身，塞乎天地，而拘於軀者不見其大；存乎飲食男女之事，而溺於流者不知其精。諸子百家億之以意，飾之以辨，傳聞襲見，蒙心之言，命之理，性之道，置諸茫昧則已矣。悲夫！此邪説暴行所以盛行，而不爲其所惑者鮮矣。然則奈何？曰：在修吾身。

釋氏定其心而不理其事，故聽其言如該通，徵其行則顛沛。儒者理於事而心有

❶ 下「之」字，嘉靖本作「知」。
❷ 「恩」，原作「思」，據嘉靖本、四庫本改。

止，故内不失成己，外不失成物，可以贊化育而與天地參也。

自反則裕，責人則蔽。君子不臨事而恕己，然後有自反之功。自反者，修身之本也。本得，則用無不利。

有毁人敗物之心者，小人也。操愛人成物之心者，❶義士也。油然乎物各當其分而無爲者，君子也。

知人之道，驗之以事而觀其詞氣。從人反躬者，鮮不爲君子；任己蓋非者，鮮不爲小人。

釋氏直曰吾見其性，故自處以静，而萬物之動不能裁也；自處以定，而萬物之分不能止也。是亦天地一物之用耳。自道參天地，明並日月，功用配鬼神者觀之，則釋氏小之爲丈夫矣。其言夸大，豈不猶坎井之蛙歟！

仁者，天地之心也。心不盡用，君子而不仁者，有矣！

萬物備而爲人，物有未體，非仁也。萬民合而爲君，有一民不歸吾仁，非王也。

天命爲性，人性爲心。不行己之欲，不用己之智，而循天之理，所以求盡其心也。

修身

胡子曰：修身以寡欲爲要，行己以恭儉爲先。自天子至於庶人，一也。

道不能無物而自道，物不能無道而自物。道之有物，猶風之有動，猶水之有流也。夫孰能間之？故離物求道者，妄而已矣。

釋氏之學，必欲出死生者，蓋以身爲

❶「愛」，嘉靖本、四庫本作「譽」。

己私也。天道有消息，故人理有始終。不私其身，以公於天下，四大和合，無非至理，六塵緣影，無非妙用。何事非真，何物非我？生生不窮，無斷無滅，此道之固然，又豈人之所能爲哉？夫欲以人爲者，吾知其爲邪矣。

道非仁不立。孝者，仁之基也。仁者，道之生也。義者，仁之質也。

未能無欲，欲不行焉之謂大勇。未能無惑，惑不苟解之謂大智。物不苟應，務盡其心之謂大仁。人而不仁，則道義息。❶

强暴感仁義而服者有矣，未聞以强暴服强暴而能有終者也。

孝莫大於寧親，寧親莫大於存神。神存天地之間，順其命，勿絶滅之而已矣。死生者，身之常也。存亡者，國之常也。興廢者，天下之常也。絶滅者，非常之變也。聖人制四海之命，法天而不私己，盡制而不曲防，分天下之地以爲萬國，而與英才共焉。誠知興廢之無常，不可以私守之也。故農夫受田百畝，諸侯百里，天子千里。農夫食其力，諸侯報其功，天子享其德。此天下之分，然非後世擅天下者以大制小，以强制弱之謀也，誠盡制而已矣。是以虞、夏、商、周傳祀長久，皆千餘歲。論興廢，則均有焉。語絶滅，則至暴秦郡縣天下，然後及也。自秦滅先王之制，海内蕩然，無有根本之固。有今世王天下，而繼世無置錐之地者。有今年貴爲天子，而明年欲爲匹夫不可得者。天王尚焉，❷况其下者乎！是以等威不立，禮義難行，俗化衰薄，雖當世興廢之常，而受絶滅之禍也。其爲不孝孰大焉？悲夫！秦、

❶ 「人而不仁，則道義息」，嘉靖本、四庫本別爲一段。

❷ 「焉」，嘉靖本、四庫本作「然」。

漢、魏、晉、隋、唐之君，真可謂居絶滅之中而不自知者也。是故大《易》垂訓，必建萬國而親諸侯。《春秋》立法，興滅國而繼絶世。

義有定體，仁無定用。

道無不可行之時，時無不可處之事。時無窮，事萬變，惟仁者爲能處之不失其道而有成功。權數智術，用而或中則成，不中則敗。其成敗係人之能否，而權變縱釋不在我者也。豈不殆哉！

天命不已，故人生無窮。具耳目、口鼻、手足而成身，合父子、君臣、夫婦、長幼、朋友而成世，非有假於外而强成之也，是性然矣。聖人明於大倫，理於萬物，暢於四肢，達於天地，一以貫之。性外無物，物外無性。是故成己成物，無可無不可焉。釋氏絶物遁世，棲身沖寞，窺見天機有不器於物者，遂以此自大，謂萬物皆我心；物不覺悟而我覺悟，謂我獨高乎萬物。於是顛倒所用，❶莫知所止，反爲有適有莫，不得道義之全。名爲識心見性，然四達而實不能一貫。展轉淫遁，莫可致詰。世之君子信其幻語而惑之，孰若即吾身世而察之乎？❷

先道而後言，故無不信之言。先義而後行，故無不果之行。

陰陽成象，而天道著矣。剛柔成質，而地道著矣。仁義成德，而人道著矣。

萬物生於天，萬事宰於心。性，天命也。命，人心也。而氣經緯乎其閒，萬變著見而不可掩，莫或使之，非鬼神而何？

法制者，道德之顯爾。道德者，法制之隱爾。天地之心，生生不窮者也。必有

❶「所」，嘉靖本、四庫本作「作」。

❷「若」，原無，據嘉靖本、四庫本補。

春秋冬夏之節，風雨霜露之變，然後生物之功遂。有道德結於民心而無法制者，爲無用，無用者亡。劉虞之類。有法制繫於民身而無道德者，爲無體，無體者滅。暴秦之類。是故法立制定，苟非其人，亦不可行也。

學進，則所能日益。德進，則所能日損。不已而天，則所能亡矣。

事成則極，極則變。物盈則傾，傾則革。聖人裁成其道，輔相其宜，百姓於變而不知。此堯舜所以爲聖也。

造車於室而可通於天下之險易，鑄鑒於治而可以定天下之妍醜，蓋得其道而握其要也。治天下者，何獨不觀乎此而反求諸身乎？❶是以一正君心而天下定矣。

陰陽

胡子曰：「一陰一陽之謂道」，有一則有三，自三而無窮矣。老氏謂「一生二，二生三」，非知太極之藴者也。

小道任術，先其得，後其利，智已而愚民者也。聖人由道而行，其施也博，其報也厚，其散也廣，其聚也多，貪慾不生而天下通焉。

夫婦之道，人醜之者，以淫慾爲事也；聖人安之者，以保合爲義也。接而知有禮焉，交而知有道焉，惟敬者爲能守而勿失也。《語》曰「樂而不淫」，則得性命之正矣。謂之淫慾者，非陋庸人而何？

變異見於天者，理極而通，數窮而更，

❶「何獨」，百子本作「獨何」。

勢盡而反，氣滋而息，興者將廢，成者將敗。人君者，天命之主，所宜盡心也。德動於氣，吉者成，凶者敗，大者興，小者廢，天豈有心於彼此哉！ 謂之譴告者，人君覩是，宜以自省也。仁義服於吾身，是非明於吾政，雖四海沸騰，三光淪没，亦不足畏也已。若以天命爲恃，遇災不懼，肆淫心而出暴政，未有不亡者也。

物之生死，理也。理者，萬物之貞也。生聚而可見，則爲有；死散而不可見，則爲無。夫可以有無見者，物之形也。物之理，則未嘗有無也。老氏乃以有無爲生物之本，陋哉！ 天得地而後有萬物，夫得婦而後有男女，君得臣而後有萬化。此一之道也，所以爲至也。

井法行，而後智愚可擇，學無濫士，野無濫農，人才各得其所，而游手鮮矣。君臨卿，卿臨大夫，大夫臨士，士臨農與工商，所受有分制，多寡均而無貧苦者矣。人皆受地，世世守之，無交易之侵謀。無交易之侵謀，則無争奪之獄訟。無争奪之獄訟，則刑罰省而民安。刑罰省而民安，則禮樂修而和氣應矣。

守身以仁。以守身之道正其君者，大臣也。漢唐之盛，忠臣烈士攻其君之過，禁其君之欲，糾其政之繆，彈其人之佞而止已。求其大君心，引之志於仁者，則吾未之見也。惟董生其庶幾乎。

道可述不可作，述之者天也，作之者人也。三王述之，五霸作之，其功德可考矣。

深於道者，富用物而不盈。衛公子荆善居室，孔子何取焉？ 以其心不嬰於物，可以爲法也。夫人生於世，用物以成其生耳，其久能幾何，而世人馳騖不反也。「維天之命，於穆不已」。聖人知天命

存於身者，淵源無窮，故施於民者溥博無盡，而事功不同也。知之，則於一事功可以盡聖人之藴；不知，則一事功而已矣，不足以言聖人也。莊周乃曰：「聖人之道，真以治身，其緒餘土苴以治天下。」豈其然乎！

善爲天下者務寢兵。兵，刑之大者耳。雖漢唐盛主，禮樂廢缺，法令專行，是兵常興而未嘗息也。紀綱如是，而欲有三代之文章，其可得乎！

有情無情，體同而用分。人以其耳目所學習，而不能超乎見聞之表，故昭體用以示之，則惑矣。惑則茫然無所底止，而爲釋氏所引，以心爲宗，心生萬法，萬法皆心，自滅天命，固爲己私。小惑難解，大礙方張，不窮理之過也。彼其夸大言辭，顛倒運用，自謂至極矣。然以聖人視之，可謂欲仁而未至，有智而未及者也。夫生於戎夷，亦閒世之英也，學之不正，遂爲異端小道。惜哉！

聖人尚賢，使民知勸；教不能，使民不爭；明善惡之歸，如日月之照白黑，然民猶有惑於欲而陷於惡。故孔子觀上世之化，喟然而嘆曰：「甚哉！知之難也。」雖堯舜之民比屋可封，能使之由而已，亦不能使之知也。❶夫人目於五色，耳於五聲，口於五味，其性固然，非外來也。聖人因其性而導之，由於至善，故民之化之也易。老子曰：「不見可欲，使心不亂。」夫可欲，天下之公欲也，而可蔽之使不見乎？天地之生生萬物，聖人之生生萬民，固其理也。老聃用其道，計其成，而以不争行之，是舞智尚術，求怙天下之權以自私也。其去王事遠矣。

❶「之」，原無，據嘉靖本補。

時之古今，道之古今也。

道者，體用之總名。仁其體，義其用。合體與用，斯爲道矣。「大道廢，有仁義」，老聃非知道者也。

胡子知言卷第一　　譚瑩玉生覆校

胡子知言卷第二

好惡

胡子曰：寡欲之君，然後可與言王道。無欲之臣，然後可以言王佐。

志仁則可大，依仁則可久。

仲尼從心所欲不踰矩，可謂盡心矣。天即孔子也，孔子即天也。釋氏無障礙，而所欲不能不踰矩，吾知其未見心之全也，猖狂妄行而已。

有其德，無其位，君子安之；有其位，無其功，君子恥之。君子之遊世也以德，故不患乎無位。小人之遊世也以利勢，故患得患失，無所不爲。

一噓吸足以察寒暑之變，一語默足以著行藏之妙，一往來足以究天地之理。自陋者不足與有言也，自小者不足與有爲也。

人雖備天道，必學然後識，習然後能，能然後用。用無不利，唯樂天者能之。

有之在己，知之在人。有之而人不知，❶從而與人較者，非能有者也。

水有源，故其流不窮。木有根，故其生不窮。氣有性，故其運不息。德有本，故其行不窮。孝悌也者，德之本歟。

有是心則有知，無是心則無知。巧言令色之人，一失其心於浮僞，未有能仁者也。

等級至嚴也，失禮樂則不威。山河至險也，失禮樂則不固。禮乎樂乎，天下所日用，不可以造次顛沛廢焉者乎！富可

❶「有之」，原無，據嘉靖本、四庫本補。

以厚恩，貴可以廣德。是君子之所欲，有求之而得者，有不求而得者，有求而不得者，命有定矣。信而不渝，然後能爲君子。

有爲之爲，出於智巧。血氣方剛，❶則智巧出焉；血氣既衰，則智巧窮矣。或知功之可利而鋭於立功，或知名之可利而進以求名，或知正直之可利而勉於正直，或知文詞之可利而習於文詞，皆智巧之智也。上好恬退，則爲恬退以中其欲。上好剛勁，則爲剛勁以中其欲。上好温厚，則爲温厚以中其欲。上好勤恪，則爲勤恪以中其欲。上好文雅，則爲文雅以中其欲。皆智巧之巧也。年方壯則血氣盛，❷得所欲則血氣盛，壯邁往失則血氣挫折消懦而所爲屈矣，無不可變之操也。無爲之爲，本於仁義。善不以名而爲，功不以利而勸，通於造化，與天地相終始。苟不至德，則至道不凝焉。

聖人不可得而見矣，其遺言猶龍之蜕，猶虎之皮。用其文章，猶足動觀聽，况能充其蜕，復其皮，得其精神以設施於天下，其撥亂興治如反覆手足。❸不得其道，與天下之人角智力者，嵲嵲乎殆哉！

有聚而可見謂之有者，知其有於目，故散而不可見者謂之無。有實而可蹈謂之有者，知其有於心，故妄而不可蹈者謂之無。

馬牛，人畜也。御之失道，則奮其角踶，雖有猛士，莫之敢攖；得其道，則三尺童子用之，周旋無不如志焉。天下分裂，兆民離散，欲以一之，固有其方，患在人不仁，雖與言而不入也。

❶「剛」，嘉靖本、四庫本作「盛」。
❷「壯」，百子本作「剛」。
❸「足」，嘉靖本、四庫本作「耳」。

知幾，則物不能累而禍不能侵。不累於物，其知幾乎。

郡縣天下，可以持承平，而不可支變故。封建諸侯，可以持承平，可以支變故。

自觀我者而言，事至而知起，則我之仁可見矣；事不至而知不起，則我之仁不可見也。自我而言，心與天地同流，夫何間之！❶

處己有道，則行艱難險厄之中無所不利；失其道，則有不能堪而忿慾興矣。是以君子貴有德也。

往來

胡子曰：或往或來，天之所以爲道也。或語或默，士之所以爲仁也。或進或退，臣之所以事君也。或擒或縱，兵之所以爲律也。或弛或張，王之所以成化於天下也。

釋氏以盡虛空沙界爲吾身，大則大矣，而以父母所生之身爲一塵刹幻化之物，而不知敬焉，是有間也。有間者，至不仁也，與區區於一物之中沈惑而不知反者何以異？

性譬諸水乎，則心猶水之下，情猶水之瀾，欲猶水之波浪。

即物而真者，聖人之道也。談真離物者，釋氏之幻也。

釋氏見理而不窮理，見性而不盡性，故於一天之中分別幻華真實，不能合一，與道不相似也。

當爵祿而不輕，行道德而不舍者，君子人歟？君子人也。天下之臣有三：有好功名而輕爵祿之臣，是人也，名得功成

❶「之」下，嘉靖本、四庫本有「有」字。

而止矣；有貪爵禄而昧功名之臣，是人也，必忘其性命矣，鮮不及哉；有由道義而行之臣，是人也，爵位功名得之不以爲重，失之不以爲輕，顧吾道義如何耳。君天下，臨百官，是三臣者雜然並進，爲人君者烏乎知而進退之？孟子曰：「君仁，莫不仁。」

有善行而不仁者有矣，未有不仁而能擇乎善者也。

子思子曰：「率性之謂道。」萬物萬事，性之質也。因質以致用，人之道也。人也者，天地之全也。而何以知其全乎？萬物有有父子之親者焉，有有君臣之統者焉，有有報本反始之禮者焉，有有兄弟之序者焉，有有救災恤患之義者焉，有有夫婦之别者焉，至於知時御盜如雞犬，猶能有功於人，然謂之禽獸而人不與爲類，何也？以其不得其全，不可與爲類也。夫人雖備萬物之性，然好惡有邪正，取舍有是非，或中於先，或否於後，或得於上，或失於下，故有不仁而入於夷狄禽獸之性者矣。惟聖人既生而知之，又學以審之，盡人之性，盡物之性，德合天地，心統萬物，故與造化相參而主斯道也。不然，各適其適，雜於夷狄禽獸，是異類而已，豈人之道也哉！是故君子必戒謹恐懼，以無失父母之性，自别於異類，期全而歸之，以成吾孝也。

中者，道之體；和者，道之用。中和變化，萬物各正性命而純備者，人也，性之極也。故觀萬物之流形，其性則異；察萬物之本性，其源則一。聖人執天之機，惇叙五典，庸秩五禮。順是者，彰之以五服；逆是者，討之以五刑。調理萬物，各得其所。此人之所以爲天地也。

日之所可覩者，禽獸皆能視也。耳之

所可聞者，禽獸皆能聽也。視而知其形，聽而知其聲，各以其類者，亦禽獸之所能也。視萬形，聽萬聲，而兼辨之者，則人而已。覩形色而知其性，聞聲音而達其義，通乎耳目之表，形器之外，非聖人則不能與於斯矣。❶ 斯道不明，則中國冠帶之君有時而爲夷狄。楊朱、墨翟之賢而有禽獸之累，惟安於耳目形器，不知覺之過也。君子履安佚之地，當安佚之時，戒謹恐懼，不敢須臾怠者，以此。

君子畏天命，順天時，故行驚衆駭俗之事常少。小人不知天命，以利而動，肆情妄作，故行驚衆駭俗之事，必其無忌憚而然也。

首萬物，存天地，謂之正情。備萬物，參天地，謂之正道。順秉彝，窮物則，謂之正教。❷

道之明也，道之行也，或知之矣。❸ 變動不居，進退無常，妙道精義未嘗須臾離也。賢者之行，智者之見，常高於俗而與俗立異。不肖者之行，愚者之見，常溺於俗而與俗同流。此道之所以不明也，此道之所以不行也。我知聖人之行，聖人之見矣。不與俗異，不與俗同，變動不居，進退無常，妙道精義未嘗離也。參於天地，造化萬物，明如日月，行如四時。我知聖人之行，聖人之見矣。

仲尼

胡子曰：仲尼之教，猶天地造化萬物，

❶「矣」，原作「文」，據嘉靖本、四庫本改。

❷ 本段原與上段連屬，據四庫本、百子本、復性書院本提行。

❸「或」，嘉靖本、四庫本作「我」。

生生日新，無一氣之不應，無一息之或已也。我於季路而見焉。或曰：何謂也？曰：子路衣敝緼袍，與衣狐貉者立而不恥者，其質美矣。孔子曰：「不忮不求，何用不臧？」進之以仁也。季路終身誦之，力行乎仁矣。孔子曰：「是道也，何足以臧？」至哉斯言！非天下之至誠，其孰能與於此？顏回欲罷不能，未至文王純一不已之地。孔子所以惜之，曰：「未見其止也。」止則與天爲一，無以加矣。

氣主乎性，性主乎心。心純，則性定而氣正。氣正，則動而不差。動而有差者，心未純也。告子不知心而以義爲外，無主於中而主於言。言有不勝則惑矣，而心有不動乎？北宮黝、孟施舍以氣爲本，以果爲行。一身之氣，有時而衰，而心有不動乎？曾子、孟子之勇原於心，在身爲道，處物爲義，氣與道義同流，融合於視聽言動之間，可謂盡性者矣。夫性無不體者，心也。孰能參天地而不物，關百聖而不惑，亂九流而不繆，乘富貴而能約，遭貧賤而能亨，禮儀三百，威儀三千，周旋繁縟而不亂乎？

人皆有良心，故被之以桀、紂之名，雖匹夫不受也。夫桀、紂，萬乘之君，而匹夫羞爲之，何也？以身不親其奉，而知其行醜也。王公大人一親其奉，喪其良心，處利勢之際，臨死生之節，貪冒苟免，行若犬鼠者，皆是也。富貴而奉身者備，斬良心之利劍也。是故禹菲飲食，卑宫室，孔子重贊之曰：「吾無閒然矣。」富貴，一時之利；良心，萬世之彝。乘利勢，行彝章，如雷之震，如風之動，聖人性之，君子樂之。不然，乃以一時之利失萬世之彝，自列於禽獸。甯貧賤而爲匹夫，不願王公之富貴也。

以理義服天下易，以威力服天下難。理義本諸身，威力假諸人者也。本諸身者有性，假諸人者有命。性可必而命不可必，性存則命立，而權度縱釋在我矣。是故善爲國者，尊吾性而已。

君子有宰天下之心，裁之自親始。君子有善萬世之心，行之自身始。不然，則蕩而無止，不入於釋氏之絶滅，則入於老莊之荒唐。

有德而富貴者，乘富貴之勢以利物。無德而富貴者，乘富貴之勢以殘身。富貴，人之所大欲；貧賤，人之所大惡。然因貧賤而修益者多，因富貴而不失於昏淫者寡，則富貴也，有時而不若貧賤矣。

赤子不私其身，無智巧，無偏係。能守是心而勿失，然後謂之大丈夫。

惟仁者爲能所執無非禮，所行無非義。

今之儒者移學文藝、干仕進之心，以收其放心而美其身，則又何古人之不可及哉！父兄以學文藝令其子弟，朋友以仕進相招，往而不返，則心始荒而不治，萬物之成，咸不逮古先矣。

學欲博，不欲雜；守欲約，不欲陋。雜似博，陋似約，學者不可不察也。

修爲者必有弃，然後能有所取；必有變，然後能有所成。雖天子之貴，不仁不義，不能以尊其身。雖天下之大，不仁不義，不能以庇其身。況其下者乎？

魚生於水，死於水。草木生於土，死於土。人生於道，死於道。天經也。飲食、車馬、衣裘、宮室之用，道所以有濟生者，猶魚有蘋藻泥沙，草木有風雷雨露也。如使魚而離水，雖有蘋藻泥沙，則不能生矣。如使草木而離土，雖有風雷雨露，亦不能以生。今人也而離道，飲食雖豐，裘

服雖鮮，車馬雖澤，宫室雖麗，其得而享諸？季世淫亂並興，争奪相殺，殄滅人倫，至於善良被禍，姦惡相殘，天下嚻然，皆失其所，則一人棄道崇物之所致也。有國家者戒之！戒之！

養太子不可以不慎也，望太子不可以不仁也。

胡子知言卷第二　　譚瑩玉生覆校

胡子知言卷第三

文王

胡子曰：文王之行王政，至善美也。孟子之言王道，至詳約也。然不越制其田里，導之樹畜，教之以孝悌忠信而已。自五霸之亂以至於今，田里之弊無窮，樹畜之業不修，孝悌之行不著，忠信之風不立，治道日苟，刑罰日煩，非有超百世英才之君臣，與文王、孟氏比肩者，其孰能復之？養民惟恐不足，此世之所以治安也。取民惟恐不足，此世之所以敗亡也。

江河之流，非舟不濟，人取其濟則已矣，不復留情於舟也。澗壑之險，非梁不渡，人取其渡則已矣，不復留情於梁也。人於奉身濟生之物皆如是也，不亦善乎！澹然天地之閒，❶雖死生之變，不能動其心矣。

生本無可好，人之所以好生者，以欲也。死本無可惡，人之所以惡死者，亦以欲也。生，求稱其欲。死，懼失其欲。衝衝天地之閒，❷莫不以欲爲事，而心學不傳矣。

有源之水，寒冽不凍。有德之人，厄窮不塞。

以反求諸己爲要法，以言人不善爲至戒。

行謹則能堅其志，言謹則能崇其德。

下之於上德，不待聲色而後化。人之於其類，不待聲色而後從。禍福於善惡，

❶「之閒」，百子本作「之中」。
❷「衝衝」，四庫本、復性書院本作「憧憧」。

不待聲色而後應。❶《詩》云：「民之秉彝，好是懿德。」是故「君子篤恭而天下平」。

人固有遠迹江湖，念絶於名利者矣，然世或求之而不得免。人固有置身市朝，心屬於富貴者矣，然世或捨之而不得進。命之在人，分定於天，不可變也。是以君子貴知命。知命，然後能信義。惟患積德不足於身，不患取資不足於世。

執斧斤者聽於施繩墨者，然後大厦成。執干戈者聽於明理義者，然後大業定。

仁心，立政之本也。均田，爲政之先也。田里不均，雖有仁心，而民不被其澤矣。井田者，聖人均田之要法也。恩意聯屬，姦宄不容，少而不散，多而不亂。農賦既定，軍制亦明矣。三王之所以王者，以其能制天下之田里，政立仁施，雖匹夫匹婦一衣一食，如解衣衣之，推食食之。其於萬物，誠有調燮之法，以佐贊乾坤化育之功，非如後世之君不仁於民也。

桀、紂、秦政皆窮天下之惡，百姓之所同惡，故商、周、劉漢因天下之心伐而代之，百姓親附，居之安久，所謂仁義之兵也。魏晉以來，天下莫不假人之柄而有篡三綱之罪，仁義不立，綱紀不張，無以締固民心，而欲居之安久，可乎？

或問：「周室衰，諸侯更霸數百年，及秦累世窮兵極勢而後定天下，天下已定，其十三歲而亡，何也？」曰：「秦之亡也久矣。秦自用孝公、商鞅之法，勢日張而德日衰，兵日振而俗日弊，地日廣而民心日益散，秦之亡也久矣。」「然則賈生謂攻守之勢異，非歟？」曰：「攻守一道也。是故湯、武由仁義以攻，由仁義以守，漢、唐以

❶ 「待」，原誤作「侍」，據上文文例改。

仁義而攻，以仁義而守，子孫享之各數百年，蓋得其道也。」曰：「秦失其道，其能定天下，何也？」曰：「時也。六國之君，其愚又甚於秦，故秦能欺之，以僥倖一時之勝，而亡立至矣。」曰：「然則漢、唐興義師，不五六歲得天下，定中國者數百年，季世一失其道而亡，如此其速，❶何也？」曰：「井法不立，諸侯不建，天下蕩蕩無綱紀也。後世不改其轍，欲如周獲天年，終難矣哉！」

三代而後，漢、唐之盛，謂愛民而富民之君則有之，謂愛民而教民之君則未之有也。

漢、唐以來，天下既定，人君非因循自怠，則沈溺聲色。非沈溺聲色，則開拓邊境。非開拓邊境，則崇飾虛文。其下乃有惑於神仙真空之術。曷若講明先王之道，存其心，正其情，大其德，新其政，光其國，爲萬世之人君乎！後世必有高漢、唐賢君之聰明者，然後能行之矣。而漢、唐賢君志趣識量亦未易及也，可輕棄哉？又況三代之盛，王行一不義，殺一不辜而得天下不爲者，其仁何可及乎？人君聯屬天下以成其身者也，內選於九族之親，禮其賢者，表而用之，以聯屬其親。外選於五方之人，禮其英傑，引而進之，以聯屬其民。是故賢者，衆之表，君之輔也。不進其親之賢者，是自賊其心腹也。不進其人之賢者，是自殘其四肢也。殘賊之君，鮮不覆亡哉！

事物

胡子曰：事物之情，以成則難，以毀則

❶「其速」，嘉靖本作「其故」，則屬下讀，四庫本作「其忽」。

易。足之行也亦然，升高難，就卑易。舟之行也亦然，泝流難，順流易。是故雅言難入而淫言易聽，正道難從而小道易用。伊尹之訓太甲曰：「有言逆于汝心，必求諸道。有言遜于汝志，必求諸非道。」蓋本天下事物之情而戒之耳，非謂太甲質凡而故告之以如是也。❶英明之君以是自戒，則德業日新，可以配天矣。

聖人理天下，以萬物各得其所爲至極。井田、封建，其大法也。暴君汙吏既已廢之，明君良臣歷千五百餘歲未有能復之者，智不及邪？才不逮邪？聖道不傳，所謂明君良臣也，❷未免以天下自利，無意於裁成輔相，使萬物各得其所邪。

探視聽言動無息之本，可以知性。察視聽言動不息之際，可以會情。視聽言動，道義明著，孰知其爲此心？視聽言動，物欲引取，孰知其爲人欲？是故誠成天下之性，性立天下之有，情效天下之動，心妙性情之德。性情之德，庸人與聖人同，聖人妙，而庸人所以不妙者，拘滯於有形而不能通爾。今欲通之，非致知，何適哉？

至親至切者，其仁之義也歟？至通至達者，其義之理也歟？人備萬物，賢者能體萬物，故萬物爲我用。物不備我，故物不能體我。應不爲萬物役而反爲萬物役者，其不智孰甚焉！

行吾仁謂之恕，操吾心謂之敬。敬以養吾仁。

非性無物，非氣無形。性，其氣之本乎。

釋氏窺見心體，故言爲无不周徧。然

❶「是」，百子本作「此」。

❷「也」，嘉靖本、四庫本作「者」。

未知止於其所，故外倫理而妄行，不足與言孔孟之道也。明乾坤變化，萬物受命之理，然後信六道輪迴之説具詖淫邪遁之辭，始可與爲善矣。

氣之流行，性爲之主。性之流行，心爲之主。❶

釋氏有適而可，有適而不可，吾儒無可無不可。人能自强於行履之地，則必不假釋氏淫遁之詞以自殆矣。釋氏惟明一心，亦可謂要矣，然真孔子所謂「好仁不好學」者也。不如是，豈其愚至於無父無君而不自知其非也哉！

物無非我，事無非真。彼遺棄人間萬務，惟以了死生爲大者，其蔽孰甚焉！

氣感於物，發如奔霆，狂不可制。惟明者能自反，惟勇者能自斷。

行之失於前者，可以改之於後。事之失於今者，可以修之於來。雖然，使行而可以逆制，則人皆有善行矣。使事而可以預立，則人皆有善事矣。惟造次不可以少待也，惟顛沛不可以少安也，則行失於身，事失於物，有不可勝窮者矣。雖强力之人，改過不憚，其如過之不窮何？是以《大學》之方，在致其知。知至然後意誠，意誠則過不期寡而自寡矣。

事之誤，非過也，或未得馭事之道焉耳。心之惑，乃過也。心過難改，能改心過，則無過矣。

能攻人之實病至難也，能受人實攻者爲尤難。人能攻我實病，我能受人實攻，朋友之義，其庶幾乎！不然，其不相陷而爲小人者，幾希矣。

忌克之人，其可事乎？其急也，我諫我聽，我才我用。禍既息矣，我諫，謗也，

❶「爲之」，原作「之爲」，據四庫本、復性書院本改。

我才，姦也，殺我必矣。有天下國家而如是，能傳之子孫者，未之有也。是故不忌不克，可以爲君矣。諫不妄發，才不妄試，可以保身矣。

喪之三年，盡生者之孝心也，於死者何加損焉？是故漢文雖有命短喪，我謂之天下之慈君，而漢景不服三年之喪，其爲孝也薄矣。行而有悖於天，有累於身，雖有父令，不可從也。從之，則成父之小欲，而隳父之大仁，君子不謂之孝。況三年之喪，仁人孝子所以事天成身之本，非父之所得令者乎！後世不罪漢景之薄於親，而罪漢文之慈於臣子，是未察乎喪服之志者也。

欲大變後世之法度，必先大變人主之心術。心術不正，則不能用真儒爲大臣。大臣非真儒，則百官不可總己以聽，而嗣君不可以三年不言，母后雖欲順承天意，不撓外權，不可得矣。此不可不大變其本也。❶本正，則自身措之百官萬民，而天下皆正矣。

荀子曰：「有治人，無治法。」竊譬之欲撥亂反之正者，如越江湖，法則舟也，人則操舟者也。若舟破楫壞，雖有若神之技，人人知其弗能濟矣。故乘大亂之時必變法。法不變而能成治功者，未之有也。

欲撥亂興治者，當正大綱。知大綱，然後本可正而末可定。大綱不知，雖或善於條目，有一時之功，終必於大綱不正之處而生大亂。然大綱無定體，各隨其時。故魯莊公之大綱在於復讎也，衛國之大綱在於正名也。讎不復，名不正，雖有仲尼之德，亦不能聽魯、衛之政矣。

---

❶「其」，嘉靖本、四庫本作「之」。

紛華

胡子曰：行紛華波動之中，慢易之心不生；居幽獨得肆之處，非僻之情不起，上也。起而以禮制焉，次也。制之而不止者，昏而無勇也。理不素窮，勇不自任，必爲小人之歸，可恥之甚也。

堯舜以天下與人，而無人德我之望。湯武有人之天下，而無我取人之嫌。是故天下無大事，我不能大，則以事爲大，而處之也難。

人欲盛，則於天理昏。理素明，則無欲矣。處富貴乎，與天地同其通。處貧賤乎，與天地同其否。安死順生，與天地同其變。又何宮室、妻妾、衣服、飲食、存亡、得喪而以介意乎？

一身之利無謀也，而利天下者則謀之。一時之利無謀也，而利萬世者則謀之。存斯志，行斯道，躬耕于野，上以奉祀事長，下以慈幼延交遊，於身足矣。《易》曰：「不家食，吉。」是命焉，烏能舍我靈龜而逐人之昏昏也？

仁者，人所以肖天地之機要也。

人之於天地，有感必應，猶心之於身，疾痛必知焉。

物不獨立必有對，對不分治必交焉，而文生矣。物盈於天地之閒，仁者無不愛也。故以斯文爲己任，理萬物而與天地參矣。

或問王通曰：「子有憂疑乎？」曰：「樂天知命，吾何憂？窮理盡性，吾何疑？雖然，天下皆憂，吾獨得不憂？天下皆疑，吾獨得不疑？」又曰：「心迹之判久矣，吾獨得不二言乎？」或問曰：「通有二言，何也？」曰：「仁則知通之言一，不仁

則以通言爲二。若心與迹判，則是天地萬物不相管也，而將何以一天下之動乎？」

天下莫大於心，患在不能推之爾；莫久於性，患在不能順之爾；莫成於命，患在不能信之爾。不能推，故人物内外不能一也。不能順，故死生晝夜不能通也。不能信，故富貴貧賤不能安也。

事物屬於性，君子不謂之性也，必有心焉，而後能治。裁制屬諸心，君子不謂之心也，必有性焉，然後能存。

不仁見天下之事大，而執天下之物固。故物激而怒，怒而不能消矣；感物而欲，欲而不能止矣。窮理盡性以成吾仁，則知天下無大事，而見天下無固物。雖有怒，怒而不遷矣；雖有欲，欲而不淫矣。

莊周曰「伯夷死名於首陽之下」，非知伯夷者也。若伯夷，可謂全其性命之情者矣。謂之「死名」，可乎？周不爲一世用，以保其身可矣，而未知天下之大本也。

智不相近，雖聽言而不入。信不相及，雖納忠而不愛。是故君子必謹其所以言，則不招謗誹、取怨辱矣。

士學於文而知道，則關鍵節目之言未嘗不三復也。君學於政而知道，則幾會本原之事未嘗不三令五申也。知之，則因非而知是。不知，則指是以爲非。

人君盡下，則聰明開，而萬里之遠親於袵席；偏信，則昏亂，而父子、夫婦之閒有遠於萬里者矣。人君欲救偏信之禍，莫先於窮理，莫要於寡欲。窮理寡欲，交相發者矣。去聖既遠，天下無人師，學者必因書記語言以知理義之精微。知之，則適理義之周道也。不然，則爲溺心志之大穽矣。

人盡其心，則可與言仁矣。心窮其理，則可與言性矣。性存其誠，則可與言

命矣。

敬則人親之，仁則民愛之，誠則鬼神享之。

「窮則獨善其身，達則兼善天下」者，大賢之分也。達則兼善天下，窮則兼善萬世者，聖人之分也。

或問：「人可勝天乎？」曰：「人而天，則天勝；人而不天，則天不勝」。

學貴大成，不貴小用。大成者，參於天地之謂也。小用者，謀利計功之謂也。

人者，天地之精也，故行乎其中而莫禦；五行，萬物之秀氣也，故物爲之用而莫違。

三王，正名與利者也，故其利大而流長。五霸，假名争利者也，故其利小而流近。

形形之謂物，不形形之謂道。物拘於數而有終，道通於化而無盡。

古之學者求天知，今之學者求人知。古之仕者行己，今之仕者求利焉。

胡子知言卷第三　　譚瑩玉生覆校

胡子知言卷第四

一　氣

一氣大息，震蕩無垠，海宇變動，山勃川湮，人消物盡，舊迹亡滅，是所以爲鴻荒之世歟。氣復而滋，萬物化生，日以益衆，不有以道之則亂，不有以齊之則争。敦倫理，所以道之也。飭封井，所以齊之也。封井不先定，則倫理不可得而敦。堯爲天子，憂之而命舜。舜爲宰臣，不能獨任，憂之而命禹。禹周視海内，奔走八年，辨土田肥瘠之等而定之，立其收多寡之制而授之，定公、侯、伯、子、男之封而建之，然後五典可敷，而兆民治矣。此夏后氏之所以王天下也。後王才不出庶物，大侵小，强侵弱，智詐愚，禹之制寖隳寖紊，以至于桀，天下大亂。而成湯正之，明其等，申其制，正其封，以復大禹之舊，而人紀可修矣。此殷之所以王天下也。後王才不出庶物，大侵小，强吞弱，智詐愚，湯之制寖隳寖壞，以至于紂，天下大亂。而周武王征之，❶明其等，申其制，正其封，以復成湯之舊，而五教可行矣。此周之所以王天下也。後王才不出庶物，大吞小，强侵弱，智詐愚，武王之制寖隳寖亂，先變於齊，後變於魯，大壞於秦，而仁覆天下之政亡矣。仁政既亡，有天下者，漢唐之盛，其不王，人也，非天也。其後亡，天也，非人也。噫！孰謂而今而後無繼三王之才者乎？病在世儒不知王政之本，議三王之有天下不以其道，而反以亡秦爲可法也。

❶「征」，依上文「成湯正之」疑當作「正」。

聖人之應事也，如水由於地中，未有可止而不止，可行而不行者也。

有而不能無者，性之謂歟。宰物而不死者，心之謂歟。感而無息者，誠之謂歟。往而不窮者，鬼之謂歟。來而不測者，神之謂歟。

一往一來而無窮者，聖人之大道也。謂往而復來，來而復往者，釋氏之幻教也。

天理人欲，莫明辨於《春秋》。聖人教人清人欲，復天理，莫深切於《春秋》。

伯夷非絶物者也，惡不仁而已，故清而不介。柳下惠非徇俗者也，行吾敬而已，故和而不流。

大哉性乎！萬理具焉，天地由此而立矣。世儒之言性者，類指一理而言之爾，未有見天命之全體者也。

萬物皆性所有也。聖人盡性，故無棄物。

情一流則難遏，氣一動則難平。流而後遏，動而後平，是以難也。察而養之於未流，則不至於用遏矣。察而養之於未動，則不至於用平矣。是故察之有素，則雖嬰於物而不惑。養之有素，則雖激於物而不悖。《易》曰：「艮其背，不獲其身。行其庭，不見其人。无咎。」此之謂也。

誠，天道也。人心合乎天道，則庶幾於誠乎。不知天道，是冥行也。冥行者，不能處己，烏能處物？失道而曰誠，吾未之聞也。是故明理居敬，然後誠道得。天道至誠，故無息。人道主敬，所以求合乎天也。孔子自志學至於從心所欲不踰矩，敬道之成也。敬也者，君子之所以終身也。

義理

胡子曰：義理，羣生之性也。義行而理明，則群生歸仰矣。敬愛，兆民之心也。敬立而愛施，則人心誠服矣。感應，鬼神之性情也。誠則能動，而鬼神來格矣。

祖考爲諸侯，子孫爲大夫士。祖考爲諸侯，其葬也固諸侯，其祭也亦必以諸侯，不以子孫爲大夫士而降也。子孫爲大夫士，其葬也固大夫士，其祭也亦必以大夫士，不以祖考爲諸侯而僭也。是故杞、宋之諸侯得郊，而《春秋》以諸侯葬焉。斯可見矣。

處之以義而理得，則人不亂。臨之以敬而愛行，則物不争。守之以正，行之以中，則事不悖而天下理矣。

合以義，正合也，理不得不合也。不得不合而合，天與人一矣。合不以義，苟合也，君子不爲也。

爲天下者，必本於理義。理也者，天下之大體也；義也者，天下之大用也。理不可以不明，義不可以不精。理明，然後綱紀可正。義精，然後權衡可平。綱紀正，權衡平，則萬事治，百姓服，四海同。夫理，天命也；義，人心也。惟天命至微，惟人心好動。微則難知，動則易亂。欲著其微，欲静其動，則莫過乎學。學之道，則莫過乎繹孔子、孟軻之遺文。孔子定《書》，删《詩》，繫《易》，作《春秋》，何區區於空言？所以上承天意，下憫斯人，故丁甯反復三四不倦，使人知所以正心誠意，修身齊家，治國平天下之本也。孟軻氏閑先聖之道，慨然憂世，見齊、梁之君，間陳理義，提世大綱，一埽東周五霸之弊，發興衰撥亂之心要。愚因其言，上稽三代，下

考兩漢、三國、東西晉、南北朝，至于隋唐，以及於五代，雖成功有小大，爲政有治忽，制事有優劣，然總於大略，其興隆也，未始不由奉身以理義；其敗亡也，未始不由肆志於利欲。然後知孟軻氏之言信而有徵，其傳聖人之道純乎純者也。

性定則心宰，心宰則物隨。物欲不行，則志氣清明，而應變無失。

陰陽升降有道，剛柔屈伸有理，仁義進退有法。知道者可與論政，知理者可與謀事，知法者可與取人。知道者理得，知理者法得，是以君子貴知道也。

皇皇天命，其無息乎！體之而不息者，聖人也。是故孔子學不厭，教不倦。顏子睎夫子，欲罷而不能。孟子承先聖，周旋而不舍。我知其久於仁矣。

禮文多者，情實必不足，君子交際宜察焉。言詞巧者，臨斷必不善，君子選用宜察焉。

專好毀者，其心必不良，烏能惡不仁？

人事有是非，天命不囿於是非。超然於是非之表，然後能平天下之事也。或是或非，則在人矣，雖聖人不能免也，久則白。

萬物不同理，死生不同狀。必窮理，然後能一貫也。知生，然後能知死也。人事之不息，天命之無息也。人生在勤，勤則身修、家齊、國治、天下平。雖然，勤於道義，則剛健而日新，故身修、家齊、國治、天下平也；勤於利欲，則放肆而日怠，終不能保其身矣。禹、湯、文、武、丹朱、桀、紂，可以爲鑒戒矣。貴爲天子，富有天下，尚不能保其身，而況公卿大夫士庶人乎！

天下有二難：以道義服人難，難在我也；以勢力服人難，難在人也。由道義而

不舍，禁勢力而不行，則人心服，天下安。

一日之旦莫，天地之始終具焉。一事之始終，鬼神之變化具焉。

察人事之變易，則知天命之流行矣。❶

人之生也，良知良能根於天。拘於己，汩於事，誘於物，故無所不用學也。學必習，習必熟，熟必久，久則天，天則神。天則不慮而行，神則不期而應。

孝也者，爲仁之本也。仁也者，大學之本也。學者志於仁，必求所以爲仁。故子游、子夏問孝，皆初學之時也。

將相無異任，文武無異道。其異也，後世之人未嘗學也。

大學

胡子曰：孔子十五而志於學，何學也？曰：大學也，所以學修身、齊家、治國，平天下之道也。孔子三十而立，何立也？曰：「居天下之廣居，立天下之正位，行天下之大道」，不退轉也。孔子四十而不惑，何不惑也？曰：「富貴不能淫，貧賤不能移，威武不能屈」，卓然立乎萬物之表也。孔子五十而知天命，何知也？曰：元亨利貞，乾之四德，行之昭明，浩然與萬物同流，處之各得其分也。孔子六十而耳順，何耳順也？曰：「所過者化，所存者神」，幾於天矣。孔子七十而從心所欲不踰矩，何不踰也？曰：以其動也天故也。❷子貢曰：「夫子之得邦家者，所謂立之斯立，道之斯行，綏之斯來，動之斯和。」非天能如是乎？嗚呼！伏羲、神農、黄帝、堯、舜、禹、湯、文、武、周公、孔子、孟軻

❶ 此段百子本、復性書院本與上一段連屬。

❷ 上「也」字，原作「於」，據嘉靖本、四庫本改。

之學，立天地之經，成萬物之性者。然則請問大學之方可乎？曰：致知。請問致知。曰：致知在格物。物不格，則知不至。知不至，則意不誠。意不誠，則心不正。心不正而身修者，未之有也。是故學爲君子者，莫大於致知。彼夫隨衆人耳目聞見而知者，君子不謂之知也。

自高則必危，自滿則必溢。未有高而不危，滿而不溢者。是故聖人作《易》，必以天在地下爲泰，必以損上益下爲益。

陽中有陰，陰中有陽，陽一陰，陰一陽，此太和所以爲道也。始萬物而生之者，乾坤之元也。物正其性，萬古不變。故孔子曰：「成之者性。」

允恭者，堯帝也。温恭者，大舜也。懿恭者，文王也。恭而安者，孔子也。克勤儉於邦家者，舜之所以美大禹也。謹乃儉德者，伊尹之所以訓太甲也。恭儉惟德者，成王之所以戒百官也。

陳文子之時，天下無王，政自諸侯出，諸侯又不爲政，政自大夫出。滔滔者，天下皆是也。仁者處斯世，久思有以易天下，因污隆而起變化，無可無不可也。陳文子則不然，乃幾至無所容其身，則可謂有知乎？故孔子曰：「未知，焉得仁？」

春秋之時，天下無王。楚，古之建國也。子文輔佐楚成，曾不知首出庶物之道，安於僭竊，以荆楚而侵陵諸夏，與齊桓、宋襄、晉文争衡，務强大以濟其私欲而已，則可謂有知乎？故夫孔子曰：「未知，焉得仁？」

春秋之時，周政已失，禮樂征伐自諸侯出。既而諸侯不自爲政，禮樂征伐自大夫出。夫能出禮樂征伐者，皆天下之賢諸

侯、大夫也。❶子繼厥父，孫繼厥祖，自以爲能子能孫，人亦以爲孝悌之人矣。曾不察其所行動皆犯上之事，陵夷至於作亂而不自知，未有一人能承天命，由仁義行者也。故有子本仁而言，以正一世之失，其旨深且遠矣。此孔子《春秋》所以作也。

仁者，臨機發用而後見，不可預指。故季路、冉有、公西華之仁，孔子不得而言也。孟武伯不知仁，故又問，孔子各以材答之。夫學於聖門者，皆以仁爲本。三子者今之所能若是，後日之進未已也。其進未已，雖聖人安得而預言之？故孔子不知其仁。

趙幼翁言學。胡子曰：「學道者，正如學射，纔持弓矢，必先知的，然後可以積習而求中的矣。若射者不求知的，不求中的，則何用持弓矢以射爲？列聖諸經，千言萬語，必有大體，必有要妙。人自少而有志，尚恐奪於世念，日月蹉跎，終身不見也。君若不在於的，苟欲玩其辭而已，是謂口耳之學，曾何足云。夫留情於章句之間，固遠勝於博奕戲豫者，時以一斑自喜，何其小也。何不志於大體，以求要妙。譬如遊山，必上東岱，至於絶頂，坐使天下高峰遠岫、卷阿大澤悉來獻狀，豈不偉歟？」幼翁曰：「我習『敬以直內』，可乎？」胡子曰：「敬者，聖門用功之妙道也。然坤卦之義，與乾相蒙，『敬以直內』，終之之方也。❷苟知不先至，則不知所終。譬如將適一所，而路有多歧，莫知所適，則敬不得施，內無主矣。內無主而應事物，則未有能審事物之輕重者也。故務聖人之道者，必先致知。及超然有所見，方力行以終之。終

❶「大夫」上，嘉靖本、四庫本有「賢」字。
❷下「之」字，原作「以」，據嘉靖本、四庫本改。

之之妙，則在其人，他人不得而與也。」

人心應萬物，如水照萬象。應物有誠妄，當其可之謂誠，失其宜之謂妄。物象有形影，實而可用之謂形，空而不可用之謂影。儒者之教踐形，釋氏之教逐影，影不離乎形者也。是故聽其言則是，稽其行則非。惟高明篤實之君子，乃知釋氏之妄大有害於人心。聖王復起，必不弃中華之人，使入於夷類也。

胡子知言卷第四　　譚瑩玉生覆校

胡子知言卷第五

復義

胡子曰：復義爲信，不復義爲罔。踐理爲信，不踐理爲罔。唐文宗讀書，恥爲凡主，及不能行其政令而飲醇酒求醉，是自棄者也。若憤悱自强，乾乾惕厲，廣求賢聖以自輔，則可以有爲於天下矣。

唐文宗曰：「宰相薦人，當不問疎戚。若親故果才，避嫌而棄之，亦不爲公。」誠哉！是言也。

小人得用，則民志不定。

上侈靡而細民皆衣帛食肉，此飢寒之所由生，盜賊之所由作也。天下如是，上不知禁，又益甚焉，然而不亡者，未之有也。

事有大變，時有大宜。通其變，然後可爲也。務其宜，然後有功也。

胡子假陸賈對漢高曰：陸賈爲漢高帝大中大夫，時時前說，稱引《詩》、《書》。帝罵曰：「乃公居馬上得之，安事《詩》、《書》？」賈再拜對曰：「臣竊以陛下馬上之功不如項王也。」上曰：「何謂不如？」對曰：「天下初發難時，秦軍常乘勝逐北，項王獨破秦軍，虜王離，慴服諸侯，降章邯及欣翳，西攻破函谷，東擊死田榮，蹙漢軍於穀、泗，困陛下於滎陽、成皋，七十餘戰，未嘗敗北。陛下失太公於彭城，亡衆於滎陽，跳身於玉門，中伏弩於廣武，勇不振於鴻溝，既及羽於固陵，必待信、越而後敢戰。此臣所謂不如也。」上曰：「是則然矣。而我得天下，項王失天下者，何也？」賈對曰：「項王失信弑君，意忌聽讒，行姑息，樂

殺人，殖貨利，犯聖王之法。此其所以失天下也。陛下本以寬大長者受懷王入關之命，爲天下除殘賊，所過亡鹵掠，赦秦降王子嬰，財物無所取，婦女無所幸，約法三章，父老惟恐陛下不爲秦王。此三代得天下之仁也。項羽負約，王陛下於蜀漢，陛下忍而就國，用蕭何爲丞相，養其民以致賢人，收用巴蜀，還定三秦。項羽賊弑義帝，❶陛下舉軍縞素，告諸侯而伐之。此三代取天下之義也。不齷齪自用，多大略，得英雄心，師張良，任陳平，將韓信。此堯、舜、禹、湯、文、武知人之明也。以野戰略地之功譬狗，以文墨議論之功爲人。此堯、舜、禹、湯、文、武尚德不尚戰之心也。鎮撫百姓，下令軍士不幸死者，吏爲衣衾棺斂，轉送其家。此堯、舜、禹、湯、文、武哀鰥寡、恤孤獨之政也。此五者，陛下所以得天下，成大漢磐石之基。非歟？馬上一時之功，乃河漢之波瀾起伏耳。」上欣然而笑曰：「生言起吾意，殊非腐儒之論。吾欲治天下，法先聖，何若而可？」賈再拜對曰：「陛下及此言，天下之福也。天下法制，自周幽、厲埽蕩幾盡。平、莊之後，浸微浸盛。五霸假託仁義，以自封殖，志不在於斯民。至於七雄，益以戰争强大爲務。秦據形勝，以利誘民，鬭取一時之勝，而不知其勝爲僥倖也，遂安而行之，居十三歲，天下争起而亡之矣。願陛下退叔孫通，聘魯二生，使與張良、四皓及如臣者共論所以承三代之宜，定一代大典，以幸天下，以詔子孫，以傳萬世。」上曰：「善。然吾老矣，不能用也。」明年丙午夏四月甲辰，帝崩於長樂宫。寥寥千餘歲，未有能明漢家承三代之宜者也，又可論承漢家之

❶「弑」，嘉靖本、四庫本作「殺」。

宜乎？大宋癸酉歲，有士歎曰：「嗚呼！天乎！使陸生有是對，而漢祖用其言，則必六宫有制，嫡庶有辨，教養子弟有法，后、夫人、嬪婦各得其所矣。又安有戚夫人爲人彘，張美人以恨死，趙王如意以酖死，淮陽王友以餓死，梁王恢以殺死，燕王建絕嗣，山朝武彊不疑，幾於亂姓之事哉！又安有審食其入於死誅不赦之罪，而吕氏至於族滅，後世世有外戚之禍哉！則必制國有法，荆王賈、楚王交、代王喜、齊王肥不封數十縣，而伏羲、神農、黄帝、堯、舜、禹、湯、文、武以及皋陶、伊、傅、周、召之裔得血食矣。則必體貌大臣，韓信、彭越之夷三族可悔，蕭相國不繫獄，黥布、陳豨、韓王信、盧綰不背叛矣。則必不襲秦故，尊君抑臣，而朝廷之上，制禮以道，謙尊而光，乾剛下充，臣道上行，致天道於交泰，而大臣可以託天下，委六尺之孤矣。則必封建諸侯，藩垣屏翰，根深蔕固，難於崩陷，可以正中國、四夷之分，不至畏匈奴，與之和親，而手足倒置矣。❶則必復井田之制，不致後世三十稅一，近於貊道，富者田連阡陌，僭擬公侯，而貧民冤苦失職矣。❷則必用虞制五刑，使好生之德洽於黎民，不下三大赦，以啓後世惠姦宄，賊良民之原矣。則必侍御、僕從罔匪正人，有疾病不枕宦者卧，臨棄天下，公卿大臣受顧命，婦寺不能與，而大正其終矣。則必兼用仲尼立嫡與賢之法，嗣天子繼離之明，行乾之健，不受制於母后，遂飲爲淫樂，不聽政矣。嗚呼！天道往而必返，三代之盛，其有終不復者乎！」

胡子假漢高聽賈言，徵魯二生，曰：帝

❶「手」，百子本、子書本作「首」。
❷「職」，嘉靖本作「聘」。

於是因張良以問四皓。四皓曰：「吾志其道，未傳其業，盍徵魯二生？」乃命魯郡守以禮徵之。二生曰：「上素輕儒，好嫚罵，吾不忍見也。」太守以聞。帝曰：「吾所罵者，腐儒耳。」則命大臣以玉帛聘焉。二生曰：「上以布衣提三尺，用天下豪傑取天下，今天下已定矣，安用儒生？」堅臥不起。使者復命。上即日車駕見之。二生見曰：「陛下已定天下矣，尚安求士？」上曰：「定天下者，一時之事爾。吾欲與生謀萬世之業。」二生再拜稽首，曰：「陛下真天下之君也。」上命副車載歸未央宮，東鄉坐而師問焉。上曰：「吾生戰國之末，不聞二帝三王之道，願生以教我。」二生對曰：「天下之道有三：大本也，大幾也，大法也。此聖人事，非常人所知也。」上曰：「何謂也？」二生對曰：「大本，一心也。大幾，萬變也。大法，三綱也。此聖人事，非常人所知也。」上曰：「何謂也？」二生對曰：「陛下明達廣大，愛人喜施，有長人之本矣。知人，好謀，能聽，得應變之幾矣。項王殺君，舉軍縞素，布告天下而伐之，知提綱之法矣。『維天之命，於穆不已。』王者法天，心不可怠放。怠則應變必失其幾，放則三綱不得其正。幾一失，其事難定。❶綱不正，則亂易生。陛下已定天下矣，其亦少怠矣乎？放者，其不可收矣乎？」上不覺促膝而前曰：「生何謂也？」二生對曰：「王者，法天以行其政者也。法天之道，必先知天。知天之道，必先識心。識心之道，必先識心之性情。欲識心之性情，察諸乾行而已矣。」上曰：「生言甚大，願明以教我。」二生對曰：「乾元統天，健而無息，大明終始，四時不忒，雲行雨施，萬

❶「其」，嘉靖本、四庫本作「則」。

物生焉。察乎是，則天心可識矣。是心也，陛下怠之則放，放之則死，死則不能應變投機，而大法遂不舉矣。臣子可以乘間而謀逆，妾婦可以乘間而犯順，夷狄可以乘間而抗衡矣。後嗣雖有賢明之君，亦終不能致大治矣。」上曰：「何爲而然？」二生對曰：「本不正也。陛下不見大本乎？木充本完，故能與天地陰陽相應，枝葉茂盛，華穠而實美焉。本一病，則蠹生其中，雖天覆之，地載之，陰陽承之，而枝葉不能茂，華實不能美矣。」上曰：「我知之矣。願聞所以行之。」二生對曰：「法始於伏羲，❶繼乎神農，大乎軒轅，成乎堯、舜，損益於禹、湯、文、武。夏之亡，非大禹之法不善也，桀棄法而亡也。商之亡，非成湯之法不善也，紂棄法而亡也。周之亡，非文、武之法不善也，幽、厲棄法而亡也。秦則不然，創之非法，守之非法而亡也。天下初定，革弊起度，今其時矣。臣願陛下勇於法天心，大明其用於政事，以新天下。」上曰：「吾願聞其目。」對曰：「歷世聖帝明王應天受命之大法，小臣其敢專席而議？願陛下與天下共之。」上曰：「善。」於是詔天下搜揚巖穴之士焉。

胡子謂孫正蒙曰：「天命之謂性」，流行發見於日用之間。患在學道者未見全體，窺見一斑半點，而執認己意，以爲至誠之道如是如是。欲發而中節，與天地相似也，難矣哉。求免斯弊者，舍講學其可乎？

田叔悉燒梁獄詞，空手來見，可謂善處人子母兄弟之間者也。漢景，忌刻之君也，而能賢田叔，有過人之聽明，越人之度量者，何歟？以太后在上，不敢肆故也。

❶「於」，原作「放」，據四庫本、百子本、復性書院本改。

天理存亡，在敬肆之間爾。孔子作《春秋》，必記災異，警乎人君，萬世不死也。

漢　文

胡子曰：漢文之顧命曰：「朕不敏，無以佐百姓，常畏過行，惟年久長，懼于不終。」此乾之健，天行之所以無息也。此堯、舜、禹、湯、文、武之心所以萬世不滅也。孔子作《春秋》，不書祥瑞者，懼人君之自滿。自滿則止，失此心也。

漢景以郅都、甯成爲中尉，以嚴酷治宗室貴戚，人人惴恐。夫親親、尊尊之道，必選天下有節行賢德之人，爲之師傅，爲之交遊，則將有大人君子可爲天下用。何有憂其犯法邪？治百姓亦然。修崇學校，所以教也。刑以助教而已，非爲治之正法也。

周亞夫、霍光不學不知道，能進不能退，殺身亡宗，是功名富貴誤之也。知道者，屈伸通變與天地相似，功名富貴何足以病之？張子房進於是矣。

「人皆生於父，父道本乎天，謂人皆天之子，可乎？」曰：「不可。天道，至大至正者也。王者至大至正，奉天行道，乃可謂天之子也。昔周公作謚法，豈使子議父，臣議君哉？合天下之公，奉君父以天道爾。孝、愛不亦深乎！所以訓後世爲君父者以立身之本也。知本，則身立、家齊、國治、天下平。不知本，則縱慾恣暴，惡聞其過，入於滅亡。天下知之而不自知也，惟其私而已。是故不合天下之公，則爲子議父，臣議君。夫臣子也，君父有不善，所當陳善閉邪，引之當道。君生不能正，既亡而又黨之，是不以天道奉君父，而以人道事君父也。謂之忠孝，可乎？今夫以

筆寫神者，必欲其肖。不肖吾父，則非吾父。不肖吾君，則非吾君。奈何以謚立神而不肖之乎？是故不正之謚，忠臣孝子不忍爲也。」

知《易》，知《春秋》，然後知經綸之業。一目全牛，萬隙開也。孟子曰：「萬物皆備於我矣。反身而誠，樂莫大焉。」自孟子而後，天下之人能立身建功就事者，其言其行，豈不皆有合於道？然求如孟子知性者，不可得也。大本正，然後可以保國一天下。

人通於道，❶不死於事者，可以語盡心之道矣。

誠，天命。中，天性。仁，天心。理性以立命，惟仁者能之。委於命者，失天心。失天心者，興用廢。理其性者，天心存。天心存者，廢用興。達乎是，然後知大君之不可以不仁也。

養天下而享天下之謂君，先天下而後天下之謂君。反是者，有國危國，有天下危天下。

欲修身平天下者，必先知天。欲知天者，必先識心。欲識心者，必先識乾。乾者，天之性情也。「乾道變化，各正性命」，命之所以不已，性之所以不一，物之所以萬殊也。萬物之性，動殖、小大、高下各有分焉。循其性而不以欲亂，則無一物不得其所。非知道者，孰能識之？是故聖人順萬物之性，惇五典，庸五禮，章五服，用五刑，賢愚有別，親疏有倫，貴賤有序，高下有等，輕重有權，體萬物而昭明之，各當其用，一物不遺。聖人之教，可謂至矣。

釋氏隱不知奉天，顯不知理物，竊弄鬼神之機以自利者也。君子居敬，所以精

❶「通」，百子本作「生」。

義也。理於義，所以順於道德也。盛德大業，至矣哉！

一陰一陽之謂道，道謂何也？謂太極也。陰陽剛柔，顯極之機，至善以微，孟子所謂可欲者也。天成象而地成形，萬古不變。仁行乎其中，萬物育而大業生矣。

人之道，奉天理者也。自天子達於庶人，道無二也。得其道者，在身身泰，在家家泰，在國國泰，在天下天下泰。失其道則否矣。人道否，則夷狄强而禽獸多，草木蕃而天下墟矣。

奉天而理物者，儒者之大業也。聖人謂天爲帝者，明其心也。

卦之必重，何也？天道然也。天道何爲而然乎？太極動則重矣。天道無息，故未嘗不重也。非深知天地之機者，孰能識之？

伊尹、孔明救天下之心非不切也，然必待三聘三顧，然後起而從之者，踐坤順也。

「柳下惠不以三公易其介」，介所守也。「進不隱賢，必以其道」，此其所以和而不流歟！在柳下惠和而不流，其聖於和而已。故其弊必至於不恭。

或問楊子曰：「貴戚之卿無可去之道，而微子去之，何也？」曰：「此微子之所以順乎天也。不其然乎？❶ 武王不足爲至德。《詩》曰『繩其祖武』，『受天之祜』，此之謂也。」

天者，道之總名也。子者，男子之美稱也。此之謂大道。❷ 爲天下男子之冠，則可謂天子矣。

天下有三大：大本也，大幾也，大法

❶「不其然乎」，嘉靖本、四庫本作「不如是」。
❷「此之謂大道」，嘉靖本、四庫本作「人君行大道」。

也。大本，一心也。大幾，萬變也。大法，三綱也。有大本，然後可以有天下。見大幾，然後可以取天下。行大法，然後可以理天下。是故君先以天下自任，則皇天上帝畀付以天下矣。君以從上列聖之盛德大業自期，則天下之仁人爭輔之矣。君以保養天下爲事，而不以自奉養，則天下之黎民趨戴之矣。上得天心，中得聖賢心，下得兆民心，夫是之謂一心。心一，而天下一矣。天下之變無窮也，其大幾有四：一曰救弊之幾，二曰用人之幾，三曰應敵之幾，四曰行師之幾。幾之來也，變動不測，莫可先圖，必寂然不動，然後能應也。其大法有三：一曰君臣之法，二曰父子之法，三曰夫婦之法。夫婦有法，然後家道正。父子有法，然後人道久。君臣有法，然後天地泰。泰者，禮樂之所以興也。禮樂興，然後賞罰中而庶民安矣。

有實，而後有名者也。實如是，故名如是。實如是而名不如是，則名實亂矣。名實亂於上，則下莫知所從，而危亡至矣。

人皆謂人生則有知者也。夫人皆生而無知，能親師取友，然後有知者也。是故知危者然後可與圖安者也，知亡者然後可與圖存者也，知亂者然後可與圖治者也。以楚子文之忠，而孔子猶曰「未知，焉得仁」？大哉知乎！天下萬事，莫先乎知矣。是以君子必先致其知。

人君，剛健、中正、純粹，首出庶物者也。人臣，柔順、利貞，承乎天而時行者也。

制井田，所以制國也。制侯國，所以制王畿也。王畿安强，萬國親附，所以保衛中夏，禁禦四夷也。先王建萬國，親諸侯，高城深池徧天下，四夷雖虎猛狼貪，安得肆其欲而逞其志乎？此先王爲萬世

慮，禦四夷之上策也。王公設險以守其國，孔子所以書於習坎之象也。城郭溝池以爲固，孔子之所以答言偃之問也。自秦而降，郡縣天下，中原世有夷狄之禍矣。悲夫！

無怠無荒者，二帝待四夷之上策也。

胡子知言卷第五　　譚瑩玉生覆校

胡子知言卷第六

中原

胡子曰：中原無中原之道，然後夷狄入中原也。中原復行中原之道，則夷狄歸其地矣。

《易》、《書》、《詩》、《春秋》，今有其名耳，其道未嘗知也。知之，然後德進業修，而天下可平耳。

公卿大夫士，今有其名耳，其位未嘗定也。位定，然後才可盡，職可修，而天下可理矣。

《易》、《書》、《詩》、《春秋》者，聖人之道也。聖人之道若何？曰：聖人者，以一人理億兆人之德性，息其争奪，遂其生養者也。

誠者，天之道也。心涵造化之妙，則萬物畢應。彼夫懷之以恩，令之以義，憚之以威，結之以信者，末矣。《易》曰：「雲從龍，風從虎。」此之謂也。

人君不可不知乾道。不知乾道，❶是不知君道也。❷君道何如？曰：天行健，人君不可頃刻忘其君天下之心也。如天之行，一息或不繼，則天道壞矣。

均是人也，有一人而養千萬人者，有千萬人而養於一人者。❸大《易》天火之卦，六二中正之人也，九五亦中正之人也。一人而同於一人。孔子曰：「二人同心，其

❶「道」，嘉靖本無。
❷「道」，原無，據嘉靖本、四庫本補。
❸上句、此句兩「而」字，嘉靖本作「生」，四庫本其下有「生」字。

利斷金。」不言五失君道，不同於天下者，是一人者所賴以生養天下，同天下之本也。故孔子曰：「同心之言，其臭如蘭。」堯之於舜，舜之於禹，禹之於益，成湯之於伊尹，高宗之於傅説，武王之於周公，仲尼之於顔回，先主之於武侯是也。雖然，二，柔者也，故有私暱之戒。君者，天之道也。臣者，地之道也。君道必謙恭盡下，則臣可以上納其忠。是故天下地上而爲泰，天上地下而爲否，成象之謂乾，效法之謂坤。君意不先動而臣先之，是謂失道。道失於初，求欲有終，難矣。故知道之臣，❶甯有死於其分，而無犯分以徼功也。

古者舉士於鄉，自十年出就於外傅，學於家塾州序。是學者何事也？❷曰：「六禮也，七教也，八政也。」書其質性近道，才行合理，鄉老鄉吏會合鄉人，於春秋之祭祀鬼神而書之者也。三歲大比，鄉老鄉吏及鄉大夫審其性之不悖於道也，行之不反於理也，質其書之先後無變也，❸乃入其書於司徒，謂之選士。選士學於鄉校，其書之如州序。三歲大比，鄉大夫及司徒審之如初，乃入其書於樂正，謂之俊士。入國學，春秋教以禮樂，冬夏教以詩書，以上觀古道。樂正官屬以時校其業之精否，而勉厲之。三歲大比，樂正升其精者於王，謂之進士。王命冢宰會天下之進士，論其資性才學行業，某可以爲卿歟，某可以爲大夫歟，某可以爲士歟。卿闕，則以可以爲卿者補之。大夫闕，則以可以爲大夫者補之。士闕，則以可以爲士者補之。三年一考其績，三考，黜其不職，陟其有功

❶ 「故」，原作「欲」，據嘉靖本、四庫本改。
❷ 「是」，嘉靖本、四庫本作「其」。
❸ 「先」，百子本作「前」。

者。是故朝無幸官，野無遺賢，毀譽不行，善惡不眩，德之小大當其才，位之高下當其職，人務自修而不僥倖於上，人知自守而不冒昧求進，人知自重而不輕用其身，人能有恥而不苟役於利。此所以仕路清，政事治，風俗美，天下安甯，四夷慕義，而疆場不聳也。後之取士反此。

分天下有德有功者以地，而不敢以天下自私，於是有百里、七十里、五十里、不能五十里邦國之制焉，於是有君朝、卿大聘、大夫小聘、王巡狩述職之禮樂法度焉，於是有千雉、百雉、三之一、五之一、九之一高城深池焉，於是有井邑、丘甸、❶縣都之夫數焉，❷於是有十乘、百乘、千乘、萬乘之車數焉，於是有伍兩、卒旅、師軍之制焉，於是有鄉大夫、司徒、樂正取士之法焉。邦國之制廢，而郡縣之制作矣。郡縣之制作，而世襲之制亡矣。世襲之制亡，而數易之弊生矣。數易之弊生，而民無定。巡狩述職之禮廢，而上下之情不通，考文案而不究事實，信文案而不任仁賢，其弊有不可勝言者矣。城池之制廢，而禁禦暴客，威服四夷之法亡矣。夫家之法廢，則民數不可詳矣。民數不可詳，而車乘不可出矣。車乘不可出，而軍師不隱於農矣。軍師不隱於農，而坐食者衆，而公私困窮矣。

學即行也。非禮勿視聽言動，學也，行之也。行之行之而又行之，習之不已，理與神會，能無悦乎？學，行之上也，言之次也，教人又其次也。是以識前言往行，爲學而已。揚雄何其陋之甚也！此大駁也，非小疵也。

❶「丘」，原避孔子諱作「邱」，今回改。

❷「都」，百子本作「郡」。

七雄諸侯，皆自稱王。以爲王歟？則土無二王，四海之内安得而七也？以爲諸侯歟？則地皆有千餘里，普天之下安得侯而七也？王非王，侯非侯，立位不正。此孔孟所以難仕。然而仕者，將以行其正也。人可正，則仕矣。孔門諸子，有仕大夫之家者，有不仕大夫之家者，大夫之家可以仕，亦可以無仕者也。何謂可以仕？君臣之義不可廢也。何謂可以無仕？知其不可教故也。故冉求不能改季氏之德，孔子所以鳴鼓而攻之也。

利建侯者，文王所以著於屯之象也，所以著於豫之象也。宜建侯者，孔子所以繫於屯之象也。利建侯者，周公所以著於屯之爻也。先王以建萬國，親諸侯，孔子所以著於比之大象也。

封建之法，本於鴻荒之世，群雄之所以自立者也。法始於黄帝，成於堯舜，夏禹因之。至桀而亂，成湯興而修之，天下亦以安。至紂而又亂，文王、武王興而修之，天下亦以安。至幽王而又亂，齊桓、晉文不能修，而又益壞之，故天下紛紛不能定。及秦始皇而埽滅之，故天下大亂，争起而亡秦，猶反覆手於須臾間也。

黄帝、堯、舜安天下，非封建一事也，然封建其大法也。夏禹、成湯安天下，亦非封建一事也，然封建其大法也。齊桓、晉文之不王，亦非一事也，然不能封建，其大失也。秦二世而亡，非一事也，然埽滅封建，其大繆也。故封建也者，帝王所以順天理，承天心，公天下之大端大本也。不封建也者，霸世暴主所以縱人欲，悖大道，私一身之大孽大賊也。人今聞黄帝、堯、舜、文王、武王，則尊之貴之，以爲聖人。聞齊桓、晉文，則訾之笑之，以爲霸者。聞始皇、胡亥，則鄙之賤之，以爲小人

之雄爾。及聖人所行則不從，而霸者暴人之所行則從之，歷代不能改。是何也？弗思之甚也。

天地根於和，日月星辰根於天，山川草木根於地，而人根於天地之間者也。有其根，則常而静，安而久。常静安久，則理得其終，物遂其性。故封建者，政之有根者也。故上下辨，民志定，教化行，風俗美，理之易治，亂之難亡，扶之易興，亡之難滅。郡縣反是。

聖人周萬務而無爲，故博施濟衆，不期應於物而物應，功用配天地，悠久無疆，而人道立矣。

命有窮達，性無加損。盡其性，則全命。

貴賤，命也。仁義，性也。

胡子知言卷第六　　譚瑩玉生覆校

胡子知言疑義

《知言》曰：天命之謂性。性，天下之大本也。堯、舜、禹、湯、文王、❶仲尼六君子先後相詔，必曰心而不曰性，何也？曰：心也者，知天地，宰萬物以成性者也。六君子盡心者也，故能立天下之大本，人至于今賴焉。不然，異端並作，物從其類而瓜分，孰能一之？

熹謂：「以成性者也」，此句可疑，欲作「而統性情也」，如何？

栻曰：「統」字亦恐未安，欲作「而主性情」，如何？

熹謂：所改「主」字極有功。然凡言删改者，亦且是私。竊講貫議論，以爲當如此耳，未可遽塗其本編也。如何？熹

按：孟子盡心之意，正謂私意脱落，衆理貫通，盡得此心無盡之體，而自其擴充，❷則可以即事即物而無不盡其全體之用焉爾。但人雖能盡得此體，然存養不熟，而於事物之間一有所蔽，則或有不得盡其用者。故孟子既言「盡心知性」，又言「存心養性」。蓋欲此體常存，而即事即物各用其極，無有不盡。夫以《大學》之序言之，❸則「盡心知性」者，致知格物之事；「存心養性」者，誠意正心之事；而「夭壽不貳，修身以俟之」者，修身以下之事也。此其次序甚明，皆學者之事也。然程子「盡心知性，不假存養，其唯聖人乎」者，蓋惟聖人則合下盡得

❶「王」，原作「武」，據嘉靖本、復性書院本改。
❷「其」，嘉靖本、復性書院本作「是」。
❸「夫以」，嘉靖本作「云爾」，則屬上讀。

此體，而用處自然無所不盡，中間更不須下存養充擴節次功夫。然程子之意，亦指夫「始條理」者而爲言，非便以「盡心」二字就功用上説也。今觀此書之言盡心，大抵皆就功用上説，又便以爲聖人之事。竊疑未安。舊説未明，今别改定如此。

祖謙曰：「成性」固可疑，然今所改定，乃兼性情而言，則與本文設問不相應。來諭以盡心爲集大成者之「始條理」，則非不可以爲聖人事。但胡子下「者也」兩字，却似斷定爾。若言六君子由盡其心，而能立天下之大本如此。

熹謂：論心必兼性情，然後語意完備。若疑與所設問不相應，而「者也」二字亦有未安，則熹欲别下語云：「性固天下之大本，而情亦天下之達道也，二者不能相無。而心也者，知天地，宰萬物而主性情者也。六君子惟盡其心，故能立天下之大本，行天下之達道，人至于今賴焉。」云云。不知更有病否？若所謂「由盡其心」者，則詞恐太狹，不見程子所謂「不假存養」之意。

《知言》曰：天理人欲同體而異用，同行而異情。進修君子，宜深别焉。

熹按：此章亦「性無善惡」之意，與「好惡性也」一章相類似，恐未安。蓋天理莫知其所始，其在人則生而有之矣。人欲者，梏於形，雜於氣，狃於習，亂於情而後有者也。然既有而人莫之辨也，於是乎有同事而異行者焉，有同行而異情者焉。君子不可以不察也。然非有以立乎其本，則二者之幾微曖萬變，夫孰能别之？今以天理人欲混爲一區，恐未允當。

祖謙曰：「天理人欲同體而異用」者，却

似未失。蓋降衷秉彝，固純乎天理，及爲物所誘，人欲滋熾，天理泯滅，而實未嘗相離也。同體異用，同行異情，在人識之耳。

熹再詳此論，胡子之言，蓋欲人於天理中揀別得人欲，又於人欲中便見得天理。其意甚切，然不免有病者，蓋既謂之「同體」，則上面便著「人欲」兩字不得。此是義理本原極精微處，不可少差。試更子細玩索，當見本體實然，只一天理，更無人欲。故聖人只説「克己復禮」，教人實下工夫，去却人欲，便是天理，未嘗教人求識天理於人欲汩没之中也。若不能實下工夫，去却人欲，則雖就此識得未嘗離之天理，亦安所用乎？

《知言》曰：好惡，性也。小人好惡以己，君子好惡以道。察乎此，則天理人欲可知。

熹按：此章即「性無善惡」之意。❶若果如此，則性但有好惡，而無善惡之則矣。「君子好惡以道」，是性外有道也。「察乎此，則天理人欲可知」，是天理人欲同時並有，無先後賓主之別也。然則所謂「天生蒸民，有物有則。民之秉彝，好是懿德」者，果何謂乎？龜山楊子曰：「天命之謂性，人欲非性也。」却是此語直截。而胡子非之，誤矣。

栻曰：「好惡性也」，此一語無害，但著下數語則爲病矣。今欲作：好惡，性也，天理之公也。君子者，循其性者也。小人則以人欲亂之，而失其則矣。

熹謂：好惡固性之所有，然直謂之性則不可。蓋好惡，物也。好善而惡惡，物

❶「無」，原作「與」，據嘉靖本、復性書院本改。

之則也。有物必有則，是所謂形色天性也。今欲語性，乃舉物而遺則，恐未得爲無害也。

《知言》曰：心無不在，本天道變化，爲世俗酬酢，參天地，備萬物。人之爲道，至大也，至善也。放而不知求，耳目聞見爲己蔽，❶父子夫婦爲己累，衣裘飲食爲己欲。既失其本矣，猶皆曰我有知。論事之是非，方人之短長，終不知其陷溺者，悲夫！故孟子曰：「學問之道無他，求其放心而已矣。」

熹按：「人之爲道，至善也，至大也」，此説甚善。若性果無善惡，則何以能若是邪？

栻曰：論性而曰「善不足以名之」，誠爲未當，如元晦之論也。夫其精微純粹，正當以至善名之，龜山謂「人欲非性也」，亦是見得分明，故立言直截耳。《遺書》中所謂「善固性也，惡亦不可不謂之性也」，則如之何？譬之水，澄清者，其本然者也；其或渾然，則以夫泥滓之雜也。方其渾也，亦不可不謂之水也。夫專善而無惡者，性也。而其動則爲情，情之發，有正有不正焉。其正者，性之常也；而其不正者，物欲亂之也，於是而有惡焉。是豈性之本哉？其曰「惡亦不可不謂之性」者，蓋言其流如此，而性之本然者，亦未嘗不在也。故善學者化其滓以澄其初而已。

熹詳此論性甚善，但明道所謂「惡亦不可不謂之性」，是説氣稟之性，觀上下文可見。

熹又看此章云「本天道變化，爲世俗酬酢」，疑「世俗」字有病，猶釋子之謂父母

❶ 「耳目聞見」，嘉靖本作「耳聞目見」。

家爲俗家也，改作「日用」字如何？熹又細看，雖改此字，亦爲未安，蓋此兩句大意自有病。聖人下學而上達，盡日用酬酢之理，而天道變化行乎其中耳。若有心要本天道以應人事，則胸次先横了一物，臨事之際，著意將來，把持作弄，而天人之際終不合矣。大抵自謝子以來，雖說以洒掃應對爲學，然實有不屑卑近之意。故纔說洒掃應對，便須急作精義入神意思，❶想像主張，惟恐其滯於小也。如爲朱子發說《論語》，乃云「聖門學者敢以天自處」，皆是此箇意思，恐不免有病也。又云「以其大者移於小物，作日用工夫」，正是打成兩截也。

胡子喟然嘆曰：至哉！吾觀天地之神道，其時無愆，賦形萬物，無大無細，各足其分，太和保合，變化無窮也。凡人之生，粹然天地之心，道義完具，無適無莫，不可以善惡辨，不可以是非分。無過也，無不及也，此中之所以名也。夫心宰萬物，順之則喜，逆之則怒，感於死則哀，動於生則樂。欲之所起，情亦隨之，心亦放焉。故有私於身，蔽於愛，動於氣，而失之毫釐，繆以千里者矣。衆人昏昏，不自知覺，方且爲善惡亂，方且爲是非惑。惟聖人超拔人群之上，處見而知隱，由顯而知微，靜與天同德，動與天同道，和順於萬物，渾融於天下，而無所不通。此中和之道所以聖人獨得，民鮮能久者矣。❷爲君子者奈何？戒謹於隱微，恭敬乎顛沛，勿忘也，勿助長也，則中和自致，天高地下而位定，萬物正其性命而並育，成位乎其中，與天地參矣。

❶「意」，百子本作「之」。
❷「久者」，復性書院本作「者久」。

或問性。曰：「性也者，天地之所以立也。」曰：「然則孟軻氏、荀卿氏、揚雄氏之以善惡言性也，非歟？」曰：「性也者，天地鬼神之奥也，善不足以言之，况惡乎？」或者問曰：「何謂也？」曰：「宏聞之先君子曰：『孟子所以獨出諸儒之表者，以其知性也。』宏請曰：『何謂也？』先君子曰：『孟子道性善云者，歎美之辭也，不與惡對。』」

或問：「心有死生乎？」曰：「無死生。」曰：「然則人死，其心安在？」曰：「子既知其死矣，而問安在邪？」或曰：「何謂也？」曰：「夫惟不死，是以知之，又何問焉。」或者未達。胡子笑曰：「甚哉！子之蔽也。子無以形觀心，而以心觀心，則知之矣。」

熹按：「性無善惡」、「心無死生」兩章，似皆有病。「性無善惡」，前此論之已詳。「心無死生」，則幾於釋氏輪迴之説矣。天地生物，人得其秀而最靈。所謂心者，乃大虚靈知覺之性，猶耳目之有見聞耳。在天地，則通古今而無成壞；在人物，則隨形氣而有始終。知其理一而分殊，則亦何必爲是「心無死生」之説，以駭學者之聽乎？

栻曰：「心無死生」章，亦當删去。

《知言》曰：凡天命所有而衆人有之者，聖人皆有之。人以情爲有累也，聖人不去情。人以才爲有害也，聖人不病才。人以欲爲不善也，聖人不絶欲。人以術爲傷德也，聖人不棄術。人以憂爲非達也，聖人不忘憂。人以怨爲非宏也，聖人不釋怨。然則，何以别於衆人乎？聖人發而中節，而衆人不中節也。中節者爲是，不中節者爲非。挾是而行則爲正，挾非而行則爲邪。正者爲善，邪者爲惡。而世儒乃以善惡言性，邈乎遼哉！

熹按：「聖人發而中節」，故爲善，衆人發不中節，故爲惡，「世儒乃以善惡言性，邈乎遼哉」，此亦「性無善惡」之意。然不知所中之節，聖人所自爲邪，將性有之邪？謂聖人所自爲，則必無是理。謂性所固有，則性之本善也，明矣。

栻曰：所謂世儒，殆指荀、揚，荀、揚蓋未知孟子所謂善也。此一段大抵意偏而詞雜，當悉删去。

熹詳此段不可盡删，但自「聖人發而中節」以下删去。而以一言斷之云：「亦曰天理人欲之不同爾。」

栻曰：所謂輕詆世儒之過，而不自知其非，恐氣未和而語傷易。析理當極精微，毫釐不可放過。至於尊讓前輩之意，亦不可不存也。

熹觀此論切中淺陋之病，謹已删去訖。

《知言》曰：彪居正問：「心無窮者也，孟子何以言盡其心？」曰：「惟仁者能盡其心。」居正問爲仁。曰：「欲爲仁，必先識仁之體。」曰：「其體如何？」曰：「仁之道，宏大而親切。知者可以一言盡，不知者雖設千萬言亦不知也。能者可以一事舉，不能者雖指千萬事亦不能也。」曰：「萬物與我爲一，可以爲仁之體乎？」曰：「子以六尺之軀，若何而能與萬物爲一？」曰：「身不能與萬物爲一，心則能矣。」曰：「人心有百病一死，天下之物有一變萬生。子若何而能與之爲一？」居正竦然而去。他日，某問曰：「人之所以不仁者，以放其良心也。以放心求心，可乎？」曰：「齊王見牛而不忍殺，此良心之苗裔，因利欲之閒而見者也。一有見焉，操而存之，存而養之，養而充之，以至于大，大而不已，與天地同矣。此心在人，其發見之端不同，要識之而已。」

熹按：「欲爲仁，必先識仁之體」，此語大可疑。觀孔子答門人問爲仁者多矣，不過以求仁之方告之，使之從事於此而自得焉爾，初不必使先識仁體也。又「以放心求心」之問甚切，而所答者反若支離。夫心，操存舍亡，閒不容息。知其放而求之，則心在是矣。今於已放之心不可操而復存者，置不復問，乃俟異時見其發於他處，而後從而操之，則夫未見之閒，此心遂成閒斷，無復有用功處。及其見而操之，則所操者亦發用之一端耳。於其本源全體，未嘗有一日涵養之功，便欲擴而充之，與天同大。愚竊恐其無是理也。

栻曰：必待識仁之體而後可以爲仁，不知如何而可以識也？學者致爲仁之功，則仁之體可得而見。識其體矣，則其爲益有所施而亡窮矣。然則，答爲仁之問，宜莫若敬而已矣。❶

祖謙曰：仁體誠不可遽語。至於答放心求心之問，却自是一說。蓋所謂「心操存舍亡，閒不容息，知其放而求之，則心在是矣」者，平昔持養之功也。所謂「良心之苗裔，因利欲而見，一有見焉，操而存之」者，隨事體察之功也。二者要不可偏廢。苟以此章欠説涵養一段，未見之閒此心遂成閒斷無復用功處，是矣。❷若曰「於已放之心置不復問，❸乃俟其發見於他處而後從而操之」，語却似太過。蓋「見牛而不忍殺」，乃此心之發見，非發見於他處也。又所謂「操者亦發用之

❶「宜」，原作「且」，據嘉靖本、復性書院本改。

❷「是」，原在上句「處」字上，嘉靖本在「矣」字下，今據復性書院本及上文改。

❸「若」，百子本作「昔」。

一端」，胡子固曰「此良心之苗裔」，固欲人因苗裔而識本根，非徒認此發用之一端而已。

熹謂：二者誠不可偏廢，然聖門之教，詳於持養而略於體察，與此章之意正相反。學者審之，則其得失可見矣。孟子指齊王愛牛之心，乃是因其所明而導之，非以爲必如此然後可以求仁也。夫必欲因苗裔而識本根，孰若培其本根，而聽其枝葉之自茂耶？

《知言》曰：天地，聖人之父母。聖人，天地之子也。有父母則有子矣，有子則有父母矣。此萬物之所以著見，道之所以名也。非聖人能名道也，有是道則有是名也。聖人指明其體曰性，指明其用曰心。性不能不動，動則心矣。聖人傳心，教天下以仁也。

熹按：心性體用之云，恐自上蔡謝子失之。此云「性不能不動，動則心矣」，語尤未安。凡此「心」字，皆欲作「情」字，如何？

栻曰：心性分體用，誠爲有病。此若改作「性不能不動，動則情矣」一語，亦未安。不若伊川云「自性之有形者謂之心，自性之有動者謂之情」，語意精密也。此一段似亦不必存。

熹詳此段，誠不必存。然「性不能不動」，此語却安，但下句却有未當爾。今欲存此以下，而頗改其語云：「性不能不動，動則情矣。心主性情，故聖人教人以仁，所以傳是心而妙性情之德。」又按伊川有數語説「心」字皆分明，此一段却難曉，不知「有形」二字合如何説？

胡子知言疑義　　譚瑩玉生覆校

胡子知言附録

朱子語

東萊云：「《知言》勝似《正蒙》。」先生曰：「《正蒙》規摹大，《知言》小。」仲思問：「五峰中、誠、仁，如何？」曰：「『中者性之道』，言未發也。『誠者命之道』，言實理也。『仁者心之道』，言發動之端也。」又疑「道」字可改爲「德」字。曰：「亦可。『德』字較緊，然他是特地下此寬字。伊川答與叔書中亦云『中者性之德』，近之。伯恭云『《知言》勝《正蒙》』，似此等處誠然，但不能純如此處爾。」

五峰説「心妙性情之德」，不是他曾去研窮深體，如何直見得恁地。

五峰云：「人有不仁，心無不仁。」此説極好。人有私欲遮障了，不見這仁，然心中仁依舊只在。如日月本自光明，雖被雲遮，光明依舊在裏。又如水被泥土塞了，所以不流，然水性之流依舊只在。所以「克己復禮爲仁」，只是克了私欲，仁依前只在那裏。譬如一箇鏡，本自光明，只緣塵，都昏了。若磨去塵，光明只在。

近世爲精義之説，莫詳於《正蒙》。而五峰亦曰：「居敬，所以精義也。」此言尤精切簡當，深可玩味。

五峰善思，然思過處亦有之。

《知言》中議論多病，近疏所疑與敬夫、伯恭議論。如「心以成性」，「相爲體用」，「性無善惡」，「心無死生」，「天理人欲同體異用」，「先識仁體然後敬有所施」，「先志於大然後從事於小」，此類極多。又其辭意多迫急，少寬裕，由務以智力探取，

無涵養之功以至此。然其思索精到處，何可及也！

胡子有言「學欲博不欲雜，欲約不欲陋」，信哉！

胡公所論《通書》之指曰：「人見其書之約而不知其道之大也，見其文之質而不知其義之精也，見其言之淡而不知其味之長也。人有真能立伊尹之志，修顔子之學，則知此書之言包括至大，而聖門之事業無窮矣。」此則不可易之至論。

跋五峰詩

幽人偏愛青山好，爲是青山青不老。山中出雲雨太虚，一洗塵埃山更好。

右衡山胡子詩也。初，紹興庚辰，熹卧病山間，親友仕於朝者以書見招，熹戲以兩詩代書報之。曰：先生去上芸香閣，時籍溪先生除正字，赴館供職。閣老新峩豸角冠。劉共父自祕書丞除察官。留取幽人卧空谷，一川風月要人看。一章。甕牖前頭列畫屏，晚來相對静儀刑。浮雲一任閑舒卷，萬古青山只麽青。二章。或傳以語胡子，子謂其學者張欽夫曰：「吾未識此人，然觀此詩，知其庶幾能有進矣。特其言有體而無用，故吾爲是詩以箴警之，庶其聞之而有發也。」明年，胡子卒。又四年，熹始見欽夫，而後獲聞之，恨不及見胡子而卒請其目也。因敘其本末而書之于策，以無忘胡子之意云。

國史本傳

胡宏，字仁仲，幼事楊時、侯仲良，而卒傳其父安國之學。優游衡山下餘二十年，玩心神明，不舍晝夜。張栻師事之。

紹興間上書，其略曰：

治天下有本，仁也。何謂仁？心也。心官茫茫，莫知其鄉。若爲知其體乎？有所不察，則不知矣。有所顧慮，有所畏懼，則雖有能知能察之良心，亦浸消亡而不自知。此臣之所大憂也。夫敵國據形勝之地，逆臣僭位於中原，牧馬駸駸，欲争天下。臣不是懼，而以良心爲大憂者，蓋良心充于一身，❶通于天地，宰制萬事，統攝億兆之本也。察天理莫如屏欲，存良心莫如立志。陛下亦有朝廷政事不干於慮，便嬖智巧不陳於前，妃嬪佳麗不幸於左右時矣。陛下試於此時，沉思静慮，方今之世，當陛下之身，事孰爲大乎？孰爲急乎？必有歉然而餒，惻然而痛，坐起彷徨不能自安者，則良心可察，而臣言可信矣。❷

昔舜以匹夫爲天子，❸瞽瞍以匹夫爲天子父，受天下之養，豈不足於窮約哉？而瞽瞍猶不悦。自常情觀之，舜乃可以免矣，而舜蹙然有憂之，舉天下之大無足以解憂者。徽宗皇帝身享天下之奉幾三十年，欽宗皇帝生於深宫，享乘輿之次，以至爲帝。一旦刼於讐敵，遠適窮荒，衣裘失司服之制，飲食失膳夫之味，居處失宫殿之安，妃嬪之好，動無威嚴，辛苦墊隘。其願陛下加兵敵國，心目睽睽，猶飢渴之於飲食，庶幾一得生還，父子兄弟相持而泣，歡若平生。引領東望，九年於此矣。夫以疎賤，念此痛心，當食則噎，未嘗不投箸而

❶「身」，原作「心」，據《五峰集》卷二《上光堯皇帝書》及《宋史》卷四百三十五《胡宏傳》改。

❷「而」，原無，據《五峰集》卷二《上光堯皇帝書》及《宋史》卷四百三十五《胡宏傳》補。

❸「昔」下，原有「者」字，據《五峰集》卷二《上光堯皇帝書》及《宋史》卷四百三十五《胡宏傳》删。

起，思欲有爲，况陛下當其任乎？而在廷之臣，不能對揚天心，充陛下仁孝之志，反以天子之尊，北面讐敵。陛下自念，以此事親，於舜何如也？且群臣智謀淺短，自度不足以任大事，故欲偷安江左，貪圖寵榮，皆爲身謀爾。陛下乃信之，以爲必持是可以進撫中原，展省陵廟，來歸兩宫，亦何誤邪！

萬世不磨之辱，臣子必報之讐，子孫之所以寢苫枕戈，弗與共天下者也。而陛下顧慮畏懼，忘之不敢以爲讐。臣下僭逆，有明目張膽顯爲負叛者，有協贊亂賊爲之羽翰者，有依隨兩端欲以中立自免者，而陛下顧慮畏懼，寬之不敢以爲討。守此不改，是祖宗之靈，終天暴露，無與復存也。父兄之身，終天困辱，而求歸之望絶也。中原士民，没身塗炭，無所赴愬也。陛下念亦及此乎？

王安石輕用己私，紛更法令，棄誠而懷詐，興利而忘義，尚功而悖道。人皆知安石廢祖宗法令，不知其并與祖宗之道廢之也。邪説既行，正論屏棄，故姦諛敢挾紹述之義以逞其私，❶下誣君父，上欺祖宗，誣謗宣仁，廢遷隆祐。使我國家君臣父子之間，頓生疵癘，三綱廢壞，神化之道泯然將滅。遂使敵國外横，盜賊内訌，王師傷敗，中原陷没，二聖遠栖於沙漠，皇輿僻寄於東吴，囂囂萬姓，未知攸底，禍至酷也。

若猶習於因循，憚於更變，亡三綱之本性，昧神化之良能，上以利勢誘下，下以智術干上。是非由此不公，名實由此不核，賞罰由此失當，亂臣賊子由此得志，人

❶「諛」，原作「邪」，據《五峰集》卷二《上光堯皇帝書》及《宋史》卷四百三十五《胡宏傳》改。

紀由此不修，天下萬事倒行逆施，人欲肆而天理滅矣。將何以異於先朝，求救禍亂而致升平乎？末言：❶

陛下即位以來，中正邪佞，更進更退，無堅定不易之誠。然陳東以直諫死於前，馬伸以正論死於後，而未聞誅一姦邪，黜一諛佞，何摧中正之力，而去姦邪之難也？此雖當時輔相之罪，然中正之士，乃陛下腹心耳目，奈何以天子之威，握億兆之命，乃不能保全二三心腹耳目之臣以自輔助，而令姦邪得而殺之，於誰責而可乎？臣竊痛心，傷陛下威權之不在己也。

高閌爲國子司業，請幸太學。宏見其表，作書責之曰：

太學，明人倫之所在也。昔楚懷王不返，❷楚人憐之，如悲親戚。蓋忿秦之以彊力詐其君，使不得其死，其憯勝於加之以刃也。太上皇帝劫制於彊敵，生往死歸。此臣子痛心切骨，臥薪嘗膽，宜思所以必報也。而柄臣乃敢欺天罔人，以大讎爲大恩乎？

昔宋公爲楚所執，及楚子釋之，孔子筆削《春秋》，乃曰：「諸侯盟于薄，釋宋公。」不許楚人制中國之命也。太母，天下之母，其縱釋乃在金人。此中華之大辱，臣子所不忍言也。而柄臣乃敢欺天罔人，以大辱爲大恩乎？

晉朝廢太后，董養遊太學，升堂歎曰：「天人之理既滅，大亂將作矣。」則引遠而去。今閣下目覩忘讎滅理，北面敵國以苟宴安之事，猶偃然爲天下師儒之首。既

❶「言」，原作「年」，據《宋史》卷四百三十五《胡宏傳》改。

❷「王」，原作「一」，據《五峰集》卷二《與高抑崇書》及《宋史》卷四百三十五《胡宏傳》改。

不能建大論，明天人之理以正君心，乃阿諛柄臣，希合風旨，求舉太平之典，又爲之詞云云，欺天罔人孰甚焉！

宏初以蔭補右承務郎，不調。秦檜當國，貽書其兄寅，問二弟何不通書，意欲用之。寧作書止敘契好而已。❶ 宏書辭甚厲。人問之，宏曰：「政恐其召，故示之以不可召之端。」檜死，宏被召，竟以疾辭，卒于家。

著書曰《知言》。張栻謂：「其言約義精，道學之樞要，制治之蓍龜也。」有詩文五卷，《皇王大紀》八十卷。

凡簡端圈出者，俱係榕村講授中所取。末又附録五峰先生語云：「立志以定其本，居敬以持其志。志立乎事物之表，敬行乎事物之中，而義乃可精。」

胡子知言附録　譚瑩玉生覆校

❶「寧」，原作「宏」，據《宋史》卷四百三十五《胡宏傳》改。

程敏政跋❶

走少見東萊吕氏有「《知言》勝《正蒙》」之説，渴欲覩其書。而祕閣所藏亦無之，恒以寘恨。因徧求之四方，三十年不獲見。弘治己酉春，南歸過姑蘇，遇楊君謙儀曹，語及之。君謙云：「嘗見之崑山藏書家。」許轉録之，久未得也。族姪文杰有事三吴，乃委之而得諸陸氏，上有「篠堂圖書」，蓋故張節之憲副所藏者。

其間亦多錯誤，遂手校一過，别取吴文肅公、真文忠公二跋寘目録後。凡書之見於朱、張、吕三先生《疑義》中者，皆不復出，而自爲一卷。又取文公先生所論及《宋史》傳，爲《附録》一卷。蓋欲使此書彙次完粹，以便講習，非敢有所去取也。

竊觀胡子之書有曰：「學欲博不欲雜，守欲約不欲陋。」文公先生嘗誦之以警後學。然則，讀是編者，要必以此言爲準，而後庶幾有所得乎。新安千户所侯文遠之子應，見予之惓惓於斯也，爲刻梓傳焉，亦可謂知學向義者矣。

弘治三年歲次庚戌春二月上日，新安後學程敏政謹題。雍正乙巳季冬二十六日，畏炎居士閱。

❶ 此跋原無題，今補題。

伍崇曜跋❶

右,《胡子知言》六卷,《疑義》一卷,《附録》一卷,宋胡宏撰。

按宏字仁仲,崇安人,安國子,寅弟,事蹟具見附録《宋史本傳》。是編,其講學之語。又嘗撰《皇王大紀》,殆以内聖外王之學自任者也。《四庫提要》均已著録。錢辛楣《十駕齋養新録》謂:《皇王大紀》,陳振孫《書録解題》譏之,「則當時有識者早議其後矣」云云。自注「羅泌《路史》在胡宏之後,徵引益爲奧博。自後儒生侈談邃古,而荒唐之詞流爲丹青,蓋好奇而不學之弊」云云。仁仲生平,迥異羅泌,豈可以後來荒誕,遂歸獄爲戎首? 至是編,朱子亦嘗疑之。其門人張敬夫亦未嘗株守其説。然兩宋理學諸儒,自周、程、張、朱而外,求其有大醇而無小疵者,原不數覯。既風節文章具有本末,即一二語偶涉於偏,仍未害於理。蓋知之非艱,行之維艱。仁仲父子兄弟力排和議,直聲振於一時,百折不回,決不受秦檜牢籠。迄今千百載,讀其遺書,猶凜凜有生氣。即如陸子静、王陽明雜以禪學,而生平無愧,亦安得並其遺書而菲薄之也。

前明程篁墩刻之,迄今流布漸罕,偶得抄本,特重刻之,以爲講宋學者指歸焉。

❶ 此跋原無題,今補題。

篁墩謂：「吴文肅、真文忠二跋寘目録後。」兹並目録無之，俟覓原刻補入。

道光庚戌首夏南海伍崇曜謹跋。

北溪先生字義附嚴陵講義

〔南宋〕陳淳　撰
張加才　校點

目録

校點説明……一
北溪先生字義卷上……一
命……一
性……六
心……一二
情……一五
才……一七
志……一七
意……一九
仁義禮智信……一九
忠信……二九
忠恕……三一
一貫……三四
誠……三五
敬……三八
恭敬……四〇
北溪先生字義卷下……四一
道……四一
理……四五
德……四五
太極……四六
皇極……五〇
中和……五一
中庸……五二
禮樂……五三
經權……五四
義利……五七
鬼神……六一
佛老……七三
補遺……七七
太極……七七
通書……七九

附論朱子……八〇
附卷北溪先生嚴陵講義……八一
道學體統……八一
師友淵源……八二
用功節目……八三
讀書次第……八五
似道之辨……八七
似學之辨……九〇
附録一……九二
宋史陳淳傳……九二
附録二……九五
宋陳宓序……九五
明胡榮序……九五
明林同後序……九七
明周季麟跋……九七
清施元勳序……九七
清顧仲序……一〇〇
清戴嘉禧序……一〇二
四庫全書總目北溪字義提要……一〇三
清李錫齡序……一〇四

校點説明

陳淳，字安卿，漳州龍溪（今福建漳州市龍海縣）北溪人，人稱北溪先生。生於宋高宗紹興二十九年（一一五九），卒於宋寧宗嘉定十六年（一二二三），終年六十五歲。生平事蹟見《宋史·道學傳》。

陳淳乃朱熹晚年高弟，曾兩度從朱熹受學。第一次在漳州（一一九〇—一一九一），第二次在建陽考亭（一一九九—一二〇〇）。陳淳對兩次問學的詳情都有記録，即《郡齋録》和《竹林精舍録》。最初收入李性傳編輯的饒州刊《朱子語續録》（一二三八）。黎靖德編《朱子語類》时，又將這些内容收入並分類重新編排，故今散見於《朱子語類》中。在該書裏，陳淳記録了他與朱子的問答、學友與朱子的問答，凡六百餘條，約十餘萬言，内容非常豐富，爲學習和研究朱子學的重要資料。陳淳在朱子門人中學術地位比較重要，與黄榦並稱。元代著名學者陳櫟，在所著《定宇集》卷八《勤有堂隨録》中甚至認爲「陳安卿當爲朱門第一人」。

作爲朱子門人和傳人，陳淳一方面力圖準確理解和把握朱子的思想精髓，另一方面又十分注重義理的推演和融會貫通，從而逐漸形成了自己的理學思想體系。陳淳對朱子學「多所發明」（《宋元學案》），豐富和發展了朱子的基本理論。如：他提出「理氣不離，難分先後」、「理有能然、必然、當然、自然之義」的思想，對朱子本體論思想有所修正和補充；他對於已發、未發與「寤寐動静」的討論，深化了朱子的精神理論，反映了中國古代對夢與潛意識的特殊見解；他强調知行隨時互發，力行爲主，致知副之；他推求「根原」，在道德本體與道德規範之間作出理性化的邏輯探索；他繼承朱子的思想，在反對淫祀、破除世俗迷信等方面，也有

重要的理論貢獻。

陳淳繼承了朱子注重義理辨析的基本精神，通過「字義」分析，釐定概念、範疇，揭示它們之間的内在聯繫，初步建立了範疇體系，在當时是十分難能可貴的。當然，陳淳爲了捍衛師説，對陸學深排力拒，這種門户之見，也影響了其理論上的進一步創新。

《北溪先生字義》是陳淳的代表作。它實際上是陳淳講授程朱理學的講義，主要由門人王雋筆録而成。該書作爲解讀理學的重要參考書，自南宋問世以來，歷代屢經刊刻，流傳極廣。書名有《北溪先生性理字義》、《北溪先生字義詳講》、《北溪先生字義》或簡稱《北溪字義》等。歷史上，朝鮮和日本也多次以漢文翻刻，還出版過日文通俗注釋本。二十世紀末，中國、美國、韓國和日本又分别出版了便於本國學者閲讀的文本。《北溪先生字義》可以説是東亞最早的哲學辭典，在中國哲學範疇發展史上占有十分重要的地位。

《嚴陵講義》是陳淳嘉定丁丑（一二一七）從臨安返家途中，應嚴陵（今浙江建德市）郡守及僚屬的邀請，在郡庠講學時的講義。陳淳有感於「浙間年來象山之學甚旺」，特提綱挈領地介紹了朱子學的基本思想，闡述爲學的基本原則、途徑以及讀書次序，確立朱子學的道統地位。他承繼朱熹重視「四書」的思想，對推行朱熹的《四書章句集注》有重要意義。《嚴陵講義》一向附於《北溪先生字義》流傳，影響很大。《似道之辨》和《似學之辨》，是對「老佛之道」和「科舉之學」的批判，被視爲「觝排異端，中其膏肓」之作，亦爲陳淳理學思想的重要組成部分。

宋代《北溪先生字義》的版本，按照傳統説法，初刻於永嘉趙氏，再刻於九華葉氏（即清漳本）。宋本今已不存。後世版本確實存在兩大系統。除了一些用字外，簡單説來，在以《性理字義》爲書名的元本、朝鮮本及後來的多種日本版本中，各門下面的段落都有小標題，門數也少；以《字義詳講》爲

書名的版本，除被後來有意集中删除了《鬼神》門中的幾條外，内容更爲詳備。

元版書名大概以《性理字義》居多，趙汸《東山存稿》中就有《答汪德懋〈性理字義〉疑問書》。現存元刊《北溪先生性理字義》，藏於臺北故宫博物院。明永樂十三年（一四一四），胡廣奉旨編《性理大全書》，收録《北溪先生字義》内容約在五成以上，《北溪先生字義》有些條目被全文收入，有些内容還在不同地方被重複摘引，而文字基本上與元刊本同，只是在行文的銜接上對個别字有改動。

明代林同分别於弘治三年庚戌（一四九〇）和五年壬子（一四九二）在江西和浙江刊刻了《北溪先生字義》，但没有明確説明底本。林同刻本實際上是以元本爲主，兼采兩個系統的版本詳加訂正而成。林同刻本在後世産生了很大的影響，但它也的確存在一些原本没有的文字。現存弘治壬子刊本藏於中國國家圖書館。

明正德三年（一五〇八），壽藩重刊了《北溪先生字義詳講》，今上海圖書館有藏。從用字上看，該本較弘治本更爲真實地保存了經北溪之子陳榘（字方叟）增訂的清漳家藏本的面目，但《鬼神》中《論淫祀》數條，被有意删除。此後，隆慶（一五六七—一五七三）李幾嗣重刊《北溪先生字義詳講》，從段落安排等看，也屬明正德本系統，但有個别異文與弘治本同。

清初有康熙三十四年乙亥（一六九五）施元勳刊本，五十三年甲午（一七一四）戴嘉禧、顧秀虎刊本。前者是「得弘治舊本」「多所訂正」的結果，後者是在弘治本的基礎上，取朱彝尊所藏抄本加以校正，并增入了明《性理大全書》中所引源自《北溪全集》的北溪語録數則，使《字義》内容更爲豐富。該版本後來被多次翻刻，流傳頗廣。

自此而降，清代版本基本不出弘治本和戴、顧本的範圍。如乾隆八年癸亥（一七四三）江源刊本、乾隆四十八年癸卯（一七八三）陳文芳重刊《北溪先生文集》附刻《北溪先生字義》本、咸豐辛酉

(一八六一)余氏明辨齋刻本、光緒八年(一八八二)津河廣仁堂刻本、光緒九年(一八八三)學海堂刻本、光緒二十三年(一八九七)集字版校印本等。上述各本基本上以戴、顧本爲底本。道光庚子(一八四〇)李錫齡校刊的惜陰軒本,底本是弘治五年刊本。這一階段現存只有一六六八年日本刊《北溪先生字義詳講》,係明正德三年壽藩本的重刊本。

現代諸種文字的《北溪先生字義》新版本,有的主要是以道光庚子李錫齡校刊的惜陰軒本爲工作本,基本上體現了弘治本的面貌,如一九八三年中華書局版熊國禎、高流水點校本,還有一九八六年陳榮捷英譯本,以及一九九六年佐藤仁日譯本;有的以日本一六六八年重刊壽藩本爲底本,也較爲忠實於其祖本正德本,如一九九三年韓國驪江出版社出版的朴浣植韓譯本;有的以戴、顧本爲底本,如臺灣世界書局一九六八年版《中國思想名著》叢書本,一九九三年韓國禮文書院出版的金忠烈、金英敏的韓譯本。

此次校點,以明弘治壬子林同刻本爲底本,以明正德刊本(以下簡稱「正德本」)、明隆慶刊本(以下簡稱「隆慶本」)、清康熙戴、顧刻本(以下簡稱「顧刻本」)爲校本,并對其他諸本有參考價值的部分,加以移録和説明。正文避宋諱而改字者仍予保留,其他則隨手改正,不一一出校。另外,參考中華書局印本,據顧刻本增入了《補遺》,删去了其中與正文重複的三條;據《北溪全集》增入了陳淳《似道之辨》與《似學之辨》;附録了《宋史·陳淳傳》、《四庫全書總目提要》的相關内容,以及弘治本系統清刻本的部分序跋(删去了實爲《題諸葛珏北溪中庸大學序》的《宋李昴英跋》),以時間先後爲序,附於書後,以供參考。

校點者　張加才

北溪先生字義卷上

性命而下等字，當隨本字各逐件看，要親切，又却合做一處看，要得玲瓏透徹，不相亂，方是見得明。

命

命，猶令也，如尊命、台命之類。天無言，做如何命？只是大化流行，氣到這物便生這物，氣到那物又生那物，便是分付、❶命令他一般。

命一字有二義：有以理言者，有以氣言者，其實理不外乎氣。蓋二氣流行，萬古生生不息，不成只是空箇氣，❷必有主宰之者，曰理是也。理在其中爲之樞紐，故大化流行，生生未嘗止息。所謂以理言者，非有離乎氣，只是就氣上指出箇理，不雜乎氣而爲言耳。❸如「天命之謂性」、「五十知天命」、「窮理盡性至於命」，此等「命」字，皆是專指理而言。天命，即天道之流行而賦予於物者。就「元亨利貞」之理而言，則謂之天道；即此道之流行而賦予於物者而言，則謂之天命。如就氣説，却亦有兩般：一般説貧富貴賤、夭壽禍福，❹如所謂「死生有命」與「莫非命也」之「命」，是乃就受氣之短長、厚薄不齊上論，是「命分」之命；又一般

❶「是」，正德本、隆慶本作「似」。
❷「空箇」，正德本、隆慶本、顧刻本作「箇空」。
❸「雜」，隆慶本作「離」。
❹「夭壽」，正德本、隆慶本作「壽夭」。

如孟子所謂「仁之於父子，義之於君臣，命也」之「命」，是又就禀氣之清濁不齊上論，是説人之智愚賢否。

人物之生，不出乎陰陽之氣。❶本只是一氣，分來有陰陽，陰陽又分來爲五行。二與五只管分合運行，❷便有參差不齊，有清有濁。有厚有薄。且以人物合論，同是一氣，但人得氣之正，物得氣之偏；人得氣之通，物得氣之塞。且如人形骸，却與天地相應：頭圓居上，象天；足方居下，象地；北極爲天中央，却在北，故人百會穴在頂心，却向後；日月來往只在天之南，故人之兩眼皆在前；海，鹹水所歸，在南之下，故人之小便亦在前下。此所以爲得氣之正。如物，則禽獸頭横，植物頭向下，枝葉却在上，此皆得氣之偏處。人氣通明，物氣壅塞。人得五行之秀，故爲萬物之靈。物氣塞而不通，如火煙鬱在裏許，所以理義皆不通。❸

若就人品類論，則上天所賦皆一般，而人隨其所值，又各有清濁、厚薄之不齊。如聖人得氣至清，❹所以合下便能生知；賦質至粹，所以合下便能安行。如堯、舜，既得其至清至粹，爲聰明神聖，又得氣之清高而禀厚，❺所以貴爲天子，富有四海。至於享國皆百餘歲，是又得氣之最長者。如夫子，亦得至清至粹，合下便生知、安行，然天地大氣，到那時已衰微了，所以夫子禀得不高不厚，止栖栖爲一旅人；而所得之氣又不

❶「陰陽」下，正德本、隆慶本有「五行」二字。
❷「運行」下，正德本、隆慶本、顧刻本有「去」字。
❸「理義」，正德本、隆慶本作「義理」。
❹「得」，正德本、隆慶本作「禀」。
❺「禀」，正德本、隆慶本作「豊」。「厚」下，正德本、隆慶本有「者」字。

甚長，止僅得中壽七十餘歲，不如堯、舜之高。自聖人而下，各有分數。顏子亦清明純粹，亞於聖人，只緣得氣不長，所以夭死。大抵得氣之清者不隔蔽，那理義便呈露昭著，❶如銀盞中滿貯清水，自透見盞底銀花子甚分明，若未嘗有水然。賢人得清氣多而濁氣少，清中微有些查滓在，未便能昏蔽得他，所以聰明也易開發。自大賢而下，或清濁相半，或清底少、濁底多，昏蔽得厚了。如盞底銀花子看不見，欲見得，須十分加澄治之功。若能力學也，解變化氣質，轉昏爲明。有一般人，稟氣清明，於義理上儘看得出，❷而行之不篤，❸不能承載得道理，多雜詭譎去，是又賦質不粹。此如井泉甚清，貯在銀盞裏面，亦透底清徹，但泉脈從淤土惡木根中穿過來，味不純甘，以之煮白米則成赤飯，煎白水則成赤湯，烹茶則酸澀，是有惡味夾雜了。又有一般人，生下來於世味一切簡淡，所爲甚純正，但與說到道理處，全發不來，❹是又賦質純粹而稟氣不清，此如井泉脈味純甘絶佳，❺而有泥土渾濁了，終不透瑩。如温公恭儉力行，篤信好古，是甚次第正大資質，只緣少那至清之氣，識見不高明。二程屢將理義發他，❻一向偏執固滯，更發不上，甚爲二程所不滿。又有一般人，甚好說道理，只是執拗，自立一家意見，是稟氣清中被一條戾氣衝拗了。如泉脈出來甚清，却被一條別水橫衝破了，及或遭巉

❶「理義」，正德本、隆慶本作「義理」。
❷「義理」，正德本、隆慶本作「理義」。
❸「之」，正德本、隆慶本作「爲」。
❹「全」下，顧刻本有「開」字。
❺「味」下，顧刻本有「本」字。
❻「理義」，正德本、隆慶本作「義理」。

巉石頭横截衝激，不帖順去，反成險惡之流。看來人生氣稟是有多少般樣，或相倍蓰，或相什百，或相千萬，不可以一律齊。畢竟清明純粹恰好底極爲難得，所以聖賢少而愚不肖者多。

若就造化上論，則天命之大目，只是「元亨利貞」。此四者，就氣上論也得，就理上論也得。就氣上論，則物之初生處爲元，於時爲春；物之發達處爲亨，於時爲夏；物之成遂處爲利，於時爲秋；物之斂藏處爲貞，於時爲冬。貞者，正而固也。自其生意之已定者而言，則謂之正；❶自其斂藏者而言，故謂之固。就理上論，則元者生理之始，亨者生理之通，利者生理之遂，貞者生理之固。

問：天之所命，固是大化流行賦予於物，如分付他一般。若就人事上論，則如何是賦予分付處？曰：天豈「諄諄然命之」乎？亦只是其理如此而已。孟子説天「與賢」、「與子」處，謂「天不言，以行與事示之而已」，「使之主祭，而百神享之；使之主事而事治，百姓安之。是天與之，人與之」。又曰：「莫之爲而爲者，天也；莫之致而至者，命也。」其意發得亦已明白矣。如孟津之上，不期而會者八百國，亦其出於自然而然，非人力所容，❷便是天命之至，武王但順乎天而應乎人爾。然此等事，❸又是聖人行權底事。惟聖人及大賢以上地位，然後見得明，非常情所及。唐陸宣公謂「人事盡處，是謂天理」。蓋到人事已盡地頭，赤見

❶「則」，正德本、隆慶本、顧刻本作「故」。
❷「容」下，顧刻本有「强」字。
❸「事」，正德本、隆慶本、顧刻本作「處」。

骨不容一點人力，❶便是天之所爲。此意旨極精微，陸宣公之學亦識到此。如桎梏死、巖牆死者，非正命，是有致而然，乃人所自取而非天。若盡其道而死者爲正命，蓋到此時所值之吉凶禍福，皆莫之致而至，故可以天命言而非人力之所取矣。❷

問：「莫之爲而爲者，天也；莫之致而至者，命也。」朱子注曰：「以理言之謂之天，自人言之謂之命，其實一而已。」此處何以見二者之辨？曰：「天」與「命」只一理，就其中却微有分別。「爲」以做事言，做事是人；對此而反之，非人所爲便是天。「至」，以吉凶禍福地頭言，有因而致是人力；對此而反之，非力所致便是命。「天」以全體言，「命」以其中妙用言。其曰「以理言之謂之天」，是專就「天」之正面訓義言，却包「命」在其中。其曰「自人言之謂之命」，「命」是天命，因人形之而後見。故吉凶禍福自天來，到於人然後爲命。乃是於天理中，截斷命爲一邊，而言其指歸爾。❸若只就天一邊説，吉凶禍福，未有人受來，如何見得是命？

問：天之所命，果有物在上面安排分付之否？曰：天者，理而已矣。古人凡言天處，大概皆是以理言之。程子曰：「夫天，專言之則道也，『天且弗違』是也。」又曰：「天也者，道也。」《論語集注》「獲罪於天」曰：「天即理也。」《易本義》：「先天弗違，謂意之所爲，嘿與道契。後天奉天，謂知理如是，奉而行之。」又嘗親炙文公，説

❶「亦見骨」，隆慶本作「亦見得」。
❷「力」，正德本、隆慶本無。
❸「歸」下，正德本有「一」字。

「上帝震怒」也，只是「其理如此，天下莫尊於理，故以帝名之」。觀此亦可見矣。故上而蒼蒼者，天之體也。「上天之體」以氣言，「上天之載」以理言。

問：天之所命則一，而人受去，何故如彼之不齊？曰：譬之天，油然作雲，沛然下雨。其雨則一，❶而江河受去，其流滔滔，不增不減；溪澗受去，則洪瀾暴漲；溝澮受去，則朝盈暮涸。至於沼沚坎窟、盆甕罌缶、螺杯蜆殼之屬受去，或有斗斛之水；或只涓滴之水；或清甘，或污濁，或臭穢。隨他所受，多少般樣不齊，豈行雨者固爲是區別哉？❷又譬之治一片地而播之菜子，其爲播種一也，而有滿園中森森成行伍出者，有擲之蹊旁而踐蹂不出者；有未出爲鳥雀啄者，有方芽爲鷄鵝嘴者，有稍長而芟去者，有既秀而連根拔者，有長留在園而旋取葉者；有日供常人而羹食者，有爲菹於禮豆而薦神明者，有爲齏於金盤而獻上賓者，有丐子烹諸瓦盆而食者；有脆嫩而摘者，有壯茂而割者，有結實成子而研爲齏汁用者，❸有藏爲種子，到明年復生生不窮者。其參差如彼之不齊，豈播種者所能容心哉？故天之所命則一，而人受去，自是不齊。亦自然之理，何疑焉！

性

性即理也。何以不謂之理而謂之性？蓋理是泛言天地間人物公共之理，性是在

❶「雨」上，正德本、隆慶本、顧刻本有「爲」字。
❷「固」，顧刻本注「一本作『故』」。
❸「實」，原誤作「食」，今據正德本、隆慶本、顧刻本改。

我之理。只這道理，受於天而爲我所有，故謂之性。「性」字從「生」從「心」，是人生來具是理於心，方名之曰性。其大目只是仁、義、禮、智四者而已。得天命之元，在我謂之仁；得天命之亨，在我謂之禮；得天命之利，在我謂之義；得天命之貞，在我謂之智。「性」與「命」本非二物，在天謂之命，在人謂之性。故程子曰：「天所付爲命，❶人所受爲性。」文公曰：「元亨利貞，天道之常；仁義禮智，人性之綱。」

性、命只是一箇道理，不分看則不分曉；只管分看不合看，又離了，不相干涉。須是就渾然一理中，看得有界分，不相亂。所以謂之命、謂之性者，何故？大抵性只是理，然人之生，不成只空得箇理，須有箇形骸，方載得此理。其實理不外乎氣，得天地之氣成這形，得天地之理成這性。所以橫渠曰：「天地之塞，吾其體；天地之帥，吾其性。」「塞」字只是就孟子「浩然之氣，塞乎天地」句，掇一字來説氣；「帥」字，只是就孟子「志，氣之帥」句，掇一字來説理。人與物同得天地之氣以生，天地之氣只一般，因人、物受去各不同。人得五行之秀，正而通，所以仁義禮智，粹然獨與物異。物得氣之偏，爲形骸所拘，所以其理閉塞而不通。人、物所以爲理只一般，只是氣有偏正，故理隨之而有通塞爾。

天所命於人以是理，本只善而無惡。故人所受以爲性，亦本善而無惡。孟子道性善，是專就大本上説來，説得極親切，只是不曾發出氣禀一段，所以啓後世紛紛之論。蓋人之所以有萬殊不齊，只緣氣禀不

❶「付」，正德本作「賦」。

同。這氣只是陰陽五行之氣，如陽性剛，陰性柔，火性燥，水性潤，金性寒，木性温，土性重厚。❶七者夾雜，便有參差不齊。所以人隨所值，便有許多般樣。然這氣運來運去，自有箇真元之會，如曆法算到本數凑合，所謂「日月如合璧，五星如連珠」時相似。聖人便是稟得這真元之會來。然天地間參差不齊之時多，真元會合之時少，如一歲間劇寒劇暑、陰晦之時多，不寒不暑、光風霽月之時極少，最難得恰好時節。人生多值此不齊之氣。如有一等人非常剛烈，是值陽氣多；有一等人極是軟弱，是值陰氣多；有人躁暴忿戾，是又值陽氣之惡者；有人狡譎姦險，此又值陰氣之惡者；❷有人性圓，一撥便轉；也有一等極愚拗，雖一句善言亦說不入，與禽獸無異，都是氣稟如此。陽氣中有善惡，陰氣中亦有善惡，如《通書》中所謂「剛善」、「剛惡」、「柔善」、「柔惡」之類。不是陰陽氣本惡，只是分合轉移、齊不齊中，便自然成粹駁、善惡耳。因氣有駁粹，❸便有賢愚。氣雖不齊，而大本則一。雖下愚，❹亦可變而爲善，然工夫最難，非百倍其功者不能。故子思曰：「人一能之己百之，人十能之己千之，果能此道，雖愚必明，雖柔必强。」正爲此耳。孟子不說到氣稟，❺所以荀子便以性爲惡，揚子便以性爲善惡混，韓文公又以爲性有三品，都只是說得氣。近世東坡蘇氏又以爲性未有善惡，五峰胡氏又以爲性無善惡，都只含糊

---

❶「重厚」，正德本、隆慶本作「厚重」。
❷「此」，正德本、隆慶本、顧刻本作「是」。
❸「駁粹」，正德本、隆慶本作「粹駁」。
❹「雖」上，顧刻本有「故」字。
❺「孟子」上，正德本、隆慶本、顧刻本有「自」字。

就人與天相接處捉摸，❶說箇性是天生自然底物，竟不曾說得性端的指定是甚底物。直至二程子得濂溪先生《太極圖》發端，❷方始說得分明極至，更無去處。其言曰：「性即理也。」理則自堯舜至於塗人，一也。」此語最是簡切端的。如孟子說善，❸善亦只是理，但不若指認理字下得較確定。胡氏看不徹，便謂善者只是贊歎之辭，又誤了。既是贊歎，便是那箇是好物方贊歎，豈有不好底物而贊歎之耶？❹程子於本性之外，又發出氣稟一段，方見得善惡所由來。故其言曰：「論性不論氣，不備；論氣不論性，不明；二之，則不是也。」蓋只論大本而不及氣稟，則所論有欠闕未備。若只論氣稟而不及大本，便只說得粗底，而道理全然不明。千萬世而下，學者只得按他說，更不可改易。

孟子道性善，從何而來？夫子繫《易》曰：「一陰一陽之謂道，繼之者善也，成之者性也。」所以一陰一陽之理者爲道，此是統說箇太極之本體。繼此者爲善，乃是就其間說：造化流行，生育賦予，更無別物，只是箇善而已。此是太極之動而陽時。所謂善者，以實理言，即道之方行者也。到成此者爲性，❺是說人物受得此善底道理去，各成箇性耳，是太極之靜而陰時。此「性」字與「善」字相對，是即所謂善，而理之已定者也。「繼」、「成」字與「陰」、「陽」字相應，❻

❶「人」，原脱，今據正德本、隆慶本、顧刻本補。
❷「子」，原脱，今據正德本、隆慶本補。
❸「子」，原誤作「氏」，今據正德本、隆慶本、顧刻本改。
「善」上，正德本有「性」字。
❹「底」，原脱，今據正德本、隆慶本、顧刻本補。
❺「到」上，原衍「道」字，今據正德本、隆慶本删。
❻上「字」字，原脱，今據正德本、隆慶本、顧刻本補。

是指氣而言；「善」、「性」字與「道」字相應，是指理而言。此夫子所謂善，是就人物未生之前，造化原頭處説，善乃重字，爲實物。若孟子所謂性善，則是就「成之者性」處説，是人生以後事，善乃輕字，言此性之純粹至善耳。其實由造化原頭處，有是「繼之者善」，然後「成之者性」時，方能如是之善。則孟子之所謂善，實淵源於夫子所謂善者而來，而非有二本也。《易》三言，周子《通書》及程子説已明備矣。至明道又謂孟子所謂性善者，只是説「繼之者善」也。此又是借《易》語移就人分上説，是指四端之發處言之，❶而非《易》之本旨也。

氣稟之説從何而起？夫子曰：「性相近也，習相遠也。」「惟上智與下愚不移。」此正是説氣質之性。子思子所謂三知三行，及所謂「雖愚必明，雖柔必强」，亦是説氣質之性，但未分明指出氣質字爲言耳。到二程子，始分明指認説出，甚詳備。横渠因之又立爲定論，曰：「形而後有氣質之性。善反之，則天地之性存焉。故氣質之性，君子有弗性者焉。」氣質之性，是以氣稟言之。天地之性，是以大本言之。其實天地之性，亦不離氣質之中，只是就那氣質中，分别出天地之性，不與相雜爲言耳。此意學者又當知之。

韓文公謂：「人之所以爲性者五，曰仁、義、禮、智、信。」此語是看得性字端的，❷但分爲三品，又差了。三品之説，只説得氣稟，然氣稟之不齊，蓋或相什百千萬，豈但三品而已哉！他本要求勝荀、揚，却又與

❶「發」下，顧刻本有「見」字。
❷「是」，正德本、隆慶本、顧刻本作「似」。

荀、揚無甚異。

佛氏把「作用是性」，❶便喚「蠢動含靈皆有佛性，運水搬柴無非妙用」。不過只認得箇氣，❷而不説着那理耳。達磨答西竺國王作用之説，❸曰：「在目能視，在耳能聞，在手執捉，在足運奔，在鼻嗅浥，在口談論，偏現俱該沙界，❹收攝在一微塵，識者知是道性，不識喚作精魂。」他把合天地世界總是這箇物事，乃吾之真體，指吾之肉身，只是假合幻妄，❺若能見得這箇透徹，則合天地萬物，皆是吾法身，便超出輪迴。故禪家所以甘心屈意，枯槁山林之下，絶滅天倫，掃除人事者，只是怕來侵壞着他這箇靈活底。若能硬自把捉得定，這便是道成了，便一向縱横放恣，花街柳陌，或喫猪頭鳩子都不妨。其實多是把持到年暮氣衰時，那一切情欲自然退減，却自喚做工夫至到，便矜耀以爲奇特，一向呵佛罵祖去。❻

今世有一種杜撰等人，愛高談性命，大抵全用浮屠「作用是性」之意，而文以聖人之言，都不成模樣。據此意，其實不過只是告子「生之謂性」之説。此等邪説，向來已爲孟子掃却，今又再拈起來，做至珍至寶説，謂人之所以能飲能食，能語能嘿，能知覺運動，一箇活底、靈底便是性，更不商量道理有不可通。且如運動，合本然之則，固是性。如盗賊作竊，豈不運動，如何得是性？耳之欲聲，目之欲色，固是靈活底。

❶「是」上，顧刻本有「認」字。
❷「只」，原誤作「又」，今據正德本、隆慶本、顧刻本改。
❸「西竺」，原無，今據顧刻本補。
❹「現」，原誤作「視」，今據正德本、隆慶本、顧刻本改。
❺「是」，正德本、隆慶本作「做」。
❻「一向」，正德本作「而」。

然目視惡色，耳聽惡聲，如何得是本然之性？只認得箇精神魂魄，而不知有箇當然之理，只看得箇模糊影子，而未嘗有的確定見，枉誤了後生晚進，使相從於天理人欲混雜之區，爲可痛。

心

心者，一身之主宰也。人之四肢運動，手持足履，與夫飢思食、渴思飲、夏思葛、冬思裘，皆是此心爲之主宰。如今心恙底人，只是此心爲邪氣所乘，内無主宰，所以日用間飲食動作，皆失其常度，與平人異，理義都喪了，只空有箇氣，僅往來於脈息之間，未絶耳。大抵人得天地之理爲性，得天地之氣爲體，理與氣合，方成箇心。有箇虛靈知覺，便是身之所以爲主宰處。然這虛靈知覺，有從理而發者，有從氣而發者，❶又各不同也。

心只似箇器皿一般，❷裏面貯底物便是性。康節謂：「心者，性之郛郭。」❸說雖粗而意極切。蓋郛郭者，心也。郛郭中許多人煙，便是心中所具之理相似，所具之理便是性。即這所具底，便是心之本體。理具於心，便有許多妙用。知覺從理上發來，便是仁義禮智之心，便是道心。若知覺從形氣上發來，便是人心，便易與理相違。人只有一箇心，非有兩箇知覺，只是所以爲知覺者不同。且如飢而思食，渴而思飲，此是人心。至於食所當食，飲所當飲，便是道心。

❶「氣」，原誤作「心」，今據正德本、隆慶本改。
❷「皿」，原脱，今據正德本、隆慶本、顧刻本補。
❸「心」、「性」二字，原誤倒，今據正德本、隆慶本、顧刻本及邵雍原文乙正。

如有人飢餓濱死，❶而蹴爾、嗟來等食皆不肯受，這心從何處發來？ 便是就裏面道理上發來。❷ 然其嗟也可去，其謝也可食。此等處，理義又隱微難曉，❸須是識見十分明徹，方辨别得。

心有體有用。 具衆理者其體，應萬事者其用。 寂然不動者其體，感而遂通者其用。 體即所謂性，以其静者言也；用即所謂情，以其動者言也。 聖賢存養工夫至到，方其静而未發也，全體卓然，如鑑之空，如衡之平，常定在這裏。 及其動而應物也，大用流行，妍媸高下，各因物之自爾，❹而未嘗有絲毫銖兩之差，而所謂鑑空衡平之體，亦常自若，而未嘗與之俱往也。

性只是理，全是善而無惡。 心含理與氣，理固全是善，氣便含兩頭在，未便全是善底物，才動便易從不善上去。 心是箇活物，不是帖静死定在這裏，常愛動。 心之動，是乘氣動。 故文公《感興詩》曰「人心妙不測，出入乘氣機」，正謂此也。 心之活處，是因氣成便會活。 其靈處，是因理與氣合便會靈。 所謂妙者，非是言至好，❺是言其不可測。 忽然出，忽然入，無有定時；忽在此，忽在彼，亦無定處。 操之便存在此，舍之便亡失了。 故孟子曰：「『操則存，舍則亡，出入無時，莫知其鄉』者，惟心之謂與？」存便是入，亡便是出。 然「出」非是本

❶「濱」，顧刻本作「瀕」。
❷「便是」至「發來」，原脱，今據正德本、隆慶本、顧刻本補。
❸「理義」，隆慶本、顧刻本作「義理」。
❹「自」，顧刻本作「宜」。
❺「言」下，顧刻本有「其」字。

體走出外去，❶只是邪念感物逐他去，❷而本然之正體遂不見了。「入」非是自外面已放底牽入來，只一念提撕警覺便在此。人須是有操存涵養之功，然後本體常卓然在中，爲之主宰，❸而無亡失之患。所貴於問學者，爲此也。故孟子曰：「學問之道無他，求其放心而已矣。」此意極爲人親切。❹

心雖不過方寸大，然萬化皆從此出，正是源頭處。故子思子以未發之中爲天下之大本，❺已發之和爲天下之達道。

仁者，心之生道也。敬者，心之所以生也。

此心之量極大，萬理無所不包，萬事無所不統。古人每言：「學必欲其博。」孔子所以學不厭者，皆所以極盡乎此心無窮之量也。孟子所謂盡心者，須是盡得箇極大無窮之量，無一理一物之或遺，方是真能盡得心。然孟子於諸侯之禮未之學，周室班爵祿之制未嘗聞，❻畢竟是於此心無窮之量，終有所欠缺未盡處。

心至靈至妙，可以爲堯舜，參天地，格鬼神。雖萬里之遠，一念便到。雖千古人情事變之秘，一照便知。雖金石至堅，可貫。雖物類至微至幽，❼可通。

佛家論性，只似儒家論心。他只把這人心那箇虛靈知覺底喚作性了。

伊川曰：「心一也，有指體而言者，寂然不動是也；有指用而言者，感而遂通是

❶「本」上，正德本、隆慶本、顧刻本有「裏面」二字。
❷「逐」上，正德本、隆慶本有「欲」字。
❸「之」，正德本、隆慶本作「此身」。
❹「親」，正德本、隆慶本作「深」。
❺「子」，原脱，今據正德本、隆慶本、顧刻本補。
❻「嘗」，正德本、隆慶本作「詳」。
❼「微」、「幽」，正德本、隆慶本、顧刻本二字互乙。

也。」此語亦説得圓。橫渠曰：「心統性情。」尤爲語約而意備，自孟子後未有如此説親切者。❶ 文公曰：「性者，心之理。情者，心之用。心者，情性之主。」説得又條暢明白。

橫渠曰：「合虛與氣，有性之名。合性與知覺，有心之名。」虛是以理言，理與氣合，遂生人物。人物受得去成這性，於是乎方有性之名。性從理來，不離氣。知覺從氣來，不離理。合性與知覺，遂成這心，於是乎方有心之名。

程子曰：「上天之載，無聲無臭，其體則謂之易，其理則謂之道，其用則謂之神。」此處是言天之心、性、情。所謂「易」便是「心」，「道」便是「性」，「神」便是「情」。所謂「體」者，非「體用」之「體」，乃其形狀模樣恁地。「易」是陰陽變化，合理與氣説。

情

情與性相對。情者，性之動也。在心裏面未發動底是性，事物觸著，便發動出來是情。寂然不動是性，感而遂通是情。這動底只是就性中發出來，不是別物，其大目則爲喜、怒、哀、懼、愛、惡、欲七者。《中庸》只言喜、怒、哀、樂四箇，《孟子》又指惻隱、羞惡、辭遜、是非四端而言，大抵都是情。性中有仁，動出爲惻隱；性中有義，動出爲羞惡；性中有禮智，動出爲辭讓、是非。端是端緒，裏面有這物，其端緒便發出從外來。若內無仁義禮智，則其發也，安得有此四端？大概心是箇物，貯此性，發出

❶「説」下，顧刻本有「得」字。

底便是情。《孟子》曰「惻隱之心，仁之端也；羞惡之心，義之端也」云云，惻隱、羞惡等以情言，仁義等以性言。必又言心在其中者，所以統情性而爲之主也。《孟子》此處説得却備。又如《大學》所謂憂患、好樂及親愛、畏敬等，皆是情。

情者心之用，人之所不能無，不是箇不好底物。但其所以爲情者，各有箇當然之則。如當喜而喜，當怒而怒，當哀而哀，當樂而樂，當惻隱而惻隱，當羞惡而羞惡，當辭遜而辭遜，當是非而是非，便合箇當然之則，便是發而中節，便是其中性體流行著見於此，即此便謂之達道。若不當然而然，則違其則，失其節，只是箇私意人欲之行，是乃流於不善，遂成不好底物，非本來便不好也。

情之中節，是從本性發來，便是善，更無不善。其不中節，是感物欲而動，不從本性發來，便有箇不善。《孟子》論情，全把做善者，是專指其本於性之發者言之。禪家不合便指情都做惡底物，❶却欲滅情以復性。不知情如何滅得？情既滅了，性便是箇死底性，於我更何用？

孟子四端，是專就善處言之。《中庸》喜怒哀樂及七情等，❷是合善惡説。

《樂記》曰：「人生而靜，天之性也。感於物而動，性之欲也。」性之欲，便是情。

❶「不合」，正德本、隆慶本作「合下」。

❷「中庸」，原脱，今據正德本、隆慶本補。「七」，原脱，今據正德本、隆慶本、顧刻本補。

才

才是才質、才能。才質，猶言才料質幹，是以體言。才能，是會做事底。同這件事，有人會發揮得，有人全發揮不去，便是才不同，是以用言。《孟子》所謂「非才之罪」及「天之降才非爾殊」等語，皆把才做善底物，他只是以其從性善大本處發來，便見都一般。要説得全備，須如伊川「氣清則才清，氣濁則才惡」之論，方盡。

志

志者，心之所之。之，猶向也，謂心之正面全向那裏去。如「志於道」，是心全向於道；「志於學」，是心全向於學。一直去求討，要必得這箇物事，❶便是志。若中間有作輟或退轉底意，便不得謂之志。

志有趨向、期必之意。心趨向那裏去，❷期料要恁地，決然必欲得之，便是志。人若不立志，只泛泛地同流合污，便做成甚？人須是立志，以聖賢自期，便能卓然挺出於流俗之中，❸不至隨波逐浪，❹爲碌碌庸庸之輩。❺若甘心於自暴自棄，便是不能立志。

立志，須是高明正大。人多有好資質，純粹静淡，甚近道，却甘心爲卑陋之歸，不

❶「這」，正德本、隆慶本作「那」。
❷「心」，原脱，今據正德本、隆慶本、顧刻本補。
❸「便」，原誤作「更」，今據正德本、隆慶本、顧刻本改。「挺」，正德本、隆慶本作「拔」。
❹「不至」，原作「至不」，今據正德本、隆慶本、顧刻本改。「浪」，正德本、隆慶本、顧刻本作「流」。
❺「庸庸之輩」，正德本、隆慶本作「庸輩之歸」。

肯志於道，只是不能立志。如文帝寬仁恭儉，是其資質儘可與爲帝王。然其言曰：「卑之無甚高論，令今可行也。」却不能立志。武帝上嘉唐虞，志向高大，然又好名，駁雜無足取。

程子《奏劄》，説立志一段最切，是説人君立志。學者立志與人君立志都一般，只是在身、在天下，有小大之不同。

爲學緊要處，最是立志之初，所當謹審決定，此正是分頭路處。纔志於義，便入君子路；纔志於利，便入小人路。舜、蹠利善正從此而分，堯、桀言行正從此而判。孔子説「從心所欲不踰矩」，緊要正在「志學」一節上。在聖人，當初成童，志學固無可議。自今觀之，學之門户煞多，❶若此處所志者一差，不能純乎聖途之適，則後面所謂「立」，所謂「不惑」，所謂「知命」、「耳順」、❷「從心」，節節都從而差，無復有見效處。惟起頭所志者果能專心一意於聖人之學，則後面許多節目，皆可以次第循序而進。果有「不倦」工夫以終之，則雖「從心」地位至高，亦可得而造到矣。

人常言志趣。趣者，趨也，心之所趨向也。❸趣亦志之屬。

孟子曰：士「尚志」。立志要高不要卑。《論語》曰：「博學而篤志。」立志要定不要雜，要堅不要緩。如顏子曰：「舜何人也？予何人也？有爲者亦若是。」公明儀曰：「文王，我師也。周公豈欺我哉？」皆以聖人自期，皆是能立志。孟子曰：「舜爲

❶「煞」，原誤作「雖」，今據正德本、隆慶本、顧刻本改。
❷「耳順」，原作「所謂」，今據正德本、隆慶本、顧刻本改。
❸「向」，原脱，今據正德本、隆慶本、顧刻本補。

法於天下，可傳於後世，我猶未免爲鄉人也，是則可憂也。憂之如何？如舜而已矣。」孟子以舜自期，亦是能立志。❶

意

意者，心之所發也，有思量運用之義。大抵情者性之動，意者心之發。情是就心裏面自然發動，改頭換面出來底，正與性相對。意是心上發起一念，思量運用要恁地底。情動是全體上論，意是就起一念處論。合數者而觀，纔應接事物時，便都呈露在面前。且如一件事物來接着，在内主宰者是心；動出來或喜或怒是情；裏面有箇物，能動出來底是性；運用商量，要喜那人、要怒那人是意；心向那所喜所怒之人是志；喜怒之中節處，又是性中道理流出來，即其當然之則處是理；其所以當然之根原處是命。一下許多物事都在面前，未嘗相離，亦粲然不相紊亂。

以意比心，則心大意小。心以全體言，意只是就全體上發起一念慮處。

「毋意」之意，是就私意説；「誠意」之意，是就好底意思説。

人常言意思。去聲。思者，思也。平聲。思慮、念慮之類，皆意之屬。

仁義禮智信

五者謂之五常，亦謂之五性。就造化上推原來，只是五行之德。仁在五行爲木

❶「孟子曰」至「亦是能立志」，正德本、隆慶本在上文「立志，須是高明正大」之前。

之神，在人性爲仁；義在五行爲金之神，在人性爲義；禮在五行爲火之神，在人性爲禮；智在五行爲水之神，在人性爲智。人性中只有仁、義、禮、智四位，却無信位。如五行木位東，金位西，火位南，水位北，而土無定位，只寄旺於四位之中。❶木屬春，火屬夏，金屬秋，水屬冬，而土無專氣，只分旺於四季之間。四行無土便都無所該載，猶仁、義、禮、智無信，便都不實了。只仁、義、禮、智之實理便是信。信却易曉。仁、義、禮、智須逐件看得分明，又要合聚看得脈絡都不亂。

且分別看，仁是愛之理，義是宜之理，禮是敬之理，智是知之理。愛發見於外，乃仁之用，而愛之理則在內。事物各得其宜，乃義之用，而宜之理則在內。恭敬可見處乃禮之用，而敬之理則在內。知箇是、知箇非，是智之用，而知之理則在內。就四者平看，則是四箇相對底道理。專就仁看，❷則仁又較大，能兼統四者，故仁者乃心之德。如義、禮、智亦是心之德，❸而不可以心之德言者，如人一家有兄弟四箇，長兄當門户，稱其家者只舉長兄位號爲言，則下三弟皆其家子弟，已包在内矣。若目曰三弟者之家，❹則拈掇不起。道理只如此。然仁所以長衆善，而專一心之全德者，何故？蓋人心所具之天理，全體都是仁，這道理常恁地活，常生生不息。舉其全體而言則謂之仁，而義、禮、智皆包在其中。自爲仁而言，纔有一毫人欲之私插其間，這天理便隔絕死

❶「旺」，正德本、隆慶本作「處」。

❷「仁」，原誤作「人」，今據正德本、隆慶本、顧刻本改。

❸「義禮」，原誤倒，今據正德本、隆慶本改。

❹「目」，原誤作「自」，今據正德本、隆慶本、顧刻本改。

了，便不得謂之仁。須是工夫至到，此心純是天理之公，而絶無一毫人欲之私以間之，則全體便周流不息，無間斷，無欠闕，方始是仁。所以仁無些少底仁。

仁義起發是惻隱、❶羞惡，及到那人物上，方見得愛與宜，故曰「愛之理，宜之理」。

仁道甚廣大精微，何以用處只爲愛，❷而發見之端爲惻隱？曰：仁是此心生理全體，常生生不息。故其端緒方從心中萌動，發出來自是惻然有隱，由惻隱而充，及到那物上，遂成愛。故仁乃是愛之根，而惻隱則根之萌芽，而愛則又萌芽之長茂已成者也。觀此，則仁者愛之理，愛者仁之用，自可見得脈絡相關處矣。

義就心上論，則是心裁制決斷處。宜字乃裁斷後字。❸裁斷當理，然後得宜。凡事到面前，便須有剖判，是可是否。文公謂：「義之在心，如利刃然，物來觸之，便成兩片。」若可否都不能剖判，便是此心頑鈍無義了。且如有一人來邀我同出去，便須能剖判當出不當出。若要出又要不出，於中遲疑不能決斷，更何義之有？此等處，須是自看得破。如韓文公以行而宜之之謂義，則是就外面說，成「義外」去了。

禮者，心之敬，而天理之節文也。心中有箇敬，油然自生，便是禮；見於應接，便自然有箇節文。❹節則無太過，文則無不及。如做事太質，無文采，是失之不及；末節繁文太盛，是流於太過。天理之節文乃其恰好處，恰好處便是理。合當如此，更無

❶「起發」，正德本、隆慶本二字互乙。
❷「愛」下，原衍「物」字，今據正德本、隆慶本刪。
❸「字」，正德本、隆慶本作「事」。
❹「節」，原誤作「禮」，今據正德本、隆慶本、顧刻本改。

太過，更無不及，當然而然，便即是中。故濂溪《太極圖説》「仁義中正」，以「中」字代「禮」字，尤見親切。

文公曰：「禮者，天理之節文，人事之儀則。」以兩句對言之，❶何也？ 蓋天理只是人事中之理，而具於心者也。天理在中而著見於事，人事在外而根於中，天理其體而人事其用也。「儀」謂容儀，而形見於外者，有粲然可象底意，與「文」字相應。「則」謂法則、準則，是箇骨子，所以存於中者，乃確然不易之意，與「節」字相應。文而後儀，節而後則，必有天理之節文，而後有人事之儀則。言須盡此二者，❷意乃圓備。

智是心中一箇知覺處。知得是是非非恁地確定，是智。孟子謂「知斯二者，弗去」是也。「知」是知識，「弗去」便是確定不易之意。

問：智是知得確定，在五行何以屬水？ 曰：水，清明可鑒，似智，又是造化之根本。❸凡天地間萬物，得水方生。只看地下泉脈滋潤，何物不資之以生？ 亦猶萬事非智不可便知，❹知得確定方能成。此水於萬物，所以成終而成始，而智亦萬事之所以成終而成始者也。

孟子四端之説，是就外面可見底，以驗其中之所有。如乍見孺子入井，便自然有惻隱之心，便見得裏面有這仁。如行道乞人，蹴爾嘑爾而與之，便自羞惡而不肯食，便見得裏面有這義。如一接賓客之頃，便自然有恭敬之心，便見得裏面有這禮。

❶ 「以」，正德本、隆慶本作「必」。
❷ 「盡」，正德本、隆慶本、顧刻本作「兼」。
❸ 「是」下，正德本、隆慶本、顧刻本有「天一所生」四字。
❹ 「便知」，正德本、隆慶本、顧刻本作「須」。

如一件事來，❶非底便自覺得爲非，是底便自覺得爲是，便見得裏面有這智。惟是裏面有是四者之體，故四者端緒，自然發見於外，所謂「乃若其情，則可以爲善，乃所謂善也」。以見性不是箇含糊底物，到發來方有四端，但未發則未可見耳。孟子就此處開發人，證印得本來之善甚分明。❷所以程子謂「有功於萬世者，性善之一言」。

信在性，只是四者都實底道理，及發出來便爲忠信之信。由內面有此信，故發出來，方有忠信之信。忠信只是一物，而判作二者，便是信之端緒，是統外面應接事物發原處說。❸

四者端緒，日用間常常發見，只是人看理不明，故茫然不知得。且如一事到面前，便自有箇是、有箇非，須是知得，此便是智。若是也不知，非也不知，便是心中頑愚無知覺了。既知得是非已明，便須判斷只當如此做，不當如彼做，有箇可否從違，❹便是義。若要做此，又不能割捨得彼，只管半間半界，便是心中頑鈍而無義。既斷定了只如此做，便看此事如何是太過，如何是不及，做得正中恰好，有箇節文，無過、無不及，此便是禮。做事既得中，更無些子私意夾雜其間，便都純是天理流行，此便是仁。事做成了，從頭至尾，皆此心真實所爲，便是信。此是從下説上去。若從上説下來，且如與箇賓客相接，初纔聞之，便自有箇懇惻之心，怛然動於中，是仁。此心既怛然動於中，便肅然起敬去接他，是禮。既接見

❶「如」，原脱，今據正德本補。
❷「印」，原誤作「即」，今據正德本、隆慶本、顧刻本改。
❸「統」，正德本、隆慶本作「就」。
❹「箇」，原脱，今據正德本、隆慶本、顧刻本補。

畢，便須商量合作如何待，或喫茶，或飲酒，輕重厚薄，處之得宜，是義。或輕或重，或厚或薄，明白一定，是智。從首至末皆真實，是信。此道理循環無端，若見得熟，則大用小用皆宜，横説竪説皆通。

仁者，心之全德，兼統四者。義、禮、智，無仁不得。蓋仁是心中箇生理，常流行，生生不息，徹終始、無間斷。苟無這生理，則心便死了，其待人接賓，恭敬何自而發？必無所謂禮。處事之際，必不解裁斷，而無所謂義。其於是非，亦必頑然無所知覺，而無所謂智。既無是四者，又烏有所謂實理哉？

人性之有仁義禮智，只是天地「元亨利貞」之理。仁在天爲元，於時爲春。乃生物之始，萬物於此方萌芽發露，如仁之生生，所以爲衆善之長也。禮在天爲亨，於時爲夏，萬物到此時一齊盛長，衆美所會聚，如經禮三百，曲禮三千，粲然文物之盛，❶亦衆美所會聚也。義在天爲利，於時爲秋。蓋萬物到此時皆成遂，各得其所，如義斷制萬事，亦各得其宜。秋有肅殺氣，義亦有嚴肅底意。智在天爲貞，於時爲冬。萬物到此皆歸根復命，收斂都定了，如智見得萬事是非都一定，確然不可易，便是貞固道理。貞後又生元，元又生亨，亨又生利，利又生貞，只管如此去，循環無端。總而言之，又只是一箇元。蓋元是箇生意，亨只是此生意之通，利只是此生意之遂，貞也，只是此生意之藏。此元所以兼統四德。故曰：「大哉乾元，萬物資始，乃統天。」謂統乎天，則終始周流，都是一箇元。如仁兼統四者，義、

❶「物」，顧刻本作「采」。

禮、智都是仁。至其爲四端，則所謂惻隱一端，亦貫通乎辭遜、羞惡、是非之端，而爲之統焉。今只就四端不覺發動之初，真情懇切時，便自見得惻隱貫通處。故程《傳》曰：「四德之元，猶五常之仁，偏言則一事，專言則包四者。」可謂示人親切，萬古不易之論矣。❶

何謂義、禮、智都是仁？蓋仁者，此心渾是天理流行。到那禮儀三百，威儀三千，亦都渾是這天理流行。到那義，裁斷千條萬緒，各得其宜，亦都渾是這天理流行。到那智，分別萬事，是非各定，亦都渾是這天理流行。

仁、義、禮、智，四者判作兩邊，只作仁、義兩箇。如春夏秋冬四時，分來只是陰陽兩箇。春夏屬陽，秋冬屬陰。夏之通暢，只是春之發生盛大處。冬之藏斂，只是秋之肅殺歸宿處。故禮儀三百，威儀三千，只是天理流行顯著處。智之是非確定，只是義之裁斷割正處。❷文公曰：「禮者，仁之著；智者，義之藏。」

就事物言，父子有親便是仁，君臣有義便是義，夫婦有別便是禮，長幼有序便是智，朋友有信便是信，此是豎觀底意思。❸

若橫而觀之，以仁言，則所謂親、義、序、別、信，皆莫非此心天理流行，又是仁。以義言，則只那合當親、合當義、合當別、合當序、合當信底，皆各當乎理之宜，又是義。以禮言，則所以行乎親、義、別、序、信之有節文，又是禮。以智言，則所以知是五者，

❶「古」，正德本、隆慶本、顧刻本作「世」。
❷「割」，正德本、隆慶本作「各」。
❸「思」，正德本、隆慶本無。

當然而不昧，又是智。以信言，則所以實是五者，誠然而不妄，又是信。

若又錯而言之：親親，仁也。所以愛親之誠，則仁之仁也；所以諫乎親，則仁之義也；所以温清定省之節文，則仁之禮也；自良知無不知是愛，則仁之智也；所以爲事親之實，則仁之信也。從兄，義也。所以愛兄之誠，❶則義之仁也；所以庸敬在兄，則義之義也；所以徐行後長之節文，則義之禮也；自良知無不知是敬，則義之智也；所以爲從兄之實，則義之信也。敬賓，禮也。所以惻怛於中，則禮之仁也；所以接待之宜，則禮之義也；所以周旋之節文，則禮之禮也；所以酬酢而不亂，則禮之智也；所以爲敬賓之實，則禮之信也。察物，智也。是是非非之惻怛，則智之仁也；是是非非之得宜，則智之義也；是是非非之中節，則智之禮也；是是非非之一定，則智之智也；所以爲是非之實，則智之信也。復言，信也。❷由乎天理之公，則信之仁也；發而皆天理之宜，則信之義也；出而中節，則信之禮也；所以有條而不紊，則信之智也；所以爲是言之實，則信之信也。

故有仁、義、禮、智、信中之仁，有仁、義、禮、智、信中之義，有仁、義、禮、智、信中之禮，有仁、義、禮、智、信中之智，有仁、義、禮、智、信中之信。有仁中之仁、義、禮、智、信，有義中之仁、義、禮、智、信，有禮中之仁、義、禮、智、信，有智中之仁、義、禮、智、信，有信中之仁、義、禮、智、信。

❶「以」下，原衍「爲」字，今據正德本、隆慶本删。

❷「復言信也」，原誤作「復斯言也」，今據正德本、隆慶本、顧刻本改。

自其過接處言之，如仁生理流行中，便醞釀箇禮之恭遜節文來。禮恭遜節文中，便醞釀箇義之裁斷得宜來。義裁斷得宜中，便醞釀箇智之是非一定來。到這智是非一定處，已收藏了，於其中又復醞釀箇仁之生理流行來。❶元自有脈絡相因，非是界分截然不相及。

五者隨感而發，隨用而應，或纔一觸而俱動，或相交錯而互見，或秩然有序而不紊，或雜然並出而不可以序言。大處則大有，小處則小有，疏處則疏有，密處則密有，縱橫顛倒，無所不通。

見人之災傷，則爲之惻然，而必憤其所以傷之者，是仁中含帶義來。見人之不善，則爲之憎惡，而必欲其改以從善，是義中含帶仁來。見大賓爲之致敬，必照顧，惟恐其失儀，是禮中含帶智來。見物之美惡黑白，爲之辨别，必自各有定分，不相亂，是智中含帶禮來。

孔門教人，求仁爲大。只專言仁，以仁含萬善，能仁則萬善在其中矣。至孟子乃兼仁、義對言之，猶四時之陰陽也。

自孔門後，人都不識仁。漢人只把做恩惠説，是又太泥了愛。又就上起樓起閣，將仁看得全粗了，故韓子遂以博愛爲仁。至程子始分别得明白，謂「仁是性，愛是情」。然自程子此言一出，門人又將愛全掉了，一向求高遠去。不知仁是愛之性，愛是仁之情，愛雖不可以正名仁，而仁亦豈能離得愛？上蔡遂專以知覺言仁，又流入佛氏「作用是性」之説去。夫仁者固能知覺，謂

❶「箇」，原脱，今據正德本、隆慶本、顧刻本補。

知覺爲仁則不可。❶若能轉一步看，只知覺純是理，便是仁也。龜山又以「萬物與我爲一」爲仁體。夫仁者，固能與物爲一，謂與物爲一爲仁則不可。此乃是仁之量。若能轉一步看，只於與物爲一之前，徹表裏純是天理，流行無間，便是仁也。吕氏《克己銘》又欲克去有己，須與物合爲一體方爲仁，認得仁都曠蕩在外了，於我都無統攝。必己與物對時，方下得克己工夫。若平居獨處，不與物對時，工夫便無可下手處。可謂疏闊之甚！據其實，己如何得與物合一？❷洞然八荒，如何得皆在我闥之内？此不過只是想像箇仁中大底氣象如此耳，仁實何在焉！殊失向來孔門傳授心法本旨。其他門人又淺，皆無有説得親切者。

程子論「心譬如穀種，生之性便是仁」，此一語説得極親切。只按此爲準去看，更兼所謂「仁是性，愛是情」，及「仁不可訓覺與公，而以人體之，故爲仁」等數語相參照，體認出來，則主意不差，而仁可得矣。

仁，有以理言者，有以心言者，有以事言者。以理言，則只是此心全體天理之公，如文公所謂「心之德，愛之理」，此是以理言者也。心之德，乃專言，而其體也。愛之理，乃偏言，而其用也。程子曰：「仁者，天下之公，善之本也。」亦以理言者也。以心言，則知此心純是天理之公，而絶無一毫人欲之私以間之也。如夫子稱回心三月不違仁，❸程子謂「只是無纖毫私欲，少有私欲便是不仁」，及「雍也，不知其仁」等類，皆是以

❶「則」，原誤作「固」，今據正德本、隆慶本、顧刻本改。
❷「得」，正德本、隆慶本作「解」。
❸「回心」，原作「回也」，今據正德本、隆慶本改。顧刻本作「回也其心」。

心言者也。以事言，則只是當理而無私心之謂。如夷齊求仁而得仁，殷有三仁，及子文之忠、文子之清，皆「未知，焉得仁」等類是也。若以用功言，則只是去人欲，復天理，以全其本心之德而已矣。如夫子當時答羣弟子問仁，雖各隨其才質病痛之不同，❶而其旨意所歸，大概不越乎此。

忠信

忠信是就人用工夫上立字。大抵性中只有箇仁、義、禮、智四位，萬善皆從此而生，此四位實爲萬善之總括。如忠信、如孝弟等類，皆在萬善之中。孝弟便是箇仁之實，但到那事親從兄處，方始目之曰孝弟。忠信便只是五常實理之發，但到那接物發言處，方始名之曰「忠信」。

「忠信」二字，從古未有人解得分曉。諸家説忠，都只是以事君不欺爲言。夫忠固能不欺，而以不欺名忠則不可。如此，則「忠」之一字，只事君方使得。説信又只以不疑而言。❷信固能不疑，而以不疑解信則不可。如此，則所謂不疑者，不疑何事？❸直至程子曰：「盡己之謂忠，以實之謂信。」方説得確定。「盡己」是盡自家心裏面，以所存主者而言，須是無一毫不盡方是忠。如十分底話，❹只説得七八分，猶留兩三分，便是不盡，不得謂之「忠」。「以實」是就言

❶「才質病痛之不同」，正德本、隆慶本、顧刻本作「材質之不同、病痛之所在而救正之」。

❷「而」，顧刻本作「爲」。

❸「事」下，正德本、隆慶本有「説字骨都不出」。顧刻本「骨」作「意義」。

❹「底」，原誤作「裏」，今據正德本、隆慶本、顧刻本改。

上說，有話只據此實物說，無便曰無，有便曰有。若以無爲有，以有爲無，便是不以實，不得謂之「信」。忠信非判然二物。從內面發出，無一不盡是忠。發出外來，皆以實是信。明道發得又明暢，曰：「發己自盡爲忠，循物無違爲信。」從己心中發出，無一不盡是忠。循那物之實而言，無些子違背他，如是便曰是，不與是底相背，非便曰非，不與非底相背，便是信。伊川說得簡要確實，明道說得發越條暢。

信有就言上說，是發言之實。有就事上說，是做事之實。有以實理言，有以實心言。

「忠信」兩字近「誠」字。忠信只是實，誠也只是實。但誠是自然實底，忠信是做工夫實底。誠是就本然天賦真實道理上立字，忠信是就人做工夫上立字。

忠信之信與五常之信如何分別？五常之信以心之實理而言，忠信之信以言之實而言，須是逐一看得透徹。古人言語，有就忠信之信言者，有就五常之信言者，不可執一看。若泥着，則不通。

聖人分上，忠信便是誠，是天道。賢人分上，忠信只是思誠，是人道。

誠與忠信對，則誠，天道；忠信，人道。忠與信對，則忠，天道；信，人道。

孔子曰：「主忠信。」主與賓相對，賓是外人，出入無常。主人是吾家之主，常存在這屋裏。主忠信是以忠信爲吾心之主，❶是中心常要忠信，❷蓋無時而不在是也。心中

❶「主忠信是」四字，原脱，今據正德本、隆慶本、顧刻本補。

❷「中心」，正德本、隆慶本、顧刻本作「心中」。

所主者忠信，則其中許多道理，便都實在這裏。若無忠信，則一切道理都虛了。「主」字下得極有力。

忠信等字骨看得透，則無往而不通。如事君之忠，亦只是盡己之心以事君。爲人謀之忠，亦只是盡己之心以爲人謀耳。如與朋友交之信，亦只是以實而與朋友交。與國人交之信，亦只是以實而與國人交耳。

忠恕

忠信是以忠對信而論，忠恕又是以忠對恕而論。伊川謂：「盡己之謂忠，推己之謂恕。」忠是就心説，是盡己之心無不真實者。恕是就待人接物處説，只是推己心之所真實者以及人物而已。字義中心爲忠，是盡己之中心無不實，故爲忠。如心爲恕，是推己心以及人，要如己心之所欲者，便是恕。夫子謂「己所不欲，勿施於人」，只是就一邊論。其實不止是勿施己所不欲者，凡己之所欲者，須要施於人方可。如己欲孝，人亦欲孝，己欲弟，人亦欲弟，必推己之所欲孝、欲弟者以及人，使人亦得以遂其欲孝、❶欲弟之心；己欲立，人亦欲立，己欲達，人亦欲達，必推己之欲立、欲達者以及人，使人亦得以遂其欲立、欲達之心，便是恕。只是己心底流去，到那物而已。然恕道理甚大。在士人，只一門之內，應接無幾，其所推者有限。就有位者而言，則所推者大，而所及者甚廣。苟中天下而立，則所推者愈大。如吾欲以天下養其親，却使天下之人父母凍餓，不得以遂其孝；吾欲長

❶「亦」，原脱，今據正德本、隆慶本、顧刻本補。

吾長、幼吾幼，却使天下之人兄弟妻子離散，不得以安其處；吾欲亨四海之富，却使海内困窮無告者，不得以遂其生生之樂，如此便是全不推己，便是不恕。

大概忠恕只是一物，就中截作兩片則爲二物。上蔡謂「忠恕猶形影」，説得好。蓋存諸中者既忠，則發出外來便是恕。應事接物處不恕，則在我者必不十分真實。故發出忠底心，便是恕底事；做成恕底事，便是忠底心。

在聖人分上，則日用千條萬緒，只是一箇渾淪真實底流行去貫注他，更下不得一箇「推」字。曾子謂「夫子之道忠恕」，只是借學者工夫上二字，來形容聖人一貫之旨，使人易曉而已。如木根上一箇生意是忠，則是這一箇生意，流行貫注於千枝萬蘂底便是恕。若以信並論，❶則只到那地頭定處，枝成枝、蘂成蘂底便是信。❷

大概忠恕，本只是學者工夫事。程子謂：「『維天之命，於穆不已』，忠也；『乾道變化，各正性命』，恕也。」天豈能盡己推己，此只是廣就天地言，其理都一般耳。且如維天之命，元而亨，亨而利，利而貞，貞而復元，萬古循環，無一息之停，只是一箇真實無妄道理。而萬物各具此以生，洪纖高下，各正其所賦受之性命，此是天之忠恕也。在聖人，也只是此心中一箇渾淪大本流行泛應，而事事物物，莫不各止其所當止之所，此是聖人之忠恕也。聖人之忠便是誠，更不待盡。聖人之恕便只是仁，更不待推。

❶ 「信」，原誤作「忠恕」，今據正德本、隆慶本及《朱子語類》卷二十七文義改。

❷ 「信」，原誤作「恕」，今據正德本、隆慶本及《朱子語類》卷二十七文義改。

程子曰：「以己及物，仁也；推己及物，恕也。」無他，「以己」者是自然，「推己」者是著力。

有天地之忠恕，「至誠無息，而萬物各得其所」是也。有聖人之忠恕，「吾道一以貫之」是也。有學者之忠恕，「己所不欲，勿施於人」是也。皆理一而分殊。

聖人本無私意，此心豁然大公，物來而順應，何待於推？學者未免有私意錮於其中，視物未能無爾汝之間，須是用力推去，方能及到這物上。❶既推得去，則亦豁然大公矣。所以子貢問「一言而可以終身行之者」，「其恕乎」。蓋學者須是著力推己以及物，則私意無所容而仁可得矣。

忠是在己底，恕是及人底。❷單言恕，則忠在其中。如曰「推己之謂恕」，「己所不欲，勿施於人」，只「己」之一字便含忠意了。己若無忠，則從何物推去？無忠，而恕便流爲姑息，而非所謂由中及物者矣。《中庸》說「忠恕違道不遠」，正是說學者之忠恕。曾子說「夫子之道忠恕」，乃是說聖人之忠恕。聖人忠恕是天道，學者忠恕是人道。

夫子語子貢之恕曰：「己所不欲，勿施於人。」此即是《中庸》說「施諸己而不願，亦勿施於人也」。異時子貢又曰：「我不欲人之加諸我也，吾亦欲無加諸人。」亦即是此意，似無異旨。而夫子乃以爲「賜也，非爾所及」。至程子又有仁恕之辨，何也？蓋是亦理一而分殊。曰「無加」云者，是以己自然及物之事。曰「勿施」云者，是用力推

❶「這」，正德本、隆慶本、顧刻本作「那」。
❷「及」，原誤作「在」，今據正德本、隆慶本、顧刻本改。

己及物之事。

自漢以來，「恕」字義甚不明，至有謂「善恕己量主」者，而我朝范忠宣公亦謂「以恕己之心恕人」，不知「恕」之一字，就「己」上着不得。據他說，「恕」字只似箇饒人底意。如此，則是己有過且自恕己，人有過又并恕人，是相率爲不肖之歸，豈古人推己如心之義乎？故忠宣公謂「以責人之心責己」一句，說得是；「以恕己之心恕人」一句，❶說得不是。其所謂恕，恰似今人說「且恕」、「不輕恕」之意。字義不明，爲害非輕。

一貫

一，只是這箇道理，全體渾淪，一大本處。貫，是這一理流出去，貫串乎萬事萬物之間。聖人之心，全體渾淪，只是一理，這是一箇大本處。從這大本中流出，見於用，❷在君臣則爲義，在父子則爲仁，在兄弟則爲友，在夫婦則爲別，在朋友則爲信。又分而言之，在父則爲慈，在子則爲孝，在君則爲仁，在臣則爲敬。又纖悉而言之，爲視之明、聽之聰、色之温、貌之恭，凡三千、三百之儀，動容周旋之禮。又如《鄉黨》之條目，如見冕者與瞽者必以貌，如或仕或止，或久或速，或温而厲，或恭而安，或爲居處之恭，或爲執事之敬，凡日用間微而洒掃、應對、進退，大而參天地、贊化育，凡百行萬善，千條萬緒，無非此一大本流行貫串。

自其渾淪一理而言，萬理無不森然具備。自其萬理著見而言，又無非即此一理

❶「心」，原脱，今據正德本、隆慶本、顧刻本補。
❷「見」上，顧刻本有「而著」二字。

也。一所以貫乎萬，而萬無不本乎一。一貫，是天道。「一以貫之」，聖人此語，向曾子説得甚親切。曾子「忠恕」，即所以形容此「一貫」，借人道之實以發明天道之妙，尤爲確定切實。蓋忠即是一，恕即是貫。夫盡己之心真實無妄，則此心渾淪是一箇天理，即此便是大本處，何物不具於此？由是而酬酢應接，散爲萬事，那箇事不從這心做去？那箇道理不從這裏發出？即此便見一貫處。故曾子之説，於理尤爲確定切實，於聖人之藴尤爲該盡，而於學者尤爲有力。其進道入德，有可依據實下手處。

在學者做工夫，不可躐進那所謂「一」，只當專從事其所謂「貫」，凡日用間千條萬緒，各一一精察其理之所以然，而實踐其事之所當然，然後合萬理爲一理。而聖人渾淪太極之全體，自此可以上達矣。

天只是一元之氣流行不息如此，即這便是大本，便是太極。萬物從這中流出去，或纖或洪，或高或下，或飛或潛，或動或植，無不各得其所欲，各具一太極去，箇箇各足，無有欠缺。亦不是天逐一去妝點，皆自然而然，從大本中流出來。此便是天之一貫處。

誠

「誠」字，與「忠信」字極相近，須有分別：誠，是就自然之理上形容出一字；忠信，是就人用工夫上説。

「誠」字，後世都説差了，到伊川方云「無妄之謂誠」，字義始明。至晦翁又增兩字，曰：「真實無妄之謂誠」，道理尤見分

曉。後世説「至誠」兩字，動不動加諸人，只成箇謙恭謹愿底意思。不知「誠者，真實無妄之謂」，至誠，乃是真實極至，而無一毫之不盡，惟聖人乃可當之，如何可容易以加諸人？

「誠」字本就天道論，「維天之命，於穆不已」，只是一箇誠。天道流行，自古及今，無一毫之妄。暑往則寒來，日往則月來，春生了便夏長，秋殺了便冬藏，❶元亨利貞，終始循環，萬古常如此，❷皆是真實道理爲之主宰。如天行一日一夜，一周而又過一度，與日月星辰之運行躔度，萬古不差，皆是真實道理如此。又就果木觀之，甜者萬古甜，苦者萬古苦，青者萬古常青，白者萬古常白，紅者萬古常紅，紫者萬古常紫，圓者萬古常圓，缺者萬古常缺，一花一葉，文縷相等對，萬古常然，無一毫差錯，便待人力十分安排撰造來，終不相似，都是真實道理，自然而然。此《中庸》所以謂「其爲物不貳，❸則其生物不測」，❹而五峰亦曰「誠者，命之道乎」，皆形容得親切。

就人論，則只是這實理流行付予於人，自然發見出來底，未説到做工夫處。且「誠」之一字，不成受生之初便具這理，到賦形之後、未死之前，這道理便無了。在吾身日用，常常流行發見，但人不之察耳。如孩提之童，無不知愛親敬兄，都是這實理發見出來，乃良知良能，不待安排。又如乍見孺子將入井，便有怵惕之心；至行道乞人飢

❶「殺」，顧刻本作「收」。
❷「常」，顧刻本作「長」。
❸「貳」，原作「二」，今據《中庸》原文及正德本、顧刻本改。
❹「則」，原脱，今據《中庸》原文及顧刻本補。

餓瀕死，而蹴爾嗟來等食乃不屑就，此皆是降衷秉彝真實道理，自然發見出來。雖極惡之人，物慾昏蔽之甚，及其稍息，則良心之實自然發見，終有不可殄滅者。此皆天理自然流行真實處。雖曰見於在人，而亦天之道也。及就人做工夫處論，則只是慤實不欺僞之謂。是乃人事之當然，便是人之道也。故存心全體慤實，固誠也；若一言之實，亦誠也，一行之實，亦誠也。❶

如「君子誠之爲貴」，「誠之者，人之道」，此等就做工夫上論。蓋未能真實無妄，便須做工夫，要得真實無妄。孟子又謂：「思誠者，人之道」，❷正是得子思此理傳授處。古人立意，有就天命言者，有就人做工夫言者。至於「至誠」二字，乃聖人德性地位，❸萬理皆極其真實，絶無一毫虚僞，乃可以當之。

誠在人言，則聖人之誠，天之道也；賢人之誠，人之道也。

誠有以理言者，若「誠者，物之終始」是也。有以心言者，若「不誠無物」是也。

如君臣、父子、夫婦、兄弟、朋友等類，若不是實理如此，則便有時廢了。惟是實理如此，所以萬古常然。雖更亂離變故，終有不可得而殄滅者。

誠與信相對論，則誠是自然，信是用力。誠是理，信是心。誠是天道，信是人道。誠是以命言，信是以性言。誠是以道言，信是以德言。

❶「亦誠也」下，顧刻本有雙行小字：「萍鄉胡氏曰：自然者其體，當然者其用，用便根那體來。」
❷「道」下，顧刻本有「也」字。
❸「德」，顧刻本注「一本作『盡』」。

敬

「誠」與「敬」字不相關，「恭」與「敬」字却相關。

程子謂：「主一之謂敬，無適之謂一。」文公合而言之，曰「主一無適之謂敬」，尤分曉。「敬」一字，從前經書説處儘多，只把做閒慢説過，到二程方拈出來，就學者做工夫處説，見得這道理尤緊切，所關最大。「敬」字本是箇虚字，與「畏」、「懼」等字相似，今把做實工夫，主意重了，似箇實物一般。

人心妙不可測，出入無時，莫知其鄉，所以主宰統攝。❶若無箇敬，便都不見了。惟敬，便存在這裏。所謂敬者，無他，只是此心常存在這裏，❷不走作，不散慢，常恁地惺惺，便是敬。

主一只是心主這箇事，更不別把箇事來參插。若做一件事，又插第二件事，又參第三件事，便不是主一，便是不敬。❸文公謂「勿貳以二，勿參以三」，正如此。

無事時，心常在這裏，不走作，固是主一。有事時，心應這事，更不將第二、第三事來插，也是主一。

無適者，心常在這裏，不走東，不走西，不之南，不之北。

程子就人心做工夫處，特注意此字。蓋以此道理貫動静，徹表裏，一始終，本無界限。閑静無事時也用敬，應事接物時也用敬。心在裏面也如此，動出於外來做事

❶「所」上，顧刻本有「敬」字。
❷「心」，原誤作「敬」，今據正德本、隆慶本、顧刻本改。
❸「是不」，正德本、隆慶本、顧刻本此二字互乙。

也如此。初頭做事也如此，做到末梢也如此。❶此心常無間斷，纔間斷便不敬。

格物、致知也，須敬；誠意、正心、修身也，須敬；齊家、治國、平天下也，須敬。敬者，一心之主宰，萬事之根本。

禮謂「執虛如執盈，入虛如有人」，只就此二句體認持敬底工夫，意象最親切。且如人捧箇至盈底物，心若不在這上，纔移一步便傾了。惟執之拳拳，心常常在這上，雖行到那裏，也不傾倒。「入虛如有人」，雖無人境界，此心常嚴肅，如對大賓然，此便是「主一無適」意。又如人入神祠中，此心全歸向那神明上，絕不敢生些他念，專專一一，便自不二不三，就此時體認，亦見得主一無適意分曉。

整齊嚴肅，敬之容。如坐而傾跌，❷衣冠落魄，便是不敬。❸

上蔡所謂「常惺惺」法，是就心地上做工夫處，說得亦親切。蓋心常醒在這裏，便常惺惺，恁地活。若不在，便死了。心纔在這裏，則萬理便森然於其中。古人謂「敬，德之聚」，正如此。須實下持敬工夫，便自見。

文公《敬齋箴》，正是鋪序日用持敬工夫節目，❹最親切，宜列諸左右，❺常目在之，按爲準則做工夫，久久自別。

❶「梢」，原誤作「稍」，今據正德本、隆慶本、顧刻本改。
❷「跌」，正德本、隆慶本、顧刻本作「側」。
❸「是不」，正德本、隆慶本、顧刻本作「不是」。
❹「序」，顧刻本作「敍」。「日用」，原誤作「日間」，今據顧刻本改。正德本作「日用間」。
❺「左」，正德本、隆慶本作「座」。

主事。

恭　敬

恭就貌上説，敬就心上説。恭主容，敬主事。

恭有嚴底意，「敬」字較實。

身體嚴整，容貌端莊，此是恭底意。但恭只是敬之見於外者，敬只是恭之存於中者。敬與恭不是二物，如形影然，未有内無敬而外能恭者，亦未有外能恭而内無敬者。此與忠信、忠恕相關一般。

「坐如尸，立如齋」，便是敬之容。「正其衣冠，尊其瞻視，儼然人望而畏之」，便是恭之容。

敬，工夫細密；恭，氣象闊大。敬，意思卑屈；恭，體貌尊嚴。

文公曰：「以成德而論，則『敬』字不如恭之安；以學者做工夫而言，則『恭』字不如敬之切。」

古人皆如此著力，如堯之欽明，舜之温恭，湯之聖敬日躋，文王之緝熙敬止，都是如此。

北溪先生字義卷上

北溪先生字義卷下

道

道，猶路也。當初命此字，是從路上起意。人所通行，方謂之路，一人獨行不得謂之路。道之大綱，只是日用間人倫事物所當行之理。衆人所共由底，方謂之道。大概須是就日用人事上説，方見得人所通行底意親切。若推原來歷，不是人事上剗然有箇道理如此，其根原皆是從天來。故横渠謂「由太虚，有天之名；由氣化，有道之名」，此便是推原來歷。天即理也。古聖賢説天，多是就理上論。理無形狀，以其自然而言，故謂之天。若就天之形體論，也只是箇積氣，恁地蒼蒼茫茫，❶其實有何形質？但横渠此「天」字是説理。理不成死定在這裏，一元之氣流出來，生人生物，便有箇路脈，恁地便是人物所通行之道。此就造化推原其所從始如此。❷至子思説「率性之謂道」，又是就人物已受得來處説，隨其所受之性，便自然有箇當行之路，不待人安排着。其實道之得名，須就人所通行處説，只是日用人事所當然之理，古今所共由底路，所以名之曰「道」。

老莊説道，都與人物不相干，皆以道爲超乎天地器形之外。❸如云「道在太極之

❶「地」，原脱，今據顧刻本補。
❷「原」，原誤作「行」，今據正德本、隆慶本、顧刻本改。
❸「器形」，顧刻本作「形氣」。

先」，都是説未有天地萬物之初，有箇空虛道理。且自家身今見在天地之後，只管想像未有天地之初一箇空虛底道理，與自家身有何干涉？佛氏論道，大概亦是此意。但老氏以無爲宗，佛氏以空爲宗，以未有天地之先爲吾真體，以天地萬物皆爲幻化，人事都爲粗迹，盡欲屏除了，一歸真空，乃爲得道。不知道只是人事之理耳。「形而上者謂之道，形而下者謂之器。」自有形而上者言之，其隱然不可見底則謂之道；自有形而下者言之，其顯然可見底則謂之器。其實道不離乎器，道只是器之理。人事有形狀處都謂之器，人事中之理便是道。道無形狀可見，所以明道曰：「道亦器也，器亦道也。」須著如此説，方截得上下分明。

道非是外事物有箇空虛底，其實道不離乎物，若離物則無所謂道。且如君臣有義，義底是道，君臣是器。若要看義底道理，須就君臣上看。不成脱了君臣之外，別有所謂義。父子有親，親底是道，父子是器。若要看親底道理，須就父子上看。不成脱了父子之外，別有所謂親。即夫婦，而夫婦在所別；即長幼，而長幼在所序；即朋友，而朋友在所信。亦非外夫婦、長幼、朋友而有所謂別、序與信。❶聖門之學，無一不實。老氏清虛厭事，佛氏屏棄人事，他都是把道理做事物項頭玄妙底物看，❷把人事做下面粗底，便都要擺脱去了。

若就事事物物上看，亦各自有箇當然之理。且如足容重，足是物，重是足當然之理。手容恭，手是物，恭是手當然之理。如

❶「序」，原作「叙」，今據正德本、隆慶本、顧刻本改。
❷「項」，正德本、隆慶本作「頂」。

視思明，聽思聰，明與聰便是視聽當然之理。又如坐如尸、立如齋，如尸如齋便是坐立當然之理。以類而推，大小高下，皆有箇恰好底道理，❶古今所通行而不可廢者。自聖門實學不明，然後有老莊、佛氏一切等説。後世儒者纔説到道，便涉老莊去。如子雲用心亦甚苦，然説到道理，皆是黄老意。如中首所謂「靈根」，及「爰清爰净，遊神之庭。惟寂惟寞，守德之宅」等説，都是純用老子意。

論道之大原，則是出於天。自未有天地之先，固是先有理。然纔有理，便有氣。纔有氣，此理便在乎氣之中，而不離乎氣。氣無所不在，則理無所不通。其盛著見於造化發育，而其實流行乎日用人事千條萬緒。人生天地之内，物類之中全具是道，與之俱生，不可須臾離。故欲求道者，須是就人事中，盡得許多千條萬緒當然之理，然後可以全體是道，而實具於我。非可舍吾身人事，超乎二氣之表，只管去窮索未有天地始初之妙爲道體，則在此身有何干涉？❷此佛、老、莊、列異端邪説所以爲吾道之賊，學者不可不嚴屏峻却。而聖門實學，坦如康莊，學者亦不可自暴自棄而不由也。

學者求道，須從事物千條萬緒中磨鍊出來。

道流行乎天地之間，無所不在，無物不有，無一處欠缺。子思言「鳶飛」、「魚躍」、「上下察」以證之，有以見道無不在，甚昭著分曉。在上則「鳶飛戾天」，在下則「魚躍于淵」，皆是這箇道理。程子謂：「此是子思

❶「箇」下，正德本、隆慶本、顧刻本有「當然」二字。

❷「在」下，正德本、隆慶本、顧刻本有「我」字。

喫緊爲人處，活潑潑地。」所謂「喫緊」云者，只是緊切爲人說。所謂「活潑潑地」云者，只是真見這道理在面前，如活底物相似。此正如顏子所謂「卓爾」、孟子所謂「躍如」之意，都是真見得這道理分明，故如此說。

《易》說「一陰一陽之謂道」。陰陽，氣也，形而下者也。道，理也，只是陰陽之理，形而上者也。孔子此處是就造化根原上論。大凡字義，須是隨本文看得透方可。如「志於道」、「可與適道」、「道在邇」等類，又是就人事上論。聖賢與人說道，多是就人事上說。惟此一句，乃是贊《易》時，說來歷根原。儒中竊禪學者，又直指陰陽爲道，便是指氣爲理了。

韓公《原道》頭四句，如所謂「博愛之謂仁，行而宜之之謂義」，盡說從外面去。其論德，如「足乎己，無待於外」之言，雖未圓，猶未害。至「由是而之焉之謂道」，則道全在人力修爲之方有，而非子思《中庸》率性本然之道。如《老子》「失道而後德，失德而後仁，失仁而後義」等語，又把道都脫從上面去說，與德、仁、義都分裂破碎了。揚子雲又謂「老氏之言道德，吾有取焉耳，及搥提仁義，吾無取焉耳」，是又把道德、仁義判做二物，都不相交涉了。

韓公學無原頭處，如《原道》一篇，鋪敍許多節目，亦可謂見得道之大用流行於天下底分曉，但不知其體本具於吾身，❶故於反身內省處殊無細密工夫，只是與張籍輩吟詩飲酒度日，其中自無所執守，致得後來潮陽之貶，寂寞無聊中，遂不覺爲大顛說道

❶ 此句下，顧刻本有「朱子譏其引《大學》不及致知格物」一句。

理動了。故俛首與之同遊，而忘其平昔排佛老之説。

理

道與理大概只是一件物，然析爲二字，亦須有分别：道是就人所通行上立字。與理對説，則道字較寬，理字較實，理有確然不易底意。故萬古通行者，道也；萬古不易者，理也。理無形狀，如何見得？只是事物上一箇當然之則，便是理。「則」是準則、法則，有箇確定不易底意。只是事物上正當合做處便是「當然」，即這恰好，無過些，亦無不及些，便是「則」。如爲君止於仁，止仁便是爲君當然之則；爲臣止於敬，止敬便是爲臣當然之則；爲父止於慈，爲子止於孝，孝慈便是父子當然之則。又如足容重，重便是足容當然之則；手容恭，恭便是手容當然之則。如尸便是坐中當然之則，如齋便是立中當然之則。古人格物窮理，要就事物上窮箇當然之則，亦不過只是窮到那合做處、恰好處而已。

理與性字對説，理乃是在物之理，性乃是在我之理。在物底便是天地人物公共底道理，在我底乃是此理已具，得爲我所有者。

理與義對説，則理是體，義是用；理是在物當然之則，義是所以處此理者。故程子曰：「在物爲理，處物爲義。」

德

道是天地間本然之道，不是因人做工夫處論。德便是就人做工夫處論。德是行

是道而實有得於吾心者，故謂之德。何謂行是道而實有得於吾心？如實能事親，便是此心實得這孝。實能事兄，便是此心實得這悌。大概「德」之一字，是就人做工夫已到處論，乃是做工夫實有得於己了，不是就方做工夫時說。

大概德者，得也，不能離一箇「得」字。❶古經書雖是多就做工夫實有得上說，然亦有就本原來歷上論。如所謂「明德」者，是人生所得於天，本來光明之理，具在吾心者，故謂之「明德」。如孩提之童，無不知愛親敬兄，此便是得於天本明處。有所謂「達德」者，是古今天下人心之所同得，故以「達」言之。有所謂「懿德」者，是得天理之粹美，故以「懿」言之。又有所謂「德性」者，亦只是在我所得於天之正理，故謂之「德性」。又有所謂「天德」者，自天而言，則此理公共在天，得之爲天德；其道流行賦予，爲物之所得，亦謂之「天德」。若就人論，則人得天之理以生，亦謂之「天德」；其所爲純得天理之真，而無人僞之雜，亦謂之「天德」。

道與德不是判然二物，大抵道是公共底，德是實得於身，爲我所有底。

太極

太極只是渾淪極至之理，非可以氣形言。古經書說太極，惟見於《易》。《繫辭傳》曰「易有太極」。易只是陰陽變化，其所以爲陰陽變化之理，❷則太極也。又曰「三

❶「離」下，原有「得」字，據顧刻本删。
❷「以」，原脱，今據正德本、隆慶本補。

極之道」。「三極」云者，只是三才極至之理。其謂之「三極」者，以見三才之中各具一太極，❶而太極之妙，無不流行於三才之中也。外此，百家諸子都説差了，都説屬氣形去。如《漢志》謂「太極函三爲一」，乃是指做天、地、人三箇氣形已具，而渾淪未判底物。老子説「有物混成，先天地生」，此正是指太極。莊子謂「道在太極之先」，所謂「太極」，亦是指三才未判、渾淪底物，而道又别是一箇懸空底物，在太極之先，則道與太極分爲二矣。不知道即是太極，道是以理之通行者而言，太極是以理之極至者而言。惟理之極至，所以古今人物通行；惟古今人物通行，所以爲理之極至。更無二理也。

「太極」字義不明，直至濂溪作《太極圖》，方始説得明白。所謂「無極而太極」，「而」字只輕接過，不可就此句中間，截作兩截看。「無極」是無窮極，只是説理之無形狀方體，正猶言「無聲無臭」之類。「太」之爲言甚也，「太極」是極至之甚，無可得而形容，故以「太」名之。此只是説理雖無形狀方體，而萬化無不以之爲根柢樞紐，以其渾淪極至之甚，故謂之「太極」。文公解此句，所謂「上天之載」是以理言；所謂「無聲無臭」，是解「無極」二字；所謂「萬化之樞紐、品彙之根柢」，是解「太極」二字；又結以「非太極之外復有無極也」，多少是分明！

太極只是以理言也。理，緣何又謂之極？極，至也。以其在中，有樞極之義。❷

❶「太」，原脱，今據正德本、隆慶本、顧刻本補。
❷「極」，原作「紐」，今據正德本、隆慶本改。

如皇極、北極等，皆有在中之義。不可便訓「極」爲「中」。蓋極之爲物，常在物之中，四面到此，都極至，都去不得。如屋脊梁，謂之屋極者，亦只是屋之衆材四面凑合，到此處皆極其中；就此處分出去，布爲衆材，四面又皆停勻，無偏剩偏欠之處。如塔之尖處便是極。如北極，四面星宿皆運轉，惟此處不動，所以爲天之樞。若「太極」云者，又是就理論。天所以萬古常運，地所以萬古常存，人物所以萬古生生不息，不是各各自恁地，都是此理在中爲之主宰，便自然如此。就其爲天地主宰處論，❶恁地渾淪極至，故以「太極」名之。蓋總天地萬物之理，到此凑合，皆極其至，更無去處；及散而爲天地，爲人物，又皆一一停勻，無少虧欠，所以謂之「太極」。

太極只是總天地萬物之理而言，不可離了天地萬物之外，而別爲之論。纔説離天地萬物而有箇理，便成兩截去了。

畢竟未有天地萬物之先，必是先有此理。然此理不是懸空在那裏。纔有天地萬物之理，便有天地萬物之氣；纔有天地萬物之氣，則此理便全在天地萬物之中。周子所謂「太極動而生陽，静而生陰」，是有這動之理，便能動而生陽；纔動而生陽，則是理便已具於陽動之中；有這静之理，便能静而生陰；纔静而生陰，則是理便已具於陰静之中。然則纔有理，便有氣；纔有氣，理便全在這氣裏面。那相接處全無些子縫罅，如何分得孰爲先、孰爲後？所謂「動静無端，陰陽無始」。若分別得先後，便成偏在一邊，非渾淪極至之物。

❶「主」上，正德本、隆慶本有「萬物」二字。

老氏説「道在天地之先」，也略有此意。但不合都離了天、地、人物外，別説箇懸空底道理，❶把此後都做粗看了。

總而言之，只是渾淪一箇理，亦只是一箇太極；分而言之，則天地萬物各具此理，亦各有一太極，又都渾淪無欠缺處。自其分而言，便成許多道理；若就萬物上總論，則萬物統體渾淪，又只是一箇太極。人得此理具於吾心，❷則心爲太極。所以邵子曰「道爲太極」，又曰「心爲太極」。謂「道爲太極」者，言道即太極，無二理也。謂「心爲太極」者，只是萬理總會於吾心，此心渾淪是一箇理耳。只這道理流行，出而應接事物，千條萬緒，各得其理之當然，則是又各一太極。就萬事總言，其實依舊只是一理，是渾淪一太極也。譬如一大塊水銀，恁地圓，散而爲萬萬小塊，箇箇皆圓。合萬萬小塊，復爲一大塊，依舊又恁地圓。陳幾叟「月落萬川，處處皆圓」之譬，❸亦正如此。此太極所以立乎天地萬物之表，而行乎天地萬物之中，在萬古無極之前，而貫於萬古無極之後。自萬古而上，極萬古而下，大抵又只是渾淪一箇理，總爲一太極耳。此理流行，處處皆圓，無一處欠缺。纔有一處欠缺，便偏了，不得謂之太極。太極本體，本自圓也。

太極之所以極至者，❹言此理之至中、至明、❺至精、至粹、至神、至妙，至矣、盡矣，不可以復加矣。故强名之曰「極」耳。

無極之説，始於誰乎？柳子《天對》

❶「底」，原作「裏」，今據正德本、隆慶本、顧刻本改。
❷「具」，正德本、隆慶本作「聚」。
❸「落」，顧刻本作「映」。
❹「以」下，正德本、隆慶本、顧刻本有「爲」字。
❺「明」，正德本、隆慶本作「正」。

曰：「無極之極。」康節《先天圖説》亦曰：「無極之前，陰含陽也；有極之後，陽分陰也。」是周子以前已有無極之説矣。但其主意各不同，柳子、康節是以氣言，周子則專以理言之耳。

皇　極

《書》所謂「皇極」，「皇」者，君也；「極」者，以一身爲天下至極之標準也。孔安國訓作「大中」，全失了字義。人君中天下而立，則正身以爲四方之標準，故謂之「皇極」。若就君德論，則德到這處，極至而無以加。以孝言之，則極天下之孝；以弟言之，則極天下之弟。德極其至，而天下之人以爲標準，《周禮》所謂「以爲民極」，正是此意。

《詩》説「立我蒸民，莫匪爾極」，又是就牟麥上論。后稷以此教民，民亦以此爲準則。

皇極，域中之大寶，又是就崇高富貴之位而言。大君，極至之位，四面尊仰，無以復加，所以謂之「大寶」，亦謂之「寶極」。商邑，四方之極，則以其居中，爲四方之極，而四方輻輳，至此而無以復加也。

自孔安國訓「皇極」爲「大中」，後來谷永《疏》言「明王正五事，建大中以承天心」，便都循習其説，❶更不復知古人立字本義。且如「皇則受之，皇之不極」，訓爲「大則受之，大之不中」；「惟皇作極」，訓爲「惟大作中」，成甚等語？義理如何通得？

❶「循」，原作「尋」，今據正德本、隆慶本、顧刻本改。

中和

中和是就性情說。大抵心之體是性，性不是箇别物，只是心中所具之理耳。只這理動出外來便是情。中是未接事物，喜怒哀樂未發時，渾淪在這裏，無所偏倚，即便是性。❶及發出來，喜便偏於喜，怒便偏於怒，不得謂之中矣。然未發之中，只可言不偏不倚，却下不得「過」、「不及」字。及發出來皆中節，方謂之「和」。和是無所乖戾，只裏面道理發出來，當喜而喜，當怒而怒，無所乖戾於理，便是中節。中節亦只是得其當然之理，無些過，無些不及，與是理不相咈戾，故名之曰「和」耳。

「中者，天下之大本」，只是渾淪在此，萬般道理都從這裏出，便爲大本。「和者，天下之達道」，只是這裏動出，萬般應接，無少乖戾，而無所不通，是爲達道。

中有二義：有已發之中，有未發之中。未發是就性上論，已發是就事上論。已發之中，當喜而喜，當怒而怒，那恰好處，無過不及，便是中。此中即所謂和也。所以周子《通書》亦曰：「中者，和也。」是指已發之中而言也。

堯、舜、禹「允執厥中」，皆是已發之中。若是裏面渾淪未發，未有形影，如何執得？及發出來方可執。此事合當如此，彼事合當如彼，方有箇恰好準則，無太過、不及處，可得而操執之也。

《中庸》篇只舉喜、怒、哀、樂四者，只是舉箇大綱而已。其實從裏面發出來底，當

❶「即便」，正德本、隆慶本此二字互乙。

然而然，無所咈於理者，都是和。

釋氏之論，大概欲滅情以復性。李翺作《復性論》二篇，皆是此意。翺雖與韓文公遊，文公學無淵源，見理不明瑩，所以流入釋氏去。釋氏要喜怒哀樂百念都無，如何無得？只是有正與不正耳。正底便是天理，不正底便是人欲。

大抵「中和」之「中」，是專主未發而言。「中庸」之「中」，却又是含二義：有在心之「中」，有在事物之「中」。所以文公解「中庸」二字，必合内外而言，謂「不偏不倚、無過不及，而平常之理」，可謂確而盡矣。

中庸

文公解「庸」爲平常。非於「中」之外復有所謂「庸」，只是這中底發出於外，無過不及，便是日用平常道理。❶「平常」與「怪異」字相對，平常是人所常用底，怪異是人所不曾行，❷忽然見之，便怪異。如父子之親，君臣之義，夫婦之別，長幼之序，朋友之信，皆日用事，便是平常底道理，都無奇特底事。如堯、舜之揖遜，湯、武之征伐，夷、齊之立節，三仁之制行；又如視之思明、聽之思聰、色之思温、貌之思恭，與夫足容之重、手容之恭、頭容之直、氣容之肅，及言忠信、行篤敬、居處恭、執事敬等類，論其極致，只是平常道理。凡日用間人所常行而不可廢者，便是平常道理。惟平常，故萬古常行而不可易。如五穀之食、布帛之衣，萬古常不可改易，可食可服而不可厭者，無他，只是

❶「平常」，原脱，今據正德本、隆慶本、顧刻本補。

❷「行」，正德本、隆慶本、顧刻本作「見」。

平常耳。故平常則自有不可易之義。❶自餘珍奇底飲食、衣服，則可供一時之美，終不可以爲常。若常常用之，則必生厭心矣。

程子謂「不易之謂庸」，說得固好，然於義未盡，不若文公「平常」之說爲明備。蓋「平常」字包得「不易」字意，「不易」字包不得「平常」字意，其實則一箇道理而已。游定夫謂：❷「中和以性情言，是分體用動静，相對說；中庸以德行言，是兼行事，相合說。」

禮樂

禮樂有本有文。禮只是中，樂只是和，中和是禮樂之本。然本與文二者不可一闕。禮之文，如玉帛俎豆之類。樂之文，如聲音節奏之類。須是有這中和，而又文之以玉帛俎豆、聲音節奏，方成禮樂。不只是偏守中和底意思，便可謂之禮樂。

就心上論，禮只是箇恭底意，❸樂只是箇和底意，❹本是裏面有此敬與和底意。然此意何自而見？須於賓客祭祀時，將之以玉帛，寓之以籩豆，播之於聲音節奏間，如此則内外本末相副，方成禮樂。若外面有玉帛鐘鼓，而裏面無和敬之心以實之，則不成禮樂。若裏面有和敬之心，而外面無玉帛鐘鼓以將之，亦不成禮樂。

禮樂亦不是判然二物，不相干涉。禮只是箇序，樂只是箇和。纔有序便順而和，

❶「可」，正德本、隆慶本無此字。
❷「游定夫謂」，正德本、隆慶本無此四字。
❸「恭」下，正德本、隆慶本有「敬」字。
❹「和」下，正德本、隆慶本有「樂」字。

失序便乖而不和。❶如兩箇椅子，纔下得失倫序，便乖戾不和。如父子、君臣、兄弟、夫婦，所以相戕相賊、相争相鬭、相仇相怨，如彼其不和者，都緣是先無箇父子、君臣、兄弟、夫婦之禮，❷無親義序别，便如此。

禮樂無所不在，所謂「明則有禮樂，幽則有鬼神」，如何離得？如盜賊至無道，亦須上下有統屬，此便是禮底意。纔有統屬，便自相聽從、自相和睦，這便是樂底意。又如行路人，兩箇同行，纔存箇長少次序。長先少後，便相和順而無争。其所以有争鬭之心，皆緣是無箇少長之序。既自先亂了，安得有和順底意？於此益見禮先而樂後。❸

人徒見升降裼襲有類乎美觀，鏗鏘節奏有近乎末節，以爲禮樂若無益於人者，抑不知釋回增美，❹皆由於禮器之大備，而好善聽過，皆本於樂節之素明。禮以治躬，則莊敬不期而自肅。樂以治心，則鄙詐不期而自消。蓋接於視聽者，所以養其耳目，而非以娱其耳目；形於舞蹈者，所以導其血氣，而非以亂其血氣，則禮樂之用可知矣。

經權

用權須是位高方可。❺經與權相對：經是日用常行道理；權也是正當道理，但

❶「乖」下，正德本、隆慶本、顧刻本有「戾」字。
❷「兄弟夫婦」，原作「夫婦兄弟」，今據正德本、顧刻本改。
❸「益」，原誤作「抑」，今據顧刻本改。
❹「回」，原誤作「面」，今據正德本、隆慶本、顧刻本改。
❺「用權」至「方可」，正德本、隆慶本無此八字。

非可以常行，與日用常行底異。《公羊》謂「反經而合道」，説誤了。既是反經，焉能合道？權只是濟經之所不及者也。

「權」字乃就秤錘上取義。秤錘之爲物，能權輕重以取平，故名之曰「權」。權者，變也。在衡有星兩之不齊，權便移來移去，隨物以取平。亦猶人之用權度揆度事物，以取其中相似。

經所不及，須用權以通之。然用權須是地位高方可，非理明義精便差却，到合用權處亦看不出。權雖經之所不及，實與經不相悖，經窮則須用權以通之。柳宗元謂「權者，所以達經也」，説得亦好。蓋經到那裏行不去，非用權不可濟。如君臣定位，❶經也；桀、紂暴横，天下視之爲獨夫，此時君臣之義已窮，故湯、武征伐以通之，所以行權也。男女授受不親，此經也；嫂溺而不援，便是豺狼，故援之者，所以通乎經也。如危邦不入，亂邦不居，此經也；「佛肸召，子欲往」，則權也。然須聖人理明義精，方用得不差。

權，只是時措之宜。「君子而時中」，時中便是權。天地之常經是經，古今之通義是權。

問權與中何別？曰：知中然後能權，由權然後得中。中者，理所當然而無過不及者也。權者，所以度事理而取其當然，無過不及者也。

《論語》從共學至可與立，方可與權。天下事到經所不及處，實有礙，須是理明義精，方可用權。且如武后易唐爲周，張柬之輩於武后病中扶策中宗出來。《管見》説武

❶「位」，正德本、隆慶本、顧刻本作「分」。

后「乃社稷之賊，❶又是太宗才人，無婦道，當正大義，稱高祖、太宗之命，廢爲庶人而賜之死」。但天下豈有立其子而殺其母？南軒謂「此時當別立箇賢宗室，不應立中宗」，他也只見得後來中宗不能負荷，故發此論。文公謂：「南軒之説亦未是，須是身在當時，親見得人心事勢是如何。」如人拳拳中宗，中宗又未有失德，如何廢得？人心在中宗，纔廢便亂。須是就當時看得端的，方可權度。所以用權極難。

先生所編文公《竹林精舍語録》云：❷以後來言之，則中宗不可立；以當時言之，中宗又未有可廢之罪。天下人心皆矚望中宗，高宗別無子，不立中宗，又恐失天下之望。是時承乾亦有子，但人心不屬，若卒然妄舉，失人心，❸做不行。又事多最難處，今生數百年後，只據史傳所載，不見得當時事情，亦難斷定。須是身在當時，親見那時事情如何。若人心不在中宗，方可別立宗室；若人心在中宗，只得立中宗。❹

文中子説：「權義舉而皇極立。」説得亦未盡。權固義精者，然後用得不差，然經亦無義不得。蓋合當用經時須用經，當用權時須用權，❺度此得宜便是義，便是二者都不可無義。如秦王世民殺太子建成，是不當用權而用權者也。王、魏不死於建成

❶「管」上，顧刻本有「胡氏」二字，胡寅著有《致堂讀史管見》。

❷「云」，原作「亦」，今據正德本改。

❸「失」上，顧刻本有「便」字。

❹「先生」至「只得立中宗」，當爲陳淳門人王雋按語。句中「先生」指陳淳，「文公」指朱熹。參見《北溪先生大全文集》卷十《竹林精舍録後序》。

❺「當」上，正德本、隆慶本、顧刻本有「合」字。

而事太宗，是當守經而不守經者也。❶自魏、晉而下，皆於國統未絶，而欺人孤寡，托爲受禪，皆是當用經而不用經，不當用權而用權者也。又如季札，終於固讓而不肯立，卒自亂其宗國，是於守經中見義不精者也。張柬之等五王反正，中宗誅諸武而留一武三思，卒自罹禍之慘，是於用權中見義不精者也。

義利

義與利相對而實相反。纔出乎義，便入乎利，其間相去甚微，學者當精察之。自文義而言，義者，天理之所宜；利者，人情之所欲，欲是所欲得者。就其中推廣之，纔是天理所宜底，即不是人情所欲；纔是人情所欲底，即不合於天理之所宜。天理所宜者，即是當然而然，無所爲而然也。人情所欲者，只是不當然而然，有所爲而然也。天理所宜是公，人情所欲是私。如貨財、名位、爵禄等，此特利之粗者。如計較强弱多寡便是利，如取己之便宜亦是利，如求名覬效，如徇己自私，如徇人情而爲之，如有外慕底心，皆是利。然貨財、名位、爵禄等，亦未可便做利，只當把一件事看，❷但此上易陷於利耳。

古人取民，惟以井田什一之賦。此是取以爲天下國家經常之用，❸不可缺者。其餘山林川澤，悉與民共之，無一毫私取以爲己有。蓋聖人出來君天下，姑以應天下之

❶「是」下，正德本、隆慶本、顧刻本有「合」字。
❷「當把」，正德本、隆慶本此二字互乙。
❸「取」上，正德本、隆慶本、顧刻本上有「所當」二字。

望，不以天下爲己利。所以凡事皆公天下之大義而爲之，分天下之地爲萬國，與有德有功者共之。王畿千里，公侯百里，伯七十里，子男五十里，庶人受田百畝。孟子謂「行一不義、殺一不辜而得天下，不爲」，最說得聖人心上大義出。天下是至大底物，一不義、不辜，是至微底事，不肯以其所至微而易其所至大，可見此心純是義，無一點利底意思。後世以天下爲己私，已是利了，及做一切事，都是利。毁封建公天下之大法，而爲郡縣，欲總天下之權歸於己，不能井天下之田以授民。民自賣田爲生，❶官司又取他牙稅。及秋夏取稅，名色至多，至茶鹽酒酤，民生公共急切之用，盡括爲己有。凡此等大節目處，都是自利之私，無一點義。其他詭譎自私微細曲折處，更不待說。

在學者論之，如貨財亦是人家爲生之道，似不可闕，但當營而營，當取而取，便是義。若出於詭計左道，不當營而營，不當取而取，便是利。有一般人，已自足用，又過用心於營殖，固是利。又有一般人，生長富足，不復營殖，若不爲利，然吝嗇之意篤，計較之心重，合當切用，一毫不拔，此尤利之甚者。如名位爵禄，得之以道，非出於私意計較，是當得而得，便是義。若得之不以道，出於私意計較，是不當得而得，如鬻爵鬻舉、左道圖薦、章苞苴、營差遣等類，皆是利。如萬鍾不辨禮義，乃爲宮室、妻妾、所識窮乏而受之，便是利。原思爲宰，義當受常禄之粟九百，他却以爲多而辭之，便是利，❷不是義。❸

❶「賣」，正德本、隆慶本、顧刻本作「買」。
❷「是」，隆慶本作「見」。
❸「是」，隆慶本作「見」。

子華爲師，使於齊，義不當請粟，而冉子爲之請，便是利。周公以叔父之親處三公，享天下之富，是義之所當享。季氏以魯卿而富於周公，乃過於封殖，便是利。

有所爲而爲，如有所慕而爲善，有所畏而不爲惡，皆是利。如爲穫而耕，爲畬而菑，便是利。於耕而望穫，利；於菑而望畬，亦是利。《易》曰：「不耕穫，不菑畬。」如是無所爲於前，無所覬於後，此方是義。如「哭死而哀，非爲生也；經德不回，非以干祿也；言語必信，非以正行也」，此皆是當然而然，便是義。如爲生而哀，爲干祿而不回，爲正行而必信，便是利。如赤子入井，是所當救，而惻隱自生於中，便是義。若爲內交要譽，惡其聲而然，便是利。

計較之私，如以天下儉其親，便是利。齊王見牛不忍，固是仁心之發，然以小易大，便是利。子貢欲去告朔之餼羊，是計較無益之費，便是利。孔子愛其禮，不愛其羊，便是義。梁惠王移民移粟，計較民之多寡，是利。顏子犯而不校。若計較曲直勝負，亦是利。或論文而曰「我工爾拙」，論功而曰「我高爾低」，論德而曰「我優爾劣」，皆是利。❶

取己便宜，小處如共食而自揀其美，如共處而自擇其安，共市物而争取其尤，都是利。大處如舍義取生，固人之所欲，然義所當死，只得守義而死，豈可以己不便，而生顧戀之私？如揚雄甘事王莽，已自錯了，後來迫於追捕，又却投閣，是偷生惜死，忘義顧利。魏徵背建成而事太宗，李陵戰敗而降虜，皆是忘義惜死，取己自便。

❶ 此段下，顧刻本有雙行小字：「萍鄉胡氏曰：齊王以小易大，便是利，此句不可以辭害志。」

求名之私，如好名，能讓千乘之國；如以德報怨，欲求仁厚之名；仲子避兄離母居於陵，欲沽廉潔之名；微生高乞醯，掠美市恩以歸於己，都是利於美名。

徇己自私，如爲己謀則盡心，爲他人謀則不盡心，是利。如齊王好色好貨，不與民同，亦是利。凡處父子、君臣、夫婦、兄弟、朋友之間，纔有一毫自私之心，而不行乎天理之當然，皆是利。雖公天下事而以私心爲之，亦是利。

徇人情，是凡事不顧理之當然，只徇人情而不敢決，便是利。如劉琮以荆州降曹操，則是魏之荆州矣。是時先主未有可據之地，孔明欲取之，以爲興王業之本，此正大義所當然。先主不決以大義，却顧戀劉表之私情，而不忍取，是利也。

覬效，如先難後獲、先事後得，皆是先盡其在我所當爲，而不計效。仁人明道不計功，正誼不謀利。自漢以來，無人似董仲舒看得如此分明。如揠苗助長，便是望效太速。太宗即位四年，外户不閉，斗米三錢，方是小康，便道行仁義既效，便有矜色。

外慕，如今科舉之學，全是外慕。自嬰孩便專學綴緝，爲取科名之具，至白首不休，切身義理全無一點，或有早登科第，便又專事雜文，爲干求遷轉之計，一生學問，全是脱空。古之學爲己，今之學爲人。爲己是無所慕，爲人是有所慕，此便有義利之分。義利界分，最要别白分明。若不别白分明，則有義之似利、利之似義，便都含糊没分曉了，末梢歸宿，❶只墮在利中去，❷更

❶「梢」，原誤作「稍」，今據正德本、顧刻本改。
❷「墮」，原誤作「隨」，今據正德本、隆慶本、顧刻本改。

無復有義矣。

鬼 神 魂魄附

鬼神一節，説話甚長，當以聖經説鬼神本意作一項論，又以古人祭祀作一項論，又以後世淫祀作一項論，又以後世妖怪作一項論。

程子曰：「鬼神者，造化之迹也。」張子曰：「鬼神者，二氣之良能也。」説得皆精切。造化之迹，以陰陽流行著見於天地間者言之。良能，言二氣之往來，❶是自然能如此。大抵鬼神只是陰陽二氣之屈伸往來。自二氣言之，神是陽之靈，鬼是陰之靈。靈云者，只是自然屈伸往來恁地活爾。自一氣言之，則氣之方伸而來者屬陽，爲神；氣之已屈而往者屬陰，爲鬼。如春夏是氣之方長，屬陽，爲神；秋冬是氣之已退，屬陰，爲鬼。其實二氣只是一氣耳。

天地間無物不具陰陽，陰陽無所不在，則鬼神亦無所不有。大抵神之爲言伸也，伸是氣之方長者也；鬼之爲言歸也，歸是氣之已退者也。自天地言之，天屬陽，神也；地屬陰，鬼也。就四時言之，春夏氣之伸，屬神；秋冬氣之屈，屬鬼。又自晝夜分之，晝屬神，夜屬鬼。就日月言之，日屬神，月屬鬼。又如鼓之以雷霆，潤之以風雨，是氣之伸，屬神；及至收斂後，帖然無蹤跡，是氣之歸，屬鬼。以日言，則日方升屬神，午以後漸退，屬鬼。以月言，則初三生明屬神，到十五以後屬鬼。如草木生枝生葉時屬神，衰落時屬鬼。如潮之來屬神，潮之退

❶「之」下，正德本、隆慶本、顧刻本有「屈伸」二字。

屬鬼。凡氣之伸者皆爲陽，屬神；凡氣之屈者皆爲陰，屬鬼。古人論鬼神，大概如此，更在人自體究。

《禮運》言「人者，陰陽之交，鬼神之會」，説得亦親切。此真聖賢之遺言，非漢儒所能道也。蓋人受陰陽二氣而生，此身莫非陰陽。如氣陽血陰，脈陽體陰，頭陽足陰，上體爲陽下體爲陰。至於口之語默、目之寤寐、鼻息之呼吸、手足之屈伸，皆有陰陽分屬。不特人如此，凡萬物皆然。《中庸》所謂「體物而不遺」者，言陰陽二氣爲物之體，而無不在耳。天地間無一物不是陰陽，則無一物不具鬼神。

《祭義》「宰我問鬼神」一段甚長，説得極好。如曰「氣也者，神之盛也；魄也者，鬼之盛也」云云，鄭氏注謂：「口鼻之呼吸爲魂，耳目之聰明爲魄。」又解得明切。子産謂：「人生始化曰魄，既生魄，陽曰魂。」斯言亦真得聖學之遺旨。所謂始化，是胎中略成形時。人初間纔受得氣，便結成箇胚胎模樣，是魄。既成魄，便漸漸會動，屬陽，曰魂。及形既生矣，神發知矣，故人之知覺屬魂，形體屬魄。陽爲魂，陰爲魄。魂者，陽之靈而氣之英；魄者，陰之靈而體之精。如口鼻呼吸是氣，那靈活處便是魂；❶耳目視聽是體，那聰明處便是魄。❷

《左傳》曰：「心之精爽，是謂魂魄。」《淮南子》曰：「陽神爲魂，陰神爲魄。」「魂魄」二字，正猶「精神」二字。神即是魂，精即是魄。魂屬陽，爲神；魄屬陰，爲鬼。

就人身上細論，大概陰陽二氣，會在吾

❶「是」，正德本、隆慶本、顧刻本作「屬」。
❷「是」，正德本、隆慶本、顧刻本作「屬」。

身中，❶爲鬼神。以寤寐言，則寤屬陽，寐屬陰。以語默言，則語屬陽，默屬陰。及動靜、進退、行止等，分屬皆有陰陽。凡屬陽者皆爲魂，爲神；凡屬陰者皆爲魄，爲鬼。

人自孩提至於壯，是氣之伸，屬神；中年以後，漸漸衰老，是氣之屈，屬鬼。以生死論，則生者氣之伸，死者氣之屈。就死上論，則魂之升者爲神，魄之降者爲鬼。魂氣本乎天，故騰上；體魄本乎地，故降下。《書》言「帝乃殂落」，正是此意。殂是魂之升上，落是魄之降下者也。

《易》曰：「精氣爲物，游魂爲變，故知鬼神之情狀。」言陰精陽氣聚而生物，乃神之伸也，而屬乎陽。魂游魄降，散而爲變，乃鬼之歸也，而屬乎陰。鬼神情狀，大概不過如此。

以上論鬼神本意

古人祭祀，以魂氣歸于天，體魄歸于地，故或求諸陽，或求諸陰。如《祭義》曰：「燔燎羶薌，見以蕭光，以報氣也。」「薦黍稷，羞肝肺首心，加以鬱鬯，以報魄也。」《郊特牲》曰：「周人尚臭，灌用鬯臭，鬱合鬯，臭陰達於淵泉。」「既灌，然後迎牲，致陰氣也。」「蕭合黍稷，臭陽達於牆屋，故既奠，然後焫蕭合羶薌，凡祭謹諸此。」又曰：「祭黍稷加肺，祭齊加明水，報陰也。取膟膋燔燎升首，報陽也。」所以求鬼神之義，大概亦不過此。

《樂記》謂「明則有禮樂，幽則有鬼神」，鬼神即是禮樂道理。以樂祀神，樂聲發揚，屬陽。以禮祀鬼，禮是定底物，屬陰。故《樂記》說：「樂者敦和，率神而從天；禮者

❶「中」上，正德本、隆慶本、顧刻本有「之」字。

别宜，居鬼而從地。」《祭義》論「春禘秋嘗」，以「春，雨露既濡，君子履之，必有怵惕之心，如將見之」。「秋，霜露既降，君子履之，必有悽愴之心，非其寒之謂也」。故「樂以迎來，哀以送往，故禘有樂而嘗無樂」，意亦如此。

夫子謂：「吾不與祭，如不祭。」蓋緣誠意既不接，幽明便不交。

范氏謂「有其誠則有其神，無其誠則無其神」，此説得最好。誠，只是真實無妄，雖以理言，亦以心言。須是有此實理，然後致其誠敬，而副以實心，豈不歆享？且如季氏，不當祭泰山而冒祭，是無此實理矣。假饒極盡其誠敬之心，與神亦不相干涉，泰山之神，亦不吾享。大概古人祭祀，須是有此實理相關，然後三日齋，七日戒，以聚吾之精神。吾之精神既聚，則所祭者之精神亦聚，必自有來格底道理。

人與天地萬物，皆是兩間公共一箇氣。子孫與祖宗，又是就公共一氣中有箇脈絡相關係，尤爲親切。謝上蔡曰：「祖考精神，便是自家精神。」故子孫能極盡其誠敬，則己之精神便聚，而祖宗之精神亦聚，便自來格。今人於祭自己祖宗正合著實處，却都鹵莽了，只管胡亂外面祀他鬼神，必極其誠敬，❶不知他鬼神與己何相關係！假如極其誠敬，備其牲牢，若是正神，不歆非類，必無相交接之理；若是淫邪，苟簡竊食而已，亦必無降福之理。

古人宗法，子孫於祖先，亦只是嫡派方承祭祀，在旁支不敢專祭。況祖先之外，豈

❶「必」，正德本作「心」。

可又招許多淫祀之鬼入來?❶今人家家事神事佛,是多少淫祀!孔子謂:「非其鬼而祭之,諂也。」今人諂祀鬼神,不過只是要求福耳,不知何福之有!

神不歆非類,民不祀非族。古人繼嗣,大宗無子,則以族人之子續之,取其一氣脈相爲感通,可以嗣續無間。此亦至正大公之舉,而聖人所不諱也。後世理義不明,人家以無嗣爲諱,不肯顯立同宗之子,多是潛養異姓之兒,陽若有繼,而陰已絶矣。蓋自春秋鄫子取莒公子爲後,故聖人書曰:「莒人滅鄫。」非莒人滅之,以異姓主祭祀,滅亡之道也。秦以吕政絶,晉以牛叡絶,亦皆一類。仲舒《繁露》載漢一事:有人家祭,用祝降神。祭畢,語人曰:「適所見甚怪,有一官員公裳盛服,欲進而躊躇不敢進,有一鬼蓬頭衩袒,手提屠刀,勇而前歆其祭,是何神也?」主人不曉其由。有長老説:「其家舊日無嗣,乃取異姓屠家之子爲嗣,即今主祭者,所以只感召得屠家父祖而來,❷其繼立本家之祖先,非其氣類,自無交接感通之理。」然在今世論之,立同宗又不可泛。蓋姓出於上世聖人所造,正所以别生分類。自後有賜姓、匿姓者,又皆混雜。故立宗者,又不可恃同姓爲憑,須審擇近親,有來歷分明者立之,則一氣所感,父祖不至失祀。今世多有取女子之子爲後,以姓雖異,而有氣類相近,似勝於姓同而屬疏者。❸然晉賈充以外孫韓謐爲後,當時太常博士秦秀已議其昏亂紀度。是則氣類雖近,而姓

❶「祀」,正德本、隆慶本作「昏」。
❷「得」下,正德本、隆慶本、顧刻本有「他」字。
❸「同」,原誤作「異」,今據正德本、隆慶本改。

氏實異，此説亦斷不可行。

天子祭天地，諸侯祭社稷及其境内之名山大川，大夫祭五祀，士庶祭其先。古人祀典，品節一定，不容紊亂。在諸侯，不敢僭天子而祭天地；在大夫，亦不敢僭諸侯而祭社稷山川。如季氏旅泰山，便不是禮。《曲禮》謂：「非所當祭而祭之，名曰淫祀。淫祀無福。」淫祀不必皆是不正之鬼。假如正當鬼神，自家不應祀而祀他，便是淫祀。如諸侯祭天地，大夫祭社稷，季氏旅泰山，便是淫祀了。

古人祭祀，各隨其分之所至。天子中天地而立，爲天地人物之主，故可以祭天地。諸侯爲一國之主，故可祭一國社稷山川。如春秋時楚莊王不敢祭河，以非楚之望，緣是時理義尚明，故如此。如士人，只得祭其祖先。自祖先之外，皆不相干涉，無可祭之理。然支子不當祭祖而祭其祖，伯叔父自有後而吾祭之，皆爲非所當祭而祭，亦不免爲淫祀。

古人祭天地山川皆立尸，誠以天地山川只是陰陽二氣。用尸，要得二氣來聚這尸上，不是徒然歆享，所以用灌、用燎、用牲、用幣，大要盡吾心之誠敬。吾心之誠敬既盡，則這天地山川之氣便自關聚。

天子是天地之主，天地大氣關係於一身，極盡其誠敬，則天地之氣關聚，便有感應處。諸侯只是一國之主，只祭境内之名山大川，極盡其誠敬，則山川之氣，便聚於此而有感召。❶皆是各隨其分限大小如此。

❶「召」，正德本、隆慶本作「應」。

山林、川谷、丘陵，能出氣爲雲雨者，❶皆是神。日月星辰，民所瞻仰者，亦皆曰神。其在人，則法施於人則祀之，以死勤事則祀之，以勞定國則祀之，能禦大災則祀之，能捍大患則祀之。古人非此族也，不在祀典，見《祭法》篇，甚詳。若後世祭祀，便都没理會了。

大夫祭五祀，乃是門、户、竈、行、中霤。自漢以來，以井易行。古者穴處，上爲牖，取明之處名曰中霤，只是土神。士人又不得兼五祀，間舉一兩件。在《士喪禮》，却有「疾病禱于五祀」之文，而無其祭。

鄭康成注《月令》，春祀户謂：「陽氣出，祀之於户内，陽也。」夏祀竈謂：「陽氣盛熱於外，祀之於竈，從熱類也。」秋祀門謂：「陰氣出，祀之於門外，陰也。」冬祀行謂：「陰盛寒於水，祀之於行，從辟除之類也。」中央祀中霤謂：「土主中央而神在室。」於此亦見漢時禮學猶明，❷論鬼神，猶主於陰陽爲言，猶未失先王之遺意也。

古人祀典，自《祭法》所列之外，又有道有德者死，則祭。於瞽宗，以爲樂祖。此等皆是正祠。後世如忠臣義士，蹈白刃、衛患難，如張巡、許遠，死於睢陽，立雙廟。蘇忠勇公於邕州，❸死節甚偉，合立廟於邕。今真侯立祠於本州，❹亦宜。如漳州靈著王，以死衛邦人，而漳人立廟祠之。❺凡此等忠臣義士之祠，❻皆是正當。然其祠宇，須官

❶「出」，正德本、隆慶本作「爲」。
❷「禮」，原誤作「理」，今據正德本、隆慶本改。
❸「公」，正德本、隆慶本作「死」。
❹「真」，原誤作「貢」，今據正德本、隆慶本改。
❺「祠」，顧刻本作「祀」。
❻「等」，原脱，今據正德本、隆慶本補。

司爲嚴其扃鑰，開閉有時，不與民間褻瀆，乃爲合禮。在民間，只得焚香致敬而已，亦不可越分而祭。

以上論祭祀祀典

大凡不當祭而祭，皆曰淫祀。淫祀無福，由脈絡不相關之故。後世祀典，只緣佛老來，都亂了。如老氏設醮，以庶人祭天，有甚關係？如釋迦亦是胡神，與中國人何相關？假如忠臣義士、配享元勳，若是己不當祭，皆爲外神，皆與我無相干涉。自聖學不明於世，鬼神情狀都不曉。如畫星辰，都畫箇人，以星君目之。如泰山，曰天齊仁聖帝，在唐封爲天齊王，到本朝，以東方主生，加「仁聖」二字，封帝。帝只是一上帝而已，安有五帝？豈不僭亂！況泰山只是箇山，安有人形貌？今立廟，儼然垂旒端冕，衣裳而坐。又立后殿於其後，不知又是何山可以當其配，而爲夫婦耶？人心迷惑，一至於此。據泰山在魯封内，惟魯公可以祭。今隔一江一淮，與南方地脈全不相交涉，而在在諸州縣，皆有東嶽行祠。此亦朝廷禮官失講明，而爲州縣者不之禁。蚩蚩愚民，本不明理，亦何足怪。

南嶽廟向者回禄，太尉欲再造，問於五峯先生。先生答以「天道與人事本一理，在天爲皇天上帝，在人爲大君。大君有二，則人事亂矣。五嶽視三公，與皇天上帝並爲帝，則天道亂矣。而世俗爲塑像，爲立配，爲置男女，屋而貯之，褻瀆神示之甚」。後南軒又詳之曰：「川流山峙，是其形也，而人之也，何居？其氣之流通，可以相接也，而宇之也，何居？」皆可謂正大之論，甚發愚蒙，破聾瞽。

上段云古人祭天地山川皆立尸，

要得氣來聚這尸上。據此説，則祭山川而人其形，疑亦古人立尸之意，惜不及質之先生。❶

世俗鄙俚，以三月二十八日爲東嶽聖帝生朝，闔郡男女，於前期徹晝夜、就通衢禮拜，會于嶽廟，謂之朝嶽，爲父母亡人拔罪。及至是日，必獻香燭上壽。不特此爾，凡諸廟皆有生朝之禮，當其日，則士夫民俗皆獻香燭，慇懃致酒上壽。按古經書，本無生日之禮。伊川先生已説破：「人無父母，生日當倍悲痛，安忍置酒張樂以爲樂？若具慶者可也。」以李世民之忍，猶能於是日感泣，思慕其親，亦見天理之不容泯處。故在人講此禮，以爲非禮之禮。然於人之生存而祝其壽，猶有説。鬼已死矣，而曰「生朝」、「獻壽」者，何爲乎？

伊川破横渠定龍女衣冠從夫人品秩事，謂：「龍，獸也，豈可被人衣冠？且大河之塞，乃天地、祖宗、社稷之佑及吏卒之力，龍何功之有？」其言可謂甚正大，又以見張、程學識淺深之不同。世俗事真武，呼爲「真聖」，只是北方玄武神。真宗尚道教，避聖祖諱，改「玄」爲「真」。北方玄武乃龜蛇之屬，後人不曉其義，畫真武，作一人散髮握劍，足踏龜蛇，競傳道教中某代某人修行如此。

江、淮以南，自古多淫祀。以其在蠻夷之域，不沾中華禮義。狄仁傑毁江、淮淫祠一千七百區，所存者，惟夏禹、伍子胥二廟。伊川先生猶以爲存伍子胥廟爲未是，伍子胥可血食於吴，不可血食於楚。今去狄公未久，而淫祀極多，皆緣世教不

❶「上段云」至「質之先生」，疑爲陳淳門人王雋按語。

明，民俗好怪。始者土居尊秩無識者唱之，繼而羣小以財豪鄉里者輔之，下焉則里中破蕩無生産者，假托此裒斂民財，爲衣食之計，是以上而州縣，下至閭巷村落，無不各有神祠。朝廷禮官又無識庸夫，多與之計較封號，是以無來歷者皆可得封號，有封號者皆可歲歲加大。若欲考論邪正，則都無理會了。

後世看理不明，見諸神廟有靈感響應者，則以爲英靈神聖之祠，在生必聰明正直之人也。殊不知，此類其間煞有曲折：一樣是富貴權勢等人，如伯有爲厲，子産所謂「用物精多則魂魄强」之類；一樣是壯年蹈白刃而死，英魂不散底人；❶一樣是生稟氣厚精爽强底人，❷死後未便消散；一樣是人塑神像時，捉箇生禽之猛鷙者，如猴、烏之屬，生藏於腹中。此物被生劫而死，魂魄不散，衆人朝夕焚香禱祝，便會有靈。其靈乃此物之靈，非關那鬼神事。一樣是人心以爲靈，❸衆人精神都聚在那上，便自會靈，如白鰲大王之類；一樣是立以爲祠，便有依草附木底沉魂滯魄來，竊附於其上；一樣又是山川之靈，廟宇坐據山川雄猛處，氣作之靈。又有本廟正殿不甚靈，而偏旁舍人有靈者，是偏旁坐得山川正脈處故也。又有都不關這事，只是隨本人心自靈，人心自極其誠敬則精神聚，❹所占之事自有脈絡相關，便自然感應，吉凶毫髮不差，只緣都是

❶「不」，正德本、隆慶本作「未」。

❷「爽」，正德本、隆慶本作「神」。

❸「心」下，正德本有「歸」字。

❹「一樣是立以爲祠」至「則精神聚」，正德本作：「一樣又是山川雄峙，廟宇坐得其穴，此氣自靈。又有是人之本心自有靈處。」

一理一氣故耳。所謂「齋戒，以神明其德夫」，即此意。

湖南風俗，淫祀尤熾，多用人祭鬼，或村民裒錢買人以祭，或捉行路人以祭。聞説有一寒士被捉，縛諸廟柱，半夜有大蛇張口欲食之，其人識一呪，只管念呪，蛇不敢食，漸漸退縮而去。明早，士人得脱，訴諸官，人以爲呪之靈所致。是不然：凡虎獸等食人者，多是挑之，使神色變動方食，神色不動，則不敢食。若此人者，心自以爲必死，無可逃，更不復有懼死之念矣。只一味靠呪，口只管念呪，心全在呪上，更無復有變動之色，故蛇無由食之，亦猶虎不食澗邊嬰兒之類，非關呪靈之謂也。

聞説南軒曾差一司户破一大王廟，❶纔得牒，即兩脚俱軟，其人卧乘輿而往。到廟中取大王像，剖其腹，有盤數重，❷中有小合，盛一大白蟲，活走，急投諸油煎之。纔破合見蟲，脚便立愈。推此，其他可以類見。

以上論淫祀

天地間亦有沉魂滯魄，不得正命而死者，未能消散，有時或能作怪，但久後當自消。亦有抱冤未及雪者，屢作怪，纔覺發便帖然。如後漢王純驛中女鬼，❸及朱文公斷龍巖妻殺夫事。

大抵「妖由人興」。凡諸般鬼神之旺，❹都是由人心興之。人以爲靈則靈，不以爲靈則不靈。人以爲怪則怪，不以爲怪則不怪。伊川尊人官廨多妖，或報曰：「鬼擊鼓。」其母曰：「把搥與之。」或報曰：「鬼搖

❶「大王廟」，正德本作「淫祠」。
❷「盤」，正德本作「盒」。
❸「王純」，《後漢書》作「王忳」。
❹「旺」，顧刻本作「怪」。

扇。」其母曰：「他熱故耳。」後遂無妖。只是主者不爲之動，便自無了。細觀左氏所謂「妖由人興」一語，極説得出。❶明道石佛放光之事亦然。

昔有僧入房將睡，暗中誤踏破一生茄，心疑爲蟾蜍之屬，卧中甚悔其枉害性命。到中宵，忽有扣門覓命者，僧約明日爲薦拔。及天明見之，乃茄也。此只是自家心疑，便感召得游魂滯魄附會而來。又如《遺書》載：一官員於金山寺薦拔亡妻之溺水者，忽婢妾作亡魂胡語，❷言死之甚冤。數日後有漁者救得妻，送還之。此類甚多，皆是「妖由人興」。人無釁焉，妖不自作。

賴省幹占法有「鬼附耳語」。人來占者，問姓幾畫、名幾畫，其人對面默數，渠便道得。或預記定其畫，臨時更不點數，只問及便答，渠便道不得。則「思慮未起，❸鬼神莫知」，康節之言，亦見破此精微處。

張亢郡君死後，❹常來與語，説渠心下事。一道士與圍棊，而妻來，道士捉一把棊子，包以紙，令持去問，張不知數，便道不得。曰：「我後不來矣。」此未必真是其妻，乃沉魂滯魄，隨張心感召而來，被道士窺破此機，更使不得。❺世之扶鶴下仙者亦如此。識字人扶得，不識字人扶不得。能文人扶，則詩語清新；不能文人扶，則詩語拙嫩。問事而扶鶴，❻人知事意則寫得出，不知事意則寫不出。與吟詠作文章，則無不

❶「極説得出」，正德本作「説得極出」。
❷「胡」，正德本作「扶」。
❸「則」下，正德本、隆慶本有「知」字。
❹「亢」，原誤作「元」，今據正德本、隆慶本改。
❺「得」，正德本、隆慶本作「行」。
❻「而」，原作「人」，今據正德本、隆慶本、顧刻本改。

通；問未來事則全不應。亦可自見。此非因本人之知而有假托，蓋鬼神幽陰，乃藉人之精神發揮，隨人知識所至耳，便見妖非由人不可。

昔武三思置一妾，絶色，士夫皆訪觀。狄梁公亦往焉。妾逃遁不見，武三思搜之，在壁隙中語曰：「我乃花月之妖，天遣我奉君談笑。梁公，時之正人，我不可以見。」蓋端人正士有精爽清明，鬼神魑魅自不敢近，所謂「德重鬼神欽」。鬼神之所以能動人者，❶皆由人之精神，自不足故耳。

以上論妖怪

「敬鬼神而遠之」，此一語極説得圓而盡。如正神，能知敬矣，又易失之不能遠；邪神，能知遠矣，又易失之不能敬。須是都要敬而遠，遠而敬，始兩盡幽明之義。文公《論語解》説：「專用力於人道之所宜，而不惑於鬼神之不可知。」此語示人極爲親切。「未能事人，焉能事鬼？」須是盡事人之道，則盡事鬼之道，斷無二致。所以發子路者深矣！

佛老

佛老之學，後世爲盛，在今世爲尤盛。二氏之説大略相似，佛氏説得又較玄妙。老氏以無爲主，佛氏以空爲主，無與空亦一般。老氏説無，要從無而生有，他只是要清净，爲方外之物，以獨善其身，厭世俗膠膠擾擾等事，欲在山林間煉形養氣，將真氣養成一箇嬰兒，脱出肉身去，如蛇蜕之法。又欲乘雲駕鶴，飛騰乎九天之上，然亦只是煉

❶「動」，正德本、隆慶本作「近」。

箇氣輕，故能乘雲耳。老氏之説猶未甚惑人。❶佛氏之説，雖深山窮谷之中，婦人女子皆爲之惑，有淪肌浹髓，牢不可解者，原其爲害有兩般：一般是説死生罪福，以欺罔愚民；一般是高談性命道德，以眩惑士類。死生罪福之説，只是化得世上一種不讀書、不明理、無見識等人。性命道德之説又較玄妙，雖高明之士皆爲所誤。須是自家理明義精，胸中十分有定見，方不爲之動。

常人所惑死生罪福之説，一則是恐死去陰司受諸苦楚，一則是祈求爲來生之地。故便能捨割，做功德、做因果，或庶幾其陰府得力，免被許多刑憲；或覬望其來生作箇好人出世，子子孫孫長享富貴，免爲貧賤禽獸之徒。佛家唱此説以罔人，故愚夫愚婦皆爲之惑。

且如輪迴一説，斷無此理。伊川先生謂「不可以既返之氣，復爲方伸之氣」，此論甚當。蓋天地大氣流行，化生萬物，前者過、後者續，前者消、後者長，只管運行，無有窮已，斷然不是此氣復迴來，爲後來之本。一陽之復，非是既退之陽倒轉復來。聖人立卦取象，雖謂陽復返，其實只是外氣剥盡，内氣復生。佛氏謂「已往之氣，復輪迴來，生人生物」，與造化之理不相合。若果有輪迴之説，則是天地間人物皆有定數，常只是許多氣翻來覆去，如此則大造都無功了。須是曉得天地生生之理，方看得他破。

人生天地間，得天地之氣以爲體，得天地之理以爲性。原其始而知所以生，則要其終而知所以死。古人謂「得正而斃」，謂「朝聞道，夕死可矣」。只緣受得許多道理，須知

❶「猶」，原誤作「尤」，今據正德本、隆慶本、顧刻本改。

得盡❶，便自無愧。到死時亦只是這二五之氣，聽其自消化而已。所謂安死順生，與天地同其變化，這箇便是「與造化爲徒」。人纔有私慾，有私愛，割捨不斷，便與大化相隨。

因果之説，全是妄誕。所載證驗極多，大抵邪説流入人心，故人生出此等狂思妄想而已。温公謂：「三代以前，何嘗有人夢到陰府，見十等王者耶？」此説極好。只緣佛教盛行，邪説入人已深，故有此夢想。

天地間物，惟風雷有象而無形。若是實物，皆有形骸。且如人間屋宇，用木植甎瓦等架造成箇規模。木植取之山林，甎瓦取之窯竈，皆是實物，人所實見。如佛氏天堂、地獄，是何處取木植？何處取甎瓦？況天只是積氣，到上至高處，其轉至急，如迅風然，不知所謂天堂者，該載在何處？地乃懸空在天之中央，下面都是水，至極深處，不知所謂地獄者，又安頓在何處？況其所説，爲福可以冥財禱而得，爲罪可以冥財賂而免，神物清正，何其貪婪如此！原其初意，亦只是杜撰，以誘人之爲善，而恐懼人之爲惡耳。野夫賤隸以死生切其身，故傾心信向之。然此等皆是下愚不學之人，亦無足怪。如唐太宗是甚天資，亦不能無惑，可怪可怪！

士大夫平日讀書，只是要略知古今事變，把來做文章使，其實聖賢學問精察做工夫處全不理會。❷緣是無這一段工夫，胸中無定見識，但見他説心説性，便爲之竦動，便招服。如韓文公、白樂天資稟甚高，但平日亦只是文字詩酒中做工夫，所以看他亦

❶「得盡」，原誤倒，今據正德本、隆慶本、顧刻本改。
❷「察」，正德本、隆慶本、顧刻本作「密」。

不破。文公闢其無父無君，雖是根本，然猶未知所以受病之本。

佛氏所謂玄妙者，只是告子所謂「生之謂性」之説。告子「生」之一字，乃是指人之知覺運動處。大意謂目能視，其所以能視處是誰？耳能聽，其所以能聽處是誰？即這一箇靈活知覺底，常在目前作用，便謂之性。悟此則爲悟道。一面做廣大玄妙説將去，其實本領只如此。此最是至精至微第一節差錯處。至於無父無君，乃其後截，人事之粗迹，悖謬至顯處，他全是認氣做性了。如謂狗子有佛性，只是呼狗便知搖尾向前，這箇便是性。人與物都一般。所謂萬劫不滅，亦只是這箇。老氏謂「死而不亡」，亦只是如此。所説千百億化身，千手千眼，皆是在這窠窟裏。

自古聖賢相傳説性，只是箇理。能視能聽者，氣也；視其所當視，聽其所當聽者，理也。且如手之執捉，氣也；然把書讀也是手，呼盧也是手，豈可全無分別？須是分別箇是非，是底便是本然之性，非底便是徇於形氣之私。佛氏之説，與吾儒若同而實大異。吾儒就形氣上別出箇理，理極精微，極難體察。他指氣做性，只見這箇便是性，❶所以便不用工夫了。❷

北溪先生字義卷下

❶「是」，正德本、作「見」。

❷「便」，正德本、隆慶本、顧刻本作「更」。顧刻本此段下有雙行小字：「萍鄉胡氏曰：其用工夫，只是恣肆無忌憚而已。」

補遺❶

《字義》二卷，最初爲永嘉趙氏刻本，又清漳家藏本，又弘治庚戌刻本，又四明豐慶刻本。諸本增減，互有異同。按《性理大全》所纂入者未能悉收，則桐川施氏刻本爲略備。及細爲校閲，亦有《大全》所引而施本所無者，或非專論一字之義，當從他處録出，或有專講一字者，亦在所遺。則知屢經刊板，自不能無脱略，今悉采録增入。後學顧秀虎謹識。

太極

分而爲五非有欠，合而爲一非有餘。五謂五行，一謂太極。

太極渾淪之妙用，自無而入於有，自有而復於無，又只是渾淪一無極也。

無聲臭只是無形狀。若少有聲臭，便涉形狀，落方體，不得謂之無極矣。文公解用「無聲臭」語，是説二字之大義，詞不迫切，而其理自曉。此注朱子解「無極」，引「上天之載，無聲無臭」之義。

以造化言之，如天地間生成萬物，自古及今，無一物之不實。散殊上下，自古有是，到今亦有是，非古有而今無，皆是實理之所爲。大而觀之，自太始而至萬古，莫不皆然。若就物觀之，其徹始徹終，亦只是一實理如此。姑以一株花論來，春氣流注到則萌蘖生花，春氣盡則花亦盡。又單就一

❶ 此《補遺》原無，據顧刻本補。

花蘂論，氣實行到此則花便開，氣消則花便謝，亦盡了。方其花萌蘖，此實理之初也；至到謝而盡處，此實理之終也。此注朱子「推之於前而不見其始之合，引之於後而不見其終之離」二句之義。

理不外乎氣。若説截然在陰陽五行之先，及在陰陽五行之中，便成理與氣爲二物矣。此亦是《太極圖説》注，然是專講「理」字。

本只是一氣，分來有陰陽，又分來有五行。二與五只管分合運行去，萬古生生不息，不止是箇氣，必有主宰之者，曰理是也。理在其中爲之樞紐，故大化流行，生生未嘗止息。天下豈有性外之物，而不統於吾心是理之中也哉？理之所在，大極於無際而無不通，❶細入於無倫而無不貫，前後乎萬古而無不徹。

太極只是理，理本圓，故太極之理本渾淪。理無形狀，無界限間隔，故萬物無不各具得太極，而太極之本體各各無不渾淪。惟人氣正且通，爲萬物之靈，能通得渾淪之體。物氣偏且塞，不如人之靈，雖有渾淪之體，不能通耳。然人類中亦惟聖人大賢，然後真能通得渾淪之體。一種下愚底人，其昏頑却與物無異，則又正中之偏、通中之塞者。一種靈禽仁獸，其性與人甚相近，則又偏中之正、塞中之通者。細推之，有不能以言盡。

問：感物而動，或發於理義之公，或發於血氣之私，這裏便分善惡？曰：非發於血氣之私便爲惡，乃發後流而爲惡耳。

《圖説》「中正仁義」，而注脚又言「仁義

❶「大」，原作「太」，今據《北溪先生大全文集》（明弘治刊本）及文義改。

中正」，互而言之，以見此理之循環無端，不可執定以孰爲先，孰爲後也。亦猶四時之春夏秋冬，或言秋冬春夏，以此見氣之動静無端，陰陽無始也。《太極圖説》注。

通書

聖人純是天理，合下無欠缺處，渾然無變動，徹内外本末皆是實，無一毫之妄。不待思而自得，此生知也。不待勉而自中，此安行也。且如人行路，須是照管，方行出路中，不然則蹉向邊去。聖人如不看路，自然在路中間行，所謂「從容無不中道」，此天道也。《通書》「誠則無事矣」句注。

凡物一色，謂之純也。此注《通書》「純其心」句。

一者是表裏俱一，純徹無二。少有纖毫私欲，便二矣。内一則静虚，外一則動直，而明通公溥，則又無時不一也。一者，此心渾然太極之體。無欲者，心體粹然無極之真。静虚者，體之未發，豁然絶無一物之累，陰之性也。動直者，用之流行，坦然由中道而出，陽之情也。《通書聖學章》注。

明道此一段説話，乃地位高者之事，學者取此甚遠。在學者工夫，只從「克己復禮」入爲最要。此工夫徹上徹下，無所不宜。問：「物」字是人物、是事物？曰：「仁者與物同體。」只是言其理之一爾。人物與事物非判然絶異，事物只自人物而出，凡己與人物接，方有許多事物出來。若於己獨立時，初無甚多事，此「物」字皆可以包言。所謂「《訂頑》備言此體」者，亦只是言其理之一爾。此注程子論《西銘》語。

附論朱子

先生道巍而德尊，義精而仁熟，立言平正温潤，清通的實。徹人心，洞天理，達羣哲，會百聖，粹乎洙泗伊洛之緒。凡曩時有發端而未竟者，今悉該且備。凡曩時有疑辨而未瑩者，今益信且白。宏綱大義，如指諸掌，掃千百年之謬誤，爲後學一定不易之準則。辭約而理盡，旨明而味深，而其心度澄朗，瑩無渣滓，工夫縝密，渾無隙漏，尤可想見於辭氣間。故孔、孟、周、程之道，至先生而益明，所謂主盟斯世，獨惟先生一人而已。❶

❶ 「惟」，惜陰軒本作「推」。

附卷北溪先生嚴陵講義

淳恭承判府寺丞鄭公之悌，偕諸廣文先生，❶領郡之羣賢衆俊，❷會于學校，謂淳從游晦庵先生之門，俾講明大義，以開發後進。區區淺陋，辭不獲命，輒吐爲説四篇：一曰《道學體統》，二曰《師友淵源》，三曰《用功節目》，四曰《讀書次第》，❸以爲賢侯作成人材之助。願諸同志共切磋之。

道學體統

聖賢所謂道學者，初非有至幽難窮之理、甚高難行之事也，亦不外乎人生日用之常耳。蓋道原於天命之奥，而實行乎日用之間。在心而言，則其體有仁、義、禮、智之性，其用有惻隱、羞惡、辭讓、是非之情。在身而言，則其所具有耳、目、口、鼻、四肢之用，其所與有君臣、父子、夫婦、兄弟、朋友之倫。在人事而言，則處而修身齊家，應事接物，出而莅官理國，❹牧民御衆；微而起居言動，衣服飲食，大而禮樂刑政，財賦軍師，凡千條萬緒，莫不各有當然一定不易之則，皆天理自然流行著見，而非人之所强爲者。自一本而萬殊，而體用一原也。合萬殊而一統，❺而顯微無間也。上帝所降之

❶「鄭公之悌偕諸」，顧刻本作「偕府判大著權」。
❷「郡」，原作「邦」，今據顧刻本改。
❸「第」，原作「序」，今據顧刻本改。下同。
❹「官」，顧刻本作「政」。
❺「統」，顧刻本作「本」。

衷，即降乎此也；生民所秉之彝，即秉乎此也。以人之所同得乎此而虚靈不昧，則謂之「明德」；以人之所共由乎此而無所不通，則謂之「達道」。堯、舜與塗人同一稟也，孔子與十室均一賦也。聖人之所以爲聖，生知安行乎此也；學者之所以爲學，講求踐履乎此也。謂其君不能，賊其君者也；謂其民不能，賊其民者也；自謂其身不能，自賊者也。操之則存，舍之則亡，迪之則吉，悖之則凶。蓋皎然易知而坦然易行也。是豈有離乎日用常行之外，别自爲一物，至幽而難窮，甚高而難行也哉？如或外此而他求，則皆非大中至正之道，聖賢所不道也。

師友淵源

粤自羲皇作《易》，首闢渾淪，❶神農、黄帝，相與繼天立極，而宗統之傳有自來矣。堯、舜、禹、湯、文、武更相授受，中天地爲三綱五常之主。皐陶、伊、傅、周、召又相與輔相，施諸天下，爲文明之治。孔子不得行道之位，乃集羣聖之法，作六經，爲萬世師，而回、參、伋、軻實傳之，上下數千年，無二説也。軻之後失其傳，天下騖於俗學，蓋千四百餘年，昏昏冥冥，醉生夢死，不自覺也。及我宋之興，明聖相承，太平日久，天地真元之氣復會，於是濂溪先生與河南二程先生，卓然以先知先覺之資，相繼而出。濂溪

❶「闢」，《性理大全》作「闡」。

不由師傳，獨得於天，提綱啓鑰，其妙具在《太極》一圖。而《通書》四十章，又以發《圖》之所未盡，上與羲皇之《易》相表裏，而下以振孔、孟不傳之墜緒，所謂再闢渾淪。二程親授其旨，又從而光大之。故天理之微、人倫之著、事物之衆、鬼神之幽，與凡造道入德之方、修己治人之術，莫不秩然有條理，備見於《易傳》、《遺書》，使斯世之英才志士，得以探討服行，而不失其所歸。河洛之間，斯文洋洋，與洙泗並聞而知者。有朱文公，又即其微言遺旨，益精明而瑩白之，上以達羣聖之心，下以統百家而會于一。蓋所謂集諸儒之大成，而嗣周、程之嫡統，粹乎洙泗濂洛之淵源者也。❶學者不欲學聖人則已，如欲學聖人而考論師友淵源，必以是爲迷塗之指南，庶乎有所取正而不差。苟或舍是而它求，則茫無定準，終不得其門而入矣。既不由是門而入，而曰吾能真有得乎聖人心傳之正，萬無是理也。

用功節目❷

道之浩浩，何處下手？聖門用功節目，其大要亦不過曰「致知」與「力行」而已。致者，推之而至其極之謂。致其知者，所以明萬理於心，而使之無所疑也。力者，勉焉而不敢怠之謂。力其行者，所以復萬善於己，而使之無不備也。知不致，則真是真非無以辨，其行將何所適從？必有錯認人欲作天理而不自覺者矣。行不力，則雖精義入神，亦徒爲空言，而盛德至善，竟何有於

❶「粹」，顧刻本作「萃」。

❷「功」，原作「工」，據原本目録改。下同。

我哉？此《大學》「明明德」之功，必以「格物致知」爲先，而「誠意」、「正心」、「修身」繼其後。《中庸》擇善固執之目，必自夫博學、審問、謹思、❶明辨而篤行之。而顔子稱夫子循循善誘，亦惟在於「博我以文，約我以禮」而已，無他説也。然二者亦非截然判先後爲二事，猶之行者目視足履，動輒相應，蓋亦交進而互相發也。故知之明則行愈達，而行之力則所知又益精矣。其所以爲致知力行之地者，必以敬爲主。敬者，主一無適之謂，所以提撕警省此心，使之惺惺，乃心之生道，而聖學之所以貫動静、徹終始之功也。能敬，則中有涵養而大本清明。由是而致知，則心與理相涵，而無顛冥之患。由是而力行，則身與事相安，而亦不復有扞格之病矣。雖然，人性均善，均可與適道，而鮮有能從事於斯者，由其有二病：❷一則病於安常習故，而不能奮然立志，以求自拔。二則病於偏執私主，❸而不能豁然虚心以求實見。蓋必如孟子以舜爲法於天下，而我猶未免爲鄉人者爲憂，必期如舜而後已，然後爲能立志。必如顔子以能問於不能，以多問於寡，有若無，實若虚，然後爲能虚其心。既能立志而不肯自棄，又能虚心而不敢自是，然後聖門用功節目循序而進，日日有惟新之益，雖升堂入室，惟吾之所欲而無所阻矣。此又學者所當深自警也。

❶「謹思」，《中庸》原文作「慎思」，此避宋孝宗趙昚諱改。
❷「有二病」，顧刻本作「病則有二」。
❸「二」，顧刻本作「一」。

讀書次第

書所以載道，固不可以不讀，而聖賢所以垂訓者不一，又自有先後緩急之序，而不容以躐進。程子曰：「《大學》，孔氏之遺書，而初學入德之門也。於今可見古人爲學次第者，獨賴此篇之存，而《論》、《孟》次之。學者必由是而學焉，則庶乎其不差矣。」蓋《大學》者，古之大人所以爲學之法也。其大要惟曰「明明德」、曰「新民」、曰「止於至善」三者而已。於三者之中，又分而爲格物、致知、誠意、正心、修身以至於齊家、治國、平天下者，凡八條。大抵規模廣大而本末不遺，節目詳明而始終不紊，實羣經之綱領，而學者所當最先講明者也。其次，則《論語》二十篇，皆聖師言行之要所萃，於是而學焉，則有以識操存涵養之實。又其次，則《孟子》七篇，皆諄諄乎王道仁義之談，於是而學焉，則有以爲體驗充廣之端。至於《中庸》一書，則聖門傳授心法，程子以爲其味無窮，善讀者味此而有得焉，❶則終身用之有不能盡者矣。然其爲言，大概上達之意多，而下學之意少，非初學者所可驟語。又必《大學》、《論》、《孟》之既通，然後可以及乎此，而始有以的知其皆爲實學，無所疑也。蓋不先諸《大學》，則無以提挈綱領，而盡《論》、《孟》之精微；不參諸《論》、《孟》，則無以發揮蘊奧，而極《中庸》之歸趣；若不會其極於《中庸》，則又何以建立天下之大本，而經綸天下之大經哉？是則欲求道者，誠不可不急於讀四書。而

❶「味此」下，顧刻本注「一作『玩索』」。

讀四書之法，毋過求，毋巧鑿，毋旁搜，毋曲引，亦惟平心以玩其旨歸，而切己以察其實用而已爾。果能於是四者融會貫通，而理義昭明，胸襟洒落，則在我有權衡尺度。由是而進諸經，與凡讀天下之書，論天下之事，皆莫不冰融凍釋，而輕重長短截然一定，自不復有錙銖分寸之或紊矣。嗚呼！至是而後可與言内聖外王之道，而致開物成務之功用也歟！

似道之辨❶

或曰：今世所謂老佛之道，與聖賢之道何如？曰：似道而非道也。蓋老氏之道以無爲宗，其要歸於清净，令學者修真煉氣以復嬰兒，誠爲反人理之常。世固有脱事物、遊方外以事其學者，然其説未甚熾，固不待論。若佛氏之教，則充盈乎中華，入人骨髓，自王公大人至野夫賤隸、深閨婦女，無不傾心信向之。而其所以爲説者，大概有二：一則下談死生罪福之説，以誑愚衆，然非明識者莫能決；一則上談性命道德之説，以惑高明，亦非常情所易辨也。夫死生無二理，能原其始而知所以生，則反其終而知所以死矣。蓋無極之真，二五之精，妙合而凝，乾道成男，坤道成女，二氣交感，化生萬物，此天地所以生人物之始也。人得是至精之氣而生，氣盡則死，得是至真之理所賦，其存也順吾事，則其没也安死而無愧。始終生死，如此而已。自未生之前是理氣，爲天地間公共之物，非我所得與。既凝而生之後，始爲我所主，而有萬化之妙。及氣盡而死，則理亦隨之一付之大化，又非我所能專有，而常存不滅於冥漠之間也。今佛者曰：「未生之前，所謂我者固已具；既死之後，所謂我者未嘗亡。所以輪回生生於千萬億刧而無有窮已。」則是形潰而反於原，既屈之氣有復爲方伸之理，與造化消息闔闢之情殊不相合。且謂天堂、地獄明

❶ 《似道之辨》、《似學之辨》兩篇原無，據《北溪先生大全文集》增入。

證昭昭，則是天地間别有一種不虚不實之田地，可以載其境，别有一種不虚不實之塼瓦材木，可以結其居，與萬物有無虚實之性又不相符。況其爲福可以禱而得，爲罪可以賂而免，則是所以主宰乎幽陰者，尤爲私意之甚，抑非福善禍淫、大公至正、神明之道也。觀乎此，則死生罪福之説，真是真非瞭然，愚者可以不必惑，而明智者亦可以自決矣。夫未有天地之先，只自然之理而已。有是理則有是氣，有動之理則動而生陽，有静之理則静而生陰。陰陽動静，流行化育，其自然之理從而賦予於物者爲命。人得是所賦之理以生，而具於心者爲性。理不外乎氣，理與氣合而爲心之靈。凡有血氣均也，而人通物塞，通則理與氣融，塞則理爲氣隔。今就人者言之，心之虚靈知覺一而已。其所以爲虚靈知覺，由形氣而發者，以形氣爲主，而謂之人心；由理義而發者，以理義爲主，而謂之道心。若目能視，耳能聽，口能言，四肢能動，饑思食，渴思飲，冬思裘，夏思葛等類，其所發皆本於形氣之私，而人心之謂也。非禮勿視而視必思明、非禮勿聽而聽必思聰、非禮勿言而言必思忠、非禮勿動而動必思義、食必以禮而無流歠、飲必有節而不及亂、寒不敢襲、暑毋褰裳等類，其所發皆原於理義之正，而道心之謂也。二者固有脈絡，粲然於方寸之間而不相亂。然人心易𩫖𩫖而不安，道心至隱微而難見，以堯、舜、禹相傳，猶致其精於二者之間，而一守夫道心之本。自告子以生言性，則已指氣爲理，而不復有别矣。今佛者以作用是性，以蠢動含靈皆有佛性，運水搬柴無非妙用，專指人心之虚靈知覺者而作弄之。明此爲明心，而不復知其爲形氣

之心；見此爲見性，而不復知性之爲理；悟此爲悟道，而不復別出道心之妙。乃至甘苦食淡，停思絶想，嚴防痛抑，堅持力制，或有用功至於心如秋月碧潭清潔者，遂交贊以爲造到。業儒者見之，自顧有穢浄之殊，反爲之歆慕，舍己學以從之，而不思聖門傳授心法，固自有克己爲仁瑩淨之境，與所謂江漢之濯、秋陽之曝及如光風霽月者，皆其胸中輝光潔白之時，乃此心純是天理之公，而絶無一毫人欲之私之謂。若彼之所謂「月潭清潔」云者，特不過萬理俱空而百念不生爾，是固相似而實不同也。心之體所具者惟萬理，彼以理爲障礙而悉欲空之，則所存者特形氣之知覺爾。此最是至精至微第一節差錯處。至於無君臣、父子等大倫，乃其後截人事粗迹之悖繆至顯處。其爲理之發端，實自大原中已絶之。心本是活物，如何使之絶念不生？所謂念者，惟有正不正耳。必欲絶之不生，須死而後能。假如至此之境，果無邪心，但其不合正理，是乃所以爲邪，而非豁然大公之體也。程子以爲「佛家有箇覺之理，可以敬以直内矣，而無義以方外，然所直内者亦非是」，正謂此也。觀乎此，則性命道德之説，真是真非瞭然，高明者可以不必惑，而常情亦可以能辨矣。而近世儒者，乃有竊其形氣之靈者以爲道心，屏去「道問學」一節工夫，屹然自立一家，專使人終日默坐以求之，稍有意見，則證印以爲大悟，謂真有得乎羣聖千古不傳之秘，意氣洋洋，不復自覺其爲非。故凡聖門高明廣大底境界更不復覩，而精微嚴密等工夫更不復從事，良亦可哀也哉！嗚呼，有志于學者，其戒之謹之。

似學之辨

或曰：今世所謂科舉之學，與聖賢之學何如？曰：似學而非學也。同是經也，同是子、史也，而爲科舉者讀之，徒獵涉皮膚以爲綴緝時文之用，而未嘗及其中之藴；止求影像髣髴，略略通解，可以達吾之詞則已，而未嘗求爲真是真非之識。窮日夜旁搜博覽，吟哦記憶，惟鋪排駢儷，無根之是習，而未嘗有一言及理義之實。自垂髫至白首，一惟虛名之是計，而未嘗有一念關身心之切。蓋其徒知舉子蹊逕之爲美，而不知聖門堂宇高明廣大之爲可樂；徒知取青紫伎倆之爲美，而不知潛心大業趣味無窮之爲可嗜。凡天命民彝、大經大法、人生日用所當然而不容闕者，悉置之度外，不少接心目，一或叩及之，則解頤而莫喻。於修己、治人、齊家、理國之道，未嘗試一講明其梗概。及一旦躐高科，躡要津，當人天下國家之責，而其中枵然，無片字之可施，不過直行己意之私而已。若是者，雖萬卷填胸，錦心繡口，號曰富學，何足以爲學？峩冠博帶，文雅醖藉，號曰名儒，何足以爲儒？假若胸膳歐、蘇，才氣韓、柳，謂之未曾讀書亦可也。然則科舉之學視聖賢之學，正猶枘鑿之相反而不足以相通歟？曰：科舉程度固有害乎聖賢之旨，而聖賢學問未嘗有妨於科舉之文。理義明，則文字議論益有精神光采。躬行心得者有素，則形之商訂時事，敷陳治體，莫非溢中肆外之餘，自有以當人情、中物理，藹然仁義道德之言，一一皆可用之實，而有司明眼者得

之，即爲國家有用之器，非止一名一第而已也。況其器局高宏，功力至到，造道成德之大全者，所謂伊、傅、周、召，王佐規模具焉。儻遇明王聖帝，雲龍風虎之會，則直探諸囊而措之，與斯人同躋至道之域，又斯世之所不能舍也。但時王立科目之法，專指三日之文爲名，而素行不與。在學者讀書而言，則以聖師孔子爲祖者也。吾夫子平日之所以教，羣弟子之所以學，淵源節目，昭昭方册，固有定法，正學者所當終身鑽仰，斃而後已，非可隨人遷變者。矧自聖朝列祖以至今日，已有尊崇之道，而荆、蜀、江、浙、閩、廣及中都之士，復多以此爲習尚，則亦此理在萬世，不容泯没，其輕重緩急，固有辨也。或曰：生斯世也，非能絶意於斯世而舍彼就此也。曰：時王之法何可舍也？假使孔、孟復生於今，亦不能舍科目而遠去，則亦但不過以吾之學應之而已，焉能爲吾之累也？然則抱天地之性、負萬物之靈而貴爲斯人者，盍亦審其輕重緩急，而無甘於自暴自棄也哉！

附録一

宋史陳淳傳

陳淳，字安卿，漳州龍溪人。少習舉子業，林宗臣見而奇之，且曰：「此非聖賢事業也。」因授以《近思録》。淳退而讀之，遂盡棄其業焉。及朱熹來守其鄉，淳請受教。熹曰：「凡閲義理，必窮其原，如爲人父何故止於慈，爲人子何故止於孝。其他可類推也。」淳聞而爲學益力，日求其所未至。熹數語人以「南來，吾道喜得陳淳」。門人有疑問不合者，則稱淳善問。後十年，淳復往見熹，陳其所得，時熹已寢疾，語之曰：「如公所學，已見本原，所闕者，下學之功爾。」自是所聞皆要切語，凡三月而熹卒。淳追思師訓，痛自裁抑，無書不讀，無物不格，日積月累，義理貫通，洞見條緒。故其言「太極」，曰：「太極只是理，理本圓，故太極之體渾淪。以理言，則自末而本，自本而末，一聚一散，而太極無所不極其至；自萬古之前與萬古之後，無端無始，此渾淪太極之全體也。自其冲漠無朕，而天地萬物皆由是出，及天地萬物既由是出，又復冲漠無朕，此渾淪無極之妙用也。聖人一心，渾淪太極之全體；而酬酢萬變，無非太極流行之用。學問工夫，須從萬事萬物中貫過，湊成一渾淪大本，又於渾淪大本中，散爲萬事萬物，使無少窒礙，然後實體得渾淪至極者在我，而大用不差矣。」其言「仁」，曰：「仁，只是天理生生之全體，無表裏、動静、隱顯、

精粗之間，惟此心純是天理之公，而絶無一毫人欲之私，及可以當其名。若一處有病痛，一事有欠闕，一念有間斷，則私意行而生理息，即頑痺不仁矣。」其語學者，曰：「道理初無玄妙，只在日用人事間，但循序用功，便自有見。所謂『下學上達』者，須下學工夫到，乃可從事上達，然不可以此而安於小成也。夫盈天地間，千條萬緒，是多少人事；聖人大成之地，千節萬目，是多少工夫。惟當開拓心胸，大作基址，須萬理明徹於胸中，將此心放在天地間一例看，然後可以語孔、孟之樂。須明三代法度，通之於當今而無不宜，然後爲全儒，而可以語王佐事業。須運用酬酢，如探諸囊中而不匱，然後爲資之深，取之左右逢其原，而真爲己物矣。至於以天理人欲分數而驗賓主進退之幾，如好好色、惡惡臭，而爲天理人欲强弱之證，必使之於是是非非如辨黑白，如遇鏌鋣，不容有騎牆不決之疑，則雖艱難險阻之中，無不從容自適，夫然後爲知之至而行之盡。」此語又中學者膏肓，而示以標的也。淳性孝，母疾亟，號泣于天，乞以身代。弟妹未有室家者，皆婚嫁之。葬宗族之喪無歸者。居鄉不沽名徇俗，恬然退守，若無聞焉，然名播天下。世雖不用，而憂時論事，感慨動人。郡守以下皆禮重之，時造其廬而請焉。嘉定十年，❶待試中都，歸，遇嚴陵郡守鄭之悌，率僚屬延講郡庠。淳歎陸學張王，❷學問無源，全用禪家宗旨，認形氣之虛靈知覺爲天理之妙，不由窮理格物，而欲

❶「十」，原誤作「九」，今據《北溪先生大全文集》《外集・敘述》改。

❷「學」，原脱，今據《北溪先生大全文集》《外集・敘述》補。

徑造上達之境，反託聖門以自標榜，遂發明吾道之體統、師友之淵源、用功之節目、讀書之次序爲四章，以示學者。明年，以特奏恩授迪功郎、泉州安溪主簿。未上而没，年六十五。其所著有《語孟大學中庸口義》、《字義詳講》、《禮詩》、《女學》等書。門人録其語，號《筠谷瀨口金山所聞》。

附録二

宋陳宓序

道德性命之藴，陰陽鬼神之秘，固非初學所當驟窺。苟不先析其名義，發其旨趣，使之有所鄉望，則終日汩没於文字，❶有白首不知其原者矣。❷諸老先生雖慮學者居下而窺高，然其所以極本窮原，發揮藴奥以示人者，亦未嘗有隱也。然皆隨叩而應，或得其一二，而無以會其大全，學者病焉。臨漳北溪陳君淳，從文公先生二十餘年，得於親炙，❸退加研泳，合周、程、張、朱之論而爲此書，凡二十有五門，決擇精確，貫串浹洽，吾黨下學工夫已到，得此書而玩味焉，則上達由斯而進矣。學者往往未見。温陵諸葛珏來莆，一目是書，恨見之晚。歸，謀之永嘉趙崇端，❹鋟板以惠同志，俾莆田陳宓爲之序云。

明胡榮序

吾儒講學，原性命道德之微，察人倫日用之常，辨酬酢萬變之機，以明吾心全體大用。而所存者誠敬，所發者忠恕，斯可立大本、行達道，而成參贊位育功效，盡此心之量而無歉焉。古昔聖神明物察倫，故能盡

❶「終」上，顧刻本有「有」字。「日」，顧刻本作「身」。
❷「有」，顧刻本無此字。
❸「於」，顧刻本作「以」。
❹「之」，顧刻本作「諸」。

性踐形而立人極也。爰自孔、孟絶學不傳，世儒隨所意見，便私自學，發言措行，多昧至理，繇秦迄宋，千四百餘年。濂洛關閩，真儒輩出，而後斯道再明，心學有繼。閩漳北溪陳先生，爲朱門高弟，❶下學上達，貫徹本末。所著《字義》上、下二卷，凡二十五門。究極根源，推明物理，由一本而萬殊，合萬殊而一本，毫分縷析，脈絡分明。其於「性」、「道」、「仁」、「義」、「誠」、「敬」、「忠」、「恕」等字義，咸確有定論，不爲謬説異言所參雜，而道之體用，學之始終，因是而可明也。學者誠能熟繹其義，遡流尋源，由本達支，則孔子之一貫、顔子之博約、曾子之忠恕、《中庸》之性教、七篇之仁義，皆總括于是書矣。浙江參政林君進卿，❷先生鄉人也，自少講學，即讀先生之書，而精察實體焉。嘗病舊刻訛謬，特加校正，敬重鋟梓，以惠後學，屬序一言于端。榮丱角時，先給事府君手抄是書授讀，遂於性理之説略知推究。中歲提學廣浙，亦嘗衍繹先生辭旨，啓迪諸生。顧愚昧寡陋，弗克仰續遺休。第願吾黨之士玩是編者，心領神悟，力任斯道，專志正學，俾漢晉以來詐謀矯激、風流辭藻之習，舉不足以眩惑吾之趨向，則先生垂訓，覺人之功遠且大矣。❸用謹序此，爲讀者規。

弘治三年庚戌春三月朔，後學新喻胡榮序。

❶「弟」，原誤作「第」，今據顧刻本改。
❷「政」，顧刻本作「議」。
❸「遠且大矣」，顧刻本作「心誠宏遠」。

明林同後序

是編剖析詳明，論議精當。有志於聖賢義理之學者，玩味之，服膺之，而融會貫通焉，其於造道成德，豈小補哉？舊本歲久字漫，覽者病之。公暇特加考正，命工刻梓，以壽其傳。《嚴陵講義》四篇，仍依舊帙，併列於左。後學文山林同拜手謹書。

明周季麟跋

此北溪陳先生《字義》一帙，採取諸儒訓釋之根於理者，並附以己意，分門爲書，誠後學入道之門户也。舊有版行於世，歲久湮訛。余同寅林君進卿與先生同郡，景行先哲，爲西廣參議時，嘗校正壽梓，以遺同志。曩進擢浙藩，遂留於彼。近因公暇，遂想舊書不可復得，乃捐俸再爲刻之，凡一百葉。嗚呼，理學難明，尚矣。林君於是書惓惓如此，其有志於聖賢之道哉！匪直景慕鄉先哲而已。前版余鄉胡大參希仁序之詳矣，此版余不慚，重林君用心之勤，僭跋數語如右。

弘治壬子春三月望，後學分寧周季麟謹識。

清施元勳序

程子曰：「古之學者一，今之學者三，異端不與焉。一曰文章之學，二曰訓詁之學，三曰儒者之學。苟欲趨道，舍儒者之學不可。」愚竊謂學者生於今日，而欲求儒者之學於微言既絶、大義既乖之後，舍聖賢經

書、儒先傳註，雖其人具什佰敏妙之資、英特之識，亦孰從而求之哉？ 六經之書火於秦，雜於漢，湮塞翳蔽千五百餘年。 自宋興而真儒輩出，至朱子而集其成，晚年折衷諸儒之説，又加廓大而光明之，著爲《章句集注》，補苴罅漏，張皇幽渺，由是斯道不傳之旨，焕然如日月中天。 學者苟篤信而死守之，如昌黎所謂「沈潛乎訓義，反覆乎句讀」，更何患微言大義之不可得，而儒者之學之無傳也哉？ 奈何近世之爲儒者之學者，盲廢前經，妄自標提宗旨，如曰良知，曰慎獨，曰知本，曰静中養箇端倪，曰隨處體認天理，凡此種種謬説，摘字破句，改頭换面，率以異氏之本旨，而假借、文飾以聖賢之語言。 其於正道，黠者明攻肆詆，懦者陽奉陰違。 復有村夫子、鄉學究者，如麻叢出於其間，妄謂羽翼經傳，舐筆蘸墨，肆然自託於文章訓詁之列，作爲論説、辨議、講章、集解等書，以助其狂瀾虐燄，然皆鄙悖不通，蜣丸自矜。 而《章句集注》之義，懵然不能以章解句釋，反目爲迂腐平淡而厭棄之。於是斯道如日中必熭，而妖氛魔霧復充然雜亂，晦冥於兩間，以至於今而未知何底。嗚呼！ 變白以爲黑，倒上以爲下。 師傳之弟，弟復爲師，輾轉紛紜，相率於昏衢鬼窟之中，而罔知所出者，豈必其聰明才智之真不若古人哉？ 夫亦忽於《章句集注》之故也。 其忽於《章句集注》者，先由於字義之不明，無以提關啟鑰，以發其奥窔也。 然則字義不明，不惟儒者之學入於詖淫邪遁之途，即文章訓詁，亦衹成刻人糞爲旃檀，而欲求香氣矣。 善乎！ 伊川程子之言曰：「凡看文字，先須曉其文義，然後可求其意。未有文義不曉，而見意者也。」朱子《或問》

中力辨「恕」字之義，於漢臣郅惲之「恕己量主」，范忠宣公之「恕己則昏」，謂一字之義有所不明，其禍害遂至於相率爲不肖，大啟人臣賊君之罪。由此觀之，可以見字義之所繫甚重以切，而從事於經書傳註者之所當先務矣。北溪陳安卿先生淳，親炙於子朱子，而子朱子謂其學見本原者。所著《字義》，上、下二卷，門類分爲二十五。雖不及周、程、張、朱五子全書之廣大閎博，而經書中之要義，如身心性命之端、理義道德之旨，與夫陰陽鬼神之微渺、儒術異流之同異，綱舉目張，條分縷析，徧布周密，發揮無遺。而其爲説，又未嘗撰以己意，無非薈萃周、程、張子之緒言成語，而折衷於所聞之師説，與夫《章句集注》之精意，觸類引伸，貫穿洞達，俾覽者源流本末瞭如指掌，燦如列眉。窮鄉晚進，有志於學而無明師良友以先後之者，苟得是書而玩心焉，知我説之爲是，因知彼説之爲非，知彼説之爲非，愈知我説之爲是，如辨淄澠，如別黃精、鈎吻，而《章句集注》之奧窔，斯可以提關啟鑰，得其門而入矣。如此，然後求諸周、程、張、朱五子之全書，沈潛反覆，優柔厭飫，以致其博而反諸約焉，則所謂江河之浸，膏澤之潤，涣然冰釋，怡然理順者，亦庶乎可以得之。而儒者之學，將不越經書傳註之外，而有以窺其微言大義，使斯道不傳之旨，若披雲霧而復覩青天，彼詖淫邪遁之説，廓如於太清而不見於微雲之滓矣。文章云乎哉？訓詁云乎哉？然則是書也，固研窮精微之先驅，而辨晰同異之嚆矢也。朱子曰：「四書，六經之階梯。《近思録》，四書之階梯。」元勳之刊布是書也，亦願今之讀《章句集注》者，以是爲階梯爾。或曰：是書也，殆

亦訓詁之流歟？夫所惡於訓詁者，謂其蟲魚瑣屑，而無當乎道也。昔朱子稱程氏《字訓》爲《大爾雅》，《爾雅》而云「大」，明非蟲魚瑣屑之爲矣。且北溪之作爲是書也，所以述朱子之意，而闡朱子之蘊耳。其精通詳密，又豈達原之《字訓》專爲啟蒙者之所可同日而語哉？元勳早歲受讀是書，向無善本。石門張建洪元樞，族子施淳如德涵，亦皆少時所嘗誦習者。付梓之時，各以舊本來校，其間謬誤，多所訂正，故視他本極爲精當。其《嚴陵講義》四篇，係嘉定間先生待試中都，歸遇郡守鄭之悌，鄭率僚屬延講郡庠，因歎陸學張王，❶學問無源，全用禪家宗旨，遂發明之以示諸生。則此四篇，尤爲學者司南定的也。弘治間刊本有之，今仍附後焉。

康熙乙亥重午，桐鄉後學施元勳謹識於家塾之古處堂。

清顧仲序

學以明道也。學者止從事於口耳之間，不究其源流本末，終不能以見道，其於全體大用總無當也。道原於一，一生二，二生三，三生萬，以至於無窮。其間精一之旨，固不可以言傳。惟聖人生知安行，自能徹始徹終，而猶云「學而不厭」。學者必須因流溯源，從末探本，真積力久，至於其候，乃自得之。故孔子欲無言，而曾子功候既至，方以一貫詔之，立唯無疑。子貢亦至多學而識之後，夫子始以一貫曉之，乃恍然於

❶「陸學張王」，原誤作「張陸王」，今據《北溪先生大全文集》《外集·敘述》改。

「夫子之言性與天道，不可得而聞也」。六經、四子，載道之書也。學者徒見其繁多，何知所爲一貫？夫道，一也。原於太極而貫於天人之際者，曰命，曰性，曰理，曰心，曰德，曰誠，曰中，曰和，曰庸，曰仁、義、禮、智、信，曰忠，曰恕，曰敬，曰恭，以至經權、義利之辨，真儒僞學之分，學者未能逐字體認，其於源流本末、體用分合之際茫如也。既不能得聖人之所以貫，又何以窺聖人之所爲一？夫六經、四書之旨，先儒之講論詳且備矣，而紫陽朱子尤集其大成。顧周、程、張、朱五子之書，浩衍廣博，學者未能一覽而竟。惟北溪陳先生，親受業於朱子之門，所著《字義》二卷，簡而該，切而當，蓋彙周、程、張子之旨，而總折衷於朱子，融會貫串，從博歸約，語不多而源流本末、體用分合之際，燦若列眉，洵經學之指南，而諸大儒性理之提綱也。或謂初學方涉流攬末，豈即能窺見原本？必俟下學功至，方可探索。余謂不然。譬如射者，初學彎弓，豈便能中的？然不樹之的，何以習而至於中？若初學誦習時，即寓目於是書，識其名目，記其論議，時習之下，温故知新，始無歧向之患。不然，徒事口耳固屬無益，甚或邪説謬解一入其胸次，他日即膠固而不可拔濯，其不流於異端曲學者鮮矣。則是書也，正爲初學植根基、立標的之綜要也。永嘉舊刻既不可得見，桐川施翼聖得弘治舊本，已鋟版以行，而吾友戴葵亭後得鈔本於竹垞朱先生處，更加增訂詳校，刊入以行於世，津梁後學之功，殆非淺鮮也。

康熙甲午歲午月下浣，小長蘆後學顧仲謹識於讀書臺。

清戴嘉禧序

昔賢教人爲學，必先識字。識字者，非徒記其點畫形象、辨其聲韻平側已也。字各有義，識字而不確究其義，雖識得此字，何所用之？故韓昌黎教人須略識字，非輕薄譏笑世人也，正以徒識字而未曾確究其義爲無益也。然昌黎之言，大概爲文章家聲韻錯誤言耳。聲韻誤則義亦多誤，固也。要未嘗根極性命道德之指歸而爲言也。以故《原道》一篇，首句云「博愛之謂仁」，是全未見仁之原本，爲後儒訾議不少。是昌黎猶未得爲識字也。北溪陳先生之書，世人或未之見者，但聞其《字義》之名，以爲考訂字學之書耳。夫字之爲數多至幾千萬，古今字書自《說文》至《玉篇》諸種，注釋略備，亦大概注其點畫、形象、音韻、平仄及字之本義止矣。先生此書，目止二十有五門，所言則太極理氣之原頭、性命道德之宗旨、心學一貫之會歸、陰陽鬼神之通復、異端曲學之流弊，逐一分疏，既極親切；合而會通之，又極其融洽。其間體用分合，源流本末，無不綱舉目張，秩然條理，然非先生之創說也。先生爲朱門高弟，學見原本，故能合周、程、張、朱子論，而約略其旨，貫串其理。著爲上、下二卷，以示下學正的，而上達之途，即不外是焉。學者得是書而熟玩之，而後讀周、程、張、朱之全書，則胸有繩約，而不患其浩瀚，於以合之六經、四子之《章句》、《集注》，其於聖門一貫之旨，殆庶幾乎？禧向購是書不得，及得竹垞朱先生所藏鈔本，方欲授梓，而桐邑施翼聖亦得舊本，鋟板以行，第其間尚有缺漏及字句訛謬

者，因復爲增訂，以公諸世云。

時康熙五十三年歲次甲午仲夏上浣，海陽後學戴嘉禧謹識於愛荆堂。

四庫全書總目北溪字義提要

《北溪字義》二卷副都御史黄登賢家藏本

宋陳淳撰。淳，字安卿，號北溪，龍溪人。嘉定十年授迪功郎、泉州安溪主簿。未上而卒。事蹟具《宋史》本傳。此編爲其門人清源王雋所録。以四書字義分二十有六門，每拈一字，詳論原委，旁引曲證，以暢其論。初刻於永嘉趙氏。又有清漳本，刻於宋淳祐間，即九華葉信厚本也。❶舊版散佚，明弘治庚戌始重刻，復有四明豐慶本，增減互異。近惟桐川施氏本爲較詳，然亦有《大全》所引而施氏本未收者。此本乃國朝顧秀虎校正諸本之異同，復取散見於他書者，録爲《補遺》一卷。又附以《嚴陵講義》四條，曰《道學體統》，曰《師友淵源》，曰《用功節目》，曰《讀書次第》。乃淳嘉定十年待試中都，❷歸過嚴陵，郡守鄭之悌延講郡庠時作也。考淳同時有程端蒙者，亦撰《性理字訓》一卷，其大旨亦與淳同，然書頗淺陋，故趙汸《荅汪德懋性理字訓疑問書》（案汸《東山集》誤作《性理字義》）稱其爲初學者設。今惟録淳此書，而端蒙之書，則姑附存其目焉。

❶「厚」，原誤作「原」，今據正德本改。

❷「十」，原誤作「九」，今據《北溪先生大全文集》《外集·敘述》改。「都」，原脱，據《宋史》本傳補。

清李錫齡序

陳北溪先生，諱淳，字安卿，龍溪人。事迹詳《宋史·道學傳》。有《大全集》五十卷，《外集》一卷。元人陳定宇《勤有堂隨録》稱其爲朱門第一人，洵爲篤論。所著《字義》二卷，爲其門人清源王雋所録。初刻於永嘉趙氏，再刻於九華葉氏，皆宋本也。歷世久遠，漸就散佚。至明弘治庚戌，廣西參議林同進卿始取趙氏本重刻之，而其書復傳。迨後又有四明豐慶本。國朝顧氏、施氏、江氏遞相傳刻，詳略互異，而惟顧氏本最善。此帙爲前明周季麟所校，即從林氏本開雕者，成於弘治壬子，距林氏鋟板時僅二年耳。今世宋本既不得見，是刻雖經屢易，猶沿趙氏祖本，差爲近古。惟卷中分二十六門，而陳宓舊序作「二十五門」，不知何故。後有《嚴陵講義》四篇，亦北溪先生作也，仍因其舊而附刻之。

道光庚子七月十二日，三原李錫齡識。

木鐘集

〔南宋〕陳　埴　撰
史應勇　校點

目録

校點説明 …… 一
文淵閣四庫全書木鐘集提要 …… 一
木鐘集題詞 …… 二
木鐘集卷一 …… 一
論語 …… 一
木鐘集卷二 …… 七〇
孟子 …… 七〇
木鐘集卷三 …… 一〇四
六經總論 …… 一〇四
河圖、洛書 …… 一〇五
閏法 …… 一〇九
木鐘集卷四 …… 一一一
易 …… 一一一
木鐘集卷五 …… 一三五
書 …… 一三五
木鐘集卷六 …… 一四二
詩 …… 一四二
木鐘集卷七 …… 一四五
周禮 …… 一四五
木鐘集卷八 …… 一六一
禮記 …… 一六一
木鐘集卷九 …… 一九一
春秋 …… 一九一
木鐘集卷十 …… 一九七
近思雜問附 …… 一九七
木鐘集卷十一 …… 二二四
史 …… 二二四
附録明刻本序跋二種 …… 二六五
重刊木鐘集序 …… 二六五
重刊木鐘集後序 …… 二六五

校點説明

《木鐘集》，南宋陳埴撰。陳埴（生卒年月不詳），字器之，學者稱「潛室先生」。南宋永嘉（今温州永嘉）人。自幼聰慧，少時師從葉適，後從學於朱熹，以「所見超卓」見稱。寧宗嘉定（一二〇八—一二二四）間登進士，後以通直郎致仕。理宗紹定（一二二八—一二三三）間，趙善湘建明道書院，辟陳埴爲主講，四方學者從遊數百人。著述有《禹貢辨》、《木鐘集》、《洪範解》、《王制章句》等數種。

傳世《木鐘集》十一卷，含《論語》、《孟子》、《六經總論》、《周易》、《尚書》、《毛詩》、《周禮》、《禮記》、《春秋》、《近思雜問》、《史》各一卷。所論《大學》、《中庸》列於《禮記》下。其體例皆先設問，後答之。全書主要逐條討論傳世儒家經典中涉及的一些重要問題，尤以入宋以後儒者所關心的性理問題爲最多。書名《木鐘集》，取自《禮記》「善問者如攻堅木，善待問者如撞鐘」。史類一卷，内容較少，僅及漢唐，誠如四庫館臣所言：「伊洛之傳，不以史學爲重，偶然及之，非專門也。」經類《詩經》篇亦文字頗少。

此書目前所知傳世版本有五種：元吴氏友于堂刻本（簡稱「元刻本」），上海圖書館和浙江圖書館有藏，有《中華再造善本》影印上圖本（按：校點者於二〇〇八年十一月一日赴上海圖書館重核，現上圖本僅存卷一、卷三、卷十一，而《中華再造善本》影印的上圖本則僅缺卷二）；明弘治十四年（一五〇一）刻本（簡稱「明刻本」）；清莫友芝《郘亭知見傳本書目》卷七著録之「蘇城汪氏元刊本」（今公私藏書似未見有著録）；清文淵閣四庫全書本（簡稱「四庫本」）；同治六年（一八六七）東甌郡齋刻本，北京大學圖書館有藏，行款同明弘治刻本，惟卷首多浙江補用道知温州府事江右陳思熽序。

此次校點以四庫本爲底本，校以元刻本及明刻本。四庫本無目録，元、明刻本均目録完備，校點依據底本及校本目録重訂。各本書名，除明刻本序跋外，「鐘」均作「鍾」，今據其命名之意改正。

以下對本次校點略作説明：

作者引述孟子意見之處，除非明指《孟子》文本，否則均不加書名號。

書中對每個問題的討論，大多以設問方式開頭，但對有些問題的討論，則是先立一個説明題意的標題，然後開始討論。此類標題不加標點，如卷一《論語》部分有標題曰「夫子言誰毀誰譽一章」，卷七《周禮》部分有標題曰「井田溝洫之法」等等。

《易》六十四卦之卦名一律加書名號。

校點者　史應勇

文淵閣四庫全書木鐘集提要

臣等謹案：《木鐘集》十一卷，宋陳埴撰。埴，字器之，永嘉人，嘗舉進士，授通直郎致仕。其學出於朱子，永樂中修《五經大全》所稱「潛室陳氏」，即埴也。是編雖以「集」爲名，而實則所作語録，凡《論語》一卷，《孟子》一卷，《六經總論》一卷，《周易》一卷，《尚書》一卷，《毛詩》一卷，《周禮》一卷，《禮記》一卷，《春秋》一卷，《近思雜問》一卷，《史》一卷。其説《大學》、《中庸》，列《禮記》之中，蓋其時《四書章句集註》雖成，猶私家之書，未懸於國學，施之功令，故仍從古本。史論惟及漢唐，則伊洛之傳不以史學爲重，偶然及之，非專門也。其體例皆先設問而答之，故卷首自序謂取《禮》「善問者如攻堅木，善待問者如撞鐘」義，名「木鐘」。刊板久佚。明弘治十四年温州知府鄧淮始得舊本重刊，自第五卷至十一卷皆題曰「某卷下」，疑或各佚其上半卷，而核其所列，則《書》始二典，《詩》始比、興、賦，《春秋》始隱元年，《近思雜問》始理氣，《史》始漢，皆不似尚有前文。惟《周禮》不始《天官》而始「府史」，《禮記》不始《曲禮》而始《王制》，似有所佚，然府、史之名，先見於序官，而《王制》亦《禮記》第三篇，即從此托始，亦無不可，宋本既不可見，姑闕斯疑焉可矣。乾隆四十四年五月恭校上。

總纂官臣紀昀、臣陸錫熊、臣孫士毅

總校官臣陸費墀

木鐘集題詞❶

志曰：「善問者如攻堅木，善待問者如撞鐘。」朋友講習，不可以無問也，問則不可以無復。今之不善問者，徒先其所難，後其所易，取其節目之堅，乃欲一斧而薪之，不少徐徐以待其自解，則匠石從旁而竊笑之矣。至其待人之問者，或小叩之而大鳴，或大叩之而小鳴，不待其再至而亟盡其餘聲，或餘之未盡而恣其人之更端焉，然則是鐘也，其必州鳩氏之所棄者乎。余非待問者，顧諸友方持班氏之斧，以運成風之巧，乃欲以空中之物隨酢焉，其不哆然肆、黯然啞者幾希矣。或曰：空故能聲，虛故能應，壞木之竅穴而萬籟出焉，物固有然者矣。余有感於斯言也，取二物，因命之曰「木鐘」焉。子幸有以問余，余方以問子。永嘉潛室陳埴題。

❶ 元刻本作「木鍾序」，明刻本作「木鍾題詞」。

木鐘集卷一❶

宋陳埴撰❷

論語

「殷有三仁焉。」《集註》謂：「不咈乎愛之理，而有以全其心之德。」豈三子皆同於愛宗社邪？

三子不私其身，其心可鑑，可以吐出見先王於地下。蓋全是一片至誠惻隱之理，他無所有，故謂之仁。

「三仁」之稱，比干與焉。苟息之死，可謂之仁否？

私欲净盡，天理渾全，方可言仁。謂苟息忠於所事則可，謂死當於理而無私心，則未也。

比干以諫死，謂之忠可也，而孔子謂之「三仁」，是忠可爲仁也。至子張問令尹子文何如，孔子只許之以忠，以爲「未知，焉得仁」，是忠與仁，猶有逕庭也。

不是將忠便唤作仁，此心統體無私，渾是天理，方可言仁。子文於此處，保明未過在。❸

知及之，仁不能守之，固不可仁。既能守之，而猶有不莊、不以禮之戒，《集註》謂

❶ 元刻本、明刻本題「潛室陳先生木鍾集卷之一」。卷末題及餘卷仿此。

❷ 元刻本、明刻本無此行。餘卷仿此。

❸ 此句疑有訛脱。

有「氣習之偏」，何邪？

蓋雖是有仁能持守，然當臨莅之時，舉動之際，此心小懈，即妄念便生，須是逐時照管，令罅縫不開，才有罅縫，便有氣習之偏先來，有此，故到此不能不萌動也。此是聖賢檢身上工夫周密處，雖是本體已造醇美，猶恐節目上有疵，又須逐節照管，要令盡善盡美。德盛者必不狎侮，言小疵消盡也。今雖大人先生，猶有戲語，皆是未過此一關。

冉求自謂可使足民，觀其用於季氏，第能爲之聚斂附益，使賦粟倍他日，此幾於厲民之事。

冉求有爲政之才，聖人屢許之，且以政事名，想必有可觀者，但義理不勝利慾之心，過失處多耳。

南容、公冶長二子優劣

南容言行可法處多，公冶長事不多見，第聖人稱揚其婿之必非己下人，不必論他優劣，只當法其善行。

「興於《詩》，立於禮，成於樂」，學者不可缺一。夫子責伯魚學《詩》、學《禮》，而不及《樂》，何邪？

家庭之訓，只說到《詩》、《禮》上，且就切近處說，乃聖人遠其子之道，非是前三語可論爲學之次也。

伯魚，聖人之子，陳亢意其有異聞，及止聞《詩》、《禮》之訓，乃知聖人遠其子。愚意伯魚之資稟稍劣，故聖人止以是告也，使其有曾、顔之資，亦當以曾、顔者告之矣。若一以遠其子，則是有心於公也，聖

人然乎哉？

父子主恩，義方之訓，又説到這處，若伯魚天資穎悟，即飲食起居，無非教也。天何言哉，四時行焉，百物生焉，聖人何隱乎爾。曾、顔可至，伯魚亦可至，自是日用不知耳。

子路不悦孔子爲公山氏之召，而孔子以爲：「夫召我者，而豈徒哉？如有用我者，吾其爲東周乎？」如何從季氏之家臣，便展得爲東周事業？

聖人行道，自有爲之兆處，弗擾之徒，聖人未必果從他，但憫時行道之意，於此乎見耳。

陽貨欲見孔子，孔子不見。至於公山弗擾以費畔召，子欲往。夫陽貨與此人，皆一時叛臣，孔子不見陽貨而欲見此人，何也？

聖人道大德宏，無可無不可。雖是惡人，苟其一時意向之善，交際之誠，聖人無不與者。陽貨則見之之意不實，交際之禮不誠，故孔子不欲見之。孟子曰：「苟善其禮際，斯君子受之矣。」

子見南子，子路不悦，夫子矢之曰：「天厭之！天厭之！」聖人道大德全，於交際上自有斟酌，子路之不悦，固是不知夫子，然夫子亦自可舒徐釋其疑，❶何必指天自誓？

子路勇於自信，信聖人不及。如此等處，屢形於辭色，屢見於問答。想是聖人説他不下，故矢心以誓之，欲其退而思之耳。

❶「自可」，原作「可自」，據元刻本、明刻本改。

公山、佛肸之召，夫子皆欲往而卒不往，固知其人之不可變，事之終不可爲也，毋乃與初意戾乎？

始之欲往，君子以自强不息；終之不往，君子以致命遂志。

《集註》解「未可與權」，舉洪氏之「《易》九卦，終於巽以行權」，何也？

舉《易》一語見權者，聖人之終事。《易》三陳九卦，凡二十七節，道理最微，末梢一語，方以權終之。見得不可驟語也。

「可與立」，「立」底意思？

立，謂守得住，可決定保明他作好人也。

夫子言「誰毁誰譽」一章

毁者，稱人之惡而損其真。譽者，揚人之善而過其實。先詳兩字名義方可。聖人自言我無損真過實之毁譽者，若間有所譽，必是已嘗試其事也，非過其實以揚之。若毁人之惡而損其真，則決無是事。《集註》自可玩，人自不察耳。

「則以學文」，晦翁以文爲重。「文質彬彬」，晦翁以質爲重。

文對質説，則爲文采之文，因學而言，則爲射、御、書、數之文。今人所學，只以《詩》《書》六藝爲文，古時却無許多書，只是去刑名度數上加意，所以古人長於數而短於理。聖門遂講明理學，後人得許多書，於理義甚明，於實學無有。古人如申屠嘉、周勃之徒，皆是資質好，緣不曾講求義理，所以只是一个重厚。若是文采，須是有質，方可施，如「繪事後素」之意。

以德報怨，是聖人氣象處，欲以直報怨者，何邪？

以德報怨，是爲嫌，故饒他一著，不是循理正大，意思却是私心。以直報怨，初無怨惡心，只是道理如何，當舉則舉，當廢則廢，却是公心。

又曰以直報之，豈不正大？豈不忠厚？當利則利，當貴則貴，當用則用，當舍則舍，惟出以正，豈不是忠厚處？聖人言語，一一自有斟酌。

泰伯，諸侯也，有一國也，夫子以爲三以天下讓。

周之得天下，來歷自泰伯之讓始，故其讓國處，人得見其迹，其讓天下處，人莫知其心，所以聖人表出來。泰伯之讓，在太王時，事迹甚微，人莫能知。聖人推見至隱，以其本心與文王同，故俱稱爲至德，使不偕逃，亦自足以造周，故又言以天下讓。

泰伯之讓國，與夷、齊同否？《集註》曰：其心則夷、齊之心，而事又有難處者。

太王有翦商之志，又以王季生聖子，意欲立之，而事迹未見，泰伯竊窺此意，故逃之。蓋其處父子兄弟之變，而欲全天性之恩，處商周興亡之際，而欲全君臣之義，其事皆類夷、齊而泯其迹，所以爲至德。

孔子曰：「伯夷、叔齊，求仁而得仁。」伯夷以父命爲尊，叔齊以天倫爲重，是固天理恁底。然二子只勾當得自身上道理無虧欠處，若律以天下之大義，叔齊辭，伯

夷又辭，更無仲子，誰擔當得這國事？去彼仲子，既於天倫父命兩不相干，受之毋乃非邪？

既是勾當得自身上道理無虧欠處，更復何求？所謂「吾何求哉？吾得正而斃焉，斯已矣」。聖賢殺身成仁，只要覩个是耳，若更反顧身後去，即成計較之私矣。二子既逃，國歸仲子，於天理人倫已安，若仲子更執夷、齊之義，夷、齊亦管不得它，彼視國直敝屣耳。

夫子賢伯夷首陽之節，孟子譏其隘；夫子仁管仲糾合之功，孟子以曾西之所不爲。

孔子雖尊伯夷，然只列於逸民之目，而自謂「我則異於是」，孟子隘之語起於此。雖稱管仲，然小器、不知禮之譏，黑白較然，孟子羞稱之語始於此。孟子願學孔子，故不與諸子處，乃真與聖人同符，末學所未喻也。

子貢問管仲非仁，詳程子所論，知子路不當死於輒之難。後世有淺丈夫者，始以利合，後來值彼患難，遂相從以死，自以爲義者，要之與此無異。子路之未得爲正，管仲之未遽爲罪者，聖人所以開人悔過之門，未知然否。

以所事而死之，正也；以所事非正而恕其不死，權也。管仲當時幸然不死，却無臨難規避意，後來事威公，亦無苟合意，故聖人權其事宜而謂其可以無死。後世爲人臣子，所事不正，既不能蚤辨，却到臨變時以管仲藉口，此則仲之罪人也。

孔門三尺童子，羞稱五伯，以其先詐力而

後仁義。孔門之稱管仲，乃曰「如其仁」，又曰「微管仲，吾其被髮左衽」。何孔門不取，而聖人深喜其功？

管仲有仁者之功，自不可掩没。然其規模淺近，器度狹小，亦不逃君子之譏。孔門功過，不揜元氣之流行也。孟子功利不道，泰山之巖巖也。

夫子於季康子諸子問門人之仁，皆所不許，獨首肯管仲，豈在他人則進之，在門牆則麾之邪？

仁有粗細，説細處，孔門諸子多有未能；説粗處，伯者之臣却能之。蓋管仲乃仁者之功，功雖可稱道，過自不可揜，必如三仁迺可耳。

桓公殺公子糾，召忽死之，管仲不死。

以所事而死之。召忽之義，正以所事非正而可以無死，則忽爲傷勇，故管仲聖門置生死不論。

仁者，純乎天理。管仲，假仁者也，孔子遽許以仁，《集註》以爲「利澤及人」而許以仁之功。原其心，既未純乎天理，則功豈足以爲仁乎？或以爲如其仁者，仁管仲之仁者。

仁管仲之仁，前輩此説甚巧，但詳此章，聖人極口稱道，故晦翁不喜此説，作「誰如其仁」解之。蓋潛詳文勢當然，❶然大意只及人之功耳，其心之廣狹、公私則未論。至説小器處，却見心之廣狹、公私，瑕瑜不揜。

❶「潛」，元刻本、明刻本作「消」。

子曰：「志士仁人，無求生以害仁，有殺身以成仁。」及其稱殷之三仁，比干與焉，謂其足以成殺身之仁也。若夫荀息守先君之命，卒死於難，不審可謂殺身之仁否？

據荀息之事，只是以言許先君，不敢負它一死，謂之信則可，謂之仁則未。蓋上面大欠商量，獻公、奚齊之父子，於天理人倫上有何道？荀息與它一擔擔了，只是爲賊擔擔，故其死也，雖不得罪於獻公，而得罪於國人，所謂但知食焉，不避其難之爲義，而不知食出公之粟爲非義，若子路是也。合夷齊、三仁、陳文子、令尹子文、子路事看，便見仁不仁。

子貢問：博施濟衆與兼愛何以異？愚謂博施濟衆，皆自我推之，所謂「老吾老以及人之老」；兼愛則泛然愛之，無父無君之謂。

子貢揀極高大底來説，聖人只就低小處説。今不看聖人意，却就子貢脚下起意，纔隨子貢意，便陷落墨氏。所謂「老吾老以及人之老」，此却是低小處，發脚即非子貢意。

夫子言：「吾未見蹈仁而死者也。」後又言：「志士仁人，有殺身以成仁者。」

蹈仁，有益無害，人何憚而不爲？此勉人爲善之語。若到殺身成仁處，是時不管利害，但求一个是而已。學者患不蹈仁耳，蹈仁則心無計較之私，若義所當死而死，雖比干不害爲正命。

愛主仁言。孔子許子産以「惠人」，《集註》以爲是其心一以愛爲主。未審可謂

之仁否？

仁者，天下之公理。若姑息小惠，乃是私心，不可言仁。子産能食而不能教，知惠而不知政，故聖人但以惠人目之，仁則不知也。

孔子説仁多不同

聖人説仁，多就行仁處及用心處説。孟子以惻隱言仁之端，則是仁底正頭面。程子説四肢風痺，則爲不仁，亦是。蓋其頑然不知痛痒，是無知覺，仁者此心渾融明達，斷不若此。

惻隱之心是正頭面，人之爲人，滿腔子是惻隱之心，然此心不曾流行者，障翳未除耳。孔門工夫皆是務除障翳，故學者隨病求藥，聖人對證用藥，所以多不同。

剛毅木訥，如何是近仁？《集註》云：剛毅不屈於物欲，木訥不至於外馳，故近仁。切疑人之一身，若忠信愛敬等皆是大節目，若就仁上比，並更當何説？

剛毅木訥，有近仁之資；忠信愛敬，乃爲仁之目。剛毅木訥四者，出於天資，而未嘗學問，其資全，故可語仁，未嘗學問，故止於近仁。

「巧言令色，鮮矣仁。」是致飾於外以悦人，本心之德斲喪，而失其所以爲仁也。《記》曰「辭欲巧」，《詩》稱仲山甫曰「令儀令色」，則巧言令色，不見爲不可。何邪？

辭色未嘗不欲温和柔順，但務巧令以媚人者，必非誠實之士，既下了此等種子在心，將來狐媚蠱毒，皆此種子爲之，故聖門

深戒。

「君子而不仁者有矣夫，未有小人而仁者也。」謝氏以爲毫髮之間，心不在焉，則未免爲不仁。意者君子有一念不仁，則便可退而爲小人；小人有一念之仁，則亦可上而爲君子。以爲未有小人而仁，豈其隙光半點者，皆不足取乎？

君子容有不仁處，此特君子之過耳，蓋千百之一二。若小人，本心既喪，天理已自無有，何得更有仁在？已自頑痺如鐵石，亦無醒覺之理，甚言小人之不仁也。此君子、小人，指心術邪正言。君子存心雖正，猶有私意間發之時；小人本心既無，縱有隙光暫見，決不勝其虺蛇之毒。此章深惜小人之喪失本心也。

「君子而不仁者有矣夫」，然君子去仁，惡乎成名，安有不仁者？

此章爲小人設言。小人決無有仁心者，不可以辭害意。

子曰：「人之過也，各於其黨，觀過，斯知仁矣。」《集註》云：「君子過於愛，小人過於忍。」不知合君子、小人之過觀之，則可以知仁，還是君子、小人各自於其過處觀之？

過於厚處即其仁，可知過於薄處即其不仁，可知觀其人之過，可以知其仁不仁矣。中含「不仁」字。

「好仁者，無以尚之；惡不仁者，其爲仁矣。」好仁必惡不仁，惡不仁必好仁，二者並行而不相悖。聖人必於好、惡上分輕

重。何也？

性各有偏重。顔子正是好仁之人，豈不能惡不仁？只緣好仁，意思勝如惡不仁。孟子正是惡不仁之人，豈不能好仁？只緣惡不仁，意思勝如好仁。故各於偏重處成就。

「苟志於仁，無惡也。」方志於仁，未是行得仁，安保其每有盡善？夫子以爲「無惡」，不識志於仁，便可無惡否？

此是君子、小人分路，猶向東行人，一心向東去，無復有回轉向西之理，西行人亦然。「志」字當看「心之所之」之謂。

「博學而篤志，切問而近思」，何以言「仁在其中」？程子云：了此便是徹上徹下之意。未知這意思如何。

博而能篤，切而又近，如此學問，儘鞭辟向裏，心不外馳，故言「仁在其中」。蓋心存而仁便存。「徹上徹下」，謂下學中天理便在，此無兩个塗轍。學雖博而志則篤，問既切而思又近，是其日用之間，近理鞭辟，不向外馳，心既存在，則仁亦在是矣。指存心便唤作仁固不可，但離了心，外更何處求仁？

夫子曰：「有能一日用其力於仁矣乎？我未見力不足者。」則仁若易行也，但人不能用其力耳。至《表記》舉夫子言仁曰：「仁之難成久矣，人人失其所好。」則是人未嘗不用其力也，但人之爲道遠，爲器重，故人皆不得其至而止耳。夫子言仁，何難易之相戾如此？

聖賢言語，易處自易，難處自難，各有分面，全在當人領會。若欲論仁，不須如此攷異

同。異同之學，只是尋行數墨，到這裏一齊放下，當玩滿腔子是惻隱之心，方是下工夫人。

張子曰：忠恕便是仁。

忠恕，學者之事；誠仁，聖人之事。忠猶誠，恕猶仁。學者能自忠恕行之，真積力久，亦可到此地位。

樊遲問仁者三。胡氏謂居處恭最先，先難次之，愛人最後。不知謂夫子告之有次第，還是人做將去，當循其次第？

第一節是爲仁下工夫處，第二節是趲它屈頭做工夫，但向前，不必計效驗，第三節是推其用。

克己復禮爲仁如何。

仁者，心之全德。惻隱之心，是仁之正頭面。緣私欲障礙，填滿胸次，則所謂惻隱者，始頑癖風痺，不復流行發見，必須先去己私，復還天理，則本來面目方始流行發見。克己工夫非有它也，即非禮勿視、勿聽、勿言、勿動之謂。既知此爲非禮，則視、聽、言、動，便當一一復還於禮。除四勿之外，别無克己工夫。工夫既到，則私慾浄盡，中無障蔽，滿腔子渾是惻隱之心，而日用之間，無非真心之流行發見。克己工夫若不於禮上用功，必流於釋氏寂滅之學。蓋徒知克去己私，而不復於禮，謂之空寂則可，若求其惻隱之仁，則如死灰槁木矣。故聖人以此告之。蓋才知非禮，便勿爲；才克此，即復彼；才復彼，則爲此。先儒以克己復禮爲乾道，主敬行恕爲坤道。豁開雲霧，便見青天，此顔子之仁；淘去泥沙，旋

引清泉，非顏子之克己復禮也。

克己復禮爲仁，却疑克己未便是仁。如非禮勿視、聽、言、動，此是克己工夫。既説「勿」字，未便唤作仁。意者非禮勿視、聽、言、動，所以克己，克己方能復禮，復禮方始到仁否？

克去非禮，即是復禮，無許多支節。禮才復，仁便流行，非謂此處便是仁，更著思玩。克己是克其非禮之私慾，即是下文四句；復禮是既去其非禮，便還復於禮。故除四句之外，别無復禮工夫。來問分作兩段，支節纏攪，不是顏子陽剛明決工夫。顏子工夫，斬截徑決，掃除私慾，都無勞攘，猶如屋裹有盜，便開門逐去，不令存住。其它學者只是固其扃鐍，防守寇盜耳。所以先儒以克己復禮爲乾道，以持敬行恕爲坤道者，此也。

克己處莫如服藥且掃除許多病痛意思，復禮莫如病去後又著逐漸服藥調補意思，故上是克己工夫，下是存養工夫，才有上一截，便有下一截，相離不得。然詳味夫子答顏子克己復禮之目，專就禮上説，莫是又把復禮便作克己之目否？

此問支節纏攪，不可施於克己。但又有一説，聖賢所謂克己工夫，全在禮上，若克己而不復於禮，是空門之學也。空門一切掃去，直是斬截，但不復於禮，所以雖能掃除私慾，然所謂天理之節文，則蕩然無有。儒、釋至相近處，却有霄壤分也。

克己復禮是清其源，克伐怨欲不行是制其流。仁與不仁可見，然非禮勿視、聽、言、動，則是有非禮病在，謂之「勿」，則與

不行者何異？

克己是掃除私意，天理流行於外；不行是遏絶私意，病根潛藏在心。仲弓閉門拒賊，賊去門開；顔子快刀斬竹，一斫一段。

《集註》云：「克己復禮，乾道也；主敬行恕，坤道也。」莫是顔子純於反己，仲弓猶規規然主一以行之故云？

顔子工夫，索性豁開雲霧，便見青天，故屬乾；仲弓工夫，著力淘盡泥沙，方見清泉，故屬坤。此處最難認，須細心玩聖賢氣象方會得。

非禮勿視、聽，是就事物防閑，所以由外以養其內；非禮勿言、動，是就自身檢點，所以由内以驗其外。然否？

四者皆接於外。制於外，所以養其中，無非檢點自身，如何以視、聽爲外，以言、動爲内？所謂鮮能知味。

一日克己復禮，如何便歸仁？

果能勇猛如此，則是渙然冰釋，霍然霧除，此理既行，故天下之歸仁於我。歸，如「歸鄆讙之田」之「歸」。

「回心三月不違仁。」《集註》横渠云云，「過此幾非在我」者，楊氏謂欲罷不能意思。

既分得賓主定，後加循循不已之功，從此自要住不得，正是欲罷不能。猶推車然：車未行前，必須猛下氣力，方推得他轉，車既行後，即輪勢自轉，雖欲止不可，此時不由人力，故云「過此幾非在我」。下工夫人要見此消息，便自省力去。

「回也其心三月不違仁。」只是無纖毫私意，有少私意，便是不仁。入仁之門，固是多端，有少私意，未爲害，何爲便喚作不仁？

惻隱之心，所以不流行者，只是私意閉塞，滌除掃蕩，令閉塞處皆空，然後仁始流行。若不能下滌蕩工夫，許其少少容留在内，即根苗不除，些少處必會滋長，此是今人大病根。

横渠解「回也其心三月不違仁，其餘則日月至焉」，見賓主、内外之分。

顔子一似自屋自住，私意蕩盡，統體是天理，此仁爲主於内；諸子一似住别人屋，主不常在，時來時去，此仁若屋中之賓然。蓋天理時或萌露，私意爲主故也。程門每以此意説與門人，語録可見。

孔子答「仲弓問仁」一章。程先生云：「孔子言仁，只説出門如見大賓，使民如承大祭，看其氣象，便須心廣體胖，動容周旋中禮，唯謹獨，便是守之之法。」謹獨，固是做持敬行恕工夫，然心廣體胖，動容周旋中禮地位，仲弓學力，當得未去。

大賓在庭，大祭在堂，是時境界如何？想是好一片空闊世界，只緣未下謹獨持敬工夫，欲見此境界不能。

《論語》一書，夫子言仁，未嘗兼「義」言之，孟子談説齊梁間，動輒取仁、義並言，何也？

仁統四端，孔門故止言仁。至孟子時，人曉

性分上道理不得，須至細別言之，故對分之則曰仁、義，四分之則曰四端。對分者配陰陽，四分者象四時。統而言之，則一元之氣，其實一理耳。

「君子義以爲質」一章，只以義爲本，而程先生添一「敬」字，是何所據而然耶？

以敬爲主，則義乃方外，是敬爲體而義爲用。若以義爲質，則禮行此義者也，遜出此義者也，信成此義者也，是義爲體而三者爲用矣。

「居處恭，執事敬，與人忠。」程子以爲是「徹上徹下」語，如何？

徹上徹下，謂凡聖皆是此理。聖人一語，小則樊遲可用，大則堯舜不過。程子所謂，語有淺近，而無包容不盡是也。其說備見於仁、智二章。下學中，天理便在此，無兩个塗轍，此心學也。未純熟時，但曰下學，已純熟後，即是上達，無兩个塗轍。

行己之恭與事上之敬，亦可移易否？

敬者，恭之主於中；恭者，敬之持於外；亦有互見時節。

「德之不修」一章，分明是逐項逐條理會，然「聞義不能徙，不善不能改」兩句，似相協，若是上是遷善，下是改過，則須是改不善以徙義，不知可做一串看否？

徙義不必因過而徙，但聞人善言，即當遷徙己見而移就之。若徒知善言之美，自安己見，不能即徙而從之，則何取於「聞義」？此與舍己從人之意同。改過自是一項也。

《子罕》：「知者不惑，仁者不憂，勇者不懼。」《憲問》言：「仁者不憂，知者不惑，勇者不懼。」何先後之不同？

先知而後仁、勇者，就入德而言；先仁而後知勇者，以就成德而言。

「據德依仁。」「據」、「依」兩字可移易否？

據，如手所執之杖。依，如身所衣之衣。杖則容有時離手，衣則不容須臾離身，是一節密一節也。

「朝聞道，夕死可矣。」

此聞非謂耳聞，謂心悟也，即程門所謂「一日融會貫通處」。爲學若不見此境界，雖皓首窮經，亦枉過一生；若已到此境界，雖死無憾，亦不虛了一生也。非是聞道之人必要夕死，但苟得聞道，雖便死，亦可無憾。深言學者貴早聞道耳。

「君子博學於文，約之以禮」與《孟子》「博學而詳説之，將以反説約也」意相似否？

博學必約之以禮，是重在約禮；博學正將以反説約，是重在博學。蓋博固不可不反於約，然非博亦不能遽反於約，二者合而後備，乃互相發也。

顏子當博文約禮之時，既竭吾才，直是大段著力；及夫所立卓爾之後，雖欲從之，末由也已，至此又無所用其力。不知合如何下工夫？

到此際，力無所施，乃冰消雪釋，渣滓融化之境，雖聖人不能授顏子，顏子亦不能受之於聖人。今欲學顏子，未須問他此處，且把博文約禮作依據，日積月累，人十己千，備

見高堅前後境界，將來不知覺，自有豁然融會時。

「仰之彌高，鑽之彌堅，瞻之在前，忽焉在後。」其旨如何？

高、堅是顏子初學時，未有所見如此。瞻之在前，是見道在前。在後，又見道過後了。瞻前忽後，此顏子恍惚見道未真，故不定。自孔子循循然有次序教之，先博以文，後約以禮，非博文則不能約禮，徒約禮而不博文，則禮之所約者何事？約禮是非禮勿視、聽、言、動，如今人師友相議論，退須自省在身可也。循循，又有不已之意。

「參前倚衡」，何物參倚？「坐立所見」，何物可見？

參前倚衡，不是有个外來物事，便見忠信篤敬；坐立所見，要常常目在之耳。此是學者存誠工夫，令自家實有這个道理，鎮在眼前不相離。

「如有所立卓爾。」

夫子德盛仁熟，自然到此地位上立，顏子却見道在前，欲要去此地位上立，便自不得，此雖欲從之，末由也已。使顏子假之數年，工夫亦可到，此顏子未達一間耳。

夫子「樂在其中」與顏子「不改其樂」如何？

樂只一般，須看所樂何事。二程被濂溪點當，從此醒悟。今說文字不難，須尋得他地位，方爲善學耳。

孟子三自反與顏子「犯而不校」，氣象

如何？

顔子一身，渾是義理，不知有人。孟子見義理之無窮，惟知反己。顔子之量無涯，孟子之言有迹，但欲學顔子，先學孟子。

子曰：「吾道一以貫之。」曾子曰：「忠恕而已矣。」

一是一心，一貫對一个「萬殊」字，乃是以一理應萬事，如錢貫，以一條貫許多錢。《易》曰：「聖人何思何慮？天下殊塗而同歸，百慮而一致。」又曰「太極生兩儀」，至於生四象，生八卦，生吉凶，生大業，皆是以一理貫萬殊。如人讀一卷書，有千條萬緒，讀了時，却把一卷道理融化在此心，備衆理而該萬用，看人問他恁處，只是就心應他。聖門子弟，多是去理會千頭萬緒，被他横塞胸中，只是多而不知融化了。看《曾子問》一篇，於事事物物，人所不點勘者，皆點勘過，夫子知曾子做多端工夫了，著得一貫道理點化他。惟曾子理會得過處，故一唯之外，餘無辭。至於出告門人則曰「忠恕」者，何也？蓋他人曉未得，不可躐等，使曾子便把一貫説，門人曉未得，故就學者身上討兩个字形容一貫，固不外中心爲忠，如心爲恕，此心是中便是一，推是以及人爲恕便是貫，學者則謂之忠恕，聖人則謂之誠仁。忠猶誠，恕猶仁。程子曰：「恕，行乎忠者也。」子思言違道不遠，却是忠恕正頭面，曾子把忠恕説一貫，所以不同。一貫之學，夫子亦語子貢，子貢擔當未過，故有疑辭，不如曾子見得透徹。一貫有兩个，此是以一理貫萬事，若夫下學上達，精粗本末，與此不同。一貫者，以一心而貫萬事之謂也。忠恕者，盡吾心而推及人之謂也。聖人一

心，渾然天理，事物各當其可，猶一元之運，萬化自隨，初無著力處。至於學者，須是認得人己一般意思，却安排交入塗轍，須是下工夫方可。要知忠恕是一貫意思，一貫是包忠恕而言，忠恕似个生底一貫，一貫似个圓熟底忠恕耳。曾子在孔門，大小事都去理會將過，只是欠个串套工夫，夫子到此點當交醒，曾子豁然開悟，至教門人，却只指忠恕而言。程子又以「維天之命，於穆不已」而言忠，「乾道變化，各正性命」而言恕，然則天地是个無心底忠恕，聖人是个無爲底忠恕，學者是个有心底忠恕，其實歸于一而已矣。

一貫，忠恕，雖有大小之不同，大要都是心上做出。聖人之心，渣滓净盡，統體光明，具衆理而該萬用，故雖事物之來，千條萬目，聖人只是那一个心印將去，全不費力，如繩索之貫錢。然《易》所謂「何思何慮，殊塗而同歸，百慮而一致」者，正聖人一貫之説也。彼學者之心，被私慾障蔽，未便得他玲瓏，須是逐一蕩滌，以類而推，方能自己及物，如子貢所謂施諸己而不願，亦勿施諸人，却是忠恕正頭面。使學者工夫純熟，則一旦霧除雲散，自是一貫境界。是知一貫，乃聖人事也；忠恕，特學者事；但聖人見快，學者見遲。一貫是熟底忠恕，忠恕是生底一貫，本非有二道也。曾子恐門人曉一貫未過，故借忠恕以明一貫，是將一貫放下説了。若程子「於穆不已」、「各正性命」之言，則借天地以明忠恕，是將揭起來説了。彼此互相發明，在人領會之耳。

程子所言是無心底忠恕，進一步説了；曾子所言是用力底一貫，退一步説。

「夫子之道，忠恕而已矣。」如曾子所言，則忠恕便是道，「忠恕違道不遠。」如《中庸》所言，則不可便以忠恕爲道。

忠恕是學者事，《論語》是借學者以明聖人，乃是升一等説。《中庸》直言學者事，是本等語，《論語》是一貫地分，《中庸》方是忠恕正地頭。

《論語》「一貫」與《中庸》「合内外之道」，程門「體用一原，顯微無間」之説同否？

道理只是一个道理，有就吾心性上説者，有就事物上説者，自是兩様頭面。今人都作一般看了，如何謂之識道理？ 夫《論語》之一貫，即《中庸》所謂「合内外之道」者也。聖人所以能推一心以貫萬事者，正緣他胸中渣滓净盡，統體光明，具衆理而該萬用，故雖事物之來，千條萬目，聖人只此一心應將去，全不費力，滿腔子都是道理，更無盡限。才無盡限，更不分内外，分中邊；才分内外，便是有盡限了；才有盡限，則便不能以一心而貫萬事，如何謂之合内外？《易》曰「天下何思何慮？ 殊塗而同歸，百慮而一致」，一貫之説也。至於程門之説，又就物理上論，即《論語》所謂下學上達，形色天性，灑掃應對，精義入神之謂也。及其歸，則一而已。

曾子曰：「夫子之道，忠恕而已矣。」程子曰：「以己及物，仁也；推己及物，恕也。」以與推，何分别？ 又曰：忠者，天道；恕者，人道。忠者，無妄；恕者，所以行乎忠者也。忠者體，恕者用，大本、達道也。此與「違道不遠」異者，動以天耳。

仁者，渾是天理流行，故不待推；恕者，未

免私意間隔，故必待推。忠恕是對立道理，故以體用言。其體無妄，故言天；其用推行，故言人。

夫子告曾子、子貢以一貫之道，晦翁謂彼以行言，此以知言。既是一貫，如何分得？

以忠恕而明一貫，驗得是行；以學識而明一貫，驗得是知。一貫固不分彼此，但向人語處，入頭各有塗轍耳。

夫子之道忠恕。晦翁曰：盡己之謂忠，推己之謂恕。伊川曰：忠者天道，恕者人道。二者之説有異同否？

盡己，則忠實無妄，爲恕之體，故言天道；推己，則公恕流行，爲忠之用，故言人道。天人之分，體用之謂也。

子曰：「性相近也，習相遠也。」此固有上、中、下三品之不同，惟上智與下愚不移。夫不移者，豈不可得而移邪？如果不可移，則性亦有不善者？

性近習遠，是中品等人，可上可下，其性可以習而移；若夫超然之上智，冥然之下愚，是他生來賦性殊絶，其品一定，非習所可移也。故前輩謂善固是性，然惡亦不可不謂之性，皆是氣稟之性也。

「古者民有三疾，今也或是之亡也。」晦翁謂氣稟之偏者謂之疾，而取范氏説末世滋僞。豈賢者不如古，民性之蔽亦與古異？竊謂時固有古今，而氣稟之性，亦有古今之異歟？

氣數有淳漓，故生物有厚薄，只正春時生得

物如何，迨春末生物便别。後世生聖賢，既與古不同，即生暗蔽愚人，亦欲如古不得。

「毋意，毋必，毋固，毋我。」

意見與意念不可無，不是不好，只私意便不是。意才私便生計較，如做一件事，固是公界，然不免有干名好譽，雖公亦私，所謂有意以爲之，即私也。我者，如今人自稱强，自道才高過人，但知我，不知有理義，一向任意做事，此即是私意也。上意字只做意見、意念之意。必者，必期之謂。固者，固滯之謂。必在事前，如事未來，先自計較，有準擬之心，此事未來而心已忙。固在事後，如事已過者，只執滯，事已去而心不化。四者合説，晦翁所謂「始於意，成於我」者，此也。

「子絶四。」程子以爲「毋」非禁止之辭。晦翁以絶者，無之盡也。不識聖人四者盡無之後，更有何物？

只有孤單底義理不可一息無。

「子絶四」，首之以「無意」。《大學》必貴於誠意，何也？

「毋意」之意，謂妄念起而爲私意，則不可有；誠意之意，謂不起妄念，而必實其意，此則不可無。

子曰：「攻乎異端，斯害也已。」《集註》云：佛氏之言，比楊、墨尤爲近理，所以害尤甚。

觀孟子之論楊氏爲我，墨氏兼愛、無父無君，其是非易見也。至於佛氏至精，説話與吾儒相去不遠，如韓退之闢佛，《原道》所言

者，皆佛之粗也，至於精處，如《易》所謂「無思無慮」也，《中庸》所謂「中庸不可能」也，夫婦之愚，可以與知與行，及其至也，雖聖人不能知，不能行也。佛氏曰：但願空諸所有，謹勿實諸所無，心虛無我，本無中庸，何能之有？本無知無能，何知能之有？孔子「吾有知乎哉，無知也」，則謂孔子真無所知。顏子「屢空」，則謂顏子不與物接。殊不知顏子空中却含萬象，吾之本體，却是虛明，事至則應，了無滯礙，雖無而未嘗不有也。至於佛氏之空虛，真是無了，雖是盡性處，私欲消盡，與吾儒不相遠，只争个有無。故世間高明之士，見理微妙處，如程門中高弟謝顯道、楊龜山、尹彦明，多入於佛教，流於虛無寂寞之境，故其害爲尤甚。若夫世間無知之夫，惑於佛者，只爲利害禍福之應而已。故程先生曰：向之入人者，乘其愚昧；今之入人者，乘其高明也。

舊注説攻治異端，反爲吾道之害，與孟子闢楊、墨正相反。《集註》謂專治而欲精之，爲害甚矣。未知孰是。

凡今後學，捨聖學而入小道者，其意皆以爲捷徑得利，不知反以害己，今日之攻時文是也。

何謂「下學上達」？

「下學上達」，如言曲禮三百，威儀三千，無一事而非仁也。理會得底，則一部《論語》，聖人雖就人事上説，却無非言性與天道處；理會不得底，雖皓首窮經，鑽破故紙，仍舊不聞道。此處只關係自家心裏存在與不存在耳。心才存在，則見其然，必知其所以然；若不存，是謂習之而不察。今人只

説事理一貫，然亦須分别次序始得，如程子言：形而上爲道，形而下爲器，須著如此就。❶下學人事，自然上達天理，若不下下學工夫，直欲上達，則如釋氏覺之之説是也。吾儒有一分學問，則磨得一分障礙去，心裏便見得一分道理；有二分學問工夫，則磨得二分障蔽去，心裏便見得二分道理；從此惺惺，恁地不令走作，則心裏統體光明，渣滓浄盡，便是上達境界。

「喟然而歎」一章，何物如此難求？自非聖人生知之聖，凡學者之求道，皆當下死工夫。所謂死工夫者，只是理會一个心，必掃去心中私慾，方見得道理通透。蓋吾心已具此道理，惟是私慾障蔽了，故不見。道學之所以難者，只是心體難得光明。顔子自博文約禮上逐節下工夫，到這裏滓渣逐旋消盡，是以喟然而歎，深述其先難之故，後得之由，到得見理皆透徹後，猶未能立於卓爾之地，此處却猛下工夫不得，須待自然融化，此一步最難。愚意謂道之難求處，最是私慾難克，道之著落，只是一片心，能使私慾蕩盡無餘遺，則心體昭融而道在我矣。

顔子之學無他，學爲聖人而已。聖人之道，不在聖人，只在心裏著落。顔子初學時，渣滓填胸，障塞了這个道理，方欲去鑚仰他，又愈見他高堅，全要入頭不得，瞻前忽後處，却是心地略略光明，依稀見得些子，猶未有真見在。自聖人教他博文約禮，顔子方纔有入頭處。博文是事事物物較量將過，約禮又逐一收拾上身上。顔子得這門

❶「就」，明刻本作「説」。

路，一向低頭做去，心地日開一日，自要討住不得，到得真積力久，却全無一點渣滓，盡是道理流行，方見得此理常在面前立地，此時方是十分見得親切，但要如聖人在這地位上立，又自立未住。蓋緣聖人心地融洽貫通，❶打成一片，所以常在道理上立，顔子能守而未能化，三月之後，不免有少間斷，猶是心粗了，所以去聖人只争些子。今人若要到這境界，不過自博文約禮中來。

「不踐迹」，何以爲善人？

迹，謂古人之舊事。善人，天資自好，事事暗合古人，不是規規蹈古人之轍迹底人。先生又云：是他生質自好，不是隨人脚後行。

「温故而知新，可以爲師矣。」

蘧伯玉行年六十而知五十九之非，此非吾身過惡之非也，學得見識益高，義理益著，而温習故舊，知後來自有新功德，「日新，日日新，又日新」是也，然後心明理融，其應不窮，可以爲人師。師者，資師之謂。此兩句大包義理，不可作輕説了，才輕説了，如何温故知新，便爲人師？論其極，則爲人師，便是人樣，所謂動而世爲天下法，非夫子不足以當之。❷漢儒專門名家，各以一經授人，亦謂之師，與這个師亦異矣。於温故中知識又長一格，乃不竭矣。此與記問之學正相反，記問雖多，是死底，知新是生底。

夫子言：「苟有用我者，期月而已可也，

❶「融洽貫通」，元刻本、明刻本作「融液貫通」。
❷「夫子」，明刻本作「孟子」。

三年有成。」布置紀綱，一年可辦，風行俗易，須待三年，此是聖人事。又曰：「善人爲邦百年，亦可以勝殘去殺。」又言：「如有王者，必世而後仁。」此是興王事。不知三年、七年、百年、必世之近遠，其規模亦可略見否？

舜一年成市，三年成都，若到得民躋仁壽，比屋可封，亦須必世而後可。漢高帝業已定，七、五年間，民便可用，至刑措不用，直到文景，積累六七十年方可。聖人與天地同流，故化成之效速而大；善人若山海藏納，故涵煦之功遲而小。

齊變可至魯，魯變何以至道？

王道，猶人之元氣。齊、魯之初，均有此元氣，只緣中間元氣各受些病，齊求速安，不於元氣調養，便以烏喙投之，一時却得康强，不知元氣已被此壞了；魯未曾用藥，猶得中竪，元氣却未壞，聖人與調理出，便自渾然本來个人。齊元氣已耗於烏喙，醫欲治之，定須先去了烏喙一段毒，始下得調理方法，到此時，方與變魯相似。齊、魯俱是聖賢之後，本都是王道，但魯則中間廢壞，用著修葺，魯雖不能修葺，然不曾改易周公法制，仍舊是這骨子，故聖人變魯一番修葺，便可復王道之舊；齊自威公以來，一反爲功利之習，把太公遺法一齊變了，雖一時振作，却傷動好骨子。設若變齊，須除去許多功利了，方還得骨子，重新修葺一番，始可復王道之舊。譬如兩个器，用却是好，上牢，骨只損壞，合著修整，這骨素依舊尚在。齊却不合用中牢，物料修整，雖一時光輝，却把元骨子壞也，故變魯只用一許多氣力，變齊須用兩許多氣力。

「麻冕，禮也。」注云：三十升。

一升是八十縷，一眼篾用兩縷，千二百眼篾，極細布。如禮三月之服，十五升去其半，世俗以爲七升半，不知乃是一眼篾用一縷，如今單串黄草布。

「大德不踰閑」一章。《集註》云此章之言，不能無弊。弊處何如？

弊在「出入可也」。聖賢心密，若大若小，皆不令有小罅漏。子夏功疏，只照管得大處，小處不免走作，故有此語。便是開一線縫，不是盛水不漏工夫。今人連大處走了，又子夏之罪人。

宰我，言語科，所言必有過人者。如「戰栗」之對，短喪之問，「井有人」之問，殊可姍笑。

「戰栗」，誠失言，此是宰我能言之病，取辦於答問之頃，口給以禦人。若短喪、「井有仁」之問，乃是不飾辭以自欺，欲討論到真實處。宰我以言語名，想是長於奉使專對之事，子貢亦有此長，《史記》可見，其不足者，學問之言也，故聖人謂「以言取人，失之宰我」。

程子謂子路只緣不達爲國以禮道理，若達，便是曾點氣象。借使子路達得此禮，何以見得與此氣象同？

天高地下，萬物散殊，而禮制行矣。曾點胸次正如此。子路參得此透時，即油然天理呈露，無許多粗骨氣矣。

「子路問事鬼神」一章。《集註》云：「死

生，人鬼，一而二，二而一。」死生，人鬼，雖幽明之事，了不相關，然天地間不過聚散、陰陽、屈伸。聚則生，散則死，伸爲人，屈爲鬼，有聚必有散，有伸必有屈，理一而分則殊，分殊而理則一，非微眇不可信之事也。

「君子於其所不知，蓋闕如也。」是責不能闕疑而率爾妄對也，疑則思問。夫子之責子路何意？

疑則有問，可也。子路不曉正名之旨，不能虛心請問，便率爾强辨，反以聖人爲迂，是尚得爲問乎！

夫子爲政以「正名」爲先，必將具其事之本末，告于天王，請于方伯，迎公子郢而立之。夫衛輒、蒯聵，皆無父之人，《春秋》之法，人人固得而誅之，孔子果執衛政，如何廢得衛君，告于天王，請于方伯？或被不從，立子郢，郢又辭，在聖人又將如何？宜子路以爲迂。

既是以「正名」爲先，使衛君果用夫子，夫子第一義，且與敷陳義理，整頓名分，方做得他官爵。幸而見從，固無可説；如其不從，方似《集註》施行次第，或不可，則止。蓋是時未曾委質事他，乃是先正名分，不是先事之，而後謀之，進退之間，綽有餘裕。

竊意聞與達相似而不同。子張以聞爲達，雖認頭差錯，然亦難分別。

聞達，常人只做一般看，被聖人别出來，便分君子、小人。聞是名聞于外而中未必有，達是實有諸中而聲發于外。子張色取仁而行違，又毅然處之而不疑，故能名聞于外，

而中實無有。達則反是。下三句正反上二句。聞是求其名，達是充其實，玉石相反。

「崇德辨惑。」子張、樊遲之問，夫子告之有異者，抑因其病而藥之歟？

才開卷頭，便當識此。今日爲學，亦當如此。且各家自醫本身病，如前章問達，皆是對證用藥。子張務外而性率，樊遲計近效而理未明，聖人各隨其病而箴之。

「臧武仲以防求爲後於魯。」范氏謂之好智不好學。夫智施於要君，非正不可法明矣，夫子論成人，復取其智，何故？

「成人」一章，是合諸子之長爲一人。此是已鍛製底丸散，雖毒不爲害。若只用一物，無諸藥相濟，必毒人矣。

孔子於舊館人之喪遇，一哀而出涕，遂脱驂以賻之。顏子之死，其哭之慟，乃不肯與之車，何耶？

脱驂舊館，以其在旅，無以將哀也；靳車顏子，以其有父，可以主喪也。

夫子「五十以學《易》，可以無大過」。夫學《易》於知命之年，所謂禍福吉凶之理，進退存亡之故，皆可以默識而周知，尚何過之可言？豈未學《易》之前，亦嘗有過？來學《易》，無大過，則猶未免於有過也。

到聖人地位，越見義理無窮，儘有不到頭處，所以聞過則喜，昌言則拜，歷代聖人，存心如此，幾曾道無過？謂聖人無過。此淺學之談，聖人一生學問，未嘗自説無過，至此境界，才言無大過，猶似有小過在，雖是

謙辭，然道理真實無盡期，當看此等爲聖人氣象。

「夫子温良恭儉讓」，此子貢形容夫子之德如此。不知五者足以盡夫子否？

此最善形容處，如畫出一夫子，若張而大之，却與聖人不相似也。

「子與人歌而善，必使反之而後和之。」晦翁云：「蓋一事之微而衆善之集，有不可勝既者。」如何？

必使復歌者，既欲彰其善之實，又欲暢其歌之情。而後和之者，示我樂善之無倦，詠歎而淫泆之也。只一歌詩耳，而意思綢繆，容與若此，豈非衆善之集乎！

孔子「從先進」，是夫子無取於文也，然周監二代，郁郁乎文，夫子又從之，何耶？

「從先進」，是夫子欲復文武周公之舊，即從周也。文必似周公之舊方可從。周末文弊，已不足爲文矣。從周者，三代損益之勢當然。從先進者，周末文弊，救之當然，並行不悖。

怪力亂神，夫子不語。而《春秋》一書，常事不紀，所紀皆非常，何耶？

《春秋》，經世之大法，所以懼亂臣賊子，當以實書。《論語》，講學之格言，所以正天典民彝，所以不語。

博施濟衆，與修己以安百姓，乃堯舜儘做得底，夫子以爲猶病，如何？

堯舜在上，保得天下無窮民否？天地之大，人猶有所憾，見得道理無盡期。聖賢亦

未有盡處，安得不反躬自責？

籩豆之事，曾子以爲末；俎豆之事，夫子則「嘗聞之矣」，不以爲末，何也？軍旅對俎豆，則軍旅爲末；道德對籩豆，則籩豆爲末。

《鄉黨》一書，盡言孔子，中間又言君子。朱先生謂君子即孔子。何不便説孔子？即孔子做底，便是衆人合做底，故間稱君子。聖人以身爲教，故記者以教法書之。

孔子言王道，只言禮樂，如夏時、商輅、周冕是也。孟子言王道，只言政事，如衣帛、食肉、經界、井地是也。意者孔子言王道之本，孟子言王道之務。

孔子爲學者言，止言經世之大綱；孟子謂時君言，當論濟時之急務。

子罕言命，《中庸》首言命，何也？性與天道，聖人罕言，乃不躐等之教。學問之家，所理會者何事？却禁人口不言邪？

孔子言射曰：「其争也君子。」孟子言射曰：「不怨勝己者，反求諸己。」此是全無争。

惟其不怨勝己者，其争也，乃君子之争，而非小人之争。既謂君子之争，則雖争猶不争矣。君子之争者禮義，小人之争者血氣。

孔子曰：「父爲子隱。」石碏使人涖殺石厚，大義滅親，如何？

證父家之私事，事主恩，故見父而不見他人；除亂國之大事，事在義，故見君而不見

其子。道理不一，當在父子則父子重，在君臣則君臣重，所謂爲人子止於孝，爲人臣止於忠，地位各不同也。

孔子曰：「邦有道，貧且賤焉，恥也。」答原憲則曰：「邦有道，穀，恥也。」

上章之恥，恥於無德可進；下章之恥，恥於無道可行。仕宦止於食穀，他無一事可爲，是亦足恥也。經中是含此義。

孔子自衛反魯，於《詩》、樂之正，惟及《雅》、《頌》而不及《國風》，何邪？

自衛反魯，止是正樂，非謂删《詩》。《雅》，大率朝廷之樂章；《頌》，大率宗廟之樂章；《風詩》可奏於樂者，惟二《南》及《豳風》。《詩》云：「以《雅》以《南》。」《禮》云：「取《豳風》。」列國多不正之聲，廟朝所不奏，故正樂只言《雅》、《頌》。

過庭之訓，夫子必曰學《詩》學《禮》，閒居之時語子貢，亦曰《詩》之所至，禮亦至焉。六經皆經也，惟《詩》與《禮》，聖人每兼言者，必有相資處。

《詩》、《書》、《易》、《儀禮》、《周官》是古書，是時未有「六經」之名。《書》紀帝王事。《易》是卜筮書。《周官》是職官、法守、條例之書，於學者未爲切要。《詩》能興起人心。《儀禮》可固人肌膚之會，筋骸之束，於初學爲最近，故聖人以此爲學者門户。今世則以《論語》、《孟子》爲門户。

「子在川上」一章，孔子只是説天地間道理流行，無有窮盡，如水之更往迭來，晝夜常恁地，初無一朝停息，即此是道體，

大意亦可見。《集註》云自漢以來，儒者皆不識此義。如何？

自漢以來，號爲儒者，只説文以載道，只將經書子史唤作道。其弊正是鑽破故紙，不曾聞道，所以道體流行天地間，雖匼匝都是，自家元不曾領會得。然此事説之亦易，參得者幾人？必如周、程、邵子胸次，灑落如光風霽月，則見天理流行也。

夫子：「素隱行怪」，「吾弗爲之矣」。又曰：「舉逸民，天下之民歸心焉。」夫既惡之，而復取之，何不侔？

素隱行怪，乃賢智之過者，不是不好底人，但不合聖人之中庸，故不爲之耳。

「前言戲之耳」，善戲謔兮，此亦聖賢有底事。横渠謂「戲言出於思」也，莫斬斷太過否？

善學柳下惠者，當如魯獨居之男子。

弘毅、任重道遠，可移易否？

弘，言其量之容，猶大車之足以載重。毅，言其力之勁，猶健馬之足以致遠。可以移易，非聖人之文矣。

子謂顔淵曰：「用之則行，舍之則藏。」按《集註》引尹氏一段，言用舍無與於我，行藏安於所遇，命不足道也。既是以所遇而言，則命在其中矣。

此蓋隨遇而安，不待以命自處，乃聖人樂天事；以命自處，賢者以下事。命在其中，此語得之，但不説耳。

「吾斯之未能信」，指何物而言？程先生

曰：「漆雕開已見大意。」

斯，乃指心而言。心者，萬用之源。漆雕開於心體上猶覺群疑滯胸，未到昭晳融會處，所以未敢出仕，必欲吾心無毫髮之疑，透底光明瑩潔而後可。是其所見已自高於世俗諸儒，但其工夫未到頭，故止於見大意耳。夫子説者，説其學知大原，不安小成。

「衣敝緼袍」一章，子路不以貧富動其心，而可進於道，如此在陳絶糧，如何耐不得，至於慍見？

子路於世間名利關，大界限分明處已見得破，但其工夫粗疏，未入聖賢閫室，所以聖門常欲抑其所已能，進其所未能。

「子畏於匡，顔淵後，子曰：『吾以汝爲死。』曰：『子在，回何敢死？』」不識夫子設或遇難，顔子亦當死底道理。

朋友同遇患難，有相死之義，謂各盡其扶持救衛之道，無委棄之理。若死不死，則有幸不幸存焉，非必輕死求鬬謂之相死也。

孝者，百行之原。曾、閔之在，孔子均以孝稱。德行之科，何曾子不與？

想曾子是時德行未成，兼四科之説，起於後世，不知當時只指從游陳、蔡者言之，或是當時曾子不在行也。

「士見危致命，見得思義，祭思敬，喪思哀。」外此，於性分之所當盡，職分之所當爲者，豈無他事？而子張以爲「其可已矣」，語莫欠圓否？

士者，一男子之事。古人説士處多如此，不要將君子、小人雜看了，只此等事，豈易？

非奇男子不能。子張語病在末梢句。

「三年無改。」游氏謂亦在所當改而可以未改者耳。敢問。

事變隨宜，雖孝子繼父，豈能無當改處？但方哀戚之中，雖所當改，亦未暇改，蓋哀戚之心，有以勝之耳。

邦有道，危言危行似非中庸之道，何聖人捨中庸而從危峻？

高峻者，廉角之稱，非詭險不平正之謂。士必有廉角，乃是持身中正庸常之理，況能視時舒卷，豈非中庸之道邪？ 今以毀方瓦合、同流合污爲中庸，此聖人所以惡鄉原也。危言危行，固非中庸之道，但用之有道之世，儘不妨用之，無道之世，不可不斟酌，故聖人只許危其行，不許危其言，見不是常用道理。

「不患莫己知，求爲可知也。」愚意才有「求」字，用意已自不實了。

於在外不可求，於在我則不可不求，所謂君子之求之也，其諸異乎人之求之歟？

「君子貞而不諒」，又曰「友諒」，何如？

貞有正固之道，諒乃執信之義。諒對貞言，則視正固爲不足，止爲小信，若專言之，不害爲執信之美德。

從事於六藝之文，所以致知格物也。《大學》以致知格物爲先，《論語》游於藝，乃在志道、據德、依仁後，何邪？

格物謂窮極乎物之理，游藝則玩適乎藝之

事。窮極其理，講學之先務；玩適其事，德盛之餘功。游藝在據德、依仁之後，最著玩味，與博學於文教六藝之境界全别，有初學、成德之分，蓋此是德盛仁熟之後，等閒玩戲之中，無非滋心養德之地，如孔子釣弋是也。從心所欲不踰矩者，正其境界歟？

文，《詩》、《書》六藝之文。必學文者，蓋致知格物由於此也。自致知格物，而充之於力行，則自正心、誠意而下，方有許多道理。古人之所以自正心、誠意，至於治國、平天下，不過孝弟、謹信、汎愛、親仁許多事，夫子則以爲行有餘力，而後學文，毋乃從後一截工夫做將起？

弟子乃小學之人，小學之事，專教之以六藝，但聖人尤欲其務本，故必先教之以孝悌、謹信、親仁、取善。其本既立，乃可學文，是小學之事，格物是大學之事。學文止謂習其事，格物方明其理。故學文爲小學之終事，格物乃大學之初功。

「晉文譎而不正，齊桓正而不譎。」二公皆假仁者，何夫子便以正許桓公？

以二人相較，彼猶善於此，其得罪於三王則一耳。

興《詩》，立《禮》，成《樂》，雖大學之次，然古人小學已學此矣，是知古人終身之學，不離乎三者之中。要知躬行之久，自有所得，興起善端，則於《詩》有得，故朱子以爲「非初」一節止理《詩》也。

此三者，論終身所得之序，非謂始初爲學次第來説。大概得之，但説終身之學不離此三者，仍是錯了，若曰所學，有何限量？但

既學之後，其始興起處是於《詩》上有得，其中存立處是於《禮》上有得，其終成就處是於《樂》上有得。

「中庸之爲德，其至矣乎。」程子云：「不偏之謂中，不易之謂庸。中者，天下之正道；庸者，天下之定理。」蓋謂不偏方是正道，不易方是定理。

上兩句正解字義，下兩句復説道理，如此謂不偏便是正道，不易便是定理來説「方」字失意。

子曰：「富而可求也，雖執鞭之士，吾亦爲之。」《集註》以爲設言富若可求，則身爲賤役以求所不辭也，然有命焉，非求之可得也。則聖人特限於命之所不可耳。

義以責君子，命以安中人。此章爲中人以下假設耳。

顯道曰：顔子學得親切如孟子。不知顔子所學，甚處與孟子相似？

學顔子有依據，孟子才高難學。蓋顔子之學，親切勝如孟子也。來問錯認。

「動容貌，斯遠暴慢矣」一章，「斯」字之義如何？

君子持敬成熟，開眼便見此理，更不待旋次安排。謂如一動容貌，當下即無一點暴慢；一動顔色，則便近信；一出辭氣，即便遠鄙悖。蓋持敬效驗如此，若待言動之後，旋次點檢，安得相應之速如此？學者持敬工夫，當其未成熟時，須著呼唤方來，及工夫熟後，須見此等境界，然後謂之成熟。蓋「斯」之爲言，猶綏斯來，動斯和，應驗疾速

之謂也。

「古之學者爲己，今之學者爲人。」

實心爲善是爲己，夾帶名利是爲人。

夫子謂上智下愚不移。若下愚困而能學，加人百倍工夫，可以轉移否？

程子謂非不可移，人自不移耳。若據《論語》而言，則是生來性品已絶，決無可移之理。

程子謂灑掃應對，便是形而上者，故君子只在慎獨。

灑掃應對，雖是至粗淺底事，但心存在則事不苟，此便是上達天理處。謹獨是存主此心，存此心便是存天理。

夫子以驕、泰分君子、小人。《大學》所謂驕泰失之矣。如何分別？

本是一事，聖人隨事設教，自分別出來，則有胥壞之分如此。比周、和同、聞達等皆是。至今《大學》只作一字用，遇當別時，須還如《論語》分別。

「其爲人也孝弟，而好犯上者鮮矣。」晦翁謂鮮是少。若説「鮮矣」，則未以爲絶無孝悌之人猶有犯上之意邪？

孝悌之人，資質粹美，雖未嘗學問，自是無世俗一等粗暴氣象，縱是有之，終是罕見，到得粗惡太過，可保其決無。言孝悌之人占得好處多，不好處少。

「道千乘之國」一章，似皆就政事上説。《集註》謂此特論其所存，未及爲政。

治國有刑政、禮樂、紀綱、文章，萬目皆當開張。此條且論他存心處，乃爲政之本，其他未暇及。

「信近於義，恭近於禮。」晦翁以近爲合中。

近者，附傍之謂。約信之初，須是附傍於義，而不爲一切之信，則將來言斯可踐。爲恭之初，須是附傍於禮，而不爲太過之恭，則將來不恥辱。此一章三事，不可做一串看，始於爲信時能近於義，則將來言斯可踐；始於爲恭時能近於禮，則將來可遠恥辱。始初如因依進身時得一可親之好人，將來此人也可做宗主，不止一依他也。三事皆欲慮終而謹始，不可一時苟且。

性中只有个仁義禮智，曷嘗有孝悌來？今人生則知愛其親，長則知敬其兄，皆是心中流出，略無一毫勉强意思，然烏知其非性中所有邪？

此不待説，但先儒慮學者以仁後孝悌入，先有孝悌，而後有仁，故特轉此語以別之。蓋孝悌，乃是仁流出，不是仁從孝悌中入，性只是四端，其他衆善皆四端之支分派別也。仁是性，孝悌是用，用便是情，情便是發出來底。論性則以仁爲孝悌之本，論行仁則孝悌爲仁之本，如親親、仁民、愛物，皆是行仁底事，但須先從孝悌做起，人有此心，以其有此德也，此心不在，便是不仁。

「禮之用，和爲貴。」程先生皆以和作樂説，朱先生獨作禮説，何所折衷？

説經且看大字者，小字者，只説大字理出，今大字只言和，即非樂可知。小字却言樂

者，蓋禮之和處便是樂，所謂行而樂之樂也，故以樂事襯貼「和」字，非於禮之外別取一物來解和也。認程門說話熟者不差。

程子曰：「知巧言令色之非仁，則知仁。」巧言令色固是非仁，所謂「則知仁」者，莫便是剛毅木訥近仁之說？

惻隱之心，是不安排、不裝點之真心。欲觀仁者，當於此處驗之，巧好其言，令美其色，安排裝點以求媚於人，是誠何心？

「盡己之謂忠，以實之謂信」。信便是實，而朱子乃云忠是實心，如何？

忠是心之實，信是言之實。

程子曰：樂由說而後得，非樂不足以語君子。據本文「君子」乃係於「人不知而不慍」之下，而此云爾者，豈是到不慍處方是真樂否？

說然後有樂，樂然後有君子。此言三節之序。

「禮之用，和爲貴。」《集註》謂：「和者，從容不迫之意。」蓋和乃出於禮之自然，却非是禮外面事也，如人知父合坐，子合立，君尊臣卑，皆出於天性之自然，無一毫勉强意，便是禮之和。而禮雖有節文之多，聖人制作，更無强人處，皆是合用如此，人才知此意，便安而行之，安處便是和，則先王之道於此爲美，小大皆由之矣，又何有所不行？謂知和而和，不以禮節之，亦不可行。晦翁謂知和而和，却是一向去求安，須是離了禮。愚意謂既知和本於禮，人皆安而行矣，何至於求安

而離禮，而又以禮節之乎？《集註》謂「嚴而泰，和而節，此理之自然，禮之全體也」，其語已精切，更乞詳示。

禮之用處，以從容不迫爲貴，如季氏祭，逮闇而祭，日不足，繼之以燭，雖有肅敬之心，皆倦怠矣，此是不和，不善用禮者，但見其如喫木札然，全無滋味。子路質明行事，晏朝而退，孔子許其知禮，此是用得從容和易，安閒自在，古禮如此，❶即有生活意思，所以爲貴且美。然若但求和易而失其節文之本體，則又却不得有子此語。要人活絡行禮，又恐其偷減節文，故又爲之設戒。大意和在禮中生，則爲美；和出禮外生，則爲失。

「夫子温、良、恭、儉、讓。」「良」何以「易直」言之？

古語有「温博易良」，又有「易直子諒」語，《集註》恐取諸此。

「君子不重則不威」一章，專以「主忠信」三字貫一章，得否？

且逐句看了，然後看他錯綜意。人道以忠信爲主，孔子屢言之，所以《集註》欲先立此爲主人翁也。

「賢賢易色」一章，《集註》謂「賢人之賢，而易其好色之心」。伊川謂見賢改色，有敬賢之誠。愚恐改色之説，只改易於一時，所謂見君子而后厭然揜其不善，而著其善相類。易其好色之心者，去讒而遠色，賤貨而貴德，所以勸賢也。此意却

❶「禮」，原作「體」，明刻本作「体」，據元刻本改。

精切。

來意自是，但以改色如《大學》之語則非。此是爲惡之小人，見君子則有飾詐赧容。程子之改色，乃是改容動貌、肅然起敬意，見好賢之有誠心，與《大學》小人正相反，不可以是爲比。

「子曰：道千乘之國」一章。《集註》云五者反覆相因，各有次第。如何？

能敬方能信，能信方能節用，能節用方能愛人，能愛人方能以時使民，此相因之序。敬又須信，信又須節用，節用又須愛人，愛人又須使民以時，此反覆相因也。

「有子曰：信近於義」三句。晦翁謂此一節須作兩截看。上是交際之初，便用思量著到底，下面一截「言可復」三句，乃是近後無弊之效處。又曰：後來看得信與義，恭與禮，因與親，各是一事。既曰「近」字，如何各各是一事？

舊説因信、恭而不失其所親近之義、禮，則可宗，是合作一事。晦翁方析而爲三，如今《集註》所説，故云各是一事。不見全文，恐當如此看。

「爲政以德」，謂以身率之。《集註》云「無爲而天下歸之」。如何？

以北辰取喻，豈非無爲而天下歸？惟是將自家一身與天下做樣子，故人只看這樣子，便自歸去做，不假告詔，不假叮嚀也。

「非其鬼而祭之」，《集註》謂非其所當祭之鬼。不知當祭之鬼，只是先祖否？

固是今世淫祀，若浮屠、老子之類，皆係非

鬼之數，若先聖先師，則所當祭而祭之者。

「孟武伯問孝，子曰：父母惟其疾之憂。」《集註》云：「人子能使父母不以其陷於不義爲憂。」

武伯貽親憂處多，故聖人以此病之。惟是以其疾貽憂，此却人子無可奈何，與其他招憂不同。

「巧笑倩兮，美目盼兮，素以爲絢兮。」既是以「素兮」，❶何以謂之「絢」？

子夏正如此發問，既是以「素兮」，❷何以謂之「絢」？孔子因舉古語「繪事後素」以解之，謂繪畫之事，後於素質。蓋必先有倩盼之素質，而後可以施鉛華之絢。若以吾友之言，當云素繪，即不云繪事後素矣。

或問禘之説。

禘者，王之大祭。周以后稷爲始祖，又推帝嚳爲所自出之祖，而以后稷配之。天子七廟，三昭三穆，與太祖之廟而七，各有廟主，惟所自出之祖，則時節相去甚遠，無廟。所謂祭者，虚空望祭，非仁孝誠敬之至不能也，才知得禘祭道理，足以感此神，則於治國、平天下之道，何難之有。

「夏禮吾能言之」一段，孔子以爲文獻不足徵。若以殷因於夏禮論之，雖不必待文獻以爲徵，亦可也。

所因只是三綱五常，固不待取證，若其制度文爲，隨時損益者何限？既無文獻可徵，雖聖人不能意料臆説也。

❶ 「兮」，原作「分」，據元刻本、明刻本改。下「素兮」同。

❷ 「兮」，原作「分」，據元刻本、明刻本改。

子貢欲去告朔之餼羊。竊疑子貢未嘗肉食於魯，餼羊當去不當去，子貢如何干預？

此但師友講論，非必實司此事。《曾子問》一篇，自天子達庶人，無不講明，豈必身履邪？

「我未見好仁者，惡不仁者。」愚意好、惡不兩立，才好仁，便惡不仁，是一箇體段。

雖賢人君子，自有稟陰陽之意偏重者，好仁者稟陽氣重，顏子是也；惡不仁者稟陰氣重，孟子是也。顏子正是好仁之人，豈不能惡不仁？只緣好仁意思勝如惡不仁。孟子正是惡不仁之人，豈不好仁？只緣惡不仁意思勝如好仁。雖學問情性有互相發見之時，但終不勝偏重者，是各有偏重成就，顏子一味祥風慶雲，孟子只是泰山巖巖。

「我未見好仁」一章

此有三節，有三未見，本文可玩。如欲見聖人而不能，故思見賢人，欲見賢不能，故思見善人之類。

《集註》云：程子曰：「維天之命，於穆不已，忠也；乾道變化，各正性命，恕也。」天本不可以忠恕言，但上面是天之誠，下面是天之仁，晦翁欲人之易曉，乃借忠恕譬喻，使人知天之誠，即學者之所謂忠；天之仁，即學者之所謂恕。濂溪只是个「幾」字，橫渠只是个「豫」字，伊川只是个「敬」字，皆平日涵養之熟，得他受用，故觸處不忘。

一貫與中庸，合內外之道。程門體用一

源、顯微無間之說同乎？

一貫有兩个頭面，如《論語》中說，却與中庸合内外之道是一个頭面。蓋《論語》一貫，只是心地統體光明，含具天地間道理，看事業如何樣來，只是一心印將去；中庸合内外之道，亦說性是虛明之體，緣他虛明了，便具許多道理，故未應非先，已應非後，要分内外不得。此乃說性與天道處，自是《論語》一貫境界。若體用一源、顯微無間，是說下學即上達，形而下者即形而上者，精粗本末只是一理，與前一貫不同。但這兩樣到識心見性時，依然是一串事，一貫是以一貫萬，就道理總頭上說；一理是以道貫器，是就逐物上說；事事物物各具太極上，即心即性，便是太極，即事即物，各具一太極，兩家依然共一家也。

明道云：「以己及物，仁也；推己及物，恕也。」伊川云：「仁所以能恕，恕所以能愛。」是則恕是仁之發見。質之明道所言，則以己及物，尚有事於推乎？

恕之得名，只是推己之義。然所以能推己者，爲是人心有其仁也，若元無是仁，何處推得來？

明道云：「忠恕」兩字，除一个不得。而夫子曰「行之以忠」，是除却恕。又曰「其恕乎」，是除却忠。忠、恕果可以盡一，一界可止於忠恕乎？❶

此一段最宜詳味，是《論語》第一義，不可只如此看。「行之以忠」，行處便是恕；「其恕乎」，所以恕者，便是忠；所以除一个不

❶「界」，疑當作「貫」。

得也。

《集註》云：「以己及物，仁也；推己及物，恕也。」仁是不待勉强，恕待推方可，故於「無」、「勿」字上分別。然「以」字與「推」字最難認得親切，若「己所不欲，勿施於人」與「能近取譬」處，固是恕分明，至於「我不欲人加諸我」，與「己欲立而立人」，《集註》謂是仁之體段如此，愚以爲才説「欲」字，便有勉强意。

仁者，己私銷盡，中無障礙，故説己即人便在，不得以類而推，所謂以己及物也。恕者，方欲滌除己私，尚有障礙，因己而後及人，必待以類而推，所謂推己及物也。仁、恕用心，皆是與物公共意思，但仁者見得快，恕者見得遲耳。凡言欲者，皆己所欲之欲，正是以己所欲者施於人也，所不欲則不施。若如來問所言，當云己立而欲立人，己達而欲達人，經文却不如此，更請詳之。

一貫、忠恕。

子曰「參乎」至「忠恕而已矣」。曾子之學，主於誠身，其於聖人之日用觀省而服習之，蓋已熟矣，惟其未能即此以見天道之全，則不免其有二也，然用力之久，亦將自得矣。故夫子以一貫之理告之，蓋當其可也。曾子於是默契其旨，然後知向之所從事者，莫非道之全體，雖變化萬殊，而所以貫之者，未嘗不一也。此其自得之深，宜不可以容聲矣，故門人有問，而以「忠恕」告之者。蓋以夫子之道，不離日用之間，自其盡己而言，則謂之忠；自其及物而言，則謂之恕；本末上下，皆所以爲一貫，惟下學上達焉，則知其未嘗有二也。夫子所以告曾子，曾

子所以告門人，豈有異旨哉？

一貫，如今錢貫，蓋以一千之錢散亂無統，必是一索串之，而後貫一而無遺。曾子之學，已有此一千了，但未有以貫之耳，故夫子曉之，令其貫於一而見其全體妙用耳。程子所言是無心底忠恕，進一步說了；曾子所言是用力底一貫，退一步說了。

「强恕而行，求仁莫近焉。」或疑强恕不言忠。出《或問》。晦翁曰：有心爲恕，則忠固在其中矣。夫恕者，推己及人之謂。所謂有心於爲之者，亦爲其推及人之事耳，未見所謂盡己之意，不知何謂「在其中」？所謂無忠做恕不出，「忠恕」二字不容去一者，何說以通之？

既曰推己之謂恕，若自己心元自不實不盡，元無忠赤惻怛骨子，更將何物推己以及人？以此見說「恕」字，必有忠在源頭了。所謂無忠做恕不出，此語儘有意味。人皆不忠之恕，惟務苟且姑息於一時，不復有己可推，亦不復近仁矣。

子貢曰：性與天道，不可得聞。既下「言」字了，必曾說來。

非是不言，爲罕言，故學者不得聞。橫渠云聖門以耳悟爲「聞」之說，其說近禪，《集註》不取。

「子文三仕」一章。晦翁謂子文「喜怒不形，物我無間」，就他無喜愠上說，其實子文似承當此句全體不去。

只看此兩句，似仁模樣，故疑令尹當不去，須兼看下面「知有國而不知有身」一語，方表是忠。「物我無間」謂以舊告新。爵禄，

國家爵禄，不可認爲己有，而妄生喜愠；政事，國家政事，不可認爲己能，而自分新舊，皆忠也。

行己之恭，事上之敬。

敬者，恭之主於中；恭者，敬之持於外。互見意。

程子曰：施諸己而不願，亦勿施於人，恕也；我不欲人之加諸我，吾亦欲無加諸人，仁也。謂仁、恕之分，在於自然、禁止之别。以愚觀之，勿施於人，固强勉行之，而「欲無」一字，亦强勉禁止之謂。

據此一章，只有「勿」、「無」二字分别乃是，記者當辨於辭氣之間。孔門言語，一似法律，讀者當如法家，一字不可取次過了。若不分别此字，聖人不與，是何故？只緣俗語先入，故於心裏放不下。

「子使漆雕開仕」一章。程子謂「漆雕開已見大意」。如何？

開於心體上猶覺群疑滯胸，未到昭晰融釋處，所以未敢出仕，見其所見處已自高於世俗諸儒，但其下工夫不到頭，故止於見大意耳，曾點亦然。

「季文子三思而後行，子曰：『再斯可矣。』」《集註》云：「君子務窮理而貴果斷，不徒多思之爲尚。」

大凡應事，一思底已是，再思則親切，三思則計較起私意，反生將前个真底失了。孟子曰「可以取，可以無取，取傷廉」云云，晦翁解亦有此意。「可以取」是初來思底，「可以無取」是再思底。已見得這个道理，故不

必又思。下文「取傷廉」，皆斷辭也。若夫爲學之道，則不厭思。只爲應事言之。

子路尚勇，聖人裁成警戒之多矣。「由也升堂」，學已造乎正大高明之域矣，其後又死於衛孔悝之難。子貢貨殖，聖人嘗少斥之矣，聞性與天道，學已臻於高明之境矣，其後終不能去其富貴之心。夫好學如二子，作成於聖人，而氣質卒不能變，何也？

其是處可爲吾師，不是處可爲吾鑒，但當以古人能而我不能自愧，不當以我不能而援古人之不能以自恕。子路、子貢有多少好處！

冉子請粟，與原憲辭粟，却疑此當以類相從，而爲一章。若其同時，則孔子使子華，必是致禮於親故，不然人臣無外交。古者大夫束脩之問，不出境。孔子爲司寇，恐無私使鄰國之理。

此未必同時，記者以類相從。子華之使，乃師友之禮，親故之好，必非私交鄰國。

「犂牛之子騂且角。」

祭天地之牛角繭栗，宗廟之牛角握，社稷之牛角尺，以其色既赤，又且角中程度也。

「回也其心三月不違仁，其餘則日月至焉而已矣。」

仁者，心之全體，惻隱是正頭面，爲四端之首。心苟不仁，則頑然風痺，豈知羞惡、是非、恭敬哉？然是用工處，只是掃除私慾，放教惻隱底出來。顔子工夫純熟，私慾净盡，故三月不違離耳。然三月之後，略有私

意萌動，則便是去離了，只是顏子不遠復，才有間斷處，依舊又接續了。若聖人，則自生至死都無一毫私慾，滿腔子都是仁，無少間斷。顏子所以未達一間者，正以此耳。諸子工夫不熟，或一日至此境界，又復離去了，或一月至此，其功尤疏，與顏子不同。蓋顏子常在仁裏坐，如主人翁，雖時或出外，又便歸來，諸子如賓客相似，或一日點到此坐，或一月點到此坐，便又出去，所以張子曰内外賓主之辨，蓋起於夫子「至之」一辭。

内外賓主之辨

顏子爲主，餘子爲賓。主則常常在内，時乎暫出而復入；賓則常是在外，時乎一入而遽出。以見顏子之心有常，餘子之心無常。

顏子之不遷怒，與喜怒哀樂皆中節，如何？

當其怒時，見理而不見怒，故怒所可怒，而不遷於他。此克己陽剛工夫，峻潔之甚，其要固歸於中節，但以中節言，顏子無起發人意處。

濂溪每令二程看孔、顏所樂何事，二程從此得道，後絶不明言與學者。

孔、顏之樂，非是以道爲樂，才說以道爲樂，則以是道爲猶在外。以我心而樂之，便不是孔、顏氣象。蓋孔、顏胸次，如光風霽月，全無一點塵滓，滿腔子都是道理，故其心廣體胖，無入而不自得者，所樂即是道也。若但以孔、顏之樂不可形容，而不知其所樂何事，則有耽空嗜寂之病。聖賢著實工夫，豈是欲人懸空坐悟？所以濂溪必令二程尋

其所樂何事。但孔子自生至死，常在天理上行，故其樂無處不在。顔子克己工夫純熟，故與孔子一般。彼諸子特以道爲樂耳。

顔子之學，與曾點「風乎舞雩，詠而歸」，氣象如何？

六軍在前，萬務在後，聖人胸次氣象常如此，顔子同曾點却不能常如此，爲其志大而行不掩，所以做不到頭。

「知者樂水」一章。竊謂仁者、知者皆指成德地位也。既是成德事，必不拘一端，意者各自其性中偏重成就，故所樂不同，若顔子、孟子者邪？

緣性稟有偏重處，故其德之成就各於偏重處得力，所以有二種人，仁若顔子，知若孟子。

「犂牛之子騂且角。」司馬遷謂仲弓父賤行惡，則是聖人對人子面前目其父爲犂牛也而可乎？

此非面謂仲弓，乃居常與門人言之爾，只不合多了「曰」字，但前後亦有此例，如子謂顔淵曰「惜乎」之類，豈是面前語顔子邪？父賤行惡而子賢，何害於事？必揀不好底，豈非無大見識邪？

孔子以政事稱冉求，比用於季氏，僅能聚斂而已。不知夫子於何取之？

只以政事稱，便於學問上有欠闕，所以孔門常攻其短。

「人之生也直。」

實直無妄者，人之生理也；虚罔欺誕者，非

無可生之謂，特幸免於死耳，非生理之正也。

《集註》云：「仁以理言，通乎上下。」

有學者之仁，有聖人之仁，有桓文之仁，有堯舜之仁，此字上下通稱，惟聖不可通稱。博施濟衆是仁者極大功用，只稱仁字，少了他，須稱作聖，方可耳。

博施濟衆，夫子不以爲仁，而爲聖者之事。退之言博愛之謂仁，亦未爲失。而程子乃以退之之言爲非，謂仁者固博愛，謂愛是仁不可。不知孰是？

惻隱之心，仁之端也。仁者，惻隱之根本，惻隱，乃仁之枝葉。謂惻隱爲仁之端則可，便謂之仁則不可。蓋仁主性言，惻隱主情言。情者，性之發見耳，非可便以情爲性也。知此，則知愛乃仁之用，愛即惻隱之心，不可便以愛爲仁。仁與愛，猶性與情，猶體與用。

孔子答子貢博施濟衆之問曰：「何事於仁，必也聖乎。」晦翁曰：「仁以理言，通乎上下；聖以地言，則造其極之名也。」仁大有等數。堯仁如天，固是仁；禹稷拯民飢渴，亦是仁；湯武弔民伐罪，亦是仁；齊威攘戎安夏，亦是仁；下至齊宣，不殺一牛，亦是仁。仁可通上下言耳。乃若博施濟衆事，必如聖人極致地位，做得天下無比底人，然後可言博施濟衆。然猶似做不到頭，聖如堯舜，尚以爲病。此闢子貢之辭。

飯疏飲水之樂，簞瓢陋巷之樂，所樂者何事？此濂溪點化二程子訣，二程從此悟

道，終不以語學者。晦翁事事剖露，説向後學，獨此不敢著語。

凡説所樂在道，以道爲樂，此固學道者之言。不學道人，固不識此滋味，但已得道人，則此味與我兩忘，樂處即是道，固不待以彼之道樂我之心也。孔、顔之心如光風霽月，渣滓渾化，從生至死，都是道理，順理而行，觸處是樂，行乎富貴則樂在富貴，行乎貧賤則樂在貧賤，夷狄患難，觸處而然，蓋行處即是道，道處即是樂，初非以道爲可樂而樂之也。故濂溪必欲學者尋孔、顔所樂何事，豈以其樂不可名，使學者耽空嗜寂而後爲樂耶？濂溪以此點化二程，二程因此醒悟，後却一向不肯説破與學者，至今晦翁亦不敢説破，豈秘其事謂不可言傳耶？蓋學者才説此事，動口便要説道，謂道不是，固不可，但才説所樂在道，以道爲樂，則又非孔、顔氣象，惟知孔、顔樂處便是道，道處便是樂，則德盛仁熟之事也。要知顔子之與諸子，但有生熟之分耳。工夫生，則樂與道爲二，不妨以此而樂彼；及工夫純熟之後，則樂與道爲一，自不可分彼此矣。前賢不肯説破此事，正要看人語下氣味生熟耳。

顔子不遷怒。

見義理而不見血氣，故怒所當怒，而不爲血氣所使。

三月不違仁，内外賓主之辨，莫是顔子於仁常在内，爲主人翁，而諸子於仁常如賓客，或出或入？

來意得之。今還欲爲主耶？爲賓耶？先儒提出此語，正欲學者捫心猛省，若是爲

客，乍入復出，則爲無家之人，將來必大可哀。

南豐云：「有知之之明而不繼好之，❶未可也，故加以誠心好之；有好之之心而不能樂之，亦未可也，故加之至意以樂之。」用工夫却在誠心、至意上否？

此用《論語》意。致知上發源，皆先儒所不道。南豐屢屢言之，度越諸公遠矣，但其説樂處，語不瑩耳。樂者極至之意，是他知好，工夫到後，自見此境界耳。若用一物以樂之，即非所以爲樂。

「志於道」一章。古者八歲即教以六藝之事，明爲學之所當先也。今於此章末言之，而朱子復以爲學者於此，當求其先後之序，輕重之倫，似以藝爲可後，抑志道、據德、依仁是大學之事，而游藝乃大學之極功邪？

此却有首尾本末，與前章别。教之六藝，小學之初事；游於藝文，成德之餘功。小學之初習其文，成德之游適於意。生熟滋味迥别。

志道、據德、依仁。不知志、據、依如何用工夫，道、德、仁又如何不同？

志於道，是一心向聖人路上行，欲學做聖人事；據德，即志道工夫既成，凡向之所志者，今則實得於己，如有物可執據然；依於仁，則據德工夫既熟，天理與心爲一，不可脱離於片時，如衣之在人身，不可脱舍也。只是一个做聖人之心，但初來生而後轉熟，

❶「繼」，《梁書》、《元豐類藁》作「能」。

初來猶是兩片，後來方是一物耳。

聖人從容中道，似若無過。孔子自謂學《易》而後無大過，若未學《易》之先，亦嘗有過來？

謂聖人無過，此淺學之談，聖人一生學問，未嘗自説無過，至此境界，方言無大過，猶似有小過在，雖是謙辭，然道理真實無盡期。説者當看此等爲聖人氣象。

「子以四教：文、行、忠、信。」

分作四者何難，不識字人亦能之，但作工夫人要見四者著落，知道平日所學所行，總是主忠信，自是拍開不離也。

子曰「德之不修」至「不善不能改」。《中庸》言自誠必先學問而後力行。《大學》言明德必先於格物致知而後誠意正心。是則博學，誠入德之門。今此章首修德，而遷善、改過等事，又反在修德之後，似若無統，何邪？

修德、講學、遷善、改過，四者明如日星，不用無端繳繞，只合逐條逐件自勘當己身，從頭做去也得，從尾做去也得，中間起頭亦得。

「興於《詩》，立於《禮》，成於《樂》。」其先後次序，孔子不特教人如此，他日亦以此教其子。《集註》云：按《内則》：十有三年學《樂》誦《詩》，二十學《禮》。《論語》則先《詩》、《禮》而後《樂》，《内則》先《樂》而後《禮》。

此章非爲學之序，乃論其終身所得之先後也。學之序當如《内則》，至其將來得力處，

其先善心興起，是於《詩》上得力，其次操守植立，是於《禮》上得力，至末梢德性純熟，是於《樂》上得力。

「可以託六尺之孤」一章

託孤寄命，如漢之霍光，可以當此。至於陰妻邪謀，納女爲后，大節處却被人奪了。大節不奪，如漢之汲黯，可以當此。然其好游俠，任氣節，面折不能容人過，合己者善待之，不合者弗見，人亦以此不附焉，恥公孫、張湯位居其上，却又做不得託孤寄命事。惟諸葛亮可以當此兩件。霍光弘而不毅，汲黯毅而不弘。

「危邦不入，亂邦不居，有道則見，無道則隱。」使衰亂之世皆如此，則興天下之治者誰邪？

人有不爲也，然後可以有爲。

「民可使由之，不可使知之。」

謂政教號令，但能使民由行於中，不能使民洞曉其理，非不欲使之曉也，勢有所不能，故曰百姓日用而不知。

夫子稱泰伯曰「民無得而稱焉」，稱夷、齊曰「求仁而得仁」。孟子所謂「好名之人，能讓千乘之國」。泰伯、夷、齊，亦豈好名乎？

泰伯謂之至德，夷、齊謂之仁，皆是發於中心惻怛之誠，無一點世俗計較利害之私。吾友以好名疑之，得非以俗心觀聖賢乎？學者有千種病，好名是第一種，只此分君子、小人，不可不檢點。

「弘」、「毅」二字，願詳爲講解。

弘則心量洪大，猶車之可以任重；毅則志氣剛果，猶車之可以致遠。弘而不毅，則不能致遠；毅而不弘，則不能任重。必任重致遠，方可爲車；必弘、毅兩全，方可爲士。

「未可與權。」漢儒以反經合權，故有權變、權衡之論，皆非也。權只是經也，既不反經，何不言權？

權者經之對，經猶秤衡，權猶秤錘，秤衡一定，秤錘無定，所以隨時取中者也。爲後人多錯用「權」字，一切以反常爲權。權而不失於正，是權之本義。故伊川矯正之而指權爲經。雖言語少過，要之權而不失其正，雖權也，猶經也。晦翁已微辨之。

「不忮不求，何用不臧。」晦翁何以知爲孔子引《詩》以美子路？愚謂此與「衣敝緼袍」自是兩章。此兩句特是子路雅好誦之，故夫子以爲是道何足以臧？非孔子引之也。

若子路雅誦此詩，即與「三復白圭」無異，而孔子抑之，可謂不成人之美矣。又不知此章何故在「衣敝緼袍」之下，記事者乃無法度如此，請歸與尊翁講之，老夫誦師之言，亦未能無失，且斷斷自守耳。

蓋子路好勇，必無忮求，自足於此而道之，故孔子因其無日新之功而進焉。

意、必、固、我四者，一節似重一節，自始於意，而至終於我，則私意做愈深。《集註》乃云：至於我，而又生意，發明始終，循環之。義未曉。

且就四字各看，認得頭面定後，方看他相

因處。

「衣敝緼袍」一章。子路不以貧富動其心，而可以進道如此。至於在陳絶糧，如何便慍見？

子路與朋友共，不忮不求，於名利得失事已豁除了，子路終身誦之，而子曰「是道也，何足以臧」，便見聖人會煅煉人，如石匠下鐵鎚相似。子曰：「富與貴，是人所欲也。」上一段只欲審富貴，安貧賤，是取舍之分明；下一段造次顛沛必於是，是存養之功密。子路不以富貴動其心，雖是明得取舍，至於絶糧，是逆境事，非樂天者不能處此，子路處不得，是存養之功尚未密也，顛沛處却又違仁。

横渠云：仲尼絶四，自始學至成，終竭兩端之教。如何？

據横渠此言，謂此是教學者之法，雖始學之人，便當以此教之，他日作聖之功亦在此。聖人之教，無有不該貫首尾者，所謂徹上徹下語也。

「後生可畏。」《集註》謂焉知其將來不如我之今日乎？不知夫子把自家做甚底地位，令學者及時自勉以致此乎？

人皆有作聖之資，聖人直是如此看待也。

孔子從先進，無取於文也，然周監二代之文，夫子又欲從周。

先進，即周家先輩行禮人。如周、召之類。周末文勝，寖失周公制禮之意，已非周公之文矣。從先進者，正是反本復始，從周公之文也。

「顏淵死，門人欲厚葬之。」《集註》云：喪具，稱家之有無，而厚葬之，不循理也。孟子以後喪踰前喪，樂正子前士後大夫之論是矣。而曰貧富不同，竊以葬禮，自天子達于庶人，必有等差，當視義之當否可也，今毋乃有遺論耶？

喪禮，固有分，亦須兼稱貧富。固有分，雖得爲，而貧不能舉禮者，故古人但云「稱家之有無」。分不得爲者，不在此限。惟《孟子》兩言最盡：「不得，不可以爲悦；無財，不可以爲悦。」

晦翁謂幽明終始無二理。程子謂晝夜死生之道。意者此理非有二塗，所謂一而二，以幽明終始言之；二而一，蓋死復生，生復死，人復爲鬼，鬼復爲人，如晝夜之循環。

氣聚則始而生，氣散則終而死。聚而生者爲人，散而死者爲鬼。有聚則必有散，聚散本一理也。原始而知其所以生，則反終而知其所以死。所謂一而二者，聚散本一氣，分而爲聚散耳。所謂二而一者，雖分而爲聚散，其實一氣耳。惟其一而二，故有生必有死；惟其二而一，故知生則知死。

鬼神之事，以爲無邪，則四時之祭祀皆可無也；以爲有邪，則事死如事生，事亡如事存，溫凊甘旨之奉，不可一日無也。

此淺學浪問。鬼神乃二氣之屈伸。二氣有無時否？鬼者陰之靈，神者陽之靈。在人之身，即爲魂魄，人死則魂升魄散，雖散於無有，然生氣之分於子孫者，即其氣猶在也，故其子孫賢者之死而致生之，則其鬼

神；不賢者之死而致死之，則其鬼不神。

子路、曾晳、冉有、公西華言志，夫子獨與點。程先生曰：孔子與點，蓋與聖人之意同，便是堯舜氣象。又曰：曾點，狂者，未必能爲聖人。

凡狂者，志高而行不副。謂其志高，故見大意而聖人與之；謂其行不副，止於見大意，終不入聖人之室。

《集註》：程子與點，是堯舜氣象，子路只不達爲國以禮道。

闕❶之矣。

「克己復禮。」己私克去，則天理自明，又何待禮邪？莫是克己之後，儘著得工夫？

今釋子作家有能克己，掃除得空盡，只是不復於禮。聖門克己工夫，事事著實，不是將天理自明都粗瞞了。

「克己復禮。」《集註》謂「私慾净盡，天理流行」。如此積累工夫，如何一日克己復禮，天下便能歸仁？

此語是趲趣顏子當下便勇猛用功，不可只問人面商量，爲之在我而已，我能一日勇猛，直截掃去己私，復還天理，即仁便歸我。言天下以仁而歸我，非天下歸我之仁。顏子是陽明燥性人，故説得此語，餘子領不去。

❶「闕」，元刻本適空闕第五十七葉一葉，明刻本接下「之矣」，非。

顔子未至於聖人處，猶是心粗。

心粗，謂未能純體光明，猶有黑暗在裏，有一分黑暗，便損一分光明；有二分黑暗，便損二分光明。顔子心境已七八分光明，但猶有一二分暗處，故言猶是心粗。

「言不順，則事不成，刑罰不中。」未曉貫通意如何？

言不順，如以子爲君，以父爲臣，稱呼不順。既不順，故事實俱礙，謂之君者，不成君之事；謂之臣者，不成臣之事；君不成君，臣不成臣，則事事失序，物物不和，更復説甚禮樂？既無禮樂，則七顛八倒，有甚是底宜？刑罰不中，而民無所措手足。

「如有用我者，期月而已可也，三年有成。」「善人教民，七年亦可以即戎。」如何？

布置紀綱，一年可辦，風行俗易，須待三年。善人功用較遲些，然亦不害爲善政也。

鄉黨稱弟，宗族稱孝，乃在行己有恥之次，何耶？

士者，男子壯烈之稱。《論語》凡説士處，多主節概而言，如孝弟稱於鄉黨，此特一鄉善人，於士義未弘也。

樊遲遊聖人門而問稼圃，志則陋矣，然古之聖賢，若大舜伊尹，皆躬稼畎畝，習農圃事，何聖人深斥樊遲？

遇此時則習此事。遊聖人之門，所學者何事？

「邦有道，危言危行」，甯武子仕衛文公，

有道則無事可見，成公無道，則能盡竭心力，不避險難，以保其身。

甯武子乃圓機之士，非有危言危行，此事叔向近之。

夫子「請討陳恒」。竊意天子討而不伐，諸侯伐而不討，夫子莫是使哀公請於天子而討之耶？

聖人作事，名正言順，不應以燕伐燕。

胡氏云：「《春秋》之法，弑君之賊，人人得而討之。」仲尼之請討陳恒，此舉先發後聞可也。然孔子當時致仕居魯，不審果可以先發後聞耶？

上必告之天子，下必告之方伯，內必合君臣之謀。聖人舉動，必不輕鋭。

「高宗諒陰，三年不言。」夫子以爲古之人皆然。彼士庶人，無人以攝事，雖欲不言，得乎？

《喪禮》云：百官備，百物具，不言而事行者，扶而起；註：謂天子、諸侯。言而後事行者，杖而起；謂士、大夫。身自執事而後行者，面垢而已。謂庶民。

夫子告子貢以「一貫」，與曾子同。朱子謂告曾子以行言，告子貢以知言。

既是一貫，本不可分知、行，只緣子貢以知識入道，至晚猶無奈，許多知識剥落不下，故聖人從他明處點化他，猶自領會不去。以忠恕而明一貫，驗得是行；以知識而明一貫，驗得是知。一貫固不可分，但向人語處，人頭各有塗轍。

「志士仁人，殺身成仁。」夫殺身之事，誠難矣，未曾實有所得，實有所見，誰忍捐生就死？

有志之士，所存主處不污下，故決不肯苟賤以偷生。程子曰：「古人殺身成仁，亦只成就一个是而已。」既謂之成仁，則必如是而後天理人倫無虧欠處，生順死安，無悔憾。當此境界，但見義理而不見己身，更管甚名譽邪！

殷輅周冕，奢儉不同。《集註》以冕物少而加衆體之上，故雖華而不爲靡，雖費而不爲奢。竊謂聖人制作之意，不拘於此，止謂冕，朝物也，故不可從儉；輅，步車也，故不害於儉。

禮有以文爲貴者，冕也；有以質爲貴者，車也。

「耕也，餒在其中；學也，祿在其中。」兩句似相反。

耕本謀食，却有時而餒；學非謀食，却可以得祿。所以分大人、小人之事。

「人能弘道，非道弘人。」《集註》云：「性不知檢其心，非道弘人也。」

性指道，心指人。

「知及之」一章。《集註》乃謂「氣習之偏」。既謂到仁地位，純乎天理，無一毫私意間隔，此等病源從何而入？氣習之說何謂？

雖聖人不敢如此說，亦須隨事省察檢點，惟恐有不莊不敬處。此只是逐時提撕，毋令有罅漏，非是於此時方欲學莊敬也。

陳亢謂聖人遠其子，未免以私意窺聖人。

古者易子而教之，父子之間不責善，乃天理如此，非私意也。

上智下愚不移，與韓子三品言性合否？

三品之説，略相似《論語》。性近習遠，正説中品。

先聖論性，只説「相近」兩字，自孟子以下説性，累累不同。

荀、揚、韓子之論性，不待生於孟子之後，各占一説以相反，東坡説得刻薄。孟子時已自有諸家之説，見《告子》。要之同異之論，自來有許多般數，然亦各有理，故程子有「不備」、「不明」等語。

程氏釋「自暴自棄」謂之「下愚」。不知因甚了自暴自棄？是必其性之昏也，是其有善有不善也，豈專其才之罪哉？

程氏以才爲氣稟之性言之，則本善，以氣質之性言之，則有善有不善。

「太摯適齊」一章

魯，周公之後也，所用之樂，周之樂也，典樂之官，又皆周之舊也。在周盛時，禮制樂作，寓之形器，存之有司，凡六律六吕之節，六德六師之要，太師掌之，所以合天地陰陽之和也，凡王之大食，皆奏鐘鼓，侑食既以樂，徹食又以樂，大司樂、膳夫諸臣掌之，所以養君心而成君德也。

「子夏門人問交於子張」章

闕❶

子夏心量窄狹，子張志氣高粗，子夏常失之不及，子張常失之過。

「仕而優則學，學而優則仕。」

學是講此道理，仕是行此道理。學有餘暇則可入仕，仕有餘暇又當講學。主學而言，則仕爲餘用，主仕而言，則學有餘功，互相發也。

子曰：「父在觀其志，父沒觀其行，三年無改於父之道，可謂孝矣。」

先儒有説：父在觀其父之志，父沒觀其父之行。此説亦通。如何《集註》都不用此説？以此見若如此説，連下个「三年無改於父之道，可謂孝矣」，説不通，蓋才説孝，便主子説了，所以上面「志」與「行」都就子邊説，非獨如此，蓋父在時，豈無志之可觀？父既沒，豈無行之可見？此説亦通。

子曰：「道千乘之國，敬事而信，節用而愛人，使民以時。」

晦庵説「五者反覆相因」，如何是反覆相因處？蓋從敬事而信起説作下去是如此，而後能如此，如人能敬，則做事專一，自能信，既能信，則必欲所行孚於民，自然能節用，既能節用，自然不傷財而至於愛人，既能愛人，自然能使民以時，這是如此而後能如此，是自上而下，相因如此。如自下面説作上來，則是如此，而又不可不如此，如以敬去做事，便不敢苟簡胡亂去做，須要十分好方止；既得好，便不至於苟簡變更，這便是

❶「闕」，元刻本脱第六十二葉一葉。明刻本接下，誤。

能信。然做此一事時久，或昏，或爲權勢所移，或爲利害所動，前日出一令既如此，今日又變了如彼，這便是不信，便有妨於敬，所以著别下工夫於信，去補這敬；然只知信，或出一政，堅如金石，行一令，信如四時，更不可移易，此固是好，然而自家這奢侈之心，或有時而生，不能節用，要如此廣用，則是所令又反其所好，却有害於信，故又須著去節用方得然；只恁底節用，不知有个中底道理，則或至於豚肩不掩豆，澣衣濯冠以朝，心下已有所吝嗇，則凡民有饑荒，不能去發倉振廩，恤貧濟乏，至於築城鑿池，思患預防，不可已底事，亦吝嗇了，不損財以爲之，是知節用而不知所以愛人，則節用又成落空了，此節用所以不可不愛人。然既愛民，又須使民以時，如春來當畊，夏來當耘，秋來當斂，便當隨時使去做，至冬來閒隙之時，方用他得，不然則所謂力本者不獲自盡，雖有愛民之心，而民不被其澤矣，此自下相因而上如此。

「如有周公之才之美」一章。

驕者，吝之枝葉；吝者，驕之根本；不可執一說。此兩句晦翁是主驕説，故以吝爲本根，驕爲枝葉。若主吝説，則驕亦吝之本根，吝亦驕之枝葉。如此看，方著得下兩句：「未有驕而不吝，吝而不驕。」但吝是氣斂，藏在内，驕則發見在外，有誇滿盈溢之意。立辭只可以吝爲本根，驕爲枝葉，到下兩句方見得相爲用。且如今時人，起大屋，做好器用，著好衣服，以此去矜誇人，則必藏蓄待多，不肯胡亂與人。若與人，則藏蓄不多，無可以驕矜人者，原其本，只吝嗇愛惜其物，直是以物爲重耳。所以如此，如謝

顯道見伊川先生，數年不相見，問做甚麽工夫，答曰：某只去得个「矜」字。人才要矜誇人，必要宫室侈麗，衣服奢靡，服用奇好，所以謝顯道買得一管筆，便使了，掉了，不愛護愛惜，皆所以降服心性，凡物不要藏蓄，使了便了，如原憲説「怨欲不行」，地位直是制這些子，孔子以爲難，不以爲仁，要人須是連這本根除將去，方始得。

「狂而不直」一章。

狂者，只是説大話、立大論底人。這狂人，凡心下有事，都説出在外，亦無遮蔽，但直行將去，也好。今有狂人者，都恁底説大話，立大論，至於到利處，但知有己，反以義責人，却不直。侗者，凡事只是恁底謹愿，不敢妄動，也好。而今侗者，却不愿要妄動。悾悾者，無能爲底人，都一向恁底朴厚，也好。而今無能爲人也，都會用許多詭詐。狂、侗、悾悾，這是得之於氣如此，至於不直、不愿、不信，都却習得如此，有是病而無是德也，是天下之棄人。

子曰：「三年學不至於穀，不易得也。」人孰無欲求利禄之心？常人固不足説，若子張爲聖門之高第，猶學干禄，可見爲學之久而不至於穀，誠不易得也。如今有人居山林之中，菜飯菜羹，極是清苦，這般人亦自難得。如顔子抱經世之才，可以任天下之重，可以爲卿相之位，却教他在陋巷中，只有一簞食之奉，顔子於此不以富貴動其心，直是難，固宜夫子既稱之以「賢哉回也」，又稱之以「賢哉回也」。

子曰：「師摯之始，《關雎》之亂，洋洋乎

盈耳哉。」

此夫子歎美樂之盛美如此，是摯去後，❶惟懷其樂至美而不得見。

子曰：「篤信好學，守死善道。」

或問晦翁：《註》云「篤信而不好學，則所信或非其正」，不知人不知學，則所信何事？先生曰：時今有一等人，資質好，一有所聞見，便深信之，便不講學使道理分明，則至於其蔽也蕩賊狡愚，皆是不好學之故。以至孝或陷父，慈或敗子，皆是不好學之故，守死而不足以善其道。如今時人之事君，到臨君之難時，直是欲向前爲君而死，以爲我愛君而死，更不辨别我之所死，還是當死不當死，如荊軻、聶政之死，只是不當死而死，徒死而已；如伯夷、叔齊之死，死得極是，這般死方能善其道，孔子所以謂「殷有三仁焉」。

木鐘集卷一

❶ 「是摯去後惟」，元刻本、明刻本作「不知惟復是」。

木鐘集卷二

宋陳埴撰

孟子

孟子謂琴張、曾皙、牧皮爲狂士，曾點詠歸浴沂，便有聖人氣象，孟子謂夷攷其行而不揜，是以謂之狂。此果何見？

狂者，立志太高，故舞雩之事，胸次灑落如光風霽月，然其終不到聖人處，爲其志太高而行不揜，故終歸於狂，然人品終是不同，故聖人晚年常歎狂者不可得見。

柳下惠爲士師，三黜不去。《集註》以不能枉道之意，則有確乎不可拔者矣。燔肉不至，孔子行。聖賢出處，貴於見幾而作，柳下惠三黜而不去，何邪？

三黜不去，所以謂下惠之和，然不肯枉道事人，至其三黜，乃其介處，和而不失其介，所以爲聖之和。

孔子稱威公之正，管仲之仁，初未始有少貶。孟子於伯者之事，絶口不談，齊威、晉文，則以爲仲尼之所不道。何邪？

以威較文，彼善於此。要知挾天子以令諸侯，心術不正，皆三王之罪人，其後魏、晉正昉此，故孔、孟之門不齒管、晏，特孔子聖德寬洪，時或不揜其善，孟子衛道自任，故絶口不言，爲後學法也。

孟子論「不動心」，歸之「持其志，無暴其

氣」。二者固當兩下工夫。至公孫丑問孟子「惡乎長」，復告之以「我知言，我善養浩然之氣」，而不及「志」，何邪？

持其志處，即義理之養。孟子養氣，全在集義，乃持其志也。孟子細密工夫只如此，不肯下敬字，先儒謂其才高難當。

《詩》出於小夫賤隸之口，而後之言《詩》如高叟，乃不免於固。豈世儒反古者賤隸之不若？

《詩》人吟咏情性，故意象寬平；老儒執守訓詁，故意象窄狹。

文王治岐，關市不征，澤梁無禁；成周門關市廛，皆有限守，山林川澤，悉有厲禁；何也？

文王因民所利而利之，乃王道之始；成周經制大備，乃王道之成。

滕文公行仁政，孟子止許以善國，而不以王道期之，何邪？

滕介齊、楚之間，滅亡之不暇，孟子所爲謀者，無非王道，至無可奈何處，亦以太王望之，豈是不說？

君臣之大義，天地之常經。以其所待之厚薄而爲之輕重，世無是理。孟子寇讎之論，疑若與之背馳。

孟子此語是説大都報應如此，若忠臣、孝子，不當以此自處，當知天下無不是底君父。先儒謂孟子語有痕迹者，此等是也。若聖人則渾然不露，只曰：「君使臣以禮，臣事君以忠。」

「樂之實，樂斯二者」，還是就樂上有得，抑吾心有此二者，而發越呈露見之樂也？

「實」字當玩。且説其實，未説其華。如聲音歌舞，樂之華也。若言其實，即事親、從兄之時，油然自得其樂，此便是真樂，不假絲竹笙簧也。樂不能已，到手舞足蹈時，則五聲八音從此起矣。

戰國諸侯雖彊，東周猶在。孟子説時君，諄諄以王政勉之，似非尊天子、存王室之意。

孔子時，人心猶共戴周天子，名分尚存，故作《春秋》以尊王室。孟子時，人心已去，周室獨夫之勢已見，故説列國以行王政，文王之事商，武王之伐商，時中而已矣。取之而燕民不悦則勿取，春秋是也；取之而燕民悦則取之，戰國是也。

「周公思兼三王，以施四事。」夫禹、湯、文、武、周公，皆聖人也，而周公獨思兼之，何也？

斟酌三王之事而損益之，猶孔子之集大成。

「治地莫善於助，莫不善於貢。」如是則夏后之貢，毋乃猶未善乎？

法至後聖益密，故周兼夏、商之制，都鄙用助法，鄉遂用貢法。非不善，但比之於助，猶未善耳。

孟子見梁惠王，又見襄王，公孫丑乃發不見諸侯之問，何也？

按孟子嘗言：「古者不爲臣不見。段干木踰垣而避之，泄柳閉門而不納，是皆已甚，

迫斯可以見矣。」由是觀之，君必以禮來見，則自當見之，所不見者，其交不以道，其接不以禮耳，謂可聘而不召。《史記》謂梁惠王曾聘孟子。

「《小弁》之怨，親親也。」按晉太子申生厄於驪姬之讒，不辭而縊新城，正與宜臼事相類，後以申生爲恭太子，豈其不爲《小弁》之怨乎？

《詩》可以怨，當怨而怨，不害於義理之正。申生有見於禮，無見於《詩》，可以爲恭，未可以爲盡孝。然必有申生之心，而後可以權聖人之禮。

孟子言舜處類《小弁》，但《小弁》有怨而無慕，故不若舜。

以大事小如何是仁，以小事大如何是智？

仁者，無計較之私，忘其孰大而孰小。智者，有量度之明，自知不能敵大。

孟子言將降大任於是人，必先苦其心志。舜大聖人，猶有待於此，何耶？

聖賢越要從這裏過，百煉乃見真金。

君子以澤言，小人亦以澤言。不知小人更有甚澤，又均爲五世而斬邪？

澤謂波流浸潤。清水是清浸潤，濁水是濁浸潤。

《凱風》何以爲親之過小？

太子事關天下，七子事關一家。

孟子不見諸侯，自謂不爲臣不見，何爲而

見梁惠、齊宣？借曰梁惠卑辭厚幣招之遂往，齊宣亦豈招之而往邪？

孟子見齊宣事，首尾具見此書，中間孟子將朝王一段，乃始見之禮。看此一段，陳義如此，豈苟合易進者邪？是時惟齊宣能知孟子，禮之以賓師之位，未幾，便致爲臣而歸，可見於他國不合。梁惠王事見《史記》。必是如此，方見。

「孟子答梁惠王問利」一章，《集註》謂「利生於物我之相形」。愚意謂以物我相比，並有計較心，所以爲利。此處正横渠所謂世俗之習利心，但當以義理勝之。

公孫衍、張儀，皆事鬼谷先生，學縱横之術，自其一怒諸侯懼、安居天下息觀之，豈阿諛苟容者所能？若是而孟子乃謂其妾婦之道，何邪？自愚夫言之，則曰安居天下熄；自聖賢言之，乃妾婦之道。

「博學而詳説之，將以反説約也。」學不博，説不詳，而曰我知約，固陋矣。若博學詳説而志不在於求約者，則是外馳其心，非所以爲學也。

不博，則約無所施；學到約後，許多博處方有受用。見人喫不濟事，自喫方甘味。

「耳目之官不思。」耳目如何樣思？耳司聽，目司視，而不能思，惟心官主思耳。故心爲將帥，耳、目、口、鼻、四肢，皆卒徒也。將帥明則士卒聽，但當責將帥耳。

「君子有三樂，而王天下不與存焉。」晦翁《集註》謂此三樂一係於天，一係於人。

不知係於天、係於人處如何？

父母俱存，兄弟無故，此非人之所能爲。若教育英材，全在人事。

「君子不亮，惡乎執。」晦翁謂：「凡事苟且，無所執持。」此可以言不敬，而却謂之「不亮」？

不信實者，必苟且自欺。

《書》之「允執厥中」，與「子莫執中」之説，二者分辨如何？

「允執厥中」，乃時中之中，觸處是道理，活法也。子莫乃執一以爲中，死法也。霄壤之異。

「詖、淫、邪、遁」之辭，何以知其「蔽、陷、離、窮」？

辭之偏詖者，由其心之蔽於理；辭之淫放者，由其心之陷於欲；辭之邪僻者，由其心之離於道；辭之逃遁者，由其心之窮屈於義理也。

程子曰：萬物皆備於我，反身而誠，樂莫大焉，不誠則逆於物而不順也。

反諸身者，既是萬理皆實，即渾身是義理流行作用，何處不順裕？苟於實理無時即觸處滯礙，無往而非逆境，何樂之有？

「强恕而行，求仁莫近焉。」或疑强恕不可言忠。出《或問》。晦翁曰：有心爲恕，則忠固在其中矣。夫恕者，推己及人之謂也。所謂有心於爲之者，亦爲欲推己及人之事爾，未見所謂推己之意，不知如何謂在其中？所謂無忠，做恕不出，忠、恕二

事，不容去一者，何説以道之？

既曰推己之謂恕，若自己心裏元自不實不盡，元無忠亦惻怛骨子，更將何物推以及人？以此見凡説恕字，必有忠字在源頭了。所謂無忠，做恕不出，儘當玩味。今人皆不忠之恕，惟務苟且於一時，不復有己可推，亦無復近仁矣。

告子謂「不得於言，勿求於心」，孟子以爲不可。孟子又謂「我知言」，此言還是誰言？

言者，心之聲也。言上有病，便是他心上有病，當反求諸心可也。告子乃言不求於心，此是他不知言處。孟子法門與告子正相反，故於「詖、淫、邪、遁」之辭而知其所受病之處。蓋「詖、淫、邪、遁」，言之病也；「蔽、陷、離、窮」，心之病也。因其言之病，知其心之病，孟子所以爲「知言」。

堯舜與賢，禹傳之子。孟子以舜、禹爲相歷年多，伯益爲相歷年少。使舜、禹而施澤未久，堯、舜豈捨子而授之？

賢處占七分，久處占三分。不然，何以不使舜、禹便即帝位，而使居攝邪？此等大事，若天命人心未到馴熟脱落處，如何遽然踐履其上？

「夫子賢於堯、舜遠矣」，何以觀？

當時若無孔子，今人連堯、舜也不識。

湯事葛，文王事昆夷，正耶？譎耶？以言其正，何《詩》、《書》有「葛伯不祀，湯始征之」、「昆夷駾矣，維其喙矣」等語？

事之者，樂天之仁；伐之者，應天之義。處

處是道理，豈有計較心？執俗心以觀聖賢，陋矣。

孟子曰：「伯夷隘，柳下惠不恭。隘與不恭，君子不由也。」又曰：「聖人，百世之師也，伯夷、柳下惠是也。」

夷、惠皆絶德而不合中庸，故好處直是可學，弊處却不當學。

孟子曰：「聖人，百世之師也，伯夷、柳下惠是也。」夫伯夷，聖之清者也；柳下惠，聖之和者也；皆局於一偏之小成。孟子前面既以智聖巧力諭諸子，孔子偏全去處，其可否已有定論，今又以夷、齊爲百世之師，且繼之以況於「親炙」一語，苟二子有一節可取，則褒之亦不宜如此之過。

幾般樣小成。若吾子以清、和名一偏之小成，伯夷、柳下惠皆入聖來，故其清爲聖人之清，和爲聖人之和，作用處與常人萬萬不侔，但比孔子，猶爲小成之聖耳。

夷清惠和，雖未能集大成，然已謂之聖。孟子乃以「隘」與「不恭」目之，何其甚邪？

只可言聖之清，聖之和，非便謂之聖。隘與不恭，乃末流之弊，謂學夷、惠者爾，夷、惠自身却無此。

夷、惠其弊既隘與不恭，亦不足以有爲矣。孟子稱其皆能「朝諸侯，有天下」，於何處見？

其制行偏處，末流必有弊；其存心公處，堯、舜無以異。瑕瑜不相掩。

伊尹之任，非夷、惠比。蓋夷、惠，一流於清，一流於和。伊尹，未見其偏也。並言何故？

有伊尹之志則可，無伊尹之志則簒。其弊與二子同。

孟子論夷、惠二事，皆言其風流而獨不言伊尹，何故？

二子爲聖人之不能爲，雖不合於中庸，畢竟高于世儒。孟子欲破世俗之同流合污，所以再三致意，亦國奢則示以儉之意。

聖智終始，孰全孰備？巧力中至，孰難孰易？

學問統體只是始於致知，終於力行。知得透徹，則謂之智。行得透徹，則謂之聖。三子始焉之所知，只見得一邊道理，後來亦只於那一邊上做得透徹。此三子知不及於全，故行到處亦只是一偏之聖。夫子知得天下道理，四方八面，周匝普徧，故成就處兼總衆理，該貫萬善，不可以一節名。如作樂之法，始而宣之以金，是作大樂起頭，一部大樂之條理，便於此而始；終而收之以玉，是大樂之條理合當如此結尾，才作大樂起，便作大樂結；始才不如此起，終便不如此結。孔子起、結處皆是大樂，故可以條理言。三子只是單聲起結，皆無條理了。又譬之射焉，均至於百步之外，而有中者、不中者，蓋巧者知得到，則百發而百中；力者行得到，則至而未必中。由是觀之，學不難於行，而難於知，猶射不難於力，而難於巧。

「非禮之禮、非義之義」如何？

程門以爲如婦人之仁，宦寺之忠。晦翁以

爲凡禮義，不可泥陳迹，如可行於昔而不可行於今，可行於人而不可行於己。與夫辭之爲禮，亦有不辭之爲禮，受之爲義，亦有不受之爲義，行之人則爲禮，行之我則非禮，惟義亦然。大人者，義理周遍融通，故不爲非禮義之禮義。

「仁，人之安宅也；義，人之正路也。」

以仁爲宅，宅之至安者，千年萬年可居住，此主心而言也。以義爲路，路之至正者，千人萬人可由行，此主事而言也。安宅正路，曠之而不居，舍之而不由，却作沿山摘酢梨，豈非孟子所哀邪。

孟子曰：「夫道，若大路然。」又曰：「義，路也。」夫道爲義體，義爲道用，均謂之路，何邪？

道以路言，謂事事物物各有當行之路。義亦言路者，謂處事處物各就他當行路上行。前輩謂在物爲理，處物爲義是也。道、義皆人物所當行之路，故各以路言。然道若大路，則取其明白易知；義爲人路，則取其往來必由。不知道之猶路，無目者也；不知義之由路，無足者也。此孟子言意別處。

子貢稱夫子曰：「學不厭，智也；教不倦，仁也。」學所以成己，教所以成物。《中庸》曰：「成己，仁也；成物，智也。」何其言之相反？

仁、智，互爲體用。義精仁熟之後，道理縱看横看皆可。智爲體，則仁爲用；仁爲體，則智爲用。

「成己，仁也；成物，智也」，與「學不厭，

智也；教不倦，仁也」，如何相反？莫是成己言仁之體，教不倦是用處？學不厭言智之體，成物是用處否？

成己爲體，成物爲用；學不厭爲體，教不倦爲用。仁、智互爲體用。若合兩章言之，不妨如來意。

孟子曰：「親親，仁也；敬長，義也。無他，達之天下也。」夫仁義不止於孝悌，而孟子以爲達之天下，還是推孝悌之心以友愛天下即是仁義否？

此章無推此及彼之意。所謂達，乃達道達德之達，言人心之所同然也。親親，仁之發；敬長，義之發。仁義之道無他，人心之所同然耳。

「君子之於物也，愛之而弗仁。」夫仁者，心之德，愛之理。竊疑孟子之言，莫是愛與仁有小大之分？

「親親而仁民，仁民而愛物。」所謂一理萬殊，稱物平施。此仁字是用，援《集註》誤矣。待禽獸只有愛心，不可使失所，若夫牛不穿鼻，馬不絡首，一以人理奉之，則親、民何別？不幾於同人類於馬牛乎？仁者，人心也，有人理存焉。施於人者，不可施於物，乃理一分殊處。

墨翟以兼愛爲仁，孟子力詆之。至韓愈作《原道》，闢佛、老，乃指仁曰博愛之謂仁。

墨氏知仁而不知義，專主一偏。韓子言仁而必及義，發明全體。文字中形迹似者何限？須是與他剖别開去。韓子以博愛言仁，亦自有病，先儒言之詳矣。

義主於内。公都子謂行吾敬，故謂之内。嘗見《近思録》中云「敬義夾持」，如何？禮敬之義在外，如叔父，如弟，如鄉人，皆指外而言，故告子以義爲外。然敬之所施雖在外，而所以行吾敬處却在内，如當敬叔父時則敬叔父，當敬弟時則敬弟，當敬鄉人則敬鄉人，所以權其事宜而爲之差别者，則此理之權度未嘗不在吾心，故公都子以此折之。其辭簡而理勝，所謂辭不迫切而意已獨至也。義主敬兄，故此章説義處，常著敬來，乃是一串事。「敬義夾持」之語，是説敬以直内，義以方外，乃是兩頭事。

孟子曰：「仁，人心也。」程子曰：心如穀種，仁，其生之性。同乎？否乎？

心生物也。而所以能生者，以有仁也，故心如穀種，雖具此生理，然有形有殼，只一粒物耳，不能以自生，所以能生者，性實爲之。仁之於心亦然。人心是物，穀種亦是物，只是物之有生理者爾。然便指心爲仁則不可，但人心中具此生理；便以穀種爲仁，亦不可，但穀種中亦含此生理。穀不過是殼實結成，而穀之所以纔播種而便萌蘖者，蓋以其有生之性；心不過是血氣做成，而心之所以有運動惻怛處，亦以其有生之性。人心之與穀種，惟其有生之性，故謂之仁，而仁則非梏於二者之形也。孟子只恐人懸空去討仁，故即人心而言；程子又恐人以人心爲仁，故即穀種而言。以是知仁不止於二者，則凡有生之性皆是也。

「出入無時，莫知其鄉。」愚恐孟子不識心。」

范淳夫小女嘗有此語。明道先生聞之曰：此女雖不識孟子，却識心。

「養心莫善於寡欲。」欲，固心之所不能無者，但於其中識得真與妄耳。周子謂養心不止於寡欲，自寡而至於無，則是必閉口枵腹，然後可以得飲食之正；絶滅種類，然後可以全男女之别也，而可乎？

寡欲是操存持養工夫，乃學者事。若德盛仁熟之後，心不待養而存，即欲不待寡而無。當此境界，欲即是理，理即是欲，從心所欲，無非義理，雖謂之無，可也。

「學問之道無他，求其放心而已矣。」誠如是，即不須千頭萬緒理會學問，便一向求放心，如何？

學問之道，千緒萬端，必事事物物上都去理會將過，無非欲求其已放之心，鞭辟入身上來，在自家腔子裏，從此尋向上去，即下學上達工夫，正如《詩》三百篇，頭緒甚多，一言以蔽之，曰「思無邪」。學《詩》之人，每一章一篇，並存無邪之思以觀之，則百篇之義不在《詩》而在我矣。此章特爲學問務外不務内言之，所謂學問之道無他，就千條萬緒上，皆一一是求放心，必從心上下工夫，則學問非詞章記問之比矣。如云學問只是求放心，即不須千條萬緒，此却是禪家寂滅之説，非孟子意。

向聞先生説：盡心知性爲知其理，存心養性爲履其事。願詳其旨。

爲學只有兩字，「知」與「行」耳。知處是道問學，行處是尊德性，作博文約禮看亦得。

正心存心之分，養性知性之辨。

不起妄念是正心，不令外馳是存心，存此天理是養性，明此天理是知性。

盡心知性則知天，存心養性以事天。有何分別？

心體昭融，其大無外，包具許多衆理，是之謂性。性即理也。理有未窮，則心爲有外，故盡心必本於窮理，蓋謂窮究許多衆理，則能極心體之昭融而無不盡。性與天只是一理。程子曰：自理而言謂之天，自稟受而言謂之性。語其分則不同耳。既知得性，便知得性所從出，是謂知天。到得知天地位，已是造得此理了。然聖賢學問，却不道我已知得到這地位，一齊了却，又須知、行夾持始得，故必存此心而不舍，養此性而無害。存養工夫，到此愈密愈嚴。所謂敬以直內，是乃吾之所以事天，此時直是常在天理上行，天不在天而在我矣。知、行二字，不可缺一，且如自家欲事天，向使未知天爲何物，不知是箇甚麽；到得知天，却不下存養工夫，則亦非實有諸己矣。

知言然後不動心，此孟子意。觀程子意，疑其與孟子戾。

程子意，只知言，便是明理，緣明理不惑，故心不動。

「盡其心者，知其性」，知之有次第如此，「存其心，養其性」，履之有次第如此。又不知知天一節，在盡心前？在盡心後？晦翁以知性爲《大學》格物之謂，盡心爲《大學》知至之謂，又不知知天在甚地位？

所以能盡心者，爲其知性。天者，性之所從出。知性，則必知天，理實一源也。知在先，盡在後，所謂物格而後知至也。先存後養，亦是次序。《集註》難説，非於此可盡。

「故者以利爲本。」故者，已然之迹，是兼指善惡而言也。然人之性爲善則順，爲惡則逆，故以順爲本。不知下愚之人，果可以本言否？

善惡皆已然之迹，但順者爲本，則善者其初也，惡者非其初也。水無有不下者，水之本也，若夫搏之使過顙，激之使在山，豈其本哉？

孟子從源頭上説性，是説得第一節。程門却謂孟子説得繼之者善，則又似第二節。

孟子本意是説性之源頭，獨指純粹至善言之，即太極之本體也。但既以善定名，善者，惡之對，有善即有惡，所以諸子得乘罅而進，故程子以爲猶落第二義也。

程先生謂孟子説性善，只説繼之者善。昨聞先生云，水無有不下處，却是太極。據此説，則孟子似指流而至於海，終無所污者爲太極了？

孟子説時，本是直指一陰一陽之謂道來説，但善者惡之對，有善便有惡，故程子以爲不説得源流正派，説得繼之者善。蓋善猶水之清，惡猶水之濁，既以清爲水之性，則濁非水之性乎？要知清濁可以爲水之流，不可爲水之性，繼之者善亦猶是也。蓋繼之者，是説太極流行之第一節則可，謂是太極則不可。

孟子道性善，蓋謂性無有不善也。明道乃以爲善固性也，然惡亦不可不謂之性。其義如何？

才識氣質之性，即善、惡方各有著落，不然，則惡從何處生？以孟子説未備，故程門發此義。孟子專説義理之性。專説義理，則惡無所歸，是論性不論氣，孟子之説爲未備。專説氣稟，則善爲無別，是論氣不論性，諸子之論所以不明夫本也。程子兼質論性。

孟子説性，既以情言，又以才言。情固出於性，不知才字何處著落？

才猶質也。董子所謂質樸之謂性，其説起於此。

程子以才爲氣質之性。孟子曰：「若夫爲不善，非才之罪。」則是人善惡，又當以氣質論？

爲孟子把諸路一齊截斷了，故諸子不服，須是尋他不善路頭從何處來。

公都子問性三節，孔子性近習遠、上智下愚之説，相似否？

除第一問「性無善無不善」外，第二問即性近習遠意，第三問即上智下愚意。

程子釋「自暴自棄」謂之「下愚不移」。不知因甚了「自暴自棄」？是必其性之昏也，是其性又有不善也，豈專其才之罪哉？程氏固欲以補性善之論，然如此亦不通。

程子以才爲氣質之性，以天地之性言之，則

有善不善也。

「踐形」與「率性」如何？

盡性能踐形，率性別是道理。可看《中庸》。

《孟子》：「形、色，天性也。惟聖人，然後可以踐形。」聖人之踐形，莫便是踐此形、色之理否？

踐非踐履之謂，乃踐言之踐。聖人盡性地位，方償得他本來形色，真箇無虧欠處。學未至於聖人，則於性分道理未免虧欠，才於性分有虧欠，即是空具此形色，不能充踐滿足也。工夫在盡性，不在踐形。「惟」字、「然後」字當玩。

「天命之謂性」，則有生即有性，孟子何以深詰告子生之謂性？

生之謂性，孟子未便攻他，只謂他認生處爲性，更不分別人、物，是將血氣知覺爲性，凡物有血氣知覺者皆與人性，一見血氣而不見道理，此則不可也。

告子謂「食色，性也」。食色固是性，然此一句莫太無分別否？使口不止於味，而必求八珍九品；目不止於色，而必求錦綉文彩，亦可謂之性乎？或謂必皆中節方謂之性。中節之言是否？

告子不就道理上看性，去血氣上看，必至於滅天理。須於血氣中察見其道理流行處，方是聖賢言語。

君子不謂性命。

世人以上五者爲性，則見血氣而不見道理，以下五者爲命，則見氣數而不見道理，於是

人心愈危，道心愈微。孟子於常人説性處，却以命言，則人之於嗜慾，雖所同有，却有品節限制，不可必得而人心安矣；於常人説命處，却以性言，則人之於義理，其氣稟雖有清濁不齊，須是著力自做工夫，不可一委之天而道心顯矣。大要上是人心，人皆知循其在人，而君子則斷之以天；下是道心，人皆知委其在天，而君子則斷之以人。此君子言知命盡性之學，所以異乎常人之道也歟！

正命、知命、立命之所以殊。

凡死，雖均是命，但盡道而無憾者爲正。比干雖殺身，正也。盜跖雖永年，非正也。知，謂知此道理。立，謂盡此道理。不惑於死生壽夭，一成是天理排定，是謂知命。既知得了，不成一向委付於命，須是了盡自家身分上道理，無少虧欠，方是立命。盡是道理了，恁時死，方無憾，是謂正命。

平旦之氣。

大凡人皆有良心，終日汩汩不能加持養之功，事事物物常爲所惑，私意情慾滿於胸次，所謂良心斲喪無餘脈矣。然秉彝亦未遽泯也，至於夜，則氣静而思慮息，神定而心緒不亂，於平旦始興之時，未與物接，未萌他慮，氣之清明，猶有良心存焉，自此持守保護，不爲旦晝之所梏亡，則平旦之氣日漸充拓，積累之久，將見湛然虚明，生生之體不息矣。聖人者，清明在躬，志氣如神，萬象森列，紛至錯來，而吾心澹然。凡旦晝之間，皆虚明之體，何間於平旦之氣哉？孟子有平旦之説，其亦哀乎戰國之人而指其迷塗也。夫清明在躬，志氣如神，聖賢存

心養性，其氣未嘗不清明也，故方未與物接之時，氣之清明常存，逮夫既與物接之後，其氣之清明猶故，周流運用，隨處隨在，不聞有間斷時節，此上智之事，自蚤至莫，自生至死，其清明常如平旦之時，又豈可以平旦言邪？ 若夫下愚之人，良心既喪，外物交攻，而正氣始不存矣，所幸者有平旦之氣，猶可以持養，蓋夜氣之所息，發爲平旦之氣，當其未應物之初，喜怒不作，忿懥不形，良心猶有發見至微，若能於是保守之而勿失，培養之而不替，則亦可漸復其本然之良心，特人自不能思耳。 是以旦晝之所爲而梏亡之，晝之所爲，有以害其夜之所息，夜之所息，不能勝其晝之所爲，所以前日平旦之所僅存者，今已索然無有，名雖爲人，其實無異於禽獸。 孟子論平旦之氣，專爲人之放其良心者而言，其開悟一世之聾聵至切也。 此段境界，乃指示喪失良心者，欲其認取此時體段，從此養去也。 蓋平旦之氣，乃夜氣之所生，又關乎旦晝之所爲，惟旦晝之所爲者，能不與物俱往，則夜氣方和平，既和平，則平旦之氣亦清明，那時有隙光半點萌蘖，便是良心發見處。 人於此時能持循涵養，使其萌蘖漸漸光明，則雖當旦晝，也如平旦矣。 今人但晨興略略見得微眇，轉步便去利欲血氣上走，終日昏昏，所以索然無有平旦之氣，形雖具而心則亡，於禽獸奚擇焉？

浩然之氣。

養氣以集義爲主，勿忘，勿助長。 勿忘是工夫，不可緩；勿助長是工夫，不可急。 譬如人有田一頃，不知耘苗，令其自長，此忘之謂，工夫之緩也；亦有憫苗之不長，拔其欲

長，此助之謂，工夫之緊也。且如今有人煉丹，有文武火。丹豈無火？火猛則丹便走，惟慢火常在爐中，可使二三十年伏火之久，然後養成得丹。孟子養心之説，即養氣之喻，必有事如心中有主人翁相似，而勿正。正，即意也，不可著意之謂。

浩然之氣，恐即是血氣，而義理附在其中？

此煉丹法。未經煉時是朱砂，已經煉後全是一粒火。浩然之氣是將義理煉成血氣，純是一團義理，何言「附」邪？

「必有事焉而勿正，心勿忘，勿助長也。」孟子爲養氣設，程門作養心法，不知是何等工夫？

孟子之所以不動心者，以其善養氣也。所謂善養者，以直養之而無害也。直養者，即集義之謂；無害之者，即必有事焉而勿正之謂。蓋集義工夫緩則類於舍苗而不耘，急則類於揠苗而助長。若夫必有事焉，則其心常自惺惺，不少放下，而勿正，則又不當猛著力，勿忘、勿助長則既不失之緩，亦不失之急，惟孟子下工夫處有節度如此，所以養成浩然之氣，而能以不動心。要知集義乃養氣之藥料，「必有事焉」四句乃固製之方法，但孟子養氣以養心，其所成者，止於集義工夫，故話頭稍粗，程門轉此話頭爲養心法，養心以養氣，故其所事者，乃持敬工夫，而其説爲細，然其下工夫處，亦不過如孟子之節度耳。

昔聞先生説養氣一段，以「配義」、「勿正」分隸以「直養」併「勿害」兩段，莫識其詳。

浩然之氣，工夫綱領只在以直養之無害，所謂以直養者，下文「集義」一段是；所謂無害者，下文「必有事焉」一段是。養氣猶煉丹，集義處是丹之藥料，「必有事焉」四句是固製此藥料者，有好藥料，或固製不好，反能害人，此四句者，猶文武火。

「持志」還是敬否？

持處便是敬。

孟子言四端不言信。程子云：既有誠心爲四端而信在其中。

五行無土位，位在四象之中；五常無信位，位在四端之中。信者，實有此者也，實有此仁，實有此義，實有此禮、智處，即信也。然四端不得信則不成四端，所謂鼓無當於五聲，五聲不得不和；水無當於五色，五色不得不彰。

四端説。

性是太極渾然之全體，本不可以名字言，但其中含具萬理，而綱領之大者有四，故命之曰仁、義、禮、智。孔門未嘗備言，至孟子始備言之。蓋孔子之時，性善之理素明，雖不詳著其説，而其説自具；至孟子時，異端蜂起，往往以性爲不善，孟子懼是理之不明，而思有以明之，苟但曰渾然本體，則恐爲無星之秤，無寸之尺，而終不足以曉天下，於是別而言之，界爲四破，而四端之説於是乎立。蓋四端之未發也，性雖寂然不動，而其中自有條理，自有間架，不是籠統都是一物。所以外邊才動，中邊便應，如赤子之事感，則仁之理便應，而惻隱之心形；如蹴爾嘑爾之事感，則義之理便應，而羞惡之心

形；如過朝廷、過宗廟之事感，則禮之理便應，而恭敬之心形；如妍醜美惡之事感，而智之理便應，而是非之心形。蓋由其中間衆理渾然，各各分明，故外邊所遇，隨感隨應，所以四端之發，各似面貌不同，是以析而四之以示學者，使知渾然全體之中，燦然有條如此，則性之善可知矣。然四端之未發也，渾然全體之理，無聲臭之可言，無形象之可見，何以知其燦然有條如此？蓋是理之可驗，乃依然就他發處驗得。凡物，必有本根而後有枝葉，見其枝葉則知有本根。性之理雖無形，而端緒之發，則可驗。故由其惻隱，所以知其有是仁；由其羞惡，所以知其有是義；由其恭敬是非，所以知其有是禮智。使其無是理於內，何以有是端於外？由其有是端於外，所以知其有是理於內，而不可誣也。故孟子言：「乃若其情，則可以爲善矣，乃所謂善也。」是則孟子之言，亦遡其情而逆知之耳。仁、義、禮、智既見得他界分分明，又須知四者之中，仁、義是一箇對立底關鍵。蓋仁，仁也。而禮者，則仁之著。義，義也。而智者，則義之藏。猶春夏秋冬雖爲四時，然春夏皆陽之屬也，秋冬皆陰之屬也。故曰立天之道曰陰與陽，立人之道曰仁與義。是知天地之道不兩則不能以立。故端有四，而立之兩耳。仁、義雖對立而成兩，然仁實通乎四者之中。蓋偏言則一事，專言則包四者。故仁者，仁之本；禮者，仁之節文；義者，仁之節制；智者，仁之分別。猶春夏秋冬雖不同，而同出於春。春則春之生，夏則春之長，秋則春之收，冬則春之藏也。自四而兩，自兩而一，則統之有宗，會之有元矣。故曰五行一陰陽，陰陽一太極。是天地之理固然也。

仁包四端，而智居四端之末者，蓋冬者，藏也，所以終萬物而始萬物者也。智有藏之義焉，有終始之義焉。是惻隱、羞惡、恭敬三者，皆有可爲之事，而智則無事可爲，但分別其爲是爲非耳，是以謂之藏也。又惻隱、羞惡、恭敬皆是一面底道理，而是非則有兩面，既別其所是，又別其所非，終始萬物之象也。故仁爲四端之首，而智則或終而或始，猶元爲四德之長，然元不生於元而生於貞。蓋天地之化，不翕聚則不能發散，理固然也。仁智交際之間，乃萬化之機軸，循環不窮，吻合無間，程子所謂陰陽無端，動静無始者，此也。

「君子深造之以道。」

此「道」字，非道德之道，晦翁所謂深造之方門也。方門，方法也，如孟子所謂必有事焉而勿正、勿忘、勿助長之意，不疾不徐之謂也。以法度而深造之，優而游之，使自得之，饜而飫之，使自趣之，欲其自得之也。「自得」以下，皆爲學之效驗耳。「左右逢原」意最好。「左右」有近意，有不一處意。學至於自得，則理只在左右之近，觸處見本原，此豈我帶來道理？亦只事事物物元有道理，森然已具，吾人自得之餘，取之而逢見之耳。

「過化存神」如何？

「過化」，謂所經歷處便風聞而化。「存神」，謂所存主處便神妙不測。如不言而信、不怒而威之類。本旨只爲王者本根盛大，與伯者小補迴別，不要作性理説。

《孟子》一書何不言《易》？

以運使而能問《易》於主簿，以主簿而敢言運使不知《易》，此皆知《易》之大者。此程門公案。《孟子》雖不言《易》，觀其變通知時處，無處不是《易》。

公孫丑問孟子：「加齊卿相，由此伯王不異，如此則動心否乎？」孟子曰：「不動心。」前輩作不動於卿相說。程門說道，公孫丑恐孟子當此事不去，有所疑懼。此何見而云耳？

當將後面孟子答公孫丑語，并公孫丑問之言詳之，則程子之說真有所據。若公孫丑問孟子動心於卿相，孟子自將伯夷、叔齊等人答之，必不說及養勇道理。

布縷、粟米、力役，以《周禮》一書觀之，是用其一，緩其二否？

《周禮》三者之征俱有，但用之先後無可考，便當以《孟子》之言爲周禮。

程子謂孟子有些英氣，又云英氣甚害事。不知孟子英氣見於甚處，又不知英氣如何害事？

「說大人則藐之」之類爲英氣。英氣是有芒角，到聖人地位，則渾無芒角。今尋常柔善的人，却須要些英氣，不是即奄奄泉下人矣。

程子云：「論性不論氣，不備；論氣不論性，不明。」願詳其旨。

孟子性善，從源頭上說，及論情論才，只是說善，不論氣質清濁厚薄，是不備也。諸子紛紛之說，各自把氣質分別便作天性看了，其不明之失爲害滋甚。孔門性相近，習相

遠，却説氣質之性，上論清濁，至説上智、下愚，乃論得氣清之十分厚者爲上智，氣濁之十分薄者爲下愚，其間相近者，乃是中人，清濁在四六之間，總起是三等氣質。此説乃是與孟子之説互相發明。要知孔子只説氣質之性，孟子是説源頭本然之性，諸子只是把氣質便作本然之性看，錯了。

孟子全不論氣質之性，只論正性，是其説猶未備。若諸子渾不説得正性，只論得氣質之性，則是不明大本矣。所以程門必合而論之，其説既備，其理又明。

何謂孔子「集大成」？

成者，樂之一終，《書》所謂「《簫韶》九成」是也。樂有八音：金、石、絲、竹、匏、土、革、木。若獨奏一音，則其一音自爲始終，此樂之小成也。若八音并奏，始以大樂起，終便以大樂終，所謂合衆小成而爲一大成者，此樂之大成也。樂之小成大成若此，孟子舉此，正欲喻三子之各極其偏，而孔子之獨備其全也。且學問體要，惟始之致知，終之力行而已。知之明，則爲智；行之至，則爲性。始之知止於一理，而終止成於一理，此三子也。始之知兼夫衆理，而終之卒成於衆理，此夫子也。吾觀伯夷之清，伊尹之任，柳下惠之和，其始之知，止於一理上見得透徹，故其終之聖也，止各成於一德而已。夫其止於一德者，彼各自以一德爲大矣。以清爲大者，則以任爲小；以任爲大者，則以清爲小；以和爲大者，并以清與任爲小矣；於是各以一德自爲始終，亦由樂之一音，自爲起結，所以爲小成也。孔子之大成，豈外三子之聖而爲聖耶？亦曰集衆小以成其大，集衆卑以成其高，集三子之

清、任、和，時出而用之，所以備道全美，而度越諸子，亦猶八音並奏，集諸小成而爲大成也。三子自樂於爲大，而不屑於小，故卒成於小也。孔子不恃其大而棄其小，故能成其大也。

仁、義、禮、智之端，與仁、義、禮、智之實如何？

端者，端倪也，物之緒也。人受天地之中以生，具太極渾全之體，凡天地間千條萬件、精粗小大道理，無不悉備其中。綱目之大者有四，故名之曰仁、義、禮、智。然其未發也，則渾然而已，寂然而已，無聲臭可聞，無形迹可見。果何從而知有四者之體？亦就其端緒之發見者驗之，因其惻隱之情發見而知其中之有仁，因其羞惡之情發見而知其中之有義，因其辭讓之情發見而知其中之有禮，因其是非之情發見而知其中之有智，使其無是理於內，則何以發是端於外？由其有是端於外，所以知其有是理於內，譬之繭絲，外有一條緒，便知得內有一團絲，若其無絲在內，則緒何由而見於外？孟子所謂「乃若其情，則可以爲善矣，乃所謂善也」，亦由其情之發見者善，所以驗其性之善也。此惻隱、羞惡、辭讓、是非之情，所以爲仁、義、禮、智之端也。

實者，真實也，對華而言也。仁、義、禮、智，其用廣大而切近真實之處，則莫大於孝悌之道，故仁民愛物，皆仁也，然此特仁之華耳。仁主於愛，愛莫大於愛親，則愛親乃仁之實也。事君敬長，皆義也，然此特義之華耳。義主於敬，敬莫大於從兄，則從兄乃義之實也。吉、凶、軍、賓、威儀、品節，皆禮也，然此特禮之華耳。節文此孝悌之道而

行之，則禮之實也。辨白是非，決擇真僞，皆智也，然此特智之華耳。知極此孝悌之道而不失，則智之實也。仁義禮智之用至大，非孝悌便能盡得，然其真實切近者，則不過於孝悌之間。譬之木焉，有華有實，實在所重，華在所輕。有子謂「孝悌也者，其爲仁之本與」，「君子務本，本立而道生」者，此實之謂也。自古説性，未嘗備言，至孟子方始備言。蓋其時異端並起，性分之理不明，往往以性爲不善而莫之率，故孟子於人不知不覺處提出惻隱、羞惡、是非、辭讓之情，使人驗而知爲仁、義、禮、智之端，於人日用常行處提出孝悌之事，使人由而行，而知爲仁、義、禮、智之實。此皆前聖所未發，而孟子發之，其有功於後學者多矣。

明道言「舜發於畎畝之中」至「孫叔敖舉於海」，若要熟，也須從這裏過。熟處如何？

更嘗變故多，則閱義理之會熟。熟，謂義理與自家相便習，如履吾室中。

成德、達材之分如何？

成德如顏閔，達材如由賜。此指教者言。成德謂成其德，達材謂達其材，隨其淺深，令各有所就。

窮理盡性以至於命如何？

講學明理之後，方能擴充以盡其性，到盡性田地，方是了當爲人之理，方於本來賦予自家底無少虧欠，乃聖人極至之事，毫髮無遺憾處，必如是而後與天無間，故以至於命。蓋到此地位，自家便做天命了，更不須別説

知命、立命。

人性本善，氣有清濁，了然可見，但未識才字頭面如何。程子謂才稟於氣。朱子謂才，材質，人之能也，人有是性，則有是才，意者才即材能，人生出來便會做得堯舜，初無上智、下愚之分。故愚於程子之說粗曉，朱子則謂程子此說與孟子不同，如何？

才猶材質，所以能爲善、能爲惡者，即此材質爲之。既是材質，即帶氣稟上行，故又言氣質。氣質有清濁厚薄，所以說善固是性，惡亦不可不謂之性。孟子把諸路頭一齊截了，謂性善，才又善，情又善，惡從何處來？諸家必欲究見惡之根柢，則孟子之說，容有未備。故程子論性，必兼氣質言之，謂「論性不論氣，不備；論氣不論性，不明」，所以晦翁謂有異同。

「持其志無暴其氣」，當兩下工夫，繼此乃只言「知言」、「養氣」，而不言「持志」者，莫是「養氣」即是「持志」，舉一隅可見？

持志、知言、無暴其氣，本都是不動心工夫。告子不動心法，只是曰持其志，更不理會養氣，亦不理會知言，故孟子既言告子之失，而自謂我之不動心，却有此兩節也。

夫學問之道，既曰收放心矣，而有所謂正心、養心、存心、盡心，不知如何頭緒恁地多？

存養專一，即是收放心。存養既熟，則心得其正，而全體昭融，方可言盡心。

「《春秋》，天子之事也。」夫子還有此

意否？

此謂聖人以王法繩諸侯，所褒所貶皆是奉行王法，即空言以寓行事，與天子無異。此聖人大用，非孟子不能知，胡氏《傳》發明備矣。

「治人不治反其智。」然智，所以辨是非也，治人者，豈止於辨是非乎？

治，謂人主臨民，必有明照之智，方能服得人，臨民而民不服，是自家明照不足也。

孟子曰：形色，天性也。告子曰：食色，性也。二者之分如何？

形色爲性，是引形氣入道理中來。食色爲性，是逐道理出形氣外去。霄壤之分。

孟子曰：「久於齊，非我志也。」三宿出晝，猶以爲速。何哉？

孟子之志，不欲久居齊者，知齊王之不足有爲也。孟子之心，不忍速去齊者，覬齊王之猶可有爲也。

「王者之迹熄而《詩》亡。」蓋謂《黍離》降爲「國風」而「雅」亡。不知是經聖人删《詩》後降爲「國風」耶，抑《黍離》諸詩氣象卑下，有類於《國風》邪？

「雅」詩多是王者朝會燕饗樂章，或是公卿大臣規諫獻納之所作，東遷以後，朝廷既無制作，公卿又無獻納，故「雅」詩遂亡，獨有民俗歌謠，其體制聲節與列國之風同，故止可謂之「王風」，非聖人能降之也。

「君子所過者化，所存者神。」横渠先生云：性性爲能存神，物物爲能過化。

性本清靈，能性其性，則本體之清靈具在而一塵不染，故所存者神。心本無物，當應物，只是因物於物，使物各當物，物去而心不與之俱往，故所過者化。

讀「孔子登泰山小魯」一章，晦翁解「難爲水」、「難爲言」，以爲猶人不可爲衆之意。

仁不可爲衆，言仁者難爲衆看，有幾多人衆來到仁者面前？皆使不得，猶泰山之前難爲山，大海之前難爲水。

布縷、粟米、力役之征，國家缺一不可，況《周禮》之制亦皆取之於民，而孟子曰：用其一而緩其二。晦翁乃有夏秋之辨。夫秋夏之説，始出於唐。不知何所據而云？

緩，非廢其征，但不作一時併征之耳。《月令》：孟夏蠶畢而獻繭税，孟秋農乃登穀，始收穀。布縷征之夏，粟米征之秋，乃古法，若唐分兩税，非止布縷、粟米之征，乃是取大曆十四年應該賦斂之數，併而爲兩税，名同實異，失孟子之意矣。

「堯舜，性之也；湯武，反之也。」有輕重否？

二字雖不同，然皆與性字相拗。性之是生來自然如此，身之是踐履做得如此。性之是不學自能，反之是必學而後能。

孟子説不當見諸侯，又却不遠千里，自來見梁惠、齊宣。

陳代問之，公孫丑問之，萬章問之，只爭往見不往見，召與不召。所以見梁惠王，《史記》以幣聘則見。齊宣未曉其義。

「持其志，無暴其氣」，當兩下工夫，繼此只說「知言」與「養氣」，乃不兼言「持志」，何也？

孟子養氣以集義爲主。所謂集義者，以直養而無害耳，是即持志之謂。

孟子答彭更之問，其於「食志」、「食功」之說，皆所不取，然「食功」、「食志」，皆非待士之禮處。

「子何以其志爲哉？其有功於子，則食之。」「然則子非食志也，食功也。」此是一章歸宿處。孟子所以傳食諸侯，不以爲泰者，以其有明道之功耳。

「夫仁，亦在乎熟之而已矣。」《集註》謂不熟，反不如他道之有成。不知他道指何物而言？

他道，如百工衆技，百家諸子。皆是深言仁之不可不熟耳。

盡心、知性、存心、養性，上是知工夫，下是行工夫。然上一節知性在先，盡心在後；下一節存心在先，養性在後。何也？

知性，即窮理格物之學，是工夫最先者。盡心，即《大學》知至境界。存心，即誠意正心之謂，養性在中矣，非存心外別有所謂養性工夫，故養性在存心下。

「必有事焉而勿正。」孟子本爲養氣設，程門乃轉作養心法。

《孟子》一書持敬工夫少，如此二句，最爲細密，然其用處亦只施於養氣，其所謂事者，只指義直而言，大概工夫較粗些，所謂孟子

有英氣，謂此。程門愛此二句，故借轉作敬用。

聖人不思而中，謂明睿所照，萬物森然而無所逃，初不待攷索而得。然周公仰而思之，夜以繼日，何耶？

據聖人地位，可以不思，可以不勉，可以不學，然聖如堯舜，愈兢兢業業，何曾謂我自聖來？此人心所以不死，天理所以常行。聖人爲人立極處，爲有此心。

立命、正命、知命之辨。

立命，謂不惑於短長之數，但當修身以俟。正命，謂盡其道而死，不死於非命，如殺身成仁亦是盡道。知命，謂知許多道理。

孟子道性善，先儒又謂善固是性，惡亦謂之性。何如？

孟子專説義理之性，諸子專説氣稟之性。專説義理，則惡無所歸，是論性不論氣，孟子之説爲未備。專説氣稟，則善無所別，是論氣不論性，諸子之論爲不明。程子兼質論性。

「夫子賢於堯舜遠矣」，何處見？

衣於斯，食於斯，寢且處於斯，終身由而不自知，夫子之功所以與天長地久，雖堯舜不能與也。

孟子通五經，又不知所遺者何經？

孟子亦不見《周禮》，故説班爵禄處與《周禮》别。

何以「夏后氏五十而貢」？

夏商若同是井田，則皆八家同爲一井，但田

有多寡耳。夏之井,則爲五十畝者九,其中五十畝爲公田。商之井,則爲七十畝者九,其中七十畝爲公田。此以周井田法約之。但孟子言,唯助爲有公田,貢則什取其一,即是夏之貢不井,但於五十畝之中抽十之一以供貢;商之助則井,却於七十畝之外,別取公田之什一以輸官;周之徹既是井田,則亦於百畝之外,以公田之入供官;餘説甚長,非可以立談盡。

既是「持其志無暴其氣」,當兩下工夫,繼此説「知言」、「養氣」而不説「持志」,何邪?

集義便是持志。孟子細密工夫如此,不肯下一「敬」字,所以先儒謂孟子才高難學,學之無依據,不得如顔子親切者,此也。

「庾公之斯」一段。《集註》云:雖存私恩,猶害公義。君子於此時何以處之?

若論王事,則見君而不見師,所以去金發矢,猶是一夫之小德,比於一飰之恩耳。

齊景公説晏子之對,是以自責省民,興發補不足。齊景公始知此意而爲之未足爲至也,而遂有君臣相悦之樂。若晏子者,既告其觀游之事於始,至此乃不復有警戒之言。未知是否?

須看他相悦者是何等事,作樂者是何等語。臣規諫而君聽從,異乎人之相悦矣。其樂詩曰「畜君何尤」,尤異乎人之樂。

「非禮之禮,非義之義,大人弗爲」,如何?

大人,則道全識周,貫萬變而不膠於其迹,

故無此蔽。學未到大人變通處，則必膠於陳迹。

孟子稱「鄉黨莫如齒」，周家黨正飲酒之禮，三命而不齒，則有時乎不用齒矣。

古人行禮，毫釐必計，惟一命之士卑，例與鄉黨序齒；再命稍崇，只與父族序齒，已不行於鄉黨矣；三命爲大夫，加尊矣，雖父族不可以齒論也。於是有庶子尊東之禮，則別爲拐位，庶可不使貴者雜處亂齒，乃是尊齒處，且兩不相妨也。

「爲政不難，不得罪於巨室。」

得罪，謂非理致怨。所謂不得罪者，謂合正理而不致怨於人，非曲法以奉之也。大家，人心所係，義理服得大家，則人心歸之矣。

「士無世官。」如周之太史，如何却世守其官，久而爲氏？其業如百工，然世守其業，何也？

如宗、祝、卜、史，古人率是世官，至有子孫爲姓氏者。蓋此等事，非人所通習，不嫌於世守。

《春秋》明尊王之法，孟子乃專以王道與列國言，曾無一語及於周室，毋乃周至此時決不可以有爲邪？然君子表微，天下大分，要不可一日泯也。有他説否？

此是孔、孟灼見天心，以天自處，周有一日天命，便當爲周文王、孔子是也；一日天命去，周便當爲周武王、孟子是也。請詳《集註》。

木鐘集卷二

木鐘集卷三

六經總論

宋陳埴撰

六經者，《易》、《書》、《詩》、《禮》、《春秋》、《樂》也。自秦火之餘，獨五經存而《樂》遂喪。戴氏集孔子之遺言而謂之《禮記》，居六經之一焉。若以爲禮經者，《儀禮》也。自戴《禮》既行，《儀禮》遂廢，則古無《周禮》之書也。今戴《禮》、《周禮》爲二經，而《樂》遂無傳，何也？

古《樂》書今亡矣。止是《儀禮》，今亦不全，止存十七篇。大小戴《禮》，乃漢儒集古今之文爲之，非古禮之正。《周官》乃法守之書，今人誤稱爲《禮》。

《文中子》曰：「《詩》、《書》盛而秦世滅，非尼父之罪也；虛無長而晉室壞，非老、莊之罪也；齋戒修而梁國亡，非釋迦之罪也。」

「《詩》、《書》盛而秦世滅」，恐不可以下文例論，謂秦焚滅六國耳。王氏崇獎異教，至與吾道同科，學術之疵正不足論，但其區區之意，猶曰非師之本教然也，學之者誤耳。如釋老之誤，固不足道，只六國處士横議，與今世虛文浮靡，皆有禍聖經之理，乃孔氏之罪人，非師之本教然也。

孔子删《詩》定《書》，《黍離》閔周之詩，乃儕於《國風》之列，而《七月》陳王業之艱

難，乃不得與《雅》、《頌》並稱，至序《文侯之命》、《費誓》、《秦誓》諸書，復繫於百篇之末，而與典、謨、訓、誥、誓命之文屬辭比事，夫子之意安在？

《雅》、《頌》是朝廷制禮作樂之章，或臣工規諫之詩。周室既東，《雅》、《頌》不作，只有民俗歌謡，孟子所謂《詩》亡，乃《雅》、《頌》亡，先儒所謂降爲《國風》也。《豳》列於「變風」，《文中子》所謂「君臣相誚，其能正乎」，其説甚詳。《風》之終繫之《曹》、《檜》，《書》之終繫以《秦》、《魯》，以見亂極思治之意。

河圖、洛書

此非但道理當然，以圖書攷之，自可見，如《河圖》以生數統成數，《洛書》以奇數統耦數，若不相似也，然一必配六，二必配七，三必配八，四必配九，五必居中，而配十二圖，未嘗不相似；《河圖》之奇耦異位，若不相似也，然同方者有内外之分，一居内、六居外之類。是《河圖》猶《洛書》也。異位者，有比肩之義，一居左、二居右之類。是《洛書》猶《河圖》也。又如《河圖》則備數之全，《洛書》則缺數之十，此疑甚相戾也。然《河圖》之全數，乃皆自五而來，一得五而爲六，二得五而爲七，三得五而爲八，四得五而爲九，至其所謂十者，乃五得五而爲十，其實未嘗有十也。八卦全不用十。《洛書》雖曰缺十，而皆有含十之義，一對九而含十，二對八而含十，三對七而含十，四對六而含十，十常夾居五之兩端，與《河圖》頗相類，是亦未嘗無十也。又五居中而不用，必皆虚其中，則二圖陰陽之數均於二十，此又未嘗不同也。至於表裏之説，則《洛書》具太極、兩儀、四象、

八卦之理，《河圖》具九疇子母之數，前輩論之詳矣。若劉牧，直謂伏羲兼取《圖》、《書》，又從而易置之，是蓋知其表裏之説，而不善用也。

八卦九章，聖人經世之法耳。論者曰：河出圖，洛出書，以爲天不愛其道。然否？

伏羲因《河圖》而畫八卦，大禹因《洛書》而叙九疇，天不愛其道，正謂此也。

天乃錫禹《洪範》九疇，或謂即是《洛書》，不知經何取證？

天以《洛書》之數闡道之秘，聖人以《洪範》叙道之用，道非數不闡，數非疇不叙，疇非聖人不能明其用也。《易大傳》曰：「洛出書，聖人則之。」今觀神龜負文而出，列於背有數，自戴九履一，左三右七，二四爲肩，六八爲足，而五則居其中，各有定位，而縱横錯綜，其數皆十五，非有次第之序也。自禹欲因之以明大法，遂因而第之，以成九類，而《洛書》之序始有條而不紊，故以《洛書》之一居初而則之，曰此五行也；以《洛書》之二居次而則之，曰此五事也；以其三又居次，而曰此八政也；以其四又居次，而曰此五紀也；以其五又居次，曰此皇極也；下四疇皆然。要之自一至九，《洛書》之本數；加初次於上者，乃禹之所以次第之疇。凡言數者，未有言初次其上，既次其數，又復加初次者，非贅也，蓋别初次爲禹之次第，而九者之數，則《洛書》之本文也。《洛書》之文，具此章之文，而讀者不明，其讀《洛書》，當以初一、次二爲讀，概以爲禹叙九疇，而不悟其中含《洛書》，至以《洛書》爲

不經無據之誕説，是不精《洪範》之學者。孔安國註「九疇」爲《洛書》，註「初次」爲禹所次第法則，註「一五行」以下爲箕子所演，最爲得之。

夫《洛書》者，大禹治水之時，神龜負文而列於背，禹則之而爲疇也。《洛書》本無文字，但有奇耦之數，自一至九，其數如此，禹叙而次第之。以其一居初，而爲五行；以其二居次，而爲五事；三又次之，而爲八政；四又次之，而爲五紀；五又次之，而爲皇極；六又次之，而爲三德；七又次之，而爲稽疑；八又次之，而爲庶徵；九居次之末，而爲福極。自一至九，《洛書》之本數。初次者，禹次第之文。五行以下，即禹法則之事也。蓋因《洛書》自然之數而垂訓於天下後世也。若其效法次第之義，大抵因《洛書》之位與數，而爲之《洛書》，一位在子，其數則水之生數，氣之始也，故爲五行，五行則陽變陰合，交運而化生萬物，則爲人事之始矣；二位在坤，其數則火之生數，氣之著也，故爲五事，五事則五氣運行，人之稟形賦色，妙合而凝，修身踐形之道立矣；三位在卯，其數則木之生數，氣至此而益著也，故爲八政，八政則修身不止於視、聽、言、貌、思之事，而立經陳紀，創法立度，舉而措之天下矣；四位在巽，其數則金之生數，氣至此而著益久也，故爲五紀，五紀則治不止於食貨政教之事，而察數觀象，治曆明時，仰以觀於天文矣；五居中央，爲八數之中，縱横以成十五之變，蓋土之沖氣，所以管攝四時，故爲皇極耳，則人君居至尊之位，立至理之準，使四方之面内環觀者，皆於是而取則，所以總攝萬類也；六位在乾，其數則水之成數，氣合而成形也，故爲三德，三德

則不徒立至極之準，而臨機制變，隨事制宜，且盡其變於人矣；七位在西，火之成數，氣合而形已著矣，故爲稽疑，稽疑則不徒順時措之宜，而嫌疑猶豫，且決之人謀、鬼謀，而盡其變於幽明矣；八位在艮，木之成數，氣合而形益著矣，故爲庶政，庶政則往來相盪，屈伸相感，而得失休咎之應定矣；九位在午，其數則金之成數，氣合而著已久矣，故爲福極，福極則休咎得失不徒見於一身，而通行於天下矣，其事廣大悉備，故居中焉。大禹九疇之序，順而言之，則五行爲始，故五行不言用。不言用者，乃衆用之所自出。錯而言之，則皇極爲統，故皇極不言數。不言數者，乃衆數之所由該。以五行爲始，則自一至九，愈推愈廣，大衍相乘之法也。以皇極爲統，則生數主常，成數主變，太極動靜之分也。九疇本於《洛書》者如此。後學不悟此章具《洛書》之文例，以空談而説之，則陋矣。

《河圖》、《洛書》相爲經緯，八卦、九章相爲表裏。

經緯之説，非是以上下爲經，左右爲緯。大抵經言其正，緯言其變。而二圖互爲正變，主《河圖》而言，則《河圖》爲正，《洛書》爲變；主《洛書》而言，則《洛書》爲正，而《河圖》又爲變。要知天地間不過一陰一陽以兩其五行，而太極常居其中。二圖雖縱横變動，要只是參互呈見此理，所以謂之相爲經緯也。表裏之説亦然。蓋《河圖》不但可以畫卦，亦可以明疇；《洛書》不特可以明疇，而亦可以畫卦。但當時聖人各因一事以垂後世，伏羲但據《河圖》而畫卦，禹但據《洛書》而明疇。要之伏羲之畫卦，其表爲

八卦，而其裏固可以爲疇；禹之叙疇，其表爲九疇，而其裏固可以爲卦。此所以謂之相爲表裏也。

閏法

《左傳正義》曰：周天三百六十五度四分度之一，日一日行一度，月一日行十三度十九分度之七，計二十七日有餘，月已行天一周，至二十九日過半，即月法二十九日四百四十九分也。又逐及日而與之會，是爲一月。十二月而成歲。一歲氣周有三百六十五日四分日之一。今十二月維三百五十四日，是少十一日四分之一，未得氣周。細而言之，一歲正少十一日少弱。所以然者，一月有餘分二十九，日法九百四十分，四百七十分爲半日。今有四百九十九日，是餘二十九分。合十二月餘分三百四十八，是一歲既得三百五十四日，又餘三百四十八分。一日九百四十分，其二百三十五分爲四分日之一，今於餘分三百四十八内，取二百三十五以當四分日之一，仍有一百一十三，其餘整日惟有十一日，又以餘分一百一十三減之，是一年正餘十日八百二十七分，不成十一日。故謂十一日少弱。一年餘十日八百二十七分，積十九年，餘二百六日六百七十三分少弱，足以當之。古今曆法推閏月之術，皆以閏餘減章歲餘，以歲中乘之章閏，而一所得爲積月，命起天正，算外閏所在，其有進退，以中氣定之，無中氣，則閏月也。古曆十九年爲一章，章有七閏，入章三年閏九月，六年閏六月，九年閏三月，十一年閏十一月，十四年閏八月，十七年閏四月，十九年閏十二月。此據元首初章。若於後漸積餘分，大率三十二月

則置閏，不必同初章。日月運轉於天，如人之行步，故推曆謂之步曆。步曆之始謂之上元，必以日月全數爲始，於前更無餘分，以此日爲端首，即十一月甲子夜半朔旦冬至也。故言履端用始也。分一周之日爲十二月，則每月當三十日餘。以日月會爲一月，則每月惟二十九日餘。每月參差，氣漸不正，但觀中氣所在，以爲此月之正，取中氣以爲正月。閏前之月，中氣在晦；閏後之月，中氣在朔。無中氣則謂之閏月，故言舉正於中也。月朔之與月節，每月剩一日有餘，以所有餘日歸之於終，積成一月則置閏，故言歸餘於終也。

木鐘集卷三

木鐘集卷四

易

宋陳埴撰

《易》與《太玄》，數有何不同？

《易》是加一倍法，《太玄》加三倍法。《易》卦六十四，《太玄》卦八十一。《太玄》模放《周易》，只起數不同耳。先儒謂將《易》變作十部《太玄》亦得，但無用耳。

「陽卦多陰，陰卦多陽」，如何？

二耦一奇，❶即奇爲主，是爲陽卦。《震》、《艮》、《坎》是。二奇一耦，即耦爲主，是爲陰卦。《巽》、《兑》、《離》是。陽實陰虚，故《易》陽爻以富言，如《小畜》之九五是也。「富以其鄰」。陰爻不以富言，如《泰》之六四是也。「不富以其鄰」。《家人》卦六四乃云「富家大吉」。晦翁云：陽主義，陰主利。不通其旨。陽善陰惡，陽君子陰小人，故義、利皆以其類分。此義見於《坤·彖》。有主利之文。

内卦曰貞，外卦曰悔。「貞」、「悔」字如何？或説「貞」、「悔」字皆從卜。

「貞」、「悔」二字，先儒難之，但自古占法用此。貞言其事之正體，悔言其事之變體。吉凶不可預定，遇事方驗之矣。

❶「二」，原誤作「一」，今據元刻本改。

「元亨利貞」。何獨以「利貞」爲性情？

四時之運，何適無性情？但天地性情，常於收斂歸藏處見之。爲有性情，故到此境界，雖剥落隕穫，元來不曾歇滅。

「吝」字如何？

吝，謂可羞恥，心有歉而不足也。

何謂「《乾》、《坤》從而六子横」？

此伏羲先天《易》八卦圖，《乾》居上而《坤》居下，縱也；六子分左右，横也。

「參伍以變」。未審「參伍」是何數。

「參伍」，猶言錯綜也。三其三爲參，五其五爲伍。言縱横反覆以推其變。

卦「反對」如何？

伏羲《易》以出入爲次，文王《易》以反對爲次。《乾》、《坤》純體，《坎》、《離》互體，《頤》、《大過》、《小過》、《中孚》，雜體中之正者。此八卦不可反，爲兩相對，餘五十六卦爲雜體，兩相反以爲對，於雜然紛錯之中，自有井然不紊之統紀，所以爲妙。

包羲氏畫八卦，所謂經卦也。至文王始重六十四卦，所謂別卦也。何《周官·大卜》所載夏之《連山》，商之《歸藏》，已具六十四卦之名於文王未重之前耶？《連山》、《歸藏》之不著於後世，豈以若此等處有不可攷據者歟？

才有八卦，便有六十四卦，所謂太極生兩儀，兩儀生四象，四象生八卦，但以加一倍法生去，即八卦生十六卦，十六卦生三十二

卦，三十二卦生六十四卦。此卦畫之所由起，先天之學也。以八卦重而爲六十四卦者，其法亦通，但此乃後天之學，在六十四卦既成之後，任人如何變通也，只是一卦變而爲六十四卦亦可，非但重也。卦有生法，有重法，有變法。

三《易》，《連山》、《歸藏》，孔穎達以爲神農曰《連山》，黃帝曰《歸藏》，故其《易》各以代名，如文王號《周易》也。宋朝朱震以爲商人作《歸藏》，夏后氏作《連山》，數皆用七八，《春秋》所謂「遇《艮》之八」是也。二説未知孰是。

《連山》、《歸藏》，世代不可攷，但自古占法，必用三人。《洪範》「三人占」，説者謂三《易》。當時上古相傳之書，其經卦皆八，其別卦皆六十四，但其卦名、占法，恐不類《周易》耳。《左傳》所載占筮語，其中非《周易》者，疑出於此。

孔穎達以爲制器有取於十三卦，則黃帝已前，已有重卦矣。至諸儒論重卦之人，王輔嗣以爲伏羲，鄭玄以爲神農，孫盛以爲夏、商，史遷以爲文王，宋朝鄭東卿以爲重於夏、商之際，文王囚於羑里，遂重定之。然乎？

十三卦取象説，上古雖未有《易》之書，元自有《易》之理，故所作事皆暗合《易》書，邵康節所謂「畫前之《易》」是也。若重卦，則不待後聖，才有八卦，便有六十四卦，故《周禮》曰：「三《易》經卦皆八，別皆六十四。」

八卦重爲六十四，傳習皆以爲文王重之，或云伏羲重之。

謂伏羲亦可，謂文王亦可，謂之生亦可，謂之重亦可。伏羲才生得，文王亦生得，伏羲才重得，文王亦重得。

《易》何以爲逆數？

《易》本逆數也。有一便有二，有三便有四，有四便有十六，以至於六十四，皆由此可以知彼，由今可以知來，故自《乾》一以至於《坤》八，皆循序而生，一如橫圖之次。今欲以圓圖象渾天之形，若一依此序，則《乾》《坤》相並，寒暑不分，故伏羲取天地定位、山澤通氣、雷風相薄、水火不相射之義，以《乾》、《坤》定上下之位，《坎》、《離》列左右之門，《艮》《兑》、《震》《巽》皆相對而立。蓋《乾》、《兑》、《震》、《離》皆屬陽，《巽》、《坎》、《艮》、《坤》皆屬陰，悉以陰陽相配。圖必從中起者，蓋萬事從心出之義；卦必從《復》起者，蓋天開於子之義。自一陽始生之《復》起冬至節，歷《離》、《震》之間爲春分，以至於《乾》爲純陽，是進而得其已生之卦，如今日覆數昨日，故曰「數往者順」。自一陰始生之《姤》起夏至節，歷《艮》、《兑》之間爲秋分，以至於《坤》爲純陰，是進而能推其未生之卦，如今日逆計來日，故曰「知來者逆」。然本其《易》之所成，只是自《乾》一而《兑》二，《離》三而《震》四，《巽》五而《坎》六，《艮》七而《坤》八，如橫圖之序與橫圖之右方而已，故曰《易》，逆數也。

《易》自《乾》、《坤》已後，自《屯》至《比》，皆對《坎》成卦，自《比》以後，始對《坤》成卦。不知諸卦何以首對《坎》而成卦，而《乾》、《坤》始繼《坎》之後？

《周易》六十四卦相因之序，不可作如是觀，

只是兩兩相對，否則相反，但明反對之義。《乾》、《坤》，對也。《屯》、《蒙》，反也。必以序論，則説具《序卦》。若原畫卦之初，則《乾》一、《兑》二、《離》三、《震》四、《巽》五、《坎》六、《艮》七、《坤》八，因而重之，則《乾》居一而《坤》居六十四。此則先天之學，《易》本然之序也，可攷《啓蒙》。見得此段，令人心開目明，方知先天之味無窮。而《周易》特後天之學耳，看人如何排定。

《易》之數，本乎天地，由一二而推之，故奇耦相生，而終於五十。《太玄》之數，本乎三才，由三六而積之，故十八相參合而爲五十四。❶ 此其積所以不同也。《易》正本以立其常，《太玄》推測以窮其變，非常無以成一歲之功，非變無以致歸餘之閏。此其用所以異也。未知然否？

加一倍法，即兩儀生四象，四象生八卦，八生十六，十六生三十二，三十二生六十四，以六十四自相乘爲卦四千九十六來説，乃大衍之數。《太玄》未嘗學，不敢臆説。

《易》所以爲衰世之意者安在？

經云「當文王與紂之事」，「其辭危」者，謂專説吉凶悔吝，文王身遭大難，又導民以趨吉避凶，豈非衰世之意邪？

「《乾》、《坤》成列而《易》立其中」，「《乾》、《坤》毁則無以見《易》」。《本義》云：《易》之所有，陰陽而已，畫卦定位，則二者成列，而《易》之體立。《乾》、《坤》毁，謂卦畫不立。下面説《乾》、《坤》，又謂變

❶「而」，原誤作「十」，今據元刻本改。

化不行。此變化，莫是卦變之説否？

此據先天圖言，謂落筆之初，陽畫在右，陰畫在左，只此二畫分左右成行列，而一部《易》書已在其中。設若當時分此兩畫不成，則《易》書無自而見，便是《乾》、《坤》毁，無以見《易》。設若當時作此《易》書不成，則二畫幾於歇滅無用，便是《易》不可見，則《乾》、《坤》息。此意雖主説《易》書，然天地大化亦只如是。

「《易》與天地準」，「知幽明之故，原始要終，知生死之説」。❶《易》固大無不周，小無或遺，不知幽明、死生、始終之理，何處是實理？

《易》以道陰陽，一奇一耦，相摩相盪，總不離乎一陰一陽之道。故凡幽明、始終、死生之故，皆陰陽之爲耳。

「知鬼神之情狀，與天地相似，故不違。」鬼神之道，亦天地間之一物，不知其何者與天地相似，理耶？氣耶？以言其相似，則鬼神之情狀大矣。

氣至而伸者爲神，氣反而歸者爲鬼。以二氣言，神者，陽之靈；鬼者，陰之靈。鬼神即天地之功用，二氣之良能，乃是氣中含道理者也。❷

《困》之九五，上下皆揜於陰，有劓刖之象，是困而又困也。何以利用祭祀？凡《易》言祭祀處，爻多中實，否則中虛。中實則誠信之象，中虛則誠信之理。當《困》

❶「生死」，元刻本倒。

❷「乃」，元刻本作「仍」。

之時，以九居五，百事不利，惟有中實利祭祀耳。凡曰利祭祀，則有亨通獲福之理焉。

「雷風相與」，暫焉而已，何以謂之《恒》？

雷而必風，此理之常。

「風自火出」，何以謂之《家人》？

猶言風化自内出也。火，文明之德。夫夫、婦婦、父父、子子、兄兄、弟弟，即内文明之象。一家之風化，由嚴明中來，所以一卦多尚嚴明。

《剥》卦上九，一爻變則爲純陰，故陽剥爲《坤》，陽來爲《復》。程子曰：陽無可盡之理，《剥》盡於上，則《復》生於下，無間可容息也。若以卦配月，《剥》當九月，《坤》當十月，《復》當十一月。九月一陽留，十月則純陰，十一月而陽始生，似乎有息時也。然因程子之言而推之，十月雖號爲純陰之月，然九月一陽至十月，漸漸微，故謂之有陽則不可，只得謂之純陰，到得一陽來復，亦只是前日之陽，到此漸漸長，非謂一陽到十月都無，直至十一月始生也，故謂十月爲陽月。真箇十月，有這陽在，恐人疑其爲純陰，而不知陽未嘗息也。故晦翁曰：謂《坤》卦純陰而不爲無陽則可，而便以《復》之一陽已動爲比，則未可。亦此言耳。而程子所謂《剥》盡於上，亦只得如此，非謂陽果盡也。此意如何？

《剥》、《復》一卦，雖皆以一畫當一月，然一畫之生死，首尾跨於前後兩月，豈以一月之間遽分消長邪？凡一畫之生，生於前月之半，一畫之消，消於後月之半，猶一日之晝

夜，論其氣之起止皆跨於三日。❶如《剥》之消，自九月半消起，至十月半始盡；如《坤》之生，自九月半生起，至十月半始成；如《坤》之消，自十月半消起，至十一月半而始盡；如《復》之生，自十月半起，至十一月半始成。故《坤》雖號爲純陰之月，然上半月有《剥》卦消未盡之陽，下半月有《復》卦生未成之陽，所以無間可容息也。❷

《無妄》之九五，《乾》剛中正以居尊，而下應亦中正，「無妄」之至者也。何以有疾？雖「勿藥」而「有喜」，然所以致疾者何在？

此爻專發「無妄」之義。五爲《無妄》之主，事事皆正，本非有妄，所慮者過用其心耳。才過用其心，便爲有妄，俗語所謂「愛好得不好」也。

《大有》之六五，但言「厥孚交如，威如吉」。《大有》之義安在？

一卦以一陰爲主，所有已是大了，但當交之以孚，濟之以威，則能有其大矣。孚者其本有，威者其不足。

《睽》九二「遇主於巷」。主謂六五，正相應也。六五既居中得正，安得有巷之象？

當《睽》之時，雖正應，不能自合義，當委曲相遇。古人無不正之合，獨於《睽》發此義者，義當然耳。

❶「跨」，元刻本作「剥」。
❷「間」，原作「門」，今據元刻本改。

《乾》一畫，《坤》兩畫。晦翁謂《乾》只是一箇物事，充實徧滿，皆天之氣，《坤》便有開合乾氣上來時。不知何謂「開闔乾氣上來時」？

《坤》畫中虛，有開闔之氣。天體渾淪，包於地外，地氣或開或闔，能受天之氣，故天之氣能從地下升騰出來，恐是如此。

「發蒙之初」，「利用刑人」。

童蒙之始，未有識知，未受得義理，説話且當育養其畏心，但得畏心存在，將來漸次開明。

「直其正也，方其義也。」繼之曰：「敬以直内，義以方外。」何不言「正以直内」？

以正解直則可，以敬解直則不可。轉正爲敬者，蓋才敬，則心必正，敬則豎起精神，不令放倒，乃是「正以直内」處，爲下一轉語，即喚起精神，所以「敬」字有工夫。

《易》之《復》曰「復其見天地之心」。《大壯》曰「正大而天地之情可見」。心與情體段如何？

主宰者爲心，流行者爲情。

《乾》易以知險，《坤》簡以知阻，於何處見得？

《乾》性快，有作便成，故易；《坤》性隨順無作，故簡。陽自上臨下而不陷於險，故云「知險」，陰自下升上而不困於阻，故云「知阻」。蓋自上臨下，危處爲險；自下升上，危處爲阻。《乾》、《坤》以易簡，故不陷於險阻。

《乾》之九三，獨主君子而言，何哉？

上不在天，下不在田，中恰在人，故發乾乾之義。蓋處兩乾之間，但當乾乾不息，進德修業，以盡人事耳。

《謙》卦上兩爻特發行師侵伐之義。既是謙退，却反進。退，莫是用兵之法，不欲輕敵躁進否？

寓至高於至下之中，此兵法也，何止二爻。

《乾》之四德，體仁爲元，合禮爲亨，和義爲利，於貞則言幹事，何獨不言信與智？先儒多以信説貞，又何故掉智而言信？於幹事有相關？

四德不數信，只有仁、義、禮、智。智者，藏也。貞固乃智之藏處，四時至此斂藏，花葉都彫落了，只有根株固藏在下，爲將來發生之骨子，所謂貞固足以幹事。大智之藏用亦如此。不言智者，藏之也。

「《巽》，德之制也。」横渠曰：量宜接物，故曰制。

此九卦，又是一卦解。消詳爲處憂患時，不可用剛，宜以巽順柔伏之道裁制事宜，常時當以義爲制，此時當以《巽》爲制。

《觀》之卦九三之「觀我生」，九五之「觀我生」，上九之「觀其生」。

爲觀於天下者，五也。既欲爲的於天下，須當觀省我之所行。上九雖無位，乃是位高之人，亦下之所觀瞻，故亦當自觀其所行，但避九五，不得稱我，猶若他人之辭耳。九三去九五相遠，又不爲觀於人，止是自觀其所行當進與不進，故不嫌於同辭。

「五位相得而各有合。」「天一與地六合」，故謂之合一五爲六，故「一與六相得」。

不知其所以相得處如何？

相得，謂一與二、三與四之類。天一、地二、天三、地四。有合，謂一與六、二與七之類。

「風行天上」，似無蓄聚之理，何以謂之《小蓄》？

風者，披揚解散之意。今爲風矣，而止行於天之上，是猶有物止畜，而未得解散，所以成畜之小。

《屯》、《蹇》二卦，皆是處險難之義，然二卦皆以九居五，以六居二，中正相應。怎生濟不得險難？

二卦所以不成濟難之功者，緣五陷于險中，未能出險，故雖有剛明之君、中正之臣，但可隨事經理，不至水益深而火益熱，此時義當然，未必皆臣之過。

「精氣爲物，遊魂爲變。」

神氣聚則物生，神氣散則物死。又曰：陰精陽氣聚而成物，神之伸也；魂遊魄降散而爲變，鬼之歸也。

「一陽復於下，乃天地生物之心。」

萬物榮生之時，天地之心不待言而見，惟枯悴剥落之時，而生理孤單常在此，方真見天地之心耳。

卦變之說。程子主《乾》、《坤》，朱子主他卦互變。未審以何爲正。

程子之例，可稱於三陽三陰之卦，或三畫不

等者，即推之不通，若曉通例，即一卦可變爲六十四卦，卦卦皆然，所謂易也。若只《乾》、《坤》二變，則非變矣。

「風行地上，《觀》。」「天下有風，《姤》。」《姤》象如何？

風行地上，周覽偏歷之象。天下有風，適與物遇之象。

《易》之有卦，所以推明夫「易」。卦之有爻，所以發揮其義。今也《損》之爻辭既曰損，而又曰益，《益》之爻則不言損。方謂損之中有益之理，而益之中無損之理邪？方謂聖人預先致戒於損之時，必知有益，何不預先致戒益之時必有損？

諸卦反對中，惟《否》、《泰》、《損》、《益》、《咸》、《恒》、《剥》、《復》，其理勢迭爲出入，或雖不明言，而其血脉自相連貫，如《損》六五之得益，乃有損而人益之；《益》之上九，乃欲益而人損之，但不明言耳。

中實爲孚，中虚亦爲孚。

中實爲孚，謂實理充乎其内，而外邪不得入之，此《中孚》之體。中虚爲孚，謂外邪既不得入，故中惟有虚明道理，此《中孚》之用。

當蒙昧之時，正賴諄諄之誨，如何初噬告再三，瀆則不告？

欲開發蒙昧，須是至誠求師。瀆則非誠法，當不告，不告乃告之也。

《夬》者，夬去小人之卦也。《彖》言「不利即戎，利有攸往」，是謂去小人之道，固不當尚勇。然勇既不尚，何又利於往，即所

謂往者，果何事？

以其剛決太過，故戒之以不宜專尚威武，然本是決去小人之象，能濟之以和説，則不妨自有所往。

明道曰：「敬以直内，義以方外，仁也。若以敬直内，則便不直矣。」敬義如何？是仁以敬直内，如何便不直？

持敬行義，兩相夾持，則私意自無所容。無私意，即惻隱之心流動矣。皆心學也，故謂之仁。敬以直内，則敬與心爲一，以敬直内，則敬與心爲二。生、熟之分耳。

《大有》上九一爻云「自天祐之」。諸爻皆有恐懼之意，此爻言天，從何而來？至《繫辭》推明其祐助之意，又説「尚賢」，又從何有尚賢之義？

《大有》之上九，處「大有」之世，而居無位之地，是不有其有者，自應獲天祐。又居至上之位，而比六五文明之賢，有尚賢之義，不有其有而以賢爲有，此爻最盛。

《坤》卦「德合無疆」、「行地無疆」、「應地無疆」，如何分别？

德合無疆，是《坤》配《乾》之德。行地無疆，是《坤》之本德。應地無疆，是人法《坤》之德。

「形而上者謂之道」。道何以言形？

一物必有一理。道即器中之理。器既有形，道即因而顯。此是分開不得的事。先聖欲悟後學，不奈何指開示人。所以俱言形者，見得本是一物。若除了此字，止言上者謂之道，下者謂之器，却成二片矣。

「繼之者善也，成之者性也。」朱先生謂繼言其發，成言其具，舉孟子性善之説如何？

程先生曰：「今人説性，只説得繼之者善也，如孟子是。人生以上不容説，才説性時，便已不是性。」繼之者善，是屬太極動而生陽，孟子正説此處。以上即爲太極矣。

《十翼》，上《彖》、下《彖》可以經而分上下，則大《象》、小《象》可以分上、下乎？

經有上、下，故《彖》、《象》、《大傳》皆分上、下。

「兩儀生四象」。説者謂天一、地二、天三、地四是也。夫四、五，生數也，而不及天五，何耶？或謂七、八、九、六，則老陰、老陽，少陰、少陽，此乃成數耳，而不及生數，又何耶？

四象不當以生成之數言，此各是一法。太陽之位一，而其數九，屬火，與地二生火不同。少陰之位二，而其數則八，屬金，與地四生金不同。少陽之位三，而其數則七，屬木，與天三生木不同。太陰之位四，而其數則六，屬水，與天一生水不同。一與九合而爲十，二與八合而爲十，三與七合而爲十，四與六合而爲十。四象雖不數五與十，然十與五在其中。有十，則五在其中。《易》主數，故用其數而不用其位。數主變，故用其老而不用其少。此六十四卦之所以獨用九、六也。

伏羲《易》，先天學；文王《易》，後天學。

先天之《易》，謂未有文字之先，伏羲神與天

會，等閒畫出一奇一耦，兩兩相生，故由《乾》一而至《坤》八，由一畫而成六十四卦。自《復》至《乾》，前三十二卦，皆陽也，而有陽中之陰；自《姤》至《坤》，後三十二卦，皆陰也，而有陰中之陽。陰陽中分而八卦交錯，由是天地定位，山澤通氣，雷風相薄，水火不相射，畫中之理，皆暗與天合，不待仰觀俯察而自然之天文以著，不待求端取法而自然之變化以行，此伏羲之《易》，所謂先天而天不違，《易》之本也。後天之《易》，謂既有文字之後，文王觀象於天，因羲畫而通變化，由是八卦相乘而成六十四卦之體，兩兩相對而成六十四卦之序。自《震》而《乾》，則象春夏之陽；自《巽》而《坤》，則象秋冬之陰。由是《乾》、《坤》處父母之位，六卦成六子之功，皆效法天時，以明法天之用，錯綜羲畫以通變化之宜，此文王之《易》，所謂後天而奉天時，《易》之用也。今人但執文字以言《易》，而不悟畫前元有《易》，此邵子所以高出一世之儒也。

《無妄》之六二曰「不耕穫，不菑畬」，所以發《無妄》之義也。伊川謂不首造其事，因其事之當然。夫不耕而得穫，不菑而得畬，天下未嘗有此道理。事不造其首，而終求其成，皆是妄也。何以謂之《無妄》？

吾子可謂以辭害意矣。不首造者，謂作事之始，不可萌計較課功意，乃明道不計功之說也。

《噬嗑》一卦，以九三爻隔其上下，❶不其

❶「三」，據《噬嗑》卦體疑當作「四」。

噬然，此爻之吉反勝於諸爻，何也？

《易》者，易也，不可死看。卦自是卦，爻自是爻，不可死看。此類甚多。

《既濟》卦，時既濟矣，何説「亨小」、「初吉」？謂「柔得中」，指六二而言，何如？

《既濟》之尾，乃《未濟》之首，有儆戒無虞之意，故只可言小亨，有初無終，而以柔居中者，可以當之。

「資生」、「資始」

資始於父，資生於母，所謂父天而母地也。

「夫《乾》，其靜也專，其動也直。」「夫《坤》，其靜也翕，其動也闢。」專、直、翕、闢如何？

此當以卦畫論卦畫。始生，惟《乾》之一奇，未有他物，此其體也，其專也已。而纔動則直，遂而生生不已。卦畫既生，《乾》之諸卦以次呈露，獨《坤》居後，包在《乾》諸卦之裏而猶未露，此其體也，其翕也，至其動也，則《坤》之諸卦始從《乾》諸卦裹開闢出來，遂分了《乾》之一半。

「元亨利貞。」程子以元爲物之始，亨爲物之長。《文言》曰「元者，善之長」。恐亨不可以言長。

此乃春生夏長之長，非首善之長。

「修辭立其誠。」若如是，只是修飾言辭，却是做僞，立誠自修辭中來，如何？

修辭，謂字字必有體當，一字不苟下。遺辭出語所以如是之不苟者，乃欲立自家之誠，體當吾心之實理，非是要人稱説好也。要

人稱説好，是巧飾之辭，是爲自欺，與此正相反。要知此只是存誠之誠，非是便説至誠。

《屯》卦獨六二、六四、上六説「乘馬班如」，未曉其義。若初九與九五，陽爻固不必疑，三亦陰爻也，義何爲而異？豈三居《震》極，有動而躁進之義？二四與上，皆以陰居陰位，故難進以亨屯耶？所有「班如」之象？❶

當《屯》之時，陽剛可濟《屯》，若陰柔，則不能上進，以故皆有「乘馬班如」之象，乃處《屯》之道，故皆無悔吝。若三，既是陰柔，不中不正，又無正應，處《震》體而居上，有躁進之心，故其象必陷於林中，安得「班如」耶？此卦六三爻最不好。

《需》卦六四「出自穴」，上六「入於穴」。所以爲出入者，何如？

二爻皆陷於險，故有穴象。四始雖陷而終出穴者，以柔順得正。當需之時，不好競進，故雖需而不得其地，而可拯以出，不爲害也。上當出險而知入穴者，以爲當需之極暗弱，不能少待，故反入於穴，然亦好進之禍，乃是爲諸陽所逼，非意之來，故復有不速客之象，雖入於穴而未害也。大抵需以不進爲得，好進爲凶。

《比》之六三「比之匪人」，謂所比非人爲可傷也。而《否》卦則曰「否之匪人」。上、下不交而天下無邦，則國非其國矣。謂之「匪人」，言不成人道也。或疑三字衍，文

❶「所有」，元刻本、明刻本作「所以有」。

自《比》卦誤來，蓋《彖傳》不正解故也。此卦傳匪字爲文。

《比》之九五：「凡言正中者，其處正得中也，《比》與《隨》是也。言中正者，得中與正也，《訟》與《需》是也。」

《比》、《隨》二五，皆處正而得中，《訟》、《需》二得中而不正，五得中而且正，故伊川發此。

「繼善成性。」「繼」與「成」字如何？

凡物之生，先有理而後有氣。善，當作理看。此性謂氣質之性。道即太極也。太極才動，首先撒出者便是理，故以繼善言。隨太極之後，次漸成就者即爲性。成則有形質矣。孟子説性善是第一義，從他繼之者；諸子説不善是第二義，從他成之者。

「數往者順，知來者逆。」今按圖而攷，自《震》而《乾》，自《巽》而《坤》，猶四時循環，而分逆、順，何也？

卦圖始生，只如横圖，自《乾》一至《坤》八，六十四卦皆用一倍法，兩兩生去，雖未生出，數可逆知，故曰《易》，逆數也。若交一轉過，而交爲圓圖，却從中間數去，不從《乾》一數，而從《震》四數，自《震》至《乾》，皆是得其已生之卦。卦本從《乾》生至《震》，今却從《震》數至《乾》，是數往也。既交《乾》後，自《巽》至《坤》，這一半是元生次序，仍是未生之卦，故言「知來者逆」，謂正合圖本生法，可逆數而知也。先生嘗曰：《易》有十義，看卦象、卦德、卦位、卦時、卦義、卦變，看爻比應承乘。

《乾》用九，《坤》用六。

老陽數在九，老陰數在六，少陽數在七，少陰數在八。八卦本生於四象，六、七、八、九之數皆具，但老者能變，少者不能變，故《易》用老而不用少，主於變也，六十四卦皆然。以《乾》、《坤》純陰、純陽，故以此發之。

《履》卦辭有「履虎尾」之象，蓋指六三爲履主，而指九四爲虎尾，觀六三之爻可見。至九四爻，則又有履虎尾，九四《乾》下，固尾，五乃《乾》中，亦爲虎尾，可乎？切謂尾，固有躡而進之之義，亦有正履之義，恐亦是四爲虎尾，特所履有二義耳。卦辭之「虎尾」，主九四言，其正體也。爻辭之「虎尾」，主九五言，其變體也。九四既爲虎尾，豈可自言《履》？使正《履》之言於九五，可也。伊川《履》分兩義，多疑惑人，晦翁所以一般看。但卦爲正體，爻多變體，所以爲《易》不可執。

伊川謂《艮》之道，當艮其背，所見在前，而背乃背之，止於所不可見，而無欲以亂其心。是毋乃有近於絶外誘乎？夫不見可欲，使心不亂；見可欲，則此心如何？愚意「艮其背，不獲其身」，是不迎物於將來，所謂静亦定也。

竊詳伊川止於所不見之地。止，謂未與物接之初，内欲不萌，雖有耳、目、口、鼻，而有不見其身、忘我之説，非是欲絶外誘，使之不見，但其語有類《老子》「不見可欲」之説，《本義》所以定背爲止，謂一身之間，惟背常止而不動。「艮其背」，非謂止於所不見，乃止於所止而止也。「行其庭，不見其人」，則行而止也。來説静亦定、動亦定者，得之。

《無妄》之六二曰「不耕穫，不菑畬」。無所覬於終，則無所營於始，爻之義也。然事有當爲，不可無覬端之人，以不望穫而不耕，以不望畬而不菑，則是反有以廢天下之事，毋乃不可。

伊川大意只謂不爲穫而耕，不爲畬而菑。凡有所爲而爲者，皆計利之私心，即妄也。但經文中不如此下語，故《易傳》中頗費言語。始謂「不耕而穫，不菑而畬」，謂不首造其事，則似以耕、菑爲私意；中謂「耕則必有穫，菑則必有畬」，非心造意作，則以耕、穫、菑、畬，皆非私意；終謂「既耕則必有穫，既菑則必成畬，非必以穫、畬之富而爲」，則又似穫、畬爲私意。三説不免自相牴牾，所以《本義》但據經文，直説謂無耕、穫、菑、畬之私心。蓋農夫治田，都無計利之私心，當無妄之時，皆不可有此意想，如農夫之耕穫，則於經文甚直，無繚繞之礙。

「六爻之動，三極之道也。」

上二畫爲陰陽，中二畫爲仁義，下二畫爲剛柔，其變動不居之體，乃是太極之理。

晦翁嘗説：知崇禮卑，效天法地。以爲此之取類，以清濁而言。不知以清濁而言，知、禮如何？

知以虚明爲用，屬陽屬天，皆言其輕清也。禮以形氣爲質，屬陰屬地，言其重濁也。

「修辭立其誠。」是修辭了，又著立誠，還是修辭立其誠？

一事苟，則事事皆苟。先聖説此話，非是修飾言辭，要人説好，只要欲體當自家之誠

意，辭語纔不精擇，即心裏潦草可知。

《坤》之上六「龍戰於野」。坤，陰物也，疑不得稱龍。豈非陰盛則化爲陽也？古者人臣之盛，各有敵其君者，如王與馬共天下，其是類歟？

來説得之。

《大壯》卦多説羊。羊是《兑》之屬，不知如何看。《説卦》「《兑》爲羊」之説如何？

「《兑》爲羊」，古人取象義不可知，但其卦一陰在上，類羊角然。

《睽》之初九云「喪馬，勿逐，自復」。陽性上進，有馬之象，因何而喪，後來因何「勿逐，自復」？

陽欲上進而無應與，❶欲進不可，是喪馬也。然當《睽》之時，雖無正應，而同舟遇風，則二陽必同而相應，是「勿逐」而「自復」也。

諸卦有孚之義，皆主卦體中實中虛而言。《比》之初六，陰爻在下，何以曰「有孚盈缶」？

此爻最難消詳，當反轉看，有缶之象焉。四陰在上，有中虛之象，初反居上，無缶口，有盈滿之象。

《大過》何以取喻於棟？

二陰夾四陽在中，中隆起而兩頭垂，有屋之象，其中二陽有棟之象。

水在木上，何以謂之「井」？

❶「無應」，元刻本、明刻本作「應無」。

謂木入水而上水，汲水於井之象，如釣桶之類。

「天下有山」，何以爲《遯》？

天上行而山下止，有違去不相親近之意。

「雷電」何以謂之《噬嗑》？

電之閃鑠，有人口開闔之象。

《否》之六二「包承，小人吉」，伊川謂承順乎上，求濟其否，爲身之利，小人之吉。楊龜山則以夫子之見南子，爲聖人包承小人。何也？

此爻只合作小人看。當《否》之時，居中用事，乃卦之主，但其質柔順而居中，正乃小人之忠厚善承君子者，故在小人分上，不害爲吉，大人如是，則可羞矣。

《乾·文言》：「乾元者，始而亨者也；利貞者，性情也。」敢問其旨。

始言元亨，情言利，性言貞。此猶以四時言四德。言既有春爲萬物之始，則至夏必亨通條達，秋則成熟而致利，天地萬物之情見矣，冬則歸根復命，貞固斂藏，則天地萬物之性正也。既有貞固之性，遇春則發生矣。

《賁》之《彖》論人文則曰「文明以止」，論天文而不言其所謂文。王弼註曰「剛柔交錯而成文」。不知其所謂「剛柔」者，抑上文所謂「剛柔」耶？愚意上文之所謂「剛柔」者，以上、下二體而言，恐非所謂天之文也。

此作缺文看亦得，只就上文認亦得。柔來文剛，剛上文柔，剛柔相錯，只此便是自然

之天文。剛柔交錯，即日月代明，非天文而何？

「成之者性」，與天命之性，同乎？否乎？

成之者，以氣質言也。命之者，以氣稟言也。大略相近。

「無咎」者，善補過之辭也。《乾》，聖人之事，九三、九四皆以「無咎」言之，豈聖人庸有過之可補乎？

爻義有不足處，有當垂戒處，故各係以「無咎」之辭，豈拘聖人與凡人？《易》之爲《易》，謂變易不拘，聖人即作聖人用，凡人即作凡人用，若《乾》卦只斷作聖人，則六十四卦只斷作六十四人，却是死了，何名爲《易》？

知崇，天也，形而上也，通晝夜而知崇矣。知及之而不以禮性之，非已有也。故知禮成性而道義出，如天地位而《易》行。其義何如？

《易》言知崇，即《中庸》尊德性、致廣大、極高明底事。《易》言禮卑，即《中庸》道問學、盡精微、道中庸底事。知雖崇而禮則卑，方不流於清虛，而有執守依憑之實地。

知崇，天也，形而上也，止非已有也，故知禮成性而道義出，如天地位而《易》行。何如？

智欲高明，故崇如天；禮欲執守，故卑如地。若一向務高明而不事著實，則窮賾索幽，有釋老玄虛之病。須是約之以禮，二者相合成性，則道義之出無窮，猶天地設位而

《易》行乎其中也。若有知而無禮，是有天而無地，《易》何自而行哉？

「窮理盡性以至於命」處如何？

語學明理之後，方能擴充以盡其性，到盡性田地，方是了當爲人之理，方於本來賦予自家底無少虧欠，乃聖人極至之事，毫髮無遺憾，必如是而後與天無間，故曰「以至於命」。蓋到此地位，自己便做天命了，更不須別説知命、立命。

「能説諸心，能研諸慮。」晦菴先生解云：説諸心者，心内理會《乾》之事也；研諸慮者，理内慮審《坤》之事也。未説《乾》、《坤》之義如何。

《乾》，陽明之用，故見理快；《坤》，柔順之體，故見理遲。此章專説《乾》、《坤》兩句，分配當然。

木鐘集卷四

木鐘集卷五

宋陳埴撰

書

堯舜之聖，至於來鳳皇，舞百獸，而乃有「百姓不親」等語。

堯舜之世，豈無小人？但君子多而小人少耳。自古觀否泰只如此，幾曾盡無小人？

舜能使瞽瞍之不格姦，而不能化商均之不肖，何哉？

不格姦，亦謂能感動其慈愛之心至於和豫，使父子如初耳，非謂能移其氣性，使作聖賢。

《書》曰：「成湯既没，太甲元年。」《孟子》曰：「湯崩，太丁未立，外丙二年，仲壬四年。」先儒謂太丁未立而卒，外丙方年二歲，仲壬方年四歲，幼主不可立，則不得不以太甲繼湯。及攷《史記》，乃以外丙立二年，仲壬立四年，則是湯崩之年，更七年而太甲始立，與經文何不相合？

二説互有矛盾，《集註》已備言之，止云「未詳孰是」。竊意從《書序》之説，於《孟子》、《史記》有礙其勢，不得不轉「年」爲「歲」。享年之數稱年，序齒之數稱歲。程先生從《序》，故轉二年、四年之「年」爲「歲」，從《孟子》、《史記》則《書序》失實，第居憂三年，又不知爲誰憂耶？所以「未詳孰是」。其中又一説，切詳《孟子》所以言「外丙二年，仲

壬四年」者，乃是謂伊尹曾相此二君來，不然舉此二君何爲？果如此説，即居憂爲仲壬也。

伊尹放太甲，周公攝政，事亦相類。當時不疑伊尹而疑周公，豈世變然耶？

伊尹以義正君，其義光明，人人信得。及周公以恩睦親心，其忠愛懇惻，間隙易開。兼伊尹聖之任，視世間一切難事，一擔擔了，不管人言。周公思兼三王，百事周密詳細，須盡物情，所以人或不敢言，或敢言。要之伊尹如秋冬肅殺，周公則太和元氣，人之疑不疑，聖賢所不計。

成王得吉卜而營洛，何爲終居鎬京？逮平王東遷，周室自此衰微，然則周公陰陽龜卜吉凶之説，殆誣也歟？

周公卜洛，乃是營行宮。鎬京與洛陽雖爲兩地，不出王畿千里。先史謂鎬京八百里，洛陽六百里，通成方千里。《周禮》經制備密，文勝前世，皆此類。若興王之數，營洛之初已自有説，正不以形勢爲固。

《周禮》司刑掌法，以二千五百之屬，均其數於五刑，至穆王之用刑，乃有五刑之屬三千，何也？

法制隨時刊定，常自疏而之密，一似淳熙申明，便與乾道申明不同，此却不是死執物。

《堯典》仲春、仲夏、仲秋、仲冬，與《月令》四仲昏、旦中星不同，何故？

謂之中星者，當南方之正、直午位之中者也。然星隨天西轉，無刻不有中星，但其法以初昏爲候，故《堯典》之所指即謂昏中也。

其以星鳥言者，是以四象言也，其以星火言者，是以二十八宿言也。要皆不出於二十八宿，四分之則爲四象，十二分則爲十二辰耳。然《堯典》但提其大綱，若曆家則轉加密矣。故《月令》析爲十二，《三統》析爲二十四氣，且兼旦中而言，則愈析愈密，固不厭析也。蓋周天三百六十五度四分度之一，四分其度而得一，謂零散數也。其一晝夜左旋一周天而又奇一度，置周不數而獨數其奇，故謂星日行一度，若甲日某星初度中，即乙日某星二度中，日有三百六十六，即中星亦有三百六十六，必星官以玉衡窺之，毫釐不差，斯可以定節氣而成四時。若《三統》分二十四氣，在曆家且爾，況《月令》、《堯典》乎？古今曆法不同，大抵較疏密耳。

四凶之惡，堯不誅之而舜誅之，何也？謂四凶在堯時惡未著，如驩兜薦共工一事，肆其欺罔，罪安所逃？然堯不誅之，何耶？

驩兜因問而舉，未是欺罔，但堯自照破群情耳。所以照破而復容之者，猶明鑑在此，雖妍醜洞照，亦須待物來方可，不曾持鑑索照。蓋索物而照之，即非廓然之公，物來順應矣。又曰：所謂取之而燕民悅則取之，舜是也；取之而燕民不悅則勿取，堯是也。

古者道德同，風俗一，雖蠻貊猶且向化，如何却有不率化之蠻夷居於中國，如魯之徐戎？

中土凡山谷愈險之地，即有小戎種落居之，猶今之蠻猺然。蓋古以封建治天下，疆理其大界，其土地之未開闢者，處處有之，其後種落漸繁，不安巢穴，則木拔道通，漸芟

夷之矣。

《書序》：堯曰「聰明」，繼之曰「欽明」。聰明以天德言，欽明以人德言。雖是堯舜性之，亦不廢兢業寅畏。聖人大德敦化，小德川流。

舜七旬有苗格，高宗三年始克鬼方，文王伐崇，因壘而降，宣王伐玁狁，至興六月之師。舜、文戰德，高、宣戰義。

后夔「典樂」四語，與皋陶「九德」，旨意如何？胄子之性未免或偏，聖人因其性而教之，所以矯其偏而歸之中。若皋陶所言「九德」，乃其德之已成，寬而又栗，柔而又立者然也。然上面四德已包下面九德，而九德之目，又推廣上面四德言之耳。

大禹誓師，不及誅賞；而啓之誓師，已有用命、不用命之賞罰。

誥誓不及五帝，盟詛不及三王，交質不及五霸。《夏書》渾渾，《商書》灝灝，《周書》噩噩，皆世變使然。

天子有征無戰，啓與有扈乃戰於甘之野，至羲和湎淫，又在有扈之後，乃曰「胤往征之」。有扈之不臣，如驕子之失於慈母，蓋孕育唐虞大化中，真嬰兒視啓，故至於言「戰」。羲和之罪，如脫慈母而畏嚴師，蓋今日之仲康，非復前日太康之比，故以「征」言。用兵難易，故措辭不同。

群飲，可赦也。成王曰予其殺夫群飲而至於死，雖秦皇、漢武無是法也。而成王有是言，豈三代容有是法？

《酒誥》之書，爲殷民作，是酒池肉林，遺惡猶在，所謂亂國用重典也。東坡説此甚詳。

禹征苗而班師，與東征之役如何？

唐虞之道直以大，故以揖遜終焉，處處是揖遜意。商周之道直以簡，所以弔伐興焉，處處是弔伐意。帝國戰德，王國戰義，亦是此意。

堯聞舜聰明，而猶歷試之，何邪？

爲天下得人，當使天下盡知之。蓋天下者，乃天下之天下，當以天下之心爲心。

以《禹貢》九州之次，攷禹治水次第，豈其道里之使然耶？要必有説。

冀爲帝都，自帝都而左旋，北而東，東而南，南而西，西而北。

此紀事之法，非施功次第。

《禹貢》既分天下爲九州，又分爲五服，莫是分州爲貢賦設，建服爲諸侯朝見設？

古以封建治天下，分州以爲經，分服以爲緯，每州爲二百一十國，有方伯連帥以統之，此其經也。至其朝也，則不論州而論服，若各隨道里遠近爲疏數之限，因四方而分四時，此其緯也。經緯之分錯，所以相持而法難壞。

穆王作贖刑，有罪皆得贖罪，毋乃富者之幸邪？

五刑之疑，降爲五罰，五罰之疑，方爲贖法，

非謂有罪可贖。

商之代夏，去唐虞未遠，而湯之得民，不聞有誥諭之勤。至周之代商，自后稷、公劉至於文、武、成王之世，商民未愜周化，尚勤諸《書》之訓，而世變風移，僅見於三紀之後，其遺風猶未殄，何耶？

三代子孫，惟商多賢君，故其德意在人，久而未忘，雖王澤既斬之後，猶有一線之微在也。

《禹貢》賦法如何？

九等賦法，不是概以此取民，只是將諸州所管之賦，比較其高下如此，猶今日某路管幾賦一般。若是各以一等取民，則一州之廣，其田豈無肥瘠，如何一律輸賦？便有不均之患。

東萊曰：「方伯專征，只是四夷入邊，臣子簒殺，不容待報，其他如九伐之法，司馬所職，非諸侯所專也。」昔文王爲殷西伯而伐黎，還是待報否？

竊意湯征葛，文王征黎，皆弔伐之始，事不待有王命。文王煞用兵，伐諸侯，但不用於紂耳。是時天下濁亂，不復有王命，《采薇》詩序以天子之命命將帥，此臆度之辭，不足憑也。

羲和以湎淫廢職，何至移以六師？

但看史臣序事，首以「酒荒于邑」之語，其事已明。至胤侯始説其罪，則曰「沉亂于酒」，「畔官離次」，「遐棄厥司」，「荒于厥邑」。只此四語，則羲和罪狀明白可見。蓋羲和世掌天文，職在王朝，一旦擅棄官守，遠歸私

邑，沉湎潰亂，雖日食而罔聞知，此必朝會不至，召命不行，非勤六師則無以正其罪。若止在朝列而淫酒廢職，一有司行法耳。惟其畔官離次，淫荒于厥邑，有若負固不服之諸侯，加以天變，不知揆諸政典，自有必殺無赦之罪，所以致勤六師也。「殲厥渠魁，脅從罔治」，此乃誓師戒殺常語。

土地廣輪，只有許多。虞夏之世，宇內「東漸于海，西被于流沙，朔南暨聲教，訖于四海」。舜嘗至蒼梧，禹亦至會稽。見得當時禹迹徧天下，大約已盡入職方矣。周公雖曰斥大土宇，亦不過開闢郊岐以西，何故夏五服以五千里，周九服起自洛陽土中？想夏制起自河内，未知然否。閩廣號百粤之地，至秦始皇方開闢爲郡。虞夏之迹，決不至此。禹跡曾至會稽，猶可言也。若蒼梧以爲舜所葬，此必無之理。舜既禪位於禹，何緣復自巡狩至于南蠻之地，且葬于此？後人以《書》有「陟方乃死」一語而傅會之，不知「陟方」即升遐上仙之異名耳。

夏五服，周六服，《周官》九服，見於經者如此，漸開漸廣，更復何說？觀《禹貢》說「朔南暨聲教」一句，可見止及其所可及耳，然聲教則無遠不被，雖蠻貊之邦行矣，故云「訖于四海」。

木鐘集卷五

木鐘集卷六

宋陳埴撰

詩

《詩》之比、興、賦。

大率興詩如《關雎》之詩是。蓋二句托物，二句言事，辭實相對立而意不比，是之謂興。比詩不言事，只取物之親切者詠之，如《螽斯》之詩是。賦詩或直言事，或感物，意非比、興者是，如《卷耳》之詩，晦翁所解者也。然比詩亦有言物而復言事者，又不可以例觀也。大約賦詩有兼比者，興詩亦有兼比者，如《麟趾》之詩，前二句是興，後一句「于嗟麟兮」之類，乃是比，他可類推。若是後去，詩有十二句，上下成一章者，只看起初辭意，以別三體。《詩傳》之例，凡説「興而比」者，謂上文是興體，下文是比體，若《南有喬木》之類是。他一章中自分比、興，非謂比中含興，興中含比。若興中含比者，乃興而有比義，如《關雎》、《鵲巢》之類，雖則含比，只可斷以興。比中含興者，乃比而不實，如《白華》之類。半比半興，悉斷之比，則前後有此例者，更觀玩。

《凱風》前兩章，皆以「凱風自南」起詞。《詩傳》以首章爲比，而又以次章爲興。不知一物六義，《詩》中曾有此體否？

三虚一實，非興体。兩語虛起，兩句實應，此興體也。

古人毛馬而用之，故《詩》曰「乘乘黄」、「乘乘鴇」。然《秦風》之「騏騮是中，騧驪是驂」，則驂馬、服馬一乘四色，豈秦獨異於中國耶？

朝祭之車謂之毛馬，馬則齊其色；戎獵之車謂之物馬，馬則齊其足與力。戎馬齊其力，田馬齊其足。

止齋謂檜亡爲東周之始，曹亡爲《春秋》之終，乃以爲聖人係曹、檜之詩於「國風」之末，即其思周道、思治之語，爲傷無王無伯之驗。愚謂周之東遷，豈專關於一檜之亡？而《春秋》之終，豈專係於一曹之亡？止齋之言，是歟？非歟？

《詩序》出於漢儒，不可憑據。《春秋》傷無伯之説，亦是説者之談。聖人作《春秋》，決不解主張伯道。以《詩序》證《春秋》，自是船上繫帆。但止齋之言，意謂當無王無伯之時，唯小國滅亡最先，故小國思患最切，是以聖人繫《詩》、作《春秋》，每於小國觀世變，非謂由此二國致禍也。

説詩。

比類多説物，不見説事。上兩句意未盡，發下兩句，正所謂一倡三歎，一人獨唱而三人備和之，如《麟之趾》之類。

《生民》詩「履帝武敏歆」。或以爲帝嚳之行，或以爲蹈巨人之跡。

巨人跡，據《詩》辭，直是有如此。天地間事有非耳目所常見聞者甚多，不可信耳目而小天地。

《關雎》，王化之基，遷《史》乃謂周道衰，

詩人本之實行衽席而《關雎》作。《鹿鳴》,《小雅》之盛,遷《史》亦謂「仁義陵遲,《鹿鳴》刺焉」。何謂也?

四始之詩,不應以亂世之作冠於「風」「雅」之首。今但玩其詩,刺體邪?美體邪?古今説者,皆説《詩》之辭,不足憑據,惟有《詩》文可據。從甲説則《詩》文爲近,從乙説則《詩》文爲遠,從甲可也。此説《詩》之法,亦斷按之法。

木鐘集卷六

木鐘集卷七

宋陳埴撰

周禮

《周禮》鄭注云：「凡府、史，皆官長所自辟除。胥、徒，民所給徭役者。」不知幾時代邪，又不知俸禄何取給耶。

府、史，即庶人之在官者，有代耕之禄。既自辟除，即無限年，任事則存留，否則黜去。然古人府、史多世守，此無明據，意如此耳。胥、徒，即民之給徭役者。鄉大夫自辟。《均人》：豐年公旬用二日，無年旬用一日。古注改「旬」爲「均」，非也。繇役則無禄。

《宮伯》云「若邦有大事，作宮衆則令之」，竊意此特宮中儆備耳。注以爲「或選當行」。周制，爪士，王不出，尚不行，況士庶子之宿衛王宮者哉？然國子亦自有從戎事者。彼蓋諸子所掌，非宮伯所掌。未知如何。

《諸子職》云：「若國有兵甲之事，則帥國子而致諸子，唯所用之。」正謂此也。大事，謂兵甲之事。作，謂調發起太子，無境外之事，止謂居守耳。國子在學，則隸於大司樂，在宮則隸於宮伯，在兵則隸於諸子。

成周鄉大夫皆世禄，獨上、中、下士以大比之賢能處之，官職有限，仕進無窮，如何安頓？

王朝公卿、大夫、元士，雖不多員數，六鄉六

遂，有多少官人吏？除其長外，率是下士、中士爲之，多至二萬人。古者鄉舉里選，不患無缺，只患無人耳。所謂「使民興賢，出使長之，使民興能，入使治之」，正謂入鄉遂中，仕爲比閭之長，是時決無待缺耳。

天子曰萬乘，諸侯曰千乘。天子曰六軍，大國不過三軍，此定制也。然攷司徒卒伍之制，而約之《司馬法》不能無疑。《司馬法》曰：兵車一乘，甲士三人，步卒七十二人。則是一乘者，七十五人之所容也。約而計之，則三兩之數也，四乘則三卒之數也，百乘則三師之所合也，五百乘則三軍之所合也。積至於千乘，則六軍聚焉。是六軍之數，適足以容千乘。以天子之六軍言之，則不足於萬乘；以諸侯之千乘言之，則不應有六軍。卒伍法與丘甸法異。卒伍家出一人，自五人之伍，積而至萬二千五百人爲軍，即比、閭、族、黨、州、鄉之民也，六鄉實有此家數，即六軍實有此兵籍。若夫丘甸之法，合五百十二家，六十四井之家。共出甲士三人，步卒七十二人，是謂一乘。乃七家出一人，是六鄉之家，悉可以爲卒，而不盡調以爲兵。兵籍雖具於六軍，而調發止從丘乘法。一是兵籍全數，一是調發抽數，不可合看。

大司徒既掌邦教，典樂又掌教，何耶？司徒掌邦教，所以教天下之萬民。《周禮》有十二教之施是也。典樂成均之法，所以教王朝之子弟，《周禮》所謂「中、和、祇、庸、孝、友」、「興、道、諷、誦、言、語」是也。其在司徒者，則謂之鄉學；在典樂者，則謂之國學。

《周官》師氏掌内朝，司士掌治朝，朝士掌外朝。三官分隸三卿，分掌三朝，其制明矣。而《文王世子》記外朝之政，則曰司士爲之。何不同也？

太僕掌内朝，司士掌治朝，朝士掌外朝。師氏近臣，掌伺察王之動静，而以媺事告詔人主，此項官屬最切君德，非掌朝儀也。自太僕所掌燕朝爲内朝，即司士所掌治朝爲外朝，《文王世子》所言是也。自朝士所掌治朝爲外朝，即司士所掌治朝又爲内朝，《玉藻》所言「以日視朝于内朝」是也。

王之卿六命，公侯之卿三命，子男之卿再命。其命掌於典命，則天子之命也。及攷《王制》，則次國一卿命於其君，小國二卿命於其君。意者夏、商之制然歟？

此當以《王制》兼攷，《典命》但言其命數，不言合命幾人。周制侯國之臣以達於天子爲寵，故惟大國之卿得皆命於天子，以次各有隆殺，如齊本侯爵，惟高、國二卿得命于天子，管仲雖秉權，不過齊卿，且不敢當天子命卿之禮，曰「有天子之二守國、高在位」。晉使鞏伯獻捷于周，周人以禮讓之曰：「不使命卿鎮撫王家，而鞏伯實來，未有職司于王室。」則雖齊、晉之卿，皆不得命于天子。信《王制》所言爲周制。

《大司徒》曰：「制天下之地征。」又曰：「以令地貢。」地貢，即九貢之所貢，明矣。若地征，豈即太宰九賦之所征乎？

地征，總言貢賦。下云「以作民職」，即九職是；「以令地貢」即九貢是；「以斂財賦」即九賦是。九貢爲邦國之貢，自是分明。但

九職、九賦，先儒分作兩項賦税，竊疑不然。按經但言「以九職任萬民」，此又言「以作民職」，即不言是賦税。若九賦，即曰以「斂財賄」，此又曰「以斂財賦」，則所謂財賦者，止九賦耳。蓋九職，乃其窠名，財賦所從出者；九賦，乃將九職之所入，畫項填管，以待九式之用。其賦之之法，則如《載師》所言，或十一，或十二，或二十而一，或二十而五。如此攷論，則脉絡貫串矣。

《泉府》：「凡民之貸者，以國服爲之息。」蓋民用不足，上之人不與，則無以濟其用；與之不取息，則無以裨有司出入之耗費。但《周禮》所載入息之數，先儒謂貸萬錢者，期出息五百。意者不過二十而取一耳。鄭司農謂從官借本賈，而以其所賈之國貸物爲息。竊謂周家使民，各以其所服國事貢物爲息，農以粟，工以器，不取民以所無也。苟如司農貸民本賈之説，則是上下相率交征利之意。王林解謂《泉府》所言國之財用，凡以賒貸之息供之。竊謂市廛之征布，本以供王膳服，周家却掌之泉府，不妨以此項財與民間通融。其所謂國之財用，蓋自取具於市廛之征布耳，豈仰給於息錢乎？惟其昧先王之意，是以王莽舉是制行於漢，王荆公舉是制行於本朝，反爲天下禍。未審《周官》之法意如何。

「以國服爲之息」。「國服」字他無證，二鄭以意説之。大鄭謂以物爲息，隨其國之所貨。其論甚通恕，而無多寡之準，後人無可依據。小鄭謂以錢爲息，隨其國之服事而定其準，即《載師》「國宅無征，園廛二十而一」以下等級之數，如此則多寡方有準耳。

誠如小鄭所言，則周之貸民有息者，有二十而一者，有什一者，有二十而三者，最重者不過十之二。青苗取息二分，是以周法至重者爲準。又周法以期而計，青苗則春、秋兩度斂散，却成四分取息。又周法止是貸民不足，其予之也，必有司辨之，不敢輕予，恐其有非理之用，青苗則家賦户斂，招誘之不來則抑配繼之，然則貸民之與聚斂，其意霄壤矣。韓魏公辨此最詳。來問錯認大鄭意，王氏曲說不在論。

井田以九起數，《匠人》則言「九夫爲井」，而《遂人》乃云「十夫有溝」。不知如何推筭。

溝洫之法，以十起數；井田之法，以九起數。鄉遂用貢法，十夫有溝，遂人是也；都鄙用助法，八家同井，匠人是也。先儒之説如此，與《孟子》合，「請野九一而助，國中什一使自賦」。近世諸儒皆欲混而同之，殊不可曉。

井田溝洫之法。

按《遂人》云：「百夫有洫」，「十夫有溝」。溝，即不見得包溝、洫在内，若是在内，當云百夫、十夫之間矣。《匠人》溝洫却在内，故皆以「間」言。方十里者，以開方法計之，爲九百夫；方百里者，以開方法計之，爲九萬夫。凡看經，當以正經大字謹謹附旁，若恣意曲説，何有了期？《遂人》、《匠人》兩處溝洫，分明各是一法，一以十起數，一以九起數。既有一夫地爲梗，積而上之，這許多地何以附着？無緣消化渾合得他。諸儒才見鄭氏説，便謂注疏迂儒，不知其説本之《孟子》。《孟子》：「請野九一而助，國中什

一使自賦。」晦翁總其説，謂鄉遂用貢法，十夫有溝；都鄙是助法，八家同井。其言簡而盡矣，但不知其必分二法者何故。竊意鄉遂之地，在近郊、遠郊之間，六軍之所從出，必是平原廣野，可畫爲萬夫之田，有溝有洫，又有途路，方員可以如圖。蓋萬夫之地，所占不多，以井田一同法約之，止有九分之一，故經以徑法攤筭，逐一見其子數。若都鄙之地，謂之甸、稍、縣、都，乃公卿大夫之采地，包山林陵麓在内，難用溝洫法整齊分畫，故逐處畫爲井田，雖有溝洫，不能如圖，故但言在其間，其地綿亘，一同之地爲萬夫者九，故經以方法總筭，但止言其母數。以子數折之，一同計九萬夫。

蓋溝洫之法，成於萬夫；井田之法，成於一同；相去不啻倍蓰。不知後儒何故必欲合之。苟謂周公制法，不應三般兩様，此誠淺學紙上陳言。古人制國，四方八面，多少法度，豈一箇井田字了得他？只如井田，既有溝洫法，又有比伍法，又有丘甸法。丘甸則以四起數，比伍則以五起數，縱横羅絡，參錯夾持，如犬牙相制，所以其法可以支久，縱壞得一處，更有他處在，不似後世籠統，壞時一齊便壞，倒時一齊便倒。恐古人意思如此，更講明之。

成周雖有井田法，又有比伍、丘甸法，今人概曰井田，何耶？

鄉遂之法，溝洫以授田，貢以制賦，比伍以調兵。攷之《遂人》云「夫間有遂，遂上有徑」，至「萬夫有川，川上有路」，此溝洫之法也，而以什一貢法制賦。至調兵之法，攷之《小司徒》云「五人爲伍」至「五師爲軍」，又

云「凡起徒役，毋過家一人」，則是一家出一夫，一鄉出一軍，此比伍之法也。都鄙之法，井田以授田，助以制賦，丘乘以調兵。攷之《小司徒》云「九夫爲井」至「四縣爲都」，此井田之法也，而以九一助法制邦賦。至調兵之法，攷之《司馬法》云：甸方八里，實六十四井出兵車一乘，甲士三人，步卒七十二人，馬四匹，牛十二頭。此丘乘之法也。溝洫長連畫去，井田方方積去。溝洫以十起數，井田以九起數。丘乘以田數起兵，比伍以家數起兵。大約丘乘法是七家出一人，比伍法是一家出一人。只緣都鄙兵有征戍事，故用民少；鄉遂兵止衛王畿，不調發，故用民多。要之鄉遂雖重而實輕，都鄙雖輕而實重。近世諸儒，乃欲合溝洫、井田爲一法，殊不知「請野九一而助，國中什一使自賦」，孟子已分作兩去，何可合得？

成周鄉學、國學之異

古者公卿貴賤之分明而不相亂，士庶之途異而不相雜。國學則專以教公卿大夫之子弟，而國之小學則在王宫之左，太學在郊；鄉學則專以教萬民之子弟，而鄉之小學則家有塾，黨有庠，大學則遂有序。國學則掌於大司樂，而大胥、小胥皆其屬，教法則有樂語、樂德、樂舞之凡。鄉學則掌於鄉大夫，而州長、黨正、族師皆其屬，教法則有六德、六行、六藝之目。國學之選用，則大胥、小胥先簡不率教者，以告于大樂正，樂正乃論其秀者以告于王，而定其論。論定，然後官之。則論於王朝者，即爲王朝之官，所謂「適士」是也。鄉學之選用，則族師月讀法，黨正季讀法，州長歲讀法，而進退之，鄉大

夫簡不率教者以告于司徒，而後司徒興其賢者、能者以禮賓之，而獻其書于王，曰選士。《鄉大夫》曰：「此謂使民興賢，出使長之，使民興能，入使治之。」則興于鄉者，往往即爲鄉遂之吏，如比長、閭胥之中士、下士是也。自始學以至于入仕，聖人之所以別異於鄉學、國學者甚嚴矣。雖然，教法均欲其成才耳，成才均欲其用耳。國子之成才，既使之進于王朝之顯仕矣，而鄉民之秀傑者，其可終抑之以爲鄉之小吏乎？蓋三代世臣之法，先貴而後賤，先親而後疏。國之子弟，吾固不可使之出而與鄉民伍，而鄉民之不願仕于鄉者，聖人又有選用仕進之法，一與國子等，內不失之輕國子，外不失之棄鄉民。成周學校之善，豈不於斯可見？

《周官》六鄉之吏，舉一鄉言之，比長計二千五百人，閭胥計五百人；合六鄉言之，比長下士共一萬五千人，閭胥中士共三千人。不知《周官》三百六十，如何有許多中士、下士？

成周之官有二，有王朝之官，有鄉遂之吏。王朝之官，其職有三百六十，其官有三百八十四人。據《周禮》公卿大夫加一倍法。鄉遂之吏，只比長下士，共萬五千人，閭胥中士，共三千人，而六遂之吏不與焉，非必升於王朝、論於司馬而後官之也。何以言之？王朝官出於國學，六鄉之吏出於鄉學。國學以教公卿大夫士之子弟，其學官之長，則爲大司樂，其屬則大胥、小胥，簡其不帥教，則告于大樂正，大樂正論其秀者，以告于王而官之司馬，曰進士。鄉學以教萬民之子弟，其學官之長則爲鄉大夫，其屬則州長、黨正之

類，亦必簡其不率教，以告于大司徒，而後司徒賓興其賢者、能者，獻于王，曰選士。故自國學出者，皆仕于王朝之官，所謂適士、元士也，其祿視附庸之國。若夫自鄉學出者，官爲六鄉之吏，即《周官》所謂「使民興賢，出使長之；使民興能，入使治之」是也。所謂出長，是因其德行可以爲長，則使自五家之比出而爲二十五家之長，是爲閭胥，以長其民。入治者，是因其才能，可以治事，則使還入五家之內，是爲比長，以治其事。閭胥、比長，其位皆係庶士，其祿與庶人在官者同，止足代耕，其禮之優，僅免鄉之徭役，而猶未免司徒之征。由此觀之，則王朝之士爲命士，六鄉之中士、下士乃不命之士。《典命》有不命之士。蓋其教養、論選、仕進之法，本自不同故也。雖然，六鄉之賢能，豈終不得仕進於王朝邪？方其升於王朝之時，若不願仕於六鄉，則自司徒而徑升於國學，曰俊士。按《王制》，然後論選仕進之法，一與國子弟等。是則六鄉之民，進可官於王朝，退可官於鄉遂，未成者猶得養之於學，無成者不失爲受田之民。成周之時，鄉遂之民所以多髦士者，其道蓋出諸此。

天官冢宰，與王論道官也。雖酒漿、財用、會計等事，皆領於天官之屬，莫是又使冢宰兼有司之事否？

冢宰，專一節制人主，若財計，若酒漿之類，雖各有司存，但有司不可與人主較可否，冢宰上行三公事，凡有司所不可較者，冢宰可談笑而道之，乃是格君心之大者，不待事已出而有司紛爭之。聞止齋說。

「士田在近郊。」近郊只五十里。一官自

有八十來士，如何將五十里郊了得許多士禄？又不知自士以上，田永爲己業，罷任則或歸之官？

士不受田。所謂「士田」者，以此田之入供士之禄也。下士視上農，謂之代耕之禄，即不受田可知。《王制》除封國外，「其餘以禄士」，即士田也。所謂近郊五十里者，謂去王城五十里外，四面皆近郊，六鄉在其中，不知幾田幾里。

《周官》設女巫氏。女巫非宮中所宜置也。漢文尚除其制，孰謂周公爲之乎？

女曰巫，男曰覡。古人既有禱禳之事，與其旋求於外，不若預設於內，既屬之於王官，又統之以冢宰，即與後世妖巫異也。

古者用民三日。《周禮·均人》：「豐年則公旬用三日，中年公旬用二日，無年則公旬用一日。」與《王制》不同。意者歲不過三日，恐是力征，非服戎之事君。❶服戎之事，則不止三日。未知是否。

三日，法之常；視豐凶者，行法之權。只三日力役之征，聖人猶愛惜民力如此，兵事以一歲爲更，不在此限。

成周取民之制，不過什一，然攷之當時，豈但什一？或二十而一，或二十而五，或無過什二，何若是之不同耶？說者謂周人重務本而抑末利，故若是之不同。

使果重本而抑末，則止可以言漆林之征，其餘又不可以例論。什一之法，止行於井田、溝洫，鄉遂謂十夫有溝，

❶「君」，疑當作「若」，屬下。

乃十而賦一。都鄙用助法，八家同井，乃十而賦一。其他如廛里之賦，宅田、土田、賈田之賦，官田、牛田、賞田、牧田之賦，與夫甸、稍、縣、都，又見於《載師》所言，差等不同者，疑皆不在井田、溝洫之數，只攷《載師》自見。

公侯百里，伯七十里，子男五十里，《王制》之言爲然，而《孟子》言班爵禄亦然，至《周禮·大司徒》言公五百里，侯四百里，至子男，皆悉倍於《王制》。《孟子》之所論説者，謂《周禮》併附庸而言。使併附庸而言，然《王制》論諸侯之附庸，亦不與分地之數。姑以公地觀之，未有公地居其一，而附庸乃居其四也。

《周禮》與《孟子》實不同。《孟子》是商制，《王制》亦是商制。《周禮》乃成周制。成周制作，百度皆别，封國增廣，無可疑者。今惡其異而必曲説以合之，縱饒如何巧説，終無可合之理。

《周官》刑罰慶賞，相及相共，頗類商鞅相收相連之法。説者以爲有《關雎》、《麟趾》之意，而後可以行《周官》之法度。是固然。然後世不能皆文、武、周公，則此等刑法多是流入一切中來。不知周公立法之初，亦嘗慮及此否？

比伍法當與井地、溝洫相持，其授田時，或八家而同井，或十夫而同溝，已自出入相友，守望相助，疾病相扶持，則是相保、相愛、相友、相共之意，已自見於授田之時矣，可以比伍而無法乎？今既無井田、溝洫，只有保伍法孤單在此，所以少恩也。

出使長之，入使治之。

出五家之比而爲二十五家之長，或出二十五家之閭而爲百家之長，是之謂出長。本五家之中居，仍舊入作五家之官，本二十五家之中居，仍舊入作二十五家之官，是之謂入治。此是鄉學出身，即使就鄉學中作吏。此鄉舉里選之法也。

大宗伯之職：春祠、夏禴、秋嘗、冬烝，此四時之祭也。而釋獻饋食，四時祭中皆有之。鄭氏別此爲祫爲禘，不知其説何據。

宗廟之祭，除四時祭外，大祭只有祫與禘。《周禮》既冠釋獻饋食于四時祭之上，即爲祫禘可知。鄭氏亦以文勢推之，本無可證。

周制，鄉三老即三公，則六卿之大夫，即六官之卿分攝之耳。然《春秋》世婦，每宮卿二人，六宮則十二卿也。此豈六官之卿分攝邪？

每宮卿二人，疑是卿領二宮。《周禮》官制用倍法，卿只是六人，掌六典者，此六卿也。此是以一卿兼領諸司，所謂「官聯」者是，非攝也。程《傳》謂每宮卿十二人，即三夫人、九嬪，共十二人。

《鹽人》掌鹽之政令。然三代無搉鹽法，不知當時如何措置？

《天官》酒漿、醯醢之類，皆主王之膳羞。聖人以道制欲，凡男女飲食之奉，使冢宰節制，行於其中，乃格心之大者，非可以後之政令言。

周家朝聘制度，大約諸侯親見於王有六禮，朝、覲、宗、遇、會、同是也；諸侯使其

臣見於王有二禮，聘、覜是也；王朝臣下交諸侯有四禮，間問、歸脤、賀慶、致禬是也。概見於經者如此。但《小行人》曰：「存、覜、省、聘、問，臣之禮也。」不知諸侯使其臣如王所有此五禮，即聘、覜之禮明矣。鄭《行人》注謂「間問」即存、省之屬，則存、省、問三禮未辨其何所據。

諸侯自身行禮者有六，朝、覲、宗、遇、會、同；使其臣行禮者有五，存、覜、省、聘、問。五禮中或言聘，恐其總耳。故大宗伯復云：「時聘曰問，殷覜曰視。」則問、視者，疑即存、省、問之總名也。王之撫諸侯，亦有存、覜、省之禮，蓋上下不嫌同名耳。

《大司徒》：「不易之地家百畝，一易之地家二百畝，再易之地家三百畝。」至《遂人》則曰：上地田百畝，萊五十畝；中地田百畝，萊百畝；下地田百畝，萊二百畝。《大司徒》何以言「易」，《遂人》何以言「萊」？

「易」之與「萊」，世儒多言，地力薄者，休一歲爲萊，至明年而易種，是爲中地一易；其甚薄者，休二歲爲萊，至後年而易種，是爲下地再易。是固然矣，但盡使休百畝、二百畝之田而爲草萊之地，則萊者地力益薄，而其後施功愈難。今人耕地，則無收一年。古人所謂易與萊，不如是其拙也。按漢趙過爲代田，代即古法之所謂易也。其法一畝分而爲三甽，廣尺，深尺，古言澮畎澮距川，即種苗之水地也。而播種於三甽中，歲代處，故曰代田。代處，謂畝闊六尺，三尺爲甽，則三尺爲隴，甽與隴相間。若今種薑一法然。今年此爲甽而彼爲隴，明年此爲隴而彼爲甽，每歲更易其甽以播種，則常得生地而地力完。及苗既

滋長，則稍耨隴草，因隤其土以附苗根，比盛暑則隴盛而根深，可耐風與旱，故能以薄地而倍收，此趙過代田之法也。趙過自言即古田法，古稱南畝，皆向南而分甽；東畝，謂皆向東而分甽。可見《周官》之所謂易與萊者，不過更代而分甽、隴，一易則間一隴而爲甽，再易則間二隴而爲甽，種疏則結實倍。古人治地，能以惡爲肥，爲有此法也。然既言易，復言萊者，以其受田倍於上地，嫌於得粟之多，有不均之患，故名其田曰萊者，以明其得粟不過與上地等，雖曰倍給其田，而其休而爲隴者，皆無用之萊地耳。《大司徒》之造都鄙，即《遂人》之治野，《司徒》舉其凡，《遂人》詳其目耳。

周之軍賦，起於丘乘，其法止於五百十二家出甲士三人、步卒七十二人、牛十二頭、馬四疋而已。不知軍糧之費，亦出於丘甸中如何。

《刑法志》云：「稅以足食，賦以足兵。」食只取什一之稅，但古人處處有委積之儲，必不餽糧於千里之外。

周軍賦，齊内政，晉被廬，魯丘甲、田賦，其制異同如何？

軍賦之法，四井爲邑，四邑爲丘，四丘爲甸，甸五百十二家出甲士三人、步卒七十二人、牛十二頭、馬四疋，是爲一乘。此丘甸出軍賦法，乃五百十二家共出許多賦，大約七家合出一兵，所謂民皆可爲兵而不盡爲兵也。内政，自五家之軌而至於十連之鄉，大約周比閭之法，自五人之伍而至於二千五百人之師，大約寓兵於農之意。但家出一兵，與丘甸之法異，此强國之丘也。丘甲，謂一丘

之夫便使出甲士。周以五百十二家出甲士三人，魯乃以百二十八家出甲士，與古大異矣。田賦，謂計田而出賦，如一夫一井之田便使出軍賦，不復如丘甸法，又甚於丘甲矣。陳止齋謂田賦亦家出一兵。

夏一夫受田五十畝，每夫計五畝之入爲貢。商一夫受田七十畝，同助公田。取民之制相去不遠，而授田之法三代不同。竊意古時民稀，其後日以漸多，而授田之法反倍於古，借曰土地日以開闢，亦豈能遽倍於古之時耶？

生齒蕃庶，則土地開闢，只看《皇矣》之詩，周之先公興於豳，則向之荆棘莽榛，今皆爲人民都會。天地生許多民物，便有許多土地，所以到周時，事事增多於前，如封國與《王制》不同，亦斥大疆土之故。

大司樂固是教國子學官，而鄉遂之學，獨不散見於《周官》，何耶？

自鄉大夫而下，至比長，此鄉學之官。遂率此。其教養升黜之法，則月終而比者百家，至三年大比，則合萬二千五百家，而陞黜矣。

廩人、倉人，皆掌九穀，出入皆不聞會計，何也？

歲終則會，百司庶府皆然。既有司會之官在，百司庶府不必盡言可也。

「九職任萬民。」自三農而下，八者皆無事於耕，信然，則成周盛時，農之家一，食粟之家九，況虞衡藪牧百工商賈，各又設爲之職，安在於駈而緣南畝哉？

《食貨志》云：「工商亦受田，五口乃當農夫一人。」均是王民，彼獨不受田，又無代耕之粟，一人必不然。《載師》有士田、賈田之類，可見民不盡耕不爲害，不均之害大。

井田。

方里爲井，井十爲通，通十爲成，成方十里，成十爲終，終十爲同，同方百里。以十起數，此井田結甲納稅法。制禄之法，皆以是計，如天子田方千里，公侯田方百里，伯七十里，子男五十里，其法皆以方計，筭數具於《王制》。要知此只計户口輸稅，計户口食禄，筭法合如此積起，非是地段方正，一如紙上之圖。

同地萬井。

四井爲邑，四邑爲丘，四丘爲甸。以四起數，此丘乘法。合六十四井，計五百十二家，通出甲士三人、步卒七十二人、牛十二頭、戎馬四足、兵車一乘，是謂乘馬之法，以供軍賦。故百乘之家，則合六千四百井，而通出百乘之兵賦；千乘之國，則合六萬四千井，而通出千乘之兵賦；萬乘之國，則合六十四萬井，而通出萬乘之兵賦。「稅以足食，賦以足兵。」起數既別，當作兩項看。

木鐘集卷七

木鐘集卷八

禮　記

宋陳埴撰

《王制》封國辨

古者封國之法，計田而不計地。蓋自天子至於五等諸侯，無非計民田之實，而食其租賦，猶後世封邑，計户口而食之，故《王制》自天子之千里，而至於子男五十里，皆言田而不言地，此最爲識古制者。大率田可計而地不可計。古者井九百畝爲一里，故凡謂之方一里者，皆九百畝之田，而八家之租賦也。夫封國之里與分服之里，二者爲法不同。封國之所謂里者，乃田里之里，分服之所謂里者，乃道里之里。田里之里，其法以方而計，即井方一里是也。道里之里，其法以袤而言，如二十五家爲一里之類是也。此無丈數，姑約此大端明之。後儒攷之不詳，往往混二者而無所分別，至謂天下之地圖皆可以開方法計之，如夏之五服，則面方五千里，而開方則爲二十五千里；如周之六服，則面方七千里，而開方則爲四十九千里。不知分服之法，計道里之遠近，而爲朝貢之節；猶今之路程。封國之法，計田里之多寡，而爲賦禄之制，豈可同日語耶？今併指爲田里之里，而以開方法乘之，則九州之內，江淮、河漢、山陵、林麓、城郭、溝池、宫室、塗巷，廣袤綿亘，繽紛交錯，何可以實計邪？既不可以實計，由是創爲三分去一之說，而封國之制皆然。審如此，則平原廣野

與夫山澤險阻之地，例以三分去一之説約之，則必有不均之患。且制禄食租，無可計之實，而姑爲茫昧之約，此豈經界既正，均田制禄之道？故後儒之失，大抵失於以三分去一之説而論田，以積實開方之法而論路。如《王制》以田而定封是矣，而復仍用三分去一之説；言九州之地圖是矣，而復仍用方三千里之説。此攷之不精，殆紙上之陳言，故不得不辨。

《王制》建學法。

古者公卿大夫之子弟以至萬民之子，生八歲而入小學，教之以幼儀之事，十有五歲而入大學，教之以成人之事，此大、小學之所由建也。其謂之國學者，則以教公卿大夫士之子弟，即大、小學之立於國中者。其謂之鄉學者，則以教萬民之子弟，即大、小學之立於鄉遂者。其國學之制，則小學在王宮南之左，大學在郊是也。準諸侯之制。其鄉學之制，則所謂家有塾，黨有庠者，小學也；遂有序者，大學也。其學官之職，則國學掌於大樂正，而大胥、小胥以下，其屬也；鄉學掌於鄉大夫，而州長、黨正以下，其屬也。其教掌之法，在國學則樂德、樂語、樂舞，其凡也；在鄉學則六德、六行、六藝，其目也。其論選之法，在國學則小胥、大胥先簡不帥教者，以告于大樂正，大樂正乃論其秀者，以告于王而官之司馬，曰進士是也；在鄉學則鄉大夫先簡不帥教者，以告于司徒，司徒興其賢者、能者，以禮賓之，而獻其書于王，曰選士是也。其仕進之法，則自國學出者，往往爲王朝之官，所謂適士是也；其自鄉學出者，大抵爲鄉遂之吏，所謂庶士是也。蓋古者貴賤之分明，世家與

編氓，不無貴賤之分，故自少而別異之，而其仕進亦不容無二途。然則士之起於編氓者，其終不得仕於王朝乎？蓋編氓之仕進，又固有二途也。自鄉學而升於司徒，則謂之選士，是已命爲士矣，然由是而仕者，不過於鄉遂之吏，其位之卑，則但曰庶士，其禄之薄，則但曰代耕，其禮之優，則僅免鄉之徭役，而司徒之征，則不能免也。故其願仕乎此者，上之人不强也。何者？六鄉、六遂之吏，自比長而至於閭胥，鄰長而至於里宰，不啻以萬計，安能悉官於司馬而禄之？亦不過就補其民之秀異者，而均之以代耕之禄。其大者稍出於部伍而爲之長，其小者還入於部伍而治其事，正《鄉大夫》所謂「使民興賢，出使長之；使民興能，入使治之」是也。如其不願仕於此者，則自司徒而復升之於國學，曰俊士，然後論選仕進之法，一與國子弟等。此其所以謂之二途也。

「別子爲祖，繼別爲宗，繼禰者爲小宗。」古立法之意如何？

宗法爲諸子之庶子設，恐其後流派寖多，姓氏紛錯，易至殽亂，故於源頭有大宗以統之，則人同知尊祖，分派處有小宗以統之，則人各知敬禰。且如始封之君，其適子襲封，則庶子爲大夫，大夫不得以禰諸侯，故自別爲大夫之祖，是謂「別子爲祖」也。別子之適子，則爲大宗，使繼其祖之所自出，從此直下，適子世爲大宗，合族同宗之，是謂「繼別爲宗」也。別子之庶子，又不得以禰別子，却待其子繼之，而自別爲禰，繼禰者遂爲小宗。凡小宗之適子，服屬未盡，常爲小宗。凡小宗之庶子，又別爲禰，而其適

子又各爲小宗，兄弟同宗之，謂「繼禰爲小宗」是也。大宗是始祖正派，下雖其後支分派別，皆同宗此祖，則合族皆服齊衰九月，初不以親屬近遠論，是爲百世不遷之宗。小宗是禰正派，下親盡則絶，如繼禰者，親兄弟宗之，爲之服期；繼祖者，則從兄弟宗之，爲之服大功；繼曾祖者，再從兄弟宗之，爲之服小功；繼高祖者，三從兄弟宗之，爲之服緦。自此以後代常趲一代，是爲五世則遷之宗。宗法之立，嫡長之尊，有君道焉。大宗所以統其宗族，凡合族中有大事，當禀大宗而後行。小宗所以統其兄弟，如同禰者有大事，則同禰之兄弟，當禀繼禰之小宗而後行。一族之中，大宗只是一人，小宗儘多，故一人之身，從下數至始祖，大宗惟一，數至高祖，小宗則四，此古者宗族人情相親，人倫不亂，豈非明嫡庶之分，有君臣之義，由大宗、小宗之法而然歟？

三昭三穆，與太祖之廟而七，此天子七廟之制也。然「有虞氏祖顓帝而宗堯」，則有虞之時，無以備七廟之數者，何耶？「周人祖文王而宗武王」，世皆有是言矣，而詩人又曰「皇皇后帝，皇祖后稷」者，何耶？

唐虞官天下，必不能備七世之廟，但當堯、舜時，亦須上推其祖考，蓋皆出帝者之裔，不似後世崛起，必有可推者，但今不得而詳耳。始封之君爲太祖，稷、契是也。既以稷、契爲太祖，萬世之下不可祧。即成湯、文王、武王，雖始興之王，不可亦稱太祖，故以宗稱之。廟祖、太祖不祧，所謂「祖有功而宗有德」。

「嚴父莫大於配天。」必如周公郊祀后稷以配天，宗祀文王於明堂以配上帝方可？

先賢疑《孝經》非古書，此類是。郊祀配天爲嚴父，非謂達孝。周公居攝，止爲行禮，不可言周公嚴父，兼主成王而行，則當以武王爲配。若武王時事，則周公未嘗居攝，不當稱周公。

「日在北陸而藏冰，西陸朝覿而出之。」按《月令》，孟冬日在尾，仲冬在斗，季冬在女。斗、牛、女、虛、危、室、壁，正直亥、子、丑，乃北陸也。孟春在室，仲春在奎，季春在胃，奎、婁、胃、昴、畢、觜、參，正直申、酉、戌，乃西陸也。日月右行，故自北而西，夏則南，秋則東，此説已不可易。然《月令》在尾、在斗云者，特其大約耳，亦有先時者，亦有後時者，不必二月也。今開冰必於四之日，抑《左傳》之説，亦姑以西陸而名仲春耶？抑日至北陸即開冰，或先時則於三月之首，姑以四之日言耶？

當以《詩》與《月令》爲按，不當背《詩》而牽合於《左氏》。北陸、西陸之説，於天文家恐未合，自角至箕，爲東方之宿，自斗至壁，爲北方之宿，自奎至參，爲西方之宿，自井至軫，爲南方之宿，日之所在謂之宿可也，而謂之陸，有冬至日行南陸，夏至日行北陸之嫌。蓋以日行而言，則可謂之陸；以日在而言，則止謂之宿。語不的確，曰不指實，故《集註》不取。

「大明生於東，月生於西。」是陰陽之分如此。注曰：「日出東方而西行，月出西方

而東行。」不知月東行之説如何。

日月皆自東而西。「月生於西」者，乃是月落於西，但人以所見新月自西，故以「月生於西」言之。月生既以西言，則是初二、三後，漸自西而東，直至望日則在東，亦皆以人所見爲言耳，其實皆自東而西也。

三代忠、質、文之尚，以經攷之，止言虞夏之質不勝其文，殷周之文不勝其質而已。自董仲舒始有三代忠、質、文之説，太史公又改「質」爲「敬」，當以何爲據？

質者，文之對。以周爲文，則視殷爲質矣。然既謂之質，則已是與文對待，是猶有文了，但視周則較質耳。若夏則全然無文，故質不足以名之，而謂之忠，則一向白直之稱。此古今風氣之間，大勢之趍，相因之變如此，非是定一代之尚。漢儒所尚之説未然，其易「質」爲「敬」者，亦謂其禮主乎敬而文不足。《記》曰：「與其敬不足而禮有餘，不若禮不足而敬有餘。」又曰：「至敬無文。」則敬者，亦質之稱。

周制有升之鄉、升之學以取天下之俊秀，有升之司徒、升之天子以取國子之俊秀。然公卿大夫，皆子弟繼世爲之，獨一太公以草莽致位公卿，乃制度未定之時，亦不知升之學者，爲何等任用耶？

鄉學教萬民，至升之司徒而止。《周禮》獻賢能之書，登之天府可攷。其俊造之士，不從司徒調官鄉遂者，則復升之國學，大樂正即《周禮》大司樂。教之。其法視國子，學成則獻之天子，司馬官之。竊意升於國學，官於司馬者，皆入仕於王朝，同國子之選，不可以鄉學萬民例論。若夫伊、傅、太公之舉，豈在

學校選舉之數？又有甚制度定否耶？

《曲禮》言：「父讐弗共戴天，兄弟讎不反兵，交遊讎不同國。」至《調人》，則有導人使辟之言。如何？

調人，職在和難，謂過誤殺人者，與和之而使辟。若不共戴天之讎，非過誤殺傷之比。

《王制》所以紀三代王者之制，而每兼以虞制，何也？

周立四代之禮樂。

商人尚白。《湯誥》中有「敢用玄牡」一句，玄是黑色。

爾時猶是夏，諸侯用夏禮也。夏尚黑。

「仲尼祖述堯、舜，憲章文、武，上律天時，下襲水土。」晦翁謂兼內外，該本末。

「祖述」者，道法在其中。「憲章」者，法道在其內。「律天時」者，大則顯晦屈伸，小則服食寢處。「襲水土」者，大則坎止流行，小則採山釣水。細底道理爲本爲內，粗底道理爲末爲外。

《王制》以上大夫爲卿，即《左傳》惟卿爲大夫之意。至於序侯國卿大夫之次，乃復有卿與上大夫之別，何耶？

以大夫爲卿，只謂侯國耳，若王朝，則公之下有卿，卿之下有大夫。侯國降於王朝，故以上大夫爲卿，至大夫之中，又自分上、下也。

哀公問政，孔子曰：「爲政在人，取人以身，修身以道，修道以仁。」此一節是取人

必先修身也。後又曰：「故君子不可以不修身，思修身不可以不事親，思事親不可以不知人。」此一節是修身在知人之後也。相反何故？

自取人而修身，由外而反內。自修身而知人，由內而達外。兩「人」字所主不同，上主文武之人，下主尊賢之人。此章自「仁者，人也」以下，又別起義，「不可不事親」以下，乃旁通，非分前後。

《儒行》果夫子之言否？然其辭似有夸大其君之意，豈夫子欲伸其道，而猶不免於夸大耶？

才讀《論語》，便自見得氣象大小、滋味醇漓迥別。

「還相爲宮」之法。

蓋五音之中，黃鍾爲宮。宮，君也。故黃鍾管最長，聲最重濁，其他聲皆不得過之。至於太蔟以下，林鍾、大呂等律爲宮，則必有餘聲過於宮者，豈免於奪倫之患？元來杜佑《通典》中自有減半聲法，則必無餘聲過宮之患。此乃蔡季通能明之。宋朝樂不用黃鍾爲宮，蓋嫌黃鍾宮聲重濁，而尚輕清，故以下生不去，正是紘急聲絕，惟是黃鍾聲重濁，所以次第生得許多聲去。

宮爲黃鍾，聲爲律，既皆八十一矣，今林鍾六六三十六，徵乃五十四，太蔟八八六十四，商又七十二，何不相合？

此自是筭不著。以九分之寸約之，九寸爲八十一分，六寸爲五十四分，八寸爲七十二分，與五聲之數正相合。必以九約之方可，不可自相乘也。

「知至而后意誠。」程子又謂格物窮理，但立誠意以格之。

程門此類甚多，如致知須用敬，亦是。先侵了正心誠意地位，不是於格物致知之先，更有一級工夫在上，只是欲立个主人翁耳，但常得此心存在，物可從此格，知可從此致。此程子所以言格物窮理，但立誠意以格之。

《大學或問》曰：「致知窮理，但立誠意以格之。」又曰：「入道莫如敬。」愚以爲誠意工夫，乃在格物致知之後。今乃云先立誠意，始去格物，毋乃反經意歟？若以爲敬者，聖學成始成終之事，則「誠意」一節，於八者當無不該，則不當復次於八者之中。經中乃格物而后誠意，不能無疑。

誠、敬二字，貫通動静始末，安有格物致知時，誠意不存？曰我且理會格物致知，當此之時，不知所格者何物，所致者何知。要之欲格物時，且理會此二字爲第一義，自然欲住不得，所格所致方有主人。不然皆妄，到得知至之後，所知之理皆實，則誠敬至此時節，方始事事皆實，氣候既至，合下縝密工夫。故「誠意」之章係「知至」之下，雖是次第如此，又須知其爲一書之關隘、衆條之樞紐方可。

《大學》之道，自格物、致知、誠意做來，則理已無不明，善無不實，以此泛應運用，宜其曲當，而無毫厘之失可論，何緣於「忿懥」、「好樂」，遂有「不得其正」者？至於「親愛」、「賤惡」之僻，此猶淺近，似非所以論明理之學者。借曰毫釐之差，

千里之繆，然則何取於格物致知之功邪？

此時只是隨事警覺明善，涵養工夫已見於格物致知時。所謂知、止、定、静、安，是格物致知時貌象，至正心修身時，須用檢點省察，然後中節，乃是「慮而後能得」。蓋雖是定、静、安，不慮却不能得。自昔聖賢檢身工夫，何有已時？

自格物至於治國、平天下，固是有次第，若説道做此一件工夫都盡了，方可做那一件，則心未正、身未修時，有家也都掉了，從頭到尾，幾時做得盡？

方格物時，世間道理一時都在稱量中，雖履其事，亦是學習到工夫成熟後，方逐一升堂入室，正履其位，是時方是止於至善。

「知止而後有定。」工夫既在知止，則能慮處，莫是又著加思慮工夫否？

稱雖具在，到秤時，須權輕重。尺雖已定，到量時，須度長短。

「天命之謂性，率性之謂道」，莫便是周子《太極》中二五之精妙合而凝，至萬事出矣。「修道之謂教」，莫便是聖人定之以中正仁義，而主静立人極處？

若就大化上看，即無極而太極，天命之性也。動而陽，静而陰，分而爲五行，化而爲萬物，率性之道也。然只就天地五行上看，則如來語。

「道不可以須臾離」，如何？

道只是當行底理。天下事事物物與自家一身，凡日用常行，那件不各有當行底道理？

那曾一歇走離得？才離得，則物非物，事非事，吾身日用常行者，皆非是矣。故道即路之謂也。之燕之越，無非是路，才無路，便是荆棘草莽。聖人之道，只是眼前當然底，一時走離不得，後學求道，只就此上看，不用窈窈冥冥，探索深遠。如此爲道，皆日用而不知者也。

「君子之道費而隱，夫婦之愚不肖，可以與知而能行，及其至也，雖聖人有所不能知、不能行。」❶聖人既做不到頭，則此道之全體，豈終不可得而盡耶？

聖人盡性踐形，於道理上已無虧欠，但究極而言，一物不理，猶爲有虧；一事不知，猶爲有欠。道理㕄匝無盡，聖人容有不到處。深言隱處無窮也。

《中庸》「費隱」一章，言聖人不能知、不能行，天下莫能載、莫能破。前輩多云此是至隱妙道，著人力不得。請併與「鳶飛」、「魚躍」説來，因甚著人力不得？

此章言道體流行於天地事物之間，充塞太虛，彌滿六合，無一物而不有，無一事而不周，其用之廣如此，故曰「費」。然其所以然之故，則隱于事事物物之間，元不離乎事物，而不可便指事物以爲言，此太極之理也，故又謂之「隱」。是以聖人言其費用之廣，自其明白坦蕩者言之，則雖夫婦之愚不肖，皆可得而知，可得而行。自其纖悉極至者言之，雖聖人有所不能盡知，不能盡行，

❶ 《中庸》原句作「君子之道費而隱，夫婦之愚不肖，可以與知，及其至也，雖聖人有所不能知」，只及「知」而未及「行」。

如夫子之問禮、問官名，是不能盡知，如堯舜以博濟安百姓爲病，是不能盡行，然又豈特聖人耶？天能覆而不能載，地能載而不能覆，或雨暘寒燠之失其時，或崩竭震蕩之不得其正，是天地之大，亦有所不能盡，故人猶有憾焉。夫自愚不肖之能知、能行，極而至於聖人天地之所不能盡，而是道乃無乎不在，其用可謂廣矣。是以君子語其大而天下莫能載者，是指天而言也。蓋至大而無外者，天也。天下果何物可以載之？是言其大之極也。語其小而天下莫能破者，是指毫髮而言也。蓋至小而無內者，毫髮也。天下又孰得而析破之？是言其小之極也。大極於天，小極於毫髮，而道無不在焉。是吾道中三、大四至也。凡此，只是說道之「費」處，其體之「隱」，則在其中矣，故不言「隱」，非於「費」之外別有所謂「隱」也。使別有「隱」可見，有「隱」可言，則非體用一源，顯微無間，已不足爲道矣。子思猶懼人之不明也，復舉「鳶飛」、「魚躍」事以實之，謂「鳶飛戾天」，是道之見於鳶也，使魚戾于天，則非道矣；「魚躍于淵」，是道之見於魚也，使鳶躍于淵，則非道矣。萬物之生，各一其性，上下之間，如此昭著，其用豈不甚廣邪？今世儒不察，却謂聖人不能知，不能行，天下大小之道莫能載，莫能破，是道之至者，是道之隱者，至玄至妙，更著人力不得。凡可知、可行、可載、可破，皆非道之極至。此玄妙空寂之談，非吾儒所謂道也。夫有道必有物，無物則無道。鳶之飛，即鳶之道；魚之躍，即魚之道。物各具一太極，物各具一性，所謂信手拈來，頭頭是道，瓦礫有瓦礫之道，稊稗有稊稗之道，莫非太極之流行發見者，又豈別有所謂至隱之道

哉？凡捨物而言聖道之隱者，便不是道也。

「喜怒哀樂之未發謂之中」，則「中」在何處？「既發謂之和」，則「和」內有「中」否？

既是未發，即渾然一理，更有甚處？才發便向落一邊去，雖中也，只喚作和。此問甚有理，是一件大事，不可孟浪說。

既發之和，莫便是時中否？

謂之時中亦可，今且認取「和」字。

發時有中節不中節之分，未發時還有分否？

既是未發，更有何物可分？但有渾然之理在中，不曾倚著耳。此爲有學問人言。若無學問人，未發時昏昏底耳，「中」亦何有？

未發之「中」，則「中」在中；已發之「中」，則「中」在事物。不知此只是一「中」，還亦有二義否？

不倚不偏，是說未發之中。無過不及，是中之在事物者，所謂時中也。「中」無二個，但有既發與未發耳。

明德新民之爲物，知止能得之爲事，其義如何？

物，猶人物之物。事，乃從事之事。就《大學》之書以類求之，如曰物、曰知、曰意、曰心、曰身、曰家國天下，皆物也；如曰格、曰誠、曰正、曰修、曰齊、治、平，皆事也。

「不睹不聞」，乃此心不動之境。既是不

動，却又下戒謹恐懼工夫，莫是太著力否？太著力，則恐反動其心。何以謂之未發之中？

此處猛著力不得，才著力便是動了。雖不著力，然必有事焉方可。前輩謂敬貫動静，正謂此也。戒謹恐懼，却常惺惺法，不爾便白地倒了，否則空空死灰矣。此處如道家爐火養丹法，火冷則灰死，火炎則藥死。

《中庸》十四章言：素其位而無願乎其外。晦翁以張子「無天下國家皆非之理」尤爲切至。意亦與天下無不是底父母相似，雖處貧賤夷狄，皆有當爲底道理，亦不可怨天尤人底意思，未知然否？

張子此語，爲正己不求於人言之。素其位而行，雖同章而意別。父母無不是，天下國家不能皆是，語正相反。

「天下國家可均也」，謂管、晏亦可做。愚恐管、晏人物，當不得一個「均」字去。

一匡天下，糾合諸侯，正是一切强力，均天下國家事。

「君子之道四，丘未能一焉。」晦翁援此證聖人所不能之説。夫四者，乃聖人切身事，如前所援堯舜病博施之類，則聖人有不能處。若此四者，豈真有所不能耶？

只此四者，才處得不恰好，皆未能盡道。前章説聖人不能，即謂此類，見成印證，不待遠求，如博施濟衆，豈真不能耶？或百中遺一，或千中遺十，亦聖人所病也，豈是都做不得？如是認則錯矣。

「忠恕違道不遠」至「勿施於人」一段，是

忠恕之事未到仁者地位。橫渠先生曰：以愛己之心愛人，則盡仁。夫謂忠恕爲近仁，則可謂之盡仁，可乎？若曰以愛己之心愛人，乃是人己合一，不待推廣，故可謂之盡仁，然與此地頭又自別。

此因恕而言仁耳。恕是求仁之事，推愛己之心以愛人，恕者之事也；以愛己之心愛人，仁者之事也。「忠恕違仁不遠」，轉一過即仁矣。故橫渠以仁言。

「惟天下至聖」言「溥博如天，淵泉如淵」；「惟天下至誠」言「淵淵其淵，浩浩其天」。何以異？

「如天」、「如淵」，猶是二物；「其天」、「其淵」，即聖人便是天淵。《中庸》説到此處至矣，盡矣，向上無去處了。一節深一節，不必分聖與誠。

君子「居易俟命」與《大易》「樂天知命」相似否？

「居易俟命」，學者事；「樂天知命」，聖人事。

「宮爲君，商爲臣，角爲民，徵爲事，羽爲物。」此固是定清濁而叙尊卑。然古人由是而觀政焉，則其嘿相感通處，必有其義，若只以清濁尊卑相當，則亦粗矣。

五聲含此象，必爾方調得律吕。不然，即有臣陵君，子過母，而謂之奪倫矣。此却不比漢儒附會效法之言，實有此事，毫髮不可差也。設或樂聲奪倫，即其國、君、臣、民、物，必有不盡分事，如州鳩、師曠，皆能以此知彼，正是樂與政通。

「宮爲君，商爲臣，角爲民，徵爲事，羽爲物」如何？

《國語》曰：「古之神瞽，攷中聲而量之以制，度律均鍾。」言以聲定律，以律均鍾。而五聲之本，生於黄鍾之律。黄鍾，上生者三分益一，下生者三分去一。十二律，黄鍾最尊，管長九寸，九九八十一分，爲宮；下生去一，得五十四，爲徵；又三分徵數，上生加一，得七十二，爲商；又三分商數，下生去一，得四十八，爲羽；又三分羽數，上生益一，得六十四，爲角。此五聲相生之次也。五聲惟宮最尊，宮屬土，絃最多，用八十一絲，有君之象，故宮爲君。商屬金，以其濁次於宮，絃用七十二絲，如臣能次於君之象，故商爲臣。角屬木，以其清濁中，絃用六十四絲，半清半濁，居宮、羽之中，有民之象，故角爲民。徵屬火，絃用五十四絲，其聲清，有事之象，有民而後有事，事劣於民，故徵次角。羽屬水，絃用四十八絲，其聲最清，有物之象，有事而後有物，物劣於事，故羽次徵。此五聲大小之次也。五聲大小之相次，固本於黄鍾爲宮。若五聲旋相爲宮，則十二律皆可爲宮，非特黄鍾爲宮而已。如應鍾爲宮，則大吕爲商，姑洗爲角，蕤賓爲徵，南吕爲羽，無不皆然。然當高者或下，當下者或高，而有奪倫之患，故立此五象以調之。宮必爲君，而不可下於臣；商必爲臣，而不可上於君。若民，若事，若物，皆當以次降殺，所以律中有以半聲相應者，蓋以其臣或過君，民或過臣，事或過民，物或過事，故不用正聲而用半聲以應之，此八者所以克諧而不相奪倫也。

角聲六十四，下生變宮四十二，餘九分之六。又三分益一，上生變徵五十六，餘九分之八。夫宫、商、角、徵、羽，取象於君、臣、民、事、物者，取其清濁高下以次降殺，而得其倫也。今變宫用四十二絲，而變徵却用五十六絲，清濁不倫，徵反重於宫，如何？

古來只用五聲，在旋宫則爲六十聲。後世以古樂聲太濁，不悦人聽，遂添二變聲，見《國語》。間在正聲之中，變宫四十二絲有奇，居羽之下；變徵五十六絲有奇，居角之下；增二變聲在旋宫，則爲八十四調，漢、唐樂皆用之。庶得兩清聲相間，故樂可聽。

《禮運》言「禮義以爲紀」，繼於「大道既隱」之後。不知大道之世，於「禮義」如何？

禮家謂太上之世貴德，其次方務施報於人，往來之説，故言大道爲公之時，不規規於禮義。禮義乃道德之衰、忠信之薄，大約出於莊老之遺言，非先聖之格言也。

《祭義》曰：「祭之日，樂與哀半。」《表記》曰：「祭極敬，不繼之以倦。」❶如何？

「樂與哀半」之「樂」，乃樂其親之來享，非在外之樂。《表記》之「樂」，則間其敬心矣。

春夏産萬物而假大之也，而《月令》孟夏之月曰「靡草死」。秋冬斂萬物而退藏之也，而《月令》仲冬之月曰「芸草生」。

四時榮枯，雖有大分，然一物自爲榮枯，乃

❶ 「倦」，阮刻本《禮記注疏》作「樂」，據下文答語亦當作「樂」。

物性不齊，在大化中，亦使各正其性命，所以謂之大化，若物物而齊之，則化工小矣。

「地載神氣，神氣風霆，風霆流形，庶物露生。」

神氣，即二氣之神靈不測者，風霆是也。風霆流形于太空之中，所以鼓舞萬物者也，故萬物自之而露生。風霆，即土地山川之氣爲之，故屬地。

《王制》謂「衣服飲食不粥於市」，蓋衣服飲食日用不可闕，豈可不懋遷於市？

古人制市，此物豈宜取之於市？市亦無粥之者。《攷工記》曰：「粤之無鎛也，夫人而能爲鎛也。」正此意。

律呂旋相爲宮，五聲分君、臣、民、事、物，是如何？

自黄鍾至應鍾，總謂十二律，而半爲陽律，半爲陰呂，此律呂之分也。宮爲君，商爲臣，角爲民，徵爲事，羽爲物，此五聲之序也。初有五聲耳。自十二律旋相爲宮，於是有六十聲矣。初有五聲之正聲，自宮之有增變宮，徵之有增變徵，於是有八十四調矣。律呂隔八生子，上生者三分益一，如林鍾生太簇，自六寸上生爲八寸也；下生者三分去一，如黄鍾生林鍾，自九寸下生爲六寸也。古史謂陽必下生，陰必上生，若拘此法，則十二月之律，無比次降殺之序，以之候氣，則氣不應矣；以之制樂，則樂不和矣。故鄭康成有重上生法，自黄鍾生至蕤賓，則陽反生上，陰反生下，六五而終矣。其比次降殺之序，可用以候氣，可用以制樂，乃天然之法，非巧筭所能爲者。且五聲

之本，生於黄鍾，絲最多而聲最濁，則黄鍾固爲宫矣。若五聲旋相爲宫，則十二律皆可爲宫也，如大吕爲宫，則夾鍾爲商，仲吕爲角，夷則爲徵，無射爲羽，黄鍾爲變徵矣。十二律之回旋，固生生而不窮，若徒以正法相生，依正聲而用，則五音奪倫，君弱臣强矣，民尊臣卑矣，若事物一切奪倫而無統矣。故杜佑旋宫法於是有正聲焉，有子聲焉。正聲用其全，子聲用其半，庶幾五聲協比，無相奪倫也。如黄鍾爲宫，下六律以正聲應，凡五，惟變徵用子聲耳，以見黄鍾爲諸律之母，有大君之象。若他律爲宫，則下六律各不用正聲應，卒用子聲減半法相應，以見不敢正敵黄鍾，有隆殺之義焉。然黄鍾至尊，或反見役於他律者，蓋諸律當權用事，則黄鍾雖尊，亦當降下以相從，但不用正律耳。蓋正律非他律所可役使，止可役使子律耳，以見君有常尊也。然旋宫之法，正律亦用減半以應者，蓋宫常爲君，商常爲臣，角常爲民，徵常爲事，羽常爲物。子無過母之法，臣無高君之理。必用減半法以折之，則清濁高下以次相比，無奪倫之患，所謂金聲玉振，終始條理也。先儒不知此法，故律聲不諧，古樂遂廢。要之鄭康成之重上生，杜佑之減半法，真圓機之士，非紙上之空言也。

十二律上下相生法，何謂夫妻、子母？黄鍾、太簇、姑洗、蕤賓、夷則、無射，此陽律也。大吕、夾鍾、仲吕、林鍾、南吕、應鍾，此陰吕也。律所生者常同位，吕所生者常異位，故曰律娶妻而吕生子也。六律六吕，十二時位焉，乾坤之六爻位焉。故子者，陽數之始也，黄鍾生焉，是爲乾之初九，至於六，

陽盛於無射，則爲上九矣。未者，陰數之始也，林鍾生焉，是爲坤之初六，至於六，陰盛於仲吕，則爲上六矣。且黄鍾之初九，下生林鍾之初六，同是初位，是爲夫婦。林鍾之初六，上生太簇之九二，初與二異位，是爲母子。太簇之九二，下生南吕之六二，同是二位，是爲夫婦。南吕之六二，上生姑洗之九三，二與三異位，是爲母子。姑洗之九三，下生應鍾之六三，同是三位，是爲夫婦。應鍾之六三，上生蕤賓之九四，三與四異位，是爲母子。蕤賓之九四，下生大吕之六四，同是四位，是爲夫婦。大吕之六四，上生夷則之九五，四與五異位，是爲母子。夷則之九五，下生夾鍾之六五，同是五位，是爲夫婦。夾鍾之六五，上生無射之上九，五與上異位，是爲母子。無射之上九，下生仲吕之上六，同是上位，是爲夫婦。大率同位娶妻，隔八生子，上生者三分益一，下生者三分去一。古史謂陽必下生，陰必上生，若拘此法，則十二月之律，無比次降殺之序，以之候氣則不應，以之制樂則不和，故鄭康成有重上生法，自黄鍾生至蕤賓，陽反上生，陰反下生，五下六上，以序降殺，以之候氣則應，以之制樂則和，視古法爲有用之律矣。

「率性之謂道。」吕氏謂人受天地之衷以生，梏於形體，又爲私意小智所撓，故與天地不相似，而發不中節，必不失其所受於天者，然後爲道。晦翁云：程子之論率性，正是就私意、人欲未萌之處，指其自然而言。若吕氏所云，則所謂道者，又在修爲之後，而反由教而得之。竊意未率之初，既有此性，已具此道，吾特因而

率之，則由性而之教者，皆道也。「天命之謂性，率性之謂道。」此兩句是懸空説，未著人事在，至「修道之謂教」，方始謂人。率性，謂萬物之生，各有一性，如牛有牛之性，馬有馬之性，牛必穿鼻，馬必絡首，牛不可爲馬，馬不可爲牛者，各循其理之當然而不可易，是謂率性之道。先儒於此三句，只就人性起頭，或者不見天地大化，故其説性、説道、説教，皆不周普流通，此晦翁所以不取。

「率性之謂道。」

莊、老云串牛鼻、絡馬首，以爲聖人皆遏其性而不出於人性之自然。伊川曰：「這意思真見得率性道理，牛鼻不可不串，馬首不可不絡，以牛之首而絡得乎？以馬之鼻而串得乎？亦因其性而率之，斯謂之道。陰有陰之性，陽有陽之性，五行二氣亦各有性，至於魚之性則順乎水，鳥之性則順乎山，各有其性，夫道若大路然。」又云：「人率循其人之性，物率循其物之性，萬有不同，各一其性，而不相假借，此即人、物各有當行道理，故謂之道。」此只懸空説，在不要作聖人安行順理説。如牛必穿鼻，馬必絡首，各有所率之性，各有當行之道，豈只是聖人事？未説到聖人在。

「天命之謂性。」

天命流行，付與萬物，人得之而爲人之性，物得之而爲物之性。此兼義理氣稟而説性，不露芒角。而夫子、孟子、諸子之言性，盡在其中矣。

程子曰：「中，所以狀性之體段，猶天之

圓、地之方也，故謂天圓地方則可，謂方圓足以盡天地，則不可。」晦翁謂喜怒哀樂未發，則性也。愚意亦謂性與中一物耳。自天之所命，則謂之性；自四者之未發，則謂之中。若如程子所論，豈謂性是虛物，中是著實些個？其不同或在此？

四者未發，當此境界，即是人生而静處，故晦翁指此爲性。蓋發則爲情，非以中爲性也。中，只是狀其未發之時體段，如此若便以中爲性，則是稱圓爲天，稱方爲地，而可乎？

「不偏之謂中，不易之謂庸。中者，天下之正道；庸者，天下之定理。」然惟中，故可常，常處便是中，終非兩端物事。

理會得時，萬理總是一理；未理會得時，萬理各是一理。今日方理會未好，滾合説混沌話，❶中不可爲不易，庸不可爲不偏。界截條限，逐一商量。

「不覩不聞。」晦翁謂喜怒哀樂未發之初，至静之時也。當至静之時，不知戒懼之心何處著落？

此問最精。前輩於此境界最難下言語。既是未發，才著工夫，便是發了，所以只説戒謹恐懼。蓋雖是未發之初，體已含具萬用在此，不比禅家寂如空如，所以惺惺，主人常在冥漠中照管，都不曾放下了。蓋雖是持守體段，却不露痕跡。

當不覩不聞而戒懼。愚謂如鑑之照物，

❶「滾」，元刻本、明刻本作「衮」。

當不照時，光自常存，不可欺以妍醜，上蔡惺惺法者，豈謂此乎？

若如此說，則是他自常存了，何用戒謹恐懼？道理固自常在，但人須用提撕照管，不可謂目無覩，耳無聞，一齊都放下也。若釋氏之地，則一齊都放下，空空底，没些事。吾儒政不如此，須當此地常自惺惺地也，此地又太著力不得，著工夫自知。

不覩不聞，若無恐懼，則是槁木死灰，全無知覺。此心既無知覺，到得發時，却是外面更生一道理也。《中庸》大意雖不在是，然説持養話頭，認此意如何？

便是此話頭執著不得，才説知覺持養，即成已發，雖必有事，而不可正其心。此際如灰裏養火，冷灰中煖火自在，不宜撥著，才撥著則見火矣。

「君子之道費而隱。」且説道理費處，已該一「隱」字意，下面又添一個「隱」字來，還是再有「隱」道理否？

形而上者爲道，形而下者爲器。道即器，器即道，何用分上下？程先生曰：「須著如此説，此語要人理會，理會得時，即是一物。」

「致中和」一段。《章句》云：「自戒懼而約之，則極其中而天地位；自謹獨而精之，則極其和而萬物育。」愚意戒懼謹獨時，中、和未判，混然一理。未審戒懼何爲致中工夫，謹獨何爲致和工夫？

動息有養，此《中庸》精密工夫。戒謹於不聞不覩之時，此即未發時工夫。謹獨於隱微之時，此即既發時工夫。若曰致中，除戒

懼一條，何以見其致處？若曰致和，除謹獨一條，又何以爲致？血脉相承如此。此「致」之一字，最是工處。

「君子和而不流，中立而不倚。」和與物同，何疑於流？中立無所依，又何疑於倚？

中立者，四邊虛，剛立不住，易得求倚，惟强有力者，不假倚，自然中立。

「鳶飛」、「魚躍」一章。程子謂：「必有事焉而勿正心之意同。」

鳶飛、魚躍，是道體流行顯見，徧滿匼匝，只是無人領會得。要領會得時，除是有孔子等氣象，方參得透。今世做工夫，人心却不曾放去，又多失於迫切；正在勿助長。不做工夫，人心裏自在，又却都没一事。無事而忘。此皆不是水止鑑空之體，所以參不得天地妙理。

「君子以人治人，改而止。」張子曰：「以衆人望人則易從。」其説顯然，如何？

衆人之説，即「天生烝民」、「凡厥庶民」之謂，亦是將他共有道理治他，乃天理人倫之類，若以蠢蠢昏昏爲衆人，非聖人意。

「忠恕違道不遠。」程子所謂「動以天」言，如何？

曾子言忠恕與子思不同者，蓋聖人事，即「維天之命，於穆不已」、「乾道變化，各正性命」，所謂「動以天」也。子思正言學者事，只是施諸己而不願，亦勿施於人，是動以人耳。此處當置局東西面説。

「鳶飛戾天」一章。程子謂此一段是「子思喫緊爲人處」，是如何？

大要不要人去昏嘿窈冥中求道理，處處平平會得時，多少分明快活。

《中庸》言自誠，必先學問而後力行。《大學》言明德，必先格物致知而後正心誠意。是則博學之功，誠入德之門。至説修德方説講學，而遷善、改過等事又反在修德之後言之，何歟？

修德、講學、遷善、改過，四者明如日星，不用無端繳繞，只合逐條自勘，當從頭做去也得，從尾做去也得，中間起頭亦得。

二十二章以天道、人道間見迭出，是如何？

道理縱横，説之無盡，如何立定樣範，都要一般面目？只合逐章體認，如天道、人道，才不費力處，便是天道；才著力處，便是人道。

晦翁謂生知安行者，主於知而爲智；學知利行者，主於行而爲仁。夫生知，固可以知言，而安行，何以主於知？利行，固可以行言，而學知者，何以主於行？

《論語》論進修之序，皆先仁而後智。《中庸》論氣禀之殊，皆先智而後仁。謂仁人爲聖人者，以進修言也；謂上智爲聖人者，以資禀言也。《中庸》既以智爲聖人，則生知安行，皆聖人之事，安行所以屬智；既以仁爲賢人，則學知利行，皆賢人事，學知所以屬仁。凡《中庸》人品之論，各有所屬分配，自有並行不悖處。

至聖以德言也，至誠以道言也，德非道莫能爲，故凡見於日用者，皆道也。即經綸天下之大經，立天下之大本，既歸之至誠；至於溥博淵泉而時出之，又歸之於至聖，何也？

聖者，靈通變化之稱，人道之極功。誠者，真實無妄之謂，與天同德也。經中凡說天德處，必曰至誠；凡論人倫之至處，必曰至聖。

《中庸》追王之旨，晦翁以爲推己及人，而混喪祭而言。莫便是人各伸其情於父母否？

伸情於父母處，獨齊衰之喪上同於天子，其他各有限節等殺，不可盡伸也。

文王，追王者也。何《中庸》言追王而不及文王？

據此，却似文王生已稱王與？《詩》中「受命作周」，《武成》處語亦類此。但先儒堅謂不然，當以孔、孟之言爲斷。三分有二以服事殷，取之而燕民不悅，則勿取。是時大勢已成，只不伐商耳。

《中庸》言追王太王、王季、文王爲周公，而《武成》所稱太王、王季、文王，或以爲追王是武王。果周公乎？武王乎？又如《武成》稱王，❶皆後來史臣之文。

《周禮》之文，皆周公所制，追王是文、武之意，故《中庸》言周公成文、武之德，以制此禮。

❶「如」，元刻本、明刻本作「知」。

好學近乎智，力行近乎仁，知恥近乎勇。此三「近」字體認未甚親切。

全此理者爲達德，近此德者爲入德。

「其次致曲，曲能有誠。」有誠處比誠者地位如何？

此語不要大看，未是統體誠處，乃是逐節逐曲推致，各造誠實地位，直到下面惟天下至誠爲能化，方説全體誠處。

程子解「鳶飛」、「魚躍」一章曰：此是「子思喫緊爲人處，活潑潑地」。指何理言？

若是一物生見解，人便指直是道理，所以活潑潑；智睿不生，只是鳶、魚，所以死搭搭。

「率性之謂道，修道之謂教。」

率性不要作工夫看。物性自然，各有所由行之路，如牛是牛之性，馬是馬之性，飛潛動植，各一其性，而不可移換，便是率處。若牛作馬，馬作牛，飛者潛之，動者植之，即是違其性，非物之所謂率性矣。

《中庸》六章言「舜其大知也歟！執其兩端用其中於民」，而不及「庸」。又十三章言「庸」而不及「中」。何也？

此書從頭至尾，句句是中，句句是庸，不要摘字看，才如此看，自此至此説「中」，自此至此説「庸」，是尋行數墨之學。

自格物至治國、平天下，是有次第。道在於謹獨，抑不知戒謹恐懼？還是毋自欺？須從上面起，抑戒謹恐懼即是毋自欺境界？

戒謹恐懼與謹獨，是兩項地頭。戒謹恐懼

是自家不覩不聞之時，存誠養性氣象如此。謹獨是衆人不聞不覩之際，存誠工夫如此。《中庸》兼已發、未發説，故動息皆有養。《大學》只就意之所發説，故只防他罅漏處。

「誠意」章所謂「自欺」，與下文「小人閒居爲不善」，有分别否？

才萌欺心，便落小人漩渦中，可畏之甚。

或問曰：敬，若何而用力？程子嘗以「主一無適」言之，嘗以「整齊嚴肅」言之。其門人謝氏則有所謂「常惺惺法」者，尹氏則有所謂「其心收斂、不容一物」者。

「敬」字本不用解注，但操存此心，常令存在，便是「主一無適」。「惺惺法」與「整齊嚴肅」之語，共是扶起主人翁，不令放倒耳，不用他引證，引證便死了，只自驗看。

或問曰：但爲氣質所拘，人欲所蔽，則有時而昏，然其本體之明，則有未嘗息者，故學者當因其所發而遂明之。如何是明德之所發？

良心、善性，時有隙光半點自發見處，如見孺子而惻隱，感霜露而怵惕，雖未嘗學問人亦有。但常人不能體認，不能擴充，俄頃又放過了，所以終身昏昏底。

意實，則心實矣。然或但知誠意，而不能密察此心之存否，則又無以直内而修身也。夫心、意未嘗相離也，意特心之所發耳。以《章句》之旨觀之，毋乃心自心，意自意耶？密察此心，不知又將一個心密察耶？

本是長匹無縫底物事，聖賢欲人警悟處剪

下，逐段向人看，理會得時，仍是長匹無縫，不曾剪斷。密察之間有味，即密察處便是心，更復何處外討一個來？前輩有以心使心語，此喫緊示人處，要人領會。

忿懥、恐懼、憂患、親愛、賤惡、畏敬、哀矜、傲惰，此數者，皆由七情中出。《大學》之七章以上四者釋正心，八章以下釋修身。何所區别？

總是七情之動，一則心與事應，一則身與人接。但前章主事而言，於事上有所滯著，則於心裏有病，心裏有病，則其脉過於身，身受病，則其脉過於家。但正心一條説理細，修身一條説理粗。

「傲惰」之説。《或問》言「傲惰，凶德也」。以其先有是心，不度所施，而有傲耳。若因人之可傲而傲之，則是常情之宜，有事物之當然。

傲惰，所疑極是，本無兩種傲惰，但人有此僻，多不知覺，既知覺，則當消磨去之耳。《曲禮》「傲不可長」是也。

「必忠信以得之。」《章句》云：「循物無違謂信。」晦翁嘗謂以實之謂信。此乃以「循物無違」言，何耶？

古語：「言有物而行有常。」物，即實事也。據實事而言，大者依他大，小者依他小，實有五分便依他五分，實有十分便依他十分，是謂循物無違，是謂以實之謂信。

格物致知，疑與記誦博識相近。伊川説格物爲誠意之本，明道謂記博爲玩物喪志。

格物致知，研窮義理，心學也。記誦博識，口耳外馳，喪心之學。二事正相反，猶言温故知新可以爲人師，記問之學不可爲人師。

「是故欲明明德於天下者，先治其國」數句，皆以「先」言，獨「致知格物」一句，乃以「在」言。恐上數條，一節是一節，部位分明，如升堂了，方入室，下條如著衣便不寒，喫飯便不飢，是貫串工夫。

此節工夫貫串，不比其他科等。

「人之其所親愛而辟焉」一章，終未見「身與物接」意思。

接此五種人，便有此五種僻，豈不是「身與物接」？

晦翁謂悠久即悠遠，兼内外而言。如何？

「不息則久」，是誠積於内；「徵則悠遠」，是誠積於外。下却變文爲「悠久」，則是兼上文内外而言。

「悠遠則博厚。」不知此「博厚」主内而言邪，抑主外而言邪？

自「徵則悠遠」而下，皆主效驗之積於外者言之。

木鐘集卷八

木鐘集卷九

宋陳埴撰

春秋

《春秋》書「元年春王正月」。或謂用周正，然周雖正朔未嘗易時、月。商之元祀十有二月，明月不可易，秦之元年冬十月，明時不可易。今以爲用周正，則時、月皆舛矣。或謂用夏正，則是夏之正月，而何以爲王之正月？或以爲夏時冠周月，則周之正月，乃夏之十一月，安可謂之春？是時又皆舛矣。且建寅而又建子，不幾有兩，造化反覆，殊不可曉。不知果當出何說。

周事今不可攷，但以秦事觀之，可見繫周事者也，當只改其建正，不當改其書法。今秦既書冬十月爲歲首，即周以冬十一月書之可知。秦自十月、十二月之下，仍書正月，即周正月，即周之書法可知。所謂行夏之時者，乃是將周曆書重與排過，從他正月爲始。胡文定摭商、秦書法爲證，已是得之。但云以夏時冠周月，則不成法度矣。但書災異事，與今說不合。語不可曉，缺之無害。

《左傳》驪姬譖群公子一段，末云：「晉人謂之二五耦。」注云：「二耜相偶。」不知古今耕二耜相偶如何。

古人耕法，不用牛而以兩人代，一人代之，則力不足，必兩爲耦則可，故或謂之耦耕，或謂之並耕。耜，即今之犁頭也，廣五寸。耦耕，則用二耜，兩其五寸，故其耕之處深

廣一尺，晉人所以有「二五耦」之讖。

曲沃武公之并晉國也，天子不能正之，而復命之，是天下壞亂久矣。温公獨以壞禮自三晉始，何耶？

周室壞法亂紀，自入《春秋》來，已下儕於列國，如交質子事，《左氏》不責鄭以亡君臣之分，只責其信不由中，蓋當時看了此等事，只作尋常事體看，更復説甚名分事？ 釐王封曲沃武公爲晉侯，非是國之號令，猶能行於諸侯，負篡弑之罪，自知不容於諸侯，故厚賂周室以求長安本邑耳。 當時若尚有王法，安得無忌憚若此？ 温公欲發大義於一書之首，故借名分以明之，其中辭語有失契勘耳。《通鑑》以三晉爲一書之首，故大其義以繩之，未爲合事實也。

《左傳》：「公入而賦：『大隧之中，其樂也融融。』姜出而賦：『大隧之外，其樂也泄泄。』」莫是詩否？

此即是詩，當作春秋時一章詩看，然而不可不明訓詁。古詩不過如此，若訓詁不明，安知「隧」爲何物耶？ 隧，地下路也。

閏法，《左氏》謂履端於始，舉正於中，歸餘於終。可將《正義》攷否？

《書》云：「期三百有六旬有六日。」《疏》云：「一歲三百六十有五日四分日之一。」言六旬者，舉成數而言耳。按：《左傳正義》曰「天三百六十五度四分度之一」，已寫在《六經總論》中。

宋宣公舍與夷而立弟穆公，厥後亦舍子馮而立與夷。《左氏》釋傳謂：「君子曰：

宋宣公可謂知人矣，立穆公，其子饗之。」是取其傳賢不傳子。至《公羊》乃云：「宋之禍，宣公爲之，故君子大居正。」與《左氏》相反。如何？

宣公舍子立弟，固是擇賢，況兄弟相繼，自是殷法，未爲失正。《公羊》以成敗論人，歸咎宣公，不知殤之不君，正使當下便立他，其禍尤速。宋之禍，不起於兄弟之争，自是殤之不君爾。《左氏》謂宣公知人，固是謂立弟而子享，若以成敗論，當宣公之時，豈逆覩其立我子耶？

齊威以四十餘年之經營，而齊之霸業一傳遂斬。晉文以一年之亟就，而晉之霸業終春秋而不替。或謂齊得孝公以嗣位，不若晉得襄公，而靈、成、景、悼，昏昧滋甚，何能長有諸侯耶？

晉自文公之後，不成霸業，是時乃楚莊稱伯。敗曾于邶。楚衰，晉悼復伯。自悼公以後，晉、楚同主夏盟。宋之會至申之會，則天下之大勢又在楚而不在晉矣。

《春秋》之作，始於無王，終於無伯。止齋先生謂天下之無王，鄭爲之也；天下之無伯，齊爲之也。夫當時列國，皆此等人，而獨歸罪於二國，何耶？

以其嘗敗王師，故曰無王自鄭始；以其嘗伐晉，故曰無伯自齊始。

晉獻公欲廢太子申生而立奚齊，荀息不能正君之非而能守君之命，里克、丕鄭欲從君之義，而不從君之惑，二者孰正？

效荀息不得，猶刻鵠不成尚類鶩；效里克不得，則畫虎不成反類狗矣。

隱公攝位，何故得列於十二君？歐公有論。

隱、桓俱非正嫡，但隱長而桓少，則隱之受國於先君，正也，乃欲遜于桓，此即非禮之禮，有類子噲之事，宜其自貽伊慼。三傳不辨長幼之分，又從而成桓之志，名之曰攝。夫既君其國矣，國人又已君之矣，何攝之有？

子糾，兄也。小白，弟也。《春秋》以子加糾，則諸侯繼世在喪之稱也。《集註》謂小白兄而子糾弟，未審何據。

公殺糾，不稱子。胡文定公主《公》、《穀》義，其所按之辭曰：「史稱周公誅管、蔡以安周，齊桓殺其弟以反國。」故《集註》祖之。

《春秋》吴越之争始於何時？更敗前後？凡幾。

昭六年，楚通越以困吴，吴、越之兵争始於是。定十四年，吴會黄池之歲，吴之極盛也，而越滅之，《春秋》於是終焉，以爲天地之大變。哀元年，吴嘗滅楚矣，而《春秋》不書，豈以其卒能報吴耶？

哀之十年《傳》「絳縣老人」事，史趙曰「亥有二首六身」，未曉其説。

「亥」字，古寫較横些，其字頗類算子位，故史趙借此字以寓算數，如今不用下畫於旁，但横看，便如四個算子位，此是滑稽伎倆，見晉之諸子皆曉算法，皆能隱語。「絳縣老人」豈是不識？故作隱語以使人測耳，却被師曠一口測了，曰是七十三年，師曠又不下算，却只説是魯會承筐之歲，狄戎伐魯之年，以示算法，亦謂無人能測識者，不知士

文伯一見而決爲之。《箋注》云：此二萬六千六百六旬也。文伯非術數之家，其敏又在師曠、史趙之上，所以見晉多博聞之士，多精算之家，一談論之頃，而數美具焉。

僖九年，宰孔言齊侯「東略之不知，西則否矣」。如何？

齊威既南征北伐矣，東西則未能遠略也。宰孔意其伯業將衰，決然不能西略，若東略則未可知耳，故語晉不用憂西，以晉在西故也。

楚子問鼎，王孫滿辭，楚兵乃去之。然是謂楚兵之去，則周之天命必未改耳。使楚子果欲多上人，豈文辭所能折？

來説卜世、卜年爲假説之詞，只王孫滿陳義如此，楚安得不折服？楚莊有志齊桓、晉文之事，桓、文未能改，楚莊敢遽無分乎？猶可以義折也。

先儒嘗以胡文定夏時冠周月之説最爲不是，且舉「日南至」與「秋大水、無麥苗」一兩事辨明之，復不明載其用夏時、周時。未審《春秋》所書災異事，果用夏時耶？周時耶？

夏時冠周月，不是道理。《春秋》全是夏時，只除了隱元年冬十一月、十二月不書，從他春正月排去，直到卷終然，便是夏正。若用周正，則隱元年當云冬十一月，今只除此兩月不書耳。此説甚長。聞之蔡西山云：「書災異，皆應夏正，如僖末年書隕霜不殺草，梅李實見，是夏十二月分明。」

韓宣子適魯，見《易》、《象》、《春秋》，曰：

「周禮盡在魯矣。」釋者謂仲尼上遵周公之遺制，下以明將來之法，則《春秋》固周禮所寓。彼《易》，卜筮書也，未知與周禮何合。

《周易》雖卜筮常用，然掌在太易，屬之太史，侯國想無此官，亦無此書，故其卜筮、繇辭見於列國者，各不與《周易》同，如僖公十五年秦伯伐晉之筮。又晉嫁伯姬之筮。自是一項占書。今《火珠林》類是。獨周史以《周易》見陳侯，莊二十二年。與魯穆子之生，昭五年。南蒯之叛，昭十二年。穆姜之出，襄九年。凡《周易》，魯所筮，皆《周易》正文。以此見《周易》，唯周與魯有之，列國占筮，皆是俗法，惟魯與周正法，故韓宣遂謂周禮在魯，與晉之《乘》、楚之《檮杌》、魯之《春秋》同。

木鐘集卷九

木鐘集卷十

近思雜問附

宋陳埴撰

《近思録》載「一陽復於下，乃天地生物之心」。先儒以静爲天地之心，不知動之端乃天地之心。又説陽始生甚微，安静而後能長。既以動爲陽之始，復又指安静言之，何耶？

一陽復於地下，即是動之端，但萌芽方動，當静以候之，不可擾也，故卦《彖》言「出入无疾」，而《象》言「閉關息民」。蓋動者，天地生物之心；而静者，聖人裁成之道。

「德不勝氣，性命於氣，德勝其氣，性命於德。」

義理不勝氣禀，則性與命皆隨氣禀中去，所以多不善。若義理勝氣禀，則性與命皆向義理中來，所以爲善。德謂義理之性，氣謂血氣之性。學問之道無他，不過欲以義理勝血氣。

夏建寅，爲人統；商建丑，爲地統；周建子，爲天統。檢《律暦志》看，太簇是正月，位於寅，爲人統；黄鍾是十一月，位於子，爲天統；以林鍾爲地統，合位於丑，在十二月。今以《月令》攷之，則林鍾位於未，在六月，何也？

林鍾固是六月。六月即十二月之衝，陽管用正月，黄鍾、太簇。陰管用其衝，大吕。必如

是方得全律。黄鍾九寸，太簇八寸，林鍾六寸，餘皆奇分。大率陽全陰半，陽以一爲一，陰以二爲一，故乾三畫，坤六畫。此真至之理，不可不講。

赤子之心與未發之中同否？

赤子之心，只是真實無僞，然喜怒哀樂，已是倚向一邊去了。如生下時便有嗜慾，不如其意，便要號啼，雖是真實，已是有所倚著。若未發之中，却渾然寂然，喜怒哀樂都未形見，只有一片空明境界，未有倚靠，此時只可謂之「中」。要之赤子之心，不用機巧，未發之中，乃存養所致。二者實有異義。

變、化如何分別？

變，如鳩化爲鷹，雀化爲蛤，正欲脱離舊殼。化，則已脱離舊殼了，見鷹而不見鳩，見蛤而不見雀，痕迹俱泯矣。

晦翁嘗疑日月右轉，不是以爲天行至健，一日一夜一周，却剩一度。日一日一夜恰好，月則不及十三度有奇。與曆家所推大段相反。不知何所見而云耳。

天行日剩一度，出鄭康成。日月俱左旋，聞横渠有此語。但曆家用簡捷超徑法巧算，須用作右旋，却取他背後欠天零數起算，故日只作行一度，月作行十三度有奇，庶簡捷超徑，易布算也。

人説性，便分善惡，而心之善惡，不曾説。性是心之骨子，性既如此，則心不假言。

明道曰：「在人爲性，主於身爲心，心發

於思慮謂之情。」如此則性乃心情之本，而横渠則以爲心統性情，如何？

心居性、情之間，向裏即是性，向外即是情。心居二者之間而統之，所以聖賢工夫只在心裏著到，一舉而兼得之。横渠此語，大有功於後學。

血氣之性與氣禀之性同否？

「生之謂性」、「食色，性也」，是血氣之性。荀子性惡，揚子性善惡混，韓子三品，與《論語》性近習遠、上智下愚之説，皆是氣禀之性。血氣之性，是於氣禀中獨指知覺、運動、悦色、嗜味言之，尤爲卑下。

伊川説穿牛鼻，絡馬首，是率性之道。夫牛有牛之性，馬有馬之性，彼固自率其性耳，若穿牛、絡馬，乃是聖人裁成之道。竊慮此當是修道之教。

不是自家穿絡他，乃是物性各有不同，牛必須穿鼻，絡首則非其性矣；馬必須絡首，穿鼻則非其性矣。是他物性各自有由行之路，如此即不干聖人事。設使牛而可絡首，馬而可穿鼻，則是不由物性，乃由聖人矣。

張子曰：「窮理盡性，則性天德，命天理。」此義如何？

有氣質之性命，有義理之性命。由德上發者爲義理，由氣上發者爲氣質。雖有禀賦不同，苟能學問以充之，謂窮理盡性。則向之得於氣質者，今也性皆天德，命皆天理，所謂善反之，則天地之性存焉。

程子説性與孟子不同。

性者，人心所具之天理。以其禀賦之不齊，

故先儒分别出來，謂有義理之性，有氣質之性。仁義禮智者，義理之性也；知覺運動者，氣質之性也。有義理之性而無氣質之性，則義理必無附著；有氣質之性而無義理之性，則無異於枯死之物。故有義理以行乎血氣之中，有血氣以受義理之體，合虚與氣而性全。孟子之時，諸子之言性，往往皆於氣質上有見，而遂指氣質作性，但能知其形而下者耳，故孟子答之，只就他義理上説，以攻他未曉處。氣質之性，諸子方得於此，孟子所以不復言之；義理之性，諸子未通於此，孟子所以反覆詳説之。程子之説，正恐後學死執孟子義理之説，而遺失血氣之性，故并二者而言之，曰論性不論氣，不備；論氣不論性，不明。程子之論舉其全，孟子之論所以矯諸子之偏。人能即程子之言而達孟子之意，則其不同之意不辨而自明矣。

韓退之以三品言性，果與夫子上智下愚不移之説合否？

三品之説，略似《論語》性近習遠。

明道謂學者爲氣所勝，習所奪，只可責志，往往即孟子「持其志，無暴其氣」之謂。自家這裏，心自有所守，如何爲氣所勝，習所奪？

學者爲氣稟所拘，習俗所制，不能擺落纏繞，只爲做人無立志，不自强爲善，不願作向上人，遂落在旋渦中，無由拔出。學者須是立志爲先。此志乃孟子「尚志」之「志」。

目視耳聽，此氣質之性也。然視之所以明，聽之所以聰，抑氣質之性耶？抑義

理之性耶？

目視耳聽，物也。視明聽聰，物之則也。來問可施於物，則不可施於言性。若言性，當云好聲好色，氣質之性；正聲正色，義理之性。義理只在氣質之中，但外義理而獨狗氣質，❶則非也。

「經」、「權」二字如何分別？

經，猶秤衡，銖兩斤鈞，一成畫定。權，即秤錘，隨物低昂，以求合於銖兩斤鈞。

五，皇極之道。程子以「極」爲時中，晦翁謂之至。同否？

極者，至盡無以加之辭，本不訓「中」字，中是無偏倚、無過不及之稱，各有所當。前儒秤尺猶疏，晦翁加密矣。

伊川曰：「中」字最難識，須是默識心通。又曰：中不可執，識得，則事事物物皆有自然之中。

此乃時中之中，初無定體，隨時處中，即所謂權也。中不中，只在毫釐之間，非理明義精，不能到此。

程子以權即經，而以反經合道之説爲非。晦翁引孟子説，爲經、權亦當有辨。

權，乃權衡之權，即隨物以取平者。古人借此「權」字，以秤量事理，即所謂義之宜，即所謂時中也。既曰義與中，又何嘗自反經來？但以變通從時，求合於經，不可直謂之經耳。

❶「狗」，元刻本作「徇」。

造化。

天地造化萬物，萬物露生於天地之間者，皆造化之迹也。是孰爲之耶？鬼神也。造化之迹，猶言造化之可見者。非粗迹之迹。于今一禽一獸，一花一木，鍾英孕秀，有雕斲繪畫所不能就者，倏忽見於人間，是孰爲之耶？即造化之迹，鬼神也。

何謂「鬼神者，二氣之良能」？

鬼者，陰之靈；神者，陽之靈。

晦翁謂月加子午，則潮長。未識其說。

此説不可曉。今海居者，但云月上潮長，月落潮退。誠驗其言，是乃月加卯酉，方位非子午也，朔日之潮可驗。朔日月與日會，日才出卯方，即潮長，才入酉方，即潮又長。是月與日相隨出没。

月本無光，借日以爲光。此先儒之通論。然月過中於天，而日行於地之下，則月何以爲光？借曰四面空虚，故日從空中照出日光，既四面合照，則月當常圓，何爲復有虧缺？

爲地浮在天中間，上下四方皆空虚，只有茫茫無畔邊岸底水，水即氣。所以謂之太虚，故日雖入地，其光迸出，與太陰之氣相感，但月去日有遠近，故光有盈缺，近日則光小，遠日則光大。

日食之變，精於數者皆於數十年之前知之，以爲人事之所感召，則天象亦當與時盈虧？

日月交會，日爲月掩，則日食。日月相望，月與日亢，則月食。自是行度分道，到此交

加，去處應當如是。曆家推算，專以此定疏密，本不足爲變異，但天文才遇此際，亦爲陰陽厄會，於人事上必有灾戾，故聖人畏之，側身修行，庶幾可弭灾戾也。

《集註》云：「管仲之德，不勝其才；子産之才，不勝其德。」

功大而器小，是德不勝才。惠而不知爲政，是才不勝德。

明道以記誦博識爲玩物喪志，如何？

徒記誦該博而理學不明，不造融會貫通處，是逐其小者，忘其大者，反以無用之物累其空明之心，是爲玩物喪志。

明道謂學不言而自得者，乃自得也；有安排布置者，皆非自得也。安排布置，須是見於施設。以安排布置爲非自得，如何？

安排布置，非是見於設施，謂此心此理未到純熟兩忘地位，必有營度計慮之勞，逆施偷作之病，才到自得處，則心便是口，理便是心，心與理忘，口與心忘，處處安行自在，默識心通，不用安排布置也。

横渠云：「文要密察，心要洪放。」何者爲「文」？

文，謂節文之文，如周旋中規、折旋中矩之類。雖甚嚴密，不少舒放，然心裏却甚泰然。

在禮，外事用剛日，内事用柔日。祭先聖用上丁，社稷用上戊。此唐開元制也，至今用之。不知用戊、用丁何義？

外事，謂祭天地、社稷、山川及兵戎之事。內事，謂祭宗廟及冠婚、學校之事。社稷用戊，固剛日。古用甲日，洛邑方用戊。釋奠用上丁，乃柔日，主於文也。《夏小正》及《月令》已用之，唐因之耳。武學用戊，主武也。《毛詩》「吉日維戊，既伯既禱」是也。上丁釋奠，是開元禮。

伊川曰：「在物爲理，處物爲義。」又曰：「在義爲理。」何如？

理對義言，則理爲體而義爲用；理對道言，則道爲體而理爲用。

古今風氣人物之異。程子謂氣有淳漓自然之理，有盛則必有衰。既是衰了，還有淳時否？

有大盛衰，有小盛衰。大盛衰則三代不似唐虞，秦漢不似三代，晉宋不似秦漢，隋唐不似晉宋；小盛衰則商初勝如夏末，周初勝如商末，漢初勝如周末，晉初勝似漢末，唐初勝如六朝之類。

橫渠云：「多聞不足以盡天下之故。」其旨如何？

此言記問之學，雖博而有限；中窒故也。義理之學，至約而無窮。中明故也。

晦翁說仁爲愛之理、心之德。如何？

愛是情，理是性，心統情性者也。單說「愛」字與「心」字，猶是就情上看，必曰愛之理、心之德，方和性在裏面。是愛之所以爲愛、而心之所以爲心者也，是之謂仁。前輩謂心爲穀種，能生處即是他所以爲穀種處，故桃杏之核皆曰仁。孔門不曾正說仁之體

段，只説求仁、爲仁之方。孟子方説怵惕、惻隱處，以狀仁之體段。又説仁，人心也。須認得仁爲人心，方見仁著落，所以不仁之人，全無人心，醫者以手足偏痺爲不仁，最是名狀得好。既無人心，問他恁麽羞惡、恭敬、是非。仁包四端，即此可見。心如穀種，所以生處是性，生許多枝葉處便是情。心亦是有形影底物事，情亦是有形影底物事，獨性無形影。

明道云：「天地間只有一個感與應而已。」莫是動静無端、陰陽無始底話？一往一來，一屈一伸，一闔一闢，一晝一夜，一寒一暑，無處不是此兩扇物事。有感必有應，所應復爲感，所感復爲應，備此三句，方是無端無始意。蓋「感」、「應」二字，貫通陰陽動静，謂陽動爲感固可，謂陰静爲感亦可，謂陽動爲應固可，謂陰静爲應亦可。蓋今日之晝，固起今日之夜，而今日之夜，又起明日之晝，天地間不過如此耳。

朱子解《太極圖》云：「乾男坤女，以氣化者言；萬物化生，以形化者言。」竊疑乾男坤女，非止言人，凡陽之屬，皆男也；陰之屬，皆女也；氣化之初，萬物已在其中矣；萬物化生，非止言飛潛動植，凡人，亦萬物之一形，形化之後，人在其中矣。

氣化，謂未有種類之初，以陰陽之氣合而生。形化，謂既有種類之後，以牝牡之形合而生。皆兼人、物言之。

爲人、爲己如何？

爲己，是真實無僞。爲人，只是要譽近名。

聖人此言是就他源頭上分别出來。今學士大夫謂爲己不求人知，而求天知。才説有求天知，意便不是爲己。爲己者，只是屈頭擔重擔，不計窮達得喪也。

仁者，偏言之只一事，兼言之則包四端。四端皆心之德，頭面迥異。仁既是愛之理，則義、禮、智亦當謂之理，四者皆當用工夫，然孔門大率多去仁上著力，何耶？

所謂愛之理，是偏言之，將四端分作四去看，截然界限，不可相侵；心之德，是兼言之，將四端只作「仁」字看。仁爲善之長，猶家之嫡長子，包貫得諸子，故獨以理言。以心德言，須見移在諸位上用，不動方是詣理。

晦翁以三代而下，皆人欲而非天理。且如漢文帝資禀純粹，如何斷以人欲？

晦翁此言，止謂秦漢而下，不曾有徹底理會學問人，其中好者，只是天資粹美，暗合聖賢，元不從學問中來。文帝是。若似此人主，更從學問中徹底理會，便是湯、文以上人。

王、伯如何分别？

司馬温公無王、伯之辨。要之，源頭只是「王」、「伯」兩字，以其爲天下王，故謂之王；以其爲方伯，故謂之伯。以王天下言之謂之王，猶伯之爲伯也，未見其美玉珷玞之辨。後來制字有不備，故「伯」字有「霸」字，「王」字只是「王」字，點法爲之，然「伯」字亦無詐力之義，故言三王，以其王天下也；言五霸，以其伯諸侯也。自其有三王之至公，有五霸之智力，而後有王霸、是非、誠僞之分。故今之言王、霸之分者，當以

《孟子》「德行仁」、「力假仁」爲正。

「無將迎」如何？

人心如鏡，物來則應，物去依舊自在，不曾迎物之來，亦不當送物之去，只是定而應、應而定道理。

「空積忽微」如何？

言起空立數，以求忽微之數也，如四分度之一，起空立四分於内，取其一。積却是積疊，如說五寸三分二之類。

「誠無爲，幾善惡。」誠爲太極，幾之動爲陰陽，陽爲善，陰如何便是惡？

陽大陰小，陽貴陰賤，陽明陰暗，陽清陰濁，有善惡之類焉。周子此言，是以人心說太極，當其誠實無妄，此實理即爲太極，才動便善惡生焉。幾者，動之微。蓋欲於其萌動而蚤辨之，使之有善而無惡也。

夏尚忠，商尚質，周尚文，此固各一代之所尚。然使其不易代，則夏將終於忠，商將終於質，周將終於文？不知時節既變，聖人如何區處？

自是三勢如此，不是三代聖人開國之初，揭個樣範要人如此。

横渠曰：「未知立心，患思多之致疑。」

立心，持敬之謂。先立個主人翁了，方做得窮理格物工夫。

或問明道曰：「出辭氣，莫是於言語上用工夫否？」曰：「須是養乎中，自然語順。」若如須欲於外面著力，加修辭之功，

是如何？

「出辭氣」，「出」字著工夫不得，工夫在未出之前。此是静時有工夫，故才動，道理便在此。動時自有著工夫者，如修辭、安定辭之類。

「由太虛，有天之名；由氣化，有道之名；合虛與氣，有性之名；合性與知覺，有心之名。」如何？

凡古書言天處，皆指理而言，非但謂蒼蒼者。凡古書言道處，皆主物而言，非但謂空空者。故横渠以太虛、氣化釋之。凡説性處，雖主氣，必帶理，此皆古人制字之深意。當作如是看。

「性中具仁、義、禮、智，道德」如何

行是四者即爲道，得是四者即爲德。

「乾爲大，坤爲至」。

大者，尊辭。至者，親辭。所謂尊天而親地也。

「忿」、「慾」二字爲人害最大。《損》之《象》曰：「君子以懲忿窒慾。」然喜、怒、哀、懼、愛、惡、慾，君子以爲人情。夫情出於性，性出於天，則是天之付於人者，亦有不善耶？

喜怒發而中節，則爲和，發不中節則爲害。此事全在當人，責天不得。山下有澤，《損》「君子以懲忿窒慾」，只奉行此語。

伊川謂致知在所養，養知莫過於「寡慾」二字，往往寡慾則知無不盡。

程子以持敬爲入德之門。蓋欲格物致知，

須是心常存在才可，所以有寡慾之説。恐引出心向外去也。

《集註》：「成德以仁爲先，進學以知爲先。」意者學以智爲先，莫是知至、至之之説否？「成德以仁爲先」，其義未解。進學是施功時，則智先於仁，由明至誠也。成德是收功時，則仁大於智，誠則能明矣。

明道曰：中者，天下之大本，唯敬而無失最盡。則中不過是個「敬」字，才敬便是中否？

當喜、怒、哀、樂未發之時，便著甚工夫？才著得力，便是發了，所以先賢當此境界，不是無工夫，又不可猛下工夫，只是敬以直内，即戒謹恐懼意，敬不唤做中，敬而無失，方是中。無失，即不偏倚之謂。

或問九章謂「有諸己，不必求諸人」，以爲求諸人而無諸己，則不可也。無諸己，不必非諸人。以爲非諸人而有諸己，則不可也。

爲經文有以己求人、以己非人之嫌，却自己才有善，便去求人之善；己才無惡，便去非人之惡；不是君子反躬意思。故先賢下此一轉語，方見全是爲己。大意謂欲責人，先須責己，不是才責己了，便責人。此君子、小人，爲己、爲人之分，毫釐間耳。

程子曰：「明善爲本，固執之乃立，擴充之則大，易視之則小，在人能宏之而已。」聖賢工夫，只此兩端，在《論語》則爲博文約禮，在《大學》則爲致知誠意，在《中庸》則爲擇善固執，在《易》則爲知崇禮卑。能擴充

此二事，即作聖之資；若輕視之，所以爲下愚也。

循物之性與率性之道如何？　愚謂實有此道，便是信。不知然否。

循物無違之謂信。信主人言，言貴有物，如物有五分，便言五分，物有十分，便言十分，是謂循物無違。如以道言，實有便曰有，無便曰無，循物無違也。與率性之道不同。

堯夫解「他山之石，可以攻玉」：「玉者，温潤之物。若將兩塊來相磨，必磨不成，須是個粗物，方磨得出。譬如君子與小人處，爲小人侵凌，則修省畏避，動心忍性，便是進道之階。」由堯夫之言，則是與不正人居，亦可以正乎？

學道人處處是進道之機，逆境處進人益峻，是他自做小人，吾輩却因他做君子。《老子》云「不善人者，善人之資」，亦此意。先賢此等處訓人真切，但當三復受用。

「天開於子，地闢於丑，人生於寅」，如何？

此謂太朴始散之初，三才所生之序如此。子是玄冥之方，氣自玄冥中始開，丑則其形見露矣，故地於此而闢。寅則見露尤著，故合氣與形，而人於是乎生。今百物所生之序亦如此，皆從子上生起。

明道云：「人之爲學，忌先立標準。」何謂「標準」？

標準，猶言限格。學問既路頭正了，只劄定脚根，滔滔做去，不可預立限格，云我只欲如此便休。今世學者，先立個做時文、取科

第標準，横在胸臆，煞害事。

《遺書》云：「天地生物，各無不足之理。常思天下君臣父子，有多少不盡分處。」既曰「無不足」，如何又有「不盡分處」？天理本無不足，人自虧欠他底。

「無妄之謂誠，不欺其次矣。」無妄、不欺，相去還如何？

無妄是實理自然如此，可以説天與聖人；不欺是欲實其心，只可説學者。

陽者，陰之根；陰者，陽之根。不知周子以陽具於陰静内，陰具於陽動内，還是説陰中有陽，陽中有陰，還是説陰了陽，陽了陰，乃若水爲陰而生於陽之變，火爲陽而生於陰之合，又何也？

陽生陰，陰生陽，猶今日之晝，固生今日之夜，而今日之夜，又生來日之晝。晝之根在夜，夜之根在晝，所謂互爲其根也。根者，生之義，二氣無判然兩截之理，本只一氣，分而爲二名耳。陽變生水，即天一生水也；陰合生火，即地二生火也。

氣行於天，質具於地，則是有氣便有是質，氣如是，質便如是。以氣而語，其行之序則木、火、土、金、水；以質而言，其生之序則水、火、木、金、土。氣之序如此，質之序如此，願聞其旨。

五行始生謂太極流行之後，自氣而成質，自柔而成剛。水最柔，故居一；火差剛，故居次；至木至金至土，則浸堅剛，故《洪範》與《易》言所生之序皆如此。氣則成四時之序，即五行之序也。今更不須問所生之序，

此太極剖判之初也。

「動静無端，陰陽無始。」「端」與「始」如何分别？

端，頭也。物之圓環者無端，中則有端矣。始者，終之對。二氣循環不已，故無端；運行不歇，故無始；不斷，故無端；無終，故無始。

《近思録》明道言：「中有主則實，實則外患不能入。」伊川云：「心有主則虚，虚則邪不能入；無主則實，實則物來奪之。」所主不同，何也？

有主則實，謂有主人在内，先實其屋，外客不能入，故謂之實。有主則虚，謂外客不能入，只有主人自在，故又謂之虚。是知惟實，故虚。蓋心既誠敬，則自然虚明。

《近思》云：「學不能推究事理，只是心麄。至於顔子未到聖人處，猶是心麄。」如何？

心麄，是暗處多，明處少，故只見得明白道理，若精微處，則分析不去，只爲有寸而無分也。聖人心如百分秤，謂體統光明，渣滓渾化，故分毫處皆照。顔子未到渣滓渾化地位，猶未免有暗處，故謂之心粗。

《樂書》云：「自仲尼不能與齊優，遂容於魯，雖退正樂，以誘世作五章以刺時，猶莫之化。」未審「五章」可得而聞否。

「五章」未聞，恐如過河聞趙鞅殺鳴犢而作詩以哀之，韓文公後補之爲《琴操》。未知然否。

明道先生在澶州，日修橋，少長梁，曾博求之民間，後因出入見林木之佳，必起計度之心。因戒學者心不可有一事。毋乃死灰其心耶？只爲滯著在胸次，雖事過之後，猶復萌動，正所謂心有好樂，則不得其正。若事往即化，則得其正矣。

横渠云：「精義入神，事豫吾内，求利吾外也。利用安身，素利吾外，致養吾内也。窮神知化，乃養盛自致，非思勉之能强，故崇德而外，君子或未之知也。」如何？

研窮義理之精微，至於入神，即是義理浹洽純熟，心胸間悦豫潤澤，是事豫吾内也。豫吾内者，乃所以利吾外也。此語解「以致用也」一句。利用安身，謂資物之用，以養其身，使氣體之間，安舒順適，是素利吾外也。利吾外者，乃所以養吾内也。此語解「以崇德也」一句。横渠釋《易》四語，謂皆是内外交相養，平生得此受用。其下云，皆釋《易》下文。

伊川説心本善，發於思慮則有善有不善。思慮從心生，心若善，思慮因何有不善？思慮以交物而蔽，故有不善。

龜山説聖人縱心，聖人無心。不知心如何縱，如何無得。

此異教語。先儒墮落其中而不知。要知古無縱心語，無心，則有之，止謂無計較之私心耳。

伊川撰《明道行狀》曰：「盡性至命，必本於孝弟；窮神知化，由通於禮樂。」性命

孝弟，伊川已作一統底事看了。不識神化禮樂，當如何看。

兩句皆由粗至精，由學者至聖人，謂本是一串道理，但須還踏實蹙底做起。本孝弟而盡性至命，此行之極至；通禮樂而窮神知化，此知之極至。佛氏盡性至命矣，而不本於孝弟，則行之過也；莊氏窮神知化矣，而不通於禮樂，則知之過矣。

横渠學堂右書「訂頑」，左書「砭愚」。伊川曰：「是起争端。」不知如何是起争端。

一銘中言義理匼匝，正好講量，却不於血肉上理會，乃於皮膚之外起意，豈非頑不知訂、愚不知砭耶？横渠憫俗學頑、愚，故以此立齋。吾友以此問余，以此相詰，非起争端耶？

「仁者，右也；道者，左也。仁者，人也；道者，義也。」

仁與道，猶身之左右體，一息相去離不得，但仁主利愛，故以右言，取其便順也。右體順。仁者，人也；古語不必説。道者，事物當然之路；義者，事物當然之理，故以道爲義。此皆漢儒無理之言，不妨作如此觀。

「鬼神，造化之迹。」

神氣、雷霆、風雨、霜露，皆迹也，鬼神尸之。

「非明則動無所之，非動則明無所用。」

有足而無眼，則欲動而何之？有眼而無足，則雖明而何用？此義取之《噬嗑》致知力行、夾截並進之説。

明道以記誦博識爲玩物喪志，謝顯道聞

之不服。是耶？非耶？

明道是明睿内照，故書無不記，却不是記問上做工夫。此語正欲點化顯道，惜其爲記問所障，領會不去。

嘗聞伊川先生曰：「動以人欲之私。」然則如之何則可？

應舉求合程度，此乃道理當爾。乃若不合程度，而萌僥倖之心；不守尺寸，而起冒爲之念；此則妄矣。應舉何害義理？但克去此等妄念，方是真實舉子。

周濂溪云：「養心不止於寡慾，蓋寡焉以至於無。」

此謂私慾耳。克去私慾，當自寡而至於無。若飲食男女之慾，發而中節者，是義理之當然，雖大聖不能無，濂溪即非寂滅之謂也。

程子曰：「冬至一陽生，却寒，正如欲曉而反暗也。陰陽之際，亦不可截然不相接，厮侵過便是道理。」天地之間如是者極多，「艮」之爲義，終萬物，始萬物，此理最妙。

大率陰陽消長之理，一氣不頓消，不頓長，欲消之氣，却侵帶些在初長之中；初長之氣，却侵帶些在欲消之中。大凡寒暑晦明之交接頭處，須兩下侵帶些，所以《艮》居八卦之終，宜只是止萬物，然分於東北之間，一頭接《坎》之殺氣，固是終萬物；一頭接《震》之生氣，又爲始萬物。蓋《震》，豈能頓生？惟於殺氣未盡之時，已是侵帶些子氣了，故至《震》方，發生也。

伊川言四德之元，猶五常之仁，偏言則一

事，專言則包四者。夫元之統亨利，正是一元之氣統此三者。不知仁統義、禮、知、信如何？

仁爲四端首，乃衆善之長。人有是仁，則謂之人；無是仁，則不足以言人。故曰仁者，人也。言人所以爲人者，以有此理耳。義、禮、智皆從此分出。義者，宜此者也。禮者，履此者也。智者，知此者也。所以包四端。

伊川曰：「以功用謂之鬼神，以妙用謂之神。」

氣歸爲鬼，屬陰；氣伸爲神，屬陽。此以陰陽之功用言。若偏言神處，即以陰陽不測之妙言。

程子曰：「有感必有應，凡有動，皆爲感，感則必有應，所應復爲感，所感復有應。」這個道理還作麽生？

太極動而生陽，此感也。動極而静，静而生陰，此應也。静極復動，此所應復爲感也。動極復静，此所感復有應也。大率陽爲感，則陰爲應；陰爲感，則陽爲應。一陽一陰，互爲感應。此言循環無端之理。

周子曰：「愛曰仁。」程子曰：「愛自是情，仁自是性。豈可專以愛爲仁？」程子學周子者也，何故議論迥别？

善言性者，必有驗於情，故孟子以惻隱爲仁之端。周子以愛言仁，皆是借情以明性，若便以愛爲仁，則是指情作性，語死不圓矣。韓子博愛之仁是。

明道曰：「上天之載，無聲無臭，其體則

謂之易，其理則謂之道，其用則謂之神，其命於人則謂之性，率性則謂之道，修道則謂之教。」

前三句主《易》言，如一陰一陽之謂道；後三句主《中庸》言，各有分付頓放處。

程子曰：「學《詩》不求《序》，猶入室不由户。」則《序》，實《詩》之綱領也。今或以爲子夏，或以爲漢儒。程子又曰：「《詩》小序，要之皆得大意。」晦翁乃不取小序，何耶？

晦翁出於諸老先生之後，有集大成之義，故程子有未盡處，至晦翁而始成。

仁者必有知覺，知覺何可以盡仁哉？仁者特有之耳。竊以爲才言知覺，已入智中來。

程門雖有以覺言仁，然不專主此説，其他話頭甚多，上蔡專主此説，故流入禪學去，所以晦翁絶口不言，只説愛之理、心之德。此一轉語，亦含知覺在中，可更思求。

朱子言人形生於陰，神發於陽，五常之生，感物而動，陽善陰惡，又以類分。竊疑繼之者善，成之者性，則陰曷爲便謂之惡耶？《通書》言「柔善爲慈、順、巽，惡爲懦、爲邪佞」，則陰柔之中，亦自有善惡也。今遽以陰爲惡，所以可疑。

陰陽以氣而言，則爲匹敵，無非正氣；以類而言，則有貴賤，用分淑慝；故陽爲君子，陰爲小人，陽主善而陰主惡者，皆以類也，自有並行不悖之理，難執一方一面死定説也。

明道云：「以己及物，仁也；推己及物，恕也。」伊川先生又曰：「仁，所以能恕，所以能愛。」是則恕，乃仁之發見。然質之明道所云，則以己及物，尚有事於推乎？

恕之得名，只是推己之義，然所以能推己者，爲人心有是仁也，若元無是心，何處推得來？

《西銘》之書，似無親親之殺。

程子曰：「《西銘》理一而分殊，墨氏二本而無分。」

明道謂學者能識仁體，實有諸己，只要義理栽培，如講求經義，皆栽培之意，若仁之在人心一耳。不學之人，獨無仁乎？

識得仁體，謂滿腔子是惻隱之心，既體認得分明，無私意夾雜，又須讀書涵泳義理，以灌溉滋養之，不爾便枯燥入空門去。

「退藏於密。」程子曰：「密，是用之源。」朱子云：「不可窺較之謂密。」程子説得輕些。「密」字如何看？

此是「幾事不密」之「密」，未與物接之時，無聲無臭，無視無聽，此密也。

伊川每見人論前輩，則曰：「汝輩且取他長。」愚謂長處可法，短處亦可鑒，兼論何害？

後輩於前輩，便有少長之分，此皆前輩風所以助成仁也。

横渠曰：「由太虛，有天之名；由氣化，有道之名；合虛與氣，有性之名；合性與知覺，有心之名。」何謂也？

四者本是一理，但所由之名異耳。從太虛上看，則謂之天，天爲太極是也。從氣上看，則謂之道，一陰一陽之道是也。從虛與氣合上看，則謂之性，天命之性是也。從性與知覺合上看，知覺是血氣動物，則謂之心。其實一理耳。

七情裏，愛與欲如何？

愛者惡之反，欲者愛之流。

有無，本不足以謂道。周子必曰無極而太極，何也？

此語爲未識太極者設，恐人著相尋求此物也。今以説道，説太極，皆似懸空中有一物，高掛在事物形器之外閃鑠底。似此見解，須用腦上著一穴也。

程子曰：「静後見萬物皆有春意。」如何？又問：此還是指聖賢而言否？

觀物内會，静者能之，固是聖賢如此。吾人胸次，豈可不見此境界？静却不分聖賢。

晦翁謂凡物其間自有天理、人欲之辨，而不可以毫釐差。若未能分別天理、人欲頭面如何？

大意恐是如程子所言，峻宇彫牆，本於宮室；酒池肉林，本於飲食。先王制其本者，天理也；後人之流於末者，人慾也。凡物之天理、人欲，皆可倣此推之。

五峰曰：「天理、人欲，同行異情。」此語儘當玩味，如飲食男女之欲，堯舜與桀紂同，但中理中節即爲天理，無理無節即爲人欲。

伊川言：「窮理，非必盡窮天下之理。」又

謂非止窮得一理便到。又云格物者，非必謂欲盡格天下之物，但於一物上窮得盡，其他可以類推。

只格一物，便是致知，雖曾、顔不敢如此道。晦翁曰：「日格一物，積久自有豁然貫通處。」此道儘著玩索，日格一物，豈是只格一物？積久貫通，到此境界，即明睿洞照，不待物物盡窮矣。

橫渠曰：《乾》之九五「飛龍在天，利見大人」，乃大人造位，天德成性，躋聖者爾。若夫受命首出，則所性不存焉。

橫渠此語，不要做得時位大人看，要做孔夫子看，所謂君有君用，臣有臣用，聖人有聖人用，學者有學者用。此善學《易》者如此。若只指《乾》爲堯、舜、湯、武用，則不識《易》矣。

橫渠曰：「陟降庭止，上下無常，非爲邪也；進德修業，欲及時也。」在帝左右，所謂欲及時歟？陟降庭止，何以謂上下無常？在帝左右，何以謂進德及時？

一陟一降，初無定所。此言上下無常，而常若有所見於庭，真見有物臨之者，豈非存誠無邪之驗耶？在帝左右，天理無時去離吾身，豈非進修欲及時耶？

伊川曰：「人心常要活，則周流無窮，而不滯於一隅。」

提撕醒覺之意。

伊川曰：「盡性至命，必本於孝弟；窮神知化，由通於禮樂。」不知孝弟何以能盡性至命，不知禮樂何以能窮神知化。

盡性至命，窮神知化，皆聖人事。欲學聖人，皆從實地上做起，升高必自下，陟遠必自邇，此程門切實之學，積累之久，將自有融液貫通處，非謂一蹴便能。

天地之常，以其心普萬物而無心；聖人之常，以其情順萬事而無情。

心以宰物言，情以應物言。此先儒用字最精處，移換不得。

「鬼神，造化之迹。」又曰：「二氣之良能。」

鬼神，只陰陽屈伸之氣，所以爲寒，爲暑，爲晝，爲夜，爲榮，爲枯，有迹可見，此處便是鬼神。蓋陰陽是氣，鬼神是氣之良能流轉活動處，故曰良能。

十二律相生，是以陰陽分上下，定損益。

五音相生，亦有上下。

生之者爲母，生者爲子，即是陰陽。

道至於聖人，極矣。然禹、湯、文、武、周公之措置，未嘗或同，或時不同，故措置不容不異。乃若諸子論性，豈係於時？

聖賢之所同處，非依本畫葫蘆之謂，斟酌損益，各當於義理耳。才各當於義理，則湯、武之征誅，與堯、舜之揖遜，天地相反，不害爲同也。蓋堯、舜揖遜，義理當揖遜；湯、武征誅，義理當征誅；但得義理長在，所以異而同也。若諸子論性不同，又不可以此論。是其學問有醇疵，故義理有同異，若都到純粹地位，則義理所同，亦無不同也。

邢和叔問伊川：「一日三點檢如何？」夫

能點檢固是好。

此學人言語，不知如見肺肝。一日三點檢，閒時何處去？此語與「三省」言語霄壤異。

《文中子》曰：「化至九變而王道明。」不知所謂「九變」者何如。

此以「《簫韶》九成」推之，樂所以象治功之成也。舜樂既九變，則舜之化亦九變矣。《文中子》問答可見，如《武》之樂六成，則武之化亦六變。

「游氣紛擾，合而成質者，生人物之萬殊；其陰陽兩端，循環而不已者，立天地之大義。」

上兩句説五行，下兩句説陰陽。五行交錯，故生萬有之不同；二氣循環，故兩儀終古不息。

程子曰：「天地之正氣，恭作肅，肅便雍也。」

此必是解「肅時雨若」。一身之氣，與天地相應。

《文中子》曰：「諸葛亮而無死，禮樂其有興乎！」《近思録》程子亦以此許之。敢問：孔明自比管、樂，使果能興復漢室，恐未必便能興禮樂如三代。

孔明是天資帶得，又從學問中攛出來，據他用事行師調度，若當升平之時做出，必須光明，不止漢唐人物。

「與仁同過，然後其仁可知。」過者，人之所辟也，如何便知其仁？

與仁同過，如唐太宗之處兄弟，與周公之處

兄弟，均是過也。但周公之過，光明正大，而無私心，終不離乎仁；太宗則陰賊傾危，純是私慾上行，仁心已不在矣。

《太極圖》如何言水而木，木而火，火而土，土而金，金又水？

水，得氣之初，陽氣一動，便蒸潤，便生水；既蒸潤，便萌達，便生木；既萌達，便盛勢，便生火；火既盛，便剥落，便生土；土既剥落，便堅硬，便生金；金既生，依舊又能生水。到春來，即萌櫱發生，到夏來，都長茂，秋冬都收藏，而堅勁，又至一陽來，依舊又生水。蓋非歸根，則不能發達，乃生生不窮之理也。

無極。

無之極，乃有之極，惟其無中有有，故少刻方生得這陰陽五行，若無許多有在裏面，如何有許多發出來？以手閉太極，指無極言，這個只是無。復以手閉無極，指太極言，這個便是無極中有底。復以手閉無極、太極，指五行言，這個便是無極、太極。其於男女，太極；萬物，太極也。太極，所謂「沖漠無朕」，此之謂也。

太極分陰陽，圖上太極之左右，各一重足矣，何以三爲？

這便是循環無端處，反覆其手而言，陽了陰，陰了陽，何曾窮已。

木鐘集卷十

木鐘集卷十一

宋陳埴撰

史

三代治天下，曰井田，曰封建，曰肉刑。後世變井田爲阡陌，變封建爲郡縣，變肉刑爲鞭笞，而末流愈不勝其弊。今欲追復舊制，於斯三者何先？

復古，惟唐得之，世業、府兵、六典、建官，分畫措置，最有法度，其不傳遠者，非作法之不善，自是家法不正，無賢子孫耳。先儒謂必有《關雎》、《麟趾》之化，而後可以行《周官》之法度，古人所以兢業寅畏、左規右矩者，正欲立個人樣，以爲守法之地耳。

攷漢選舉法。

漢選舉法，有孝廉，有明經。自爲曹椽於郡國而太守察之，則爲孝廉；自爲博士弟子於太常而學校舉之，則爲明經。今觀孝廉一科，自漢初已有，如家貧無行，不得推擇爲吏，其鄉閭之公論如此。至文帝時，孝廉之科雖設而萬家之縣猶無應令，蓋有人則舉，無人則止，猶未有定法也。自武帝初，令郡國各薦一人，則始有定法矣。當時猶且闔郡不薦，至勤詔書督責，則士之自重難進如此，而梅福亦議漢以三代之法取當世之士，則薦孝廉之法，猶有三代鄉里舉選之遺意。漢之得人，大抵如此。明經一科，自武帝立五經博士，置弟子五十員，令二千石謹擇可者，常與計偕詣太常受業，一歲一

課，其通一藝以上補文學掌故。及公孫弘變更之後，勸之以官爵，枝葉日蕃，迄於始元之間，增弟子員滿百人，又增至三千人，明經始濫於弘之變更矣。至於賢良、方正、茂材，號爲特舉，皆詔而親策之於庭。今攷一時人物，自董仲舒猶不免科舉之累，況晁錯、公孫弘、杜欽、谷永之徒，依違附會，殆無異於明經之科，其不逮孝廉遠矣。自東漢之末，察廉之法壞，覓舉之請行，故左雄限年之請，令諸生試家法，文吏課箋奏，覆諸端門，課其虛實，以觀其能異，而孝廉覆試之法，自此始矣。大抵漢初任人不任法，所以選舉皆實意，惟賢是用而已；漢末任法不任人，所以選舉用私意，茲其所以弊也。

南北軍辨。

先儒多以中尉爲北軍，以《表》有中壘校尉，掌北軍壘門故也。疑是内外相司察處。以衛尉爲南軍。至郎中令，不知其所領爲何。竊按郎中令，所領皆郎從，正是環宮宿衛之士。與古國子同。武帝以儒生不足仗，又置一項親兵，若羽林、佽飛之屬，正屬於郎中令審爾，則環衛重兵，無如南軍衛尉所領，乃郡國番上宿衛之數。中尉非宿衛，❶呂氏南北軍皆宿衛。

南北軍皆環宮宿衛之兵。南軍屬於郎中令，武帝改光禄勳。所謂掌宮掖門户是也。其衛士即諸郎爲之，《表》云掌守門户，出充軍騎。或至千人。多子弟及儒生。武帝增置期門及羽林軍，以六郡良家子爲之，多亦至千人。始尚梟勇武力矣。以上並見《郎中令表》。北軍屬於衛尉，

❶「衛」下，原空一字，今删去。

所謂掌宮門屯衛兵是也。其衛士乃郡國之民更番爲之，歲常轉至一萬人，新故送迎，率常二萬人在道。武帝初年省其半。見《武帝紀》。衛尉屬官有候官、司馬等，蓋寬饒嘗爲之，極能撫循衛士，及一歲，盡當更，衛士數千人願復留一年以報寬饒德。見本傳。則衛尉所領爲番上之士可知。南北軍雖領於二卿，郎中令、衛尉。而列將軍實爲主帥，故吕后欲爲難，使吕禄以上將軍居北軍，使吕産以相國居南軍。文帝新即位，夜拜宋昌爲衛將軍，兼領南北軍。則知二軍領於列將軍者，其正也；其以相國分領者，以吕禄才弱故爾。大抵北軍重於南軍，故平、勃止得北軍，足以定大難。吕氏既失北軍，雖有南軍，無能爲矣。或者不察，乃以衛尉爲領南軍，中尉爲領北軍。按周勃既得北軍，便令衛尉無納吕産殿門，則衛尉隸北軍可知。中尉掌巡徼京師，乃督察長安盜賊事，王温舒嘗爲之，所治皆長安豪猾，全無一事關於宿衛。或者又以京城諸屯兵以校尉之屬。爲北軍。按吕后既以禄、産領二軍，臨終戒之以據兵衛宮無送喪，則二軍皆屯衛宮禁可知。又周勃既入北軍，便迤邐去殿門，入未央宮，則知爲宮門衛兵無疑。南北軍力，心膂爪牙之寄，一則以子弟郎從爲之，一則以郡國之民更番爲之，用見國家一體，兵民一致，必如是而後可以肅環列壯帝居矣。

又漢舉選法。

漢史，上而天文、地理有志，次而禮樂、刑法有志，又次而食貨、溝洫有志。選舉，大事也，而史獨無志焉。意者科舉未立，流品不分，取士之路廣，禁網疏闊，故史無得而志焉。今攷之紀、傳，侯王將相有辟舉，若給

事、舍人之類，郡國有察舉，即孝廉是也；朝廷有特舉，若賢良、方正、茂才、異等之類，而又有舉於太常受業者爲博士弟子，即明經是也。其他任子雜流不與焉。夫漢自文帝十三年始有選士之詔，當是時，或家貧無行，不得推擇爲吏，或萬家之縣，猶不能舉一人以應令，是時鄉里之公議猶明，士猶知自重難進，朝廷選士，猶未有成法也。至武帝元光元年，因董仲舒建議，始令郡國舉孝廉，歲各一人，於是立爲定法，限以人數，然當時猶有闔郡不薦一人者，至勤詔書督促，元朔元年。由是不舉孝有論，不察廉有責，可見士安於鄉閭，無求舉覓舉之事。大抵察舉一科，惟施於郡縣吏。漢以文吏立國，故士皆從於郡縣小吏進才，經部刺史、二千石察舉，則以次遷爲令長，又次遷爲守相，駸駸公卿顯官，皆從此途出，往往養廉遠恥之意多，而偷合苟得之行少，雖不通於儒術，而亦不失爲節義有守之士。所以文、景、武、宣之世，人物皆有實用之才，往往多從察舉出。若夫太學明經之士，其不逮察舉遠矣。自武帝立五經博士於太學，置弟子員五十人，使士咸得詣太常受業，一歲一課，通一藝者，授文學掌故，不能通藝者即行罷黜。其後公孫弘起自儒生，始爲其徒開升進之路，遂以爲補文學掌故者，厭薄流滯，不足以興起士風，於是大而九卿之卒史，小而郡縣之卒史，自明經選者皆得補而爲之。夫卒史，文法小吏耳，由明經入仕而反使爲文吏，若小貶矣。然漢法賤經生而貴文吏，故自文吏出者，皆榮進之路。是以終漢之世，利禄之門開，奔競之徒盛，而公卿宰相，彬彬多文學之士，若張禹、孔光之徒，皆持禄保位、患得患失之士，要其蠱壞

儒生之心術多矣。吾故曰：漢選舉之法雖無其志，而得士爲最多者，莫盛於郡國察孝廉一路；若太學明經之選，則又其次也。

《漢·職官志》皆襲秦舊，如三公、尚書皆秦官，三公自立國之初已置，而尚書特始於武帝之時爾。三公號無不統，事皆決於三公，而三公之秩萬石也。宣帝時張安世以車騎將軍霍光爲大將軍，領尚書事，則知尚書乃典職樞機，與三公等。後漢和帝時鄧彪領尚書事，位在三公上。以此言之，尚書當與三公同其貴而秩直二千石耳。若曰職輕權重，則是尚未能與二千石比秩，而反在三公之上，何耶？尚書，乃内庭之臣，與尚衣、尚方、尚符璽等同流，所職乃郡國會計、圖籍等書，或内外奏疏，本是猥屑之職，在人主左右供顧，故屬於少府，多是外戚及子弟濁流爲之，然以其親近至尊，爲人主私臣，號爲職典樞機，故自武帝後，其權寖重，往往諸將軍領之，故凡以大將軍、大司馬領尚書事，則權重於三公，而丞相始爲具官矣。尚書如何敢比三公？但以大司馬、大將軍之名則始爲重矣。尚書在文、景以前不多見，是時内庭之權未重，自武、宣以來，其權始重，率以外戚霍光諸人。及列侯子弟爲之，張安世。士大夫鮮有出此者。至元、成以後，始用儒生，故博士選三科，其高第者爲尚書，始有正員。由是張禹、孔光皆以師儒入典樞機，多者至十餘年，養成王氏之禍，其狼狽甚於雲山、恭、顯。成帝建始四年「罷中書宦官，初置尚書員五人」。注云：「常侍尚書主丞相御史事，二千石尚書主刺史二千石事，户曹尚書主庶人上書事，主客尚書主外官事。」此

漢舊制，是爲四曹。成帝增三公曹，主斷獄事，是爲五人。

漢鬻爵之法

漢初，賣爵入粟不入錢，賣爵不賣官，在文、景時可攷。至武帝，不賣舊爵，別立武功爵。此乃前術窮而更新一法。到此時，入緡錢矣，爵與官俱賣矣。此五大夫有爲吏先除之法，豈不是連官賣了？一夫之爵，直錢若干，今不可攷其級。爵止賣十一級，千夫爵是第七級，得除吏，第九級則免徭役。未知是否。又云：《茂陵書》只載十一級，其餘不見。十九級是關内侯，二十級是通侯。

攷《儒林傳》公孫弘新學法。

初，太常制法，其制有四，置博士弟子，則擇民間議狀之端正者補之，其郡國縣官有可取者取之，受業亦如子弟，至於一歲攷課，能通一藝者，補文學掌故，而高者則爲郎中。且掌故之職不一，有太常掌故，有治禮掌故，有太史掌故，有文學掌故，要之皆屬於太常也。而又有州郡文學掌故之爲官，其職之留滯甚多，其階之遷轉甚緩，通經之士得由郎中而進者，皆是右職，得爲掌故者，皆是滯選。蓋漢世士大夫除軍功外，多從刀筆吏出，而儒生率鬱滯不得進，於是公孫弘有優掌故之請焉。太常中治禮、文學掌故，凡其秩之比二百石，及吏百石之能通經者，補左右内史、大行卒史，秩之比百石以下者，補爲太守之卒史。太行卒史，即九卿之官卒史，猶今堂部令史也。太守卒史，猶今日孔目官是也。至於人衆而額少，不足以容之，又就文學掌故中選其優者，攢上一等，補九卿郎中、二千石待闕椽屬，其次

補郡椽屬，卒史椽屬，雖非清選，却是仕途捷徑。自是公卿大夫，彬彬多文學之士矣，而儒生之心術亦自此而壞。班固以爲利禄之塗開者，蓋自公孫弘始。

漢武帝命唐都、洛下閎推算星曆，以爲合於夏正，改用《太初曆》。按自黄帝以前，調曆有《上元》、《太初》等曆，今以合夏正而用《太初曆》，然則夏亦用《太初曆》乎？否也。前曆《太初》，既在四千六百十七歲之前，是洪荒時節。曆家推《上元》、《太初》，謂四千六百十七歲已盡，都無絲髮餘，重新起曆，是時定十一月甲子朔旦夜半冬至，定日月如合璧，五星如連珠，乃新曆之第一日，故謂之曆元。漢元封七年，適當其時，故改秦曆用漢曆，改秦正用夏正，非謂夏亦然也。

雲臺二十八將，凡有功佐漢者，咸取焉。馬援以椒房不與，何謂也？而來歙有平隗囂之功，何獨不預？

麒麟功臣，史謂以黄霸、于定國、夏侯勝諸名卿，猶不與，可以知其選矣。此語有味，安得人人而及之？但馬援以椒房之親，不得與，此却有意，於公未爲適義理之正。霍光不害爲麒麟之首。

漢宣帝之麒麟閣，明帝之雲臺二十八將，及唐太宗之十八學士凌煙閣，皆所以圖畫功臣也。惟觀漢之人主，務實不務名，唐之太宗，務名而無實，以許敬宗之姦佞，而與十八學士之選，以侯君集之小人，而與凌煙之數，皆失實也。不然，漢、唐之皆有得失否？

此未免以成敗論，所可論處者亦多，却不只在二子，二子不足爲輕重。唐學士之選，即淮南王安之招致賓客，羽翼既多，便有相軋之勢。凌煙雖祖麒麟、雲臺，然漢時却有教化之意寓其間，如以蘇武而預麒麟，以馬援而不與雲臺，此殆有深意，唐則無之。

唐《百官志》宰相之名、學士之職如何

唐世宰相名甚不正。漢有相國、丞相之名，唐不設宰相之名，其意本以重宰相不輕授人，遂以三省長官中書令、侍中、尚書令唐太宗嘗爲尚書令，後改其名爲僕射。爲之，其後中書令、侍中、尚書令不除，遂有他官假有參議、參預之名皆爲宰相者，❶如杜淹，以吏部尚書參議朝政，魏證以秘書監參預朝政，❷於是宰相無一官不可爲。在太宗時有十來個宰相者，❸其後以宰相名號不一，遂有同三品、同平章事之號。夫既曰同矣，依舊不曾有正相。至明皇開元以後，又欲重宰相之權，而使兼領他使，時方用兵，則爲節度使；時方崇儒，則爲學士；時急用財，則爲鹽鐵轉運使；又其甚則爲延資庫使。❹其意本欲重其權，殊不知宰相無所不統，今乃下行有司，名爲重而實輕之。要之唐宰相之名，其初本欲重之而不肯輕與，而其後遂至於無宰相而他官皆得以爲之；又其後也至於無人不可爲宰相；又其終也宰相兼領

❶「預之名皆」，原注「闕」，明刻本漫漶不清，據元刻本補。

❷「證以秘書監」，原注「闕」，明刻本漫漶不清，據元刻本補。

❸「有十來個」，原注「闕」，明刻本漫漶不清，據元刻本補。

❹「甚則爲延」，原注「闕」，明刻本漫漶不清，據元刻本補。

他職，無異於有司。是以終唐之世，竟無真宰相，其弊皆起於宰相之名不正耳。至於學士之職，尤爲非正。大率制詔、誥命，合是中書舍人爲之。若夫學士、名官，本以備遊宴之選，供翰墨之娱，如漢朱買臣、東方朔之輩，正是相從於文墨宴遊之末，不干預機務，猶未爲失。自太宗時，崇瀛洲之選，猶止以備燕見。又文書詔令，自是中書掌之，其後時召以草制，猶未有名號。自北門學士立於乾封以後，則學士之名寖重，至玄宗又置翰林待詔，掌四方表疏，批答應對，則學士預政，漸始於此。既而又以中書務劇，乃選文學之士，號翰林供奉，與集賢學士分掌詔敕。至開元二十六年，又改翰林供奉爲學士，別置學士院，至與宫妃相與往來，專掌内命，爲天子私人。凡拜免將相，號令征伐，宣麻制敕，皆由此出。於是以學士爲内制，中書爲外制，凡大除拜，皆出自内制；百官告詞，則出自外制。彼學士既得以侵中書之事，於是進退人才，機務樞密，人主往往與之較量，始干預朝政，事權日重，而學士之權至號内相，范《唐鑑》所謂：「中書門下，出納王命之司也，故詔敕行焉；明皇始置翰林而其職始分，既發號令，預謀議，則自宰相以下，進退輕重係之矣，豈特取其詞藝而已哉？」其説極是。要知唐學士之職，其初來本是供宴遊翰墨，而終至於干預政事，又其後也，宰相進退亦出其手，終唐之世，委任失人，而王伾、王叔文、李訓、鄭注之徒，皆得以竊國家之柄，其弊皆自明皇始。

唐制十八道節度，其後號九節度，其後河朔三鎮及四凶二豎之亂，可攷大略。

明皇天寶元年，置十節度經略使以備邊，曰安西，曰北庭，曰河西，以備西邊；曰朔方，曰河東，曰范陽，以備北邊；曰平盧，以備東邊；曰隴右，曰劍南，以備西邊；曰嶺南五府經略，以備南蠻。節度之立，其初固止於沿邊十道耳。自安禄山之亂，則内地始置九節度以討之，曰朔方、郭子儀。淮西、魯炅。興平、李奐。滑濮、許叔冀。鎮西、李嗣業。鄭蔡、李廣琛。河東、李光弼。澤潞、王思禮。河南，崔光遠。内地之置節度，其初猶止於九道耳。自朱氏之倡亂中原也，則自國門之外，皆方鎮矣。蓋其先也，欲以方鎮禦四夷，而其後也，則以方鎮禦方鎮。十道既已兆亂，則内地必置九道以除其亂。九道又兆亂，則關外近郡，又不得不置矣。至代宗廣德元年，以田承嗣爲魏博節度，李懷仙爲盧龍節度，李寶臣爲成德節度，是謂河北三鎮，各有其地，其風俗獷戾，過於夷狄，吾知其河北之地，非復朝廷有矣。至於大曆九年，相推戴而謂之四王，朱滔稱冀王，田悦稱魏王，王武俊稱趙王，李納稱齊王，李希烈又以淮西稱帝，朱泚又以關中稱帝，裂土假王者四凶，滔天僭帝者二孺，紛紛藉藉，不知其幾也。蓋唐之亂，非藩鎮無以平之，而亦藩鎮有以亂之。其初跋扈陸梁者，必得藩鎮而後可以戡定其禍亂，而其後戡定禍亂者，亦足以稱禍而致亂，故其所以去唐之亂者，藩鎮也，而其所以致唐之亂者，亦藩鎮也。試以其一二論之，安史之亂，懷恩平之也，而留三鎮以遺患者，亦一懷恩也。將兵至京師，冒雨寒而來，姚令言之功也，而所以迎朱泚而趨京師者，亦一令言也。擒子期、破田悦者，李寶臣之功，而釋承嗣以爲己資者，亦寶臣也。卒至於終唐之世，莫敢

誰何者，由三鎮始也。

唐初邊防鎮守皆有使，而道有大將，曰大總管，已而更曰大都督。高宗永徽以後，都督帶使持節，始謂之節度，然猶未以名官。至睿宗景雲元年，以幽州鎮守薛訥爲節度使，而節度使自此始。至明皇天寶元年，置十節度經略以備邊，如安西、北庭、河西、朔方、河東、范陽、平盧、隴右、劍南、嶺南，凡十道，皆爲備西、北、南三邊設，皆使自治，所領諸州，練習士卒，故士卒亦樂爲用，而唐之備邊有賴焉。然唐初邊帥，皆用忠厚名臣，不久任，不遥領，不兼統，不以大臣爲使以制之，而節度有功則入相。自開元中，天子事征四夷，始有邊將久任十餘年不易者，有皇子宰相遥領者，又有以專制數道兼領者。蓋李林甫欲固相位，遂謂文臣不任邊事，欲用胡人習邊事者爲節度，以塞節度入相之路，有功者皆得兼領，如安禄山等，皆是胡人爲節度，禄山亦有邊功，遂得專制范陽、平盧、河東三道，以致兵盛勢强，遂成天寶之變。禄山死，史思明又輔其子安慶緒繼叛，而其他節度，大抵皆安氏黨與。至肅宗乾元元年，更置九節度，朔方則郭子儀，淮南則魯炅，興平魯奐，滑濮許叔冀，鎮西李嗣業，鄭蔡李廣琛，河南崔光遠，河東李光弼，澤潞王思禮，共九道之師討慶緒，又不置元帥，無所統一。慶緒死，史思明繼叛。思明死，子朝義繼叛。至代宗時，僕固懷恩以其女爲公主，妻回紇之故，遂得回紇之師。平史朝義，僕固懷恩自以功成身危，幸變爲資，於是請以安、史手下許多降將，分居安、史故地，田承嗣爲魏博節度，李懷仙爲盧龍節度，李寶成爲成德節度，河北三鎮自此始，其他以薛嵩領相衛，大抵率用降

將爲之，自此以後，三鎮或世襲，或易姓，兵連禍結，朝廷亦無如之何，依舊賊還賊捉，又自是三鎮中賊將自與朝廷平討，往往亦時有功，一有功又自叛據，如田悦拒命，朱滔討之，滔一請深州不許，便與成德王武俊合從於田悦，田悦得朱滔之救，便與武陵奉滔爲王，於是又與平盧李納相扇而起，滔稱冀王，田悦稱魏王，王武俊稱趙王，李納稱齊王，是謂四凶。聞淮西李希烈軍盛，又相與勸希烈稱帝。當是時，犯京之兵，朱滔、希烈爲盛，朝廷盡關輔京城之兵以討之，是以陸宣公恐兵皆在外，患生蕭牆，勸德宗收兵歸關，以諸叛賊委之馬燧、李抱真等，而德宗不聽。先是，朱泚來朝，朝廷疑之，遂留之京師。及是時，李希烈圍襄城、涇原，節度姚令言本以勤王之師至京師，因犒賞菲薄，兵衆自亂，乃謀迎朱泚爲主，遂有奉天之幸，果不逃宣公所料。後來李懷光以盧杞不令入見天子，遂與朱泚合謀，而朱泚亦稱帝。是與李希烈共爲二孺。自此以後，盧龍、魏博、淮西雖在中土，其世爲叛逆，與蠻夷無異，不復知有朝廷矣。是時自京師之外，處處如邊陲相似，處處是節度使，於是節度滿天下，而唐之亂甚矣。至憲宗僅能一平河朔，至文宗復失之。大略唐之節度，本以備邊，後來沿邊人自爲寇，國自爲邊，朝廷所立節度，反以備内而非備外矣。

漢武置十三州刺史，與今監司同否？

漢刺史，政今日監司，但刺史秩卑而權重，止六百石。史秩卑則激昂。却慮其權太重，故止以六條問事，今日秩崇而權分。秩崇則養尊不事，事權分則法不舉。

漢禄秩等數，如何只二千石？無數樣？

漢秩，自太常至執金吾，秩皆中二千石；太子太傅至右扶風，秩皆真二千石；西域都護至駙馬都尉，皆比二千石。此漢秩然也。漢禄丞相、大將軍，號萬石，俸三百五十斛；至佐史，俸月百八十斛；二千石，俸月百二十斛；比二千石，俸月百斛。至後漢延平中，中二千石俸錢九千，米七十二斛；真二千石錢六千五百，米三十六斛；比二千石錢五千，米三十四斛。此漢禄然也。後漢俸禄，半錢半穀。二千石以下，則有千石、八百石及六百石。又其下則有五百石至百石，直郡縣之小吏耳。若二百石以上，則曰長吏，如令丞是也。至六百石，始通爵於朝，如今選人之改京秩是也。中二千石，乃九卿爲之，下三公一等，非他二千石比也。只以俸禄言之，中二千石與真二千石倍争。

尹翁歸以高第，入守右扶風，滿歲爲真。韓延壽入守左馮翊，滿歲爲真。真之制如何？

有真二千石，有中二千石，有比二千石，均二千石也，而有三等，惟真者，歲俸方滿此數，餘皆虚號耳。

高帝入關，約法三章，悉除秦苛法，至於收孥相坐之律，誹謗妖言之罪，待文帝而後除，何也？

《刑法志》云：「三章不足以禦姦，於是蕭何攗摭秦法，作律九章。」想諸將繼叛之後，此等法仍用，至文帝方盡除耳。

《漢書》高帝元年冬十月，五星聚于東井。攷之曆云：太白辰星去日，率不能一兩

次耳。《月令》：「孟冬之月，日在尾。尾，析木之次也。析木去東井，隔五次。」若然，則金、水二星，安得復在東井？

五星、活物、盈縮、見伏、遲速至無常，天文家謂之五緯，言其往來無常所也。然雖往來無常，依然有法可候會，當聚時即聚，爲軌度，但所聚之次有休咎不同，若聚于東井，即爲休證。

「越德歲而吴伐之。」越是時何謂德歲？晉太和五年，秦滅燕，黄泓、趙秋以爲福星在燕。何謂福星？

德歲，謂歲星。即木星。古分野得名，皆以侯國始封之日歲星所次，故因以爲分野。以此知自古天文家常以歲星所在占吉祥。今歲星正次越分野，足知吴之不能爲也。福、德恐亦歲星之吉卜。

《律曆志》云：「非黄鐘而他律，雖當其月，自宫者則其和應之律有空忽積微。」不知所謂空、積者如何？

律法，唯黄鐘之宫，五聲皆正聲，皆全數，如九寸、六十四、八寸、六寸、八十一、七十二、五十四、四十八之類，是謂無空忽積微。若其他十一宫，未必皆正聲，或變或半，皆全數，故有空忽積微，如大吕，言八寸二百四十三分寸之一百四，除八寸是實數也，外言二百四十三分者，皆空積也，寸之一百四者，忽微也。蓋虚起此筭，數其空積甚多，而所得甚微細也。

高祖大封同姓，卒有尾大不掉之患。高祖明達，何不慮此？

懲戒亡秦孤立之弊，故大封同姓。聖人謂

百世損益可知，此類是。周以封建亡，故秦必損之。秦以不封建亡，故漢必益之。事勢相因，必至於此。兼漢初戶口減少，封諸王時，計戶而不計地，故封三庶孽，分天下半，其後戶口日蕃，所以彊大。

劉濞之王吴，高祖知其必反，而復遣之，何耶？

此高祖德性規模所以大於唐太宗、漢光武，二君以纖緯殺了多少人。

高祖大度，世率以爲光武不可及，至其誅韓、彭、英、盧事，反不若光武之全功臣，何也？

高帝是天然大度，其弊至於任情。光武法高祖大度，其終却能矯弊。

漢高，人謂其寬仁長者，韓、彭、英、盧，曾未免於誅死，何耶？

方事之殷，能奪諸公死力，是高祖善將處。及事之定，置諸公於死，即將將之餘習，未忘寬仁，本其天資殘忍，是無學問。

高帝不免韓、彭之誅，而光武乃能全功臣之世。

此大有説。一則逐鹿之勢，外相臣服，事定難制；一則祖宗之業，名位素定，事已相安；一則草昧功臣，豪傑難收；一則中興功臣，謹守規矩；一則大度中有嫚罵之失，人心素疑；一則大度中能動如節度，人心素定；一則刼其死力，封爵過度，不計後患；一則赤心在人，監戒覆轍，務在保全。

高祖之斬丁公，義矣；而項伯之封，非

也。然微項伯，則天下非高祖有，又豈可不有以酬之？

二人事本相類，但項伯初無稱功之意，封之出於帝心，丁公未免有望報，故爲帝所薄耳。要之凡適相遇而能出人於險者，皆不當以姓名聞，以姓名聞，則敗矣，況有德色乎。

漢文之仁，至景帝而衰，何以漢言「文景」？武帝虛内事外，漢祚幾亡，何以列在七制？

景帝好處，只是不改文帝恭儉。武帝好處，只是晚年一悔。凡並稱者，皆喜配之辭，其實喜生於不足，如言「蕭曹」，曹本劣於蕭；如言「韓柳」，柳本劣於韓。七制列武帝，緣宣帝以匈奴來朝，故大先帝之功而宗之。王通亦因其帝制云耳。

晉文忘從亡之功，漢文修代來之功，其推恩與否，有可言者。

晉文才入國，便賞從亡者，偶忘介子耳，雖覺示人不廣，然晉文間關十九年，所以能興國者，盡諸公之力，且又多賢人，故得國之後，可以共爵禄。若漢文入繼，皆平、勃諸侯王之功，而首修代來之功，又張武等皆庸才，而各親其親，此却示人不廣。

漢文殺薄昭，李德裕以爲殺之不當，温公以爲殺之當，未知孰是。

雖未免少恩，然以文帝仁厚之資爲之，乃是借一人以行法，於仁厚中有神武焉。薄昭事，無正史可攷，《通鑑》所載，乃出《漢紀》注中。

漢文時，吴王不朝，賜以几杖，此與唐之陵夷、藩鎮邀節旄者何異？不幾於姑息之政歟？

文帝是純任德教，權綱在上，伸縮由己。唐一向姑息，權柄倒持於下，予奪由人。兩事不可同日語。

肉刑始於苗，堯因之而不革，更虞、夏、商、周而又不革。漢文以一女子之言而革之。何唐虞三代不知出此，文帝除之而刑亦措，何耶？

先儒謂井田、學校、封建、肉刑四者，廢一不可。不知秦變古法，凡古人教民、養民處，掃地不存，單獨留肉刑以濟其虐，雖微文帝，必有變之者。此蓋損益盈虚，理勢必至，能通變宜民，雖成、康復起，不能易也。

漢文平生所爲，大抵出於黄老，至其得力處，亦是黄老，不聞有無情少恩之病。

文帝天資粹美，却能轉得黄老不好處作好處。景帝天資刻忍，却將黄老好處轉作不好處。

惠帝減田租，復十五税一。夫漢之初興，今年復田租，明年復役事，而又十五税一，儉於周什一之税。然當時太倉之粟，陳陳相因，未審何以致此。

文、景減田租事尤多，或三十而税一，或減租之半，或盡除之，所以致富庶者，人主恭儉寡慾，無兵革之事，故百姓亦皆富庶。

武帝虚内事外，漢祚幾亡，雖輪臺之悔，亦晚矣，安得預七制之列？

七制，想自文中始。文中本無大見識，因取

其制詔以續書，故尊之，但武帝征伐四夷之功，雪祖宗之恥，自宣帝時已定其廟爲世宗，其後議宗廟者，比之武王，係不祧之數，則其子孫之意也。

光武之失，正在攬權，而史乃稱其總攬權綱，舉無過事，何耶？

光武再造於僵仆之後，如何不總攬權綱？但末流之弊，至不任三公，乃矯枉過正，非謂全不是。

孝宣輕德教而雜霸道，用法吏而任刑名，趙、蓋、韓、楊之誅，似近於虐也，乃有務行寬大之稱，何耶？

寬大之詔盛，美生於不足。

孝宣綜名實，而王成以僞增户口褒賞，遂起天下俗吏之僞，然綜覈者安在？

刑名術數之家，各是執一實以御百虚，老蘇所謂人服吾之識其一，而不知吾之不識其九也。宣帝殆用此術，間有受人欺處，不害他大體也。

宣帝時，王吉言請除任子之法。不知漢任子自何官可任，何官不可任，中間廢置增損如何？

漢法任子，多是爲郎，或父任，汲黯。或兄任，霍光。或異姓任，諸侯王得任異姓。見《汲黯傳》尾。次第必二千石以上方可保任，故董仲舒謂今郡縣長吏，多出於郎中、中郎或二千石子弟。蓋長吏多自郎選，而爲郎者率二千石子弟。郎選，不以父任，則以家貲，多出此二途。

史氏謂陳勝諸故人皆引去，無親勝者，與

諸將不親附，此其所以敗也。此是勝之節目。先儒乃謂勝之亡，其大體不在是，勝與吴廣同功一體，田臧擅殺吴廣，勝不能制，則紀綱掃地，脣亡及齒，此勝之不能自存。然否？

勝、廣爲救死無策，故判命出此，姑延一旦之喘息耳，即不須以綱紀畫略望他，亦不須以興亡成敗論他，但先史義其爲豪傑首事，故於其亡也，再三致意焉，猶曰：是秦民之湯武耳。

高祖曰：「項羽有一范增不能用，所以亡。」夫項羽之失無數，初未聞范增之有諫。使項羽而終用范增，又將如何？

係興亡處，但看人物有無，是第一節，范增，豈三傑比耶？但就項羽人物言之，猶有此人耳。

蕭何收秦圖籍文書，説者謂相漢狹隘者以此。然使當時不得此書，高帝必不知天下之户口阨塞，漢之爲漢。史悉載而《通鑑》黜之。至武帝之乞漿逆旅，明皇之洗兒賜錢之事，亦污穢矣，漢、唐二史不録而《通鑑》載之。一去一取，未知孰是。

良之謀，以子劫父；崇之策，以臣要君；皆不可以爲訓，故温公不取。武帝微行，自同匹夫；明皇宣淫，見愚降虜；皆天奪魄，可爲後監，故温公備録。

丙、魏優劣如何。

以相業言之，則魏優於丙；以德性言之，則丙優於魏。

河南守吴公治平爲天下第一，班固何不録之？《循吏傳》又言吴公學李斯刑名，安能爲天下第一？

文帝恭默躬行，不好刑名，故一時人物，皆篤實務内，所以史無可書之事，其學果爲刑名與否，則不可知。然漢人物皆屈頭擔重擔，却不論他學術，文帝本好刑名，不害爲仁。

東漢黄憲，或謂其資稟似顔子。使其得聖人爲之依歸，還如何？

東漢人物，大率尚名高，崇氣節，憲獨冲然退然，所以見者服其深遠，恐亦是天資如此，所謂得聖門學問，未知其如何。

賈誼請文帝興禮樂，易服色，以其無周之文也。仲舒請武帝損周之文，致用夏之忠。二子之言，孰切時務？

二子之言，皆是欲時君反秦正朔，建漢正朔。其後當武帝太初元年，始改用夏正，建漢正，用二子之言也。

昨觀後漢趙苞守遼西，遣使迎母，而鮮卑入寇，苞母見刼，載以擊郡。當此之時，忠孝兩難，將追戰歟，則疾視其母之死；將就母歟，則有虧事君之義。如何？

「艮其背不獲其身，行其庭不見其人。」有時身在面前，不曾見；有時人在面前，不曾見，只爲道理各有所止耳。當趙苞之時，見君而不見母，誠秉此心，有時邂逅可免。蓋致死則敵猶有所畏，漢高祖是。但艮止之義，不當如此計較耳。

巫蠱之禍，雖江充之譖，亦戾太子矯制，

有以滋後來之變否？

武帝求長生，故猜疑太子。太子通賓客，故不受父命。看史當尋脈理，不可只據目下説。

張釋之爲廷尉，天下無寃民。于定國爲廷尉，民自以爲不寃。若趙、蓋、韓、楊之死，謂之不寃可乎？或者説宣帝時，廷尉不獨一于定國，雖不獨在定國，而定國坐視四子之死，亦不能效張釋之之守法，如何？

漢公卿有罪，未必悉下廷尉，自有詔獄，多丞相、御史大夫治之，或下中二千石雜議廷尉。所謂平者，非必皆寬縱之謂，剛不吐、柔不茹者，平也。趙、蓋、韓、楊之死，今作文人但浪説耳。

天下之患，莫大於本小末大。周之内輕外重，宜若難久而卒綿遠；漢之内重外輕，宜若足以相制而猶有七國之禍，何耶？

周雖諸侯彊大，猶能支吾數百年，先史喻爲百足蟲，所以難死者，扶之者多也。漢七國之禍，亦自外重，自此以後日輕矣。

《春秋》之義，不以家事廢王事，以漢丁鴻之就封爲是，伯夷不受國爲非。

伯夷處人倫之變，當如此自處，若無故之讓，則伯夷之罪人，丁鴻所以得正也。

漢高祖爲義帝發喪，與曹操挾天子以令天下，未審如何。

爲義帝發喪，因人之短而執之；挾天子以令天下，負己之有而挾之。雖皆詭之爲名，

但一則豪傑起事，舉動光明；一則奸雄不軌，蹤跡暗昧。爲義帝發喪，無君之罪在項羽；挾天子以令諸侯，無君之責在曹操。

義帝已立，縱使羽不殺之，下來漢高將如何區處？

要之天運在漢，所以項羽自殺了義帝，小人枉了做小人，漢高因之爲資，縞素發喪，君子贏得做君子。

阻三面而守之以一面，東制諸侯，此關中之形勢。然漢高道南陽、過酈析以叩武關，而關中無擊柝之限，既而從山東之師，稍益以關中之士，固守謹關而項羽圍入之，及其領漢蜀之封，地形少痿矣，乃由故道以定三秦之壤。夫以天險不可升之勢，而楚漢分争之始，或自東南而入武關，或自西南而抵陳倉，或自東方而越殽函，何耶？

自古入關有三道，一自河北入，爲正道；項羽、漢光武、安禄山。一自河南入，爲間道；漢高祖、桓温、檀道濟、劉裕。一自蜀入，爲險道。漢高祖關中由中道入巴蜀爲漢王，已而又從此路出定關中。諸葛亮亦從此出師。關中雖號天險，豈無可入之道？第不比他戰場，可長驅而進耳。

巴蜀四塞，非進取之地，惟一江陵。然諸葛亮不勸先主都之，及關公之危，又不聞救之，何也？

江陵屬荆州，武侯首陳取荆州之策，先主不能用，其後争之於吴而不得，吴止分數郡以與之，至關公之敗，并數郡而失之，況得而都之邪？況荆襄爲南北咽喉，在三國爲必争之地，乃戎馬之場，非帝之都也。

蜀先主以國委孔明，無言不聽。伐吴之役，先主誠失計也，而孔明曾不以爲非。及其既敗，乃曰：法孝直若在，必能制主上東行。何孔明不能諫於知己之主，而猶有待於孝直也？

只緣孔明規模在據荆、益，方成伯業，以荆州爲必争之地，争而不得，後方悔耳。

諸葛亮在三國時，蓋人才之巨擘也。觀其治國行師，屢以無糧退，豈其糧儲賫備之不多耶？豈其漕運之不繼耶？

蜀以失荆州，欲出關洛無路，不免崎嶇，子午谷、大散諸關阸中，運糧最難，卒以此困。

唐太宗規模不及漢高祖，何以見之？

漢高事事不能只有一個帝王器度，本不擬到此地位，自是天人推出來，所以規模比三代。太宗事事了得，本是唐之第一君，爲其必欲做帝王，不待天人自安排，所以只做得魏晉規模，只看建成、元吉事。

唐太宗恭儉不若孝文，而功烈過之。范《唐鑑》。

三代而下，英主無出文帝，太宗止做得創業功臣，君德上可議處甚多，不止恭儉。文帝不是無功，但當守文時，故不以征伐顯耳。太宗只是削平蕩定之功，而德在人心處少。

唐太宗誅高德儒之諂諛，薄宇文士及之不忠，豈不知姦邪讒諂之士，不可厠文墨議論之臣，而定十八學士之選，而許敬宗之奸，獨録而不棄，何耶？

知人甚難。太宗不但失於許敬宗，以李勣

可任大事，此失之尤者。

范《唐鑑》譏太宗曰：「陷父之罪，脅以起兵。古人行一不義而得天下，弗爲也，太宗終守臣節，可也。」愚歷觀唐史，隋煬帝既遣江都之使，唐高祖不宜坐處夷滅，況大業之末，生民塗炭，太宗苟不爲此，必無以濟蒼生之困。范氏正大之説果可用否？使聖賢處此，當守臣節乎？將權以濟事乎？

孤隋之暴，何止桀紂！若欲行湯、武之事，但當正名弔伐，不當自陷於盜賊之地而脅以起兵，以斯舉事，是以亂易亂也，大桀小桀也。惜乎，太宗有濟世之志，傷於欲速迫切，反以堂堂禮義之師，自陷於亂臣賊子之倫，乃是將官鹽作私鹽賣了。世上有理明義直之事，只爲學術不正，舉動不明，便壞了事體。

唐明皇開元、天寶之治，何始之不克終耶？

開元之世，乃無妄之時，雖四夷時有不靖，乃無妄之疾，緣小人以邊功動之，致令邊釁一開，生出萬端病痛，乃無病服藥之故。

晉殷浩、謝安，少有重名，方其隱而未用也，人皆以公輔期之。或曰：「深源不起，如蒼生何！」或曰：「謝安不起，當如蒼生何！」及其既用也，謝安却苻秦，安晉室，功業亦可無負，而殷浩舉兵北伐，師徒屢敗，桓温因朝野之怨而廢之，如棄草芥。夫人之擬二子則同，而二子事業何其相遠？

東晉諸賢，大抵務養名節，不務實用。幸而

成功，則爲謝安；如其無成，則爲殷浩。然安能矯情鎮物，浩則遇事周章，較是輸他一著也。

桓温伐秦至灞上，伐燕至枋頭，父老皆有復見漢官威儀之歎，而温志在鴻鵠，遂以失之。其後劉裕既入秦，亦有南顧心，遂爲赫連所奪，其罪與温一也。雖然，自古南北分争，若隋，若我宋，皆以北而并南，未能以南而并北方者也，豈亦事勢使然，固不可盡罪二人乎？

邵康節云：「天下有道，地氣自北而南；天下無道，地氣自南而北。」南方非不可用，但多非文明之時耳。

商君初變法，秦民不悦，言不便者以千數。令行之後，秦道不拾遺，鄉邑大治，秦民後來言令便。請問其故。始言不便，猶是三代直道之民，終復言便，則戰國刑戮之民矣。不下毒手，如何得他合口？當看商鞅行法始末。

秦謫戍法：先發吏有謫籍及贅壻、賈人，又父母有市籍者。所以重困商賈。何故？秦自商君立法，欲民務農力戰，故重耕戰之賞，以商賈務末，不能耕戰，故重爲謫罰以抑之，所以立致富强。

秦焚書坑儒，如何却猶有三老以掌教化？而二世猶召博士諸生問狀耶？秦雖無道，人心道理自不可泯，雖縱作横作，滅不得許多道理。聖人所以言：「繼周之後，百世可知。」

漢史上自天文地理，下至溝洫刑法，皆爲立《志》，而選士之法最爲近古，何乃不爲立志？

《漢書》缺處：典兵無志，選舉無志。爲太史公未作得此二書，故孟堅因陋就簡。

太史公作《史記》，上自唐虞，而八書之作，止言漢事。班孟堅作漢史，合紀漢一代事，而乃作《古今人表》。

八書未必皆言漢事，獨《平準書》專言武帝，其贊却説古今。漢志雖爲一代作，然皆自古初述起，獨《古今人表》專説古而不説今，自悖其名。先輩嘗譏之，中間科等分別人物，又煞有可議，此却班史之贊，畫蛇添足。

「太史公」之號，或以爲武帝所置，或以爲東方朔尊美其書，從而加之，或以爲遷尊其父。其説孰是？

太史公是掌律曆之官，本傳謂典天官，而遷亦謂「文史星曆，近乎卜祝」，是太史掌漢律曆可知。居史官之太史令，遷嘗爲之，位在公卿之上，雖未可知，但自來曆官居卿以上，底令雖非卿而位比於卿，其他不足論。公，特其子尊之耳。

《史記》云：「孔子墮三都。」攷之經傳，墮郈，墮費，固有之矣，而圍成，則不克成，功未嘗墮也。況成出於魯定自圍，非孔子也。兼《左氏》亦曰：「將墮三都。」未實其言。《史記》果何所據而言耶？

嘗聞之晦翁云：「斯至是始覺，遂不肯墮成，使齊不歸女樂，則成亦墮矣。」

賈誼陳《治安策》，論民俗奢侈，盜賊乘時而發。夫文帝躬修玄默，移風易俗。以誼言觀之，所謂「移風易俗」者安在？誼煞有疏密太過處，唯文帝能受盡言。史臣謂誼之言，亦略施行，文帝風俗好處，誼不爲無助。

良、平，漢之功臣也。十八侯之次，良、平何以不與？高后四年，差次功臣，其位愈下，何歟？

漢封功臣，其盟誓之辭曰：「非軍功不侯。」於軍功中又三事最重，一曰從起豐沛，二曰從入關中破秦，三曰從定三秦。十八侯位次全論此三事。良、平皆後附，良雖從沛公，但其時自有故君韓氏。所以不在此數。又良、平皆帷幄謀議而不履行陣，所以諸軍功者率在先。

黄老，清浄無爲之學也。申韓之學，出於黄老，流入於刑名慘刻，前輩謂無情之極，至於無恩。然否？

才無情，便無恩。意脈如此。

高帝只因請苑事，便疑蕭何欲置之辟。光武於馮異，或譖其威權太重，百姓歸心，而帝信之愈篤。何高帝之介，介於其小，而光武乃釋然於其大？

高帝因諸將而疑元臣，光武鑒往事而全功臣。

漢有中朝，不知昉於何時。孟康於劉輔注曰：「大司馬、左右前後將軍、侍中、常侍、散騎諸吏，爲中朝。」堂上推云。皆加官於正官銜上帶，此之謂加官。然則輔繫

獄中朝官上書論救，而光禄勳、太中大夫皆預。及謹咸拜光禄大夫、給事中，翟方進奏咸云云，不當蒙方正舉備内朝官，則又孟所注有不同者。

中朝，想古燕朝，謂之内朝。中間官職謂之中朝，皆給事於中者也。光禄大夫、給事中，皆加官，出入内朝之燕私者也。漢時猶以士夫爲之。至唐，則全用宦官矣。可看《百官表》。

蕭何未央之營前殿，建北闕，周匝二十重，九十五步，街道周迴七十里，臺殿四十三，所宫門闥凡九十五，壯麗如此，宜高帝之所以怒，温公譏其非。元城乃以爲蕭何堅漢高都長安之深意。當從何説爲正？

高帝都關中之意，猶豫未決，蓋嫌殘破故也。何大建宫室以轉其機。至其自夸壯麗，今人皆知其無識，不知何不欲以據形勢，定根本，正言於高帝，恐費分疏，姑假世俗之言，以順適其意。與買田宅自污意同。

高帝爲義帝發喪。

高帝之爲義帝發喪也，三軍縞素，天下之士歸心焉。雖然，帝亦詭而用之耳。夫帝之於懷王也，君臣之分未定也，生則未嘗以天下之義主而事之，死則以爲天下之義主而喪之。此蓋項氏之短，而大其辭以執之，是三老、董公之善謀，豈出於帝之本情哉？古今之名義，有不本於夫人之本情，而英雄豪傑，或詭之以濟事者多矣。齊威會王世子於首止，情不在於世子也。晉文朝天王於河陽，情不在於天王也。利在世子，則尊世子；利在天王，則尊天王；利在義帝，則尊義帝。其詭而用之，則一耳。

高帝約法三章。

沛公之始入關也，與秦父老約法三章。是時沛公猶未王關中也，而輒與其民私約如此，殆類於兒曹嘔呴之爲者，❶雖雌雄未定之時，務爲寬大長者以媚悦斯民，孰不能者？及項氏既滅，天下一家，正高帝創法定令之時也，而三章之法不移如山，豈兒輩呴嘔之恩，❷姑以媚悦於一時者哉？使其仁心仁聞出于至誠憐恤之意，雖草莽私約，遂以爲漢世不刊之典，真主一言，其利溥哉。❸

馬遷既漢武時人，必能詳記武帝故實。及觀《武紀》，止言封禪、禱祀、神仙、方士等事，他全不及。至八《書》中，固有略及武帝者，然《封禪書》不過又述《武紀》所言，《平準書》又何獨詳述武帝生財法？至《律書》言兵，又止言文帝，而不及武帝。遷謂夫子《春秋》，於定、哀也則微，亦須略舉宏綱，而或詳載，或不載，既自不同，若《武紀》，猶可疑者，敢問。

《史記》，不專爲漢史，乃歷代之史，故其紀漢事略於《漢書》，❹而紀武帝事獨詳，若《封禪》、《平準》二書，雖謂之南史家風可也。

周勃、霍光，在漢均有擁立之功，優劣如何？

霍光仗忠義，舉動光明；平、勃任智術，蹤跡疏昧。

---

❶「嘔呴」，元刻本、明刻本作「嘔咆」。
❷「呴嘔」，元刻本、明刻本作「咆嘔」。
❸「溥」，元刻本、明刻本作「博」。
❹「事」，原作「書」，據元刻本、明刻本改。

漢七制，景帝、昭帝何爲不與？唐三宗，宣宗、武宗何爲不録？

景帝天資刻薄，無人君之度，但以不失文帝之恭儉，故史人之辭稱曰「文景」。昭帝雖聰明蚤成，而享國不永，所以不在七制之數。唐三宗已不似漢，更添宣、武何爲？

高祖既約法三章，如何後來蕭何作《律》九章？

三章是草莽中一時要約，如何盡得世變？後世自合隨時損益。蕭何九章，猶未失高祖寬仁大意，至武帝三百五十九章，則浸失初意。

高祖之興，計謀有人。今光武之起，既身爲之謀，又身爲之戰，遂復故物。馬援乃以爲光武不及高帝。意者用人者大，自用者小邪？

光武、太宗，身經百戰，真千古英雄之將。所以不似漢高者，蓋漢高不能爲將，而善將將，此光武、太宗所以見容於漢高也。

漢立五經博士，遺其一者何經？

《周禮》未立學官，漢末劉歆方發明此書說，與王莽壞了，後人遂以爲《周禮》爲傅會之書。後漢三鄭出來，其學方明，其書方行。

内政何名寓軍令？

自伯圖之興，大抵兵不詭則不能謀人國，政不詭則不能自謀其國。故《春秋》善戰者，兵有所不交；善詭者，城有所不守。詭道相高，求以得志，乃於治民之中，而默寓治兵之法，陽爲治民以欺其人，陰爲治兵以壯

其勢。其言於威公曰：「君欲正卒伍，修甲兵，大國亦將修之，而小國設備，則難以速得志，不若隱其事，而寄其政」，於是「作内政而寓軍令」焉。今觀自五家爲軌，軌有長，積而至十連之鄉，鄉有良人，以爲内政，自伍人爲伍，軌長率之，積而至於萬人爲軍，五鄉之帥帥之以爲軍令，名爲内政，實則軍令寓焉。寓之云者，猶旅之有寓，非其所居而暫居之謂也。夷吾志在强國内政之作，豈在於民乎？特假内政之名，以行軍令耳。是故外假王政之名，内修强國之利。夷吾巧於用詭，固如是哉！嗟乎，有爲爲善，雖善實利，有意爲公，雖公實私。成周自五家爲比，至五州爲鄉，居民之法也，自五人爲伍，至五師爲軍，舍萬民之法也。其事暴白於天下，而無非王道之公。夷吾之法，能髣髴其一二矣，獨奈何以詭道行之，以欺其隣國，則安得不爲伯者之私哉？

秦自稱水德。

五德之運，其誰爲之乎？自秦用方士之言，以周爲火德，推五行相勝之法，自謂之水德，則是秦首倡其端耳。漢人或竊其餘論，反擯秦而主漢，則張蒼謂漢爲水德是也。或祖則餘論，遂舉漢以繼秦，則賈誼、公孫弘之流，謂漢爲土德是也。或祖竊其餘論，而兩皆不用，更爲相生之術，上推包羲，下至周、漢，而擯秦不數者，則歆、向父子，遂謂周爲木德，漢爲火德是也。夫秦自稱水德，則是始皇之妄自尊大耳。後世設以始皇爲是耶，當祖而用之，如賈誼、公孫弘輩可也；設以秦爲非邪，當汎掃其不經之談，明先王之道以道之可也。今張蒼、歆、向之徒，既竊用其説，又從而非議之，反

擯秦於不數，則是衛輒自謂之嫡孫，欲以竊據正統，而反擯其父不納也。夫輒之所以得謂之嫡孫者，以其有父爲世子也，既不父其父，則不得謂之嫡矣，尚可據其位乎？五運之所由倡，以秦倡之耳，既擯秦不數，而漢獨何所承乎？此皆漢儒欺天罔人之論，而班固不察，又真以漢爲得天統也。夫所謂天統者何也？昔周公營洛之議曰：有德者易以興，無德者易以亡。孟子定于一之論曰：不嗜殺人者能一之。又曰：三代之得天下也以仁，其失天下也以不仁。此天統之説。外是而謂之天統，則如秦之自稱水德可也，如張蒼之稱漢爲水德亦可也，如賈誼、公孫弘之土德可也，如歆、向之火德亦可也；尊秦可也，擯秦亦可也，自尊可也，人尊之亦可也，要之不得爲天統，則一耳。

趙長平之敗

長平之敗，豈不哀哉！此不惟一，趙括之兵端一開，平原君實爲之也。蓋當是時，秦嘗有事於魏、韓，而馮亭欲嫁禍於隣國，故以上黨自歸於趙。夫秦拔野王，而上黨路絶，是上黨之在韓也，有已亡之形，而秦有垂得之勢。今韓以空名歸趙，實欲嫁秦兵於趙，此蓋馮亭狙詐之術耳。夫秦日夜勞心苦力，以蠶食於韓，今上黨有垂得之勢，而趙乃欲安坐而利之，則雖彊大不能得之弱小，而弱小固能得之强大乎？且無故之獲，有道之所深憂也，非望之福，哲人之所甚禍也。平原不見天下之大勢，暗於狙詐之術，棄龜鑑之名言，而自速危亡之禍，則長平之敗，豈獨趙括爲之哉？

趙括。

趙括，虚張無實，言大而才疏，其父母知之，趙廷之臣知之，而敵國之人亦知之，獨其君不知之者。蓋當是時，應侯行千金於趙，以爲反間，是必左右近臣陰受秦賂，相與蒙蔽主知，故其君不悟至此。人多以名用人，失之趙括，不知括之在趙，未嘗以名聞也。使括而以名聞於趙，則秦當忌之矣，而胡爲利括之爲將也？是括虚張疏繆之實，已久聞於隣國，獨其主不知之耳。

毛遂。

毛遂，上不數於其主，下不齒於其徒，而卒能奮身決起，著名楚、趙，苟非見棄於人，安能以有激乎？吾觀戰國游士，所以策名當時，致身將相，快平生之憤，酬夙昔之願，往往皆因所激而能致之。蘇秦之相六國，其家激之也。張儀之相秦，其友激之也。范雎談笑而取秦柄，其讎激之也。故善用人者，於其淩厲頓挫之時，而乘其感慨奮激之氣，則雖尋常之人，皆能以自效於尺寸，如其習安於豢養之餘，而生平之意願已足，則雖奇人節士，亦或無以自見也。

魯仲連。

魯仲連，亦戰國策士耳，而奇氣疏節，憤激陳義，有非策士所能及者。鷹隼高飛於雲漢，虎豹長嘯於山林，其頡頏飛騰之氣，❶豈人之所能近哉？一旦受人之覊縶，而豢養於韝圈之中，則與鷄犬無異。何者？惟其有所欲故也。戰國游士，大抵不勝其利欲之心，擔簦而往，鼓篋而遊，夫孰非有富貴之心者？故一受人之覊縻，甘人之豢養，

❶「頏」，原作「頑」，據元刻本改。

則雖有奇氣疏節，將無所用之，而俛首帖尾，碌碌人下者，往往而是也，尚何望其憤激陳義哉？仲連惟不見其所欲，故不受人之羈縻，不甘人之豢養，是以高飛長嘯而足以頡頏於一世，雖未必爲天下士，而人固以天下士奇之矣。

夷門侯生教魏公子救趙，圯上老人授子房兵法。

吾攷之戰國，有隱君子二人，曰夷門侯生，圯上老人，皆兵家之有道者也。夫兵者，授之以不仁之器，而教之以殺人之事。故古之有道者，皆諱之而不樂言也。其樂言之者，必皆其尅忍恣睢之徒，孫臏、吳起之類是也。夫兵不免於用智，而奇謀詭計，又用智之所不能已也。故其法可以自用，而不可以教人。以智而教人，必其有甚不得已，而度其人誠可以受之也，而後隱忍以授之。何者？吾固無樂於用智也。吾觀侯生之授魏公子也，試之以執轡以剉其鋒，試之以過客以觀其忍，至其有急而來赴也，我則泊然應之以無情，而使之憤以自悟，如是而果足以受之也，然後以其不可教人者，不得已而教之；以其諱言不樂者，不得已而言之。吾言出而吾術窮矣，吾智施而吾謀不可復用矣。何者？教其臣以詐其君，教其子以詐其父，教其父以賣其友，此兵家之陰謀而道家之深忌也。一之爲甚，其可再乎？此侯生所以忍死而言之也。若夫圯上老人之遇子房也，倨傲鮮腆以觀其禮，命之以僕妾之役以伏其心，與之一期、再期以試其人之果可受也，然後從而受之。夫卒然相遇於草莽之間，夜半授之以一編之書，名字不通，言語不同，固不知其爲何等人，而亦不

知其爲何等書也，已而觀之，乃《太公兵法》也。嗚呼！古之有道者，其諱言兵也如此，其不輕授人也如此，而後世明目掀髯以言兵事，以道家之所忌者，而爲兵家之所喜，以道家之所不敢再用者，而爲兵家之所常用，然則人心之不仁，乃至此也夫！

茅焦。❶

秦遷太后於離宮，諫死者二十七人，而後來之輸忠者猶未已。夫秦，無道之極矣，而在廷何多直節臣也？且其諫者，非必皆社稷之臣，皆貴戚之卿也；非必皆析秦之圭，皆儋秦之爵也；又非必皆秦之所産，皆直言之士也，而爲是奮死而不顧。蓋生乎戰國之世，無一而非口舌之士，仕於危亡之朝，無一而非口舌之功，故常喜出於波濤洶湧之間，游人之所不能泳，與齊俱没，❷與汩俱出，而幸不死焉，是其所以爲工耳。若夫潢汙行潦，弱翁稚子，可褰裳而濟彼，豈以是而動其心哉？此所以積尸秦庭，而後來者愈出而愈奇也。雖然，亦危矣，逆驪龍之頷下而取其珠，撩虎口而奪之食，若茅焦者，亦幸矣。

陳勝。

陳涉之王也，其事至微淺，然縉紳先生抱祭器而往歸之，張耳、陳餘、房君之徒，又皆以興王之業説之。舊史按其行事，謂其不幸如是而致敗。設不如是，其事當復如何耶？至其再三致意也，猶曰其所致王侯將相，竟足以亡秦。且涉所置王侯將相微矣，

❶「焦」，元刻本、明刻本作「蕉」。
❷「齊」，明刻本作「濟」。

而史誇之。若曰：夫涉起謫戍而首事，志在免死而已，其大要不過偷一時之欲，其用軍行師，未嘗有一日之規，徒不勝其憤憤之心，決一旦之死，爲天下首事，蓋未知烏止誰屋也。在天下後世，正不當以興王之事責之。舊史猶復云云，至今尚論涉事者，猶惜其孰得而孰失也。吁，亦悲矣，天下苦秦之禍，故家遺俗，豪人俠士，喪氣略盡，乃其所不慮之戍卒猶能爲天下而首事，雖其人物卑陋，事至微淺，而古今猶幸之。蓋積萬年之憾，而發憤於陳王，猶曰：此秦民之湯武耳。

楚懷王。

懷王之立也，天將以興漢乎？懷王之死也，天將以亡楚乎？夫懷王，項氏所立，此宜深德於項。今觀懷王在楚，曾無絲粟之助於楚，而獨屬意於沛公。方其議遣入關也，羽有父兄之怨於秦，所遣宜莫如羽者，顧不遣羽而遣沛公，曰：吾以其長者不殺也。沛公之帝業，蓋於是乎興矣。至其與諸將約也，曰：先入關者王之。沛公先入關，而羽有不平之心，使人致命於懷王。蓋以爲懷王爲能右己也格。而懷王之報命，但如約而已。以草莽一時之言，而重於山河丹書之誓，羽雖欲背其約，其如負天下之不直何？是沛公之帝業，又於此乎定矣。夫項氏之興，本假於亡楚之遺孽，顧迫於亞父之言，起民間牧羊子而王之，蓋亦謂其易制無他，而豈料其賢能若是邪？始而爲項氏之私人，而今遂爲天下之義主，始以爲有大造於楚，而今則視羽蔑如也，則羽此心之鬱鬱悔退，豈能久居人下者，自我立之，自我廢之，或生或殺，羽以爲此吾家事，而不

知天下之英雄，得執此以爲辭也。故自三軍縞素之義明，沛公之師，始堂堂於天下，而羽始奄奄九泉下人矣。懷王之立，曾不足以重楚，而懷王之死，又適足以資漢。然則范增之謀，欲爲楚也，而秪以爲漢也。嗚呼，此豈沛公智慮所能及哉？其所得爲者，天也。此豈范增、項羽智慮之所不及哉？其所不得爲者，亦天也。

高祖還定三秦。

沛公有三傑，故雖還漢中，而卒定三秦。項羽無三傑，故雖王三將，而終不能有三秦。嗚呼，羽非失險也，失人也。夫項羽遷沛公於巴蜀，而王三降將以距漢，漢勢若已屈矣，吁，彼豈知巴蜀果非死地也耶？羽以巴蜀爲死地，而謀遷沛公，沛公亦以死地視巴蜀，而忿嫉項羽。當是時也，取捨屈伸之理，惟蕭何知之，故何勸王王漢中，收用巴蜀，還定三秦。及其既就國也，項羽肺肝之謀，惟張良知之，故良說王燒絶棧道以示項羽無東意，此蕭何之所以强沛公之行也，而張良所以安沛公之心也。使巴蜀而果能爲死地也，則蕭何、張良之謀，是置沛公於死也。蕭何、張良，可謂見之明、計之熟矣。至於韓信，登壇之日，畢陳平生之畫略，論楚之所以失及漢之所以得。漢一日舉兵而東，秦民其爲沛公耶，爲三降將耶，此三秦還定之謀，所以卒定於韓信之手也。噫，三傑，真人傑也。向也蕭何、張良有卓然之見，而始勸沛公之入，今也韓信乘罅漏之餘，而徑勸沛公之出。其入也，所以養其出也；其出也，所以用其入也。三子之見，智謀略同，故蹙楚之效同，孰謂關中非沛公囊中物耶？善乎，史臣之論。高祖曰：從諫

如轉圜也。夫天下之勢，成敗未易料也，見近者昧其勢，而慮遠者審其勢。蓋勢者，成敗之所係也。一舉措之不謹，則俄頃之間，大事去矣。方羽之王三降將於三秦而王高祖於漢中也，高祖蓋不勝其忿，而欲奮於一擊之間，周勃等又從而慫恿之。❶當是時，高帝死固未可保，而何以成敗爲也？及蕭相國進諫，而高祖翻然改悟，罷兵就國，徐起而還定之，如取諸寄，此豈有他術也？知成敗之勢在己而已，己能屈之，亦能伸之。是以高帝之還定三秦也，不在於引兵故道之時，而在於不攻項羽之日；不在於拜將之後，而在於聽諫之初。然則周勃諸公者，特見近而昧其勢耳；而蕭何者，慮遠而審其勢者也。

蕭何。

沛公之入關也，諸將争走金帛財物之府庫，蕭何獨先入，收丞相府圖籍藏之，以故沛公得知天下阸塞，户口多少，强弱之處。世常以刀筆吏少何，此特書生之論耳。何非刀筆吏，何以知丞相府之有圖籍邪！然刀筆吏多矣，而何獨知丞相府之有圖籍，則自其爲郡縣小吏時，固已習於國家之體要若此，此其器已不在人下矣。況當草莽角逐之時，見秦民府庫宫室之盛，雖沛公不能不垂涎者，而何之器度越人如此，沛公之有愧多矣。及項羽王沛公於漢中也，沛公意大不滿，自絳、灌以下，莫不勸攻項羽，何獨陳曰：能屈於一人之下，而伸於萬乘之上者，湯、武是也，願大王王漢中，養其民以致賢人，收用巴蜀，還定三秦，天下可圖也。嗚

❶「慫恿」，元刻本、明刻本作「從史」。

呼，何之器度若此，其位當不在人下矣。昔者晉重耳之亡也，從亡三人者，皆相國之器也。夫以羈旅喪亡之餘，而其從者，皆可以相國。君子曰：用臣如三人，公子何患於喪乎？吁，此固沛公所以興也。

漢法：宰相必出於列侯。武帝變而通之。是耶？非耶？

漢法：非軍功不侯，非列侯不相。儒者既無軍功可論，永無入相之路。此高祖馬上之陋規，非三代之宏規。至武帝元朔中，始下詔嘉先聖之道，招四方之士，遂以御史大夫公孫弘代薛澤爲丞相，封平津侯。丞相封侯，自弘始也。其後遂爲故事。夫武帝，崇儒之君子，厭文吏武功之不學無識，陋國初淺近之規，以爲儒道不能光顯，遂革其故習，不吝厚爵重封以激厲儒者，則武帝之美意，人亦孰得而非之也？然公孫弘起自徒步之中，以明《春秋》一經，不四年而超取相位，貴至封侯，則論者不能不於是而有憾焉。蓋武帝以利而用儒，儒者見利而求用。自弘以明經而爲相，後之爲儒者，孰不欲競章句之末習，以僥倖於一遇？利禄之間一開，而士大夫之心術，自茲蠱壞矣。況漢家以軍功立國，必以列侯爲相，雖漢之規陋，然而非軍功不侯，則漢之良法。使儒者而不相則已，使儒者而可相，則自版築而遽登相位乎何慊，而猶欲假封侯以爲重，此又武帝之不善變也。故自弘之侯平津也，而由相封侯者，漢史目爲恩澤侯，自是以恩澤侯者，相望於前後。使恩澤而可侯，則無復軍功之足競矣。故自侯法之既壞，至元、成之間，士大夫之氣習，豢養於富貴之餘，無復剛心鋭氣之可畏，而委靡巽懦之風，猶婦人

女子生長於閨房之中，求欲如周昌、趙堯、申屠嘉、張蒼輩，愈不可得矣。夫相者，既非真儒，侯者，又非軍功，是武帝更張之善意，不免一舉而兩失。蓋自命相之法變，而儒者之心術壞，自封侯之法變，而士大夫之氣習壞。更張之善者，猶若此，更張而不善，則奈何？此變法之所以難也。

書武帝行事。

武帝之伐匈奴也，不絶大漠，不襲王庭，則不足以泄其怒。其通西域也，不窮河源，不歷懸度，則不足以快其慾。其事土木也，不千門萬户則不息。其聚斂也，不告緡則不休。其深刑也，不根株則不已。其崇儒也，不辟雍則不樂。其務農也，不代田則不爲。至其老而悔過，不下輪臺之詔則不足。蓋天地之間，凡可以力致者，武帝皆能以力致之，而有不容於力致者，獨其終身用力於神仙，曾不獲如其意。蓋嘗凝神於蓬萊，蜕形於海上，魂交黄帝，而夢接安期矣，亦嘗臣事少君，❶師事文成，五利公孫卿而賓齊魯之士矣，而卒莫能致也，豈其力尚不足耶？嗚呼，武帝窮奢極慾，以從富貴之樂，使神仙道家之事爲不無，蓋非帝之所可冀，矧其實無有哉。今徒狃於力之所可爲，而謂神仙可以力致，曾不察其理之有無也，使天下而有是理，則須帝之力而可致，如其無是理也，則雖帝之力，何所用哉？觀諸此世之言神仙者，亦可以已矣。

書卜式傳。

漢方事匈奴，而式願輸助邊；方事南越，而

❶「臣」，元刻本作「父」。「少」，元刻本、明刻本作「小」。

式願父子俱死。天下方爭匿財，而式尤欲就助公家之費。凡式之所樂爲者，皆衆人之所難爲；而武帝之所欲爲者，式輒揣其意而逆爲之。故天下因式獲罪者十室而九，而式之褒寵眷遇，自以爲有用於天下。及武帝當封禪，而式獨以不習文章見棄。式乎，式乎，何不先衆人而爲之乎？

書雋不疑。

吏暗於古誼，觸事面牆，一旦事出非意，魂驚魄喪，無復人形。經生學士，爲之引經陳義，援古證今，則糟粕腐壞之餘，皆能以起僵而植仆，乃知世俗不涉書之弊，一至於此，而經生學士之取重於此，亦固自有時哉。

書王莽傳。

莽拔出族屬，繼四父而輔政，時人未知信也，於是刻心厲行以著其節，禮賢下士以釣其名，分布黨與以承其意，諂事母后以市其權，延見吏民以致其恩，意上下之勢既成，而人皆知有莽矣。於是力爲險異之行，以焜耀當時，封邑不受，位號不居，視天下爵禄若將浼焉。天下之人見其苦心如此，遂以其無他，而謂伊、周復出。故其避丁傅也，天下莫不稱其賢；其罷歸也，天下莫不訟其冤。一辭采女而詣闕上書者千數，辭益封而吏民上書者八千人，辭新野田而前後上書者至四十八萬。蓋當是時，惟恐莽之一日去漢，舉國以授之，惟恐其不受。夫莽，斗筲之才，賈孺之智，兒曹之恩，妾婦之行，徒以驅委庸人，籠絡小孺，媚事婦人，女子可也，而乃掩竊大物，豈非厄會然歟？

木鐘集卷十一

附録明刻本序跋二種

重刊木鐘集序

今天下之文集繁矣，而《木鐘集》則予未之見也。以予之未見而又欲刻之，無乃益其繁耶？顧予少時繙閱五經及孔孟、性理諸書，凡諸儒之有發明經旨者，必具列其姓氏，而潛室陳氏與焉。予既已知有其人而亦與聞其言矣，但未知其言之具載於《木鐘集》。比者假守温郡，躬祀諸儒，乃知先生寔郡人，而其所遺《木鐘集》，猶有存者。郡有斯人而有斯集，表而出之，郡守事也，郡守責也。矧斯集之不傳久矣，後之學者如予之未見亦多矣，刻之于梓，使皆得而見之者，予心也。體予心而刻之者，瑞安令高君賓也。若賓者，可謂知先生、知《木鐘集》者，可嘉也。至如斯集之命名，則自有先生之題詞具在，兹可略。

弘治十四年辛酉春三月甲子，賜進士、中順大夫、温州府知府吉水鄧淮書于鹿城書院

重刊木鐘集後序

太守鄧侯守温，始逾年，道洽政成，百廢具興，以温多先哲，若潛室陳先生輩，皆親炙程、朱之門，而上承孔、孟之緒者，乃歷攷其人，作書院以崇祀之，其有遺書逸稿足以發明斯道者，必梓行以嘉惠後學，若《木

鐘集》者，其一也。先生所著，不止是集，於今可見者，纔此編耳。其言雖已散見群經，而板之失傳已久，人幾不知有是書矣。侯既訪而得之，乃以命賓，俾重鋟梓以廣其傳焉。夫書以載道，道不可廢，則書不可以不傳。然固有不載乎道者矣。不載乎道，而不之傳可也，載乎道矣，而不得其傳，君子其能已哉？矧兹集之爲書，根據六經，羽翼傳註，剖析微奧，精入秋毫，於古聖賢所以立言垂訓之旨，發之殆盡，蓋真可謂載道之器，而天下之所不容無者。然由宋而來三百年，於此卒無有能衍其傳以溥之於世，豈亦有待於今日乎？

賓也承乏是邦，既得以敬拜先生於祠下，又因吾侯之教，得先生之書而讀之，幸亦大矣。顧惟遺編中多訛闕，欲丐善本以攷正而補完之，旁求累月，卒不可得，亦惟付之太息而已。夫以先生之鄉，流風餘韻，在人未泯，而此集已無存者，而況於四方、於異日乎？此而不傳，則自是而往，抑又可知矣。然則侯之此舉，豈小補哉！嗚呼，此賓之所以踴躍用命，不自計其力也。

時弘治辛酉夏六月丁丑朔又六日，後學江陰高賓謹序

鳴謝

《儒藏》精華編惠蒙善助，共襄斯文；謹列如左，用伸謝忱。

本焕法師　壹佰萬元

智海企業集團董事長　馮建新先生　壹佰萬元

NE·TIGER 時裝有限公司董事長　張志峰先生　壹佰萬元

張貞書女士　壹佰萬元

北京大學《儒藏》編纂與研究中心

本册审稿人　孙通海　曹明纲

本册责任编委　李畅然

圖書在版編目(CIP)數據

儒藏.精華編.一九〇/北京大學《儒藏》編纂與研究中心編.—北京：北京大學出版社，2017.11

ISBN 978-7-301-11908-2

Ⅰ.①儒… Ⅱ.①北… Ⅲ.①儒家 Ⅳ.①B222

中國版本圖書館CIP數據核字（2017）第262549號

書　　名	儒藏（精華編一九〇） RUZANG
著作責任者	北京大學《儒藏》編纂與研究中心　編
責任編輯	王　應　吴遠琴
標準書號	ISBN 978-7-301-11908-2
出版發行	北京大學出版社
地　　址	北京市海淀區成府路205號　100871
網　　址	http://www.pup.cn　　新浪微博:@北京大學出版社
電子信箱	dianjiwenhua@163.com
電　　話	郵購部62752015　發行部62750672　編輯部62756449
印 刷 者	北京中科印刷有限公司
經 銷 者	新華書店
	787毫米×1092毫米　16開本　47.25印張　421千字
	2017年12月第1版　2017年12月第1次印刷
定　　價	1200.00元

ISBN 978-7-301-11908-2

9 787301 119082 >

定價：1200.00元